# 中国供应链管理蓝皮书

**(2014)**

**主　编**　丁俊发

**副主编**　汪　鸣　陈功玉　宋　华　李正平　田学军

**策　划**　北京中物联物流规划研究院丁俊发工作室

浙江供应链协会

香港冯氏集团

亚洲物流与供应链管理协会（ACSC）

《现代物流报》报社

中国财富出版社

图书在版编目（CIP）数据

中国供应链管理蓝皮书 . 2014 / 丁俊发主编 . —北京：中国财富出版社，2014. 5
ISBN 978 - 7 - 5047 - 5203 - 1

Ⅰ. ①中…　Ⅱ. ①丁…　Ⅲ. ①供应链管理—研究报告—中国—2014　Ⅳ. ①F259. 22

中国版本图书馆 CIP 数据核字（2014）第 092991 号

策划编辑　马　军　　　　责任印制　何崇杭
责任编辑　邢有涛　杨　璐　　　　责任校对　饶莉莉

出版发行　中国财富出版社（原中国物资出版社）
社　　址　北京市丰台区南四环西路 188 号 5 区 20 楼　　邮政编码　100070
电　　话　010 - 52227568（发行部）　　010 - 52227588 转 307（总编室）
　　　　　010 - 68589540（读者服务部）　　010 - 52227588 转 305（质检部）
网　　址　http：//www. cfpress. com. cn
经　　销　新华书店
印　　刷　北京京都六环印刷厂
书　　号　ISBN 978 - 7 - 5047 - 5203 - 1/F · 2148
开　　本　787mm × 1092mm　1/16　　版　　次　2014 年 5 月第 1 版
印　　张　30　彩　插　2　　印　　次　2014 年 5 月第 1 次印刷
字　　数　717 千字　　定　　价　120. 00 元

# 中国供应链管理蓝皮书（2014）

## 编委会

赵成峰　浙江供应链协会常务副会长
张　炜　《现代物流报》副社长

**编委**（排名不分先后）：
杨永福　中山大学教授、博士生导师
林至颖　冯氏集团华南首席代表兼总经理
刘　斌　中国国际海运集装箱（集团）股份有限公司采购管理部总经理
汤红顺　深圳市中兴供应链有限公司总经理
夏　良　宁波阿凡达供应链有限公司董事长
颜建宏　厦门弘信国际物流有限公司常务副总经理
胡奇俊　中捷环洲供应链集团常务副总经理
张　晔　上海易贸集团总裁
高会恩　北京福田物流有限公司总经理
赵　明　北京众诚一家供应链管理有限公司董事长
王和平　河北顺邦物流有限公司董事长
李金玲　卓志供应链集团董秘兼市场总监
许绍明　安利（中国）日用品有限公司大中华营运副总裁
肖利华　特步集团副总裁兼电子商务总经理
刘景福　中物华商国际物流股份有限公司总经理
刘　宇　沱沱工社供应链中心总经理
肖　烨　六和万福一体化公司总经理
张中民　北京中物联物流规划研究院副院长、供应链管理研究所所长
王庆东　北京泛华建设集团有限公司副总裁

**编委会办公室：**
主　任：马　军　中国财富出版社物流图书出版分社主编、博士
副主任：周雪松　中国物流与采购联合会培训部主任
　　　　缪姬蓉　浙江供应链协会秘书长
　　　　杨向红　浙江供应链协会常务副秘书长
　　　　徐　军　物流搜索网总经理
　　　　侯俊杰　北京中物联物流规划研究院丁俊发工作室高级助理

**参加编写的人员还有**（以姓氏笔画为序）：

王来、王俭廷、王福寿、亢林贵、卢慧玲、田媛、朱泯静、伍卓萍、刘伟华、杨天清、杨枫、杨鸿鹏、李玉民、李世珍、李肖钢、李海军、李雪莲、肖卜、吴朝生、佘鹏飞、沈银萍、陆成云、陈德光、林汉贝、林丽、周谊、郑邦兴、侯筱玲、夏忠辉、柴立琴、葛伟民、葛雷、耿翠翠、盛刻索、韩功华、潘笋

# 序

## （2014版）

我国自十一届三中全会实行改革开放以来，对如何建立有中国特色的社会主义市场经济体制进行了大胆的探索，“摸着石头过河”已经历了30多个年头。既有成功的喜悦，也有惨痛的教训。现在已进入社会与经济体制改革的深水区，已到达经济发展方式转型的关键期。十八届三中全会对下一步深化改革与经济发展进行了顶层设计，将开创一个新的历史时期。

长期以来，我国的国民经济增长和企业发展是依靠低成本生存和发展的，但自2005年以来，我国企业的总体生产成本正在急速上升，我国经济开始进入高成本时期，这主要有以下六个方面的原因：

第一，能源价格上升；

第二，原材料涨价；

第三，交通运输趋紧；

第四，土地和环保成本提高；

第五，第一轮人口红利已基本消失，带动人力资源价格上涨；

第六，国际大宗商品价格波动，贸易保护主义抬头，进出口需求受阻。

粗放的经济发展方式，必然带来资源约束、成本约束、生态约束，严重影响整体经济的运行效率与质量。随着高成本时代的到来，企业必须调整自己的经营战略，政府也必须调整宏观调控手段。为此，我们应采取以下有针对性的措施。

第一，转变经济发展方式。要从原来主要依靠投资与出口的增长方式转向消费、投资、出口并重的增长方式，充分发挥消费的基础作用、投资的关键作用、出口的支撑作用，千方百计提高经济的运行质量。

第二，实施创新驱动战略，推进技术进步。只要能给企业带来新价值的创新，就是技术创新。要把核心创新与非核心创新相结合。国家是科学创新中心，企业是技术创新中心，组织是技术创新的前提。中国千方百计要从制造业大国走向制造业强国。

第三，调整产业结构。当前中国的经济结构有很大的问题。从短期来看，两个产业的问题最严重：一个是房地产业，一个是服务业。对这两个产业进行调整是短期内最能够发挥作用的。房地产业背后是一个利益问题，它根本不是一个价格平均的问题，我们现在搞绝对化、“一刀切”是不行的，应该分类指导、区别对待。我国的服务行业正逐渐从劳动密集型、资本密集型向知识密集型过渡，发展越来越依赖于技术、知识和人力资本，以知识和技术为主的、高附加值的知识密集型的服务行业发展会十分迅速。在这一背景下，以服务为主导的产业供应链发展成为典型。实践证明，在世界经济发展中，服务业是增长最快的行业，越来越多的生产企业由提供产品向提供产品和服务转变，进而再向提供服务解决方案转变，服务化已成为制造业发展的重要方向，制造产业呈现出以服务为主导的发展新趋势。

从中长期来看，结构调整也是两个产业，一个是制造业，一个是战略性新兴产业。这两个产业对中长期增长有巨大意义。从制造业来说，我国现在仅仅是一个传统制造业大国，而不是现代制造业强国。现在制造业市场已被美国和欧盟这两大经济体瓜分。从未来增长角度来看，必须重视对现代制造业的发展，才能对传统制造业进行转型。许多传统制造企业从销售产品到销售服务，通过服务创造差异化优势，最终是通过提供比竞争对手更好的服务来吸引消费者。越来越多优秀的生产企业从“以生产为中心”向“以服务为中心”过渡。一方面，制造业和服务业的界限越来越模糊，最为明显的是通信产品，某些信息产品也可以像制造业一样进行批量生产；另一方面，制造业部门的功能也日趋服务化，以服务为导向的制造业还体现在越来越多的制造业务进行“外包”。

另外，一个中长期要发展的重要产业是战略性新兴产业。战略性新兴产业涉及：节能环保、新兴信息产业、生物产业、新能源、新能源汽车、高端装备制造业和新材料七个方面。从中长期来看，战略性新兴产业既是战略性的又是新兴的，在未来将有巨大的发展空间。

对中国经济进行深度调整都离不开供应链管理，因为当今世界的产业发展需要站在供应链管理的高度来考虑，这是发达国家经济发展实践所验证的。与传统的管理模式不同，供应链管理包括从原材料采购到最终消费整个过程中上下游所发生的与商流、物流、信息流、资金流相关的所有活动。

以制造业为例，我国的制造企业在供应链管理上面临着“牛鞭效应”困境，这个现象在中国很普遍。这是结构性的问题，是供应链中无法回避的问题。我国的制造业处于全球产业链的末端，市场需求的一点变化，给我们带来的骚扰却是放大的。这就要求我国的传统制造业从重视产品转向关注产品的整个生命周期，包括市场调研、产品研发、制造、营销、服务。从而实现整个供应链的信息管理，提高整个供应链的敏捷性与可视化。

为了克服资源约束、成本约束、需求约束，我国的制造企业必须对供应链进行有效的整合和管理，加强与上下游企业的协作，建立协同供应链，降低内外部供应链成本。通过信息技术，实现对采购、仓储、运输和配送等过程的有效规划、控制与管理。我认为，供应链管理是中国改变经济发展方式的必然选择。

近年来，供应链管理发生了一些新的变化：第一，从产品整合到上下游企业整合；第二，从企业内部资源整合到社会资源整合；第三，从注重市场价格到注重价值链；第四，从设计产品到设计与优化流程；第五，从技术创新到模式创新；第六，从单个企业管理到整个供应链协同管理。但从总体讲，中国的供应链管理刚刚起步，还比较落后，要引起经济界的高度关注。

为了更专业、更全面地介绍国际供应链管理理论研究的最新成果和成功实践，总结中国的供应链管理发展所取得的成就，特别是介绍各行各业一些企业供应链管理的优秀案例，中国物流与采购联合会顾问丁俊发研究员组织知名高校、科研单位、优秀案例企业参加，每年编写一本《中国供应链管理蓝皮书》，为我国供应链管理的理论研究和实践应用，提供了权威性的资料和知识。这是一本不可多得的精品图书，它填补了我国供应链管理类图书的空白。

魏　杰

2014 年春节

# 序

## 中国经济发展与供应链集成

（2011 版）

2008 年，由美国次贷危机引发的全球金融危机惊心动魄，在全世界的共同努力下，取得了阶段性成果，没有引发像 1930 年那样的全球大萧条。2010 年，中国率先复苏，世界各国也开始出现企稳迹象。但我们不能过于乐观，世界经济发展的不确定因素太多，美国、欧盟、日本三大经济体许多问题还没有完全暴露，所以这个复苏过程相当漫长。这个复苏过程对中国来说是一个非常重要的战略机遇期，我们必须抓住。从 2009 年和 2010 年的实际情况来看，中国政府应对全球金融危机所采取的措施起到了较好的效果，但其并不是十全十美，有正面影响，也一定有负面影响，从战略到策略还需要调整。中央提出，要以科学发展为主题，改变经济发展方式为主线，调整经济结构为主攻方向，我们要做的工作的确很多，很繁重。

比如调整经济结构。三次产业结构失衡，国务院要求加快服务业发展，特别是金融、交通、物流、商贸服务等产业，这是完全正确的，中国也到了服务业快速发展的时期。但中国有一个实际情况，就是工业化还没完成，中国还没有从制造业大国到制造业强国。世界制造业中心先是在欧洲，后来到美国，又到日本，现在转移到中国。这次金融危机发达国家都在反思一个问题，即虚拟经济与实体经济的关系问题，美国又开始强调制造业的发展。所以，中国的经济结构不可能马上跟美国一样，服务业占 70%，那样中国经济就麻烦了，这是一个循序渐进的过程。

又如城镇化，这里涉及城乡关系，现在中国城镇化水平还比较低，在工业化过程中，已有 1.5 亿农民进了城，还有大量农民要转移，所以中国的城镇化非常快，很多小的城市已经变成了中型城市，中型城市变成了大城市，有些城市已经变成了城市群、城市网络。城市化的发展，使基础设施的建设提上了日程。基础设施的建设非常重要，政府必须要考虑怎样进一步来满足这种日益增长所带来的城市需求。按国际经验，实现工业化，农村劳动力要从 30% 下降到 10%。为了实现这一目标，中国每年需要新增岗位 800 万 ~ 1000 万，要用 20 ~ 30 年才能完成，这对中国是必须面对的一个挑战。

又如经济发展速度。中国已进入一个新的稳定增长期，但这个稳定增长绝不是回到过热增长，而是 8% ~ 9% 的增长，重点要放在改变经济发展方式，提高国民经济发展的质量。中国经济发展已不是需求约束，而是资源、环境约束。中国许多资源还很缺乏，如石油、铁矿石等，中国必须与其他国家合作，通过进出口进行互补。

又如消费拉动。中国投资率太高，消费率太低，特别是居民消费率。中国目前的状况靠消费拉动不了现实，为了应对全球金融危机，只好靠政府加大投资来刺激经济，为了扩大消费，也出台了家电下乡、政府补贴等措施，但这不是促进消费的长效机制，消费涉及分配体制、工资制度、信贷政策等，这是一个比较复杂的问题，但必须解决。

又如东部、中部、西部的问题。中国经济先在东部发展，其中一个很重要的原因就是靠海，进出口物资要从海上来、海上走，物流费用低，供应链容易集成。但中部需要更多的发展空间，中央提出了东北振兴、西部大开发、中部崛起的战略，把经济发展的重心做适当的调整，内地也可以发展起来，但带来一个很大的问题就是物流费用问题，经营成本太高，这就要求加快交通运输基础设施建设，发展高速铁路，建设高速公路，优化内河航道，振兴航空事业，改变“蜀道难，难于上青天”的状况。中国目前储蓄率高，外汇储备多，国家财政有这个实力。

以上列举了一些中国经济的宏观问题，但这些问题多与现代物流业密不可分，与产业发展的供应链管理密不可分。要调整经济结构，而物流业是一个非常重要的生产性服务业，国际上把它称为国民经济发展的加速器。要改变中国经济发展方式，改善资源型约束，离不开进出口贸易，这就离不开国际物流。国际物流不仅是价格的竞争，更重要的是物流综合成本的竞争，物流服务能力的竞争。资源和能源是经济增长的引擎，也是动力。物流成本的降低，实际是提升了产业的竞争力和国家的竞争力。要城镇化，不仅要搞基本建设，发展工业、农业、服务业，更重要的是要保证居民的生活需求，物流要发挥为生产建设与人民生活服务的功能。

物流之所以重要，也跟中国区域发展不平衡的问题息息相关。随着现代化的进程，经济地理格局的变化，区域经济的发展，将导致人口的重新分布。对于大陆型的国家，它们在实现现代化的过程中，80%的人口都会迁徙到沿海的城市，美国、加拿大、澳大利亚以及其他的现代化国家都是如此。俄罗斯的情况有些不同，其有着自己的特点，因为历史的渊源不一样，计划经济体制对人口分布和工业分布有影响。但是中国的情况与上述国家又有所不同，沿海地区优先发展，而且还将继续发展，因为水运、海运在扮演着非常重要的角色。在未来的发展过程中，中国独特的地理经济格局如何变化，很大程度上将取决于物流和供应链管理扮演怎样的角色。如何把沿海的物流优势变成全国的物流优势，国务院发布的《物流业调整和振兴规划》给我们指明了方向，我们要为此做出努力。

在经济全球化的今天，全球供应链战略已成为跨国公司的头号战略，优化供应链管理已成为成功企业的重要标志。实施与不断优化供应链管理也已成为中国企业的必然选择。

为了普及供应链管理的基本理念，介绍国际上供应链管理理论研究的最新成果与成功实践，总结中国加入 WTO 以来供应链管理发展的成果，特别是介绍各行各业一些企业的优秀案例，由中国物流与采购联合会北京中物联物流规划研究院牵头，组织知名高校、研究部门、优秀案例企业参加，编写了《中国供应链管理蓝皮书》，填补了国内空白。《中国供应链管理蓝皮书》是研究供应链管理的必备工具，是物流研究生、高级物流师的必读教材，是企业家实施供应链管理的必选著作，它融理论与实践于一体，将成为中国供应链管理的有力推动者，将成为中外供应链管理交流的广阔平台。

樊　纲

2011 年 3 月 3 日

# 序

（2012 版）

随着全球经济形势转变，经济愈趋全球化，全球供应链也在不断进化。从亨利·福特的“T 型车生产模式”时代到最新的全球供应链网络系统，我们见证了从最简单的单个企业制造，到如今通过高效的投资和流畅的跨境贸易，以及网络化生产过程，从而创造更高价值。以苹果手机为例，全球供应链网络使专业化分工及大规模生产可以在全球范围内实现。产品设计可以在世界上最合适的研发基地（美国加州）展开，融资可以在世界上最合适的金融中心（美国纽约）实现，零部件可以在世界任何一个合适的生产基地生产（中国及亚洲其他制造业基地），再通过复杂的物流网络运送到世界任何一个合适的组装基地装配，最终产品在世界任何一个合适的销售基地发售给遍布全球的当地消费者。这个全球分工精细、紧密合作、规模巨大的供应链网络大大提高了生产效率，创造了大量就业、价值和激发创新。

全球供应链的发展趋势，有以下数点值得留意，因为它们可能改变三十年来形成的一些模式：

首先，亚洲的消费和高附加值产业可能会不断增长，而美国的高端制造业由于美国新能源的良好前景及运输成本的上升，可能回归本土。全球设计及消费、全球制造可能更符合未来趋势。

其次，日本福岛地震与核事故、泰国水灾等的发生，更突显出一时一地的灾害对周边地区以至全球，均可造成深远影响。因此，全球供应链地理位置分布将更趋多元，将巩固实体经济的全球化趋势，但也会改变过去单一关注成本而忽视各类风险的管理模式。

此外，全球多功能产业链发展创新的需求将提升通信技术、信息技术和交通技术的不断更新换代，不仅会巩固实体经济的全球化，也将使经济及贸易的国界变得更为模糊，而地理、人口及制度环境可能成为更重要的经济与企业发展因素。还有，由于新兴经济体巨大的人口规模，自然资源及可消耗能源的限制，企业及国家将不得不更加关注生产和消费的可持续性发展，这对全球供应链将来的分布与演变带来不确定因素，同时带来各种挑战及机会。

最后，金融及贸易监管与政策等宏观环境，对实体经济的冲击将越来越频繁及严重，国家及企业需要更加关注全球治理的问题，特别需要从国际政治、国际关系、国际经济、文化等各方面协调努力，维护我们正在享受的相对比较开放的国际贸易环境。

中国作为全球第二大经济体系，对于推动自由贸易体系发展、稳定全球经济，有着举足轻重的作用。由见于此，国家的“十二五”规划强调刺激内需，以改变过往依赖出口支撑经济增长的情况。

在国家层面，发展内需市场和鼓励更高增值，改善以往“重生产、轻流通”的状况，减低交易成本，是追求更为平衡以及可持续发展经济发展模式的必然方向，也是应对上述全球供应链发展趋势的重要策略。

在企业层面，面对激烈的全球竞争、日益严格的环保和企业责任要求，企业一方面必须运用供应链管理，以迅速行动提供质优价廉的产品，来满足瞬息万变的顾客需求，才能在国际市场上屹立不倒。而中国的企业更要顺应国家扩大内需的大势，做好战略部署，把握商机，配合内外贸一体化、扩大内需的国策，方能在瞬息万变的经贸环境中生存。而新世纪中国企业要与时俱进，则要注意以下七个供应链概念：

（1）以顾客为中心，以市场需求为原动力。以需求拉动供应的生产和流通模式，不但能快速地响应市场的变化、迅速满足消费者需求，而且可以减少因产品过时而要减价促销的风险，有利减少库存，促进企业资金流转，并增加企业赢利。

（2）强调企业应专注于核心业务，建立核心竞争力，在供应链上明确定位，将非核心业务外判。这样，企业才能够更有效地集中利用资源，强化主业，并通过企业间的合作增加业务的弹性。

（3）各企业紧密合作，共担风险，共享利益。从原料供货商到最终用户，供应链上成员除了追求自身利益外，还应该共同去追求供应链整体的竞争力和赢利能力。通过合作减少各环节的交易成本，有效提升供应链的长期竞争力。

（4）设计工作流程、实物流程、信息流程和资金流程并持之有效执行、检讨和不断改进，将各个流程有机地结合，提升供应链的整体效率。

（5）利用信息系统优化供应链的运作。利用先进的信息系统，使供应链各成员更快速地获得信息和处理信息，及时就最新的市场变化作出适当反应，从而使供应链做到实时回馈，以配合顾客的要求。

（6）缩短产品完成时间，使生产尽量贴近实时需求。使供应链各环节的企业实现按需生产，响应瞬息万变的市场，以减少存货积压的风险。

（7）减省在采购、库存、运输等环节的成本。通过企业合作和流程整合使供应链更有效率，提升企业以及整条供应链的竞争力。

可以说，现在企业与企业之间的竞争已发展为供应链与供应链之间的竞争。一件产品的价值是由整条供应链所创造的，该件产品的竞争力，实质上体现了整条供应链上各个环节的整体竞争力。当最终客户选择一件产品，整条供应链上的成员都会受惠；如果最终客户不要这件产品，整条供应链上的成员都会有损失。

供应链管理是一套企业的管理哲学，其实可以引申到任何行业。因此，供应链管理不单在各制造工业成为提升竞争力的重要手段，对第三产业的发展亦举足轻重。而本书广泛讨论了供应链管理的一些重要部分，包括供应链管理的精神，如以顾客为中心、专注发展核心业务和企业之间紧密合作等，贯彻可以为业界订立经营方针提供参考。而涉及流程的管理和信息系统的内容，则为供应链管理提供了确切可行的方法。总而言之，供应链管理的主要目标，就是缩短产品完成时间，使生产贴近实时需求和减省环节之间的成本，使整条供应链的竞争力得以提升，并在激烈的国际市场竞争中屹立不倒。相信2012 年度《中国供应链管理蓝皮书》中的一些理论和企业实践的经验，在加深读者对供应链管理的了解之余，亦可使业界人士就企业如何加强竞争力、应对新世纪全球竞争等方面获得启发。

利丰集团主席　冯国经博士

2012 年 3 月 10 日

# 序

## （2013 版）

最近30年来，全球制造业、流通业、农业发生了革命性的变化。这种变化的核心内容，是由于分工的高度和信息网络技术的迅猛发展，使企业之间的竞争演变为供应链之间的竞争，也使许多企业从单个企业生产和销售活动的组织者演变为链条的组织者和集成者。然而直到最近，中国企业对这种发展还跟进得很不够。中国供应链管理方面的落后在全球金融危机以来所遭遇的冲击中已经明显地表现出来。因此，发展现代物流业，把供应链管理确定为发展新的流通方式的首要任务，就变得十分紧迫。

现代经济学的鼻祖亚当·斯密早就指出，分工是经济效率提高的主要原动力。特别是第二次世界大战结束以后，越来越多的制造业企业把非本企业核心业务的作业“外包”（outsourcing）出去。企业越来越专注于自己核心能力（如某项产品的研发、生产、营销等）的发挥，而把非核心产品外包给其他供应商去生产。

诺贝尔经济学奖获得者道格拉斯·诺斯把生产的总成本划分为转型成本（transformation costs，也就是实现马克思所说的“物质变换”成本，或人们通常所说的制造成本）和交易成本（transaction costs，包括获取市场信息的成本、订立合同的成本、执行合同的成本等）两个部分。分工的深化大大降低了生产产品的转型成本；然而，随着分工的深化，人们之间的相互依赖关系加深，他们之间的交易关系越频繁，交易成本也就随之增加。诺斯指出，到20世纪70年代末，美国国民收入中有近一半属于交易费用。这样，降低交易成本就成为一项具有决定意义的任务。现代物流业及其应用的供应链管理正是降低交易成本的迫切要求下应运而生的。

在价值链细分的情况下，有大量的流通组织工作，如供应链设计、订单管理、元器件采购供应、仓储、报关、运输等工作需要由主营企业自己的物流部门或者委托给第三方物流企业去处理。这样，就发展起一系列高效的物流管理技术，涌现出一大批以高效的供应链管理（Supply Chain Management，SCM）作为自己的核心竞争力的企业，以至于供应链管理已经成为现代管理学的一个重要分支。

所谓供应链管理，就是把生产过程从原材料和零部件采购、运输加工、分销直到最终把产品送到客户手中，作为一个环环相扣的完整链条，通过用现代信息技术武装起来的计划、控制、协调等经营活动，实现整个供应链的系统优化和它的各个环节之间的高效率的信息交换，达到成本最低、服务最好的目标。一体化供应链物流管理的精髓是实现信息化，通过信息化实现物流的快捷高效的配送和整个生产过程的整合，大大降低交易成本。这种管理思维，已经在许多企业中得到应用，收到巨大的效益。当前制造业、流通业由单个企业的物流管理到一体化的供应链管理的革命，极大地降低了全社会的交易成本，提高了各产业的生产效率，成为20世纪末大规模产业重组的重要内容。所以，著名的物流专家马丁·克里斯多弗（Martin Christopher）提出："21世纪的竞争将是供应链与供应链之间的竞争。"

目前中国经济运行面临的一个重大问题是：虽然拥有工资成本低廉、素质良好的劳动力，产品的制造成本（转型成本）很低，但总成本的另一个组成部分——交易成本却很高。而且制造成本必然会随着经济的发展和工资水平的提高而上升。中国的交易成本过高，除了是由于市场制度还没有完全建立，经济活动缺乏规范，经济行为人缺乏诚信等原因外，流通业的效率低下也是一个重要原因。这样，如何通过与交易有关的各行业的现代化，降低交易成本，以提升本土企业的竞争力，便成为一个亟待解决的问题。由此看来，如何提高内地与交易有关的行业，包括制造业、农业、商贸业和物流业的效率，便成为一项十分紧迫的任务。

本书不但辑录了有关供应链管理的理论文献，还搜集了若干企业提升供应链管理的经验总结，值得在推进流通现代化的实践中进行探索和创新的企业学习参考。

吴敬琏

2013年2月28日

# 目　录

## 第一篇　综合运输体系与供应链管理



## 第二篇　城镇化与供应链管理

## 第三篇　服务供应链研究

## 第四篇 新加坡的全球供应链战略



## 第五篇 大数据时代与供应链管理



## 第六篇 优秀案例

# 第一篇

# 综合运输体系与供应链管理

# 第一章 综合运输体系与供应链管理的关系

## 第一节 综合运输体系概述

### 一、综合运输体系的发展背景及发展历程

#### （一）综合运输的发展背景

现代交通运输包括铁路、公路、水运、航空、管道等多种方式，由于不同的运输方式在经济技术特征上存在差异，当我们将交通运输的各种方式作为一个整体系统来看待，在交通与经济的总体关系的格局下，出现了如何对各种具体运输方式进行协调发展，以实现整合交通运输系统结构最优化发展的问题，这一问题又可以概括为两个方面的问题：一是衔接问题，即各种运输方式之间在设施、运行、管理等层面上进行衔接，从而实现交通运输系统的整体效率优化；二是结构问题，即各运输方式的设施、能力、运行应当存在一个合理的比例结构，使得交通运输系统既能满足经济社会的发展要求，同时又实现资源投入产出的最优。正是在上述问题的出现和解决过程中，综合运输的理念以及相关理论逐步得到发展。

#### （二）综合运输的发展历程

综合运输并不是特定的运输方式，而是为了解决上述交通系统发展问题而设立的一种特定的发展要求或目标，且并没有成熟的相关理论进行指导，无论是综合运输理论的研究，还是综合运输理念在实际发展过程中的应用和贯彻，均需要经济社会发展，尤其是交通各个不同的行业发展基础的支撑，因此，综合运输发展是随着经济社会，以及各交通运输方式的发展，而循序渐进发展的过程，具有明显的阶段特征。按照我国经济社会和交通领域的客观发展过程，我国的综合运输理论研究及相应的实践活动开展，大致经历了四个不同阶段。

**1. 综合运输发展的起始阶段**

我国的综合运输发展的起始阶段为20世纪50年代到70年代，在这一时期，我国仿效当时苏联对交通运输综合发展的理念，于1956年国务院颁布的《国家科学发展十二年规划》中，提出了开展综合运输研究的发展要求，1959年国家成立了专门的研究机构——综合运输研究所，开展综合运输相关问题的研究。期间，由于我国处于建国初期，百废待兴，各种交通方式发展基础均极为薄弱，并且在计划经济发展模式下，各种运输生产活动的开展均依据计划执行，各运输方式分工极为明确，也不存在相互间的竞争关

系，交通运输的发展，矛盾的核心是加强建设，而结构问题、衔接问题等属于次要矛盾范畴。因此，起始阶段综合运输研究开展的主要观点是有计划按比例推进各种运输发展，尽管也提出了综合利用、综合发展等相关思想，但没有形成较为系统的理论。

**2. 综合运输发展的起步阶段**

我国的综合运输发展的起步阶段为20世纪80年代，在这一时期，随着改革开放的推进，我国经济出现快速发展，各种交通方式的基础条件也逐步加强，客观上提出了发展综合运输的要求，也为综合运输的实践开展奠定基础。起步阶段综合运输思想主要体现在交通联运通路、集疏运系统中的各运输方式衔接配合，各运输方式的基本分工、按比例发展、综合平衡等方面，相关思想重点在运输网络建设规划、煤炭铁水联运、港口集疏运系统建设等方面开展应用。需要指出，在这一时期，综合运输体系的概念开始在党和国家的相关文件中出现，但总体上，理论研究还是较为薄弱，综合运输体系的概念内涵并未得到解读。

**3. 综合运输理论的初步形成阶段**

我国综合运输理论初步形成阶段为20世纪90年代，在这一时期，随着我国各种运输方式的基础实力进一步增强，并逐渐得到认同，并逐渐成为国家交通运输发展的基本方向。这一阶段的主要思想体现为，由以往的以铁路发展为主，以传统的技术经济特征作为分工主要依据，向各种运输方式共同发展、合理配置、建设综合运输体系转变。在为各种运输方式规划、项目建设服务的大量理论研究基础上，出现了对综合运输体系概念和理论的系统性归纳和总结，其中具有代表意义的是九十年代初杨洪年提出的相关概念，并将综合运输体系分为综合运输网及其结合部（枢纽）系统、综合运输生产系统、综合运输管理和协调系统三个子系统。

**4. 综合运输理论逐步完善阶段**

21世纪以来我国综合运输发展进入理论逐步完善阶段，这一时期也是我国交通大发展阶段，在积极的财政政策支持下，交通基本建设投资规模逐年大幅增长，2011年达到27260亿元，是“九五”期间交通投资总额的两倍，高速的交通发展，进一步推动和丰富了综合交通的理论研究。

这一时期很多专家、学者对综合运输体系的概念和内涵进行了系统的总结，代表性的有罗仁坚、荣朝和、王庆云等。综合运输的发展理念创新主要体现在以下几个方面：一是突出了在各种运输方式完善基本网络布局和大发展过程中构建符合我国国情的现代综合运输体系的发展思路，以发展综合运输的思想指导各种运输方式发展规划的制定和完成大发展过程；二是强调贯彻科学发展观，更加体现以人为本、可持续发展、统筹协调发展的思想理念，重视资源合理利用和节约，环境和生态保护人性化；三是提高了包容性，从以往的强调分工，转向了组合功能、组合发展和发挥比较优势，以满足多样化、多层次的运输需求；四是强调政府宏观调控和发展政策的引导作用以及管理体制改革的保障作用；五是更加强调网络化发展、网络化的物理连接、运营组织与服务的逻辑连接；六是增强了城市内外交通有效衔接和区域交通运输一体化的发展思想；七是在进一步深化投融资体制改革，实现投融资主体多元化、筹融资渠道多样化的同时，强调政府在发展中的主导作用；八是更加重视系统整体功能和效率以及信息化建设和服务。

## 二、综合运输体系的概念和内涵

### （一）综合运输体系的概念

**1. 综合运输体系概念的提出**

中国共产党第十三次代表大会的报告中，最早采用了“综合运输体系”这一说法，提出了把加快发展综合运输体系作为今后相当长时期内调整和改造交通产业结构的基本方向；在1988年第七届全国人大审议通过的政府工作报告中提出了“必须加快交通运输事业的发展，积极发展综合运输，把铁路、公路、水运、航空和管道等运输设施有机结合起来，适当分工，合理分流，努力提高运输的综合效率”。尽管综合运输体系的概念在这一时期就已经被提出，但对综合运输体系进行系统的归纳和阐述，则出现在20世纪90年代以后。

**2. 综合运输体系的概念**

综合运输体系概念从最早被提出以来，其具体的定义却一直处于探讨研究阶段，至今仍未有学术界统一的概念。很多业内专家分别从不同的角度对综合运输体系进行了阐述，国内外有代表性的概念主要有：

（1）国外相关概念。国外机构和学者提出综合运输相关概念，以美国和欧盟最具代表性，这些概念的形成与发展，与其所在国家交通运输的发展背景和条件紧密相关。美国国家综合中心认为，综合运输是一种对运输系统进行规划、建设和运营的方法，它强调运输资源的有效利用和方式间的衔接。欧盟对综合运输的定义是，各种运输方式能够整合到“门到门”的运输链中，并显示出各自合理的内在经济特性和运营特性，以提高运输系统的整体效率。美国学者认为，对于货物运输，综合运输是货物在两种以上运输方式上进行的无缝和连续的“门到门”运输。发达国家的综合运输研究，是在交通基础设施规模基本稳定，整体交通运输达到相对较高的发展水平，各种运输方式形成较强竞争的环境下提出或形成的。因此，对综合运输的研究主要侧重于运输过程中运输方式的合理利用和运输环节的有效衔接。

（2）国内相关概念。一是杨洪年于20世纪90年代初提出的“综合运输体系，是相对各种单一运输方式的运输体系而言，包含各种现代运输方式，按照其各自的技术、经济特征，在统筹规划下，形成布局合理、分工协作、协调发展、连接贯通、运输高效的现代化的交通运输综合体”；二是王庆云21世纪初对综合运输体系的概括，“综合运输体系是市场经济发展到一定阶段，在科技创新和制度创新的作用下产生的一种现代交通运输的组织形式”；三是荣朝和提出的“综合运输体系是实现一体化运输的设施、技术、经济与制度系统”；四是罗仁坚提出的“综合运输体系是根据各种运输方式的现代技术经济特征和社会对资源消耗、建造成本、运行成本的可承担能力，在框架结构优化、运输系统一体化、全面信息化的战略目标和政策指引下，由多种运输方式按照功能组合、优势互补、技术先进、合理竞争、资源节约的原则进行网络化布局发展，共同构建形成的有效满足社会经济发展需要、一体化紧密衔接、运行高效的交通运输有机整体。”

在上述定义中，尽管由于不同专家阐述的角度存在差异，综合运输体系分别被描述成为具有特定内涵的一个系统、综合体、组织形式，或是有机整体，但综合运输体系的发展目的、系统构成、发展手段等核心内涵却是较为明确的。

## （二）综合运输体系的内涵

### 1. 综合运输体系的内涵

所谓综合运输体系，不是简单的各种运输方式的叠加，否则，只要存在各种运输方式，自然就形成综合运输体系，也就失去了研究和实践综合运输的意义，综合运输体系构建有其特定的发展内涵，根据目前交通运输发展的实践，综合运输体系概念所包含的内涵比较丰富，主要包括以下内容：一是发挥比较优势，优化组合，合理利用资源，引导运输需求。不同运输方式具有不同的技术经济特征和适应不同层次的需求，交通运输的发展应根据资源条件和需求引导的要求，充分发挥各种运输方式的比较优势，进行规划布局和优化组合，在有效满足运输需求的情况下，实现资源的最合理利用和节约。二是各种运输方式之间、基础设施与使用系统之间协调发展和有机配合。各种运输方式在布局和能力衔接上要协调发展，同时，各种运输方式的运行系统与交通网络系统要形成有机匹配，实现系统整体高效用和高效率。三是连续、无缝衔接和一体化运输服务。交通基础设施网络在物理上要形成一体化连接，运行系统在运输服务、市场开放、经营合作、技术标准、运营规则、运输价格、清算机制、信息以及票据等方面要形成一体化的逻辑连接，运输全过程实现一体化的运输组织和服务。四是现代先进技术的应用。以先进技术、信息化、智能化提高系统整体发展水平和管理及服务水平，实现能力供给增加、安全保障性提高以及经济、环保等。五是提高人们生活质量与统筹协调、可持续发展的平衡。一方面，要建立发达的、完善的现代化交通运输系统，适应经济发展和人们生活质量提高的需要；另一方面，综合运输体系的发展结构和规模要坚持和贯彻可持续发展的理念和战略，与经济、社会、环境发展相协调，要通过供给系统和使用政策以及宣传教育等引导人们树立更加注重资源节约的交通消费观念和交通行为。

### 2. 综合运输体系的构成

综合运输体系，并不是一个独立于交通体系之外的新体系，而是一种体现了特定发展目的、理念、思路的交通运输体系，归根结底还是交通运输体系，因此，综合运输体系的构成子系统结构本身并无特殊之处，包括了基础设施及装备系统、运行系统、管理协调系统三个子系统。

基础设施及装备系统，是由各种运输方式基础设施、方式之间的衔接枢纽设施，以及运载工具等装备构成的硬件系统；运行系统，是由开展运输及相关活动的各类企业，以及企业间由此形成的关系构成的系统；管理协调系统，是由行业管理主体，以及相应的法律法规、制度、机制等构成的系统。

基础设施系统，为运行系统提供支撑，同时运行系统对基础设施系统提出发展要求，而管理和协调系统，对基础设施系统和运行系统的建设和发展，提供支撑，并引导系统按照综合运输的内涵要求进行发展。

**3. 综合运输体系的内外部系统关系**

一方面，综合运输体系必须满足经济社会发展的要求，是经济社会系统的子系统，其系统内部发展关系也受到经济社会大系统的各种运输要求的引导；另一方面，综合运输体系的发展，支撑经济社会系统的运行，同时，由于综合运输体系还体现着资源效率优化的发展内容，也反过来影响着经济社会对综合运输体系的使用，引导需求的合理化。如图 1－1－1 所示。

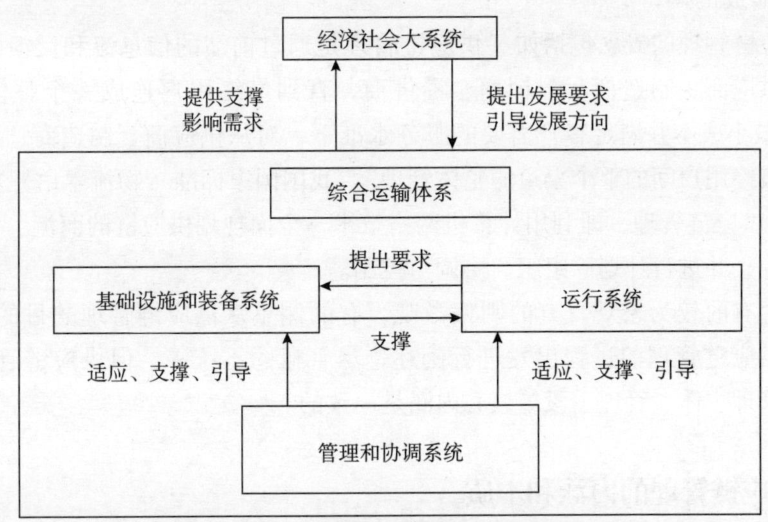


**图 1－1－1　综合运输体系内外部系统关系**

## 第二节　供应链管理概述

### 一、供应链管理的提出和概念

#### （一）供应链及供应链管理的提出

供应链管理出现于 20 世纪 80 年代的欧美国家，它最初是由物流管理逐步发展的产物，到 20 世纪末美国物流管理协会开始将物流定义为供应链活动的一部分，使得物流管理向供应链管理的理念进行发展。随着对现代物流管理和供应链管理的认识不断深化，美国物流管理协会于 2005 年年初将协会的名称改为美国供应链管理协会，并颁布了最新的供应链管理的定义，“供应链管理是指对涉及采购、外包、转化等过程的全部计划和管理活动和全部物流管理活动。”

#### （二）供应链管理的概念

多年以来，关于供应链以及供应链管理，许多专家、学者从不同的角度给出了不同的定义，并且随着经济背景的不同及企业经营活动的深入，这些定义也都在不断地发生变化，至今并没有统一的概念。如关于供应链的概念就包括，“供应链是指在生产及流通过程中，为将货物或服务提供给最终消费者，联结上游与下游创造价值而形成的组织网络”；“供应链是围绕核心企业，通过对信息流、物流、资金流的控制，从采购原材料开始，制成中间产品以及最终产品，最后由销售网络把产品送到消费者手中，将供应商、制造商、分销商、零售商，直到最终用户连成一个整体的功能网链结构模式”。2001 年，中华人民共和国国家标准《物流术语》中对供应链的概念则表述为“生产及流通过程中，涉及将产品或服务提供给最终用户的上游与下游企业所形成的网链结构”。

关于供应链管理的概念包括如“供应链管理是通过前馈的信息流和反馈的物料流及信息流，将供应商、制造商、分销商、零售商，直到最终用户连成一个整体的管理模式”；“为以最小成本并满足客户需要的服务水准下，对从供应商、制造商、分销商、零售商，直到最终用户间的整个渠道的整体管理”。我国国家标准《物流术语》将供应链管理定义为：“供应链管理，即利用计算机网络技术，全面规划供应链的商流、物流、信息流、资金流等，并进行计划、组织、协调与控制。”

这些概念有的较为宏观，有的则偏微观，有的侧重从供应链管理的目的角度出发，有的侧重从供应链管理的过程出发进行阐述，尽管概念不统一，但供应链管理的目的、核心思想、管理主体、管理手段等核心内涵是一致的。

## 二、供应链管理的内涵和本质

### （一）供应链管理的本质

**1. 系统优化的思想**

从系统的角度出发，供应链管理的实质是一种系统优化的思想，即将相关的企业，以及生产、流通等过程视为一个系统，以外部最终需求为特定目标，通过各种具体的管理手段，实现系统运行的最优化。这种优化表现为在实现目标的前提下，系统内的资金、人力等各类资源的利用效率达到最优。

**2. 产业组织新模式**

从产业发展的宏观角度，供应链管理的实质是全新的产业组织理念和组织模式，即按照系统优化的思想，将产业链上的不同企业，按照特定的要求，重新进行生产和流通等环节的组织，形成新的企业间的业务关系。

### （二）供应链管理的内涵

**1. 开展供应链管理的目的、核心思想、手段**

从整个系统的角度而言，开展供应链管理的目的，是实现由供应链上所有企业主体构成的系统的运行最优化，即特定系统内的资源投入产出最大化。其核心思想是，不以供应链上单一主体追求利益最大化去实现资源配置，而是追求整体的利益最大化，实现整个系统的优化和可持续发展。供应链管理实现的手段是开展计划和控制。供应链管理本身并不能从技术角度实现供应链上各个企业的效益，而是从精细组织生产和流通角度，减少企业在其中产生的各种额外费用和资金积压，实现链条企业系统整体的资源使用效率提升，这也是开展供应链管理的意义所在。

**2. 供应链管理的系统构成**

（1）开展供应链管理的主体。供应链上的核心企业是供应链管理的开展主体，通常每一条供应链均有一个核心企业，该核心企业设计供应链的整体战略和企业间关系，决定着供应链的方向，其他企业作为供应链企业系统的构成成员，按照供应链管理的流程和设计，开展相关生产、流通，实现整个供应链的运行。

（2）供应链管理的环节。供应链涵盖生产及流通两大环节，在此基础上又可以按产品的变化分为制造环节、采购环节、供应环节、分销环节、零售环节等。涉及的物品形态包括原材料、辅料、半成品、在制品、零部件、成品等各种形态。

（3）供应链管理的流程。供应链主要对四个流程进行管理，即商流、物流、信息流、和资金流。其中物流环节主要包括在系统控制下的运输和仓储等服务。

供应链管理的环节及流程如图 1－1－2 所示。

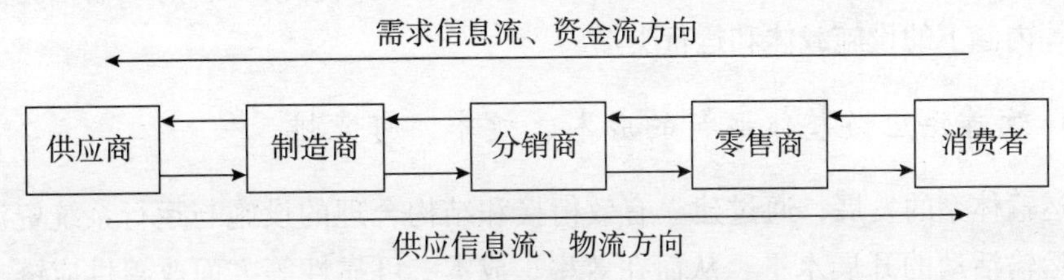


**图 1－1－2　供应链环节、流程示意**

**3. 供应链管理的特点**

按照供应链管理的目的、核心思想以及管理涉及的主体和环节，供应链管理存在以下几个方面的特点：

（1）供应链管理具有明确的目标指向性。以最终的需求为导向，进行整个供应链的设计，通过快速、准确把握真实的需求与准确的需求量，使企业的供应活动建立在真实可靠的市场需求基础之上，从而减少生产过剩的情况，库存积压等情况的发生，提高运输、包装、订单处理等活动的效率。

（2）供应链管理的快速反应要求。要使供应链主导企业比竞争对手更快捷、更准确、更经济地将货物供应给客户，就需要借助计算机、移动通信、动态跟踪等技术，避免供应链任何环节上低效运作、无效停滞现象，从而提升企业物流运作效率，最大限度地提高服务质量和用户满意度。

（3）供应链管理的系统性和平衡性。从供应链的整体角度，开展供应链管理的意义在于实现整个系统的优化，体现出其系统性特征；而从系统的内部角度，供应链管理存在的基础是，在达到系统优化目的的同时，不同环节上的企业均在系统获利的格局中获得相应的优化发展，实现共赢，即平衡性特征。

## 第三节　综合运输体系与供应链管理的关系

综合运输体系是供应链管理中所包含的物流环节，特别是运输活动实现的载体，因此，综合运输体系的发展对供应链管理活动开展产生直接的影响；同时，供应链管理体现着现代经济发展的新理念和新模式，对综合运输的运行和基础设施系统建设，均起到支撑和引导发展的作用。

### 一、综合运输体系的发展促进供应链管理的完善

#### （一）综合运输体系是供应链管理中运输等活动的实现载体

交通运输是实现产品流通的重要基础，无论是原材料、零部件、在制品、装配件，还是产成品，不管是在生产制造过程中，还是在流通销售过程中，要想实现增值都离不开运输活动，对运输活动开展管理是供应链管理活动的重要组成部分。综合运输体系的构建，在全社会范围内，为企业的运输等活动实现，提供包括合理的运输结构和有效的运输衔接等内涵下的设施载体和运行支撑。

#### （二）改善供应链整体运行的成本、效率、可靠性

综合运输体系的发展，通过建立有效衔接和结构合理的设施与运行系统资源，提升供应链中运输活动的开展水平，从而在效率、成本、可靠性等方面改善供应链上企业的生产和流通水平。

良好的综合运输体系将有效地提升供应链运行的整体效率。交通运输衔接着供应链环节运行的全过程，是承担实体物流的主要途径，因此，交通资源利用效率的高低对供应链的效率起着举足轻重的作用。良好的综合运输体系构建，通过各种方式间、各种不同层次交通设施间、不同区域间在设施和运行上的顺畅衔接，实现提升供应链运行效率的目的。

良好的综合运输体系将有效降低供应链运行的成本。我国的运输费用占物流费用的比重超过60%，降低运输成本在供应链管理中意义重大。综合运输体系的构建，为供应链上的运输活动，提供按照合理的运输结构进行组织的各项基础条件，从而实现运输环节的成本下降，为整个供应链的成本管理提供支撑；同时由于运输开展在效率、可靠性等方面的提升，为供应链管理过程中，通过精确组织降低各种资金、物资、仓库设施等资源的占用水平，提供了组织基础，实现供应链整体运行成本的降低。

良好的综合运输体系将提升供应链的运行可靠性，降低风险。供应链管理的核心手段是计划和控制，其中控制就要求对运行过程的不确定性进行分析，规避风险，实现正确时间（Right Time）、正确数量（Right Number）、正确质量（Right Quality）、正确状态

(Right Status)、正确地点(Right Place)等5R管理的具体目标,上述要求,均离不开合理的交通设施、运行资源的环境支撑。

### (三)促进供应链管理的空间延伸

供应链管理是对一定空间范围内的相关企业进行系统的管理,而要素的空间流动代价是运输费用的增加和运输时间延长,因此,要素的空间流动水平通常与空间距离成反比。综合运输体系的构建,为运输活动开展提供了良好的基础条件,通过降低供应链上的运输环节费用、缩减运输环节时间,减少了经济要素在空间流动的阻力,其实质是在运输经济的概念上缩短了空间距离,从而为供应链管理的空间延伸奠定基础。如低成本的国际海运服务的开展,以及良好的运输衔接条件,使得钢铁等产业的供应链活动得以在全球范围内进行布局。

### (四)促进供应链管理的功能延伸

综合运输体系的发展,提供完备的交通基础设施衔接和运行系统,将为供应链管理中的运输活动开展提供在方向、方式以及开展模式上的不同选择,基于这种选择空间的扩展,整个供应链体系中,其他相关的如仓储、流通加工等组织环节也可根据需要,采取各种相应的匹配方式和模式,同时,相应的资金流、信息流也可根据需要进行调整,从而使得系统可按照不同的功能要求进行流程和模式的设计,推进供应链管理的灵活性和合理化发展,为整个供应链管理的功能延伸和完善奠定基础。

## 二、供应链管理的发展支撑并引导综合运输体系的发展

### (一)供应链管理与综合运输体系的关系

**1. 运输是供应链管理和综合运输体系的结合点**

供应链管理活动中,从产业生产和流通组织的角度包含了运输管理的相关内容,因此,供应链管理通过其中的运输管理,紧密地与综合运输体系的发展实现结合。供应链管理所带来的基于产业运行关系的交通运输组织模式和组织关系,将对综合运输体系的发展产生重要的影响。

**2. 供应链管理影响综合运输体系发展的外部需求**

综合运输体系是经济社会发展的子系统。运输本身是经济社会发展的派生需求,从系统关系的角度,综合运输体系是经济社会的一个子系统,综合运输体系的发展,是围绕着经济社会发展所带来的运输需求在规模、方向、品类、频率、质量等方面的要求展开的。

与此同时,供应链管理的实质是产业组织的新理念和新模式,作为经济社会发展的子系统,对综合运输体系而言,供应链管理的开展,由于改变了产业的组织模式,意味着改变了系统外部的需求环境,这种需求的变化引导着综合运输体系的发展

方向。

### （二）供应链管理支撑综合运输体系的发展

**1. 供应链管理为转变运输活动开展理念奠定基础**

传统经济模式下，企业的业务关联较为单一，即每一家企业均对上下游方向相关的生产和流通考虑，因此形成了仅对单一方向、较小规模的运输需求格局，在此基础上，由于开展运输组织在运输环节内获利不大，与生产环节的系统效率提升关系也不紧密，单一企业对于运输活动的重视程度均较低，仅仅视为生产的辅助实现手段，并不需要，同时规模也不支持其系统考虑运输活动的开展。这种粗放落后的运输活动开展理念，不利于综合运输体系的构建。

在供应链管理的模式下，运输活动作为串接整个产业链的重要环节，是供应链上各个企业、各个环节实现整体运行的支撑，因此对运输活动开展组织的意义重大，并得到充分的重视。同时，由于对整个供应链进行运输活动的计划和安排，产生了规模化的运输需求，使得开展运输组织以降低成本、提高效率的意义进一步显现。因此，供应链管理模式下，加强运输组织，实现运输成本下降和运输效率提升等相关理念应运而生，对于促进运输方式的衔接和运输方式结构的合理化发展具有促进作用，从而推动综合运输体系的发展。

**2. 供应链管理的开展使经济发展对交通的要求反映更为准确、直观**

综合运输体系的构建，首先必须符合经济社会的发展要求，而在我国传统的经济发展模式下，由于各个产业间的关系缺乏有机联系，交通运输需求的分散特征明显，经济发展对交通运输的发展要求很难直观、准确地反映到交通运输发展过程中，往往是按照政府对于交通需求的认识，主观地开展设施建设等交通发展活动，造成综合运输体系的结构不合理等问题。

供应链管理的开展，有机联系着产业链上的多个产业，并在供应链管理的计划和控制过程中，使运输需求在产业组织层面进行有机地整合，从而更为准确、直观地反映经济发展对综合运输体系构建的要求，支撑综合运输体系按照经济发展的要求，推动衔接和结构合理化的发展。

**3. 供应链管理的开展为运输组织的实现奠定基础**

综合运输体系中各种运输方式以及不同定位的运输设施之间，在基础设施和运行领域的有效衔接，是保证运输效率，形成合理运输结构的重要条件，而在交通运行领域要保障方式间衔接，包括提高多式联运、干支线衔接等效率，均离不开高水平的运输组织。在较为落后的经济发展环境下，产业呈现分散状态，由此产生的运输需求也缺乏有效的整合途径，不利于运输组织的有效开展。供应链管理的开展，在产业组织层面进行了运输需求的逻辑整合，从而使得进入运输市场的需求呈现集中、可控的状态，而这种需求的状态，对于开展多式联运、干支线衔接运输等组织化运输活动提供了基础，为综合运输在衔接和构建合理运输结构下的设施支撑系统具有积极的作用。

### （三）供应链管理的开展引导综合运输体系的发展

供应链管理活动的开展，从理念和模式上系统改变和提升着全社会的产业运行组织活动，继而通过改变经济社会的运输需求特点，对综合运输体系的发展起到重要的引导作用。如供应链管理围绕终端消费开展的管理特点，使得未来产业组织中的生产、商贸流通等环节均围绕特定的需求展开，而需求的多样性，以及需求的广泛分布等特点，均要求提供准确、快速、小批量、多批次的运输服务予以实现，从而引导综合运输体系构建符合高效率、准确、精细化要求方向的交通基础设施系统和运行系统；在围绕终端消费开展供应链管理的同时，供应链管理又整合了整个产业链，甚至是整合交叉产业链，进行生产和商贸流通的组织，因此，又形成了在干线上的部分运输需求呈现出整合后的规模化特点，引导综合运输体系构建在结构上合理的干支线网络，以及联运、分拨、配送等运输服务系统等。

## 三、综合运输体系与供应链管理的互动发展

### （一）互动发展的机理

根据上述分析，综合运输体系与供应链管理在系统和发展上有着紧密的联系，综合运输体系的构建为供应链管理提供发展支撑，同时供应链管理的发展，也为综合运输体系的构建提供基础支撑和引导作用，这种相互之间的关系本质上是一种互为促进的关系。综合运输体系与供应链管理相互促进的关系，是通过运输活动这一环节实现的，当前交通发展思路和重点发生变化的条件下，尤其是运输服务发展将得到进一步重视，充分利用这一发展环境，将更好地实现新时期下，综合运输体系与供应链管理的互动发展。

### （二）互动发展的思路

在交通发展新时期背景下，供应链管理与综合运输体系互动发展的思路是：把握综合运输体系发展的转型时期，紧扣综合运输体系发展中进一步重视对运输服务系统建设等历史机遇，充分利用供应链管理与综合交通体系构建中的紧密关系，推动综合交通体系的完善，形成体现经济发展要求的合理综合运输体系，并以体现供应链发展要求的综合运输体系构建，进一步支撑供应链管理的更好发展，形成供应链管理与综合运输体系互为支撑，系统发展的格局。

# 第二章 新时期综合运输体系发展

## 第一节 综合交通体系发展现状

### 一、交通基础设施

#### （一）交通路网设施

到2012年年底，我国铁路营业里程达9.8万千米，居世界第二，其中高速铁路里程达9356千米，居世界第一；公路网络总里程达到423万千米，其中高速公路里程达到了9.7万千米，居世界第一；内河航道通航总里程达到12.5万千米，通航里程位居世界第一位；管道总里程达近10万千米；我国大陆地区包括北京、上海、天津、广州、长春、大连、武汉、深圳、重庆、南京等17个城市陆续建成地铁及轻轨线路，并投入运营轨道交通线路（含磁悬浮线路）运营及试运营通车总里程为2064千米。初步形成了以“五纵五横”综合交通运输大通道为主骨架，由铁路、公路、水路、民航和管道共同组成的综合交通运输网络框架。

根据《“十二五”综合交通运输体系规划》、《铁路“十二五”规划》等规划提出的发展目标，结合当前设施建设进度，到“十二五”期末，我国国家高速公路网、快速铁路网建设将基本完成，铁路总里程也将达到中长期铁路网规划基本要求，但随着经济社会的新发展，未来交通基础设施建设仍将持续推进，建设的重点和方向将有所侧重。

#### （二）交通枢纽

按照国务院批准的《综合交通网中长期发展规划》，我国42个全国性综合交通枢纽（节点城市）的建设布局正在推进，其中，武汉等先行试点城市已完成规划，后续工作正在展开。枢纽站场方面，以港口、机场、铁路车站、公路客货运站等为重点的枢纽站场的发展取得一定成绩，特别是以上海虹桥枢纽为代表的我国第一个综合交通枢纽的投入运营，是“一体化”、“无缝化”综合交通枢纽发展理念付诸实践的有益探索。截至2012年年底，我国各类枢纽站场数量超过17万个。

在交通枢纽获得发展的同时，由于长期以来对交通运输枢纽的重要性缺乏深刻的认识和足够的重视，并且在枢纽的规划、设计、建设、运营等方面缺乏统一的责任主体和有效的协调机制，我国的交通运输枢纽存在枢纽场站基础设施发展水平滞后、枢纽场站尚未形成合理布局和明确定位与功能分工、枢纽场站衔接网络不畅等问题，亟待加强发展。

### （三）运输装备

在运输装备方面，截至2012年年底，我国共拥有各类铁路运输车辆约70万辆、民用汽车7802万辆、民用机动船15.6万艘、民用飞机2405架，分别是1980年的2.38倍、43.83倍、2.42倍和11.17倍。我国运输装备的发展整体上已经取得了令人瞩目的成绩。运输装备总量规模有了显著的增加，运输装备技术水平明显提升，运输装备安全性、速度性能以及载重能力等技术性能不断提高，基本适应了综合交通运输的发展需要。同时，受限于制造业发展阶段，运输企业与市场发展水平，以及管理及政策的相对滞后，我国运输装备还存在装备技术水平发展不平衡、部分装备技术标准执行不力、装备运行效率偏低等问题。

## 二、交通运输服务

### （一）运输规模和结构

（1）货运量及结构。2012年，我国全社会完成货运量409.11亿吨，其中，铁路完成39.04亿吨，所占比重为9.54%；公路完成318.85亿吨，所占比重为77.94%；水运完成45.87亿吨，所占比重为11.21%；民航完成0.0541亿吨，所占比重为0.01%；管道完成5.30亿吨，所占比重为1.30%。

（2）客运量及结构。2012年，我国全社会完成客运量380.40亿人次，其中，铁路完成18.93亿人次，所占比重为4.98%；公路完成355.70亿人次（不含私人汽车运输量），所占比重为93.51%；水运完成2.58亿人次，所占比重为0.68%；民航完成3.12亿人次，所占比重为0.84%。

（3）货物周转量及结构。2012年，我国全社会完成货物周转量173141.03亿吨公里，其中，铁路完成29187.1亿吨公里，所占比重为16.80%；公路完成59534.9亿吨公里，所占比重为34.27%；水运完成81707.6亿吨公里，所占比重为47.03%；航空完成162.2亿吨公里，所占比重为0.09%；管道完成3149亿吨公里，所占比重为1.81%。

（4）客运周转量及结构。2012年，我国全社会完成的客运周转量33368.06亿人公里，其中，铁路完成旅客周转量9812.33亿人公里，所占比重为29.41%；公路完成旅客周转量18467.55亿人公里，所占比重为55.34%；水运完成旅客周转量77.48亿人公里，所占比重为0.23%；航空完成旅客周转量5010.70亿人公里，所占比重为15.02%。

### （二）运输服务质量

（1）运输服务的普遍性得到提升。随着综合交通运输基础设施网络体系区域布局的完善以及结构等级的提升，特别是城市公交的优先发展，农村公路的重点建设与农村客运的大力发展，支线机场的加快建设，以及具有国土开发意义的重要通道（如青藏铁路、西部高等级公路等）建设，我国综合交通运输普遍服务的深度、广度以及服务的品质有了较大提高，城市公共交通覆盖面逐步扩大，农村运输条件得到极大改善。

（2）运输的时效性得到提升。随着高速公路、高速铁路、高等级航道以及航空运输等代表综合交通运输先进生产力的基础设施的建设和完善，以我国重要区域性中心城市为核心的“1 小时交通圈”“2 小时交通圈”等正在快速形成，特别是多条高速铁路的建成运营，极大地提升了我国综合交通运输在时效性、舒适性、便捷性等方面的服务品质，缩短了我国区域之间的时空距离，密切了区域（城市）之间的交流与合作，促进了区域内部的经贸活动，提高了人们的生活品质。

（3）运输成本不断下降。随着运输服务质量的提升，特别是运输效率的提高，我国综合交通运输服务的总体成本也有了一定的下降。以物流成本为例，2012 年我国全社会物流成本与 GDP 的比率为 18%，比 1996 年下降了 15.81%。

（4）运输安全保障性提升。随着基础设施网络规模等级的提高、运输工具技术性能的提升以及现代化引导装置和信息化设施设备的较广泛应用等，综合交通运输服务的“安全性”也得到了显著增强。

（5）应急保障能力提升。通过建立各类应急联动机制（如重点物资运输保障机制、环渤海湾水域陆岛空中救援网络、水上交通安全监管和救助系统、海洋灾害信息监测预警预防制度等），促进各种运输方式协调配合、紧密衔接，有力地应对了极端气候和重大自然灾害的抢险救灾工作。

### （三）运输服务仍是我国综合运输体系发展的薄弱环节

与交通基础设施系统发展迅速不同，我国的交通运输服务发展相对滞后，主要体现在运输服务市场发育较为落后，运输方式衔接不畅等方面。

第一，市场结构不合理导致配置资源能力较低。目前在我国各运输行业中，海运、民航基本形成了相对合理的垄断竞争型市场结构，市场在配置资源中发挥着一定的作用，但在其他领域，市场结构普遍存在不合理的现象。

第二，尚未形成公平开放的市场环境，社会资源进入存在障碍。目前，我国的海运、公路运输等运输服务领域已经基本向社会资本开放，运输市场的活跃度和竞争度已经达到了比较高的程度。但是在铁路和民航运输领域，尽管名义上对社会资本不存在进入限制，但受管理、市场既有格局等因素制约，仍未形成开放的市场竞争环境，社会资本进入铁路和民航运输领域仍存在着较高的进入壁垒。

第三，区域分割明显，统一的运输市场尚未形成。地方保护主义所形成的贸易壁垒和市场封锁阻碍了全国统一运输市场的培育，运输市场的规模经济和网络经济难以形成，在很大程度上阻碍了运输市场的一体化进程，其中道路货运业尤为明显。

第四，运输企业的管理水平不高，创新能力和国际竞争力弱。我国国有运输企业大多处于公司化改制进程中，由于历史遗留问题及转轨时期的制度性原因，我国国有运输企业存在着决策机构政企难分、企业治理结构不合理、管理观念和方法落后、应变能力和创新能力差等问题，运输企业规模普遍较小，大型国有运输企业也存在着大而不强、国际竞争力弱的现象。

第五，综合运输体系中的衔接问题未能很好解决，一体化运输水平有待提高。由于受规划、政策、技术、管理等方面的制约，当前我国在枢纽设施上，发展滞后，科学性和系统性不足；市场运行上，各类市场主体在市场中的独立性存在差异，难以按照市场运行的方式开展一体化运输；在具体操作上，存在标准和流程的行业分割，这些原因造成我国一体化运输水平亟待提高。

## 三、交通管理体制

### （一）交通管理体制取得进展

为了加快构建综合交通运输体系，提升综合交通运输服务供给能力与品质，促进综合交通运输体系的健康持续发展，更好地服务于经济社会发展需要，我国十分重视通过管理体制和运行机制层面的改革和创新，不断改善综合交通运输体系构建与发展的制度环境。

近年来，我国在综合交通运输的制度构建方面取得了重大进展，突出表现在以下几个方面：一是铁路领域的投融资改革迈出新步伐，以合资方式为主的铁路建设投融资模式得到积极推进。二是实施了成品油价格和税费改革，取消了养路费等公路水路领域的六项收费，逐步有序取消了17个省市政府还贷二级公路收费，建立了“油价联动”的运行机制，进一步完善了国家宏观财政税费体系、价格机制和交通税费机制，是从宏观经济整体运行角度以及综合交通运输体系的整体功能定位角度做出的重要举措，为构建综合交通运输体系创造了一定的有利条件，也在一定程度上有利于交通运输领域的节能减排。三是民航空管体制改革取得突破，低空空域开始实行分类管理。四是完善了运输市场运行机制，改善了国有大型交通运输企业法人治理结构。五是于2008年、2013年分别推进了“大部制”改革，由原交通部、原中国民用航空总局、国家邮政总局、原铁道部等成立交通运输部，整合了原建设部指导城市客运的职责。交通运输部的成立是我国在建立综合交通运输管理机构上进行的探索，交通运输管理体制朝着深化改革的方向迈出一步。

### （二）管理体制改革进入新阶段

2013年国务院机构改革方案公布，实行铁路政企分开，将铁道部拟定铁路发展规划和政策的行政职责划入交通运输部。至此，我国交通运输实现了在行业管理部门上的综合，并全面实现了运输行业的政企分开。这一改革措施翻开了我国综合运输发展管理体制改革的新篇章，但构建符合综合运输体系要求的管理体制机制任重道远。

大部制改革从行业管理部门上实现了各种运输方式的统一，但机构的撤并与整合仅仅是形式上的措施，当前，我国的综合运输管理体制仍存在诸多问题，包括综合运输法律法规体系尚不健全，对综合运输服务在规划层面上不够重视，并缺乏可操作的实施机制，政府对市场的管理以监管为主，且监管过程越位与缺位现象并存，政府的公共运输服务职能尚不健全等。上述问题得不到妥善和全面的解决，距离真正构建综合运输管理体制仍有较大差距，未来重点应在按照综合运输的理念构建相应的法律、法规、政策和管理内容，指导交通运输的发展；按照市场经济条件下的政府与市场分工，调整当前政府管理的职能、手段、方式；为企业在开展运输服务和市场的完善，创造良好的法律、法规、政策、管理环境等方面进一步推进工作的开展。

## 第二节　综合运输体系发展面临的环境及影响

### 一、工业化发展对交通运输的影响和要求

#### （一）我国所处工业化发展阶段

工业化泛指一国从农业社会向工业社会的转化，以及工业社会自身的发展过程。在这个过程中，经济发展水平不断提高，产业结构逐渐从以农业为主体转化为以工业为主体，并向第三产业过渡，以制造业为代表的第二产业，产值和就业人数都超过第一产业，制造业增加值占总商品增加值的比重不断上升。

国外经济学家钱纳里、库兹涅兹、赛尔奎等人，基于实证分析的方法，得出了经济发展阶段和工业化发展阶段的经验性判据，进而得出了“标准结构”，其中具有代表性的是钱纳里的方法，他将经济发展阶段划分为前工业化、工业化实现和后工业化三个阶段，其中工业化实现阶段又分为初期、中期、后期三个时期，判断依据主要有人均收入水平、三次产业结构、就业结构、城市化水平等标准。此外，不同时期工业内部结构也发生显著变化：工业化初期，纺织、食品等轻工业比重较高，之后比重持续下降；工业化中期，钢铁、水泥、电力等能源原材料工业比重较大，之后开始下降；工业化后期，装备制造等高加工度的制造业比重明显上升。

结合我国国情和新的时代特征，国内一些政府机构和学术单位对我国工业化所处阶段进行了分析，如工业和信息化部认为，中国目前仍处于工业化中期阶段，中国社科院课题组2007年的分析认为，2005年中国处于工业化中期的后半阶段，并预计2020年前后中国完成工业化。国家信息中心部分专家认为，中国在1995年进入工业化中期阶段，并于2014年结束工业化中期阶段，2015年进入工业化后期阶段。还有的学者认为，中国在1994—2002年进入工业化中期阶段，2003年以后，工业化进入中后期阶段。

综合来看，当前至未来十年左右我国的工业化总体上处于中期阶段，但已出现向后期阶段过渡的明显特征，2020年左右基本实现工业化。2020年以后我国进入后工业化时代。

#### （二）工业化发展对交通运输的影响

工业化发展处于不同的阶段，工业生产的结构特点不同，由此也对交通运输产生着影响。新时期，我国的工业化处于中期向后期过渡时期，这一时期既面临重化工业的持续发展，又面临工业产业的转型升级，对于我国货物运输需求的规模和结构均产生深远的影响。

**1. 货运规模总量仍保持较快增长，但增速放缓**

当前，我国处于工业化中期，重化工业发展仍处于较快发展时期，产业结构中汽车、钢铁、化工、电子信息等产业，已经逐步取代传统的纺织、轻工等产业成为主导产业，因此，基于重化工业对运输的需求特点，货物运输需求的规模总量仍将保持较快增长，但由于我国的工业化中期已经经过不短的发展时期，正逐步向工业化后期转变，因此货物运输规模增长的速度将放缓。

**2. 货类结构中，基础性原材料等仍是运输重点，高附加值产品增长明显**

随着我国由工业化中期向后期的过渡，我国的工业基础不断加强，工业产业呈现升级发展的态势，即工业的增长并不简单地体现为生产的规模增长，同时还体现为增长的质量，即体现为技术支撑式的增长和产品层级以及附加值的增长。由于重化工业的持续发展和既有的规模，在我国货物运输结构中，基础性原材料以及能源等产品仍是运输的重点，但同时高附加值产品的运输需求也将不断增加，在货类结构中，这一比重将持续调整。

### （三）新时期工业化发展对交通运输的要求

**1. 适度超前开展基础设施建设**

我国已经进入工业化中期阶段，并且向后期过渡的特征明显，根据工业化的发展经验，重化工业仍是新时期工业发展结构中的重点，煤炭、电力、冶金、化工等能源和原材料的运输需求仍处于较为旺盛阶段，为适应工业化发展对货物运输的要求，统筹交通运输和工业化进程的协调发展，新时期交通运输基础设施必须适度超前建设。

**2. 推进运输结构合理化**

多年来，我国的铁路能力发展相对滞后，工业化的持续发展已经使得这一能力短缺显露无遗，新时期工业化的发展带来的我国货物运输结构中，对基础性原材料等运输需求的规模特点决定，仍需加快铁路、水运等运输方式的设施和运行建设，充分发挥相关低成本、大运量运输方式的作用；同时，随着高附加值产品运输需求的增长，集装箱运输、航空运输、公路网络快速配送等各类快速、高效运输方式和运输模式需求也不断增长，需要进一步在相关运输方式和运输组织上加强推进，促进运输结构的合理化。

**3. 加强城市群的城际间高速公路和现代物流系统建设**

我国工业化进程具有较为明显的区域特征。随着产业集群的发展，在同一城市群一般出现产业集中布局、各城市差异发展的趋势，导致城际间的商品流动规模加大、频率加快，并且带动人员加速流动。因此，要加强城市群的城际交通体系和物流系统建设，为旅客运输需求和小批量多批次的货物运输需求提供保障。

## 二、城镇化发展对交通运输的影响和要求

### （一）新时期城镇化发展趋势及其特点

**1. 城镇化快速推进**

20 世纪 90 年代我国进入城市化快速推进的发展阶段，到 2012 年我国城市化达到

52.6%。其中，“九五”期间，我国城镇化率年均增加1.44个百分点，城市人口年均增加2146万；“十五”期间城镇化率年均增加1.35个百分点，城市人口年均增加2061万；“十一五”期间城镇化率年均增加1.34个百分点，城市人口年均增加2069万。根据世界城市化发展规律，我国正处于城市化快速发展的中期阶段，仍将在较长时期内保持快速推进的状态。

**2. 城镇化的空间结构**

未来通过培育和发展能辐射全国性的重点城市群体系，以大城市为依托，以中等城市为重点，加快推进城镇化进程，最终形成主体功能区规划的“3+18”城市群格局。其中，珠三角、长三角和环渤海三大城市群，将形成能够容纳5000万到1亿人口的具有国际影响力的特大城市群。哈长、海峡西岸、中原、长江中游、北部湾、成渝、关中等地区，将形成一批3000万~5000万人口的大城市群。

**3. 城镇化的人口结构**

我国的城镇化的人口结构中，农民工是城镇化进程的主体，在制造业、服务业等行业农民工所占比重超过50%，在建筑业等部分行业已经超过80%。2007年进城农民工占城镇人口的比重达到27%，举家迁徙的农民工2990万，占外出农民工比重接近20%。第二代农民工代表着城镇的未来。据第二次农业普查数据，20岁以下农村外出劳动力占16.1%。按户籍的非农业人口统计，2007年我国城镇化率只有32.5%（统计口径为44.9%），1.6亿农业户籍人口统计为城镇人口，占城镇人口的27%。

### （二）城镇化发展对交通运输的影响

**1. 客运需求将保持快速增长**

根据统计，农民工平均消费水平约是农民平均消费水平的2倍，城镇居民消费水平约是农民平均消费水平的3.5倍，同时，城镇化率与旅客运输量之间存在显著的线性相关关系，根据统计，我国城镇化率每提高1个百分点，旅客运输量增加7.21亿人次，旅客周转量增加698.9亿人公里。因此，随着城镇化的推进，人口规模增加、城镇人口比重提高、城市居民交通消费比重加大等因素，将推动旅客运输需求保持较快增长。

**2. 城市交通、城际交通、城乡交通需求将不断增长**

根据城镇化发展的一般规律，当城镇人口占比超过45%或50%时，城镇化发展的主要特征是人口从小城市进入大城市，大城市优先发展，我国正处于大城市快速发展的阶段，因此未来大城市交通的需求将不断增长。同时，依据我国城镇化的空间结构特点，未来我国城镇化的发展在空间上将以若干城市群为主体，城市之间的交通需求将随着人口的聚集以及相应产业集群形成，出现快速增长的特点。而且，由于我国城镇化的人口结构特点，存在大量的农民工进城的现象，在这一阶段，城镇与农村之间有着紧密的联系，客货交流需求旺盛。

### （三）新时期城镇化发展对交通运输的要求

新时期城镇化的发展，将改变我国人口和各类生产等资源聚集的空间结构，要求按照城镇化新结构，构建相应的交通运输系统。

**1. 优先建设综合运输通道、枢纽以及快速客运网络**

根据“两横三纵”为主体的城镇化战略格局和城市群分布特点，构建以现代化先进适用技术为支撑，以区域中心城市为枢纽、沿线主要城市为重要节点、辐射区域的立体化、大能力、快速化的国家级综合运输大通道，形成网络连接和相适应的运输组织模式。

**2. 加快发展城际交通运输系统**

在京津冀、长江三角洲、珠江三角洲特大城市群，逐步建立覆盖区域内的地级城市、比较完善的城际轨道交通系统；加快建设哈长、海峡西岸、中原、长江中游、北部湾、成渝和关中等大城市群和区域性城市群城际轨道交通系统；新建或利用既有铁路在中心城市与周边城镇建立快捷运输系统；加强城市群公路建设，实现城市群内各城镇高等级公路全覆盖。

**3. 加快发展城市交通运输系统**

加快城市轨道交通和地面公共交通建设，通过差别化的交通基础设施建设和使用政策，对城市交通需求实施结构性引导，建立以公共交通为主导，其他方式相协调的城市交通发展模式，实现资源节约与可持续发展。

**4. 进一步提高城乡交通覆盖面**

加大城市与乡村交通基础设施建设力度，提高中心城市与周边农村的交通网络通达度和公共交通覆盖面，实现城乡交通一体化发展，实现以城带乡、以乡促城，充分发挥交通运输在统筹城乡发展、促进农村城镇化的作用。

**5. 积极推进交通运输一体化**

统筹综合交通枢纽建设，加强各种运输方式之间、城市交通与对外交通之间的一体化有效衔接与便捷换乘，建设全程一体化服务的综合交通运输体系。

## 三、国际化发展对交通运输的影响和要求

### （一）新时期国际化发展的特点

国际化既是我国对外开放的结果，又是进一步拓展对外开放广度和深度、提高对外开放水平的基本要求，随着全球经济一体化的深入发展，国际化将是未来我国经济社会发展的重要趋势。国际化的体现形式涵盖了经济、文化、政治等多重领域，其中经济国际化是核心，随着我国工业化发展逐步进入中后期，我国的国际化发展的总体模式也将从当前的以发展外贸加工产业为主，向参与国际合作、分工，构建新的国际合作框架方向转变；在外贸结构上也将随着产业结构的调整而发生新的变化。

**1. 我国的国际化发展模式调整**

我国传统的国际化发展是以对外贸易为核心，而外向型产业中出口加工等缺乏技术含量的产业模式占了很大的比重，这种外贸产业结构在整个产业体系中，其产生的价值增值是较低的，这也就是我们一直所说的 8 亿件中国制造的衬衫，换取 1 架美国制造的波

音飞机的根源。这一点由价值链中的微笑曲线结构可以解释，在产业环节的体系框架中，生产环节的价值增值是最低的，而研发、商贸流通等环节的价值增值则较高。

随着我国工业化发展的推进，经济社会发展中人才、技术、资金等发展要素不断获得积累和沉淀，对资源投入产出和劳动生产率也产生了更高追求，同时，环境因素也日渐成为影响我国人民追求生活质量的重要因素，由于种种发展条件、发展目标、发展约束，上述传统的国际化发展道路必然需要调整，同时也具备了调整的基础。

未来我国的国际化发展在战略层面上调整的重要方向是，以资金、技术等要素为基础，参与国际分工，将低技术含量和低增值水平的产业向外进行转移，以国际合作、资本运作等方式，控制产业链上的高端产业，形成新的国际化产业分工体系，使我国在国际产业发展格局中更为高效地获得增长，从而重新定位我国在国际分工体系中的地位。

**2. 外贸结构发生调整**

外贸产品结构的调整。随着我国经济转型和技术升级发展，未来我国外贸出口产品结构将逐步升级，资本和技术密集型产品的出口比重将进一步提升，资源密集型产品的出口比重将下降。如近期机械设备、运输设备、家电、高新技术产品、汽车制造、船舶制造、大型航空设备制造等产品，出口比重将明显提升。

外贸产业布局将有所调整。外贸产业的区域布局上，沿海区域仍将继续发挥技术和产业优势，在全国外贸体系份额中维持较高比重，但随着区域经济的一体化发展和产业转移的深入推进，以及陆路国际通道的建设，内陆区域的外贸比重将有所提高。这一点从进入21世纪以来，我国内陆城市在外贸结构中的比重不断上升，可以得到验证。

外贸的地区结构也将有所调整。随着我国国际化发展战略方向的调整，以及在国际化合作框架中的定位变化，原先以欧美等发达地区为市场方向的出口加工类企业生产规模将进一步缩减，而重点在其他方向上构建合理的国际分工合作体系，并且伴随陆路国际通道的建设，未来我国的外贸地区结构中，发达地区的比重将下降。

### （二）新时期国际化发展对交通运输的影响

**1. 国际化发展模式调整对交通运输的影响**

我国参与国际化发展的模式调整，使得交通运输的意义不仅体现在外贸货物运输的基本层面，同时也体现在促进人员流动、文化交流，保障海外利益等多个方面。因此，新时期国际化发展对交通运输提出了更为明确的方向性要求和更为系统的保障性要求。

**2. 外贸结构调整对交通运输的影响**

外贸总量发展对交通运输的影响。由于国际化发展模式和外贸结构的调整，未来我国外贸运输需求总量将呈现增速放缓趋势，在近年来我国相关外贸服务能力和基础设施能力快速增长的背景下，外贸运输总量的增速放缓，将降低对港口等基础设施的需求，甚至特定情况下出现设施闲置的情况，同样的，运行能力也有可能出现过剩的情况，因此，需要调整基础设施建设的思路，并进一步整合相关市场资源。

外贸产品结构变化对交通运输的影响。在外贸总量增速放缓的基础上，外贸产品结构将由低附加值向高附加值转变，这一变化，对交通运输内在结构将产生深远影响。一方面，外贸产品结构中高附加值产品比重增加的特点，将对航空等提供快速、高质量运输服务的运输方式，在能力上产生更多需求；另一方面，由于高质量运输服务的比重不断提高，将对集装箱运输、多式联运等先进的运输模式和运输组织方式提出更高的要求。

外贸产业布局调整对交通运输的影响。随着我国外贸产业在沿海和内陆地区的布局进一步均衡化，导致外贸运输服务延伸至内陆区域的比重加大，对我国外贸运输的组织水平提出在运输中增加区域间交通服务的要求，跨区域衔接、多式联运的运输组织成为发展的重要方面。

### （三）新时期国际化发展对交通运输的要求

**1. 基础设施建设要求**

针对我国新时期的外贸运输需求总量放缓，需求结构变化的特征，在基础设施的建设上，对于港口设施应从以能力和规模建设为核心，向提升港口服务质量为核心转变，其中，港口集疏运设施系统的建设，以及运用现代物流技术进行港口集疏运组织和服务功能的拓展，均应成为港口发展的重点。充分考虑到航空外贸货运的增长潜力，相关管理部门应通过规划管理和政策引导，在航空外贸增长需求相对集中的区域，促进机场航空货物运输能力的建设，其中，引导的重点方向是要加强对机场物流组织能力和货运集疏运能力的建设。此外，在特定的方向上，应加强陆上铁路、公路等国际通道以及口岸设施的发展。

**2. 运输服务发展要求**

推进外贸运输服务的区域衔接和多式联运发展。新时期我国外贸发展将呈现内陆区域比重逐步提升的趋势，内陆区域与沿海港口的外贸转运运输服务需求将持续增长，要求加强内陆区域与沿海港口的运输衔接。同时，随着外贸产品结构向高附加值品种发展，外贸运输服务在质量和速度方面的要求也将逐步提高。未来的运输服务应加强推进外贸运输服务的区域衔接和多式联运的开展，以适应外贸区域布局结构变化需要。

推动外贸运输服务的功能拓展。外贸产品结构的变化，产品附加值的提高，将使产品的服务需求由单纯的运输服务向提供多种服务的现代物流服务转型，为适应这种变化的趋势，应通过政策引导和经济性的财税手段，鼓励运输企业集约化发展，拓展自身服务功能，在国际化的竞争环境中，培育自身核心竞争力的同时，为我国外贸竞争力的提升提供相匹配的多功能运输服务。

## 四、收入及消费对交通运输的影响和要求

### （一）新时期我国收入水平及消费模式的变化

**1. 我国居民收入水平不断增长**

无论是城镇居民还是农村居民，自“九五”以来，人均收入增长速度均保持较高水平，且呈加速趋势。按照指数计算，城镇居民家庭人均可支配收入“九五”期间年均增

长5.74%，“十五”期间年均增长9.62%，“十一五”期间年均增长9.71%；农村居民家庭人均纯收入“九五”期间年均增长4.73%，“十五”期间年均增长5.26%，“十一五”期间年均增长8.85%。

**2. 消费模式不断变化**

随着我国人均收入水平的提高，低层次需求比重逐渐下降，高层次需求比重逐渐增加；物质性需求比重下降，精神文化需求比重上升。新时期消费模式的结构变化具体表现为：以恩格尔系数为代表的食品比重下降；物质类消费即工农业产品比重下降，非物质类消费即服务业比重上升；物质类消费中，“衣、食、用”比重下降，“住、行”比重上升。

**3. 交通消费倾向存在城乡差异**

我国城乡二元经济结构，使得在交通消费倾向上，也存在着城镇居民和农村居民之间的较大差别。一方面，农村居民交通通信消费倾向要低于城镇居民交通通信消费倾向，从时间上分析，一般滞后约5年；另一方面，无论是城镇居民，还是农村居民，随着收入水平的提高，交通通信消费倾向都有较为明显的提高。

### （二）新时期居民收入水平及消费模式对交通运输的影响

**1. 居民收入水平及消费模式对交通出行的影响**

居民收入水平的总体提升，以及在收入提升基础上的消费模式变化，将增加交通的出行需求规模，同时，结合我国的城乡人口结构，在出行需求结构上，城市交通需求进一步加快提升，在出行需求的水平上，快速、安全、便捷、个性化等高服务质量的出行需求比例不断增加。

**2. 居民收入水平及消费模式对相关运输需求的影响**

居民收入水平提升以及消费模式的变化，将带来与生活密切相关的商贸流通格局变化，这种流通格局变化体现为商品流通的空间覆盖性、快速性、网络化、个性化等，具有代表性的，如当前电商等新的商贸模式的出现。相应的，作为商品流通的重要支撑，这种流通格局的变化也对交通运输在设施和运行层面产生深远的影响。

### （三）新时期居民收入水平及消费模式对交通运输的要求

**1. 增加运输服务供给能力**

无论是人口由农村向城市集中，还是城乡居民边际交通通信消费随着收入水平提高而增加，都会客观上增加人们的出行需求规模，尤其在城市交通能力上；而随着消费水平提升，以及消费模式变化，新的商品流通模式，体现着流通的精细化和覆盖性等特征，从而对相关的配送等服务能力提出了新要求。

**2. 提高交通运输服务质量**

在出行方面，居民收入提高后，边际交通消费倾向的提高，不仅仅是增加交通出行次数，也会对交通运输服务质量提出更高要求。一是时间价值提升后对于出行速度和舒适度有更高追求，进而促进高端运输方式及其市场的发展。二是对于一体化运输等的要求也会更加迫切，要求提供一体化的交通基础设施和一体化的运输服务。在相关的流通方面，新的流通模式和流通格局，要求运输服务的质量进一步提升，具备实现快速流通，终端个性化服务等新的能力。

## 五、资源环境对交通运输的影响和要求

### （一）新时期我国交通运输面临的资源环境条件

**1. 交通运输能源供给环境日益严峻**

随着我国客货运输量的增长，交通运输业能源消耗的规模逐年上升，能源消耗的增速高于全社会能源消耗的增速，成为我国用能增长最快的行业之一。2010 年，我国交通运输邮政业共消费能源 26068 万吨标准煤，占全社会能源消耗量的 8.02%（不包括非营运运输工具耗能）。其中，成品油是运输领域最主要的能源，交通运输领域也是最大的石油资源消耗部门，石油消耗量占全国石油消耗量的 50% 左右，其中，大约 95% 的汽油、60% 的柴油和 90% 的煤油被各类交通工具所消耗。

我国的石油年产量受制于资源约束，总量维持在 1.8 亿～1.9 亿吨，远不能满足石油快速增长的需求，自 1993 年我国成为石油净进口国以来，石油进口规模不断攀升，至 2010 年进口石油达 29437 万吨，石油消费对外依存度由 1995 年的 7.58% 快速提高至 2010 年的 58.64%。国内石油短缺将成为我国一个长期的重要战略问题，对经济社会发展产生重要影响，同时，交通运输领域以石油为主的能源消耗结构将长期保持，交通运输发展也将长期受到石油供给缺口加大这一基本制约。

**2. 土地资源日益紧缺**

交通运输基础设施的建设需要占用大量土地，根据相关统计数据，2006 年公路和铁路建设用地总规模为 876 万公顷，约占我国国土面积的 0.91%。与此同时，我国的国情是地少人多，以占世界 5% 的耕地养育着世界 20% 的人口，人均土地面积只有世界水平的 1/3，人均耕地面积不足世界人均的 43%。特别是我国经济正处于快速发展时期，城镇化进程加快，工业化不断向前推进，这些都需要土地资源的支撑，土地资源短缺的矛盾日益突出。为保障社会经济的可持续发展，必须正确处理经济社会发展与保护土地资源的关系，我国目前正实施符合国情的最为严格的土地管理制度，实施从紧的土地供应政策，严格控制包括交通在内的建设用地增量。

**3. 环境问题日益突出**

交通运输行业的运行带来污染问题，根据有关研究成果，运输业排放的二氧化碳约占全社会的 22%，交通运输对氮氧化合物排放的贡献率在 50% 以上，80%～90% 的一氧化碳来自交通部门，在减排社会责任中，运输业首当其冲。无论是国际还是国内环境，均对交通运输提出了环境角度的要求，国际上，2005 年 2 月生效的《京都议定书》，规定了温室气体排放的减排要求，尽管当时我国未承担强制减排责任，但关于控制温室气体排放的第二承诺期的谈判也即将开始，世界发达国家对我国、印度等承担量化减排指标

的呼声越来越高，我国将不可避免地成为谈判的焦点，将来会承当更多更明确的责任。在国内，我国面临的环境污染压力越来越大，已经逐步影响着人民的生活水平提升，统筹协调经济社会发展与人口、资源、环境的关系，增强可持续发展能力，已经成为科学发展的必由之路，在我国的“十二五”规划《纲要》中，也明确提出节能减排的目标，即以2010年为基期，到2015年单位国内生产总值能源消耗降低16%、主要污染物减排17%，并且将这两个指标作为约束性指标。

## （二）新时期资源环境对交通运输发展的影响和要求

**1. 对交通建设产生影响**

多年来，我国的土地政策，一直对于交通运输等基础设施建设具有倾斜性，包括部分土地采用划拨方式提供，在税收以及土地补偿费等方面给予优惠等。随着用地的日益紧张，新时期，我国的交通建设将面临用地不足和紧缩的土地政策，将对交通建设规模和速度产生影响。

从供需角度看，国家土地利用总体规划给出的交通土地利用指标，与《中长期铁路网规划》等各类规划提出的交通建设需求占地之间存在一定的缺口，交通土地供应与交通用地需求矛盾加剧。从建设成本角度看，近年来交通建设的土地成本与“十五”期初相比，基本上翻了一番，如自2007年新增建设用地土地有偿使用费由5~70元/平方米提高到10~140元/平方米，耕地占用税自2008年1月1日起提高了约4倍，随着国家土地税费政策的进一步调整，新时期交通建设成本仍将继续加大。此外，交通用地的供给方式也将逐步变化，长期以来的重点扶持交通基础设施建设用地采用的划拨方式，将逐步转变为有偿方式，也将对交通建设产生影响。

**2. 对交通运行成本产生影响**

在市场化背景下，由于能源的供需关系总体上将呈现日趋紧张的态势，作为交通运行的重要成本之一，能源价格将不断推高我国的交通运输成本。此外，由于土地利用成本的不断提升，相应的交通基础设施的建设成本提升也将反馈到运行领域，从而推高运输成本。运输成本的提高，将对我国各运输方式间的结构，以及交通运输市场竞争格局产生深远的影响。

## （三）新时期资源环境对交通运输发展要求

新时期土地、资源等外部环境的制约，对我国的交通运输提出低碳化发展的总体要求，即在满足经济社会发展的前提下，以尽量低的资源占用，提供经济社会发展所需要的运输服务，实现交通运输的集约发展，具体而言又主要包括以下两个方面。

**1. 对交通运输提出优化结构的要求**

按照综合运输体系构建的思想，在理清需求结构基础上，合理规划各种交通设施的建设，并结合运输组织的开展，充分发挥低耗能运输方式在运输服务中的作用，形成各种运输方式合理分担需求，低碳化的交通运输运行结构。

**2. 对交通运输提出提高运行组织效率的要求**

引导市场上的企业主体，不断加强对运输服务的组织，形成不同运输方式之间、干线和网络之间的有效运行衔接，减少不合理运输，提高运输服务的系统效率，实现运行领域的低碳化。

## 第三节　新时期我国综合运输体系发展的主要任务

### 一、新时期我国综合运输体系所处发展阶段

根据当前综合交通运输体系发展现状，以及新时期综合交通运输体系发展面临的环境，当前我国交通运输发展总体仍然处于综合交通运输体系构建形成阶段。在综合交通运输体系理念指导下，各种运输方式根据各自的布局规划，积极地进行大规模建设，交通网络不断扩张并初步形成，交通运输发展开始注重各种运输方式之间网络的有效衔接和资源的合理配置，但整体上交通运输供需矛盾尚未解决，一体化运输服务还没有实现。因此，新时期是我国交通基础设施网络完善的关键时期，是构建综合交通运输体系的重要时期，也是深化交通运输体制改革的攻坚时期。

**1. 交通基础设施网络完善的关键时期**

从我国交通运输发展现状来看，近十年是新中国成立以来我国交通运输基础设施建设力度最大、发展速度最快、成绩最为显著的时期，初步形成了“五纵五横”综合运输大通道为主骨架的综合交通网。但与我国的国土面积、人口规模、经济和社会发展需求相比，数量方面仍然存在一定的差距；与我国的空间区域结构、产业结构、资源分布、城乡结构发展需求相比，结构方面需要进一步提高网络的增量，进而优化网络结构；从综合交通网自身发展来看，全国性的综合运输大通道主骨架综合交通网仅初步形成，还需要进一步完善，区域性的综合运输大通道骨架综合交通网处于关键的形成过程中，需要加快建设，并彼此衔接协调，共同提高综合运输能力。

**2. 构建综合交通运输体系的重要时期**

经过改革开放三十多年的快速建设与发展，我国各种运输方式已具备了相当规模，交通运输供给严重短缺的状况得到了根本性改善，各种运输方式的基础条件和实力大为增强。但是总体看来，我国交通运输发展仍然处于各种运输方式快速发展时期，综合交通运输体系及其形态正在形成和发展过程中。近年来我国交通运输在基础设施建设、运输服务和交通运输管理体制改革上取得了很大成就，交通运输业整体面貌发生了巨大变化。交通基础设施建设规模的不断扩大、运输生产和服务水平的大幅度提高，以及交通运输管理体制改革的不断推进，为新时期继续提升交通运输的综合发展水平创造了条件。

**3. 深化交通运输体制改革的攻坚时期**

近年来，我国综合交通运输体制改革方面取得了重大进展，铁路投融资改革进一步深化，成品油价格和税费改革正式实施，低空空域推进分类管理，“大部制”改革

迈出重要步伐等。但客观而言，适应我国综合交通运输体系建设发展要求的管理体制和协调机制尚未建立，运输市场环境尚不完善。改革是发展的动力，从我国交通运输发展面临的环境和未来发展形势分析，新时期是深化交通运输体制改革的攻坚时期，需要突破行政区划、行业条框，逐步建立跨区域、跨行业的涵盖规划、建设、运营等诸多方面的体制机制，以更好地支撑和保障综合交通运输体系的构建及其可持续发展。

新时期，我国交通运输基础设施建设规模将继续保持持续增长态势，运输服务水平及能力将快速提升，交通运输发展方式逐步由单一方式独立发展向各种方式协同、综合发展转变；交通运输发展重点也将由通道建设为主逐步向通道和枢纽建设并重转变；交通运输建设重点也由基础设施建设为主向基础设施建设与运输服务并重转变；交通运输能力增加也由要素投入为主向要素投入、科技创新和体制创新并重转变。在这个时期，迫切需要综合交通运输体系的顶层设计来顺应交通运输发展需求，引导各种运输方式的合理发展，是综合交通运输体系的构建形成和发展的关键时期。

## 二、新时期我国综合运输体系发展的思路

新时期我国综合运输体系的发展，既要遵循综合运输体系的基本思想和理论，又要根据我国交通运输现状以及与经济发展适应情况，按照新时期的经济社会发展特征趋势对综合运输体系发展提出的要求，系统统筹考虑。

### （一）以稳健发展为主题，继续扩大交通基础设施规模

由于当前交通运输供需矛盾的总体缓解是在我国社会经济发展水平和人民生活水平较低情况下实现的，是一种低水平的、暂时的、非全面性的缓解。从总体上分析，我国各种运输方式的交通基础设施依然薄弱，交通基础网络规模不适应。因此，新时期还需要继续以稳健发展为主题，通过扩大增量和优化存量相结合，继续扩大交通基础设施规模，全面提高交通供给能力，支持各种运输方式完成大发展过程。

### （二）以转变交通发展方式为主线，继续推进“四个转变”

转变交通运输发展方式，是我国经济转型发展的需要，也是综合运输体系发展的内在需要，其核心是体现系统资源利用的高效率和发展的集约化。具体包括四个方面。一是从各种运输方式相对独立发展向综合、协调发展转变；二是从资源消耗、环境污染型向资源节约、环境友好型转变；三是从以交通建设为重向交通建设与运输服务并重方向转变；四是从依赖要素投入发展向要素投入、科技进步和机制创新方向转变。

### （三）以结构调整为重点，继续优化综合交通运输网络结构

结构问题是综合交通运输体系构建和发展中的核心问题，长期以来，“优化交通运输结构”始终作为政府调控交通发展的政策导向和切入点，也是交通运输发展不断追求的

目标。综合交通运输体系结构包含的内容很多，但这些结构类型均从不同的角度或范围反映着综合交通运输体系构成要素之间的比例关系，其中最重要的结构是综合运输网络空间结构、区域间综合运输大通道中各种运输方式的组成结构，以及大城市群（带）区域城际交通结构，是新时期我国综合交通运输结构优化的重点。

### （四）以政府配置为引导、市场配置为基础，继续推动交通资源的合理配置、引导运输需求

综合交通运输体系的构建与发展是从国家层面对组成交通运输系统诸要素的有机整合，是政府和市场共同配置资源的结果，是综合交通运输体系整体效率和效益提高的需要。以有效的宏观调控措施，实现交通资源的合理配置，引导运输需求，同时充分发挥市场机制的基础性作用，推进一体化的运输服务体系发展，是新时期综合运输体系发展的重要方面。

### （五）以政策、机制和体制创新发展为动力，继续加强各种运输方式间的紧密融合和推进统一的运输大市场形成

我国交通运输发展历程表明，政策、机制和体制创新是交通快速发展的成功经验，也是各种运输方式间的紧密融合和推进统一的运输大市场形成的根本保证。新时期，应继续加强创新，推进运输一体化进程。其中重点包括推进综合运输服务系统的相关制度建设；破除运输市场的地域分割；推进一体化运输组织和标准化工作；推进各种运输方式信息资源共享制度和平台建设等。

### （六）以综合交通枢纽建设为重点，提高各种运输方式间的衔接水平

综合交通枢纽建设是目前综合交通运输体系发展的重点和难点之一，是提高运输一体化水平和效率的基础，新时期，需要重点推进综合交通枢纽的建设，其中重点是解决综合交通枢纽的建设协调机制构建，以及提高综合交通枢纽的衔接优化。

### （七）以区际运输大通道的协调发展为重点，提高综合运输通道畅通水平

根据区际综合运输大通道的地位、作用以及发展的阶段性特征，新时期，应全面提高综合运输通道的畅通水平，重点突出区际运输大通道的协调发展。其中重点包括，增强大通道的可选择性和机动性，以提高通道的畅通水平；优先发展综合运输通道中节能型、大运输能力的运输方式，统筹协调各种运输方式干线网布局需要，以促进资源的集约利用等内容。

### （八）以城市群（带）交通功能衔接优化为重点，提高运输一体化水平

在城镇化快速推进的新时期，根据城市群交通的地位、作用以及发展需求特征，依托城市群（带）较好的交通设施条件，突出城市群（带）交通衔接功能的优化，全面提高运输一体化水平。其中重点包括，合理配置轨道、公路等主导运输方式；鼓励发展快

速化、便捷化的公共交通，合理引导私人交通；合理确定城际干线与城市辐射线之间结构关系与功能；合理发挥主轴通道中城际铁路系统与干线铁路系统的功能等。

### （九）以农村运输网络密度和通达深度为重点，提高农村交通服务水平

我国农村交通建设是长期艰巨的任务，对保持城乡的经济社会均衡发展，对完善综合交通运输体系都具有重要作用。在新时期注重社会公平的环境下，必须从推进城乡交通一体化和建设和谐社会的高度，继续提高农村运输网络密度和通达深度。

### （十）以国际运输通道能力建设为重点，提高国际交通连通水平

国际性运输通道是我国进一步适应区域经济一体化、双边和多边贸易和自由贸易区发展的交通基础设施，与周边国家和地区紧密连接，利用交通运输网络的连接与辐射作用，我国与通道沿线各国可以加强区域经济合作，促进发展和互利合作关系，对保障国家经济安全，促进国内外经济合作，尤其是西部地区的开发开放有重要的作用。在国际化发展模式调整的新时期，需要重点提高交通运输的国际连通水平，增强陆路国际运输能力，并增强国际运输竞争力。

## 三、新时期我国综合运输体系发展的重点任务

上述思路中，提出了5个继续和5个重点的发展内容，其中5个重点体现着新时期我国经济社会发展特色和趋势，也是新时期交通发展的重要切入点，从系统角度而言，5个重点主要体现为两个方面的内容，一是各种功能层次的交通运输系统发展，包括国际通道、区际综合运输大通道、城市群交通运输、农村交通运输等；二是衔接各种运输方式以及各种功能层次交通系统的枢纽系统。这两大内容中的每一条具体发展目的均是提高运行水平的特定方面，基于当前提高运输服务的重要性，归纳我国新时期综合运输体系发展重点如下。

第一，构建层次清晰、系统关联的综合运输通道和网络系统。根据我国的经济社会发展中产业、人口等总体空间格局，围绕主体功能区、城市群建设等内容，构建层次清晰、系统紧密关联的综合运输系统，包括区际综合运输大通道、城市群快速交通系统、城市交通系统、农村交通运输、国际通道等。

第二，全面推进综合运输枢纽建设。近些年来，我国对线路（铁路、公路、城市道路、轨道交通等）进行了大规模建设，但对运输效率和服务质量有重要影响的综合交通枢纽重视不够，投入不足。综合交通枢纽成为综合交通运输体系的薄弱环节，影响了整体效率的发挥和运输服务质量的提升。为推进我国综合运输体系的优化衔接，实现运输一体化发展，新时期推进综合交通运输枢纽建设成为综合运输体系发展中的重点任务。

第三，提升综合运输服务能力。在综合运输体系中，与交通基础设施系统发展迅速不同，我国的交通运行系统发展相对滞后，运行的发展滞后，一方面使得体现综合运输

内涵的衔接存在较为明显的问题，而衔接问题的存在，使得运输效果难以按照资源的优化配置进行开展，由此也影响到对运输需求的实际反映，最终导致运输结构的合理性问题。正因如此，运输服务成为综合运输发展的瓶颈所在。

上述三大任务与当前经济社会发展关联紧密，具有较强的时代特征，也是未来综合运输体系发展的重点，对供应链管理的发展具有较为重要的影响，将在以下章节重点分析。除此之外，综合运输体系的发展任务还包括推动运输装备的技术进步，加强交通运输的安全，构建绿色交通发展模式等。

# 第三章　新时期综合运输体系发展与供应链管理

## 第一节　多层次交通通道网络与供应链管理

按照我国的经济社会发展格局，未来我国综合运输体系将在区际通道、城际交通、城市交通、农村交通等几个层面上系统发展，形成大通道和网络化交通的优化空间、功能系统。这种多层次交通通道网络的构建，与供应链管理发展之间存在密切的关系。

### 一、优化完善区际大通道与供应链管理

**1. 区际大通道的概念和特征**

区际综合运输通道是指连接各主要新经济区域之间的通道，它连接着我国重要的经济区域和城市群，也是人口较为密集、经济较为发达、产业集聚的地区，更加强调新区域经济发展对区际综合运输通道的要求以及区际综合运输通道对区域经济的引导和促进作用。具有三个主要的特征，一是连接我国重要的经济区域和城市群，对区域经济发展具有促进作用；二是客货需求总量大、集中度高及多样化，客货服务安全、优质、高效；三是运输通道本身及通道内各种运输方式具有一定的层次性，要整体最优化。

**2. 我国区际大通道发展存在的问题**

当前我国区际大通道的发展尽管取得了一定的成绩，但在能力、区域布局、主要货种的运输系统等方面尚存在不足。在能力上，主要表现为铁路能力紧张与现有高速公路同线位的国道能力紧张两个方面。如京沪铁路全线能力十分紧张，94% 的区段平图能力利用率超过 85%。其中，22% 的区段平图能力利用率达到 100%。在区域分布上，西部地区尤其是西北地区的通道尚未成网，东中部地区与青海、新疆、西藏等经济区域的通道联系薄弱，并且，在西部区域内部，连接主要经济区之间的通道还未形成。在主要货种的运输系统上，煤炭、铁矿石、石油、集装箱等运输系统分别存在能力不足、区域布局不合理、集疏运不畅等问题。

**3. 新时期我国区际大通道发展的主要方向**

根据我国新时期经济社会发展的产业升级、产业布局、城镇化等特征，以及当前区际大通道发展中存在的问题，未来我国区际大通道的发展将按照集约高效、布局合理、结构优化、绿色低碳等原则，在以下两个方向上予以推进。

一是建成“五纵五横”区际综合交通运输通道，即黑河至三亚、北京至上海、满洲里至港澳台、包头至广州、临河至防城港等 5 条南北向综合运输通道，以及天津至喀什、青岛至拉萨、连云港至阿拉山口、上海至成都、上海至瑞丽等 5 条东西向综合运输通道。

二是完善网络、提升能力、优化结构，形成区际快速旅客运输通道和煤炭、石油、铁矿石、集装箱等重要物资运输通道。

**4. 优化区际大通道对供应链管理的影响**

区际大通道连接着我国主要的城市群，关系着我国宏观经济体系的空间格局和联系状况，进一步优化区际大通道，将从以下几个方面对供应链管理产生影响。

第一，促进供应链规模和空间的扩展。区际大通道在特定方向上和能力上的进一步完善，将促进我国区域之间的产业交流，尤其是西部干线通道的进一步完善，将为东西部地区产业梯次转移和产业互补发展奠定基础。这种产业的区域关联性和结构互补性加强，一方面将促进供应链管理活动的开展，另一方面也使得供应链管理呈现在全国范围内广泛布局的特点。

第二，促进降低供应链运行成本。干线通道结构的进一步完善，尤其是水运、铁路等低耗能、低成本运输方式的能力增强，将促使我国干线运输上低成本运输方式的应用更为广泛，从而降低供应链活动，尤其是基础生产领域供应链的运行成本。

第三，促进供应链空间结构完善。干线通道的空间结构，在宏观方向上决定了我国货物运输的方向和空间格局，依托干线通道开展供应链管理活动，将有利于在全国范围内按照产业系统的关系，形成系统合理的空间结构。

## 二、加快推进城际交通系统与供应链管理

**1. 城际交通系统的内涵**

城际交通广义上是指城市与城市之间的交通，包括跨区域干线城际交通和区域城际交通，区域城际交通又分为城市群区域城际交通和非城市群区域城际交通。其中干线城际交通和非城市群区域城际交通，都是以城市点对点间或沿途大城市间客货流为主，其交通特征主要体现为干线通道。非城市群城际交通可以利用干线通道兼顾城际功能，当运量达到一定规模时，以通道局部扩容的方式满足运量增长的需求。因此，这里所说的城市交通主要是指特定城市群范围内城市交通，其服务对象既包括主要城市点对点间的客货交流，也包括服务于区域内中心城市到中小城市及城镇，以及中小城市及城镇间的客货运输。

**2. 新时期城际交通系统发展的方向**

新时期需要重点推进城际交通发展，是随着我国城市群的发展过程中，人口、产业进一步聚集和紧密联系的特征，以及由此带来的迅速增长的客货需求以及客货流动特点决定的。按照城市群的空间布局特点，我国城际交通发展的方向包括，在城市群区域发展主轴线上，建成以城际轨道交通和高速公路为主的大能力、快速城际综合运输通道；在中心城市都市圈范围，建成以轨道交通和高等级公路交通为主的通勤圈；在城市群区域中小城市之间，建成由高速公路和高等级公路组成的快捷、通畅的道路交通网络。

**3. 城际交通发展对供应链管理的影响**

城市群是新时期我国人口和产业的一种聚集形态，城际交通的发展，将进一步改变

城市群的内部交通联系关系，从而对供应链管理产生影响，具体包括以下几个方面。

第一，城际网络的完善，将促进供应链管理活动在城市群内进一步深入发展。城际交通网络的完善为人口的快速流动和货物的便捷流动奠定基础，使城市群内城市之间的产业联系更为紧密，在促进区域经济一体化和产业集群形成的同时，促进不同城市的不同产业间，供应链管理活动的深入开展。

第二，城际交通的发展，将影响供应链管理的空间结构。新时期城际交通的发展将突出核心城市之间，以及核心城市与其他城市的交通系统构建，形成围绕核心城市的交通网络空间结构，有利于促进供应链管理中，组织中心的形成。

## 三、构建可持续的城市交通系统与供应链管理

### 1. 新时期城市交通系统的发展方向

城市交通系统包括中心城区交通系统、中心城区与周边地区衔接与辐射的交通系统，并具有以中心城为核心向外放射的结构形态。新时期我国城市交通系统的发展方向主要包括：在基础设施方面，按照城市的不同规模加强城市道路网络建设，城市轨道交通建设，以及交通客货枢纽建设，建成合理的客运系统和货运系统。

其中，货运系统建设的主要发展内容包括，对于城市自身所产生和吸引的货物运输，建立和完善以货运枢纽场站为核心的物流配送系统，优化城市货运枢纽场站和物流园区的布局；优化城市货运通道，加强货物运输及货车标准的管理；建立健全对城市客运影响小的接卸、收货、配送模式及配套管理制度；同时以信息化、智能化手段加强管理，提高货运系统效率和效益。城市货运车辆基本符合标准化、不同模式货运功能和环保要求。

### 2. 构建可持续的城市交通对供应链管理的影响

城市是人口的聚集区，同时也是商贸活动的终端聚集区，城市交通系统的发展，对于供应链管理的影响，重点体现在供应链管理活动的终端商贸环节上，具体表现为支撑着供应链管理的终端商贸配送服务规模和服务效率不断提升。以新时期具有商贸流通发展特征趋势的，面向终端消费者的电子商务发展为例，正是由于良好的城市交通网络建设，以及良好的城市配送运行的开展，这种伴随着信息化和商贸业的发展而出现的电子商务活动，其背后的供应链管理才得以应对如此庞大的终端服务。

## 四、改善农村交通与供应链管理

### 1. 农村交通的发展重点

农村交通是我国交通网络的末端，但发展农村交通体现着统筹城乡发展，推进基本公共服务均等化的发展要求，对于促进农村地区经济发展、加快农业现代化具有重要的意义，同时也实现交通行业全面、协调发展的内在要求。

新时期农村交通的发展主要任务包括，进一步加强农村道路建设，以及场站建设，

推动农村客运和货运服务的发展。在农村公路建设方面，主要包括全面完成“通达”工程，所有具备条件的乡（镇）、建制村通公路；加快推进“通畅”工程，按照东中西部的不同条件，提高沥青（水泥）路面的比例；加密公路，具备条件的地区实施县乡道改造和连通工程，逐步对农村公路路网进行加密、优化，在乡镇及建制村通公路基础上，针对人口达到一定规模，经济发展、产业开发具备一定条件的自然村实施道路连通工程。

**2. 农村交通系统对供应链管理的影响**

农村交通的发展对供应链管理的影响主要体现在两个方面，一是农村交通的发展，尤其是路网密度的加强和道路等级的提升，使得以城市配送为手段的商贸终端服务得以向部分农村地区延伸，从而进一步扩大了商贸供应链终端的覆盖范围，对供应链管理提出了新的要求。二是农村交通的发展，使分散的农产品供应可以形成有效的物流组织，从而对农产品供应链在扩展组织规模、缩短供应链条等方面形成有效的支撑，催生“农超对接”、“农企对接”等各种有利于农业发展和降低流通成本的农产品供应链模式的推广。

## 五、国际通道建设与供应链管理

**1. 新时期国际通道系统的发展重点**

根据新时期我国国际化发展的新趋势和特点，我国国际通道的发展重点包括，一是增强陆路国际运输能力。陆路国际运输通道主要包括东北亚运输通道、中亚运输通道、东南亚和南亚运输通道，与周边国家共同合作，使主要国际通道的各种运输方式结构配置基本合理，形成大能力运输通道。二是增强国际运输竞争力。为适应我国国际贸易运输发展和国际运输竞争加剧的趋势，重点是加强以香港、上海国际航运中心集装箱深水港为主的沿海大型枢纽港口建设，增强与周边国家和地区的竞争能力；重点完善北京、上海、广州等航空枢纽的建设，增强适应国际航空运输发展趋势的能力；加强海、陆、空口岸设施与通道建设，增强国际竞争能力。

**2. 国际通道建设对供应链管理的影响**

国际通道的建设将促进我国供应链管理的国际化发展。全球经济一体化的背景下，供应链的全球化发展趋势由来已久，但由我国产业主导构建的全球化供应链管理却需要加快尝试和发展。在传统的外贸发展模式下，我国的绝大多数外向型产业不是产业链发展的主导者，而是供应链管理中的被管理者。新时期在资金、技术、服务等具有一定发展优势条件下，我国的“走出去”战略将得到深入实施，也将改变我国当前的国际化模式，传统的低附加值的加工出口产业逐渐萎缩，取而代之的是产业在国际分工中的更高定位，必然需要由我国企业主导构建国际化的供应链体系。国际化的供应链体系，必须有连通全球的交通体系与运输服务支撑，新时期我国国际通道的建设，将有力地促进我国供应链的全球化发展。

## 六、多层次交通通道网络构建对供应链管理的影响

新时期我国国际通道、区际通道、城际通道、城市交通、农村交通等的发展，在分别对供应链管理产生影响的同时，还将由于构成层次分明、结构完善的系统性的交通通道和网络体系，对供应链管理的发展具有深远的影响。

### （一）促进供应链管理的空间覆盖范围扩展

国际通道、区际干线通道，以及城市间、城市内、城乡间的区域网络的完善，从空间上为我国供应链活动的开展提供了覆盖全国范围以及特定国际方向的服务能力；而通道上各运输方式的合理结构，通道与网络的有效配置和衔接，均为我国的供应链管理开展中的运输活动的高效率和低成本发展，提供了良好的运输设施基础，从而降低供应链活动跨空间的成本，促进供应链管理的空间覆盖范围扩展。

### （二）促进供应链管理的链条延伸

供应链管理是由需求导向的产业体系的组织管理模式，城际通道、城市交通、农村交通等网络设施的完善，以及基于完善网络的终端配送物流服务发展，将极大地促进供应链管理中面向终端消费的服务范围和深度，由此也将形成更为庞大和准确的终端市场需求信息，以及更为有力的供应链终端需求控制主体，从而推动供应链以终端消费为基础，向上游的生产等各个环节开展系统管理，实现供应链管理链条的延伸。

# 第二节　综合运输枢纽建设与供应链管理

## 一、新时期综合运输枢纽的建设方向

### （一）综合运输枢纽的层次

交通枢纽有宏观层面枢纽（城市）和单体枢纽之分。单体交通枢纽是指进行运输组织、客货换乘/换装作业、中转衔接以及货物仓储等活动的建筑场所，具体包括铁路、公路、港口和机场客货运站等。宏观交通枢纽（城市）是从交通运输的角度定位城市在综合交通网中的地位和作用，指具有良好的地理交通区位条件，有广大的吸引和辐射范围，对区域内交通运输的衔接顺畅和高效运行具有全局性和重要影响的城市，是综合交通网中的重要节点。

### （二）新时期综合运输枢纽的建设目标和任务

**1. 建设目标**

基于综合运输枢纽的两种层级，新时期综合运输枢纽的建设任务主要包括两个层次，一是宏观层面上，建成 42 个全国性综合交通运输枢纽（城市），并进一步完善枢纽体系；

二是针对枢纽城市，进一步做好各种枢纽场站的微观设施空间规划和功能设计。

**2. 建设的任务**

由于全国性枢纽城市的建设要求和功能定位已经相对明确，新时期枢纽建设的具体任务主要针对枢纽城市的具体发展提出，包括以下几个方面的内容。

第一，完善基础设施的宏观功能分工与布局，主要包括按照“客内货外”的原则调整场站布局，提高客运枢纽的集中度和综合性，完善枢纽场站的功能分工，大型客运枢纽站之间建立直达通道，合理分疏过境交通等。

第二，优化基础设施的微观设计，主要包括强化枢纽场站的集疏运网络规划建设，尤其强化铁路在港口集疏运体系中的作用，保证枢纽场站与集疏运的同步建设，加强对外公路与城市道路的衔接和能力匹配。

第三，强化枢纽场站的信息化建设，枢纽场站一方面要及时准确地采集、处理、分析、存储、传输生产运行过程中所产生的各种信息，如运力分布、组织管理、生产调度、各种站内作业、机械、车辆设备运用情况等信息，并对换乘枢纽的关键作业部位进行监控；另一方面要建立信息共享机制，整合铁路、公路、水路、民航、城市交通等信息资源。重点完善枢纽旅客出行信息服务与指引系统、货物查询跟踪系统、票务单证系统、安全监控系统和应急处理系统。

第四，加强运营衔接，提高场站服务水平，在货运方面重点提高货运枢纽中转换装效率，具体措施包括加强运输企业之间的信息互通与共享，提高相互间运营时间的衔接；简化货运枢纽的各项流程与手续，减少不必要的中间环节，加速货物的接驳转运；采用现代化的设备工具和科学的组织安排，提高装卸效率，缩短换装时间。

## 二、新时期综合运输枢纽与供应链管理发展

### （一）综合运输枢纽发展促进供应链管理的完善

**1. 促进供应链节点整体空间布局的完善**

新时期，在我国全面推进综合交通运输枢纽建设的背景下，未来我国将形成42个全国性的综合交通枢纽，以及若干其他不同层次的枢纽。这些枢纽将在运输组织中承担重要的货物集散作用，并且在运输的网络结构中承担不同的功能分工。

供应链管理的开展过程中，将物流管理的组织中心节点布局以及功能分工，与我国枢纽建设的具体规划相结合，将充分利用枢纽在衔接不同运输方式，衔接干支线等不同层次的交通网络中产生的效率和成本优势，使得供应链上物流的运行组织更具优势。因此，以枢纽规划为基础，开展供应链节点的空间布局，有利于提升供应链在空间结构上的合理性。

**2. 促进供应链节点设施微观布局的完善**

未来城市枢纽在具体的单体枢纽设计上，将系统考虑枢纽与城市空间布局的关系，以及枢纽与衔接的不同交通方式及干支线的关系，枢纽的微观布局将具有更强的合理性。

供应链管理中的具体物流组织节点主要表现为仓库等设施形态，在仓储节点的布局和功能考虑上，充分考虑所布局节点城市的枢纽设计思路，将供应链管理中的微观设施布局及功能与城市枢纽的空间布局和功能设计相结合，将有效地实现供应链管理物流节点功能的发挥，从而促进供应链节点微观布局的完善。

**3. 促进供应链节点设施的建设**

新时期，枢纽建设具有重要的意义，国家发展改革委 2013 年 7 月发布《促进综合交通枢纽发展的指导意见》，也进一步强调了综合交通枢纽发展的意义和紧迫性。综合交通枢纽的建设在政策、体制机制、资金等各个方面均将获得更多的倾斜。利用当前枢纽建设全面推进的契机，加快推进供应链的节点设施建设，将更多地获得地方政府和行业管理部门的政策、资金等支持，因此综合运输枢纽的建设和发展，将促进供应链节点设施的建设，推动供应链管理的发展。

**4. 促进供应链管理的功能完善**

综合交通枢纽（城市）作为不同运输方式的衔接中心，对运输资源具有良好的聚集基础，在资源聚集的基础上，不同产业的供应链依托综合交通枢纽开展管理活动过程中，运输、仓储等物流活动将由于各种资源整合后的规模化结构，而衍生出各种新的组织模式，从而促进供应链管理的功能进一步完善。

### （二）供应链管理活动的开展推动综合运输枢纽发展

基于供应链管理与综合运输体系的互动发展关系，在综合运输枢纽发展促进供应链管理完善的同时，开展供应链管理，也反过来推动综合运输枢纽的进一步发展和完善。

**1. 开展供应链管理提升枢纽运行水平**

城市枢纽在综合运输中对各种运输方式衔接等功能的实现，除了在硬件上的连通等要求外，必须依赖良好的物流运行环境，而物流运行环境的形成，需要各类产业提供物流需求支撑和这种支撑条件下的物流企业聚集。供应链管理的开展，其核心是对供应链上的产业系统，进行生产、流通的系统规划和系统组织，组织的过程所依赖的组织中心节点也就带来物流需求资源在特定地区的聚集。因此，将供应链管理活动的开展与枢纽的建设有机结合起来，将为枢纽实现物流组织提供良好的市场需求环境，提升枢纽的运行水平，实现枢纽功能的完善。事实上，我国很多城市在发展枢纽的过程中，尤其强调对供应链核心企业的招商引资，促进其将组织中心建设与城市枢纽的物流园区、联运中心等设施载体的发展相结合，充分说明了供应链管理的开展，对枢纽功能实现的价值。

**2. 开展供应链管理活动促进枢纽的合理布局和系统完善**

尽管《促进综合交通枢纽发展的指导意见》提出了建设 42 个全国性综合交通运输枢纽（城市），基于枢纽发展的系统性，除上述 42 个全国性枢纽外，还需要依据经济发展的需求，在全国范围合理布局不同层次的枢纽。供应链管理的开展，依据产业的组织要求，结合区域交通基础条件，将在物流组织上形成不同层次的组织节点，这实际上是从产业层面对资源的聚集空间分布进行阐释，结合供应链管理形成的不同层次的物流节点体系开展各类枢纽建设，将有利于我国枢纽系统的布局按照经济发展的要求，实现功能的匹配和系统结构的完善。

### [案例] 沃尔玛在我国的物流配送中心布局

沃尔玛公司是世界性连锁商业企业，业务主要涉足零售业，是世界上雇员最多的企业，公司有8500家门店，分布于全球15个国家。沃尔玛于1996年进入中国，在深圳开设了第一家沃尔玛购物广场和山姆会员商店，截至2013年已经在全国21个省、自治区、4个直辖市的150多个城市开设了390多家商场。

作为零售商，沃尔玛构建了以自身为核心的供应链管理系统，沃尔玛中国公司与近2万家供应商建立了合作关系，对庞大的商品体系进行采购、管理和物流活动，在供应链管理的过程中，沃尔玛在我国形成了3个主要的物流配送中心，分别是天津、嘉兴、深圳，并正在考虑在中部地区武汉市建设第四个物流配送中心。这些物流配送中心实际上就是沃尔玛在整合供应链过程中形成的运作组织中心，组织中心的建立，形成了在特定地区的物流需求资源的聚集，同时带来相关物流服务企业的聚集，改善着物流供给环境，对于所在城市的枢纽功能提升和区域枢纽地位提升作用是巨大的。

沃尔玛在对物流配送中心选址的过程中，除了自身的网点布局以外，也考虑地区的交通环境和作为物流组织中心的枢纽建设条件，其物流配送中心除嘉兴外，均为全国性的综合交通枢纽，充分利用这些综合交通枢纽的干线条件和支线网络，以及各种运输方式的存在和衔接，对于沃尔玛降低自身开展供应链管理的成本，提升供应链管理效率具有积极的作用。

## 第三节 运输服务发展与供应链管理

### 一、新时期运输服务的发展方向

**1. 运输服务完善的推动角度**

新时期，完善综合交通运输服务需要充分发挥政府和市场两方面的积极作用。与交通基础设施大多为公共产品或准公共产品的属性不同，除城市公共交通等少数运输服务具有准公共产品属性以外，大多数客、货运输服务的经济属性为私人产品，运输市场和市场机制是优化运输资源配置、提高综合交通运输效率的场所和基础性机制。在充分发挥市场机制基础性作用的同时，提高综合交通运输服务水平，仍需要充分发挥政府在运输市场监管、对公益性运输服务提供补贴等方面的重要作用，特别是对于我国这样一个由计划经济向市场经济转轨的国家而言，更需要强化政府在构建综合交通运输体系中的作用。

**2. 新时期提升我国运输服务的紧迫性**

我国的交通运输发展特征显示，我国的交通基础设施建设已经取得了较为丰硕的成果，交通基础设施不再成为综合运输体系构建中的唯一核心矛盾，与此同时，我国的交通运输服务系统建设严重滞后，已经成为当前综合运输体系构建中的关键。因此，交通运行领域将成为未来综合运输体系构建中的发展重点任务。在2013年3月，交通运输部发言人针对大部制成立的表态中提到，大部制的建立，核心目的就是提升服务；而2013年9月，交通运输部更是发布了《交通运输部关于改进提升交通运输服务的若干指导意见》，旨在加强我国运输服务的发展。

**3. 新时期我国运输服务的发展目标**

按照完善运输服务的角度，新时期推进我国运输服务发展主要目标包括，一是构建完善的综合交通运输政策体系，这一政策体系由运输市场监管政策、运输市场协调政策和运输公共服务政策三部分组成，是市场经济条件下政府行使交通管理职能、对运输市场进行有效监管、维护社会公共利益的重要依据；二是构建完善的综合交通运输市场体系，通过转变政府交通管理职能，充分发挥市场机制在资源配置中的基础性作用，使价格机制、竞争机制成为决定运输市场资源配置的主要力量，最大限度地减少政府对运输市场的直接行政干预。

**4. 新时期我国运输服务发展的重点任务**

（1）推进综合运输服务系统的相关制度建设。构建和完善综合运输服务系统的系统构成、各部分之间的相互关系以及需要建立的外部环境条件等，在此基础上进行相关制度、法规建设，逐步完善外部环境。

（2）破除运输市场的地域分割。全面推进运输市场中的运营主体成为真正的市场主体，逐步打破市场垄断、运输市场地区保护的政策和规则，消除运输市场的地域分割，以便形成完善的统一、开放、竞争、有序的运输市场。

（3）推进一体化运输组织和标准化工作。通过交通运输管理部门与相关政府部门的协作，推进运输企业在运输组织、技术标准、信息系统等方面进行合作，逐步完善综合运输服务系统，以实现客货运输服务的一体化和高效化。当前集装箱海铁联运是一体化运输服务发展的重要方面。

（4）推进各种运输方式信息资源共享制度和平台建设。进一步深化体制改革，完善协调与决策机制，打破部门分割，以方便使用者和提高系统效率及服务水平，在继续推进各部门、企业信息化建设的同时，大力整合交通运输信息技术和信息资源的开发利用，建设综合交通运输信息平台和建立交通运输信息资源共享制度。

（5）深化运输价格改革，规范运输服务收费。重点推进铁路运价改革，建立以市场定价为主、国家宏观调控为辅的运价管理体制和形成机制。深化民航运价改革，建立适应社会主义市场经济体制要求，政府宏观调控、企业自主有限浮动、反映市场供求变化的客货运输价格形成机制。规范各类运输服务收费，理顺基础设施管理（经营）机构与运输企业之间的利益关系，发挥市场配置资源的基础性作用，促进综合交通运输服务发展。

（6）完善运输市场监管，提高运输效率和服务水平。加快调整和完善运输市场结构，提高道路货运组织化水平，加快甩挂运输等先进运输组织方式发展，加快物流公共信息平台建设。强化运输方式间合作关系。

（7）加快培育综合型运输企业，提升运输企业的国际竞争力。

**5. 新时期我国运输服务开展趋势**

上述发展任务是新时期我国运输服务发展，在政府层面所做的基本任务和发展目标，这些任务和目标的制定，均是围绕运输服务的合理发展而制定的，最终运输服务发展的实现，表现为运输企业的发展和运输企业提供的具体运输服务活动过程及效果。

根据上述发展任务，新时期我国运输服务开展的趋势体现为以下三个方面，从运输服务开展主体的角度，新时期运输企业的规模化、专业化发展将成为发展趋势；从运输服务的组织角度，新时期网络化的运输组织，以及多式联运等方式间衔接性强的运输服务组织将成为发展趋势；从运输服务的效果角度，提供准确、即时、低成本、高效率、高质量等的运输服务，成为运输服务的发展趋势。

## 二、新时期运输服务与供应链管理的发展

### （一）新时期运输服务的发展促进供应链管理的完善

**1. 运输服务发展是促进供应链管理完善的直接环节**

无论是上述多层次的交通通道和网络建设，还是枢纽的建设，其布局的合理性或结构的优化，对供应链管理所产生的作用，均需要通过运输活动最终实现，运输服务的优劣影响着上述系统发展对促进供应链完善发展的作用，因此，运输服务是综合运输体系发展促进供应链管理完善的直接环节。

**2. 促进供应链管理中的企业关系调整和完善**

随着新时期我国运输服务的发展，运输企业的规模化、专业化发展，以及带来服务功能的网络化和一体化，为供应链管理活动中运输服务的集约提供创造了条件，从而改变着供应链管理企业的结构进一步趋于稳定，这种企业间关系的稳定化发展，既为供应链活动的开展提供了良好的服务支持，对供应链上的生产等企业有利，同时又为运输企业提供了稳定和有组织的货源，对运输服务的开展有利。因此，新时期运输服务的发展，为供应链管理中的企业关系调整和完善，奠定了基础。

**3. 促进供应链管理的流程和系统结构调整和完善**

新时期运输服务的发展，将带来运输服务在准确性、即时性、安全性等方面的质量提升，供应链管理活动中其他与运输密切相关的活动也应随之调整和改善，从而系统改善供应链管理的流程和结构。如依托良好的运输服务，仓储活动中的存储水平应重新设计，从而提高仓储空间的利用效率，仓储的空间布局也应随着运输服务水平的不同，重新按照系统效率最优的目标进行设计，同时也改变生产的规模结构和流通的具体设计。

### （二）开展供应链管理促进运输服务发展

在运输服务发展促进供应链管理完善的同时，供应链管理活动的开展反过来也促进运输服务的模式改进和运输服务企业的发展。

**1. 开展供应链管理促进运输组织的形成**

运输服务的提升，表现为更好地将供给与需求紧密衔接和匹配的过程，其中的发展难点就是对需求资源的系统组织，分散的需求结构和运输服务面临的分行业、分地区税收、市场、管理等环境，共同决定了我国的运输服务对于运输需求资源难以形成良好的整合效果，也导致运输企业难以形成规模化、高效率、网络化等发展要求。政府层面在新时期提升运输服务的各项任务主要是从运行环境角度解决税收、市场、管理等环境问题，而分散的需求结构则是由我国产业发展水平决定的。通过供应链管理活动的开展，将分散的需求，按照以供应链企业系统效率优化为目标，进行基于产业发展关系的运输需求整合，最终使得进入运输服务市场的需求本身呈现规模化、组织化的特征，为整个运输服务开展的组织化奠定基础，从而促进运输服务的发展。

**2. 开展供应链管理促进运输服务企业发展**

运输服务的发展，在产业层面归根结底是运输企业的发展，良好的运输服务系统，是具有规模化、网络化等特征的运输企业开展运输服务运行的结果。运输企业是供应链管理中的运输供给者，二者在产业组织层面有机结合，将基于供应链管理开展形成网络化、规模化等需求整合特点，为运输服务企业实现自身发展提供良好的运作需求环境。因此，开展供应链管理，并通过包括协同运输等供应链管理的组织手段实施，将有效提升我国运输服务企业的发展。

## ［案例］协同运输体现运输服务与供应链管理的发展

协同运输管理最初由全球最大零售商沃尔玛于2000年开始采用，它要求与供应链中的成员宝洁、货运巨头亨特三方实现更透明的信息交换，通过信息共享和供应链协作，制订计划、预测、运输、库存等商品服务全过程。三方达成合作关系以后，沃尔玛大大减少了货物处理过程的步骤，而亨特减小了16%的装卸货等待时间，空载率下降了3%，宝洁也实现了库存的下降。

协同运输作为供应链管理中衔接运输服务与运输需求的模式，体现着规模化的运输企业与供应链管理者以及供应链中运输需求者之间构建的新型稳定结构关系。既改变了供应链相关环节的流程和规模设计，提升供应链整体的效率，降低成本，同时也改善了运输企业的需求环境，促进了运输服务的发展。

撰稿人：国家发展和改革委员会综合运输研究所副所长　汪鸣
国家发展和改革委员会综合运输研究所助理研究员　陆成云

# 第二篇

# 城镇化与供应链管理

# 第一章　城镇化与城镇新兴产业

## 第一节　城镇化促进农业现代化

农业现代化是用现代工业装备农业，用现代科学技术改造农业，用现代管理方法管理农业，用现代社会化服务体系服务农业，用现代科学文化知识提高农民素质的过程。农业现代化不仅指农业生产过程、农业技术和农业经济现代化，而且包括与农业相关的农业生产者观念与文化、协调发展的工农业关系、农业制度与农村社会等方面的现代化。“十八大”提出要坚持走中国特色新型工业化、信息化、城镇化和农业现代化道路，以新型城镇化支撑未来中国经济增长的思路，并强调城乡发展一体化是解决“三农”问题的根本途径。全国国民经济和社会发展“十二五”规划纲要也提出要在工业化、城镇化深入发展中同步推进农业现代化，完善以工促农、以城带乡长效机制，加大强农惠农力度，提高农业现代化水平和农民生活水平，建设农民幸福生活的美好家园。因此，推进农业现代化是提高农业综合生产能力和促进农业发展、保障粮食等农产品供给的根本途径，而城镇化是推进农业现代化的重大机遇。在城镇化过程中，农业现代化应受到应有的重视，通过多策并举，把农业科技摆上突出的位置，从而加快推进中国特色的农业现代化建设，促进我国农业的持续健康发展。

过去，由于制度约束与技术薄弱等因素共同作用，我国农业一直处于低水平运作过程，农业基础薄弱，城乡居民收入差距仍然较大，“三农”短板现象仍然明显。随着我国工业化、城镇化的推进，我国农业在生产条件、农业科技、产业化经营、劳动力素质等方面都得到了提高，走上了平稳较快发展的道路。仅以 2011 年为例。一方面，我国农业综合机械化水平、农业科技进步贡献率、农田灌溉面积占比、生猪规模化养殖水平都超过了 50%；另一方面，农户参加农民专业合作社的比重达到 15.2%。这表明我国农业发展方式和生产经营模式发生了转变，技术装备水平提升，农业现代化进程顺利推进。

城镇化是推动农业现代化的重要推动力和引擎，具体表现如下：

第一，城镇化有效带动农村富余劳动力转移就业，为发展农业适度规模经营，推动农业专业化、标准化、规模化、集约化生产创造有利条件。一方面，城镇化水平的提高，服务业得到大力发展，能够吸引和容纳农村剩余劳动力；另一方面，城镇化水平提高，城市产业迅速发展，需要大量劳动力投入生产，有利于农村富余劳动力转移，有力提升农业生产效率和农业收益，加快推进农业现代化进程。

第二，城镇化通过拉动农产品需求、促进农民就业、建设新农村，有效拓宽农民收入渠道。新型城镇化包括两方面：一是新城市居民的现代化以及城市的产业升级；二是农民的现代化以及农业本身的现代化。人口城市化的本质在于平衡城市居民和农村居民的利益，提高农民社会保障与经济收入，缩小城乡差距。然而，长期以来，我国城乡二元经济结构造成城市与农村居民收入差距大。城镇化实现城乡互动、互惠，加快农村经济发展，以提高农民收入水平。

第三，城镇化有利于彻底改变传统的农村土地、资本、劳动力等生产要素单向流动的发展模式，带动城市资金、技术、信息、人才等现代生产要素向农业农村领域延伸，实现城乡要素平等交换。首先，城镇化进程的推进，促进了农业产业结构的优化升级，推进农业现代化进程。其次，城镇化进程中会聚了农业现代化投资的资金。最后，城镇化进程推进了信息化，高新技术的应用有助于提高土地使用率、劳动生产率、农产品产出率等，为农村劳动力进行培训，提高劳动力素质，夯实农业现代化进程的人力基础。

## 第二节　城镇化带动新型工业化

工业化是传统农业社会向现代工业社会转变的过程，是推进现代工业在国民经济中占主要地位的过程。城镇工业化是指推动农村由农业社会向工业社会转变的过程，主要表现为提高工业生产量、高新技术应用、劳动生产率提高、农村居民消费水平的提高。

过去，由于人口众多，我国经济发展水平低，以农业生产为主，是典型的农业大国。经过新中国成立后60多年的工业化发展，尤其是改革开放30多年的快速工业化，我国已发展成为以工业生产为主，经济发展水平较高的工业化中期阶段。一方面，整体经济实力增强，产业结构不断优化升级，工业生产能力较强；另一方面，吸引大量外资，推动国际贸易发展。随着经济水平的提高，无论是城市居民还是农村居民的收入都得到了显著提升。工业化进程与城镇化进程同时发生。

然而，与世界平均水平相比，我国城镇化率落后于工业化率。2010年，我国城镇化率与工业化率之比约为1.09，明显低于世界平均水平1.95①。这是由于我国长期实行城乡二元经济结构，导致经济社会发展不平衡，城镇工业化进程得不到快速发展，且存在亟须解决的问题。一是城镇经济增长方式依然以粗放型为主，集约化程度较低。二是城镇产业自主创新能力低，大量中高端技术依赖于国外进口。小型企业以抄袭模仿为主的发展方式难以持续，缺乏生命力，影响了城镇工业化的推进。三是城镇工业化大量消耗自然资源，产生污染，工业化与环境保护间的矛盾突出，制约了城镇工业化发展。四是城镇工业化发展的缓慢，增加了劳动力就业的压力，影响了社会稳定，不利于城镇工业化推进。解决上述诸多问题，必须提高城镇技术水平，改善城镇产业结构，以城镇化带动城镇工业化。

城镇化创造需求，工业化创造供给。城镇是进行制造和非农产业、农业产业发展的场所，没有高水平的城镇化，也就不能为制造和非农产业、农业产业提供保障，不能顺利推进

① 2010年，全世界城市化率为50.9%，工业化率为26%，即GDP中工业生产占比只有26%。全球平均的城市化率除以工业化率，得数约为1.95。也就是说，城市化率通常是工业化指数的两倍。中国的城市化率从20世纪80年代初期的不到19%，发展到2014年的51%~52%，达到全球平均水平，工业化率超过全球平均水平差不多一倍，达到46%以上，两者相除，得数为1.09。

城镇工业化发展。

首先，城镇化发展水平影响工业发展水平。城镇是工业发展的载体，城镇功能不齐全、规模及经济容量都影响着城镇工业的发展规模和速度。城镇建设拉动了第二产业的建筑业、工业中的建材产业以及第三产业中的房地产、科技等多个相关产业的发展，既拉动了工业发展，又为工业发展提供软硬件支持。

其次，城镇化有效增加工业品市场。城镇化进程伴随着人口和经济活动由农村向城镇集聚，有效刺激和开发新的投资和消费市场，扩大内需，为经济可持续发展提供了强大的拉力。一方面，城镇化扩大投资品需求。城镇化需要进行基础设施、公共设施、住房建设等投资。如表 2 - 1 - 1 所示，2001—2012 年，我国城镇固定资产投资占全社会固定资产投资比重不断增加，由 80.62% 上升为 97.37%；2012 年城镇固定资产投资是 2001 年的 12 倍。

**表 2 - 1 - 1　　2001—2012 年我国城镇固定投资与全社会固定资产投资**

| 指　标 | 2001 年 | 2002 年 | 2003 年 | 2004 年 | 2005 年 | 2006 年 |
|---|---|---|---|---|---|---|
| 城镇固定资产投资（亿元） | 30001.2 | 35488.8 | 45811.7 | 59028.2 | 75095.1 | 93368.7 |
| 全社会固定资产投资（亿元） | 37213.5 | 43499.9 | 55566.6 | 70477.4 | 88773.6 | 109998.2 |
| 比重（%） | 80.62 | 81.58 | 82.44 | 83.75 | 84.59 | 84.88 |
| 指　标 | 2007 年 | 2008 年 | 2009 年 | 2010 年 | 2011 年 | 2012 年 |
| 城镇固定资产投资（亿元） | 117464.5 | 148738.3 | 193920.4 | 241430.9 | 302396.1 | 364854.1 |
| 全社会固定资产投资（亿元） | 137323.9 | 172828.4 | 224598.8 | 278121.9 | 311485.1 | 374694.7 |
| 比重（%） | 85.54 | 86.06 | 86.34 | 86.81 | 97.08 | 97.37 |

另一方面，城镇化扩大居民消费需求。城镇化使得农民向市民转变，经济收入水平和社会保障水平都有显著提高，使得有效扩大消费需求。当前，城镇居民收入水平明显高于农村居民。如表 2 - 1 - 2 所示，2001—2012 年，农村居民收入不断上涨，由 3306.9 元/（年·人）增加到 10990.7 元/（年·人），上涨了 3.32 倍。但是，值得注意的是，城镇居民与农村居民之间的收入差距仍然明显拉大。

**表 2 - 1 - 2　　2001—2012 年城镇居民与农村居民收入差距**　　单位：元

| 指　标 | 2001 年 | 2002 年 | 2003 年 | 2004 年 | 2005 年 | 2006 年 |
|---|---|---|---|---|---|---|
| 城镇家庭平均每人年收入 | 6868.9 | 8177.4 | 9061.2 | 10128.5 | 11320.8 | 12719.2 |
| 农村居民家庭人均年收入 | 3306.9 | 3448.6 | 3582.4 | 4039.6 | 4631.2 | 5025.1 |
| 差　距 | 3562.0 | 4728.8 | 5478.8 | 6088.9 | 6689.6 | 7694.1 |
| 指　标 | 2007 年 | 2008 年 | 2009 年 | 2010 年 | 2011 年 | 2012 年 |
| 城镇家庭平均每人年收入 | 14908.6 | 17067.8 | 18858.1 | 21033.4 | 23979.2 | 26959.0 |
| 农村居民家庭人均年收入 | 5791.1 | 6700.7 | 7115.6 | 8119.5 | 9822.1 | 10990.7 |
| 差　距 | 9117.5 | 10367.1 | 11742.5 | 12913.9 | 14157.1 | 15968.3 |

资料来源：中经网

相应地，城镇居民的消费能力也显然强于农村居民。如表2－1－3所示，2001—2012年，农村家庭平均每人年消费性支出逐年上涨，增长率保持在两位数以上，为11.82%。尽管如此，我国城镇家庭平均每人每年消费性支出明显高于农村家庭平均每人年消费性支出，差距由3567.9元上涨为10766.3元。

**表2－1－3　　2001—2012年城镇居民与农村居民消费差距**　　单位：元

| 指　标 | 2001年 | 2002年 | 2003年 | 2004年 | 2005年 | 2006年 |
|---|---|---|---|---|---|---|
| 城镇家庭平均每人年消费性支出 | 5309.0 | 6029.9 | 6510.9 | 7182.1 | 7942.9 | 8696.6 |
| 农村家庭平均每人年消费性支出 | 1741.1 | 1834.3 | 1943.3 | 2184.7 | 2555.4 | 2829.0 |
| 差　距 | 3567.9 | 4195.6 | 4567.6 | 4997.4 | 5387.5 | 5867.6 |
| 指　标 | 2007年 | 2008年 | 2009年 | 2010年 | 2011年 | 2012年 |
| 城镇家庭平均每人年消费性支出 | 9997.5 | 11242.9 | 12264.6 | 13471.5 | 15160.9 | 16674.3 |
| 农村家庭平均每人年消费性支出 | 3223.9 | 3660.7 | 3993.5 | 4381.8 | 5221.1 | 5908.0 |
| 差　距 | 6773.6 | 7582.2 | 8271.1 | 9089.7 | 9939.8 | 10766.3 |

资料来源：中经网

我国城镇化水平每提高1%，就可以吸纳超过1300万的农村居民进入城镇工作、居住和生活。按照目前的投资和消费水平测算，这可以直接增加约4000亿元的固定资产投资需求和约1700亿元的消费需求。

再次，城镇化带来了经济集聚，有利于提高城镇工业生产率。城镇化是包括人口、资金、技术等多要素聚集的过程。随着城镇规模的扩大，为城镇工业发展提供了更大的市场。城镇化聚集起来的技术工人和专业人才，为城镇工业发展提供了必要的人力资源。城镇化促进了各类产业的聚集发展，有利于提高城镇工业的管理水平和发展水平。城镇化也促进了城镇产业的分工和专业化，有效提高城镇工业的生产率。城镇化过程带动了第三产业发展，为城镇工业发展提供必需的科研、教育、培训、信息服务等。

最后，城镇化促进城镇工业转型升级。一是城镇化伴随着信息技术的发展，信息技术增强了城镇工业的技术创新能力和市场竞争力。当前，城镇是各类高等院校、科研机构的集中地，城镇地区的公共教育机构多、培训能力强，使得城镇居民受教育年限增长，有效提升其劳动技能。同时，城镇化促进工业专业化发展、促进分工。由此，城镇化进程的推进，是加快工业专业化，提高工业创新能力和竞争能力的有效推动力。二是城镇化在城镇地区聚集技术人才、科研、服务产业等，推行农村工业经济，加快农村地区工业的转型升级，有助于减少工业污染、资源浪费。借助发达的基础设施，如交通、通信、商贸等，推展城镇工业企业发展空间和工业竞争优势。三是城镇化推动了服务业的发展，如生产性服务业，为工业生产活动提供各类服务，包括现代物流、金融保险、商贸服务、工业设计、信息咨询等。服务业是吸收大量劳动力的行业。同时，服务业的发展有利于建立更为合理的产业结构，提升制造业的发展水平和技术含量。

## 第三节　城镇化催生城市服务产业化

服务业是生产和销售服务产品的经济活动或经济行为。服务不同于其他工业产品，它是具有非实物性、不可储存性、不易分割性、生产与消费同时性等特征。所谓的现代服务业是那些依靠高新技术和现代管理方法、经营方式及组织形式发展起来的、主要为生产者提供中间投入的知识、技术、信息密集型服务部门，其核心是现代生产者服务，特别是高级生产者服务，如金融服务、商务服务、政务服务、信息技术与网络通信服务、教育培训服务、物流服务，以及一部分被新技术改造过的传统服务等。

随着物质生产的发展和劳动生产率的提高，世界经济服务化趋势越来越明显，服务业吸纳的就业人口越来越多，其创造的经济价值在国民收入中占比不断上升。城镇化提高了城镇工业化水平，提高了城镇居民的收入水平，这时，一方面，城镇居民的物质和经济需求要求服务业来满足；另一方面，不断发展的工业、农业都需要有相关的生产性服务业进行配套。由此，城镇化进程催生了一批与城乡发展相匹配的服务业。

当前，我国服务业规模不断扩大。如表2-1-4所示，2001—2012年，从第三产业增加值来看，呈现不断上涨的态势。其中，2012年是2001年的5.2倍；从第三产业增加值占GDP的比重来看，呈现波动上涨的趋势，2012年达到最大值，为44.6%；从第三产业年末从业人员及其占从业人员比重来看，都是呈现明显的上涨趋势。其中，2012年是2001年的1.37倍，比重由27.7%增加到36.1%。这四个指标来看，我国服务业的规模在不断扩大，市场需求也在不断增大。

**表2-1-4　　2001—2012年我国服务业发展情况**

| 指　标 | 2001年 | 2002年 | 2003年 | 2004年 | 2005年 | 2006年 |
| --- | --- | --- | --- | --- | --- | --- |
| 第三产业增加值（亿元） | 44361.6 | 49898.9 | 56004.7 | 64561.3 | 74919.3 | 88554.9 |
| 占GDP比重（%） | 40.5 | 41.5 | 41.2 | 40.4 | 40.5 | 41.0 |
| 第三产业年末从业人员（万人） | 20165 | 20958 | 21605 | 22725 | 23439 | 24143 |
| 占从业人员比重（%） | 27.7 | 28.6 | 29.3 | 30.6 | 31.4 | 32.2 |
| 指　标 | 2007年 | 2008年 | 2009年 | 2010年 | 2011年 | 2012年 |
| 第三产业增加值（亿元） | 111351.9 | 131339.9 | 148038.0 | 173595.9 | 205205.0 | 231626.0 |
| 占GDP比重（%） | 41.9 | 41.8 | 43.4 | 43.2 | 43.4 | 44.6 |
| 第三产业年末从业人员（万人） | 24404 | 25087 | 25857 | 26332 | 27282 | 27690 |
| 占从业人员比重（%） | 32.4 | 33.2 | 34.1 | 34.6 | 35.7 | 36.1 |

资料来源：中经网

与此同时，随着经济环境的改变，服务模式也在不断更新，新的业态不断出现，如电子商务、网上银行、远程教育等。然而，由于城镇服务产业化程度不高，城镇服务业与城镇化需求未能完全匹配，也出现以下亟须解决的问题。一是由于多数是照搬城市服务业的模式，未能与农村地区的要求相匹配，出现了体制机制僵化，市场化程度不高的现象；二是由于社会分工程度低，多数制造业企业都将自身需要的服务业内置，而不是与其他服务业企业进行合作，使得城镇服务业发展需求不足；三是农村地区未能形成完整的产业链，究其原因，是由于农村地区以代工模式为主，外资制造业与本地服务业关联度低，使得生产性服务业的发展缺乏空间。虽然还存在以上问题，但是，城镇化在很大程度上已经催生了城镇服务产业化，使得农村服务业获得了一定发展，具体表现在：

第一，城镇化催生新兴服务业，完善城镇产业体系。新兴服务业是利用现代理念、网络技术、新型营销方式以及服务创新发展起来的服务业，它具有高成长性、高技术含量、高风险性、高人力资本含量和低消耗五个基本特征。新兴服务业附加值高，资源消耗低，是产业高级化的趋势，是转变经济发展方式、拓展新经济领域的途径之一。一方面，随着人们生活水平的提高，城镇化开拓了农村地区的服务业需求，如节能服务业、海洋服务业、邮轮旅游业、信息通信服务业、文化创意业等。另一方面，城镇化推动了信息化，为农村地区引进和应用新计划带来的机遇，有利于在农村地区传统服务业基础上催生新型服务业，改变传统的服务模式，如电子银行业、电子认证、卫星科技服务、远程教育、远程医疗、地理信息服务系统、网络购物等。

第二，城镇化推动消费性服务业的发展。消费性服务业是为满足消费者最终需求服务的服务产业。丰富的物质产品和高水平的服务供应是改善民生服务福利的重要保障。随着居民收入水平不断提高、城镇化进程的加快以及消费结构的变迁，居民消费将从衣食住行为主逐渐过渡到康体娱乐为主、从对物质产品需求为主过渡到以文化精神需要为主。而满足文化精神需要和康体娱乐需求主要是靠消费性服务业。即便是衣食住行这样最基本的民生也是离不开服务的供应。城镇化的深化，使得城镇居民对服务的需求将呈多样化和高要求化发展，推动了城镇地区居民对消费性服务业的需求。其中，文化产业、旅游业、健康服务业以及家庭与养老服务业等是下一步消费性服务业发展的重中之重。首先，城镇化提高物质生活的同时，也提高了人们对精神生活的追求。城乡居民对文化需求既有共性的一面，也有多样性、多元化的一面。这种需求将会促进各个文化产业的发展，如文化娱乐、文化创意、移动多媒体、数字出版、动漫游戏等新型文化业态。其次，城镇化提高人们的收入水平，使得旅游消费正成为新的消费热点。旅游业资源消耗低，带动系数大，就业机会多。随着城乡居民旅游需求的扩大，旅游服务业得以发展。通过推动旅游产品多样化发展，加强旅游基础设施建设，提高旅游信息化水平，加强行业自律和诚信建设，提高旅游服务质量，旅游业可以全面实现产业化发展。再次，健康服务业也有着广阔的发展前景，需求十分旺盛。虽然该产业目前还处于起步阶段，中高端健康服务市场份额小、知名品牌少、产业带动作用还不大，但通过不断丰富健康产业内容，挖掘健康产业附加值，拓展健康产业链，健康服务业将成为新兴支柱服务产业。最后，家庭与养老服务产业是我国极具发展潜力的消费性服务业。随着城镇化进程加快，生活和工作节奏也日益加快，对家庭服务业的需求快速增加，但合格家庭服务从业者却明显不足。另外，我国的养老服务业的需求也在急剧增加。中国老年人口数量是世界上最多的，2010 年，全国 60 岁以上老年人口达 1.78 亿；2015 年，预计全国老年人口达到

2.21亿。2010年，全国65岁以上"空巢老人"有4150万人；2015年，预计将超过5100万人。目前，我国城乡空巢家庭超过了50%，部分大中城市达到了70%。这对于中国传统的家庭养老模式形成了强烈冲击，社会化养老服务的需求不断增强。

第三，城镇化通过促进农业现代化催生了"为农服务产业"。当前，城镇地区很多还是以农业为主要产业，农业的生产前、生产后都是值得开拓的服务业领域。借鉴发达国家的农业发展经验，要实现农业现代化、低碳化和可持续发展，必须大力发展服务于农业的服务业，建立社会化的农业产业化服务体系；要建立起强大、高效、高附加值的现代化农业，则需要构建和完善现代农业综合服务体系，通过发展包括农村金融、农业科技、涉农物流、动植物疫病防控、农产品质量安全监管、农村劳动力培训、农机租赁等为农服务产业。

## 第四节 城市化的产业分工与供应链管理

供应链是产品生产和流通过程中所涉及的原材料供应商、生产商、分销商、零售商以及最终消费者等成员通过与上游、下游成员的连接（Linkage）组成的网络结构。即是由物料获取、物料加工并将成品送到用户手中这一过程所涉及的企业和企业部门组成的一个网络。供应链管理（Supply Chain Management，SCM）是在满足一定的客户服务水平的条件下，为了使整个供应链系统成本达到最小而把供应商、制造商、仓库、配送中心和渠道商等有效地组织在一起来进行的产品制造、转运、分销及销售的管理方法。城镇化的深化，促进了各个产业之间的分工及专业化，如果使用供应链管理的思想将各个产业之间加以管理，旨在减低社会成本和提高经济运行效率。

要在城镇化过程中实现供应链管理，首要条件是明确合理的产业分工，构建供应链。产业分工可细化为三类：一类是产业间分工，是在农业、工业和商业之间的分工，即按照第一产业（以农业为主），第二产业（以工业为主）以及第三产业（以服务业为主）来分。另一类是产业内分工，即不同区域可能选择同一个产业部门，但其产品种类存在差别，也可称为产品间分工。随着信息技术的迅速发展以及经济全球化的快速推进，出现了第三类分工，即同一产品的生产分散到多个地区进行，各个区域按照产业链的不同环节、工序甚至模块进行专业化生产。例如，在珠三角、长三角和京津冀等都市圈内，大都市中心区的发展公司总部、研发设计及营销等；大都市郊区和中等城市侧重发展高新技术产业和先进制造业；其他小城镇则专门发展一般制造业和零部件等配套产业。这种在特定区域内出现的新型分工不但具有明显的层次性，而且提高了区域专业化水平，加强了区域间产业关联。从产业间（或部门间）分工、产业内（或产品间）分工向产业链分工的发展，是分工不断深入和细化的过程。这种以产业链为主要形式的分工，称为"新型"区域产业分工。新型区域产业分工是产业在区域间分工的一种形式，它表现为特定产品从研发、制造到销售服务等一系列过程中，不同工序或区段在空间上产生分离，从而形成一种跨区域的产业链分工状态。它是经济全球化和知识经济背景下区域和产业分工的发展趋势，既可以在国内不同区域进行，也可能跨越国界，在全球范围内进行。

这类分工是未来产业分工的趋势，城镇化过程中的供应链管理应以此类分工为基础。

基于新型产业分工的供应链管理应从以下几个方面入手：

第一，重视市场交易。通过市场机制维系产业关联的方式，即生产经营的投入—产出通过市场交易实现。部门之间或产品之间直接通过市场来实现的交易较多。如工业与农业的关联。但对于产业链环节间的关联，完全通过市场的情况比较少见。因为产业链环节不像部门或产品间那么容易分离，而且不同环节生产的往往只是中间产品，即使模块化阶段也做不到彻底的市场交易。完全市场交易仅限于实现了标准化的一些生产环节或工艺阶段。

第二，注重网络关联。在企业和市场之间事实上并不存在一条清晰的界限，而是大片模糊的中间地带。在产业关联方式中，更多的是介于企业和市场之间的关系组合，威廉姆森将其称为介于市场和企业科层间的混合模式，也称为“网络组织”或“企业网络”。新型区域产业分工更多的是通过外包、转包、特许经营等契约形成这种“企业网络”。产业链环节间具备了信息共享、战略协作和合作竞争三个基本要素，便可以共同响应市场需求的变化，对用户的要求及时做出反应和调整，形成产业链的整体竞争优势。

# 第二章　城镇化基础建设中的供应链管理

供应链管理是对供应链中的物流、信息流、资金流、业务流等进行的计划、组织、协调和控制工作。而物流、信息流、资金流、业务流等都依赖于先进的技术支持才能有效流动。因此，本章讨论城镇化基础建设中的供应链管理问题将从技术支持、资金流、物流、信息流及一体化五个方面来分析。

## 第一节　城镇化基础建设中的技术支持

自我国推行新型城镇化战略以来，城镇化建设从重视规模扩大转变为提高质量，有效推动我国各行业的发展。在这一时期，随着制造业和服务业的快速发展，物流业作为现代服务业，在提高制造业生产效率和结构转型方面做出了重要贡献。据中国物流与采购联合会统计，2012 年社会物流总额为 177.3 万亿元，同比增长 9.8%，全国物流业增加值为 3.5 万亿元，同比增加 9.1%。物流业的快速发展依赖于先进的信息技术支持。先进的信息技术支持有效提高物流企业的运营效率。从发达国家来看，物流领域是现代信息技术应用较为普遍和成熟的行业，物流企业也属于信息密集型。从我国来看，党的十八大要求以信息化推动新型城镇化建设，随着新型城镇化建设取得显著成绩，信息化也得到了大力发展。各行业都加快推进信息化进程，旨在有效提高企业运作效率。在此背景下，我国物流企业也采用通信网络、RFID、GPS、物流自动化系统等先进信息技术来提升企业效率。然而，值得注意是采用先进物流信息化的企业只约占全行业总数的 39%，大量的物流企业仍然采用原始的人工操作模式，物流信息化的整体水平难以满足企业高效运营和社会发展的需求。

首先，供应链管理软件的使用率较低，制约新型城镇化背景下物流业的发展。在以信息化推动新型城镇化发展的大环境下，最容易和最快速提升物流企业信息化水平的方式就是使用现有的先进供应链管理软件，如供应链管理（SCM）、企业资源计划管理（ERP）。当前，部分企业由于物流需求比较集中，如仓储，则使用供应商管理库存系统（VMI）。在我国企业中使用诸如 SCM、ERP、VMI 等供应链管理软件的比重不足 10%。而相较于制造企业，流通企业中使用先进供应链管理软件的企业比重更低，约为 3%。由于没有相应应用流程优化技术，包含上下游企业的供应链活动难以得到有效整合，造成三方面影响。一是无法整合上下游流程，优化供应链；二是上下游企业间供应链中存在重复操作、效率低下的问题，增加企业的资源占用和成本开支；三是上下游企业间缺乏有效、及时、透明的信息共享机制，导致整个供应链上的企业应对市场需求变化反应慢，影响企业竞争力及整个供应链竞争力。

另外，以第三方物流企业信息化程度为例，第三方物流（Third - Party Logistic，TPL）是指生产经营企业为集中于优势主业，将原自身进行处理的物流活动以合同形式委托给专业物流服务公司，以达到对物流全程的管理和合同制物流。发达国家的第三方物流企业的服务是覆盖整个供应链，且采用先进的网络技术、通信技术等。相较而言，我国第三方物流企业的服务内容仍以运输、仓储为主，且采用先进信息技术比重不高。更为重要的是，我国在物流信息服务、物流方案设计等以物流管理软件为基础的物流增值服务尚未开展。由此可看出，没有先进信息技术支持且服务内容过于简单的我国第三方物流不能算为真正的第三方物流。

其次，信息技术落后影响企业竞争力。学界和业界一致认为，物流领域中信息技术应用程度落后是物流市场竞争力低下的重要原因之一。发达国家的物流业是依托信息技术的支持，面向供应链全过程的物流管理，并提供供应链管理的定制化物流服务。然而，我国的物流企业尚缺乏提供面向供应链全过程且提供物流服务的能力，使得现有物流企业处于初级水平上，在市场竞争中缺乏竞争力。因此，在我国大部分企业都将物流环节内部化。以制造企业为例，企业将80%的原材料和成品物流服务自己承担，只有20%的物流服务由专业物流企业完成。

针对以上情况，为配合我国新型城镇化建设步伐，需要加快提高我国物流业的信息化水平。

第一，制定推进物流业信息化发展的专项规划。专项规划有着引领和指导作用，以立足实际、战略高度为原则，认真分析我国物流业信息化发展的实际情况，借鉴国外先进经验，制定出合乎我国物流业国情的物流业信息化发展专项规划。

第二，支持与鼓励物流业先进信息技术的应用。一是以高校独立合作或高校与企业合作的模式加大对物流技术、物流信息技术产业化的研究。二是以补贴或是奖励等方式鼓励和扶持企业应用信息技术提高企业效率，如利用国家技改资金鼓励流通企业和制造企业进行物流信息系统建设。三是扶持上下游企业之间信息交流和信息共享的网络建设和管理创新，实现信息资源共享，不断提高企业物流信息化建设和应用水平，以优化流程提高物流链全程各环节效率及降低成本为重点，逐步形成专业领域的物流公共信息平台。

第三，培育物流信息服务供应商，延长物流产业链。物流信息服务供应商以网络技术和现代通信技术为基础，以高效、迅速、快捷的方式，为物流企业及上下游企业实现网上单证的传递、物流服务全程跟踪管理、供应链各参与方进行及时准确的信息发布，提供系统用户的资料查询、最佳服务伙伴的选择、用户状态分析和信息反馈等。

第四，加强物流业信息技术推广的示范与引导。吸取部分物流管理水平较高企业的经验，推广物流先进信息技术，并建立示范点以供各企业参观，起到示范和引导作用。同时，可建立物流信息技术应用推广示范基地，分享上下游企业物流信息共享机制。

第五，夯实物流信息人才基础。所有先进信息技术应用到企业都需要相关人员的操作来配合。在提升物流业信息技术的过程中，对物流人员也提出了高要求。因此，拓宽教育和培训渠道，鼓励行业协会、企业与院校展开多方面、多层次的人才培训计划，提升物流业信息技术的人才水平。

## 第二节　城镇化基础建设中的资金流

资金流是物流中的重要组成部分，它是指在供应链成员间随着业务活动而发生的资金往来。资金流是物流中的实现手段。在城镇化基础建设各类业务往来中资金的流动构成了城镇基础建设中的资金流。

当前，我国城镇化基础设施建设资金缺口大。随着城镇化的不断推进，诸如道路、照明、供排水等大量基础设施需要建设，2006 年资金短缺率约为 41% ~42%。2013 年，我国城镇化投融资资金需求量达到 25 万亿元，而现阶段财政资金难以独立承担城镇化建设任务，城镇化建设资金缺口将为 11.7 万亿元。以云南省为例，付聪、尹贻林、李丽红（2009）调查了 63 个三农型小城镇、42 个旅游型小城镇、35 个交通型小城镇、37 个商贸型小城镇、60 个综合型小城镇、共计 237 个城镇，以发放问卷和访谈的方式调查小城镇基础设施建设资金流现状，发放 247 份问卷，50 个实地调研和座谈。从小城镇基础设施建设资金来源情况来看，如表 2 -2 -1、表 2 -2 -2、表 2 -2 -3、表 2 -2 -4、表 2 -2 -5、表 2 -2 -6 所示，从三农型小城镇基础设施建设资金来看，主要以财政投入和土地收益金为主，其他资金渠道占比较低，银行贷款、企业投资、私人投资或集资、其他资金的比重分别为 9.5%、3.2%、23.8%、3.2%。从旅游型和交通型小城镇基础设施建设资金来看，同样以财政收入和土地收益金为主，但是与三农型小城镇不同的是，银行贷款、企业投资、其他资金的比重明显增加，分别为 45.2%、42.9%、19.0%，而私人投资或集资的比重下降。从工矿型、口岸型、商贸型小城镇基础设施建设资金来看，情况大致一样，也是以财政投入和土地收益金为主，其他方式存在但数量较少。联合国提出发展中国家城镇基础设施年投资应占 GDP 的 3% ~5%，如按照云南省 GDP 增长率为 10% 来计算，小城镇资金短缺率高达 73.14%。因此，唯有改变现有小城镇基础建设资金的来源，拓宽融资渠道才能真正解决资金流不足的问题。

**表 2 -2 -1**　　云南省三农型小城镇基础设施建设资金渠道　　单位：份数

| 情　况 | 财政投入 | 银行贷款 | 企业投资 | 私人投资或集资 | 土地收益金 | 其他资金 |
|---|---|---|---|---|---|---|
| 是 | 63 | 6 | 2 | 15 | 63 | 2 |
| 否 | 0 | 57 | 61 | 48 | 0 | 61 |
| 合计 | | | | 63 | | |

**表 2 -2 -2**　　云南省旅游型小城镇基础设施建设资金渠道　　单位：份数

| 情　况 | 财政投入 | 银行贷款 | 企业投资 | 私人投资或集资 | 土地收益金 | 其他资金 |
|---|---|---|---|---|---|---|
| 是 | 35 | 19 | 18 | 8 | 42 | 8 |
| 否 | 7 | 23 | 24 | 34 | 0 | 34 |
| 合计 | | | | 42 | | |

**表 2－2－3　　云南省交通型小城镇基础设施建设资金渠道**　　单位：份数

| 情　况 | 财政投入 | 银行贷款 | 企业投资 | 私人投资或集资 | 土地收益金 | 其他资金 |
|---|---|---|---|---|---|---|
| 是 | 35 | 19 | 18 | 8 | 42 | 8 |
| 否 | 7 | 23 | 24 | 34 | 0 | 34 |
| 合计 | 42 | | | | | |

**表 2－2－4　　云南省工矿型小城镇基础设施建设资金渠道**　　单位：份数

| 情　况 | 财政投入 | 银行贷款 | 企业投资 | 私人投资或集资 | 土地收益金 | 其他资金 |
|---|---|---|---|---|---|---|
| 是 | 30 | 17 | 12 | 16 | 38 | 2 |
| 否 | 8 | 21 | 26 | 22 | 0 | 36 |
| 合计 | 38 | | | | | |

**表 2－2－5　　云南省口岸型小城镇基础设施建设资金来源**　　单位：份数

| 情　况 | 财政投入 | 银行贷款 | 企业投资 | 私人投资或集资 | 土地收益金 | 其他资金 |
|---|---|---|---|---|---|---|
| 是 | 22 | 10 | 6 | 2 | 22 | 2 |
| 否 | 0 | 12 | 16 | 20 | 0 | 20 |
| 合计 | 22 | | | | | |

**表 2－2－6　　云南省商贸型小城镇基础设施建设资金来源**　　单位：份数

| 情况 | 财政投入 | 银行贷款 | 企业投资 | 私人投资或集资 | 土地收益金 | 其他资金 |
|---|---|---|---|---|---|---|
| 是 | 35 | 17 | 6 | 16 | 22 | 2 |
| 否 | 3 | 21 | 14 | 20 | 22 | 20 |
| 合计 | 38 | | | | | |

另外，城镇化基础建设中的供应链资金流问题也值得关注。我国物流成本越来越高，2012 年我国物流费用总额为 9.4 万亿元，占 GDP 比重的 18%，比世界平均水平高出 6.8%；同年，我国运输费占 GDP 比重是发达国家平均水平的 1.7 倍，保管费高出 2.2 倍，管理费则高出 6.9 倍。我国物流成本较高。如能有效控制成本，将会加大物流资金流中的利润部分，使得物流企业获益。造成这一现象的原因为：一是由于资源、能源多分布在西部、北部地区，加工、交易市场多位于东部、南部地区，使得我国物品运输跨度大，中转货运量大；二是目前我国物流公司进入门槛低，缺乏龙头企业，中小企业占 90% 以上，运作效率低下。

由于城镇化基础建设中存在资金瓶颈，同时，城镇化中供应链资金流也存在成本部分占比较大的问题，为有效解决以上问题，顺利推进城镇化健康快速发展，提出如下政策建议：

第一，拓宽城镇化投融资方式，弥补城镇化基础设施建设资金短缺问题。一是加大社会资金注入。社会资本是指除了政府资金外，所有来自于社会机构、民间组织、个人的资本。通过改善投资和经营环境，鼓励社会资本投入到城镇基础设施建设中，有序进入垄断领域。二是合理利用城镇各类设施和服务收费形成的收入。有偿使用城镇基础设施，扣除为维持城镇基础设施正常运营费用，其余费用投入城镇化建设中。

第二，为降低物流成本高问题，一是加强物流标准化建设。制定合理的物流标准，并要求物流行业协会或职能部门监督实施。二是提升物流业的专业化水平。专业化能有效提高企业运行效率和降低运营成本。三是引导物流行业规范发展，开展物流业示范工程。

## 第三节　城镇化基础建设中的物流

城镇化是人流、物流、商流、信息流、资金流等会聚融合的过程。城镇化中的物流则是指各类物品运输流动的过程。这一过程也是物流业的组成部分。物流业对推进城镇化建设具有不可估量的作用。以美国为例，美国是世界上城镇化水平最高的国家，城镇化率高达85%。美国在推进城镇化进程中，物流业起到颠覆性的作用，它提供了安全高效的综合运输体系。物流业在推动美国社会实现区域性城镇化以及城乡一体化的过程中，两者相互渗透，相互融合。

我国目前的城镇化率正在不断攀升。城镇化率每提高1个百分点，意味着上千万的农村人口转为城镇常住人口。城镇化的建设，衣食住行都要求物流建设配套跟上，而城镇基础设施的完善，又会催生出新的企业和产业，又带来了极大的物流服务需求。在这个相互推进的过程中，供应链管理、IT物流、仓储物流、商贸物流、农产品物流、冷链物流等细分领域逐渐形成并完善，形成良好的物流业。

当前，我国小城镇地区物流业长期落后，造成城镇化建设中物流的运输效率低问题。我国发达地区和欠发达地区的物流业发展不平衡，小城镇物流缺乏统一的规划，呈现盲目发展的状态。小城镇物流起点低，物流基础配套设施较差，物流终端网点较少，物流送达服务衔接不畅，物流占地集约利用效率不高等问题，使得小城镇物流成本高，利润低。

为了有效提高小城镇物流效率，快速抢占小城镇物流市场。应一方面，推进大宗农产品跨区域的城镇化储藏、运输、装卸集散地建设，构建完善的小城镇物流市场；另一方面，提高小城镇物流企业的技术含量，加快农产品冷链物流基础设施改造，加快农产品的流通。

## 第四节　城镇化基础建设中的信息流

信息流是人们采用各种方式来实现信息交流，从面对面的直接交流到采用各种现代化的传递媒介，是指信息的收集、传递、处理、储存、检索、分析等渠道和过程，也是指信息处理过程中信息在通信网络中的流动。信息流的质量、速度和覆盖范围是体现物流业发展成熟与否的标志。它具有三方面功能。一是连接功能。城镇化基础建设中各个环节可以视为一个整体，那么如何将这些要素整合形成集合，就是要靠信息来把它们联系在一起。每一个环节的主题都依据它获得的信息进行活动，并将一定的信息传递出去，被其他主体接受，形成有机联系。如买卖双方通过信息的交流了解对方的意愿，最终达成交易。没有信息交流，买和卖难以结合起来。二是调控功能。流通信息能够被人们理解、接受、利用都是基于它是经过处理的信息。因此，信息在连接要素的时候，信息的变化是由当事人行为决定的，具有调控性。三是决策功能。信息流动的目的在于帮助人们进行正确的决策。信息越完善、充分、及时，不确定性就越少，决策越趋于合理。决策的过程就是信息收集、传递、分析、处理、判断的过程，决策是对信息的处理。

城镇化基础建设中的信息流则与城镇和物流企业的网络技术、通信技术等信息化过程息息相关。2000—2011 年我国人口城市化率提升了 15%，互联网普及率增加了 36.6%，即人口城镇化率每增加 1 个百分点将拉动互联网普及率提升 2.24%。据中国互联网络信息中心统计，2012 年 12 月底，我国网民规模为 5.64 亿，城镇网民约占 72.4%，网络购物用户达 2.42 亿，比 2011 年，网购用户增长 4807 万人，增长率为 24.8%。当前正是推行以信息化促进城镇化战略的新时期，我国现阶段信息化水平偏低，2012 年世界经济论坛公布《2011—2012 年度全球信息技术报告》中对 142 个经济体进行了反映信息与通信技术发展情况的网络准备指数（Network Readiness Index，NRI）排名，中国大陆排名第 51 位，中国台湾和中国香港分列 11 和 13 位。这是由于我国近半区域缺乏建设信息基础设施的原因。随着信息化的推进，能够顺利解决我国小城镇地区网络覆盖率不高、物流企业信息技术水平较低等造成的信息流动不畅、信息流动效率低的问题，未来将提高我国信息流质量、速度及覆盖范围。未来信息流在物流领域的发展趋势如下所述。

第一，加快物流业标准化建设，提高信息化流动效率。物流标准化使得在生产、仓储、销售、追踪等方面能为企业提供实时传达有效的信息，减少企业决策时间，提高企业运营效率、减少装卸搬运时间、压缩中间环节、减少货差货损。实现物流标准化则需要统一信息平台支持，依靠计算机网络和自动化技术，实现供应链电子化操作。

第二，打造智慧物流。智慧物流是物流的高级形式，是未来物流信息化发展方向。是指将物联网、传感网与互联网整合在一起，通过精细、动态、科学管理，实现物流的自动化、可视化、可控化、智能化、网络化。在流通过程中获取信息从而分析信息作出决策，对商品从源头开始跟踪管理。

第三，供应链管理可视化。可视化意味着企业更为直观实现管理，是将数据通过图形化、地理化真实表现出来，更易于掌握供应链各个环节中数据的复杂关系、潜在信息、发展趋势，让各企业更好地掌握信息资源，提高整条供应链的透明度和可控性。

## 第五节　城镇化基础建设中的资金流、物流、信息流一体化管理

城镇化基础建设中必不可少的包含资金流、物流、信息流，它们同时存在、相互影

响。三者关系如图2－2－1所示。首先，物流和资金流通常是单向流动，二者方向相反；其次，信息流是双向的，它随着物流和资金流的发生而产生；最后，物流、信息流对资金流具有重要的作用，有助于提高企业运营效率、降低企业成本、加快资金流动。对资金流、物流、信息流进行一体化管理是供应链管理的思想，有助于提高供应链上各环节的运作效率。以戴尔为例，戴尔不断改进并完善物流、资金流及信息流一体化管理，实现供应链创新。使得戴尔的销售库存天数由55天降为9天，出口海运率提高了148%，产品销售预测准确率提高24%，提高了戴尔的市场竞争力。为提高城镇化基础建设效率和物流企业运营效率，有必要对资金流、物流、信息流一体化管理。

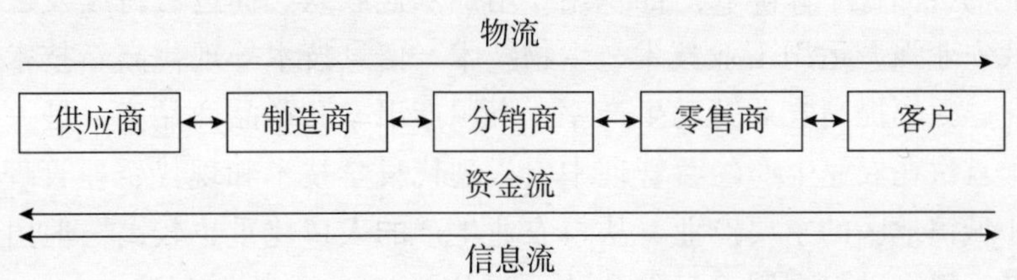


**图2－2－1　物流、资金流、信息流三者示意**

从前面四节的分析可知，为有效整合物流、资金流、信息流，首先，应推行物流标准化建设，由于现阶段不同环节使用的关于物品的指标等信息各不相同，难以推行物流信息化和管理物品运输过程，由此造成资金的流动变慢。其次，应推广供应链金融，在供应链的环节中部分企业融资困难，如能以整个供应链的形式作为融资的方式，资金流的顺畅则会带来物流的顺利流动。最后，搭建物流信息共享平台，实时监控物品的需求情况、下订单、跟踪进度、查看资金情况等，真正做到有效整合物流、资金流、信息流，提高整条供应链效率。

# 第三章　城镇化与农产品供应链管理

## 第一节　现代农业是新型城镇的主导产业

现代农业的目标在于保障农产品供给、增加农民收入、促进可持续发展。与传统农业不同，现代农业强调运用工业技术、生物技术、信息技术等现代高新技术实现农业专业化、规模化，大幅提高农业劳动生产率、资源产出率和产品商品率，是一次变革和进步，也是人类首次在农业生产经营管理中引入现代科学技术和现代企业管理的结果。农业一直都是小城镇地区的主要产业，从事农业生产的人口比重也较高。但由于传统农业生产总值较低、提高潜力有限，只能称作小城镇地区主要产业，而非主导产业。然而，随着现代农业的推广，大幅提高了农业产值和增长率，使得现代农业成为新型城镇的主导产业。现代农业建设从产业支撑、提升农民素质、粮食安全、资金支持等方面决定着新型城镇建设的成效，是我国农业进入新阶段的标志。

作为新型城镇的主导产业，现代农业的重要作用表现在以下两个方面：

（1）现代农业建设是新型城镇产业的重要支撑。从农业从业人员生产率来看，如图2-3-1所示，1993—2012年我国农业生产力生产谷物量（简称劳均谷物产量）和农业生产力生产肉类量（简称劳均肉类产量）在波动中增长。1993—2003年，我国劳均谷物产量经历了较大波折，从1993年的1000千克/人增长至1996年的1300千克/人，1996年至1998年，劳均谷物产量保持稳定，之后一路下跌，至2003年又回落到1000千克/人。从2003年起，我国劳均谷物产量稳步上升，至2012年我国劳均谷物产量已经达到2100千克/人，是1993年的两倍多。相比劳均谷物产量，我国劳均肉类产量的增长趋势较为平稳，仅在1996年出现一些波动。2012年劳均肉类产量为320千克/人，是1993年的100千克/人的3倍多。从粮食产量来看，如图2-3-2所示，2008—2012年我国粮食产量逐年增长，平均增长率为3.28%。

（2）现代农业为新型城镇建设提供资金支持。现代农业作为新型城镇的主导产业，其具有保障农业增收的特点。现代农业以加强农业基础设施建设，确保农业产量；加大农业科技投入与开发研究，转变农业结构升级与增长方式的转变。同时，现代农业与工业相互协调发展，工业反哺农业，以城带乡协调发展，为新型城镇建设提供所需资金支持，是新型城镇建设的重要产业。

## 第二节　农业产业化导致农业产业专业化分工

农业产业化是加快农业科技进步，推进标准化生产，扩大农业经营规模，促进农业

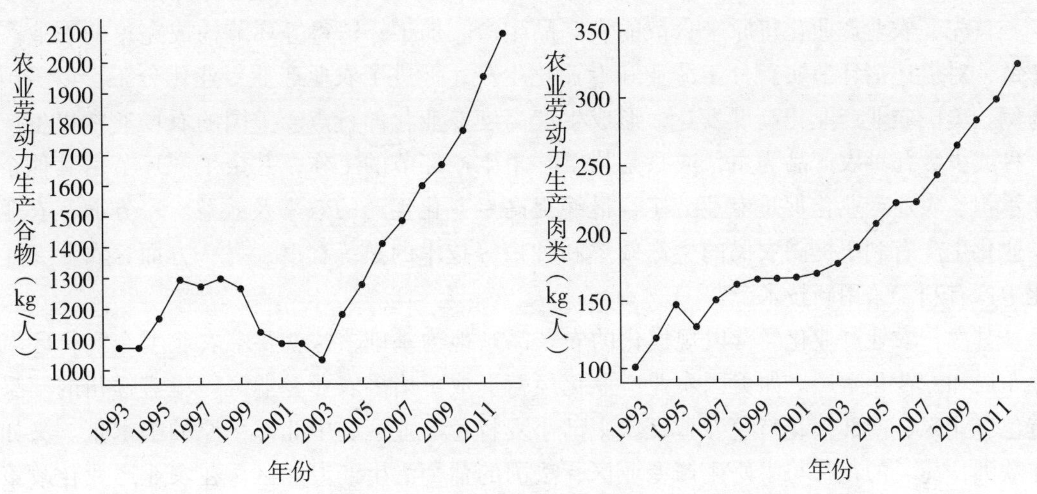


**图 2－3－1　1993—2012 年我国农业劳动力生产谷物与肉类人均量**

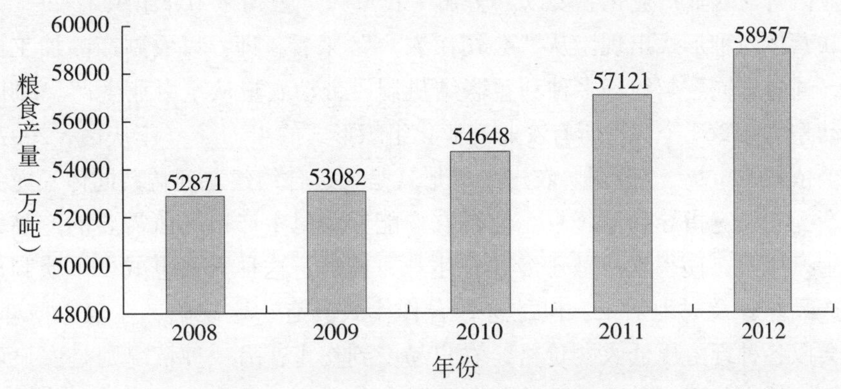


**图 2－3－2　2008—2012 年我国粮食产量**

产业结构调整优化的重要途径之一。那么，何谓农业产业化？学界尚未达成共识。目前有四种代表性界定。第一种农业产业化是以市场化、社会化、集约化为特征的农业纵向合作化过程，包括农业产前、产中、产后相互联系的合作经济一体化过程。第二种农业现代化是以市场为导向，以效益为中心，对农业的支柱产业和主导产品，实行区域化布局、专业化生产、社会化服务，形成的一条龙经营体制。第三种农业产业化是以家庭经营为基础，依靠龙头企业和组织的带动，将农产品的生产、加工、销售等环节连成一体，形成有机结合、相互促进的经营机制。第四种农业产业化是以国内外市场为导向，以持续保护和科学开发农业资源为前提，以农民家庭联产承包责任制为基础，以提高生态效益、社会效益和经济效益为中心，对农业的一、二、三产业（种植业、养殖业、加工业），实行多层次、多元化、多形式的优化组合，形成种养加、产供销、农工商一条龙产业链。综上可看出，农业产业化包括如下要素：一是市场导向，将产品推向市场，占领市场；二是龙头企业等作为农户与市场的桥梁；三是家庭经营是主体；四是规模化生产，提高市场竞争力。而分工则是指将社会总劳动划分为互相独立又相互依从的若干部分。由概念上来看，农业产业化促进了农业产业专业化分工。

首先，农业产业化将原来分散的农产品生产、加工、销售等环节构成完整的农业产业链，对上述诸环节实行分工分业和专业化生产，促进了农业产业专业化分工。以美国为例，美国农业产业化高度发达，形成生产高度专业化的特点。美国的农场通常以生产一种或少数几种农产品为主，或只是从事一个生产环节的工作，其余生产环节由其他企业承担。农业产业化促进专业分工，最终提高专业化生产的效率及效益。一方面，农业专业化生产有利于提高农民的生产效率和种植等技术的熟练程度；另一方面，农业专业化生产有利于采用新技术。

其次，农业产业化经营以规模化的农产品基地为基础，这就要求农业生产实行区域化布局和专业化生产。如美国农业产业化经营形成了诸多农业专业区，华盛顿州的苹果特色专业区、南部棉花特色专业区、中部小麦特色专业区、中北部平原的玉米带。又如在欧洲，荷兰的花卉与牛奶生产专业区，法国的葡萄酒生产专业区。在农业产业化政策的推行下，我国也形成了部分农业专业区，如云南斗南花卉生产专业区，山东金乡和苍山大蒜专业区等。农业产业化主要以“公司+农户”、“公司+中介组织+农户”、农工商综合体和联营体三种形式出现。从“公司+农户”来看，即：以农副产品加工或流通企业为龙头，通过合同、契约等多种利益联结机制，带动农户从事专业生产。2005 年，龙头企业带动型为 61268 个，占所有农业产业化组织形式的 45.1%（李庆霞，2007）。这种合作不完全依赖于市场。“公司+农户”的形式是通过合约建立利益共同体，龙头企业对农户的生产拥有一定指导和监督权，使得农户能够及时生产市场所需要的产品，降低农户专业化生产风险，使得农户敢于专业化生产，同时，这种联系也减少了谈判成本，使得易变质产品能够及时地加工。但是这种合作模式具有一定缺陷，在双方博弈过程中，企业可能会以各种理由压低收购价格，农户易受到伤害；另一种情况则是农户可能会偷偷将农产品卖给出价更高的客户，使得企业被违约伤害。为克服上述缺点，演化出第二种形式，即“公司+中介组织+农户”，这里的中介组织一般是指农产品生产大户，这些农产品生产大户有效制约了农户的机会主义行为，一方面，他们置身本地，掌握农业生产信息，与农户形成共同知识；另一方面，大户与农户是市场交易关系，大户的质级验定直接制约单个农户机会主义行为（周立群、曹利群，2001）。同时，作为农产品生产大户具有与企业议价能力，一定程度上抑制企业压低农产品价格行为。但是，这种合作模式也存在合作形式松散、相互关系不稳定等缺点。由此又演化出农工商综合体和联营体，把农业生产本身同农用生产资料的生产和供应，或农产品的加工、销售过程的若干环节纳入到一个统一的经营体内，融合为一个企业。这种形式使得农户、大户、企业相互合作更为密切，他们形成了利益共同体，使得产生争议和机会主义的概率降低。

最后，农业产业化经营以基地农户增加收入和持续生产为保障，这就要求农户生产实行规模化经营和专业化生产。农户生产职能与经营职能的分工是农业产业化的起点，职能专业化所产生的分工经济是农业产业化的基本经济动力。

## 第三节 城镇化与农产品供应链管理

### 一、农产品供应链管理现状分析

我国城镇化进程取得了显著成效，然而，农业现代化滞后于城镇化仍是我国经济结构中存在的重要问题之一。农业产业专业化与农产品供应链管理对支持城镇化建设、提高农业竞争力、保证居民食品便利与安全有着举足轻重的作用。我国是传统的农业大国，国家出台了诸如四化同步等一系列措施旨在提升农业现代化水平。2012 年我国粮食总产量为 58957 万吨，比 2011 年增长 3.2%，连续九年增产。猪牛羊禽肉产量 8221 万吨，比 2011 年增长 5.4%。为加快推进我国农业现代化，2013 年中央一号文件提出了构建集约化、专业化、组织化、社会化相结合的新型农业经营体的战略。农产品是我国农业的主要产出品，也是居民生活的必需品，其生产和流通是农业现代化的组成部分。农产品供应链管理与农业现代化是协同促进关系，且是提高农业销售和城镇居民生活质量的重要支撑。杨军、王厚俊、杨春通过我国 1984—2009 年数据样本实证验证我国城镇化与农产品物流效率存在长期协整关系，且城镇化对农产品物流效率的提升具有明显的促进作用。2012 年我国农产品物流总额为 1.77 万亿元，同比增长 4.5%。如表 2-3-1 所示，从 2000—2011 年我国农产品物流得到了快速发展，农产品物流额逐年上升，农产品物流同比增长率除 2003 年为 2.5%，2007 年和 2008 年高达 17% 和 17.6% 之外，其余年份都保持在 5% 左右。

**表 2-3-1　2000—2011 年中国农产品物流发展趋势**

| 年份 | 农产品物流额（亿元） | 社会物流总额（亿元） | 农产品物流所占比例（%） | 农产品物流同比增长率（%） |
|---|---|---|---|---|
| 2000 | 9634 | 171427 | 5.65 | 5.4 |
| 2001 | 10291 | 195442 | 5.29 | 6.8 |
| 2002 | 10986 | 233597 | 4.72 | 6.8 |
| 2003 | 11261 | 296595 | 3.80 | 2.5 |
| 2004 | 11970 | 383829 | 3.12 | 6.3 |
| 2005 | 12748 | 481983 | 2.64 | 6.5 |
| 2006 | 13546 | 595976 | 2.27 | 6.3 |
| 2007 | 15849 | 752283 | 2.11 | 17.0 |
| 2008 | 18638 | 898978 | 2.07 | 17.6 |
| 2009 | 19439 | 966500 | 2.01 | 4.3 |
| 2010 | 22355 | 1254130 | 1.78 | 4.3 |
| 2011 | 23361 | 1584000 | 1.47 | 4.5 |

数据来源：《中国物流年鉴》（2012）

同时，加大对农产品物流基础设施投入。2006年年初，“五纵二横”鲜活农产品运销“绿色通道”已经初步形成，覆盖全国31个省（区、市），直接连通29个省会城市、总里程达2.7万千米，已有28个省份出台了地方“绿色通道”政策，提高了运销效率、减免了通行费用，为农产品物流顺利开展奠定了坚实基础。2012年铁路完成固定资产投资6309.8亿元，新增铁路投产里程5382千米，其中，高铁铁路为2723千米，增建铁路复线投产4763千米，电气化铁路投产6054千米。我国新增公路58672千米。2013年，我国将加快综合交通运输体系建设，预期新建铁路投产里程5200千米以上，新建公路8万千米。

但是，农产品由于具有储存时间不长、易损坏、难保鲜等特点，使得我国农产品在物流中的损耗率高达30%，而发达国家的农产品在物流中的损耗率只为5%，我国预冷保鲜率与超市销售比重都明显低于发达国家。如表2-3-2所示。

**表2-3-2　中国农产品物流与发达国家农产品物流主要经济指标比较**

| | 成　本 | 损耗率 | 加工比重 | 加工增值 | 预冷保鲜率 | 超市销售比重 |
|---|---|---|---|---|---|---|
| 发达国家 | 10% | 5%以下 | 80% | 1:3或1:4 | 80%~100% | 80%~95% |
| 中国 | 40%~60% | 25%~30% | 10% | 1:0.8 | 30% | 不足30% |

数据来源：宿长海，王雯，金芝．中国农产品物流的现状、问题及对策［J］．商业经济，2010（15）．

在新型城镇化背景下，我国农产品物流的具体问题如下：

第一，农产品物流基础设施欠完善，物流成本较高。我国当前农产品物流基础设施，村镇公路、批发市场、仓储运输设施等都明显滞后，难以满足城镇化进程下农产品物流高速发展的需要。目前，农产品的运输主要采用冷链物流的方式。所谓冷链物流（cold chain logistics）是指从生产、贮藏、运输、销售，直至最终消费前的各个环节使易腐、生鲜食品始终处于规定的低温环境下，以保证食品质量，减少食品损耗的特殊供应链体系。冷链物流是保障农产品高质量流通、提高农产品附加值的有效途径。2010年，国家发展改革委出台《农产品冷链物流发展规划》，提出2015年将果蔬、肉类冷链流通率分别提高20%和30%，冷藏运输率提高30%~50%。虽然农产品冷链物流取得了较大发展，但是冷链物流基础设施建设仍显滞后。如表2-3-3所示，对比了我国、美国与日本冷链物流基础设施状况，从冷餐车保有量来看，我国明显落后于美国与日本，美国、日本的冷餐车保有量分别为我国的4.17倍、2.5倍；从冷库容量来看，情况类似，美国、日本冷库容量是我国的2.4倍、1.84倍；从易腐冷藏运输率、冷藏运输完好率来看，我国的冷链物流基础设施都不如美国和日本。

从乡村公路来看，2007年美国与日本分别达到69km/km$^2$、316km/km$^2$，而我国仅为32.49km/km$^2$。我国现有冷藏运输设备只能满足我国冷链物流需求的20%~30%，且每年易腐农产品损耗率为25%~30%，导致我国农产品物流成本较大。发达国家鲜活农产品物流成本约占总成本的10%，而我国这一比率却高达60%以上。随着我国新型城镇化的推进，农产品冷链物流的需求越来越大，物流基础设施难以满足农业现代化需求的状况日趋严重。

表 2-3-3　　2011 年中国、美国、日本冷链物流基础设施对比

| 国　家 | 中国 | 美国 | 日本 |
| --- | --- | --- | --- |
| 冷餐车保有量（万辆） | 3~4.8 | >20 | >12 |
| 冷库容量（万吨） | 900 | 2200 | 1660 |
| 易腐冷藏运输率（%） | 30 | 100 | 90 |
| 冷藏运输完好率（%） | 70 | 95 | 90 |

数据来源：陈通，李思聪．中外农产品冷链物流体系比较［J］．北京农学院学报，2013.

第二，农产品物流企业的发展尚处于初级阶段，竞争力有待提高。相较国外农产品物流企业而言，我国农产品物流企业的规模小、服务能力有限、未覆盖供应链全过程、缺乏供应链定制服务等，我国农产品物流企业尚处于初级阶段，竞争力不强。2012 年 7 月中国物流与采购联合会物流企业综合评估我国物流企业资质显示，虽然我国拥有 1776 家具有 A 级的物流企业，但是集中在工业和零售业物流领域，针对农产品的专业物流公司甚为匮乏。以第三方物流发展为例，我国第三方物流占整个物流业的 18%，而美国、欧洲第三方物流占比分别为 58%、76%。与发达国家相比，我国农产品物流乃至整个物流业都处于初级阶段，较为落后。究其原因，就是由于目前农产品物流企业数目众多、规模小、专业水平较差造成的。从冷链物流来看，前 10 名冷链物流企业的市场占有率不足 6%，缺乏龙头企业。

第三，农产品物流信息化水平较低。物流业主要依赖于网络技术、通信技术等技术支持。2011 年，我国农村互联网覆盖率低于 20%，城镇覆盖率为 50%，这也是农产品物流信息化程度较低的原因之一。从发达国家来看，为保持农产品的新鲜度，广泛采用自动温度监测及温控设备，实时监控冷藏箱内的温度变化。加拿大第三方物流公司 Thomson Group 采用最先进的三段式冷藏运输车，具有强制供电驱动、自动控温与记录、卫星监控的功能。太古集团应用冷链电瓶车充电与保养系统来调节温控。然而，我国的农产品物流业运输质量控制技术落后，国外普遍使用的低温环境分等级、真空预冷技术等都尚未普及。

第四，我国农产品物流从业人员缺乏。2010 年我国物流人才缺口为 600 万左右，其中，高级物流人才缺口约为 40 万。农产品物流具有覆盖面广、专业性强、技术要求高等特点，在各个环节需要大量专业人才。现阶段，我国农产品物流从业人员的教育水平较低，缺乏相关专业知识，制约了我国农产品物流的发展。

第五，缺乏统一农产品物流标准，质量控制不规范。农产品种类众多，我国当前缺乏农产品物流标准，对农产品的分类、分级主要依据个人经验，误差大；而且，农产品包装缺乏统一，加大了农产品运输、储存的难度，提高了物流成本，降低农产品竞争力。

究竟是何原因造成上述状况？可归纳为以下四个方面。

第一，由于农业产业化水平不高，传统流通模式落后造成的。我国是在 20 世纪 80 年代启动了农业产业化进程，随着城镇化进程的不断推进，农业产业化程度得到了提升。至 2012 年年初我国农业产业化组织为 28 万个，带动农户 1.1 亿户。虽然我国农业产业化

水平显著提升，但与发达国家相比仍存在很大差距。全国2/3以上的农业生产未有效实现产业化，农业生产分散，农民市场参与率与定价能力低。由此，难以实现农产品物流配套建设规模化。而且，物流业中小企业居多，缺乏龙头企业，每经过一个环节就要进行相应的装卸、搬运及配送等物流作业，运输过程中农产品质量无法得到保障。

第二，农产品物流基础设施建设投入缺乏统一规划。国家为促进农业现代化发展，出台了一系列扶持物流园区的措施，并投资乡村道路的建设。然而，由于缺乏统一规划，我国农产品物流建设欠合理。如基层村镇，由于缺乏现代物流意识，投资主要还停留在传统偏重于农业增产增效的农机、水利、培植、道路等方面，而对于信息平台、电子商务、保鲜技术、冷藏物流等现代物流技术方面的投入明显不足。

第三，农产品物流市场机制尚未完善。我国农产品市场缺乏竞争，第三方物流缺失，未形成统一农产品市场。现有的农产品营销方式仍以小规模销售为主，农产品生产经营分散、渠道多，市场管理机制缺失，使得农产品运输被人为分割了。各地农产品物流地方保护主义严重，缺乏竞争，农民没有话语权，被迫接受给定收购价，不利于保护农产品市场。

第四，农产品物流信息化起步晚。由于物流业信息技术含量低，企业相互之间缺乏信息沟通和统一的协调调度，加之体制问题导致的条块分割，致使农产品物流发展严重滞后，难以做到科学有效地配置资源。物流企业服务方式单一，不利于物流市场规模的扩大，使农产品物流产业发展面临着严重的市场约束。虽然政府下大力度建立健全信息网络，但仍然缺乏一个标准化的农产品信息系统，能够把政府、生产者、市场和消费者进行有效的连接，实现市场供求信息的有效传递。

## 二、发达国家农产品供应链管理经验

发达国家的农产品供应链管理模式能为我国解决现阶段农产品供应链中存在的问题并制定出有针对性的对策提供借鉴。现今主要存在三种农产品供应链模式，分别为东亚模式、西欧模式、北美模式。

从东亚模式来看，以日本、韩国为代表，其特征是：流通渠道环节多，流通成本高；生产者—上市团体—批发商—中间批发商—零售商—消费者的供应链；农产品规范化、法制化程度高，效率也高。如在日本，有88个由中央财政和地方财政投资的中央批发市场，1513个多元化投资的地方批发市场，其交易方式以拍卖为主，在大阪中央批发市场通过拍卖成交的果蔬比率高达90%以上。

从西欧模式来看，以法国、德国、荷兰为代表，具有鼓励发展生产、加工、销售一体化，将产前、产后相关企业建在农村；建立完善的现代化大型公益性农产品批发市场；农产品实施标准化生产。如法国拥有23个国家公益性批发市场，鼓励生产—加工—销售一体化，使得农产品直销比例不断升高。

从北美模式来看，以美国、加拿大和澳大利亚为代表，具有产地、市场集中；销售地、批发市场集中在大城市；流通渠道较短、环节少；服务机构完善；现货市场与期货市场并存。如美国的粮食类期货市场发达，而果蔬产地则与大型超市、连锁经销商进行直销，比例高达80%。美国农产品专业化程度高，发达的高速公路网络和现代化运输保险技术使得美国农产品供应链效率非常高。

## 三、政策建议

为解决我国农产品物流存在的问题，借鉴国外经验，提出如下措施：

第一，加强农产品物流基础设施建设。农产品物流技术设施是农产品物流发展的基础，合理规划投资建设农产品物流基础设施是非常有必要的。一是增加对农村公路、重要农业产地的道路投入与建设，提高道路等级。二是提高农产品物流供应链信息技术支撑力度。鼓励和扶持农产品物流企业采用新技术提高农产品物流效率，同时，引入先进产品集装、冷藏保鲜设备，增大农产品冷链物流比重。三是建立农产品分流集散地，如物流园区、批发市场等。快速对农产品物流分散、建立农产品物流园区是提高我国农产品流动效率的有效途径，依据物流容量分级构建，形成网络。四是扩大乡镇地区网络覆盖率。物流的技术基础是网络技术，积极推进宽带、有线、互联网等基础网络建设，加大农产品交易电子商务化、大宗农产品交易平台，建立农产品信息共享机制。

第二，提升农产品物流企业竞争力，开拓第三方物流市场。一是鼓励国内外物流业进入农产品市场，加快物流业市场竞争。积极整合农产品供应链，联合农产品经纪人、农产品合作社、中间批发商、运输公司、仓储公司、最终大型零售商构建完整农产品供应链，以先进技术管理手段进行管理提高农产品供应链效率。二是出台扶持政策支持第三方物流的发展，通过土地、资金、税收、技术等方面的优惠政策，加快我国农产品第三方物流的发展，发挥其专业技术优势。三是培育农产品物流业龙头企业。选取具有发展潜力的农产品物流企业，促成其与大型农产品企业合作，形成具有示范带头作用的农产品物流业龙头企业。

第三，加快推进农产品物流业的信息化建设。一是使用先进管理技术，应用物流信息自动采集、数字化仓储、智能分拣、车辆调度优化等信息技术提高农产品物流企业的信息化程度。二是政府牵头，农产品物流龙头企业参与建设统一农产品物流信息合作服务平台，农户、生产企业、物流供应商、批发商、零售商能够实现生产信息、订单信息、需求信息的快速查询，加快农产品流通效率，降低农产品损耗风险。

第四，农产品的生产者是农民，然而，由于经济、社会等多方面原因使得我国农民普遍信息技术知识缺乏。当前，农业现代化对农产品生产者的信息技术水平提出了更高的要求。因此，一是以定期培训和教育的方式提高农民的现代物流意识和观念，通过学习普及信息技术，指导农民在耕种前关注市场变化，因地制宜生产。二是通过高校培养优秀技术人才投身农村推动农业现代化进程，提高农村整体信息技术水平。

# 第四章　城镇化过程中的金融问题

## 第一节　资金注入是城镇化的血液

改革开放近40年来，我国城镇化率不断提升，取得了明显的进展。1990年，我国城镇化率为18.9%；2000年，提升为36.8%；到2008年年底，我国城镇人口是6.07亿人，城镇化率为45.68%；2012年，我国城镇人口达到7.1亿人，城镇化率达到52.57%，基本达到世界平均水平。

城镇化（Urbanization）是指第二、第三次产业在城市集群，农村人口向非农产业和城市转移，使城市数量增加、规模扩展的经济、社会发展过程。城镇化对我国当前扩大消费和投资需求、统筹城乡发展、促进国民经济持续协调发展具有举足轻重的作用。以工业为代表的第二产业发展是城镇化进程中的重要推动力，工业企业的资金需求是城镇化过程中资金需求的主要构成部分。它带来大量资金的注入，这是城镇化的血液。

一方面，城镇化过程中需要大量资金完善交通系统等基础设施建设。每转移一个农村人口平均需要的城市建设费用是5万~6万元。到2020年，我国的城市化率将达到50%~55%，再加上人口的自然增长率，预计需要转移农村人口为1.2亿。由此，转移需要的城镇化营建环境建设投入达6万亿~7万亿元（何静、戎爱萍，2012）。

另一方面，城镇化过程中也需要大量资金提供基本生活。中国科学院城市报告指出，在基础设施完备的前提下，每转移一个农民成为城市居民平均需要支付2.5万元/人。那么，2020年转移1.2亿农村人口需要基本生活成本为3万亿元（何静、戎爱萍，2012）。

基于以上分析，到2020年，我国城镇化需要投入约10万亿元的资金。这笔费用并未包括工业、服务业的投资需求，我国城镇化实际需求的资金量将大大高于以上金额。据国家开发银行预计，未来三年我国城镇化投融资资金需求量将达25万亿元。

从资金供给来看，我国城镇化的资金来源主要有四个途径。第一，农民经济收入；第二，国家财政投入；第三，社会资金；第四，金融机构贷款。当前，我国农民收入偏低，由于缺乏完善的证券市场，社会资金直接融资支持我国城镇化建设并不实际。因此，我国城镇化建设资金投入依赖于国家财政投入和金融资金。但是，需要指出的是，国家财政资金是有限的，城镇化过程中的资金需求不能全部依靠政府财政资金来支撑。因此，需要进行金融创新，以期为城镇化提供必需的资金支持。从国际经验来看，欧美发达国家对城镇化建设的融资在很大程度上依赖于发达的资本市场。目前，我国的资本市场尚未完善，财政融资有限。因此，我国城镇化建设应充分发挥金融业的资金融通功能和优势。

## 第二节　城镇化的投资和融资与金融创新

人口城镇化、经济城镇化和社会城镇化都需要投资和融资。因此，它们与金融业有着密切的关系，即金融行业为社会城镇化过程提供基础设施建设所需资金、金融行业为经济城镇化过程中工业、服务业企业提供发展所需资金、金融行业为人口城镇化中农村居民提供金融支持。金融中介发展对城镇化的推动作用，主要体现在为各类生产要素的空间聚集提供金融支持，促进其有效聚集、降低该过程的交易成本、扩大聚集的经济效应，同时为产业结构转型和经济增长提供金融支持，由此推动城镇化发展进程（郑长德，2007），如图 2－4－1 所示。

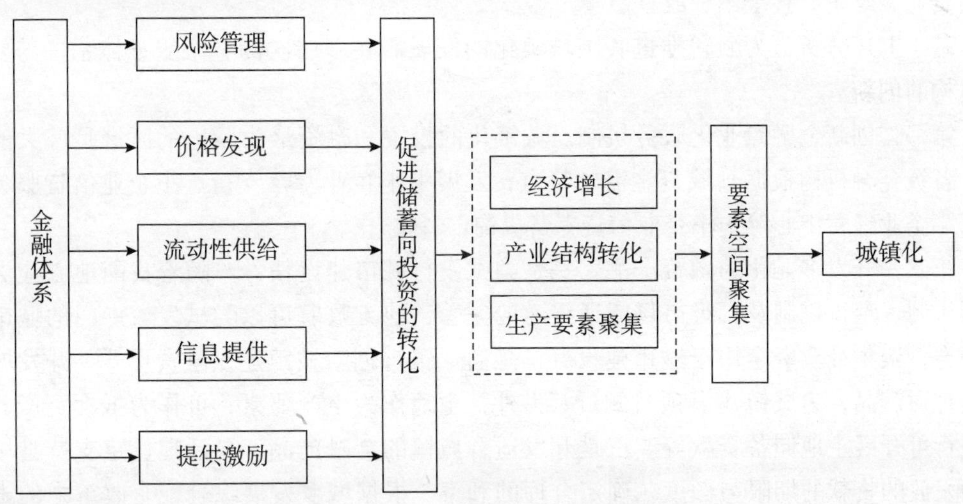


**图 2－4－1　金融体系的功能与城镇化**

由于国家产业政策、金融政策等多种原因，在我国城镇化过程中，造成了资金供给上的抑制，形成了供给型金融抑制。

首先，基础设施建设融资渠道单一。由于基础设施建设具有投资规模大、沉没成本高、建设周期长等特点，需要长期、大额的资金支持。在城镇化过程中，基础设施建设多依赖于国家财政投入。但是，国家财政投入却无法满足我国大规模城镇化的需求。目前，我国政策性金融机构中涉及城镇基础设施建设业务的只有国家开发银行，但是其宗旨和定位是支持国家基础产业和支柱行业发展，并不是专门针对城镇化建设的。很多地区为了建设与城镇化相匹配的基础设施，在经济建设中尝试了诸如信托等融资渠道。然而信托等方式在我国不具备广泛的操作性，受投融资体制等约束，市场化的融资方式在城镇化建设中的比重过低，不可能成为城镇基础设施建设融资的主要来源。

其次，在城镇化推进过程中，中小企业融资难。中小企业是解决农村转移人口就业的重要力量。在我国，约 60% 以上的中小企业都认为资金匮乏是企业发展的最主要障碍。1999 年，世界银行针对我国中小企业进行了调查访谈，发现在中小企业创业初期的初始资本金中，自有资本约占 70%，来自朋友或风险投资机构的资金约占 15%，来自非金融机构及其他渠道的资金约占10%，来自银行的信贷资金约占5%；在企业成长过程所需的资金中，自筹资金约占35%，从企业利润中形成的内部留存资金约占30%，企业之间的商业信用资金约占12%，银行信贷资金约占18%。由此可知，我国的中小企业无论是在初创期开始发展期，都难以从银行得到充分的融资，多数依靠于内源融资。中小企业发展的困难，无法促进城镇化的推进。

最后，金融信贷机制不健全。农村地区信贷银行管理权限上收、贷款手续烦琐，这使得农村地区银行发放贷款难，无法适应我国城镇化建设要求。造成这一现象的原因是商业银行信贷机制的不完善以及信贷审查部门、基层信贷部门的信息不对称。信贷审查部门更多地重视对申请材料的形式审核而不是充分判断企业的信用水平和还贷能力，造成主要的信贷责任由基层信贷部门承担。而信贷人员担心出现不良资产，不会主动地开展信贷业务营销，甚至不予放款。

基于上述分析，为顺利推进我国城镇化的发展需要多层次的金融服务体系，需要金融机构的创新。

第一，创新金融专业化服务机制。城镇化的投资和融资最为紧迫的区域是广大的县域，各级金融机构根据县域资金需求特点，发展中小企业专营支行、小企业信贷服务中心、小企业经营中心等中小企业信贷专营机构。

第二，开发多元化的融资产品。一是尝试发行城市建设债券。随着我国地方债券的发行机制、定价机制及二级市场流通渠道的完善，地方政府可以尝试发放专门的城市建设债券，聚集社会资金用于城市建设。二是商业银行创新城镇建设融资形式。开发城建信贷理财产品，为城镇建设项目融资。另外，土地作为生产要素，可作为抵押资产，商业银行可开展土地储备贷款等。三是开发适合城镇的金融产品。灵活地设定支持县域发展而发放的贷款的期限与额度，确定合理的利率。根据城乡发展综合配套改革中的土地流转、林权改革、农村基础设施建设等问题，在信贷、担保、额度和时间上有所改进以匹配城乡发展需要。

第三，拓展城镇化金融业务。一是根据县域客户与城市客户的不同特征和业务结构，推行县域客户经理制，在城镇推行“一站式”服务，为农民提供存贷款、结算、中间业务、理财等系列金融产品。二是在信贷风险管理方面，采用“程序化”准入授信的原则，实行产品综合动态评估，简化城镇信贷的手续审批程序。

## 第三节　城镇化带来供应链金融新机遇

过去，在城镇地区，由于产业链的缺失以及整体农业生产水平较低，使得供应链金融在城镇金融发展中未得到足够重视。随着我国城镇化进程的推进，对作为与实体经济有密切关系的金融业提出了更高的要求。不光对中小城镇基础设施贷款提供金融支持，而且对中小城镇经济建设、环境建设等提供资金。由此，将会在城镇地区形成一条新型的“供应链”，包括了工业企业、服务型企业、政府、银行等。综上可知，城镇化进程中为供应链金融带来了新的机遇。

供应链金融是从整个供应链管理的角度出发，提供综合的财务金融服务，把供应链上的相关企业作为一个整体，根据交易中构成的链条关系和行业特点设定融资方案，将资金有效注入到供应链上的相关企业，提供灵活运用的金融产品和服务的一种融资创新解决方案，如图2－4－2所示（宋炳方，2008）。由图2－4－2可看出，供应链金融是为某供应链中一个或多个企业的融资请求提供服务，物流企业辅助金融机构完成整条供应链的融资。其旨在缓解商业银行等金融机构与中小型企业之间信息不对称，解决中小型企业的抵押、担保资源匮乏问题。简言之，就是银行将核心企业和上下游企业联系在一起提供灵活运用的金融产品和服务的一种融资模式。与传统的保理业务及货押业务较相近。但是仍存在不同，保理和货押只是简单的贸易融资产品，而供应链金融是核心企业与银行间达成的一种面向供应链所有成员企业的系统性融资安排。由此推出，城镇化进程的推进，将为城镇地区农业产业改造升级。供应链金融最大的特点就是在供应链中寻找出一个大的核心企业，以核心企业为出发点，为供应链提供金融支持。一方面，将资金有效注入处于相对弱势的上下游配套中小企业，解决中小企业融资难和供应链失衡的问题；另一方面，将银行信用融入上下游企业的购销行为，增强其商业信用，促进中小企业与核心企业建立长期战略协同关系，提升供应链的竞争能力。

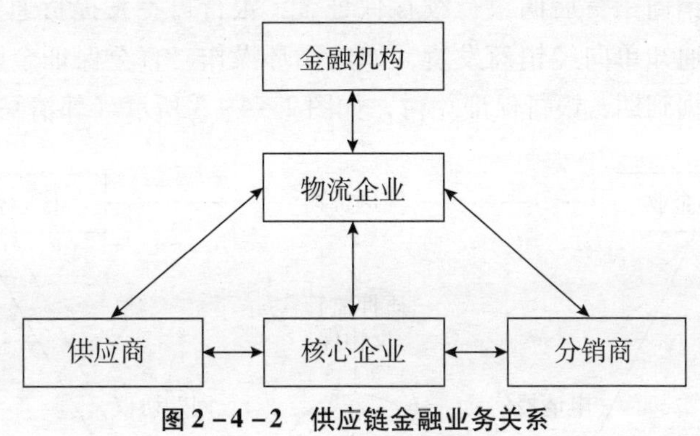


**图2－4－2　供应链金融业务关系**

从国际范围来看，供应链金融首先由发达国家银行开始推行。Demica公司2008年的研究报告指出：发达国家供应链金融市场呈现高速增长的趋势。2007年，各银行通过供应链融资手段发放的授信平均增长了25%；80%的大银行认为，供应链金融产品对于商业银行业务的差异化竞争很重要。

2006年，深圳发展银行首先推出了“供应链金融”品牌，之后，中信银行、浦发银行、兴业银行、民生银行、招商银行、交通银行、农业银行、建设银行、工商银行、中国银行等也推出了供应链金融业务。在传统的贸易融资中，金融机构只针对单一企业进行信用风险评估并据此作出是否授信的决策，但是在供应链金融的模式下，金融机构更侧重于申贷企业的贸易背景、信用水平，不仅仅局限于企业规模、固定资产价值等财务指标。有利于那些财务指标无法获得贷款的企业，凭借与其他企业形成供应链关系而获得贷款，满足资金需求。

从理论和实践来看，我国供应链金融主要存在3种基本模式（郭清马，2010；胡剑、李伟杰，2009）：①基于预付账款的保兑仓融资模式；②基于存货的融通仓融资模式；③基于应收账款的融资模式。

**1. 基于预付账款的保兑仓融资模式**

在采购过程中，为获得持续经营所需的产成品、原材料等，供应链下游的中小企业需要得到供应链上游核心企业预付账款。由于中小企业多存在资金短缺现象，难以支付预付账款，为保证生产的顺利进行，可以通过保兑仓融资模式获得银行的授信支持，用于向核心企业支付预付账款。何为保兑仓？它就是以核心企业承诺回购为前提，以核心企业在银行指定仓库的既定仓单为质押，以控制中小企业向核心企业购买的有关商品的提货权为手段，由银行向中小企业提供融资的授信业务。在这种模式下的授信产品包括银行承兑汇票，即通过银行（金融机构）、中小企业（经销商）、核心企业（生产商）和物流企业（货押监管）四方签署合作协议而实施。经销商根据与生产商签订的购销合同向银行交纳一定比例的保证金，申请开立银行承兑汇票，专项用于生产商货款的支付保证和到期支付；物流企业提供保证担保，经销商以货物向物流企业进行反担保。物流企业的承保金额主要由货物的库存情况和销售情况按比例决定，并收取监管费用；银行根据经销商存入的保证金签发相应额度的提货通知单，物流企业凭银行签发的提货通知单向经销商发货，经销商销货后向银行续存保证金，银行再签发提货通知单，物流企业再凭银行签发的提货通知单向经销商发货，如此循环操作，直至保证金账户余额达到银行承兑汇票金额，票据到期，银行保证兑付，如图 2－4－3 所示（郭清马，2010）。

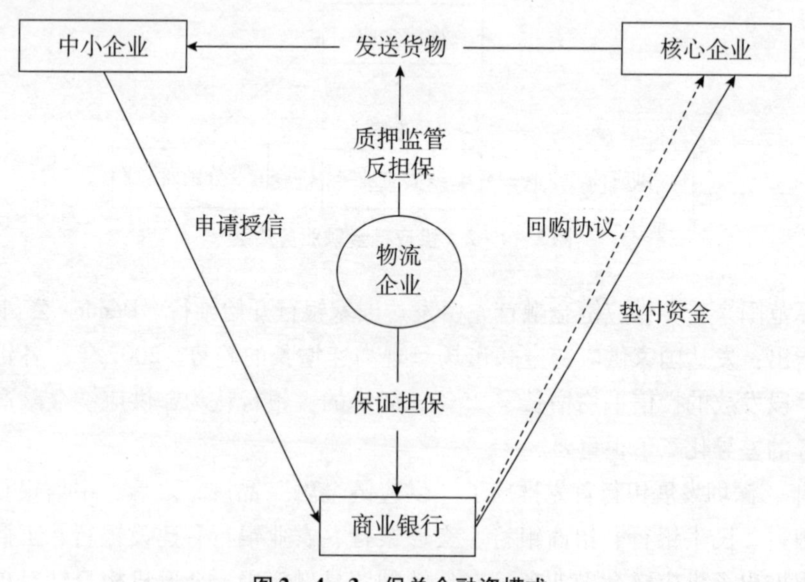


**图 2－4－3　保兑仓融资模式**

**2. 基于存货的融通仓融资模式**

融通仓融资模式是用于解决处于支付现金至卖出存货的生产经营周期时供应链上中小企业的资金短缺的问题。所谓的融通仓是中小企业以银行认可的存货等动产作为质押物向金融机构申请授信的行为。然而不同于简单动产质押，融通仓是指在动产质押中引进物流企业，将中小企业采购的原材料或产成品等质押标的存入物流企业开设的融通仓，由物流企业提供质物保管、价值评估、信用担保、去向监督等服务，由银行根据动产稳定性、评估价值、交易对象、供应链状况等向中小企业提供融资的授信业务。融通仓的还款来源是中小企业生产经营过程中或质押产品销售中产生的分阶段还款。必要时，银行还会与中小企业的上游核心企业签订质物回购协议，降低融通仓授信业务的风险。融通仓融资模式如图 2 –4 –4 所示（郭清马，2010）。

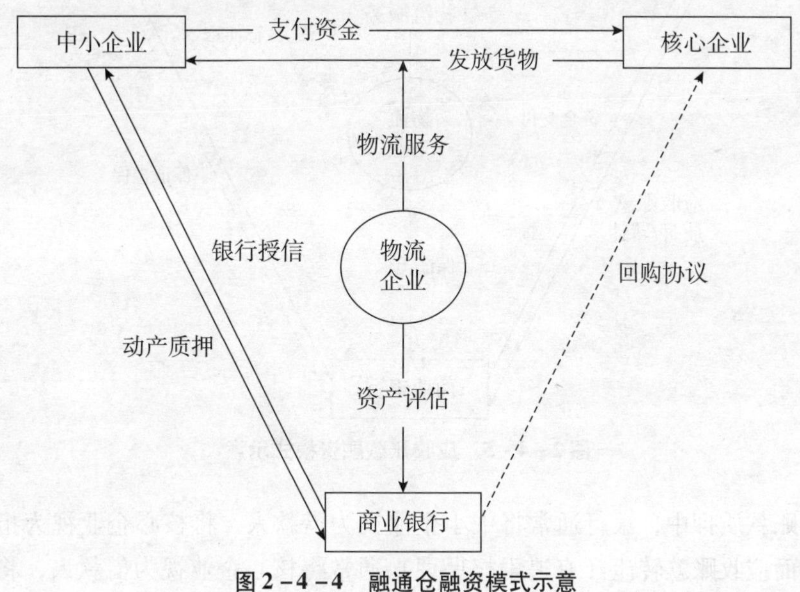


**图 2 –4 –4　融通仓融资模式示意**

基于供应链金融的思想，中小企业采用融通仓业务融资时，银行重点考察的是企业是否有稳定的存货，是否有长期合作的交易对象以及整个供应链的综合运作状况，并以此作为授信决策的重要依据。另外，融通仓业务引进了第三方物流企业，负责对质押物验收、价值评估与监管，并据此向银行出具证明文件，协助银行进行风险评估和控制，进一步降低银行的风险，提高银行信贷的积极性。另外，商业银行也可根据第三方物流企业的规模和运营能力，将一定的授信额度授予物流企业，由物流企业直接负责融资企业贷款的运营和风险管理，这样既可以简化流程，提高融资企业的产销供应链运作效率，同时也可以转移商业银行的信贷风险，降低经营成本。

**3. 基于应收账款的融资模式**

基于应收账款的融资模式主要针对商品销售阶段，由于绝大多数正常经营的中小企业都具有未到期的应收账款，这一模式适用范围非常广泛。具体而言，应收账款融资模式是指以中小企业对供应链下游核心企业的应收账款凭证为标的物（质押或转让），由商业银行向处于供应链上游的中小企业提供的，期限不超过应收账款账龄的短期授信业务。在应收账款融资中，主要有中小企业（债权企业）、核心企业（债务企业）和银行等主体，如果是应收账款质押，银行第一还款来源是处于供应链上游中小企业的销售收入，第二还款来源是供应链下游核心企业给付的应收账款。如果是应收账款转让（有追索权保理），则第一还款来源是供应链下游核心企业直接支付给银行的应收账款，第二还款来源是处于供应链上游中小企业的销售收入。应收账款融资也可以引入物流企业提供第三方保证担保。应收账款融资模式如图 2－4－5 所示（郭清马，2010）。

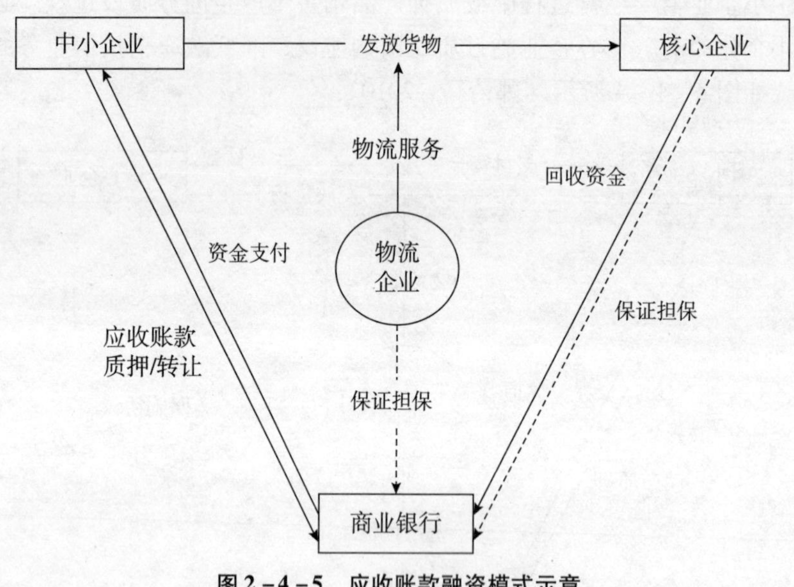


**图 2－4－5　应收账款融资模式示意**

在应收账款质押中，银行通常将中小企业视为借款人，将核心企业视为担保人核定授信额度；而应收账款转让（有追索权保理）通常将核心企业视为借款人，将中小企业视为担保人。因此，在应收账款融资中，核心企业的还款能力、交易风险以及整个供应链的运作状况得到银行更多地关注，避免了只针对中小企业本身进行风险评估，借助核心企业较强的实力和良好的信用，使银行的授信风险得到有效控制。

虽然供应链金融是解决由于城镇化带来的资金缺口的一种全新的融资模式，但是在实践过程中也存在一些风险需要注意。

第一，供应链金融风险控制体系尚未完善。供应链金融需要有完善的风险体制来控制。而我国大部分的商业银行供应链融资服务尚未独立，没有专门的风险控制体系，如缺乏专门的债项评级体系、缺乏专门的商品通道和操作平台、缺乏针对企业和物流监管合作方的严格的管理办法等。这使得现有的供应链金融不光不能充分发挥营销效率，而且，存在一定的风险隐患。

第二，尚未成熟的供应链金融技术支持。国外银行在开展供应链金融服务时都基于先进的网络技术，如荷兰银行的 MaxTrad 技术能够提供 24 小时的在线服务，为买卖双方自动处理贸易交易及管理应收、预付账款提供了很好的解决方案。MaxTrad 技术是在原有系统中融入供应链金融模块，为客户提供了缩短变现周期、获取实时信息及减少纸质文件传递的网络工具，最大限度地实现了交易自动化。又如，摩根大通银行收购了 Vestera 物流公司，由此，在亚洲组建了新的物流团队专门为供应链及代理商销售业务提供金融服务和支持。在为全球供应链中的主要交易包括首付货款、支付运费、支付保险费、支付关税等提供服务过程中，摩根大通银行自动获得各类金融贸易数据。通过提高货物运输信息的可视度，为整条供应链提供更高水平的金融工具和更多的金融机会。目前，我国商业银行的供应链金融服务都尚处于起步阶段，其信息技术含量低，交易平台功能实现并未完善，如单证、文件传递、出账等环节还较大程度依赖于人工操作，影响了供应链金融的推广实施，也加大了银行的风险。

第三，我国供应链关系欠成熟影响供应链金融推广。我国商业银行推行的供应链金融服务只提供给汽车、钢铁、能源、电信等少数几个行业。究其原因是我国很多行业的供应链管理意识薄弱，核心企业对其供应链成员缺乏制度化管理。这使得供应链金融对核心企业的资信引入的风险加大。同时，国内银行目前推行的供应链金融也仅局限于国内供应链，对供应链中的国际贸易融资延伸和整合不足。面对跨国公司的大批国内供应商和分销商，也没有从系统的视角提出有效的解决方案，错失大量的市场机会。

为解决以上提出的城镇化进程中供应链金融的问题，接下来，提出有针对性、可操作的政策建议。

第一，积极完善网络技术平台，建立我国产、供、销的完整供应链信息系统。通过传感器的技术创新，将互联网运用到基础产业和服务产业，建立起不同行业、产品的基础供应链信息管理平台，为供应链金融实现技术的整体管理创造条件。

第二，灵活运用供应链管理理论，建立能够集提供物流服务、信息服务、商务服务和资金服务为一体的供应链第三方综合物流金融中介公司，突破现有供应链金融仅仅作为银行业务创新的范畴。供应链第三方综合物流金融中介公司既有现有的第三方物流公司的职能，又具有充当银行和生产、供应、销售之间的融资角色的职能。对银行而言，需要对其目前的管理体制、业务流程和盈利模式进行流程再造，建立围绕供应链金融业务的业务事业部制，通过供应链金融业务的整体外包或部分外包的合作形式与供应链第三方综合物流金融中介公司合作，提供全面的金融服务，建立全面的业务风险管理模式，实现企业、银行风险控制和绩效指标任务的顺利完成。

第三，实现从原有的银行分业管理向混业管理的转变，允许银行把非核心的业务合理有序地外包给专业的供应链第三方综合物流金融中介公司，允许诸如第三方综合物流金融服务公司中介服务的存在，并依法从事有关融资业务。在供应链金融服务中，由于银行作为质押人，不完全具备监管质押物的条件，此时第三方综合物流金融中介的产生，不但可以担负起帮助银行看管质押物的职责，而且还可以为银行提供相关的信息、商务服务，改善信息不对称情况，提高银行等金融机构的风险管理、市场控制和综合服务能力。从而形成服务于银行等金融机构的新的金融中介产业，适应了社会经济的发展。

# 第五章　以信息化带动城镇化

## 第一节　信息化是城镇化的重要保障

当今世界已经步入信息时代。经过近40年的信息化建设，我国已经取得了长足进步，信息化已经渗透到社会生活的各个方面，不断影响着人们的生活和生产方式。信息化是指国民经济和社会生活中最广泛地应用先进的信息技术，加快国民经济各部门之间、部门内部以及企业间的信息沟通和交流，促进企业技术改造，使企业的发展更适应新技术的发展和不断变化的市场需求，从而加快经济的运行节奏，促进经济发展（李泊溪，2005）。在建设中国特色的工业化、信息化、城镇化、农业现代化的“新四化”过程中，信息化是当今世界经济与社会发展的潮流和大趋势，信息化处于基础性、全局性、先导性的地位，不仅工业化要与信息化“两化融合”，新型城镇化、农业现代化以及经济社会各个领域的持续发展，都要与信息化深度融合。信息化提升和整合城镇功能，改善城镇产业、就业结构，提高城镇居民素质，实现信息城镇化，是加快我国城镇化进程的重要保障。许多地区在推进城镇化特别是新型城镇化过程中充分重视发挥信息化的效益。而信息化的同步发展，又促进了新型城镇化以节能、环保和经济可持续方式的发展。如河北、江苏、浙江、福建、吉林和四川等地，重视农村信息化发展，积极支持、引导和推进农村电子商务，通过电子商务应用改变农民传统的社会身份，提高经济收入和农民的组织化水平，促进农村和小城镇经济和产业结构优化，推进农民返村创新和就近就业，明显改善了农民家庭生活质量和农村社会面貌，为城镇化创造了必要条件，促进了城镇化的快速发展。

在城镇化快速推进过程中，也出现了一些难题，如耕地过度挤占、城镇空间分布不均衡、环境资源超负荷承载等。如何选择发展道路、减少决策失误，从根本上取决于城镇地域与社会环境的交换能力，其中占主导作用的是信息推进能力。信息作为主导城镇发展的先导性媒介，将直接影响各行为主体的判断和选择，将激发城镇化建设的活力和特色。信息化将提升城镇建设的质量内涵。目前，云计算、物联网、移动互联网、大数据等信息化技术的加速创新与应用普及，将智慧城市、无线城市、数字乡镇等信息化技术应用到城镇化建设中，为城镇基础设施的智慧装备和普及服务，布局的优化改善都提供了重要保障。以村通工程为代表的基础网络的全覆盖，以农村信息服务站为代表的信息应用的普及和推广，打破地域、经济差距间的限制，使得城镇人口能够快速地获得所需信息。在信息化推广基础上，有效率地将各类资源向城镇、农村地区延伸和覆盖，为推动城乡统筹发展提供更好的实现途径。

首先，信息技术通过改变城镇生产生活组织形式，推动城镇布局合理化。改革开放

30 多年来，我国的经济发展一直都侧倾于大城市发展。目前，大城市虽然经济实力不断增长，但是也暴露出了很多严重的问题。我国每年新增超过 100 万人口的大型城市超过 10 个，未来 20 年每年新增超过 50 万人口的中型城市超过 20 个。到 2025 年，预计全球超过 1000 万人口的 13 个特大新兴城市中，中国将占 7 个。人口的快速扩张，为满足人们的日常生活和生产，消耗大量能源、出现城市拥堵、高居不下的物价水平、排放大量的碳，这些问题一直困扰着大城市的发展。然而，信息技术却能实现生产生活要素有机、高效的组织，对城镇进行合理规划，对能源消耗大且污染严重的企业进行控制、改造、再建；通过网络技术可以使得人们工作、购物能够在家进行，减少汽车尾气排放和各类碳排放，有效提高我国城镇化建设的质量。

其次，信息化推动城镇化，城镇化快速发展也给信息化带来更大的发展空间。城镇化的推进需要加强城镇基础设施建设，如交通信号灯、污水处理系统、铁路运输、电力供应和公共安全等系统，这些基础设施的运营很大程度基于网络、通信等信息技术的支持，由此，城镇化为信息化的发展提供了良好机遇。2000—2011 年我国人口城镇化率提升了 15%，而我国互联网普及率则增加了 36.6%。这从一定程度上表明，人口城镇化每增加 1 个百分点，就会让互联网普及率相应提升 2.24 个百分点，城镇化对信息化的拉动作用由此可见一斑。

最后，信息化技术转变城镇经济的增长方式，保障城镇化进程的可持续性。以往，我国城镇化的推动力量主要是工业化，然而过去的工业化主要依赖于粗放型发展模式，大量消耗自然资源、排放各类污染物，对城镇的环境造成破坏。现阶段推行的城镇化是新型城镇化，信息技术融入到生产过程中，实现生产资料的合理规划、生产过程的有效监控。同时，随着电子商务等应用的普及，信息技术影响了城市传统的交易和消费行为，转变了城镇经济的增长方式，为城镇化的推进带来集约、循环、低碳的“绿色模式”。我国已有 320 多个城市投入 3000 亿元建设智慧城市，还有超过 80% 的城市在“十二五”期间将智慧城市作为加快经济发展转型的战略导向。随着更多城市上马智慧城市建设以及相关服务的推出，“十二五”期间各地智慧城市建设将带动 2 万亿元的产业规模。

未来我国将坚定地推动新型城镇化进程，信息化是新型城镇化的推动力，二者相互作用，在获得自身发展的同时，共同为实现全面建成小康社会目标，为我国经济转型和消费升级贡献力量。

如何利用信息化推进城镇化，解决城镇化过程中管理水平较低、农村居民素质有待提升、产业升级等问题，可从以下几方面入手。

第一，利用信息化提升城镇管理水平。积极推行电子政务建设，创造良好的投资发展环境，提高城镇社会管理水平。一是建立统一的电子政务应用平台，推进政务公开、政务服务、网络问政的开展，通过网上审批服务系统、数字城管系统等应用，推进城市网格化管理，全面提高城镇的社会服务和管理水平，为城镇发展创造良好的投资发展环境。二是充分利用电子政务平台和信息技术手段创新社会管理。要积极鼓励和支持管理部门利用政务微博、微信等新型信息交互手段，听取民意，了解民情，与社会有效直接沟通交流，改进管理，改善民生。三是全面推进社区信息化管理，提高城镇社会服务水平。推动信息化管理系统的广泛应用，全面动态地掌握社会和居民最新信息，强化基层终端管理服务功能，为社会和谐和维稳提供坚实的支撑。

第二，利用信息化对城镇居民进行培训，提高居民素质。一方面，管理部门积极发挥互联网等公共网络远程教育传播知识的效用，大力加强网络教育平台建设，充分利用网络信息扩散快、覆盖面大、信息资源丰富、相对费用较低的特点，开展对居民的教育培训工作，提高新入城居民的知识水平和文化素质，增强城市生活技能。另一方面，管理部门要共同研究制定新型城镇发展过程中的信息服务业和产业推进措施，建立新经济发展方式，促进工业化与信息化的融合，带动工业化发展。要以信息服务业为主导，选择性发展适宜的信息产业。把握高附加值、低碳化、绿色化发展趋势，通过大力发展信息咨询等，加速传统产业转型升级，推动信息化与工业化全面深度融合。深入发展专业信息服务业。加快发展金融、贸易、交通信息服务，结合实际，发展初级人才能够胜任的密集性信息服务业，如信息呼叫中心或公共信息服务平台等。

第三，利用信息化促进产业升级，向服务化发展。一是全面推进电子商务等信息服务业的发展，促进农民和农村生产经营方式的转变，适应城镇化需要。设立专项基金，支持电子商务的发展。通过政策和资金支持，加大对电子商务工作的引导和推动。要通过大力推进电子商务，重点抓好农村电子商务，将网上开店销售特产农林产品作为新入城居民的主要自主就业方式之一，开拓就业渠道和转变就业方式，提高城镇居民的就业率，促进城镇化发展。同时要鼓励和推动传统工业制造企业营销方式向电子商务模式的积极转变。二是开发和整合信息资源，建立跨部门、跨行业、跨地区的信息管理和协作机制，开辟稳定的信息交流通道，实现涉农数据的兼容和共享；加快构建农产品市场预警和监管系统，规范市场行为，提高信息服务的质量和水平。要运用宏观调控、税收等手段鼓励城镇中小个体企业更多运用电子商务，通过降低上网费用刺激网上消费，通过以资金或优惠政策支持研发活动，提高电子商务技术水平。三是充分利用网络、广播、电视、电话、移动通信工具等多种信息传递手段，利用现有的信息基础设施资源，建立传统媒体与现代信息网络优势互补的信息服务网络，提高信息体系建设的规模和水平，加强对居民的信息服务。四是要加强电子商务有关知识的宣传与培训，提高电子商务的可信度。通过举办形式多样、生动活泼、图文并茂的电子商务科技宣传和培训，传播电子商务的应用方法和注意事项，增强对电子商务的了解和认识。对居民进行信息技术和电子商务培训，教会居民使用和掌握检索网络信息和网上交易的方法、技术及防范风险的方法，提高信息素质和技术水平，改善农产品电子商务应用的社会基础。

第四，以信息化提高居民社会保障体系。一方面，充分利用信息技术手段构建有效的医疗卫生服务信息体系将大大提高城镇化居民的健康水平。另一方面，要以“全面覆盖、多点辐射”为平台建设目标，按照“统一规划、统一标准，网络化、规范化”的要求，实施以“数据集中、职能下延、上下联网、信息共享”为目标的劳动保障信息服务系统建设。

第五，构建物联网，提高交通管理水平。积极规划采用物联网技术，对城市重要交通路口的交通红绿灯、车流量、人流量实现远程智能感知和控制，通过有线无线网络结合，采用图像传输处理、大数据分析及运筹学调配等技术，实现对城市交通的智能化管理，使现有交通设施能够智能地管理，充分发挥更大效益，解决城市交通拥堵问题，提高城市生活和生产效率。

## 第二节　信息化是实现新型城镇供应链管理的基础和条件

所谓新型城镇化是指坚持以人为本，以新型工业化为动力，以统筹兼顾为原则，推动城市现代化、城市集群化、城市生态化、农村城镇化，全面提升城镇化质量和水平，走科学发展、集约高效、功能完善、环境友好、社会和谐、个性鲜明、城乡一体、大中小城市和城镇协调发展的城镇化建设路子。这里的“新”是要由过去片面注重追求城市扩大、空间扩张，改变为以提升城市的文化、公共服务等内涵为中心，真正使我们的城镇成为具有较高品质的适宜人居之所。因此，新型城镇化更为注重内在质量的提升，由偏重数量规模增加向注重质量内涵提升转变。由此可知，新型城镇供应链是在原有供应链概念基础上更为强调提高供应链的运作效率，是有效整合采购、制造、仓储、分销等诸多环节，提高供应商、制造商、分销商和用户衔接在一起共同运营的效率和质量。信息化是实现新型城镇供应链管理的基础和条件。

在新型城镇供应链流程再造过程中，信息技术面向整个供应链体系建立相关支持平台，为业务衔接和数据交换提供支撑，使物流、信息流和资金流在供应链上有序流动。新型城镇供应链关注物料的变化和流动效率，以及相关信息与资金的流转效率。唯有信息流才是实现对物流、资金流的组织、控制和协调。当物流、资金流和信息流同步，才能做到过程控制。

随着我国新型城镇化进程的推进，信息量剧增，新型供应链管理必须依托以网络和数据库为核心的信息系统，以保证信息的完整性、精确性和及时性。采用信息技术能够有效改善新型城镇供应链的动态特性，便于对供需波动做出及时有效的反应。信息系统使信息的传递由原来的线性结构变为网状结构，整个新型城镇供应链各个环节可以实现信息实时共享，消除信息延迟，缩短供应链长度，提高供应链管理的效率。

目前，EDI、RFID、GPS、供应链信息系统集成和物联网技术是新型城镇供应链信息化管理的主流技术，有助于提高供应链信息传递和共享准确性和及时性。

（1）电子数据交换（Electronic Data Interchange，EDI）技术。是通过计算机通信网络将贸易、运输、保险、银行和海关等行业信息，用一种国际公认的标准格式，实现各有关部门或企业间的数据交换与处理，并完成以贸易为中心的全部过程，是计算机、通信和现代供应链管理技术相结合的产物。供应商和用户（分销商、批发商）一起协商确定标准报文，首先用户（分销商、批发商）提供商品的数据结构，然后由 EDI 标准专业人员在相应标准中选取相关的报文、段和数据元。目前广泛采用的是联合国贸易数据交换标准。制造业在供应链上应用 EDI 技术使传输发票、订单过程中达到了很高的效率，制造业企业所采用的 EDI 应用主要是发票和订单处理，而这些业务代表了他们的核心业务活动：采购和销售。EDI 在密切贸易伙伴关系方面有潜在优势。

按照功能来分，EDI 可分为四类。第一类是 EDI 系统，即贸易数据互换系统（Trade Data Interchange），用电子数据文件来传输订单、发货票和各类通知。第二类是电子金融汇兑系统（Electronic Fund Transfer），在银行和其他组织之间实行电子费用汇兑。这类模式使用了多年，仍在不断改进中，如与订货系统联系起来，形成自动化水平更高的系统。第三类是交互式应答系统（Interactive Query Response），应用在旅行社或航空公司作为机票预订系统。这类模式在应用时要询问达到某一目的地的航班，要求显示航班的时间、票价或其他信息，然后根据旅客的要求确定所要的航班，打印机票。第四类是带有图形资料自动传输的 EDI。常见的是计算机辅助设计（Computer Aided Design，CAD）。如美国厨房用品制造公司 Krafe Maid，在 PC 机上以 CAD 设计厨房的平面布置图，再用 EDI 传输设计图纸、订货、收据等。

（2）RFID（Radio Frequency Identification）技术。无线射频技术是利用无线电波对记录媒体进行读写。射频识别的距离可达几十厘米至几米，且根据读写的方式，可以输入数千字节的信息，同时，还具有极高的保密性。射频识别技术适用领域：物料跟踪、运载工具和货架识别等要求非接触数据采集和交换的场合，要求频繁改变数据内容的场合尤为适用。RFID 系统一般由信号发射机、信号接收机、发射接收天线三部分组成。RFID 系统能够清楚地获知托盘上货箱甚至单独货品的各自位置、身份、储运历史、目的地、有效期及其他有用的信息。RFID 能够彻底实施“源头”追踪以及在供应链中提供完全透明度的能力，从而实现快速供货并最大限度地减少储存成本。

（3）GPS（Global Positioning System）技术。全球卫星定位系统是通过系统测定用户至卫星的距离来达到定位的效果。运用 GPS 技术，GPS 车载终端中的 GPS 接收器通过接收并处理 GPS 星座信号定位车辆而得到车辆信息，包括车辆的动态坐标位置（经度、纬度和高度）、时间、状态等。GPS 技术在供应链管理中被广泛应用在运输管理中，包括：车辆跟踪、车辆导航、调度指挥、防盗报警和车队管理。

（4）供应链信息系统集成。供应链信息系统集成技术是利用 Intranet 的“标准化”技术，以更加方便、更低成本的方式来集成各类信息系统，更容易达到数据库的无缝连接，使企业通过供应链管理软件使内外部信息环境集成为一个统一的平台整体。在供应链管理环境下，集成化物流信息系统的体系结构可以用一个二维的模型来表示。第一维是将供应链各层次进行集成，即对供应链执行层和供应链计划层之间的系统进行贯通。第二维是将供应链上涉及的功能和领域进行贯通。如将采购、仓储、计划、运输等环节打通，实施信息共享。信息系统的集成不是人员、产品和设备的简单叠加，也不是一劳永逸的事情，事实上一次性地就某个应用问题把若干应用系统集成到一起已不是难事，难的是要做到随时跟上需求的变化，适时地支持系统动态集成。

（5）物联网技术。物联网是通过射频识别、红外感应器、全球定位系统、激光扫描器等信息传感设备，按约定的协议，把任何物品与互联网相连接，进行信息交换和通信，以实现智能化识别、定位、跟踪、监控和管理的一种网络概念。目前，物联网技术还未被大规模地应用，但未来物联网技术在供应链运输环节、仓储环节、生产环节、配送/分销环节和零售环节中，应用的潜力无限。

物联网是指通过各种信息传感设备，实时采集任何需要监控、连接、互动的物体或过程等各种需要的信息，与互联网结合形成的一个巨大网络。其目的是实现物与物、物与人，所有的物品与网络的连接，方便识别、管理和控制。其在2011年的产业规模超过2600亿元人民币。构成物联网产业五个层级的支撑层、感知层、传输层、平台层以及应用层分别占物联网产业规模的2.7%、22.0%、33.1%、37.5%和4.7%。而物联网感知层、传输层参与厂商众多，成为产业中竞争最为激烈的领域。2012年我国物联网产业市场规模达到3650亿元，比2011年增长38.6%。从智能安防到智能电网，从二维码普及到智慧城市落地，作为被寄予厚望的新兴产业，物联网正四处开花，悄然影响着人们的生活。随着我国物联网产业发展迅猛的态势和产业规模集群的形成，我国物联网时代下的产业革命也初露端倪。从具体的情况来看，我国物联网技术已经融入到纺织、冶金、机械、石化、制药等工业制造领域。在工业流程监控、生产链管理、物资供应链管理、产品质量监控、装备维修、检验检测、安全生产、用能管理等生产环节着重推进了物联网的应用和发展，建立了应用协调机制，提高了工业生产效率和产品质量，实现了工业的集约化生产、企业的智能化管理和节能降耗。

2013年2月，国务院出台《推进物联网有序健康发展的指导意见》，把大数据纳入到物联网产业领域，大数据已成为智慧城市发展的引擎，成为智慧城市的重要基础和发展动力。

## 第三节　以信息化全面提升新型城镇管理水平

2011年，我国城镇人口超过农村人口，城镇化进程取得了显著进展。同时，也为城镇建设、社会管理、经济发展等提出了诸多挑战。一是现有的资源环境已难以支撑粗放的城镇化发展模式，城镇建设缺乏科学规划，资源利用效率低下、大城市土地供应紧张、交通拥堵严重等，已影响到城镇的可持续发展。而且，随着信息通信等高新技术的迅猛发展，移动终端迅速增长，网络连通速度不断提升，也要求城市管理部门立足长远不断提高城市管理水平。二是由于在城镇地区政府部门的一些行政审批手续复杂，周期过长，政务信息发布不及时，一些制度性障碍如户籍约束、中心城市行政权力过大、民间资本进入公共事业困难等问题也影响了要素在城镇间和城镇内部的自由流动，降低了经济运行效率，不利于城镇经济和公共服务系统高效运转。三是虽然我国以新型信息系统为基础的应急平台建设取得重要进展，但各专项部门的信息系统和各类资源尚没有统一的技术标准和组织标准，各个系统之间还没有建立联动共享机制，无法在统一管理平台中得到共享利用。

为解决以上问题，以信息化全面提升新型城镇管理水平，应做到如下几点：

第一，应借助智慧技术主动遵循并及时响应市民的需求和意见，促使政府转移为以群众满意度为本的服务者，智慧项目应充分体察并反馈市民的感受，界面友好、操作便捷，应多种途径推广普及智慧项目，全面感知、及时反馈市民需求，提高政府工作效率和城市治理水平，要建立政府主导、市民参与的政治模式，借助智慧技术将市民融入城市管理体系，将管制行为变为自觉行为。

第二，建设智慧城市提高城市管理服务水平。随着信息技术在城市管理中的推广，智慧城市成为城市发展新模式。智慧城市以互联网、物联网、有线和无线宽带网等网络组合为基础，以智慧技术高度集成、智慧产业高端发展、智慧服务高效便民为主要特征，涉及智能楼宇、智能家居、路网监控、智能医院、城市生命线管理、食品药品管理、票证管理、家庭护理、个人健康与数字生活等诸多领域，能够将政府、教育、医疗、公共安全、地产、运输和公用事业等城市关键基础设施和服务互连起来并对各种需求做出智能响应。2009 年 9 月，美国中西部艾奥瓦州迪比克市与 IBM 公司合作建立美国首个完全数字化的智慧城市。随后，全球很多城市都提出了符合自身需要的智慧发展之路。截至 2010 年，全球已有 1500 个城市在建智慧城市，遍布亚欧美非各大洲。它们发展超高速、广覆盖、智能化的通信基础设施，将城市运行核心系统的各项关键信息进行实时、动态的综合管理与分析。

近几年，我国也开始建设智慧城市，如上海、广州、深圳、无锡、南京、昆明、宁波、武汉、成都等城市都提出了建设智慧城市目标。信息化的强劲发展，为我国城镇化发展指明新的发展道路。信息通信技术的发展，使得我国建立物联网示范应用工程、下一代移动宽带无线通信等重大战略性新兴产业，加快城镇智能化基础设施建设，将城市的水、电、油、气、通信、交通等资源联系在一起，提高实时交互信息处理能力和反应速度。

第三，建立综合信息系统融合城市应急管理和常态服务。借鉴发达国家经验，如美国西雅图、波特兰等城市有效整合资源，建立标准化、规范化、跨部门、跨区域的综合性城市管理系统，实现城市管理各系统之间以及城市与相邻地区之间的互连互通，保证各系统在个性化、定制化的同时满足互操作性要求，推进非常态下城市应急管理工作与常态下城市公共管理与服务之间的有机融合。2011 年，美国采用统一标准，使用下一代无线网络技术部署全国互操作性公共网络，支持漫游和互操作通信，确保公共安全领域宽带用户在重大突发事件发生后能跨部门、跨地区分享视频、图片和电子邮件等信息。

我国应推进标准、融合、智能的综合性城市信息管理系统建设，尽快实现各个专项系统之间的互连互通，实现跨地区、跨部门联动，解决城市信息系统缺乏相关标准、相互间低水平重复建设问题。同时，建立资源整合、应急联动的政府应急平台，有机融合城市日常服务和应急管理功能。重点依托政府系统办公资源网络和各项业务网络，整合各部门、各行业、各层级已有视频会议、视频监控、语音指挥调度等系统及各专业应急部门的业务系统和数据库系统，建立统一的技术规范、数据标准、数据交换格式，形成纵横交错的信息资源分级分类和互连互通机制。

第四，使用各类网络技术提高城镇突发事件应对能力。面对信息技术广泛用于城市管理的趋势，加强对国际前沿信息技术的跟踪研究，把握互联网 Web2.0 传播速度快、互动性强、参与性广的基本特点，分析其对我国城市管理工作带来的机遇与挑战。采取疏堵并举的方式，及时发现和处理我国在推进城市信息化的过程中可能出现的各种新情况、新矛盾、新问题。在综合运用法律、行政、经济等手段强化管理的同时，充分发挥互联网 Web2.0 在信息收集、分析、研判、发布等方面的重要功能。把互联网 Web2.0 纳入突发事件监测预警系统，建立多种手段有机统一的跨部门、跨区域、跨灾种的综合预警监测平台和预警信息发布平台，充分利用社交媒体、电视、广播、网络、手机短信、电子显示屏、语音电话、传真等多种渠道，快速、及时地收集和发布信息。

## 第四节　以信息化推动智慧城市建设

随着我国城镇化进程的不断推进，人口、各类资源都日趋向大中城市集中，造成了大中城市人口密集与城市发展的矛盾不断涌现，如城市交通拥堵问题等，对我国城市管理理念和模式都提出了更高的要求。因此，应充分利用现代信息技术来创新城市管理模式，大幅提升城市管理效率，以便更符合未来城市发展需要。智慧城市是一种全新的城市形态，是城市信息化的高级阶段，也是解决我国城镇化带来的城市管理问题的有效方法。那么，何谓智慧城市？IBM 公司在《智慧的城市在中国》白皮书中指出，智慧城市就是能够充分运用信息和通信技术手段感测、分析、整合城市运行核心系统的各项关键信息，从而对于包括民生、环保、公共安全、城市服务、工商业活动在内的各种需求做出智能的响应，为人类创造更美好的城市生活。智慧城市是将分散的信息化系统、物流网整合在一起形成协同调控能力强的整体，对包括政务、民生、环境、公共安全、城市服务等在内的各种需求做出智能化响应和智能化决策支持，有效提高城市管理能力。

从国外来看，2008 年 IBM 提出智慧地球理念，引发建设智慧城市的潮流。2009 年，迪比克市与 IBM 合作，利用物联网技术将一个 6 万居民的社区的诸如水、电、油、气等公共资源联系起来，建设了第一个智慧城市。随后，韩国、丹麦、斯德哥尔摩等城市纷纷加入到构建智慧城市行列，利用信息技术和移动应用服务提升城市管理质量。

从国内来看，2008 年以来，我国部分城市也在开始探索智慧城市建设，2013 年住房和城乡建设部确定 103 个城市为 2013 年度国家智慧城市试点。2012 年《中国智慧城市发展水平评估报告》的评估结果显示，我国智慧城市建设中领跑者有北京、上海、广州、深圳、天津、武汉、宁波、南京、佛山、扬州、浦东新区、宁波杭州湾新区；追赶者有重庆、无锡、大连、福州、杭州、青岛、昆明、成都、嘉定、莆田、江门、东莞、东营；准备者有沈阳、株洲、伊犁、江阳。智慧城市的建设有利于及时传递、整合、使用各类信息，如管理服务、生态环境等，提高政府管理和服务能力，让城市生活更便利和谐。

在智慧城市建设中，信息化是其重要支撑，包括网络通信技术、物联网、云计算、社会计算（social computing）、大数据等。

**1. 网络通信技术**

从有线网络转向无线网络技术和移动网络技术发展，使得移动信息通信能力不断增强。同时，诸如智能手机、电脑的快速发展也增强了移动信息采集能力，改变了政府、企业、公众三者之间的信息交流方式。

**2. 物联网**

物联网是智慧城市的显著特点。物联网的引入改变了传统人机信息交互模式，进入到信息多源获取和智能控制的泛在计算时代，提高了微观城市信息采集能力，有效控制城市状态。

**3. 云计算（cloud computing）**

以上两种技术带来了多源海量数据的存储、管理、处理、挖掘等问题，可采用云计算予以处理。云计算技术涉及虚拟化、自主计算、效用计算等。云计算为智慧城市用户提供了IT资源物理集中，实现计算资源的集约化和规模化，分析处理、共享、整合计算资源。如图2－5－1所示，2010—2013年我国云计算市场规模不断扩大，平均增长率高达91.47%，为我国部分城市构建智慧城市提供了良好的信息支撑。

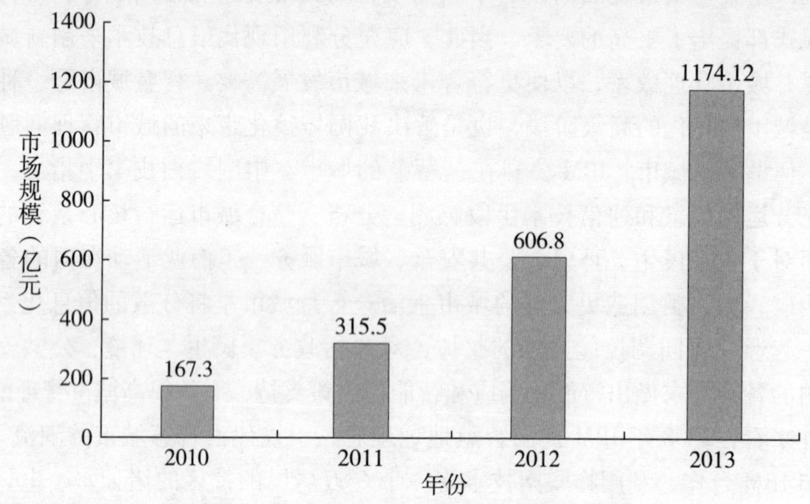


**图2－5－1　2010—2013年我国云计算市场规模**

资料来源：辜胜阻，杨建武，刘江日．当前我国智慧城市建设中的问题与对策［J］．

**4. 社会计算**

利用计算机系统处理各类社会行为即为社会计算，包括维基百科、Facebook、博客、电子邮件等应用。社会计算影响着人们的生活交流方式，社会计算构建了一个数字人际网，使得人们互动模式数字化和网络化。

综上可知，智慧城市是城市管理的一种创新模式，有效解决由于城镇化带来的人口集中与城市发展等各类问题。现阶段，虽然我国鼓励建设智慧城市并有了一定进展，但是，我国智慧城市建设尚处起步阶段，在建设智慧城市的过程仍存在一些问题。

（1）数据采集重复率高、协调难。智慧城市的核心在于将各类职能部门信息融合和数据共享，但是，诸如公安、民政、工商等部门属于不同的管理部门，各自信息系统相对独立、标准不统一，导致了信息系统录入数据重复率高、数据通用性差、难以做到信息共享，不利于智慧城市建设。

（2）现有产业融合难度大，影响智慧城市建设。智慧城市要求产业链宽而广，要求现有产业相融合，如手机钱包需要通信业和金融业融合等。然而，现阶段，我国很多产业融合问题仍无法解决，产业间合作开放相对较少，综合信息服务提供商尚缺乏，无法满足智慧城市要求。

为解决上述问题，应从如下两方面解决。

第一，标准化信息数据格式。信息共享要求信息格式统一，因此，各职能部门设置统一接口、统一数据格式以便实施互通互联，对数据格式设置具有扩展性和良好的接入性，便于信息增加与共享。同时，设置专门信息协调部门，制定信息资源共享政策，并将信息化服务从专业单项业务向综合集成推进。

第二，促进产业融合，推进智慧城市建设。一是国家鼓励产业融合，并出台相应政策支持，尤其是行业信息的融合，如工商信息、税务信息、道路信息等各方面信息的融合。利用技术和行政手段促进电信业与金融业、工商业、物流业等行业的深度融合，为智慧城市提供更好的支持。二是探索产业间合理的商业模式，利用无线网络资源，将各类终端客户、运营商、平台系统整合起来，构建良好的城市管理系统。

# 第六章　城镇化与城市配送

## 第一节　城镇化带动城市配送

城市配送是指服务于城区以及市近郊的货物配送活动，在经济合理区域内，依据客户的要求对物品进行加工、包装、分割、组配等活动，并按时送达指定地点的物流活动（常浩，2012）。城市配送属于城市物流的一部分，是2009年国务院发布的《物流业调整和振兴规划的通知》中的九大工程，首次被提至重点发展的高度，明确规定要鼓励企业应用现代物流管理技术，适应电子商务和连锁经营发展的需要，在大中城市发展面向流通企业和消费者的社会化共同配送，促进流通的现代化，扩大居民消费。加快建设城市物流配送项目，鼓励专业运输企业开展城市配送，提高城市配送的专业化水平，解决城市快递、配送车辆进城通行、停靠和装卸作业问题，完善城市物流配送网络。

当前我国处于加快推进城镇化时期，城镇化伴随着工业化进程，促进了产业、人口的集约效应，产生大量商品的消费需求。随着电子商务的快速发展，网络购物已成为重要的消费方式，由此带动了城市配送的迅猛发展。由图2-6-1所示，2006—2011年我国网购总额呈现快速的增长态势，2011年网购总额为7566亿元，平均增长率高达98.76%。2012年我国规模以上快递服务企业业务量完成56.9亿件，同比增长54.8%；快递业务收入完成1055.3亿元，同比增长39.2%。

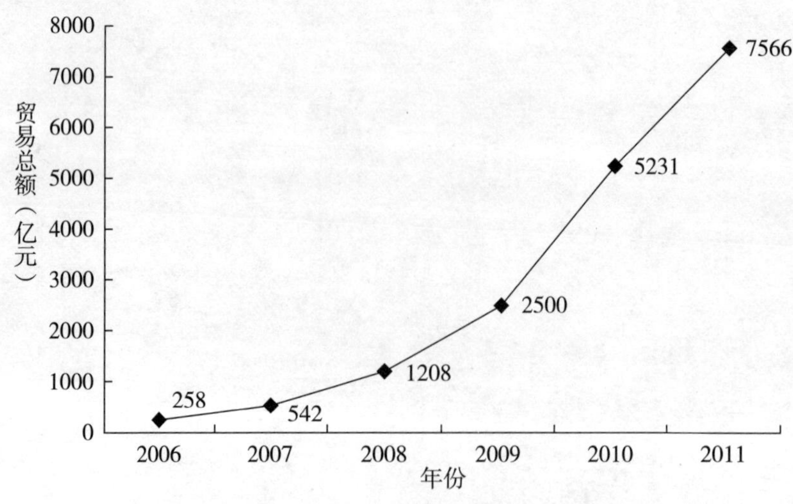


**图2-6-1　2006—2011年我国网购贸易总额**

资料来源：孙中亚，甄峰. 智慧城市研究与规划实践评述［J］.

第一，城镇化带来了商贸物流业的扩张，推动城市配送服务发展。城镇化进程的推进推动了城市规模扩大和人口集中，商贸物流作为保证食品和生活必需品的行业之一被提出更高的要求。从服务范围和水平来看，要求有更多的商业网点，完善的网点功能，提供个性化服务。从物流服务运作要求来看，带动了对城市配送的需要，尤其是个性化的、专业化的城市配送服务的需要。

第二，城镇化改变人们生活方式，城市配送服务成为重要支撑。城镇化不仅仅是将农民从农村户口转为城市户口，而是从农民向市民的转变，生活方式的改变。随着互联网的快速推广，与城市快速生活节奏相匹配的电子商务时代到来，彻底改变传统生活方式，对城市配送的模式、服务提出了新的要求。城市配送服务成为现代生活方式的重要支撑。

第三，城镇化推动农业产业化进程，推动城市配送农产品领域发展。城镇化改变了人们的生活方式，人们对新鲜的、安全的农产品要求越来越高，对农产品种植方式、深加工、冷链物流等都要求大大增大。为满足人们这一需求，城市配送在农产品配送领域不断改进配送技术等，推动了城市配送的专业化发展。

## 第二节　城镇化背景下城市配送现状

在城镇化快速推进的背景下，城市配送快速发展，呈现出诸如集中度较高等特征。然而，值得注意的是，由于城市规划、城市配送本身的特点，也凸显出城市拥堵影响城市配送效率、城市配送质量较低等问题。如下是基于国家邮政局的数据对城镇化背景下城市配送的现状分析。

首先，城市配送企业的集中度较高。随着电子商务的发展，据艾瑞咨询统计，2013年我国电子商务市场交易规模为9.9万亿元，同比增长21.3%；2013年我国网络购物市场交易规模达到1.85万亿元，增长42%，由此推动我国城市配送迅速发展。2012年9月，我国申通快递、圆通快递、顺丰快递、邮政速递物流、韵达快递、中通快递6家快递公司的日均快递量突破200万件。其中，“双十一”期间日均快递量达到峰值，如申通快递单日快递量超过800万件，圆通快递单日快递量超过700万件，韵达快递单日快递量超过500万件。据快递物流咨询网统计，2012年，我国排名前6的快递企业业务量占整个快递市场份额的78%，同比增长了8%，城市配送企业的集中度进一步提高。

其次，我国城市配送结构中以异地快递为主。如图2－6－2所示，从收入来看，2012年和2013年，异地快递的收入稳坐第一位，分别为635.5亿元、829亿元，2013年占整个快递业收入的57.5%，半壁江山；国际及港澳台快递位列第二，而同城快递排名第三位，2013年占整个快递业收入的11.5%。如图2－6－3所示，从业务量结构来看，2013年异地快递的业务量最多，占比为72%；第二位是同城快递，占比为25%；最后是国际及港澳台快递，占比仅为3%。综上可看出，我国城市配送以异地快递为主。

再次，我国城市配送以东部地区为主。城市配送与诸如城镇化、信息化、电子商务发展等因素息息关系，东部地区在城镇化、信息化、电子商务发展等方面都领先于中部

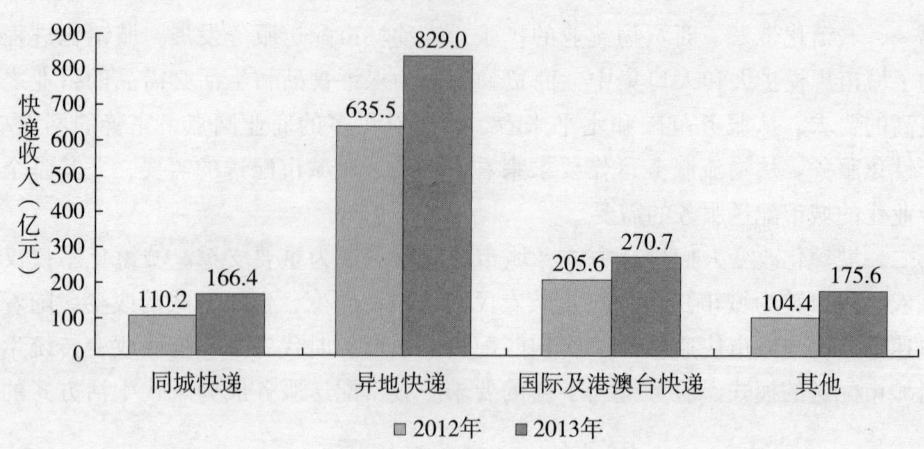


**图 2-6-2　2012 年和 2013 年我国分专业快递业收入比较**

数据来源：中华人民共和国国家邮政局

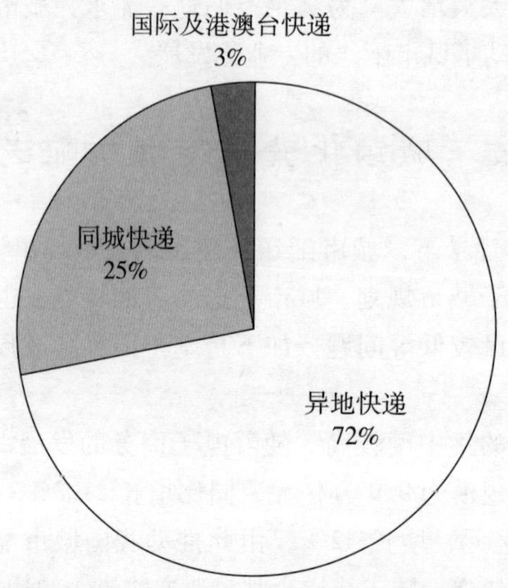


**图 2-6-3　2013 年我国快递业业务量结构**

数据来源：中华人民共和国国家邮政局

和西部地区，其城市配送业发展更为成熟。2013 年，我国快递业东部、中部、西部的收入比重分别为 83.2%、9.2% 和 7.6%，业务量比重分别为 81.3%、10.8% 和 7.9%。与 2012 年相比，东部地区快递业务收入比重增加 0.9%，而业务量比重下降了 0.6%；中部地区快递业务收入比重下降了 0.1%，而快递业务量比重增加了 0.3%；西部地区快递业务收入比重增加 0.8%，而快递业务量比重下降了 0.3%。从城市来看，2013 年我国快递业务量排名前十的城市分别为上海、北京、广州、深圳、杭州、金华、苏州、东莞、南京、成都。除了成都，上述 9 个城市均为东部地区城市。

又次，民营快递企业发展迅速。2012 年，我国民营快递企业业务量完成 42.9 亿件，实现收入 638.7 亿元；国有快递企业业务量完成 13 亿件，仅为民营快递企业业务量的 30.3%，实现收入为 299.1 亿元，仅为民营快递企业收入的 46.83%。从市场份额来看，国有快递企业、民营快递企业、外资快递企业业务量市场份额分别为22.8%、75.4%和1.8%，业务收入市场份额分别为28.4%、60.5%和11.1%。由此可知，我国城市配送以民营快递企业为主。

最后，城市配送具有小批量、多频次特点。电子商务时代的到来，城市配送成为了城市现代商业的重要支撑。随着网络购物、电视购物等新兴购物方式的兴起，城市配送对象从生活用品，如鲜花、信件、图书、蔬菜、电子产品等到小型工业原料，这些配送对象具有小批量、多频次、客户分散、时效性强的特点，这就使得城市配送形成了小批量、多频次的特点。

虽然城市快递的发展非常迅速，也取得了不错的成绩。但是，在快速发展的过程中也存在如下有待解决的问题。

第一，城市拥堵问题，影响城市配送效率。城市配送的定义中强调按照客户的需求按时送达商品。随着城镇化进程的推进，我国人口众多的大中城市和城镇的交通拥堵问题不断加剧，再加上配送企业为满足配送要求而投入配送车辆又加剧了交通拥堵，严重影响了城市配送的效率。尤其是同城配送，同城配送面对的市场具有多品种、少批量、多批次、短周期等特点，客户分布分散，对货品的送达时间有具体的要求，城市中心城区或是周边拥堵情况较为严重，经常出现配送时间慢、货物损坏、丢失等现象。

第二，城市配送质量有待提高。据国家邮政局统计，消费者对我国快递业务问题的有效申诉可分为8类：延误、丢失短少、损毁、违规收费、收寄服务、投递服务和代收货款等。由表2-6-1可知，2013年我国快递业这8类有效申诉问题都不同程度的增多。其中，增长率最快的是收寄服务的申诉，增长率为70.99%；从数量上来看，延误的申诉最多，2013年为85164件；其次是投递服务的申诉，2013年为57412件；第三是丢失短少的申诉，2013年为30921件。由表2-6-2所示，2013年12月申诉率排名前十的快递公司中包括了韵达快递、申通快递、圆通快递、中通快递等市场占有率较高的企业，而且，排名第一的港中能达快递公司的申诉率高达47.57%，其城市配送质量较差。总体而言，我国快递业各项申诉都在增多，城市配送服务质量有待进一步提高。

**表2-6-1　　2012年和2013年我国快递业务有效申诉问题**

| 有效申诉问题 | 延　误 | 丢失短少（件） | 损毁（件） | 违规收费（件） |
|---|---|---|---|---|
| 2012年 | 63138 | 21993 | 8273 | 1213 |
| 2013年 | 85164 | 30921 | 12562 | 1691 |
| 增长率（%） | 34.89 | 40.59 | 51.84 | 39.41 |
| 有效申诉问题 | 收寄服务（件） | 投递服务（件） | 代收贷款（件） | 其他（件） |
| 2012年 | 3392 | 37455 | 1535 | 352 |
| 2013年 | 5800 | 57412 | 2046 | 450 |
| 增长率（%） | 70.99 | 53.28 | 33.29 | 27.84 |

数据来源：中华人民共和国国家邮政局

表 2-6-2　　2013 年 12 月申诉率排名前十的快递企业

单位：件有效申诉/百万件快递

| 企业名称 | 申诉率（%） | 其中 | | |
|---|---|---|---|---|
| | | 快递延误申诉率（%） | 快递丢失申诉率（%） | 快递投递服务申诉率（%） |
| 港中能达 | 47.57 | 22.93 | 7.93 | 10.48 |
| 天天快递 | 38.77 | 22.51 | 5.82 | 8.09 |
| 宅急送 | 33.85 | 17.89 | 2.76 | 10.62 |
| 国通 | 31.91 | 16.49 | 3.09 | 8.65 |
| EMS | 31.63 | 23.03 | 2.19 | 5.35 |
| 韵达快递 | 25.80 | 14.75 | 4.52 | 4.94 |
| 申通快递 | 25.46 | 11.30 | 4.51 | 7.15 |
| 速尔 | 24.74 | 5.87 | 4.59 | 8.16 |
| 圆通速递 | 19.29 | 10.32 | 3.89 | 3.96 |
| 中通快递 | 16.89 | 7.75 | 2.83 | 4.85 |

数据来源：中华人民共和国国家邮政局

第三，我国城市配送企业信息化程度较低。与国外发达国家的城市配送企业相比，我国绝大多数城市配送企业未使用物流信息系统，如地理信息系统（GIS）、全球定位系统（GPS）、制造资源计划（MRP Ⅱ）、企业资源计划（ERP）等管理软件，缺乏自动化设备，对邮件、包裹、货物的全过程监控及跟踪手段落后。多数城市配送企业仍使用手工整理、手工票据、人工装卸作业等，不能及时跟踪货物信息和获得配送信息，因此，货物损坏、延迟的情况时常发生，客户需求未能得到有效的满足。

第四，城市配送需求多样化加剧城市配送难度。以往，城市配送以集中的超市配送为主。随着城镇化进程的推进和网购的发展，城市配送向分散的个人配送为主，快递、配送增值服务需求量不断增加，配送种类多、配送需求量波动大、配送需求难度增大。

第五，城市配送企业不规范竞争扰乱市场秩序。城市配送企业的差异程度较大、数量众多，当前城市配送竞争不断增大，配送市场中黑色运营等配送企业不规范竞争现象增多，扰乱了整个配送市场秩序，阻碍了城市配送市场的可持续发展。

第六，城市配送涉及众多管理部门，难以有效实施管理。由于城市配送涉及面广，因此，包括城市交通警察、运管局、城管、规划、市政等部门都管理着城镇配送企业。多头管理的结果是职能交叉造成了协调的困难。如商贸和运管部门出于保护城市配送企业利益的目的，提出应减少城市交通限制，增加城市配送节点；而城市交通警察部门则出于保持顺畅交通的目的，提出限制城市配送企业车辆的停靠和通行。由于不同的职能部门从不同的角度管理着城市配送企业，使各自从自身角度出台相关政策，导致这些政策之间存在矛盾和冲突，不利于对城市配送企业的监管。

第七，城市配送企业车辆难以获得进城许可证。现阶段，我国大多数大中城市的城市规划都是与过去生产不足的温饱社会相适应，而与现在生产高度发展的社会并不十分匹配，造成在道路设计、居民区选址、各类服务网点布局等方面都未考虑城市配送的空间布局，没有为城市配送预留配送站点和通行通道，为保证城市交通的顺畅，城管、交警部门都对城市配送活动进行一定的限制，管制城市配送企业车辆进入大中型城市城区。许多城市对城市配送企业的货车车辆实行单一的通行限制，实行对车种、区域、时段的控制，按照一定的比例发放数量有限的货车通行证。以成都和北京为例，在成都进城需要通过投标、竞拍获得《货运汽车城区道路行驶证》，而这种竞标一年只有一次，如果竞标失败意味着一年不允许进入成都城区。在北京，《货运车辆通行证》由交管局按照比例来核发，有些企业能拿到50%，有的企业能拿到20%，有的企业只能拿到10%。这造成了城市配送企业车辆闲置，配送任务难以完成。

## 第三节　城镇化背景下城市配送发展对策

为规范城市配送行业的发展，国家邮政局和国家标准委发布了《快递服务》系列国家标准；国家邮政局、商务部下发了《关于促进快递服务与网络零售协同发展的指导意见》。在国家出台的各类规范城市配送业发展的文件基础上，提出如下解决城市配送发展问题的对策。

第一，有效管理城市配送车辆，有效缓解城市拥堵问题。一方面，推动配送行业车型标准化。目前，城市配送企业车辆多存在改装、客车载货等影响城市交通的问题，认真落实交通运输部发布的《城市物流配送汽车选型技术要求》，采用封闭、厢式、罐式等装置，实行无裸露配送运输；针对冷藏保鲜运输应采用全程温控车辆设备，加快推动城市配送企业车型标准化。另一方面，出台管理城市配送车辆管理规定。城市配送企业车辆存在车辆进城难、停靠难的问题，应根据保证需求、便利通行等原则，制定科学管理城市配送车辆的政策，推行城市配送车辆分时、错时、分类停车管理。

第二，以信息化为支撑，实现智能化发展。在城市配送业中采用先进的物流信息技术和物流信息装备，如RFID、GPS定位等，实现由人工操作向智能应用转变，对物品实行实时跟踪，有效提高城市配送效率和准确率。

第三，城市配送向专业化发展。加快城镇物流通道建设，建设规模化、服务多样化的现代物流运输配送中心，集约社会资源和用地，在现代物流体系中关注城市配送。同时，城市配送应提供个性化服务，提高城市配送附加值。

第四，落实现代物流技术应用于共同配送试点工作。为解决城市配送效率问题，商务部发布了《关于推进现代物流技术应用和共同配送的指导意见》，首批选出9个城市开展现代物流技术应用和共同配送试点，重点建设物流分拨中心、公共配送中心和末端配送网点三级配送网络体系；发展共同配送、连锁商业配送等。共同配送的概念来源于日本，是指为提高物流配送服务效率，由一个共同的第三方物流公司为多个客户提供物流配送服务。以北京为例，北京市多家连锁商业产品采用共同配送后，配送效率达到80%以上。

第五，建立城市配送车辆通行制度。首先，成立专门城市配送车辆通行管理部门，主要职能包括监管、规范城市配送车辆运营，统一标识、统一标准、专用停靠、规范通行。其次，限定城市配送车辆数量，建立配送车辆智能调度系统。最后，规划建设城市配送停靠点，尤其是在大型商场、货物集散地等设置城市配送车辆停靠点。

撰稿人：中山大学岭南学院博士　朱汎静

# 第三篇

# 服务供应链研究

# 第一章　知识密集型服务产业化的兴起与供应链服务化

20 世纪 80 年代，罗默的新增长理论，以知识和技术作为内生变量进入生产函数为代表。其强调知识、资本、劳动力和土地均作为独立的生产要素。在发达国家，服务是从劳动密集型、资本密集型向知识密集型过渡，发展越来越依赖于技术、知识和人力资本，知识型服务行业呈现出发展的趋势。以知识为基础的服务业的这种转变主要反映在知识密集的服务产业迅速发展。现代服务业显著依赖于专业知识和技术，向社会提供以知识为基础的中间产品或服务。以知识和技术为主的、高附加值的，如法律服务、管理服务、工程服务金融服务、计算机服务和其他知识密集的服务行业发展十分迅速。在发达国家，现代服务业已成为增长最快的产业。在中国，知识密集的服务行业有很大的发展空间，大力发展高新技术为载体的知识密集型的服务部门是服务业发展的必然趋势。据统计，欧盟服务业近 50% 的工作机会是知识密集型服务行业提供的，美国知识密集型服务业对其 GDP 的贡献率高达 50%，韩国知识密集型服务业对 GDP 的贡献率也达到 22.1%。

在这一背景下，特别是以服务为主导的产业供应链发展最为典型，实践证明，世界经济和经济生产中服务业是增长最快的行业，越来越多的生产企业从提供产品转变到提供产品和服务再到提供服务解决方案转变，服务化（Servitization）已成为制造业发展的重要方向，制造产业呈现出“服务为主导”的发展新趋势。

首先，表现在以服务为主导的制造业价值链中的生产服务的绩效在增加。自 20 世纪后期，在经济领域的一个革命性的变化，即制造业和服务业的整合，许多传统制造企业，从销售产品到销售服务，服务是创造差异化优势的工具，旨在比竞争对手提供更好的服务来吸引消费者。从服务业内部结构来看，通信、金融、保险、物流、农业支撑服务、中介和专业咨询服务等生产性服务所占比重不断增加成为服务业的主流。在主要工业国已达 50% 以上。许多著名跨国公司的主营业务也已经开始由制造向服务衍生和转移。服务在企业的销售额和利润中所占的比重越来越高，如 20 世纪 90 年代中后期，IBM 开始了由制造商向服务商的转型，到 2001 年服务收入达到 349 亿美元，占总收入的 42%，首次超过硬件成为 IBM 的第一收入来源。2005 年 IBM 公司服务收入所占比例超过 50%，利润连年增长高达 10% 以上。目前，IBM 已是全球最大的 IT 服务厂商，远远超过传统的服务咨询企业，不论从企业经营状况，还是从外界的形象 IBM 均已从硬件制造商成功转型为向客户提供解决方案的信息技术服务公司。可以预见，受大多数跨国制造企业的转型带动，全球生产性服务业未来仍将保持强劲的发展势头。

其次，越来越多优秀的生产企业从“生产为中心”向“以服务为中心”的过渡。一方面，从重视产品转向越来越关注产品的整个生命周期，包括市场调研、产品开发或改进、制造、营销、服务。从传统意义上看，制造业和服务业的界限越来越模糊。最为明显的是通信产品，某些信息产品也可以像制造业一样进行批量生产。另一方面，制造业部门的功能也日趋服务化，主要表现为：一是该制造业部门的产品是为了提供某种服务而生产的，例如，通信和家电产品；二是随产品一同售出的有知识和技术服务；三是服务引导制造业部门的技术变革和产品创新。

最后，服务为导向的制造业还体现在越来越多的制造企业进行“外包”或“服务剥离”。许多制造商将在前期、中期或产后的服务职能转由其他公司来完成的。企业要充分发挥核心竞争力，就必须把自己所不擅长的那部分业务外包出去从而更加聚焦于自己的核心业务，而相关的专业外包公司也能提供更加专业、优良的服务，降低企业的成本，这是一个双赢的局面。如美国著名的 Nike 公司，自己只生产其中最为关键的耐克鞋的气垫系统，而其余全部业务几乎都是由外部公司制造提供。凭借其独特的设计能力，耐克公司将主要精力集中于新产品的研发和市场营销上，在全球范围制造和销售 Nike 牌运动鞋，其产值以 20% 的年递增率增长，在过去的 7 ~ 8 年间，耐克公司为股东赚取了超过 30% 的利润。这种转变促进了提供专业化生产服务的企业的快速发展，例如，提供技术产品开发、硬件和软件开发的工作人员甄选和培训、管理咨询、金融支持、物流服务、营销和售后服务的整个过程。促进现代服务业的快速发展已成为新的经济增长点。

应当看到的是近几年来，随着以服务为主导的供应链运作在全球的蓬勃发展，以及企业开始意识到服务化运作之于企业管理竞争力的重要性，目前已经有些论述开始对生产性服务和服务供应链给予了研究上的关注，这一特定的经济管理现象，在市场营销领域，称之为“服务主导型逻辑”（Service - dominate Logic），其代表性的学者是 Vargo 和 Lusch，服务主导型逻辑指的是参与者利用各种操作性资源与其他参与者一起提供服务的过程，并通过这一过程来获取新的互补性服务，亦即服务的交换（Service is Exchanged for Service），与此同时，这一过程中有时会涉及产品和制造活动，但是此时的产品和制造活动只是服务传递的媒介物（Vargo S. L. 和 Lusch R. F.，2008）。在经济学领域，这种模式被称之为生产性服务（Producer Services）。在运营管理领域，这种运营模式称为“服务化”（Servitization）或者“服务生产”（Service Manufacturing），1988 年，Vandermerwe 和 Rada 提出了“服务化”的概念（Vandermerwe S. 和 Rada J.，1988），之后很多学者不断扩展了这一概念在生产运营管理中的应用，它指的是将服务有效地与生产制造进行结合，从而创造出一种新型的具有竞争力的运行模式。我们基于以上的认识，将这一现象理解为以服务为主导的集成供应链，即供应链服务化战略。即当客户向一个服务集成商提出服务请求后，他立刻响应客户请求，向客户提供基于整合知识、智慧和物质资源的系统集成化服务，并且在需要的时候分解客户服务请求，向其他服务集成商外包部分的服务性活动，这样从客户的服务请求出发，通过处于不同服务地位的服务集成商对客户请求逐级分解，由不同的服务集成商彼此合作，于是就构成一种供应关系，同时服务集成商承担各种服务要素、环节的整合和全程管理。

显然，供应链服务化是一种服务的系统集成过程，它创造了一种全新的价值体系和供需关系。但是，迄今为止，对于供应链服务化的具体内容是什么？特别是供应链服务化的系统化动态运营过程尚缺乏全面的认识。美籍奥地利经济学家熊彼特于1912年在其著作《经济发展理论》中开创性地提出了“创新思想”，指出“创新”是经济发展的根本现象，是“创造性破坏”过程。按照熊彼特的定义，创新就是建立一种新的生产函数，把一种从未有过的生产要素和生产条件的“新组合”引入生产体系，因此，这种创新必然涉及流程、组织、产品等各个方面。而供应链服务化作为一种全新的创新模式，显然可以从创新的原动力、创新的结构、创新的组织体系、创新的价值诉求和创新的形态等全过程来加以识别，如图3-1-1所示。

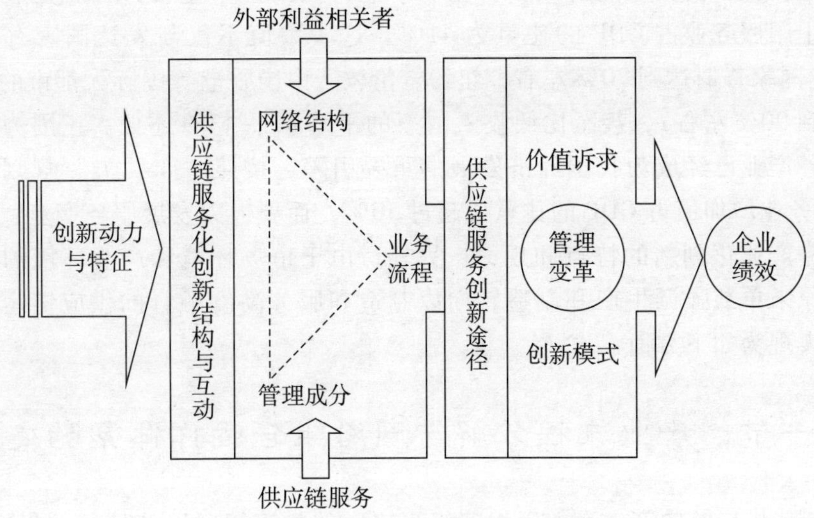


**图3-1-1　供应链服务化的整体框架**

# 第二章　供应链服务化的背景与原动力

供应链服务化的兴起与发展一方面来自于国家战略的要求，这是因为服务产业的贡献在我国较低，而实现经济结构转型和产业升级的一个重要方面就是服务化的发展。目前中国服务业占 GDP 的比重为 41%，这一数值不仅与发达国家有很大差距（西方发达国家普遍达到 70% 左右，纽约、伦敦、中国香港等国际大都市的服务业比重更是达到 90% 左右），甚至比低收入国家的平均水平 43% 还低。正因为如此，大力发展服务产业已经成为我国经济发展的重要引擎，按照“十二五”规划目标，到 2015 年服务业增加值占 GDP 的比重要超过 50%，而要大力发展服务产业，就需要深刻理解服务产业化创新的特点和规律。另外，由于市场环境和产业环境的改变，需要企业从原来单纯强调生产和制造转向以制造和服务高度融合的供应链运行。具体讲，主要表现为如下方面：

## 第一节　产业流程分解与网络组合运作体系的建立

产品制造供应链的产生有赖于生产流程之间的强连接，以及地域的集中性生产，因为只有整个业务流程紧密相连、环环相扣，链上的组合和协调才能有效实现，此外，如果供应链上的各个环节过于分散化，特别是空间上的分散性，就使得产品制造的过程风险很大，供应链运行的成本也会上升。然而，现代产业的发展改变了原来线性的、地缘性发展的格局，而越来越表现为开放的形态，分工形式的主要特点是迂回生产，即在原材料和最终产品间插入越来越多的中间环节，间接或迂回生产形式的发展导致在产业链的原材料和最终产品生产间增加了越来越多的中间产品的专业化环节，产业流程延长，同时产业流程增宽，并且随着产业技术基础的改变，产业的整个链条发生了“断裂”，产生了各个生产环节的片段，从事这些环节的企业一方面具有极强的流动性，另一方面由于模块化的价值实现更加依附于其他环节。因此，此时竞争与合作关系成为主流，各个企业通过物质流、资本流和知识流相互联系、相互依存、相互制约，整个产业流程成为一个开放的、立体的经济活动体系。正是在这一背景下，产业活动的分解，甚至再分解得以形成，这种分解主要表现为从企业内部的串联式生产经营，发展为垂直分工型的经营体系，进一步扩展为网络化、模块式的经营体系。如图 3－2－1 所示，它是不仅是在产业链条打开后从产业链条的某个环节分离出去，而且融合了外部的各种作业活动和资源，形成一个一个的、各具特色和不同性质的子系统。这些属性的子系统活动由外部供应商来提供所需的产品和服务，并且最终整合成最终客户所需要的产出。产业网络模块化解体过程中被分离的子系统不仅指原材料供应、产品制造、批发和零售、客户服务等，而且指对企业间分工格局与企业竞争力影响表现得最为突出的设计、技术集成、金融服务等高附加值环节的分离。同时，分离的环节可以包括上游与下游的环节，在分离的过程中包含着知识与技术的流动。正是在这种状态下，传统的产品制造型供应链显现出了管理上的不足和乏力，这主要是产品制造供应链着重的是产品制造过程中的资源和能力集合，而在产业网络化、模块化分解中，不仅需要产品制造活动的协调，更需要如何有效分解产业链，组合子系统的知识和才能，同时更需要如何整合各个子系统的才智和能力。例如，冯国经在《在平的世界中竞争》一书中描述，波音777飞机是由位于世界各地17个国家的900多个供应商提供的300万个零件组装而成，波音公司主要生产机翼和机身、安装飞机，飞机的大部分零部件向全球各地外包。而对于波音787，公司也将避碰系统和零能见度着陆系统外包给位于新德里附近的HCL Technologies的印度工程师们，而产业的这种变化，不仅是分散风险、有效利用全球的技术生产资源、进行全球销售，而是通过这种复杂系统，聚合全球的资源和服务要素，重新创造了一种价值体系，推动了诸如像集成技术产业、金融产业、设计产业等的发展（冯国经、冯国纶和温德，2009）。显然，这种产业性的分解和布局，已经不是一种简单的垂直产业分解，而是一种网络化、模块化的产业布局，因此，这种产业性的发展必然要改变传统的产品制造供应链的运作模式。

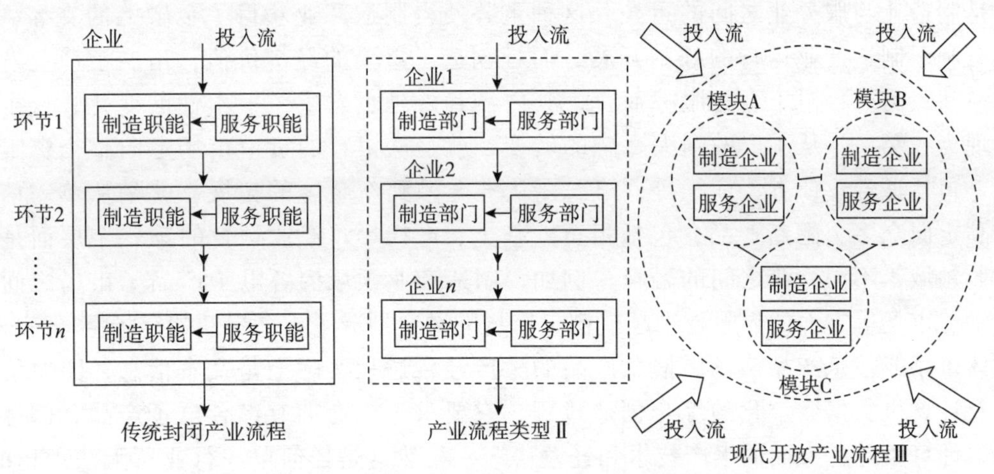


**图3-2-1　产业流程分解的趋势**

## 第二节　产业之间的融合和产业发展的动态性

对固有的产品制造供应链产生冲击的一个技术性因素是，传统的产品范围或产业边界被逐渐打破，从而引起了产业之间的融合与新的扩展。特别是进入21世纪，高技术产业的发展以及信息技术在传统领域的推广应用使各产业之间的技术趋同性提高，导致产业之间的边界趋于模糊。一方面，全球产业结构加速分化，高新技术的渗透使核心技术趋同、无缝化新兴产业群不断涌现；另一方面，产业技术的融合化一定程度上改变了单一知识及其技术的产业划分标准，致使“产业融合”开始逐步取代“产业分立”成为产业演进的重要方式。有学者研究认为（郑明高，2010），产业之间的这种融合方式主要有四种方式：一是渗透性融合，即高新技术及其相关产业向其他产业渗透、融合，并形成新的产业，如生物芯片、纳米电子、三网融合（即计算机、通信和媒体的融合）；二是互补性融合，即通过产业间的互补和延伸，实现产业间的融合，往往发生在高科技产业的产业链自然延伸的部分，这类融合通过赋予原有产业新的附加功能和更强的竞争力，形成融合型的产业新体系；三是重组型融合，这类融合被认为主要发生在具有紧密联系的产业或同一产业内部不同行业之间，是指原本各自独立的产品或服务在同一标准元件束或集合下通过重组完全结为一体的整合过程；四是替代性融合，即新产业逐步取代旧产业，指的是新融合的产业逐步取代传统意义上的产业。在这四类产业融合中，渗透型和替代型被认为更倾向于“融”，而互补型和重组型更偏向于“合”。显然以上对产业融合的理解是从融合的途径上分析的，事实上无论是什么形态的产业融合，都反映为三个层面上原有价值链的解构与新型价值网络的重新组合：产业融合的第一个层面是三大产业领域的融合，即产业领域三大产业之间特别是制造业与服务业之间的技术和市场重叠化，例如，产业金融（如科技金融、能源金融、物流金融、环境金融等）的形成就是制造业与服务业之间的重叠，这种重叠使得制造产业获得了金融上的支撑，不仅有利于制造产业运行的顺利开展，而且创造了重要的经济价值，拓展了产业发展的空间；另外，对于金融服务而言，其内涵和外延也发生了根本性的变化，这主要表现为：第一，从小金融到大金融的转变，就是从银行的货币市场走向整个资本市场，包括证券、债券、信托等；第二，从老金融到新金融的拓展，就是从单一信贷产品走向众多金融新产品，包括租赁、基金、产权等。产业融合的第二个层面是同产业领域，不同行业之间的融合，例如，制造产业领域内各电子产品子市场之间在技术、市场等方面的界限越来越模糊，市场的融合创造了一个崭新的市场空间——多媒体市场或信息产品市场。信息产品的生产经营过程实际上是文本信息、图像信息以及计算机数据数字化的综合创造过程，它要求生产商拥有综合电子产品、信息产品、计算机等各方面的生产技术和经营诀窍，显然这是任何单一行业所无法承担的。产业融合的第三个层面是同行业内不同要素之间的融合，亦即上面所谈到的网络、模块化产业分解。这三个层面的产业融合往往是同时进行的，因此，在这种背景下，传统的产品制造供应链很难顺应这种产业融合的趋势，因为这种产业发展的动态性特点使得生产经营的组合体系发生改变，不仅生产企业之间需要紧密的合作，生产企业与物流企业、零售企业之间要形成一种协调性的经营网络，而且更要求重新理解、设计产业存立的条件以及产业的核心要素和参与者，同时创造并引导新型产业的需求，显然，这些都非传统产品制造供应链能完成的。如图 3 –2 –2 所示。

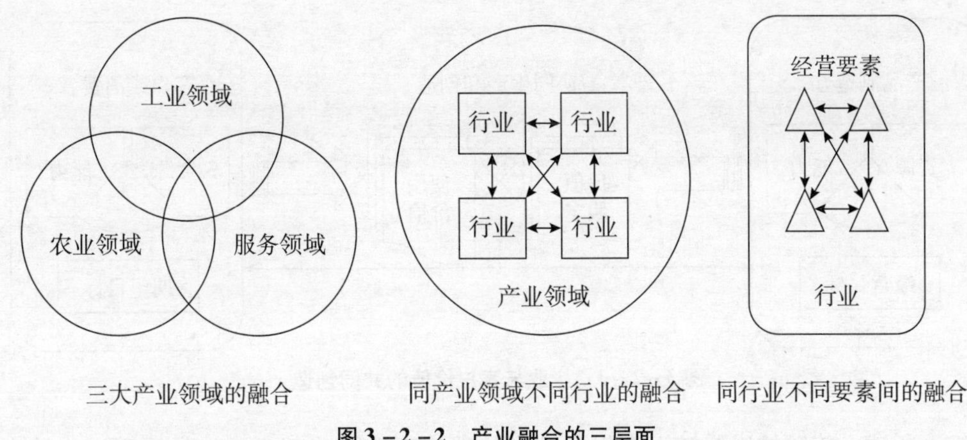


**图 3-2-2　产业融合的三层面**

## 第三节　体验式经营与价值诉求的改变

如今的客户或消费者的行为正在发生巨大的变化，这种变化表现为从原来单纯的产品或服务的接受者转变成为经营活动的参与者，即体验式营销或经营（Experiential Marketing or Operations），体验式经营最初是由 Schmitt 提出（Schmitt B. H.，1999），他指出体验式营销是站在消费者的感官、情感、思考、行动、关联五个方面，重新定义、设计营销的思考方式。这种思考方式突破了传统上"理性消费者"的假设，认为消费者消费时是理性和感性兼具的，消费者在消费前、消费时、消费后的体验，才是研究消费者行为与企业经营的关键，体验通常是由于对事件的直接观察或是参与造成的，不论事件是真实的，还是虚假的。体验会涉及顾客的感官、情感、情绪等感性因素，也会包括知识、智力、思考等理性因素，同时也可涉及身体的一些活动。正是这一客户行为的改变，导致对经营价值的理解也发生了变化。以往人们对效用以及价值类型和程度的认识，都是建立在有形的物质产品基础上，即物质产品的内在价值，而价值的实现是通过营销活动和交换行为产生的，即交换价值（Value - in - exchange），显然，这种对价值的认识完全是站在供给者的角度考虑。如今随着消费者体验式经营的要求越来越高，对价值表现形式和创造过程都需要重新审视，这是因为如果客户或消费者没有接受供给者所提供的产品或服务，甚或参与到价值创造和传递的过程中，即便具有价值实现的可能性，但是事实上并没有产生使用上的任何价值（Value - in - use）。Gronroos 曾指出"客户的价值是通过与客户的关系、客户与供应商或服务提供商之间的交互行为而创造的，其关键不在于产品，而是客户理解、期望的价值创造过程等，经营的核心在于价值的创造，而不是价值分配，促进或支持价值创造过程，也不是简单地将既定的价值传递给消费者"（Gronroos C.，2000）。基于这种理解，可以认为产品制造方只是提出了价值假定（Value Proposition），客户或消费者通过协同生产决定了价值以及价值的产生过程，如图 3-2-3 所示，所以，这种对价值的重新认识客观上也要求供应链的组织方式和组织的原则进行根本性的调整。

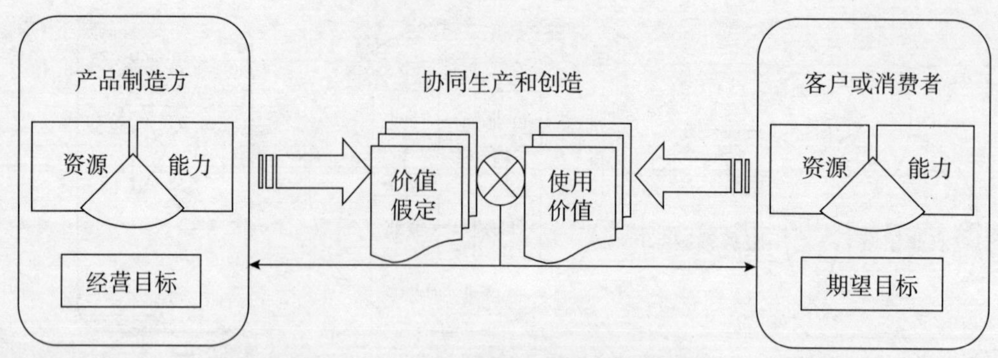


**图 3-2-3　企业与客户价值的共同创造**

综上所述，传统的以低知识密集产品为基础的制造随着其不断地发展和深化越来越显现出一些局限和不足，需要有一种新型的供应链体系来增进整个生产经营效率和效益的提高，这种新型的供应链体系在产业流程分解加速、产业融合、动态性加剧以及体验式经营和价值诉求变革的状态下，应当具有一些崭新的特点，这些特点就如同 Vargo 和 Lusch 所指出的八点（Vargo SL 和 Lusch RF.，2006），即：①特定才能和知识的运用是交易的基本单元；②间接交换掩饰了交易的基本单元；③产品是为服务而产生的媒介物；④知识是竞争优势的基本来源；⑤所有的经济都是服务经济；⑥客户通常是协同生产者；⑦企业只能提出价值假定；⑧服务的核心是客户导向和关系的建立。

# 第三章 供应链服务化的特质

供应链服务化与以往产品制造供应链有诸多不同点，其特点与产品制造供应链的缺陷形成了鲜明的对比，概括起来主要表现为如表3-3-1所示。

表3-3-1 产品制造供应链与服务供应链的差异

| 视 角 | 产品制造供应链 | 服务供应链 |
| --- | --- | --- |
| 交易的单元 | 物质和产品 | 服务 |
| 价值实现的方式 | 由一方单方面实现 | 由双方共同实现 |
| 客户在供应链中的角色 | 被动的产品接受者 | 协同生产者 |
| 供应链运作的宗旨 | 客户满意 | 客户成功 |
| 组织方式 | 序贯、链式 | 链式、辐射、星座式 |
| 资源整合的类型 | 被操作性资源 | 操作性资源 |

第一，从交易的单元看，服务供应链活动中，各参与者交易、交往的基础是服务，诸如伟创力为客户企业提供的不仅仅是OEM，而更多地包括了ODM以及供应体系建立、集成设计、技术服务、服务传递等要素，因此，虽然在服务供应链中也会存在大量的物质产品生产和制造活动，但是这些活动只是价值创造和实现的手段，价值实现的真正来源仍然是服务以及差别化的服务体系。

第二，从价值实现的方式和客户在供应链中的角色上看，与产品制造供应链单方面创造价值不同，服务供应链是供应方与客户的协同价值创造，因此，在服务供应链运作中，不存在某一阶段是推动式还是拉动式，而是自始至终都是交互式，如同上述事例中所叙述的那样，从最初产品的概念形成、设计、功能评价、生产、分销、维护等全过程，都是服务提供商与客户不断沟通、协调以及决策的结果。这种协同价值创造的方式正如同Oliver Rust和Varki指出的那样（Oliver R. W.，Rust R. T. 和Varki S.，1998），是将大规模定制、关系营销与交互设计结合起来，从而动态地满足客户独特、变化的需求。显然，服务供应链自始至终客户都参与其中。

第三，从供应链运作的宗旨看，服务供应链运行的宗旨不再是“满足客户的需求”，而是“帮助客户成功”，这两者的差异表现在，如前面论述的当企业提出“满足客户需求”时，其假定是客户存在既定的需求期望，企业采用各种经营管理行为将这种期望得以实现，甚至有所超越。而客户成功则有所不同，经营活动的起点不是客户既定的期望，而是致力于与客户建立起长期的战略伙伴关系，以多层次、全过程、全方位的技能、知识和智慧支持客户的长远发展，从而推动、深化了客户的事业，或者说服务提供商在实现自我持续发展的同时，也帮助客户建立了新的运营模式，拓展了客户发展的空间。

第四，从组织方式上看，服务供应链不仅是序贯式的链状组织结构，更是以辐射式和星座式为特点的组织网络。一方面，整个供应链是一个开放的、动态的目标系统（过程），不仅要考虑其静态结构和联系，还要考虑其动态的因素以及和外部的交流。所以，企业必须不断跨越技术和市场来寻找和发掘机遇，不仅是“本地的”而且是“远距离的”（March JG 和 Simon HA.，1958；Nelson RR.，1982）。企业必须同时寻找他们所在商业生态环境中从核心到外围的关键资源、能力和知识，必须包含潜在的合作方，即积极参与到创新活动中的客户、供应商、互补者等。这种以企业主体为中心，联合外围相互关联的企业、大学和研究机构、政府、金融机构等价值网络创造相关者的模式是一种辐射式组织方式；另一方面，服务供应链作为一个复杂自适应系统，应从系统观角度来全面考虑创新中的各要素。普拉哈拉德和哈默尔在《公司核心能力》一文中（1990）也指出，企业创新能力是一个系统，必须从产业层次上来进行建设，这样才能使创新能力强的企业拥有持续的竞争优势。产业创新系统根植于一系列紧密相连的主要创新源，这些创新源通过动态的技术、服务转移和反馈机制，带动其他相关的创新，从整体上提升产业层次，促进产业发展。产业创新系统效应的概念表明一系列的产业被联结成一个网络结构，这个网络结构是以动态的、强大的技术经济联系相互依赖、相互补足为基础的。Teece 认为这种互补的创新是很重要的，特别是在创新以积聚为特征或者“平台”存在的产业中（David J. Teece，2007）。而这种互补带来的不仅是规模和范围的扩张，更重要的是获得了各产业板块间的协同专业化，我们认为将这种以产业为基础细分层次并协同各业务创新的价值网络是一种星座式供应链组织方式。

第五，从资源整合的类型上看，服务供应链整合的资源更多的是操作性资源，即隐形的才能、知识等要素，它与产品制造供应链不同的是，后者是以被操作性资源为主，辅之以操作性资源，而服务供应链是以操作性资源为主，被操作资源是涵盖在操作资源中，但不是价值产生的主要根源。

# 第四章　供应链服务化的构造与组成

Lambert（2000）认为一种特定供应链的形成，往往是由三个方面决定的：供应链的网络结构、供应链业务流程以及供应链管理的管理成分，这三个部分构成了供应链模型的理论分析框架。服务供应链作为一种新型供应链体系，其框架体系和模式也必然反映为这三个方面（Song Yu，2009）。

## 第一节　供应链服务化的网络结构

供应链服务化以服务为节点，以工作量为缓冲，以间接或间接服务供应商、整合服务集成商、直接或间接服务客户为成员，包括水平结构、垂直结构、水平位置三个维度，以及管理、监控、非管理或非成员流程链接四种方式的从初始供应商到终端客户的复杂网络。具体分析，服务供应链的拓扑网络具有四个特点：

第一，网络的构成具有高度的复杂性。与传统的制造供应链线性结构（即通过供需所组成的上下游交易关系），或者传统服务企业的星状结构（即围绕客户的服务需求和质量而聚合各种不同的服务要素，如有形性、可靠性、反应性、保障性和移情性等）不同，服务主导型的供应链是一种混合拓扑结构，这是因为一方面各个节点通过服务流连接起来，并且每一个节点至少与其他节点相连，从而呈现出高度的可靠性；另一方面在这个供应链体系中混合了两种或多种网络拓扑结构，诸如服务供应链结构中既有产品制造网络、物流服务网络、技术服务网络、更有信息网络和知识网络，所有这些网络结构都有机地联系在一起，通过与客户之间的互动创造巨大的价值。

第二，从参与网络的成员看也具有巨大的差异性。这其中既有传统产品制造供应链中的生产企业、经营企业、物流专业企业、客户等，也有一些特定专业性的纯服务型企业，这些企业可能并不直接参与产品的制造和流通，但是它通过一些特定的服务创造了一种特定价值，诸如金融类机构、创意设计类企业、服务整合型企业等，所有这些成员可以称之为微专业者（Micro - specialist），然而这些微专业成员通过混合拓扑结构有效地进行合作，因此，服务供应链的参与者大大超越了产品制造供应链网络结构中的成员。

第三，从网络结构中节点和成员间的关系看，服务供应链参与成员是以契约关系的建立和维持为基础，依靠外部机构进行制造、销售或其他重要业务经营活动的组织结构形式。被联结在这一结构中的各经营单位之间并没有正式的资本所有关系和行政隶属关系，只是通过相对松散的契约（正式的协议契约书）纽带，透过一种互惠互利、相互协作、相互信任和支持的机制来进行密切的合作，因此，服务供应链网络结构是一种物理上的资源、工作网络与契约、关系网络的复合体。

第四，服务供应链网络结构的功能和拓展性很强。在服务供应链网络中，间接服务提供商提供的服务通过管理、监控或非管理的方式汇集到直接服务供应商，再由直接服务供应商汇集到整合服务集成商，由整合服务供应商将特定的服务传递给直接客户，最后由直接客户传递给间接客户；也有可能是整合服务集成商已经具备了直接服务供应商所提供的服务能力而直接接收来自间接服务提供商提供的服务。但不论是哪一条途径，各节点的服务的传递和汇集都依赖于信息的流动和共享，当然也有部分服务仍然要依附于产品的实体流。在这些交叉的水平和垂直网络结构中，整合服务集成商是整条服务供应链构建和管理的主导，通过对客户需求的预测和客户关系管理，把握需求的变动和更新；通过对供应商绩效的评价和供应商关系管理，整合间接和直接服务供应商的资源与能力，向客户提供完善的服务。显然，这一网络的拓扑结构拓展性很强，能够满足较大网络的需求，它既能解决传统服务企业星状结构服务距离上的局限，又能解决产品制造供应链线性结构整合用户数量以及供应商的限制。如图 3－4－1 所示。

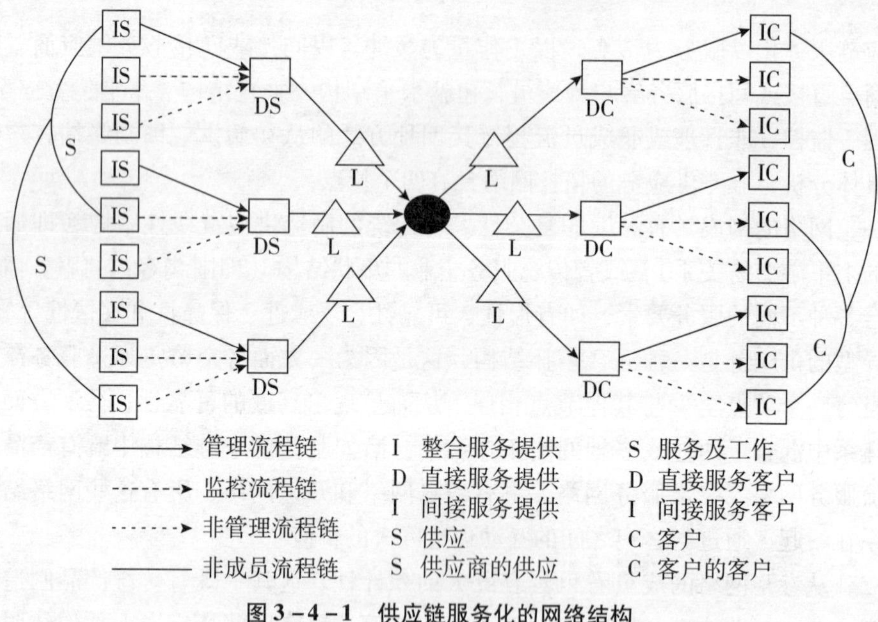


**图 3－4－1　供应链服务化的网络结构**

## 第二节　供应链服务化流程

服务供应链更重视信息的共享，除了技术上的信息系统和网络平台的支持，整条服务供应链的高效和持久运作还依赖于综合需求和客户关系管理体系、供应商关系管理、服务传递管理、复合型的能力管理、资金和融资管理等主要流程的整合与协调，达到有效控制客户需求、生产过程及供应商绩效的目的。

第一，综合需求管理。供应链管理中的需求管理是一种均衡供应链能力与客户需求之间的流程，良好的需求管理流程，能够事前做到供需之间的匹配，防止供应链运行的中断。服务供应链中的综合需求管理，指的不是一种需求预测，而是使服务以及伴随着的产品供给与客户的需求，包括潜在需求能做到同步化。良好的需求管理不仅是要求服务提供者掌握一手的销售数据，如 POS 数据以及客户信息等，更重要的是能渗透到客户的产业或状态中，有效地与之沟通交流，了解客户的现实和真实需求，与此同时知晓客户在运行或消费过程中存在的成本、代价和困难，从而提供客户降低经营或消费过程中的不确定性，这种既关注显性、现实的需求，又关注隐性、潜在的需求是服务供应链管理中综合需求管理流程的特点。

第二，客户关系管理。与产品制造供应链一样，服务供应链管理中客户关系管理都是提供了一个与客户发展和维系关系的框架。客户关系管理就是要识别关键客户以及客户群体，将其作为服务提供的对象。其目标就是在价值的基础上细分客户，并且通过提供定制化的产品和服务实现客户的忠诚。在服务供应链的客户关系管理流程中，服务提供者需要与客户建立起共同发展、管理的团队，帮助客户改进流程、消除非增值活动，制定业务标准等，只有这样客户关系管理才是双向、动态的过程。

第三，供应商关系管理。供应商关系管理是一种界定与供应商交互行为的流程，它与客户关系管理是相对应的。在服务供应链的供应商管理关系流程中，有三点是非常重要的，一是供应商的定位，如同产品制造供应链，供应市场是一个复杂的市场，如何有效地协调各种不同能力或拥有不同资源的供应商是供应商关系管理的关键，这就涉及对供应商能力的识别，以及不同供应商在网络中的关系定位，例如，什么供应商可以发展为长期战略合作伙伴，什么供应商只能是市场型关系等，这一点服务供应链与产品制造供应链是相同的；二是在服务供应链中，供应商关系管理的范围比较大，供应商的概念不仅涉及经营体系中的直接供应商，也包含了与各经营要素相关的间接供应商；三是供应商关系管理的核心不仅仅在于如何对“合作关系”（Collaborative Relationships）本身进行管理，更是对“合作实践”（Collaborative Practice）的管理，这两者的区别在于前者将供应商关系管理看作是一项降低供应商数量，维系长期合作关系的管理流程，而后者则是将供应商关系管理看作是促进供需合作、不断交流沟通，从而实现供需能力匹配的过程（Barrett 和 Rizza，2009）。

第四，服务传递管理。服务传递管理是服务供应链流程中的一项独特过程，服务传递管理指的是服务集成商为实现服务接收方（即客户）的价值诉求，将服务有效从后台集合到前台，并且有效率和效益地将整体服务交付给客户的过程。服务传递管理中有四个维度的管理是比较重要的，一是显性的要素，即服务提供的内容；二是隐性的要素，即服务所追求的价值目标；三是内在的要素，即服务提供者的内部服务以及整合管理；四是外在的要素，亦即服务传递与外部环境的适应。

第五，复合型能力管理。在服务供应链管理中，能力管理涉及广泛的资源管理，亦即企业能通过其内部传递系统有效率和效益地配置稀缺资源和知识以满足变动的客户价值诉求。为了实现客户的价值诉求，企业应该具有充足的服务能力，与此同时，过多的服务也是需要避免的，因为这会引致较高的成本。Adenso – Diaz 等（2002）指出，在服务行业中能力管理最难处理，因为在其他行业中可以靠库存等缓冲机制来进行能力管理，而服务不可能先行生产然后来满足客户的需求，服务中要求的是适时生产和传递，同时服务过程中的非物质化也使得其能力管理呈现出高度的人力化和知识化的特点。在服务供应链复合能力管理中也是主要表现为三个方面：一是对供应链网络中各个成员知识和智慧能力的组织与管理；二是网络关系体系的协调与建立；三是供应链体系中各种有形和无形资源的整合与运用。

第六，资金与融资管理。服务供应链管理中有一个很重要的管理流程，那就是资金与融资管理。虽然供应链管理的核心就是企业间商流、物流、信息流和资金流的综合统一协调和管理，但是在传统的产品制造供应链管理过程中，资金流的管理相对比较容易被忽略。特别是在全球化背景下，跨国公司的离岸生产和业务外包使供应链出现“低成本区域”，然而这种追求成本最小化的冲动所导致的供应链整体融资成本问题以及供应链节点的资金流瓶颈所带来的短板效应，实际上已经部分抵消了生产的“低成本区域”配置所带来的最终成本节约。因此，如何在服务供应链管理的过程中，有效地提高资金运作的效率，同时为缺乏资金的企业在有效控制系统风险的基础上提供资金，这是一种独特的服务管理流程。

## 第三节　供应链服务化管理职能与要素

服务供应链管理的主要职能是计划（即供应链运作的价值管理）、组织（供应链协同生产管理）、协调（供应链的知识管理）以及控制（供应链绩效和风险管理）。在服务供应链管理的计划职能中，其管理的核心不是原来的供应、生产、分销计划，而是价值的管理，如同 Vargo 和 Lusch（2004）所指出“企业只能提出价值假定”，价值不是嵌入在商品中，而是客户与供应商的产品服务互动中产生价值，因此，如何管理价值产生的过程是服务供应链一个很重要的要素。从客户价值产生的特性看，很多学者提出了如下一些论题：一是价值可以看作是获取与放弃之间的一种权衡管理（Zeithaml，1998）；二是商业客户的功能效益、服务效益和关系效益是以经济和非经济的代价为前提（Ulaga，2003），通常非经济性的代价能极大地影响供应链关系的强度；三是价值可以看作是一系列目标和期望成果的集合，而供应商的行为非常重要，因为它能以最小的代价促进实现这些目标（Woodruff，1997）；第四，价值是由供应商的产品服务、客户使用的状况以及客户期望的目标和结果之间的交互决定（Woodruff，1997）。以上这些对价值的理解显然对计划管理产生了很多要求，例如，服务提供商必须知晓客户期望的功能、关系和服务的目标和绩效，可行的经济和非经济代价、成本与收益之间的均衡关系，以及各种服务的使用状况和条件。

协同生产管理是服务供应链管理职能的另一个方面，协同生产在于实现使用中的价值，然而协同生产是一个复杂的过程。Flint 和 Mentzer 认为协同生产的组织有协同经营和协同设计两个方面，协同经营是指客户通过直接反馈（如满意度调查、直接向供应商反映问题等）和间接反馈（减少、取消或增加订单等），影响了服务提供商产品和服务的制定与修正。例如，供应商为了实现价值创造需要深入、及时地从客户获取信息，与此同时客户为了实现期望的价值，能保证供应商及时、全面地对其期望做出反应，在这种状况下，整个经营过程是通过双方的协同来进行。而协同设计则更为深入，亦即客户不仅参与到供应链经营的过程中，而且能渗透到服务供应链的最初设计阶段，来构造供应链的运行系统和整个价值体系，客户可以是协同经营者，但不一定是协同设计者。正是因为如此，作为服务提供商就需要合理地组织协同经营与协同设计，亦即在整个价值链环节中哪些活动需要与客户互动经营，而哪些环节需要客户更为深入地参与到设计的过程中；同样，哪些客户只是需要参与经营，而哪些客户需要共同设计与运营，这些都是协同生产管理的主要要点。此外，为了实现协同生产，就需要交叉、流程导向的供需管理小组的建设，当这些小组跨越组织边界时，也就从更大程度上整合了供应链。

有效地整合价值链协调管理需要有全球市场、供应链的参与者以及各类流程的知识（Flint 和 Mentzer，2006）。作为服务供应链运作的主导者，需要知晓不同国家、地域以及文化背景下客户期望、需求水平以及其他各类资源的知识，同时也需要了解服务供应链各参与主体的文化、战略、流程和运作情况，而在流程知识方面，服务提供者需要了解不同功能和企业之间流程整合的关键要素，这些都是服务供应链的关键职能要素。

服务供应链管理职能要素还有很重要的一点是供应链的风险管理和绩效管理，由于服务供应链将不同资源以及不同知识背景的企业整合成为一个复杂的网络，以实现客户价值，因此，这种高度复杂的供应链体系在产生巨大价值的同时，也面临着可能存在的各种风险，如由于环境变化导致的供应链结构的变化，或者客户价值诉求的改变等，所以，服务供应链就需要有一个健全的风险管理机制，这种风险管理机制既包括对供应链服务要素的整合管理，供应链结构以及关系的管理，也包括健全完善的绩效衡量与管理体系的建立。

# 第五章　供应链服务化的运营与差别化价值诉求

供应链服务化的模式有哪些？又是如何形成的？对于这些问题学术界已经有很多的探索，例如，Jackson 和 Cooper（1988）认为企业购买两种类型的服务，一种用来服务于公司的内部，另一种被传递到公司的客户。最具代表性的服务战略类型划分有两种，一是 Wynstra（2006）等人基于 Jackson 的研究以航空为例，将服务又分成了四种类型：工具服务（指的是保持在用户内部，并且最终由用户自己来执行的服务，如咨询公司为用户企业能提供的业务发展咨询服务等，Instrumental Service）、消费服务（消费服务也是保持在用户内部，但是不影响用户关键业务流程的服务，如银行购买的园艺服务等，Consumption Service）、半生产服务（指的是经过转换变成购买公司传递给最终用户一部分的服务形态，如航空公司获取天气预报从而制订飞行计划等，Semi - manufactured service）和成分服务（指的是客户公司不需要任何转换就能直接传递给最终用户的服务，如与生产设备制造商签订的外部维护保养服务，Component Service）；二是 Bjorn 和 Sweden（2000）提出的四种服务类型：消费服务（Consumption Services）、成分服务（Component Services）、转化服务（其特征在于购买企业能够对这些服务进行转化，继而以一种改变的形态传递给客户的客户，Transformation Services）、工作方法服务（它是一种能极大影响客户流程的服务形态，它能直接作用于客户的生产方式和经营方式，某种意义上讲，这是对客户流程的设计，Working - method Service）。以上这些研究虽然细分了供应链服务化战略的不同类型，但是却没有深入探讨不同服务模式产生的驱动因素和组织形式，即为什么会有不同类型的服务化战略产生，不同类型的服务是由什么影响决定的，此外，不同的战略组织方式是什么，在特定组织方式下的行为具有什么特点。为此，可以从服务化过程中供需双方的特点出发来探究供应链服务化的差别化要求，因为任何供应链服务的组织一定是供需双方互动的结果，也是双方各自的状况决定了服务的结构和内容。

**1. 供方视角：供应链运营风险的状态**

产业供应链服务化要求服务的提供商组织协调不同的资源、能力来完成服务的创造和传递，特别是在供应链服务化过程中，服务集成商需要协调社会网络中各类子服务集成商来将各种不同的要素进行集成，因此，服务集成商的供应链运营的状态必然影响了服务的模式和特点。具体而言，在组织供应链运营的过程中，服务集成商会遇到两种不同的风险，供应链运作职能风险以及供应链网络环境风险。供应链运作职能风险立足于供应链服务核心企业的内部运营控制和流程，从服务集成商内部的职能要素来看供应链风险来源。如 Hallikas 等人将供应链风险分为需求过低，客户交货问题，成本管理和定价，资源、开发和柔性不足四大类；Chopra 和 Sodhi 将供应链风险来源分为中断、延迟、系统、预测、知识产权、采购、应收账款、存货与能力九大类；Spekman 和 Davis 则提出供应链风险来源分为物流、信息流、资金流和企业间信息系统安全性四类。概括起来讲，供应链运作职能风险是服务核心企业在组织管理服务要素的过程中，在服务要素供给整合（如服务要素的组织不力、服务传递不及时等），或者服务需求管理（如错误理解服务的状态、流程设计管理不合理等）方面的差错或能力不足造成的供应链服务的中断或损失，显然，对于服务集成商而言，这类风险带来的最大挑战是如何更好地构建和运行供应链经营体系，使供应链服务化的各类经营要素包括人、财、物以及信息等更好地得以整合、协调，保持供应链运行的顺畅，克服企业资源和能力的不足。供应链网络环境风险则不同，这类风险的来源不是来自于核心企业自身的运作能力和资源要素的缺失，而是由于经营网络或者经营环境固有的特点造成的供应链运作的脆弱性，这是外部因素变化导致的供应链服务化的波动，如市场环境变化导致的信息不对称、需要不连续、不稳定等。因此，对于供应链服务集成商来讲，他不仅需要有效地整合各类资源和能力，更需要克服供应链运行中由于网络环境的变动产生的交易成本过高的问题。

**2. 需方视角：供应链的收益目标**

供应链服务化的一个重要目标是帮助客户实现成功，而不是简单地满足需求。这两者的差异表现在，当企业提出“满足客户需求”时，其假定是客户存在既定的需求期望，企业采用各种经营管理行为将这种期望得以实现，甚至有所超越。而客户成功则有所不同，经营活动的起点不是客户既定的期望，而是致力于与客户建立起长期的战略伙伴关系，以多层次、全过程、全方位的技能、知识和智慧支持客户的长远发展，从而推动、深化了客户的事业，或者说服务集成商在实现自我持续发展的同时，也帮助客户建立了新的运营模式，拓展了客户发展的空间。正是因为如此，需求方产业的状态和经营特征也成了供应链服务化模式的影响因素。具体讲，客户企业往往也存在着两种不同的状态或价值诉求，一是客户由于资源和能力的不足，自己从事供应链服务会产生较大的成本费用，因此，如何帮助客户实现更具效率的供应链服务体系成为了能否帮助客户成功的关键，换句话说，作为供应链服务集成商更主要的目标是能否通过自身的组织协调服务行为为客户实现更低成本、更具效率的供应链服务；另外一种状况是客户所面对的问题不是成本费用问题，而是希望通过供应方的服务过程，增强客户企业自身的潜在竞争力，这种潜在竞争力既表现在将有限的资源能力集中于客户企业自身的核心业务，强化既定的业务能力；也表现在帮助客户开拓了新的业务发展领域，换言之，这类供应链收益目标更偏重于效益而非单纯的效率。以上两种状态与 Fisher 的理论是相一致的，Fisher 曾指出供应链运行存在着敏捷性和精益性供应链两类，前者偏重于效益（即客户服务和竞争力），而后者更倾向于效率（即成本费用的控制）。

基于以上供方视角的供应链运行风险以及需方视角的供应链收益目标，在供应链服务化背景下存在着五种不同类型的服务价值诉求和模式，如图 3－5－1 所示：一是嵌入式服务，亦即这类供应链服务化运营强调的是通过供应链职能和资源能力的协调，以较低的成本费用帮助客户企业提高供应链运营效率；二是链接式服务，与上一类不同，这种服务虽然也强调供应链运营的低成本和高效率，但是其实现的方式是通过网络和环境的管理降低综合交易成本，或者说通过整合网络和环境要素的把控来实现供应链服务效率化的目的；三是拓展式服务，这类服务虽然也着重供应链职能和资源的协调，但是其最终的目标不完全是为了帮助客户降低成本和费用，而是创造新的潜在竞争力；四是模块式服务，亦即通过网络和环境的管理在降低社会交易成本的同时，帮助客户挖掘新的潜在竞争力；五是产融结合式，这类服务既强调供应链职能协调，也强调网络和环境的管理降低交易成本，在实现高效率低成本运营的同时，创造新的市场空间和竞争力。

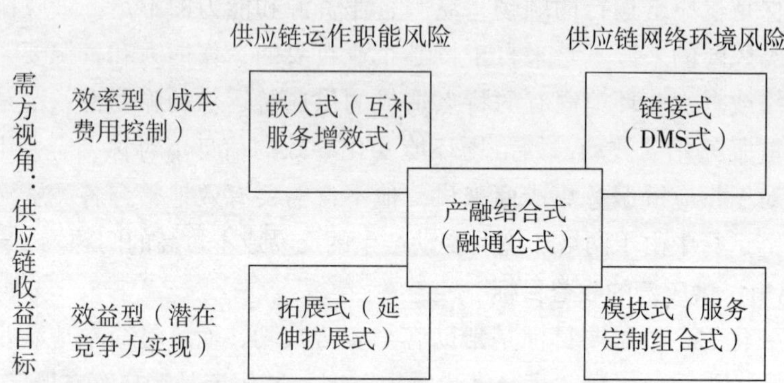


**图 3－5－1　供应链服务化的不同价值诉求**

# 第六章　供应链服务化模式和战略匹配

## 第一节　供应链服务化模式

Lambert 和 Cooper（2000）认为一种特定供应链的形成和绩效往往是由三个方面决定的：供应链的网络结构、供应链业务流程以及供应链管理的管理要素。基于供需双方不同视角所形成的四种服务化价值诉求，产生了五类供应链服务化创新模式，而各种模式有其特定的结构特点、管理流程和能力要素：

**1. 嵌入式服务**

这种服务的结构特点是将服务要素，特别是一些互补性的服务嵌入在供给的产品中，或者以物质产品为依托，通过这种物质化的产品，客户可以获取相应的使用价值以及服务要素，从某种意义上讲这种供应链结构更多地表现为一种供需纵向型的关系，并且作为服务集成商往往通过控制内部的服务资源并将其组合进客户关注的物质产品中，如图 3-6-1 所示。例如，ROLLS-ROYCE 是著名的发动机公司，是波音、空客等大型飞机制造企业的供货商，ROLLS-ROYCE 并不直接向他们出售发动机，而以“租用服务时间”的形式出售，并承诺在对方的租用时间段内，承担一切保养、维修和服务。发动机一旦出现故障，不是由飞机制造商或航空公司来修理，而是发动机公司在每个大型机场都驻有专人修理。ROLLS-ROYCE 通过改变运营模式，扩展发动机维护、发动机租赁和发动机数据分析管理等服务，通过服务合同绑定用户，增加了服务型收入。公司民用发动机订单有 80% 都含有服务协议，服务收入达到公司总收入的 55% 以上。此外，像最近在国内方兴未艾的合同能源管理等模式也属于这一类型，这种模式实质就是以减少的能源费用来支付节能项目全部成本的节能业务方式。这种节能投资方式允许客户用未来的节能收益为工厂和设备升级，以降低目前的运行成本，或者节能服务公司以承诺节能项目的节能效益、或承包整体能源费用的方式为客户提供节能服务。显然，嵌入式服务通过将各类服务内在于物质产品中一方面使得客户获得了自己承担各类活动所产生的成本费用的节约，另一方面为服务集成商获得了物质产品之外的服务收益。与以往的产品服务相比，嵌入式服务存在着如下差异：一是产品设计的导向不一样，以往产品的设计强调的是使用价值或使用价值的差异性，而嵌入式服务产品，产品的设计强调的是服务内在化，即通过物质产品的购买或使用，使客户享受到使用价值以外的服务。二是产品的传递方式的差异性，以往的产品传递的方式是通过一定的载体将产品传递到客户，一旦达到客户手中，传递过程就已经完成，但是，嵌入式服务则不同，产品传递到客户手中，传递过程才完成了一部分，传递过程的实现要靠客户的参与才能完成。在供应链服务流程和管理要素能力方面，任何的供应链服务化战略往往存在着三种不同的流程形态和相应的能力体系：一是与市场响应相关的协调运作流程，这类流程构建的目的在于更好确立供应链以保障运行的高效率和稳定性，这类流程偏重于客户价值诉求的响应性，具体来讲，这类流程表现出来的能力有供应管理能力、生产制造管理能力、物流分销能力、组织资源能力等；二是与价值创造相关的运作流程，它体现在企业能够比竞争对手更早、更准、更快地预测市场需求、创造市场需求提供适应的服务，这类流程表现出来的能力有市场预测能力、需求创造能力、帮助客户开拓市场的能力等；三是与服务的定制化相关的流程，这类流程强调根据客户个性化要求组织资源和服务的过程，或者说一对一的供应链建构。这类能力包括标准模块化设计能力、动态组合布局能力、动态物流组织能力、动态响应的控制能力等。具体到嵌入式服务，由于这种战略是通过将各类服务活动和要素嵌入到物质产品中创造价值，或者说通过物质产品的购买和传递，使得嵌入的服务得以创造和产生，因此，它表现更为强烈的需求创造流程和能力的确立，即能准确地预测和感知自身的行业范围之外都存在哪些互补性产品或服务，从相关的互补性产品和服务中去挖掘潜在的市场机会，在为客户节约成本费用的同时，分享相应的利益。当然，在这一过程中仍然会存在市场响应流程和服务定制化流程，但是从形式上讲，需求创造流程以及相应的能力表现得更为典型。

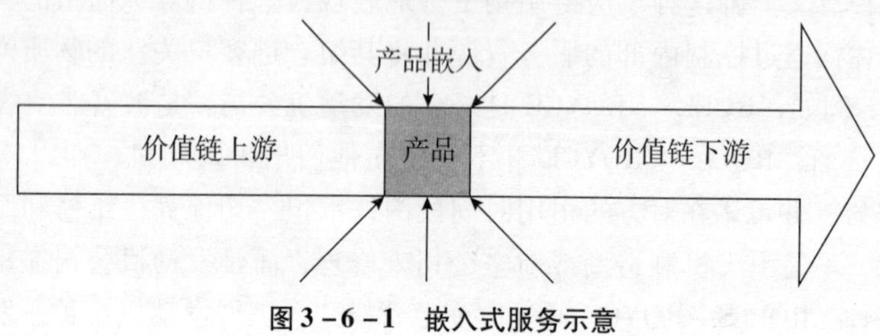


**图 3 -6 -1　嵌入式服务示意**

**2. 链接式服务**

这类服务的特点是将系统设计（Design）、生产组织管理（Manufacture Managing）以及物流分销（Service of Logistics and Distribution）结合在一起，将完整的产业链打通，通过综合交易成本的管理和控制，为客户提供优质的产品服务，同时也使服务集成商在整合管理供应链的过程中，成为了客户必不可少的平台和渠道，如图 3 -6 -2 所示。这类服务的结构既有纵向供需之间的整合，也有横向其他机构和组织（如金融机构、第三方物流等）的整合。该战略的实践者最典型当属香港利丰集团（2012 年更名为冯氏集团），该公司依托于其采购贸易、物流服务和在岸本销（即本地分销）三大职能板块，在新的模式中，不再是贸易商或代理采购者，而是客户的供货商，利丰会直接和海外买家签订合同，它不会拥有工厂，但是会把生产任务外派给有实力的工厂，而利丰会负责统筹并密切参与整个流程的管理，从事方案设计、采购、生产管理与控制以及物流与航运的其他支持性的工作。利丰的合格供应商有一万五千多名，对于每一个客户，利丰都会根据其需要从这个供应商群组里找最好的布料、剪裁、缝制、成衣、物流和配送，所以每一份订单每一个顾客每一次的供应链都会不同，换句话说，就是在整个网络里面找最合适的伙伴和能力。在虚拟经营模式的基础上，为了使整条供应链的运作更加合理与顺畅，利丰贸易继续开发更全面的供应链服务，如分销推广、供应链融资等业务，从而为客户提供具有成本优势，同时又具竞争力的产品。除了利丰之外，目前国内出现的有些以互联网为基础的行业垂直平台也属于这一类，往往这类平台借助于互联网，将供需信息汇集、信用管理、知识管理、物流服务、资金融资以及汇率管理等多服务功能进行整合，使得客户对这类平台产生高度的黏性。其原因在于在产业链较长、活动较为复杂、地域较广的状态下，如全球化的供应链运作时，由于信息不对称、或者经济环境的动荡性（像汇率变动等），客户自身组织这些活动会产生高额的交易成本，而像利丰和一些垂直平台通过将产业链贯通、同时实现供应链管理要素（商流、物流、信息流和资金流）的整合，不仅提高了供应链运行的效率，而且也帮助客户克服了这些交易成本和费用。在供应链服务流程和能力方面，这类服务化战略更加倾向于市场响应型流程，亦即根据客户的价值诉求更好地整合供应链各类活动、要素和能力，使得供应链运行高效、稳定。具体讲，该类服务一方面通过系统设计流程、知识流和物流分销服务流程的确立获得价值增值，另一方面通过整合生产管理流程降低交易成本。从能力要素上讲，服务集成商需要具备技术和知识创造能力、流程设计能力、资源调配能力、生产管理能力、物流分销能力等。

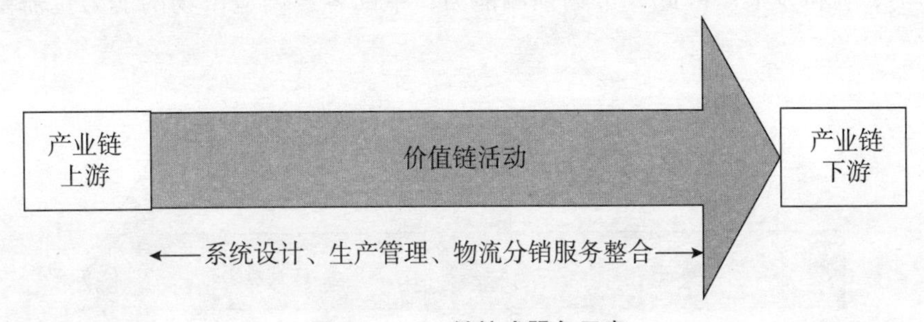


**图 3-6-2　链接式服务示意**

**3. 拓展式服务**

这类服务的特点是服务集成商在深刻理解服务的内涵以及供应链组织的方式基础上，协调各类不同的经济组织，同时采用有效的供应链组织方式，并且集合服务要素，在现有流程和经营模式的基础上不断向上下游的服务要素延伸，或者拓宽价值链活动，从而创造新的价值诉求，推动服务运作的不断提升，如图 3-6-3 所示。一般而言，这类服务化战略适合于产业服务较为复杂、广泛，且需求有一定的连续性特点。通过服务集成商的供应链职能协调，以及供应链延伸和拓宽，不仅能为客户企业带来利益，产生竞争力，而且更能为服务集成商带来新的市场和空间，形成与以往业务或产品不同的竞争力。例如，国内一些优秀的装备制造企业（像陕西鼓风机等），从原来单一设备的生产供给，逐步转向成套设备供应（成为系统设备的集成商和服务商），甚至走向工程承包，即将工程（Engineering）、采购（Procurement）和建设（Construction）相结合的交钥匙工程，这种服务化很典型地表现为以现有产业价值链为基础，逐渐向上下游的服务要素衍生，这样对于客户来讲，一方面省去了大量资源能力整合的代价，另一方面也解决了多设备、多供应商连接可能产生的系统不配套、实施经验不足而造成的成本上升等问题，便于企业强化竞争力。此外，对于服务集成商而言，这种上下游的延伸使企业摆脱了单纯的设备生产供应商，开拓了全新的市场空间，形成了新的经营能力。除此之外，这些优秀企业还通过向客户企业提供维修、维护、保养（Repair and Maintenance），客户企业设备的远程监控、诊断，帮助客户企业实现防患于未然，以及承担客户设备备品备件的库存管理等途径开拓了新的经营领域，这种行为是一种将现有服务领域扩展的特征，这样既为客户解决了设备管理产生的负担，也为服务集成商开拓了新的业务，特别是像备品备件采购、买卖这种能带来高额盈利的商流被创造出来。这一类供应链流程体现出一种高度的综合性特点，一方面要求有很好的市场响应流程，即系统设计、综合采购管理、生产管理、物流分销等能力的完善，没有这些流程的支撑，客户不可能放心地将一些业务组合外包给服务集成商，同时服务集成商也无法借助于已有的价值链活动向上下产业链活动延伸，因为客户之所以能将上下产业链活动交给服务集成商，还是基于后者拥有相应的技术、资源和能力，如果不能保证这些技术、资源顺利地获取，就不可能进一步延伸服务；另一方面这类服务也要求较高的价值创造流程，即有效地感知市场的变化，创造服务需求。这种能力也是服务集成商发展的关键，供需双方都能够在这类创造性的活动中提高竞争力，获得发展。因此，市场预测能力，帮助客户创造市场的能力也需要积极地发展。

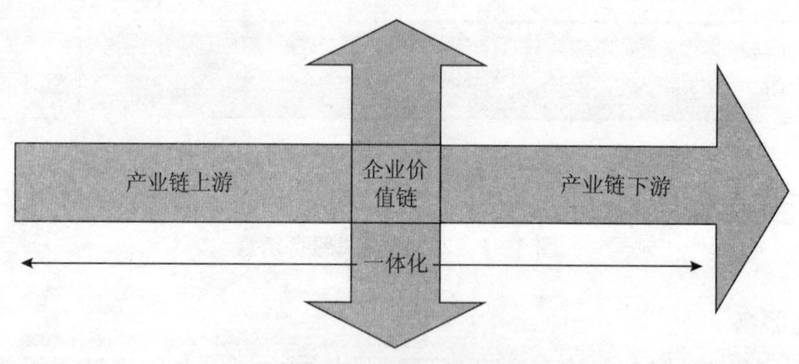


**图 3－6－3　拓展式服务示意**

**4. 模块式服务**

这类服务的特点是服务集成商不涉及客户企业的核心业务，而是围绕其核心业务不仅从事配套管理业务，而且受托提供物流等方面的后勤服务，以全方位满足客户非主流业务之外的多元化需求，从某种意义上讲，服务企业取代客户的支持部门或后勤保障部门，以市场化的方式为客户的配套业务和后勤保障需求提供全面解决方案，使客户高度关注其核心业务的开展和品牌价值的创造。一般来讲，服务集成商将这些纷繁复杂的配套和后勤业务根据不同的性质设计成不同的服务模块，并根据客户的价值诉求组合模块，集中传递给客户企业，从而使客户在组合模块的采购中节约了相应的资源和代价，强化核心业务竞争力，而服务集成商在提供服务模块群的过程中获得相应的经济收益和发展，如图 3－6－4 所示。例如，国内一些优秀的物业公司提出了“后勤平台化”“城市物业运营商”的概念，即将客户企业所需要的所有资源、服务设计成不同的模块（菜单），像基础管理服务、设备设施管理、资产管理服务、行政后勤服务等，并依据客户的要求提供范围不等的集成服务，从而实现了一对一的定制化服务，目前一些贸易公司也提出了类似的概念。这种服务战略相对灵活，既能为大型客户服务，也能为小型客户服务，既能提供供应链全方位的服务，也能够提供局部服务。作为大型客户企业，由于其自身的地位，或者出于竞争上的考虑，不一定希望服务集成商提供过于广泛的服务，而一些小型客户企业，受自身资源和能力的限制，相反可能会对综合集成服务提出需求，因此，模块化的服务设计有利于客户企业根据自身的状况来定制服务。而作为服务集成商，通过将服务模块标准化，能降低完全差别化服务所产生的高额运行成本，同时通过模块与模块的结合既带来越来越多的业务机会，同时又降低模块单独运作的直接间接费用，创造组合利润。显然，这种服务化战略所强调的流程既不完全是市场响应性流程，也不完全是价值创造性流程，而是一种定制化流程，是供需双方在互动基础上，根据不同的价值诉求和客户特点，动态创造服务形态。因此，从这个意义上讲，服务集成商所要具备的能力包括服务模块标准化设计能力（即如何根据服务的特性、资源的状况以及行业的特征设计成具有可替换性、标准接口、规范的服务菜单）、动态布局能力（即根据客户差别化的价值诉求，链接组合模块，调动企业内部和外部的各类资源、能力）、动态物流能力（即将所产生的服务组合有效率和效益地传递给目标客户）以及动态控制能力（即具有控制综合经营风险，以及变化性的能力）等。

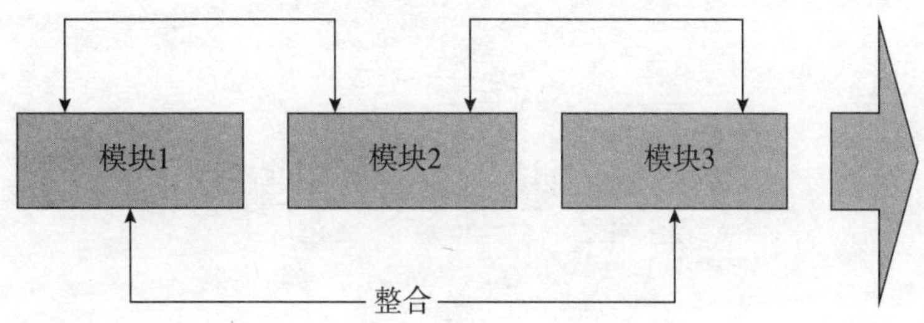


**图3－6－4　模块化服务示意**

**5. 产融结合式**

这类服务属于较为特殊的一种供应链服务化类型，它既可以独立存在，也可以与其他类型的服务化战略结合运用，并且这种服务化战略的目标既能帮助客户实现低成本费用，也能帮助客户实现竞争力。这种服务化战略将产业供应链运行与金融相结合，是一种把物流、商流、信息流和资金流有机结合的创新，其内容包括物流服务、金融服务、商业服务和风险管理服务以及这些服务间的组合与互动。或者说依托产业供应链，利用金融资源打造供应链，实现金融和供应链运行的综合效益，所以，这类服务的结构更多地表现为商流、物流和金融流的相互交融、交织的特点，如图3－6－5所示。例如，怡亚通公司就是这种模式的实践者之一，它主要服务于一些中小型通信、IT加工企业，这些中小企业的问题是生产订单通常有出货时间要求，而采购运输等有一定的时间周期，但是企业接到订单后，需要马上采购生产。同时上游供应商往往要求先付款后发货，或者先预付部分款项，但是中小企业自身的流动资金多用于固定资产的投资，或存在较多的应付账款，所以，资金上出现了问题，怡亚通正是针对这一问题，运用自己空闲的信用额度，从金融机构获得资金，再通过“代付款项”的方式间接融资给客户，并最终获得一定比例的服务费收入，其前提是将采购业务（商流），以及物流业务外委给企业，因此，其收入来源于为其提供以代理采购及物流为主的服务收入，这些服务费都是按照业务金额的一定比例收取，也就是说，这些企业外包给怡亚通的供应链环节周转越快，怡亚通的收入就越高，与此同时企业运用掌控的物权，进一步从金融机构或者第三方物流公司获得资金收入。显然，这类服务化战略要求服务集成商具备五种流程管理能力：一是供应链组织结构设计能力，即根据具体融资问题，合理设计融通仓的主体构成、系统结构和运作模式，并设计完善的利益分配和共享机制；二是集成模式设计能力，产融结合模式是物流、金融、交易和风险管理等集成式服务，不同的业务模式具有不同的集成式特点，因此，如何根据供应链交易的特点寻找到恰当的结合方式变得非常重要，包括结合哪些要素？如何结合？结合点在哪儿等；三是信息系统设计能力，为保证信息流和资金流顺畅和实时管理，服务集成商系统需要提供先进的信息系统服务等基础设施；四是合同设计与运营管理能力，通过合同设计、实施和运营管理可以控制各参与方行为，降低业务运作风险，这包括采用良好的账款支付机制，提供灵活的支付转账方式、管理质押账户和现金管理账户，以及客户信用管理等能力；五是综合风险管控能力，包括产业供应链环境的把控、担保物或质押物的管理、供应链企业的经营管理状态等，从而在融资量、融资期限、融资代价等方面有良好的设计和管理。

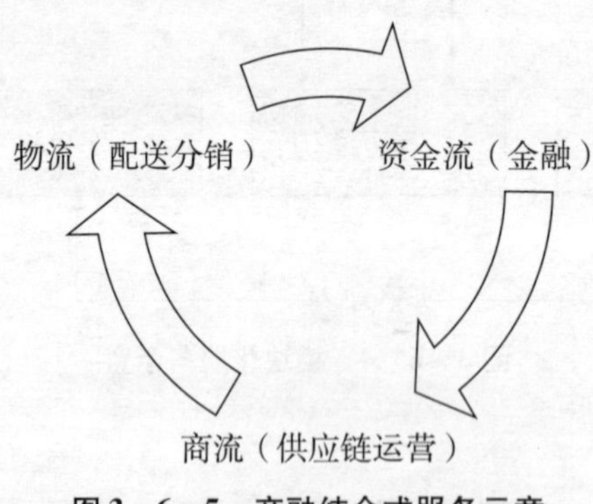


**图3-6-5　产融结合式服务示意**

## 第二节　供应链服务化战略匹配

采用与企业相匹配的供应链服务化运作模式，是企业提高绩效的重要因素之一，因为与企业相匹配的供应链运作模式有助于降低企业所处供应链的风险。由于客户企业在资源状况、产业特征以及环境等方面存在着不同，致使各企业面对的供应链风险类型各异，同时客户的价值诉求点也不尽一致，而风险的性质不一样，必然导致风险产生的成本和费用的性质具有较大的差异，同时客户对价格敏感的程度不同，也会使战略要素配置的方式产生差异，这些差异性也就决定了供应链服务化组织方式和运行要素的差别化。从制度经济学的角度看，市场运用价格机制配置资源是有成本的，即交易费用，而企业通过命令方式配置资源可以节约交易费用，但是企业内部却存在着组织成本，这种成本会随着组织规模的增加而递增，因此，企业的边界是由边际组织成本和边际交易成本的均衡所决定的。当供应链风险表现为一种职能协调性的风险时，从风险产生的代价和成本上看，它所面临的更多的是一种内部组织管理成本，即供应链的建构、运行、管理和监督以及其他性质的成本，为了克服这类供应链组织管理成本，即供应链上下游的协调、需求能力的管理、供应链成本的优化以及更好地实现上下游之间的有效衔接，企业就需要依托供应链流程、在控制管理关键资源和能力的基础上，通过外部各种资源协调和运用等市场性行为，聚合上下游作业活动中的所有服务要素，为客户提供嵌入式或拓展式服务。如果企业面临着更多的供应链外部风险，其市场交易成本将会很高，此时供应链的运作将会面临少数问题、有限理性、机会主义和交易频率等的挑战，为了降低这类风险，企业就需要内化供应链中关键的资源和能力，通过链接式或模块式的形式，柔性化地向客户提供服务。同理，客户对价格或经济成本的敏感程度也决定了供应链服务化组织方式的不同，客户价格敏感程度高，势必要求企业在降低两类供应链风险的同时，需要以更低的经济成本实现服务，而这种经济成本下降的要求，可以通过嵌入式或链接式完成，因为这两类服务的特点，在于通过将服务要素嵌入到产品中，或者连接各种服务要素实现了单一服务要素购买和整合所产生的较大的经济代价。相反，客户的价值诉求不是单纯的经济成本，而是潜在竞争力的实现，这时服务供应链的要求则反映为降低各类供应风险的同时，能否为企业带来潜在的收益，而这种收益显然是与竞争力相关。综上所述，不同类型的供应链服务化模式是与客户的价值诉求以及供应链风险类型密切相关，任何这种结构化的错配，不仅不能提高客户的价值以及企业自身服务供应链的效率，反而增强了相应的风险和代价，最终导致服务供应链的中断和低绩效。

# 第七章　供应链服务化案例

## 第一节　服务供应链中的价值协同——以方兴物流为例

### 一、方兴物流公司简介

方兴物流公司（简称方兴物流）位于山东省泰安市，是依托泰安食盐专营网络建立的现代物流企业，自2003年建立以来，充分发挥食盐流通渠道的优势，整合社会资源，在泰山脚下建起了独具特色的物流平台，打造了一座没有围墙的超市。现下设6个分公司、7个专业物流配送中心，拥有32部配送车辆，资产达7700多万元，现有员工120人。公司2005年开始着力于“小康树”连锁经营体系的建设，走“城市便利化，农村超市化”的道路，统一形象、统一采购、统一配送、统一管理，目前已建成县级中心店8个、乡镇级连锁店412个、村级加盟店8120个，形成了集商业零售、物流配送、连锁加盟等多种业态一体化的多元化公司。公司在经营过程中，先后与百事可乐公司、浙江纳爱斯集团、山东泰山生力源集团股份有限公司、中糖集团、山东菱花味精股份有限公司、娃哈哈集团等十几个国内外名牌企业缔结成合作伙伴关系，成为这些品牌的区域代理商。生产的自有品牌，如“泰山酒”高中低档系列产品，“易洁”、“易滋”洗化用品，和美酱菜等在泰安地区的运作已取得巨大成功，在国内一些大中城市已拓开销路。目前，公司经营商品范围涵盖食品、洗涤化妆、纺织品、儿童玩具、酒水等门类，总计200多个品牌、9000多个单品。2005年3月方兴物流被泰安市消费者协会评为“健康维权”示范单位；2006年6月被批准为国家“万村千乡市场工程”试点企业；2006年、2007年被评为国家商务部“万村千乡市场工程”优秀试点企业；2007年获国家企业管理优秀成果一等奖；2008年6月被山东省信息产业厅评为“山东省信息化示范单位”。

### 二、方兴物流互动模式及其价值实现

中国的农村是一个巨大的潜在市场，但是现代化的商业体系并没有真正建立，当前农村的商品流通存在设施不足、方式陈旧、成本较高、农民进入市场较难等问题，不仅影响农业生产和增收，也抑制了农民消费，延缓了农村市场化进程。据商务部《农村市场体系建设“十一五”规划》，中国农村市场实行连锁经营的交易额占农村总交易额的比重不足10%；农村商品流通的信息化建设处于起步阶段，仅有9.23%的市场全部或部分采用了电子商务交易技术。中国农村市场同样存在着“有市无场”的状况，换言之，如今的中国农村市场虽然有一些夫妻店、食杂店等简单的商业形态，但是市场经营秩序非

常混乱，假冒伪劣产品充斥市场，广大农民无法辨别真伪，导致了市场上的无序竞争。另外，主辅经营渠道缺失和市场监管松弛，造成农资经营市场价格高低不一、质量参差不齐。目前国内有1/3以上的农民购买生产资料、消费资料要跑到县以上的市场。据中国消费者协会的调查显示，31.3%的农民认为购买生活、生产资料不方便。

中国农村市场流通的上述情况不仅要求在该领域能建立起现代化的商业体系，而且在这一过程中能有效地整合各经济主体，实现与各利益相关者的有效互动，系统地解决各方存在的挑战和问题。从网络的构成来看，在中国农村市场流通体系中，必然涉及供应商、金融机构、客户（农村商业终端）、地方政府以及物流配送方。虽然这些主体的形态和功能各异，但是它们共同构成了中国农村市场网络发展的推动者，同时也面临着各自不同的挑战和潜在问题，从而产生了相应的价值诉求。

针对中国农村市场所面临的问题以及各类主体的价值诉求，方兴物流在当地利用自身的网络体系，结合各类社会性的资源和能力，通过打造以服务为主导的供应链物流体系，实现了与各方之间的互动，既实现了自身的经济价值和发展，又有效地使社会价值得以体现。具体来讲，解决“三农”问题单纯靠一家物流企业难以实现，需要以物流企业为中心形成一个多方组成的利益共同体，物流企业提供一个平台，吸引和组织相关企业，在这个平台上，通过发挥各自的优势获得利益，同时共同建立和维护服务品牌，在利益共享、风险共担的过程中共同发展，如图3－7－1所示。

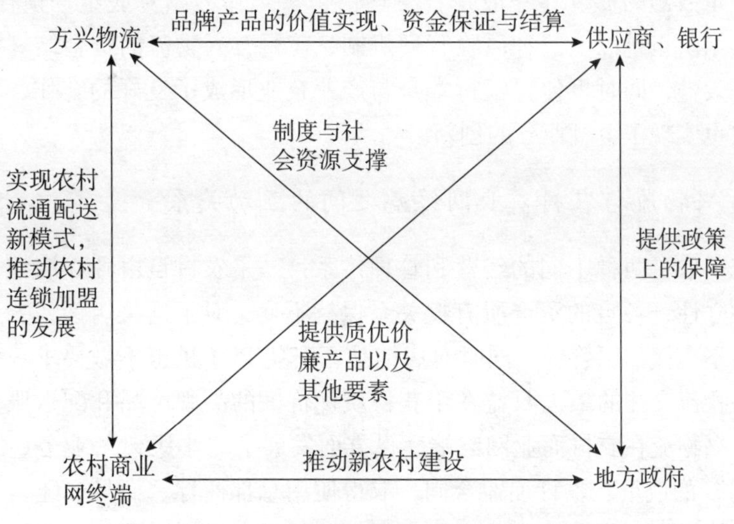


**图3－7－1 方兴物流塑造的多利益相关者平台**

## （一）在方兴物流与供应商之间的互动关系

方兴物流首先在泰安市场根据服务人口和区域特点建立了26个业务部，每个业务部为3～4个乡镇服务。业务部一方面帮助企业将供货方的产品从方兴物流的仓库配送至农村商业网终端；另一方面帮助企业开发市场，争取将农村商业网终端置于企业的平台之上，或者开发特许加盟。在物流网络的建设上，方兴物流在泰安市场除了建立两个物流中心外，还在最接近于销售终端的位置设立了“码头”，即二级物流仓库。通过扁平化物流网络的建立，一方面对于供应商而言，实现了将产品一环到点的目标，建立了新商品铺货机制，通过物流网络迅速将代理商品铺遍全市，并且方兴物流的物流网络给供应商带来了另外一个潜在价值，即有效地杜绝假冒伪劣产品对供应商的危害，确保供方产品的安全性，保障其应有的利益；另一方面对于方兴物流而言，这种网络化的建设不仅为供应商带来了潜在利益，同时也确保了优质优价的品牌货源供应，为方兴物流的经营奠定了良好的基础，也稳定了企业与供应商的关系，使得双方通过这种稳定、持续的关系共同发展。

### （二）在方兴物流与银行之间的互动关系

方兴物流与中国农业银行开展合作，共同搭建了电子结算系统。具体而言，中国农业银行为方兴物流的所有参与方（包括供应商、分公司、业务部、连锁加盟商等）都设立了“电子钱包”系统，这样每卖出一件产品，应得的收益就进入各自的电子钱包，从而缩短了利益各方的现金流量周期，提高了资金效率。与此同时，为了实现上述目标，在资金结算平台的建设上，双方共同制定并设计了一套风险管理机制，这主要包括：一是在产权界定上，在商品最终销售之前，所有权归属方兴物流；二是加盟商如要进入这个网络，需要以首批进店商品的50%作为风险金，存入加盟体系，防止违规操作；三是加盟商需将一定数额的资金（一般是日平均销售额）作为结算底金，预存到农行卡中，以保障实销实结。正是以上三种风险管理机制，使得方兴物流的资金结算体系真正为利益各方带来了效益，同时也使得银行本身与产业企业形成了良好的合作，不仅产生了资金收益，同时也实现了金融业务的创新。

### （三）方兴物流与农村商业网终端之间的互动关系

方兴物流采取了两种不同的经营和管理体系：一是农村自由独立店铺，即保持原有农村店铺的独立性，各自的资产所有权关系保持不变，对于这类店铺，方兴物流主要是指导经营，并不直接加以管理，同时对店铺是否安装 POS 机也不做要求。对于这类店铺来讲，与方兴物流交往的最大收益在于获得质优价廉的品牌产品和配送服务；二是连锁加盟店铺，方兴物流在农村商业网终端建设方面发展了“小康树”业务，加盟商一旦成为其“小康树”的成员，签订加盟合同，取得使用总部商标、商号、经营技术及销售总部开发商品的特许权，那么其经营权就集中于总部，方兴物流要求这些加盟商在附近的中国农业银行开立账户，办理银行卡，按首批货款的一定比例预存销货款，开始营业后，店方每天按时下载、上传数据，公司依据每天的销售额扣除店方的毛利，通过网上银行从店方账户中划拨。与此同时，“小康树”连锁要求分店必须安装 POS 收银设备，以便方兴物流及时了解并获取商品销售的信息。通过这种模式，方兴物流直接掌握了农村商业网终端以及经营信息，从而为其更好地服务于供应商以及其他利益相关者奠定了基础。而对于农村商业网终端而言，不仅保障了优质优价产品的及时供应，同时也使得其经营利益得到了有效保证，特别是“小康树”成员由于能享受到许多特定的经营项目（如政策性经营项目等），从而有利于经济收益的实现。

### （四）方兴物流与地方政府的互动关系

方兴物流打造的综合平台保证了企业效益与社会效益的同时实现。从社会效益实现的角度看，方兴物流的服务主导型供应链网络的运作实现了如下七个方面的宏观效应：一是解决了农村闲置设施的再利用问题，“小康树”连锁店和加盟店主要利用闲散的社会资源，其中有过去的国营体系下已经废弃的厂房、商品房，有农民积淀的闲置房产，有濒于瘫痪的店面等，盘活了农村闲置资源；二是部分解决了农村劳动力转型的问题，本地化操作使连锁店使用劳动力1600多人、加盟店使用劳动力16000多人（含兼职）；三是提升了农民合作者的经营素质和水平，方兴物流常年坚持的员工现代经营理念培训、技术培训，使当地农民的文化知识进一步提高和丰富；四是不断延展的系列化服务，其实施的“信福工程”，在重点的连锁店设立了专网电脑，及时将当地“三农”信息上传，农民可以方便、免费查询到有用的信息，报纸征订、邮政服务、保险咨询、文化娱乐等服务项目受到农民欢迎；五是优质的产品下乡，将假冒伪劣产品挤出了农村市场，维护了消费者利益；六是农产品的加工输出，部分解决了农产品“销售难”的问题；七是在部分农村起到了商品流通的主渠道作用，减少了政府的监管成本，提升了监管效果。从企业效益实现的角度看，方兴物流通过上述社会性绩效的实现，使其获得了合法性，即这种网络化的服务运作既符合了政府发展农村经济、强化新农村建设的要求，又较好地实现了提高农民经营能力、提高收益的迫切需要。

### （五）地方政府与农村商业网终端以及供应商和银行之间的多方互动关系

由于方兴物流服务主导型供应链网络的搭建，实现了相互之间的互动和利益。在地方政府与农村商业网终端的关系中，一方面农村商业网终端通过方兴物流的网络，有效获得了政府的政策支持，促进和规范了现代连锁经营体系的发展；另一方面地方政府的新农村建设也通过这一网络得以在基层有效地贯彻实施。在政府与供应商和银行之间的关系中，前者为供应商和银行的经营活动提供了政策上的保障，减少了供应商和银行的经营风险，而对于后者来讲，及时地将优质资源和产品导入当地市场，促进了地方经济的发展。

通过整合多方资源，协同各利益相关者的价值诉求，方兴物流创新了农村快消品供应链的运营模式，塑造了自己独一无二的竞争优势。

## 第二节　供应链服务化创新——以陕鼓为例

陕西鼓风机（集团）有限公司（原陕西鼓风机厂）始建于1968年，是国内定点生产透平鼓风机、压缩机的大型骨干企业，省、市重点骨干企业。国家二级企业。1994年通过ISO 9001质量体系认证，2001年通过ISO 14001环境管理体系认证。正在进行体系（OHSMS）认证和SA8000社会责任认证。

2000 年以前陕鼓是中国传统的风机装备生产和经营企业，然而此后，企业的经营绩效和竞争地位出现了巨大的变化。截至 2005 年年末，陕鼓总资产 34.48 亿元，相较 2000 年年末增长了 25.3 亿元；净资产 9.32 亿元，是 2000 年年末 2.24 亿元的 4.14 倍，并超过了企业 2000 年年末时企业的总资产。此外，从陕鼓在行业中的竞争地位看，2005 年，陕鼓工业总产值 25 亿元，销售收入 21.8 亿元，工业增加值 8.8 亿元，而同期处于行业第二位的沈阳鼓风机厂分别为产值 17.3 亿元，销售收入 17.8 亿元，工业增加值 4.9 亿元，这种跨越式的快速发展状况在中国风机行业中独一无二，其服务供应链的关键要素主要表现在以下几个方面：

## 一、服务供应链网络结构

如图 3－7－2 所示，陕鼓服务供应链的网络结构主要由供应链成员、网络结构维度、不同类型的流程链接几个部分组成。其中，供应链成员涉及上游的设计院、设备制造商、相关企业等直接服务提供商以及与他们相关的间接服务提供商，还有下游的直接或间接客户，而陕鼓则处于核心的整合服务集成商位置；网络结构维度上，表现为以陕鼓为中心，水平多阶层、垂直多节点的复杂网络结构；节点间的流程链接主要是管理型，少数是监控和非管理类型的链接，并且通过陕鼓服务供应链内部的网络结构设计，包括合同管理中心和产品服务中心的组织和管理，实现了内外资源的整合，同时也结合工程承包、成套设备、市场部所收集的客户的需求反馈，不断发掘和创造客户价值，为他们提供一体化的整合服务。

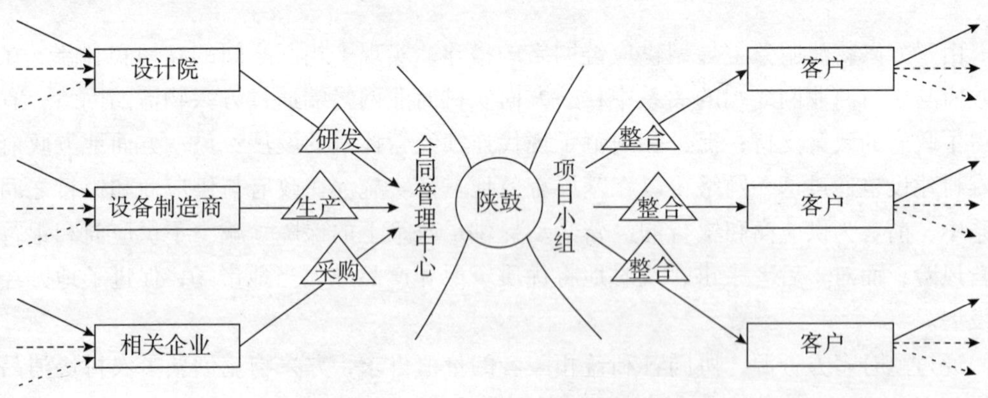


**图 3－7－2　陕鼓服务供应链结构**

## 二、服务供应链业务流程

### （一）综合需求和客户关系管理体系

陕鼓的综合需求和客户关系管理体系是围绕三个方面展开的。一是 2001 年以后陕鼓所推行的系统销售服务。具体讲，陕鼓除为客户提供自产主机外，还负责设备成套和工程承包，这实质上是为客户提供更大范围的、系统的问题解决方案。对客户而言，好处之一是不需要进行专门项目管理，也不需要协调主机制造商、配套设备商、工程执行者的关系。好处之二是控制项目投资和投资周期，有效解决了因系统不配套、实施经验不足而造成的成本上升和周期难以控制等问题。二是专业远程设备管理，在实施“两个转变”后，变事后补救为事前监控，确保客户设备常年顺利运行。陕鼓产品服务中心负责人在访谈中介绍：陕鼓提供24小时值勤服务，实时监测运行中的机组，并由专家队伍来判定机组出现问题的严重程度，定期提供运行监测报告，客户可以集中精力从事主业。同时通过专家队伍分析处理和在线观察预测，也能为陕鼓的营销队伍提供许多超前、准确的客户维修改造和备品、备件需求信息。三是持续的养护、维修服务。陕鼓为了更好地优化资源，将原来维修维护自身设备的工作外包给了专业公司，在最大程度上保障自身设备维修维护的服务水平，降低维护成本，与此同时，为了解决自身的资源和专业人员问题，企业将人力资源组织起来，投入到更为增值的服务活动中，发挥自身专业优势，快速、及时、高效地为客户提供专业化维修服务。特别是，发挥陕鼓成套技术即设备协作网优势，整合配套厂家资源，为客户提供系统服务，使陕鼓的客户服务延伸到客户产品使用的整个生命周期，降低客户产品使用周期中的总成本。

### （二）物流服务传递管理

库存对于企业应付市场波动具有缓冲作用，但传统存货管理模式的弊端主要表现在没有合理利用和管理供应商资源，占用企业大量资金，增加企业存货成本和企业经营风险等方面。为此，陕鼓与主要原材料供应商建立战略合作伙伴关系，由供应商托管库存。供应商根据陕鼓的生产计划及时进行原材料配送，陕鼓按量使用，统一结算。据陕鼓采购供应部统计，2004年陕鼓通过实施原材料零库存管理，获得的直接效益为133万元。此外，陕鼓还优化客户备件库存。由于陕鼓提供的风机成套设备专业化程度高，多为客户流程装备上的核心关键设备，要求有高可靠性。装备一旦出现问题，将造成整个系统的全面停机，并由此引发重大事故，为解决这一问题，陕鼓为客户提供了备品备件零库存服务。例如，为莱钢提供备品备件服务，莱钢所用陕鼓提供的设备不再提前采购储备，一旦机组出现问题，这些备件可以及时供货。对莱钢而言，不必占用资金，不必担心未储备某种备件而紧急需要时造成生产中断，减少了保管费用；对陕鼓而言，由于设立备品备件的联合库存，可以向许多客户提供这种服务，因为产品的系列化程度高，零件差异并不大，特别是毛坯几乎无差异，只需要少量储备即可。据陕鼓统计，2002—2004年提供备品备件服务累计实现订货量1.24亿元，年均增长45%。

### （三）供应商关系管理

企业能否有效地实施供应链集成服务，一个很重要的问题是企业外部资源的全过程管理。陕鼓向客户提供整套供应链服务，就必然涉及众多供应商的协调和管理。陕鼓在全国各地建立有外协供应商候选队伍，在执行任何客户的服务合同前，先期就到外协供应商企业进行调查了解；此外客户企业也可以推荐，陕鼓制定出标准，对备选企业进行考核筛选。正如陕鼓成套设备中心的负责人在访谈中提到的：如果在招投标阶段，只是简单的比质比价，极有可能损坏了整个流程的质量，因此，只有结合具体的活动分析，控制流程中的每个环节和价位，这样才能真正满足客户的需求，提供高质量的项目服务。在供应商关系的管理中，组织化的供应商协作机构，对于稳定和发展供应商关系至关重要，陕鼓构建了企业的外部资源协作网络——供应商战略协作网。陕鼓通过这个常设的机构，整合具有竞争力的供应商，一般每年召开年会进行多向沟通，包括宣传陕鼓的文化和战略；进行一些系统技术的开发和研发；甚至还有一些专业研究会，如技术专题、市场专题等，融入到供应链协调和沟通中。此外，每个月有协调例会，主要是现场开会，成员不仅涵盖了陕鼓企业内部的质量、供应、技术、财务等部门，也包括协作网的部分单位，共同就当前的情况进行通报，反映各自的问题，如资金的问题，发货的方式等。在这两个协作网中，陕鼓还邀请供应商对陕鼓内部各职能部门进行打分，评价陕鼓的工作流程和部门工作绩效，以帮助陕鼓发现自身的问题和不足，改进作业活动，提高工作效率。

### （四）复合型的能力管理

服务供应链的形成和运行，还有赖于对各种能力（即复合型能力）的整合管理，特别是对于风机行业，系统服务的实现也部分取决于配套商和各种外部组织的能力。为此，陕鼓提出把外部配套商当作陕鼓的车间发挥作用，提高满足市场的能力。在访谈中，陕鼓成套设备中心负责人介绍：2003 年 9 月，陕鼓在西安组织 56 家相关配套企业成立了“陕鼓成套技术暨设备协作网”，包括德国西门子，美国爱姆森、GE 等在内的许多世界知名公司都加入到了这个网络之中。通过该网络的运行，各合作单位可以实现资源共享、共同提升技术质量水平；同时，通过这种合作网络，可以帮助陕鼓实现人力资源的提升。例如，美国爱姆森公司每年在新加坡基地为陕鼓提供 50 人次的人力资源培训，台塑每年在台湾为陕鼓提供 20 人次的人力资源培训等。除此之外，陕鼓以委托开发、联合开发、委托审核等方式，与大专院校、科研院所合作，补充企业自有研发力量。

## 三、服务供应链管理

要真正实现供应链运作和集成服务的目标，就必须在组织结构上确立起对业务流程实施担负权责的部门和人员。陕鼓组织结构自 2000 年以来，一直在根据企业的经营战略和目标进行适时的调整变革，目前已初步形成了一种战略导向的矩阵式管理结构，如图3－7－3 所示，这种结构特点主要表现在：一方面，企业在公司层和业务层形成和建立了管理的两个层阶，使得公司层的战略指导、预算控制和投融资、财务管理与业务层的具体业务指导、管理和运行实现了一种有机分工和一定程度的结合；另一方面，在业务战略实现的组织构架上，陕鼓尝试性地采用了以项目为牵引的跨流程矩阵式，这表现为所有的意向合同形成后，都由合同管理中心对项目合同实行审核、组织和执行，而且合同管理中心的权限超越了具体的职能部门。陕鼓这种跨流程的矩阵式组织方式是帮助实现供应链管理目标的组织基础，合同管理中心也相应地发挥了供应链综合管理的职能。

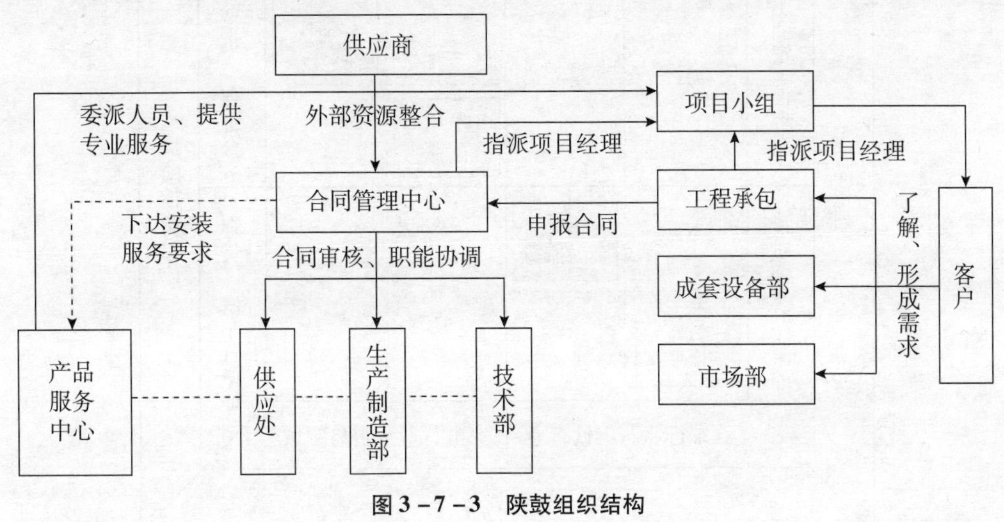


**图 3-7-3　陕鼓组织结构**

## 第三节　服务供应链中的金融服务要素——以中信银行为例

中信“银贸通”是中信银行按照物流金融的理念，利用各产业的物流特点，围绕产业链中的核心生产商，为销售渠道中的贸易及物流客户提供的综合性金融服务方案。把原本互不相关的银企之间的信贷关系和生产企业、经销商之间的买卖关系，衍变为“生产商—经销商—银行”的三方合作，甚至是“生产商—经销商—第三方物流—银行”的四方合作。通过商业信用和银行信用的结合，有效地解决了中小贸易企业的融资问题，为买卖双方加快资金周转和提高市场竞争力提供了有力支持，同时也协助生产企业加强销售网络管理，提高其整体销售能力，扩大市场份额。这一新业务的成功得益于中信银行金融创新产品的开发体系。对于新产品的设计，除了需要根据政府制度或监管规定的变化不断做评价、后评价及制度更新以外，银行的首要任务应该是规划这些业务的产品系。标准化的组织架构、授信流程、产品的设计标准等被认为是银行最关注的风险关键因素之一，但是在中国金融供应链创新产品系方面目前还没有统一的概念和标准。通过综合分析中信银行的金融供应链创新产品，从产品系列和行业类型两个主要维度来划分比较合理，同时建立风险控制和运作模式两个次要维度来辅助分析，如图 3-7-4 所示。

如图 3-7-4 所示，一方面对于公司客户来说，公司银行业务的选择主要基于产品设计定制化的程度，也就是产品的创新设计充分考虑到相应行业特点甚至具体到个体企业特点，所以通过行业类型的划分可以在满足客户差异化的需求同时，也提高了创新产品的竞争力。中信银行针对汽车行业、钢铁行业、家电行业等多个重点行业推出了针对性

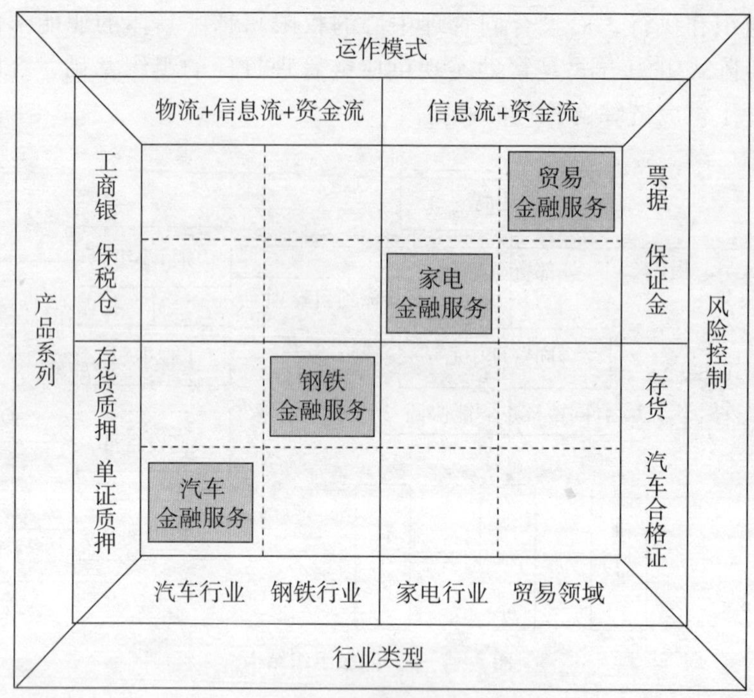


**图 3－7－4　中信银行的金融供应链框架**

的金融供应链创新产品，并对供应链中的资金流、信息流、物流进行融合、控制和管理，形成了独特的运作模式；另一方面对于银行来说，风险的控制以及绩效的考量都是基于对于具体产品类别的现存状况来分析，因此通过产品系列的划分可以得到每一类创新产品的特点以及产品间的差异和共性。中信银行的金融供应链创新产品主要划分为单证质押、存货质押、保兑仓、工商银四类，并且通过汽车合格证、存货、保证金、商业票据等形式将风险控制到银行可以接受的范围内。

这样，最后得到了一个由产品系列和行业类型为主要维度，风险控制和运作模式为辅助维度，包含了中信银行首推的汽车金融、钢铁金融等核心金融供应链创新服务的矩阵结构。其中，汽车金融服务是将汽车合格证为风险控制要件的单证质押产品形式，以融合供应链中物流、信息流、资金流的运作模式广泛应用于汽车行业；钢铁金融服务是将存货为风险控制要件的存货质押产品形式，以融合供应链中物流、信息流、资金流的运作模式广泛应用于钢铁行业；家电金融服务是将保证金为风险控制要件的保兑仓产品形式，以融合供应链中信息流、资金流的运作模式广泛应用于家电行业；其他商业金融服务是将商业票据为风险控制要件的工商银产品形式，以融合供应链中信息流、资金流的运作模式广泛应用于其他商业企业。虽然，每种服务背后存在具体操作方式的不同，例如说有多个生产商参与，签署多个协议，但是依然都包括在这一产品设计框架内。总之，商业银行通过对每一种类型金融服务的整体设计，在实现供应链各个节点风险的控制的情况下，以及在运作过程中对物流、信息流和资金流的管理，最终试图达到银行、供应商、经销商、物流公司等多方共赢的目标。

## 一、汽车金融服务的创新

### （一）汽车行业金融供应链的运作模式

中信银行的汽车金融业务是针对中国汽车工业和市场发展的状况定制的一种专门的金融服务产品。近年来国内巨大的市场需求促进了汽车行业快速健康的发展，从供应商到汽车生产商，到销售商，再到顾客群的产业链并不是很长而且也比较清晰。但是尽管如此，绝大部分的汽车经销商虽然面对的市场很大，上游汽车厂商具有较强的品牌优势，然而中间经销商由于受资金短缺的困扰，面临着如何扩大经销能力的问题。正是因为如此，中信银行在汽车生产商、经销商，甚至中远、中外运等这些物流企业之间搭建三方或四方的合作平台，创新适合汽车行业的金融供应链运作模式，如图3－7－5所示。

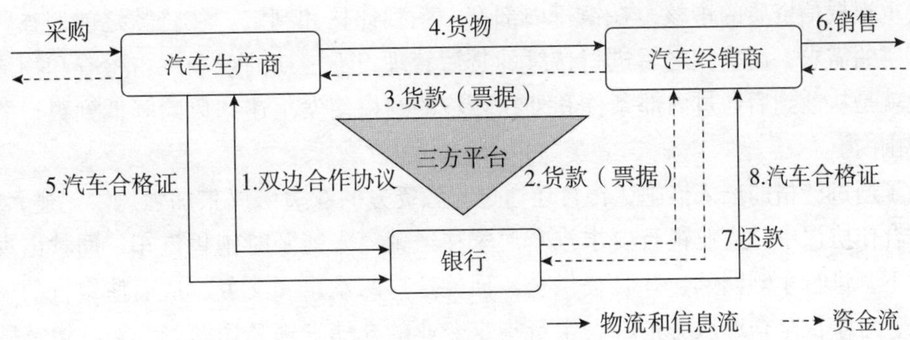


**图3－7－5 汽车行业金融供应链的运作模式**

中信银行在操作汽车金融过程中，首先由商业银行与北京现代、上海大众、一汽大众、二汽东风、长安集团这五大集团签署双边战略合作协议。在这个协议之下，参与方共同约定由银行帮助汽车生产商实现销售网络的成长和扩张，汽车生产商在这个过程中也有义务去约束经销商，向银行提供有关的监督和各方面信息的反馈，以此谋求生产商和商业银行之间互惠互利的合作。通常成熟的生产商旗下有从省到市到县多层级分布的几百个经销商，所以在总体框架签署之后，也就是具体合作的时候，生产商开出希望银行支持的经销商的名单和采购量。通过这种合作推荐的方式，经销商就被纳入到银行和生产商合作的三方平台上，由银行、生产商和经销商共同签署三方协议。这其中没有任何担保的概念在先，而是由银行先提供银行承兑汇票以及贷款的支持，也就是先给经销商一定的授信支持，扩大其采购能力。款项到达生产商以后，生产商用专门的车队将汽车发送到经销商所在地。因为经销商不是和总行而是和某个分行签署双边的协议，那么当汽车运到这个分行的所在地方，协议方会对买来的汽车进行一系列的交割。交割之后，这些车在严格意义上也不是质押在银行，而是存放在经销商的所在地，银行根据经销商销售情况释放汽车生产合格证。

中信银行的汽车行业金融供应链的运作模式借助于银行主控的三方平台力图实现物

流、信息流和资金流在供应链中各个环节的平衡，达到多方共赢：对于生产商，由于经销商销售能力的提高，促进了产品的销售，扩大了产品在目标市场的市场份额；而对于经销商而言，可以获取低成本的银行融资支持，提高经销商的销售能力，降低销售成本；对于商业银行，则通过这种融资行为获得了相应的资金收益。

### （二）汽车行业金融创新产品风险控制

在金融供应链运作过程中，风险控制和管理是至关重要的，任何的金融产品，如果没有缜密、有效的风险规避机制，很容易产生供应链的中断和瓦解。汽车合格证是汽车在销售环境当中所必需的一项文件，即销售要件。在汽车金融服务中这个销售要件由商业银行控制，如果挂失或者补办都必须得到银行书面的授权。这样，通过一些协议中责任和义务的界定，以保证银行控制的是唯一的真实的销售要件。当然，单纯通过这种非担保、非质押的方式控制汽车会有一些理论上的法律瑕疵存在。不过，中信银行提出，这需要重视授信资质的审核，在银行内部有一系列评估和判定。在贷款之前调查贸易背景和真实的需求，而贷款之后进行持续的贷后管理，不定期的现场突击检查和物流的检查，也就是从前到后通过内部条件和外在环境的约束使发生违约风险降低到银行能够承受的范围内。

除了通过严格的准入措施，银行还通过与融资方的双边协议来加强风险规避，例如，在三方合作协议中，商业银行要求汽车厂家在经销商未能及时销售汽车、回款出现问题的情况下，进行车辆回购，并且提供全额回款这样的承诺和义务，从而使银行的风险大大降低；对于保全仓库服务产品，银行指定专业的仓储管理公司监管汽车，银行同时监控汽车生产合格证，并根据经销商销售情况通知仓储管理公司准予经销商提车并领取汽车生产合格证，银行通过加强对物流的监管降低风险。

## 二、钢铁金融服务的创新

### （一）钢铁行业金融供应链的运作模式

中信银行的金融供应链业务中，另外一项服务是钢铁金融业务，据中信方面的介绍，推行这项金融产品的原因在于中国是最大的煤、钢铁的生产大国，钢铁行业同样存在着跟汽车行业类似的局面。实力强的经销商需要大量地采购钢材，货物是从供应商发运到最终的需求方，而资金的流向是多方的。货物同资金流一起融会到比较大的供应商或者经销商那里，随之也就产生了融资服务和仓储服务的需求，甚至也会出现三方甚至多方的需求。中信银行针对钢铁行业的特点创新适合钢铁行业的金融供应链运作模式，如图 3－7－6 所示。

这种运作模式中，首先将钢材作为质押，银行基于这个质押的担保给经销商提供授信服务，这种授信通常会打给某个钢铁厂家以支持经销商下次的购货。还有一种先开票后办理质押的过程，银行先给经销商授信支持，经销商把资金打给钢铁生产

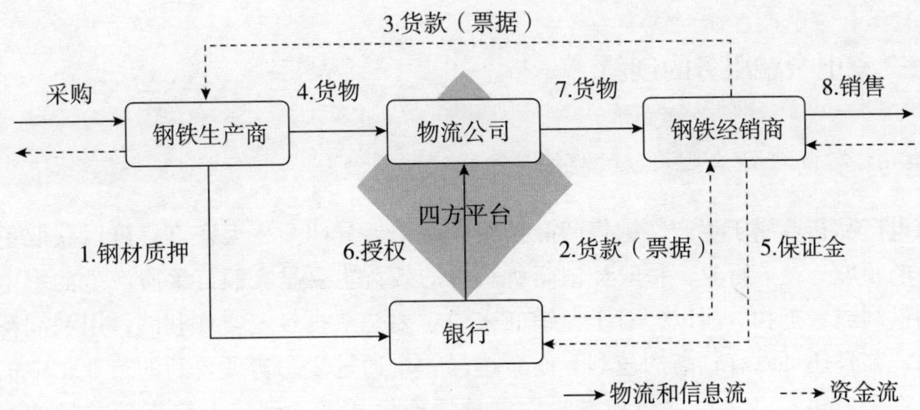


**图3－7－6　钢铁行业金融供应链的运作模式**

商，钢铁生产商基于资金发货。但是货物既不发给银行也不发给经销商，而是运到银行和经销商所在同城的某一个第三方物流公司。期间，参与方通常会签署两个三方协议一个两方协议，即基于银行、生产商、经销商签署一个三方协议；银行、经销商、仓储公司签署一个三方协议；银行和经销商签署一个两方协议。两方协议自然是解决一个质押关系。三边协议要解决的关系是，银行委托仓储公司去监管和实现质押的转移占有。经销商如果想动用这批货，前提是必须向银行存入保证金，而银行对货物的释放是控制在保证金比例之内，这样，通过这种模式解决资金流和物流的平衡。

钢铁行业金融供应链的运作模式借助于银行主控的四方平台实现了物流、信息流和资金流在供应链中各个环节的平衡：对于生产商，通过银行监控经销商的市场销售，确保了产品销售渠道的健康发展，及时获取生产资金，降低了生产成本，减少了应收账款；而对于经销商而言，通过销售总量的提高，获取更高的销售收益，享受更多的生产厂家返利优惠；对于物流公司，则可以获取更多的中介收益。

### （二）钢铁行业金融创新产品的风险控制

钢铁金融服务的模式实际上是对存货质押贷款这种物流融资产品的创新。存货质押贷款是指借款人以银行能够接受的存货质押办理的短期流动资金贷款。银行与借款人以及符合银行要求的仓储单位签订三方合作协议，仓储单位接受银行委托对货物进行有效看管，从而实现银行对质押存货的转移占有。此外，对于物流公司或仓储公司这些第四方参与者都是由中信银行严格指定，而且对接洽的任何物流公司都需要界定严格的准入标准。最后，如果经销商出现了违约或信用的风险的时候，有两种方式应对：一是银行可以去变卖质押的商品；二是协议中约定了厂家有回购的义务，那么回购回来的资金要支付给商业银行。

## 三、家电金融服务的创新

### （一）家电行业金融供应链的运作模式

家电产品行业属于生产、销售产品销售淡旺季差异明显，大宗订货可以获取更高商业利益的领域。在该行业，一般经销商所获得的效益主要是大额订单所产生的家电生产厂家的返利或者折扣。所以，对于经销商来说主要是从批量上实现利润，用利润覆盖其他亏损，并且还可以有较高的盈利。面对这样一个通过量来实现盈利的行业，中信银行设计了适合家电行业的金融供应链，以这种运作模式来达到扩大销售量的目的，如图3－7－7所示。

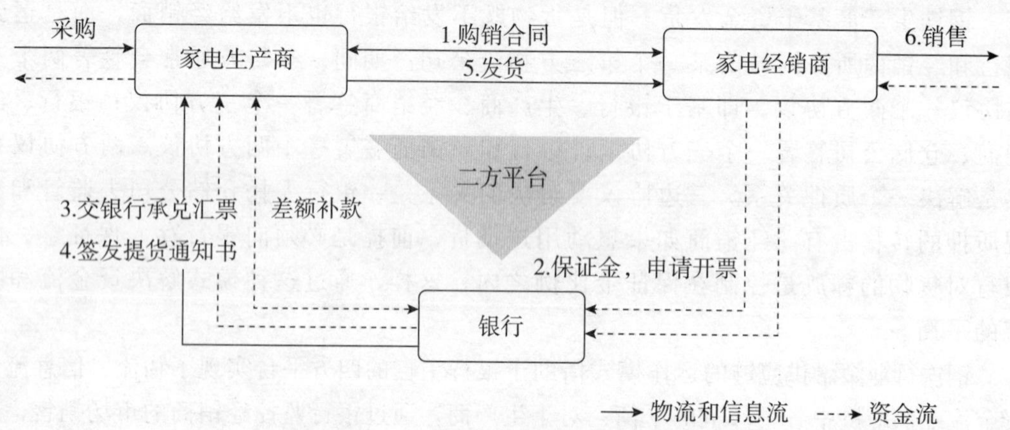


**图3－7－7　家电行业金融供应链的运作模式**

在这一运作模式中，银行向经销商收取一定比例的保证金，为经销商签发银行承兑汇票，专项用于向生产商支付货款，银行在经销商存入保证金的额度以内签发提货通知单，生产商只能凭银行签发的提货通知单向经销商发货。买方实现销售以后向银行续存保证金，银行再次签发提货通知单，如此循环操作，直至保证金余额达到或超过银行签发的银行承兑汇票金额。例如，银行给生产商100万元支持，经销商给银行第一票30%的保证金，这时银行的敞口风险或实际风险是70%。银行在70%的安全前提下，先同意把30%的货发出，然后和经销商签订一个提货通知书给生产商，生产商收到提货通知书以后会完全按照严格的指令把相应的30%的货发给经销商，然后经销商将30%的货物实现销售后回笼的资金付给银行，银行再进行下一次货物的释放。虽然本质上还是利用了经销商的自有资金，但是却帮助经销商提升了整体的采购量，于是厂家就能够提前得到预收货款。

家电金融供应链的模式借助于银行主导的三方平台实现了信息流和资金流在供应链各个环节的平衡：对生产企业而言，由于增强经销商销售能力扩大产品的市场份额，从而获取更大的商业利益。通过锁定销售渠道，减少应收账款的占用。对经销商而言，可以由于大批量订货获得生产企业给予的更高比例的返利或折扣。对于销售季节性差异明显的产品，还可以通过在淡季批量订货、旺季实现销售获得淡季付款所带来的更高的商业利益。

### （二）家电行业金融创新产品风险控制

家电金融服务的模式是基于保兑仓业务的产品创新，保兑仓即银行向核心生产企业（卖方）及其经销商（买方）提供的以银行承兑汇票为载体的金融服务。对于商业银行而言，其风险的控制在于经销商交付的保证金，承兑汇票到期时，如保证金余额低于承兑汇票金额亦即买方不能完全实现产品销售，则由卖方将承兑汇票与保证金的差额部分以现款支付给银行。但是，不像汽车金融和钢铁金融两大主流产品，这一产品设计最大的问题是银行只控制现金流和文件流（信息流），而至于生产商和经销商之间商品的具体交易情况则并不清楚，即银行并不控制物流。所以，企业很容易从中寻找突破口谋求一种不当获利，使其成一种变相的融资工具。虽然不能完全避免这种可能性，但是银行还是通过对产品的设计尽量使风险降低到可以接受的范围内。

撰稿人：中国人民大学商学院教授、博士研究生导师　宋华

# 第四篇

# 新加坡的全球供应链战略

# 第一章　新加坡经济及供应链发展

新加坡是一个城市国家，有“花园城市”的美誉。1819 年，斯坦福·莱佛士爵士在河口上岸，就预见新加坡适合发展转口贸易的经济潜能，于是把新加坡开设为自由港，吸引各地商人前来进行贸易活动。今天，新加坡已发展成全球的重要的自由港、金融中心、贸易中心、航运和物流中心。根据全球金融中心指数 2012 年的排名，新加坡是全球第四大金融中心。新加坡港是世界上最繁忙的港口之一，吞吐量仅次于上海。

新加坡位于北纬 1°18′，东经 103°51′，属热带雨林气候。年平均气温 24 ~ 34 摄氏度。每年 10 月至次年 3 月为雨季。全年平均降雨量 2400 毫米。毗邻马六甲海峡南口，北隔狭窄的柔佛海峡与马来西亚紧邻，并有长堤相通。南隔新加坡海峡与印尼巴淡岛和民丹岛都有轮渡联系。总土地面积约为 715. 8 平方千米，海岸线长 200 余千米，全国由新加坡岛、圣淘沙、圣约翰岛、龟屿等六十余岛屿组成，而裕廊、德光和乌敏为三大外岛。2012 年新加坡总人口为 531 万人。

## 第一节　新加坡经济及经营环境发展

### 一、经济发展

从 20 世纪 70 年代，新加坡开始摆脱了仅仅依靠转口贸易和港口维持生计的局面，逐步过渡到具有高附加价值的资本、技术密集型工业和高科技产业。80 年代开始，新加坡加速发展资本密集、高增值的新兴工业，大力投资基础设施建设。90 年代为进一步推进经济增长，大力推行“区域化经济发展战略”，加速向海外投资。2004—2007 年之间，GDP 平均增长 7%，但 2008 年由于全球金融危机的影响跌至 1. 1%，多个行业遭受冲击。对此，政府推出新一轮经济刺激政策，加强金融市场监管，维护市场稳定。

近年，新加坡经济随世界经济的不稳定而起伏。2010 年经济（GDP）增长 14. 8%，对外贸易增长 8%。2011 年经济增长 5. 2%，对外贸易增长 1. 1%。2012 年 GDP 达到 2747 亿美元，年经济增长为 1. 3%，人均 GDP 为 53266 美元。新加坡贸工部和国际企业发展局 2013 年 8 月预测，2013 年新加坡经济增长 2. 5% 至 3. 5%，虽然外围宏观经济环境有所改观，但全球经济增长仍可能疲软。新加坡也在推动经济结构调整，主要是收紧外籍劳工政策，促使企业提升生产力[1]。

## 二、宏观经济数据

新加坡的经济增长在2010年达14.8%的高峰，在2011年和2012年全球经济放缓以及汇率的不稳定背景下，整体实际国内生产总值增长在2011年和2012年放缓，分别为5.2%及1.3%，如图4-1-1和图4-1-2所示。

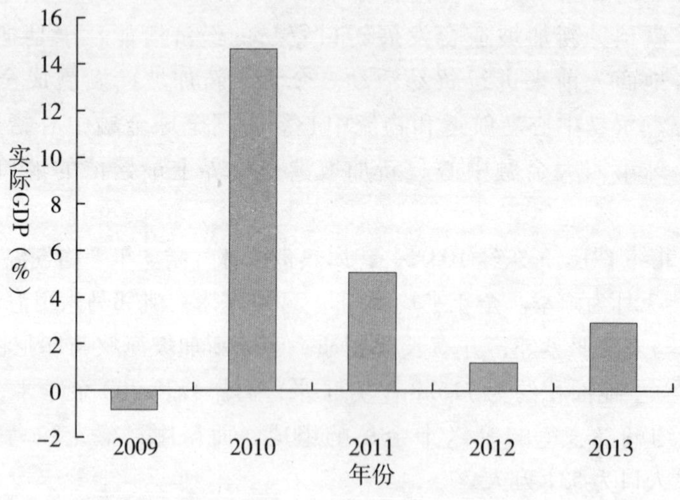


图4-1-1 年比实际GDP变动

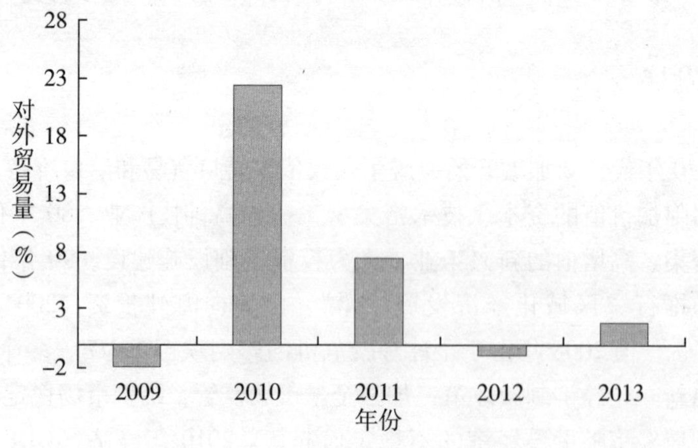


图4-1-2 年比对外贸易量变动

新加坡出口，特别是电子和化学品以及相关的服务是新加坡制造业的主要经济收入来源。这使得它能够有收入购买它所不具有的自然资源、原材料及初级商品。新加坡正是依靠扩展的转口贸易（区别于传统转口贸易），即采购原材料和初级产品，经过进一步加工和提炼等增值服务，然后转口到世界其他地区。

通货膨胀（CPI）在新加坡被证明是比预期的更为顽固，如图4-1-3所示。如尽管2011年第2季度经济增长放缓，实际国内生产总值增长与前一年同期比萎缩了7.8%，然而价格增长压力保持坚挺。

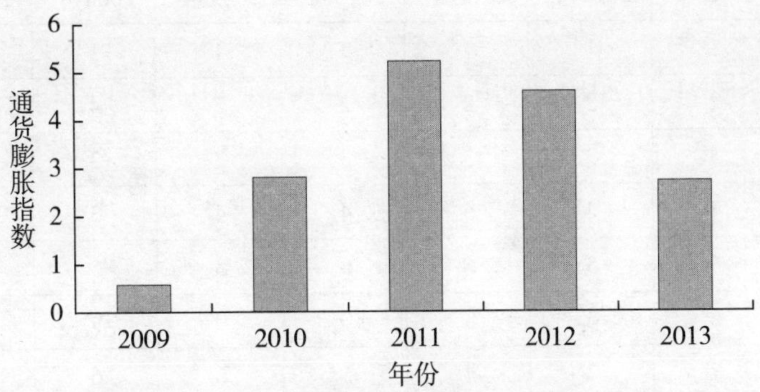


**图 4－1－3　新加坡通货膨胀指数（CPI）**

新加坡元走势的主流观点是其兑美元的长期牛市运行还有更长的路要走。根据图 4－1－4所表示的趋势，我们相信在长期强势新元的前景依然光明，估计在 2020 年美元兑新元的汇率将可能达到 1 美元兑 1.1 新元，如图 4－1－4 所示。

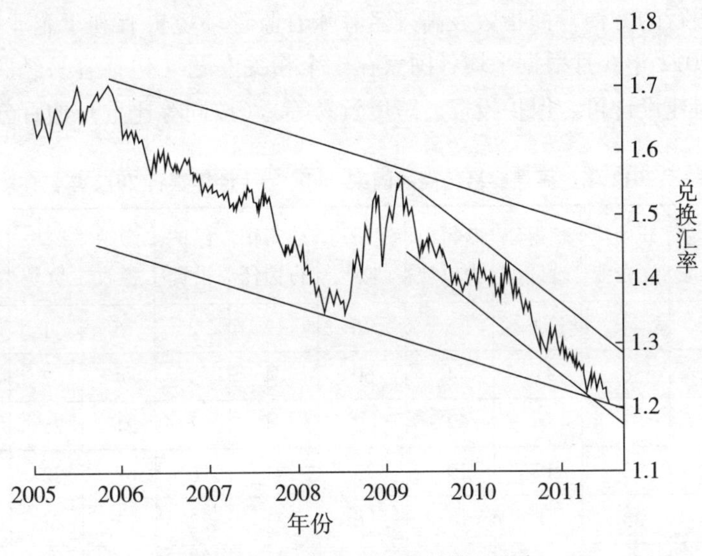


**图 4－1－4　新加坡货币兑美元比率**

## 三、贸易商业环境的建设

为了促进经济发展，新加坡非常重视经营环境建设和维护。这部分的工作主要由新加坡经济发展局牵头。通过长期不懈努力，新加坡在国际商业环境、最容易经商国家与地区等评比中多次名列前茅。如新加坡自 2006 年到 2013 年都被世界银行评为全球最容易经商国家/地区（共 185 个），如表 4－1－1 所示。

**表4－1－1　2006—2013年世界最容易经商的国家/地区[2]（世界银行2012年）**

| 国家/地区 | 2013年 | 2012年 | 2011年 | 2010年 | 2009年 | 2008年 | 2007年 | 2006年 |
|---|---|---|---|---|---|---|---|---|
| 新加坡 | 1 | 1 | 1 | 1 | 1 | 1 | 1 | 1 |
| 中国香港 | 2 | 2 | 2 | 2 | 2 | 4 | 4 | 4 |
| 新西兰 | 3 | 3 | 3 | 3 | 3 | 2 | 2 | 2 |
| 美国 | 4 | 4 | 5 | 4 | 4 | 3 | 3 | 3 |
| 丹麦 | 5 | 5 | 6 | 6 | 5 | 5 | 6 | 6 |
| 挪威 | 6 | 6 | 8 | 10 | 10 | 9 | 9 | 8 |
| 英国 | 7 | 7 | 4 | 5 | 6 | 6 | 5 | 5 |
| 韩国 | 8 | 8 | 16 | 19 | 23 | 22 | 19 | 20 |
| 佐治亚 | 9 | 9 | 12 | 13 | 16 | 20 | 38 | 98 |
| 澳大利亚 | 10 | 15 | 10 | 9 | 9 | 10 | 10 | 10 |

根据世界银行的方便营商指数，高排名意味着监管环境更有利于企业的启动和经营。表4－1－2是2012年6月根据平均各国家在十个相关专题（包括容易经商、容易注册新企业、容易获得建设许可、保护投资、跨境贸易等）（按同等比重）的百分位排名。

**表4－1－2　2012年世界最容易经商的国家/地区[2]（世界银行2012年）**

| 国家/地区 | 容易经商 | 开始建立企业 | 获得建设许可 | 获得电力供应 | 注册房地产 | 获得银行信任 | 保护投资 | 缴纳税收 | 跨境贸易 | 强制合同执行 | 解决商业纠纷 |
|---|---|---|---|---|---|---|---|---|---|---|---|
| 新加坡 | 1 | 4 | 2 | 5 | 36 | 12 | 2 | 5 | 1 | 12 | 2 |
| 中国香港 | 2 | 6 | 1 | 4 | 60 | 4 | 3 | 4 | 2 | 10 | 17 |
| 新西兰 | 3 | 1 | 6 | 32 | 2 | 4 | 1 | 21 | 25 | 17 | 13 |
| 美国 | 4 | 13 | 17 | 19 | 25 | 4 | 6 | 69 | 22 | 6 | 16 |
| 丹麦 | 5 | 33 | 8 | 14 | 6 | 23 | 32 | 13 | 4 | 34 | 10 |
| 挪威 | 6 | 43 | 23 | 14 | 7 | 70 | 25 | 19 | 21 | 4 | 3 |
| 英国 | 7 | 19 | 20 | 62 | 73 | 1 | 10 | 16 | 14 | 21 | 8 |
| 韩国 | 8 | 24 | 26 | 3 | 75 | 12 | 49 | 30 | 3 | 2 | 14 |
| 佐治亚 | 9 | 7 | 3 | 50 | 1 | 4 | 19 | 33 | 38 | 30 | 81 |
| 澳大利亚 | 10 | 2 | 11 | 36 | 37 | 4 | 70 | 48 | 44 | 15 | 18 |
| 芬兰 | 11 | 49 | 34 | 21 | 24 | 40 | 70 | 23 | 6 | 9 | 5 |
| 马来西亚 | 12 | 54 | 96 | 28 | 33 | 1 | 4 | 15 | 11 | 33 | 49 |
| 瑞典 | 13 | 54 | 25 | 9 | 35 | 40 | 32 | 38 | 8 | 27 | 22 |
| 冰岛 | 14 | 45 | 40 | 1 | 9 | 40 | 49 | 41 | 82 | 3 | 11 |

新加坡在建立和维护贸易和经营环境方面采取的主要措施包括建立自由的商业与金融环境、完善的法制体系和严格执法、为商业客户提供周到高效的政府服务、设立多种促进经营环境改善的计划、与世界各地的商业连接网络，以及相对较低的税收。以上都是为了吸引世界创业家和跨国公司企业将企业及其供应链延伸到新加坡，并在新加坡提供供应链增值服务。

## 第二节　新加坡供应链发展状况

### 一、新加坡供应链发展基本情况

亚洲正崛起为世界经济发展引擎，世界各类经济组织正在寻找扩大他们的在亚洲的业务。新加坡作为区域重要的发达经济体和主要的港口及物流城市之一，也成为被关注的对象。世界银行2013年排名中，根据2012年的物流绩效指数，在155个国家和经济体中新加坡被评为世界排名第一的国际性物流枢纽。新加坡位于东南亚的中心地带，并在主要航运交汇的战略位置，这使它成为重要的国际性物流和贸易枢纽[3]。

优越的基础设施和连接性使得众多跨国公司将新加坡作为其进驻亚洲的首选地。如制造企业HP、Seagate、Venture，国际物流服务提供商如DHL、Bax Global、Schenker、TOLL、UPS和Yusen物流，以及本地物流服务提供商如YCH和Sembcorp Logistics能方便地实现对新加坡以外的供应链物流运作的管理和控制。目前在世界25强跨国物流公司中，20个在这里有重要的物流业务。他们中的大多数都在新加坡设立其区域或全球总部（功能）[3]。

今天物流和供应链部门已是新加坡经济的重要组成部分。多年来制造业约占新加坡GDP比重的1/4，而物流（含运输）约占8%[1]，供应链及现代物流相关产业已成为新加坡的支柱产业。将近180个全球的著名物流公司将其区域运营和市场总部设在新加坡；超过9000家物流企业在新加坡从事物流相关业务，其中包括21家世界前25位的第三方物流企业[4]。

世界银行2013年发布的《加强连接，应对竞争：全球经济中的贸易物流》对155个经济体的物流绩效进行了排名。分数最高的十个经济体分别是新加坡、中国香港、芬兰、德国、荷兰、丹麦、比利时、日本、美国和英国。根据此调查，新加坡的物流业产值占其国内生产总值的8%，大约11.5万人从事于物流行业，为新加坡总劳动人口的7%。新加坡的物流业成为较具影响力的产业，从而成为新加坡经济中的支柱产业。此次调查首次包含了环境指数。调查发现，在新加坡等高收入国家和新兴经济体国家，绿色物流正在迅速受到重视，这是一个积极的发展趋势。

世界级的基础设施对国际性物流和供应链枢纽的形成非常重要。新加坡的海港和空港发展对新加坡的物流发展具有重要影响。凭借靠近重要的连接欧亚贸易通道的地理优势，新加坡成功成为世界著名港口。新加坡港是世界最繁忙的转运港。2012年处理了3126万标箱的集装箱货物，约占全球转运货物量的1/7。新加坡港通过200家以上的航运公司与世界123个国家的600多个港口连接。每天都有航班开往世界各主要港口[3]。樟宜机场在过去的30年中，成为全球获“最佳机场”最多次的机场。樟宜机场目前是世界最繁忙的国际机场之一，也是亚洲主要的空中枢纽之一。在该机场，有超过100个国际航空公司飞往约60个国家和地区全球250个城市的服务，2012年樟宜机场接待的旅客人数超过5100万人次，约10倍新加坡人口[3]。

## 二、新加坡供应链管理历程

新加坡的物流和供应链发展可以分为以下几个阶段：

**1. 传统物流阶段**

从全球范围内，20世纪50年代以来，物流概念已经在很大范围内开始演化，并且对企业产生影响。在50年代和60年代，军队是唯一使用“物流”这一术语的组织。那时在私营企业里还没有真正的物流概念，相反，企业术语有物料处理、仓储、运输等。传统上，新加坡依靠转口贸易为生，几乎没有制造企业。物流活动主要以支持转口贸易的码头货物装卸、简单的加工、存储、分销、本地运输为主。主要为国际和本地企业提供基本和传统的物流、信息、采购、检验等服务。

**2. 物流与航运中心发展阶段**

从20世纪60年代独立后，新加坡产业发展处于进口替代与出口导向阶段。物流的概念才逐渐引入新加坡。为了提升新加坡经济发展和充分利用新加坡的地理优势，需要吸引国际企业进驻和加强本地企业的国际影响。在该阶段主要发展高效、先进、便利的物流设施、航运设施、港口设施、机场设施；吸引物流公司、航运公司、航空公司进驻或将网络连接到新加坡。

**3. 供应链发展阶段**

随着供应链概念和研究在美国等先进国家兴起，在政府支持下，新加坡本地大学和研究机构迅速开展供应链管理研究，如南洋理工大学成立的供应链管理研究中心，新加坡国立大学联合美国佐治亚理工学院成立亚太物流学院。在这一阶段主要进行供应链先进理念和课题研究，引导本地企业认识和重视供应链管理的重要性、概念和技术，培养供应链管理人才，为跨国物流企业和供应链管理公司进驻提供条件。

**4. 全球供应链发展及全球供应链指挥和协调中心阶段**

随着基础设施发展、供应链管理的研究发展、相关人才培养和引进以及在供应链安全等方面的进展，新加坡在区域开始建立起全球物流及供应链管理中心的良好声誉。更多的国际物流企业和供应链管理公司进驻。这是新加坡目前正在规划和发展的阶段。目标是通过港口，通信等基础设施建设及信息技术、智能技术发展和人才发展，充分利用其地缘和文化交汇优势，将新加坡打造为世界级供应链枢纽和供应链指挥和协调中心。

## 三、新加坡供应链物流的特点

**1. 运作效率高**

新加坡物流业的运作效率明显比周边地区较高。以通关程序为例，新加坡政府使用

“贸易网络”，实现了无纸化通关，涉及贸易审批、许可、管制等通过一个电脑终端即可完成。另外，港口物流运作效率较高，服务齐全，船舶在新加坡港口的停留时间平均约比周边国家港口低30%。

**2. 广泛采用先进技术**

高科技是新加坡物流业的主要支撑力量之一，而网络技术则是重中之重。新加坡物流公司基本实现了运作过程的自动化，一般都拥有高技术仓储设备、全自动立体仓库、无线扫描设备、自动提存系统等现代信息技术。网络技术主要包括政府的公众网络系统和物流企业系统。新加坡政府的“贸易网络”系统，实现了企业与政府部门之间的在线信息交换。同时，物流企业都斥资数百万美元建成了企业信息系统。通过公司的技术平台，客户不但可以进行下订单等商务联系，还可以随时了解所托运货物当时的空间位置、所处的运送环节和预计送达的时间。现代科技还保证了货物的安全和物流过程中的准确性。

**3. 国际化程度高**

良好的政策、税收和经营发展环境吸引了众多国际著名物流公司，纷纷把亚洲区域总部设立在新加坡，包括全球物流业巨头美国联合包裹公司（UPS）和联邦快递公司(Fedex)。这些全球物流公司将国际性的物流管理模式、运营管理、设备、人才及资金带来新加坡，推动了新加坡本地物流业迅猛发展。同时，跨国公司与本地企业融合发展，为全球客户提供多方位服务。

**4. 专业性强**

新加坡注重引进国际先进物流企业，通过国际物流企业带动提升本地物流企业的专业化水平，同时注重吸收和培养专业化物流人才。物流服务的专一性是新加坡物流企业能够提供高质量服务的重要原因。它们要么专门为某一行业的企业提供全方位的物流服务，要么为各行业的客户提供某一环节的物流服务。

**5. 服务集中度高**

新加坡港口、机场附近均设有自由贸易区（保税区）或物流园区，提供集成的物流服务，在园区内就能找到运输、仓储、配送等各个环节的专业物流商，极大地方便了客户联系业务。樟宜国际机场附近的物流园，吸引了数十家大型物流公司进驻，达到了较好的规模经济效果。

**6. 服务齐全周到**

由于世界主要物流、航运及供应链管理公司的集聚，新加坡能提供种类齐全的供应链和物流服务，包括相关的金融、保险和咨询等服务。另外新加坡物流与供应链服务已经转向“量身定做”，以满足客户的不同需要为出发点和最终目标，服务范围之广之细可谓空前。公司和客户共同研究、选择出一种或几种最理想的服务方式，最终找出能最大限度为客户提供低成本的解决方案。

## 第三节 新加坡供应链发展战略及实施

### 一、新加坡供应链发展的主要驱动因素

将新加坡建设成为世界物流及供应链枢纽的主要因素包括内部和外部的因素：

（1）内部因素主要是出于国家持续发展和产业提升的需要。主要包括：①支持新加坡的对外贸易（新加坡的贸易量是新加坡 GDP 的三倍）；②作为新加坡经济贡献的一个主要产业（约占 GDP 比重 8% ~9%）；③预期亚洲地区供应链管理业务取得每年 25% 的增长，而新加坡希望在其中发挥重要作用；④发挥新加坡区域枢纽的作用，尤其是维持和进一步发挥新加坡作为区域传统转口贸易枢纽的作用[4]。

（2）外部环境因素对新加坡供应链战略也有重要的影响。第一是全球供应链变得更复杂；世界经济的一个重要变化是亚洲的崛起，世界生产和制造中心向亚洲转移，亚洲地区的供应链将变得越来越重要和复杂。亚洲的主要吸引力在于相对低成本和增长的消费市场。这一优势，吸引国际直接投资进入本区域，使得世界供应链活动从发达国家向以亚洲为主的发展中国家转移。随着亚洲供应链活动的急剧增长，供应链活动在地理上的不同分布增加了供应链的复杂性。例如，现在公司可以选择通过设立子公司将他们的制造或物流活动转移到他们认为最合适的低成本国家，公司也可以将制造活动外包给区域多个国家的供应商。与过去很多的活动集中在一个地点不同，公司现在可以更方便地分布和管理跨境供应链活动，也可以实现对市场变化和客户紧急需求的快速反应。第二是增加的政府监管约束。近年，供应链的突发风险增加。由于恐怖袭击，美国政府和企业采取措施保护供应链。其他国家，如欧盟也或多或少地增加了安全方面的措施。这些措施，包括政府和企业领导的安全措施，如 24 小时提前舱单提交、海关贸易防恐伙伴行动方案（C－TPAT），都大大增加了供应链成本。C－TPAT 要求参加者符合行动方案的一系列供应链安全规定。作为回报，参与方将享受较少的审计和更快的边境通过时间等。这些安全方面的方案和协议预计将在十年时间给运输行业带来额外的约 80 亿美元的开支。最近几年，政府也要求企业更重视公司治理和社会责任。这具体体现在公司透明度及环境可持续性等方面的规范。第三是更短的产品生命周期。供应链协调方面的巨大挑战因为企业缩短产品开发周期而加剧。缩短产品开发周期的目的无非是为了在激烈的市场竞争中抢占更大市场份额。

新加坡把全球供应链的这些挑战作为机遇来考虑。首先，全球供应链的复杂化为新加坡提供了一个将自身定位和发展成为企业构建、协调和管理其区域乃至全球供应链的理想场所。新加坡集中的第三方物流企业和金融机构能使供应链管理组织更容易地协调和集成他们的物流、信息流和财流。新加坡企业具备多年的制造业运作管理经验，这将有助于建立更先进和实际的供应链管理专业知识和经验。而这方面的专业能力和知识更得到本地大学和研究机构的支持。其次，加强供应链安全和满足安全规定要求是繁重的任务却意味着增值服务机会。例如，新加坡可以作为多种产品信息按供应商自动分类、

分析的中心，以满足可能的安全声明的需要。新加坡也因此能定位为可信赖的安全的物流转运枢纽。最后，产品生命周期变短以及低附加值工作向中国、印度等地转移从结构上改变了新加坡的制造业构成。新加坡必须发展高附加值的制造业。新加坡需要加强吸引和实现高端供应链和制造业的能力，如新加坡强调发展具备更快设计和生产新产品的能力。

## 二、新加坡供应链发展的战略目标

根据新加坡政府的物流和制造业发展规划，新加坡物流与供应链发展的目标是将新加坡发展成为全球供应链枢纽和神经网络中心。

其主要内容包括：①把新加坡发展成为一个具有强大的航海，航空，及陆路运输能力的支持经济全球化发展的世界领先综合物流枢纽；②把新加坡发展成为全球综合物流（供应链）神经控制中心（Nerve Center），成为跨越延伸腹地的全球物流和供应链活动及资产管理中心[5]。

作为供应链枢纽和神经网络中心，新加坡将是跨国企业重要物流设施的首选地，在这里制造商设计、监控他们的区域及全球供应链并通过伙伴物流公司支持相应的供应链活动。新加坡的供应链活动将更多在全球和战略层面而不是在区域和运作层面。新加坡的港口和机场将作为集装箱和航空货物全球转运枢纽并继续维持全球领先地位。新加坡将维持充满活力的环境以鼓励供应链和物流活动，比如发展新兴物流服务如贸易物流金融服务及派生产品，培养高端物流专业人才等。全球供应链网络神经中心的元素已在新加坡体现。众多大型跨国公司将区域供应链运营中心布局在新加坡，并通过其运营中心协调区域多个国家的供应链活动。新加坡的基础设施提供世界级的服务如实时车辆调度和货物的可视性，智能泊位安排、电子商务平台等[5]。

新加坡将致力于发展成为区域及全球供应链的指挥和管理中心。根据新加坡物流及供应链发展战略，随着区域经济的快速发展，亚洲地区将是主要跨国公司供应链活动最多的区域。随着生产和外包活动的增加，供应链的复杂性也将显著增加。另外，个性化需求的提升将要求更多的产品选择以满足其独特的需求。在最终客户化之前，产品将在多个地方生产。因此，供应链管理的复杂性将显著增加，因为需要管理多个地区的不同的市场，需要和不同的合作伙伴协调生产和物流活动，而所有的这些活动都有最优化的需要和空间。在这样的运作环境下，供应链运作效率将是企业竞争优势的一个重要依据。供应链也需要更具柔性和快速反应能力。技术能力和流程将有可能更标准化和模块化。这使得企业可以容易地将来自不同伙伴的部件组合在一起形成更好地满足客户要求的产品和服务。这样覆盖面广的外包和运作网络将使供应链变得更复杂，因此需要深入细致的软件和流程来管理在供应链上交流的巨量数据，因此也需要全面的、强大的和高性能的宽带实现企业网络的有效连接，同时需要具备实施和管理这些系统的专门知识和能力。

基于新加坡供应链发展战略，新加坡将成为亚太地区乃至全球供应链管理的最理想地点之一。更多的跨国公司将选择新加坡作为全球或区域供应链管理中心并将最新的供应链管理技术在这里实施，同时将新加坡的实践作为世界其他地区供应链管理实践的标杆。

## 三、实施战略及关键行动

为了将新加坡发展成为全球供应链枢纽和神经网络中心，除了加强基础设施建设外，新加坡制定了并在逐步实施若干关键策略和行动方案。

**1. 建立自适应供应链**

自适应供应链项目的目标帮助企业是建立和管理在新加坡及新加坡以外的供应链。该策略将帮助企业建立自适应供应链，同时提升企业的专业能力和人才储备，使企业更有理由和更容易地将全球和区域的供应链管理机构落实在新加坡。随产品生命周期变短和市场环境的多变，供应链必须更柔性和具更快反应速度。同时，企业需要重新设计其供应链以应对全球化导致的供应链复杂化挑战。随供应链活动向亚洲转移，新加坡可以作为安置以上机构的场所。

大型公司可以通过这个项目布局实施新的规划和技术以提升协调区域及全球供应链的能力。中小型企业也可以通过这一项目与技术公司及研究机构合作获得可承受和具灵活性的供应链提升方案。该项目的直接结果是提升供应链效率和降低供应链运作成本。它也可以通过提升供应链竞争力为相关公司带来额外的收入。政府帮助公司长期和连续地提升供应链能力，使他们把供应链的管理机构建立在新加坡，并以新加坡作为基地。这些机构将能帮助他们的公司规划和协调其区域甚至全球供应链活动，而这些活动可能并不在新加坡。

该行动计划包括以下子项目：

（1）催化创新

该子项目的目的是提升新加坡的供应链创新和技术开发能力。政府通过一些措施吸引跨国公司在新加坡建立他们的供应链卓越创新中心，国际组织也将被鼓励建立相关的技术开发中心。包括本地和海外的工业界、研究机构及高等教育机构的联系也将得到加强并加速新加坡新成果的产出。该子项目将集中资源于具有影响力的某些催化系统和项目，如电子物流，电子支付，物流定位和跟踪技术如 RFID 等。

（2）端到端的供应链连接

该子项目的目的是实现某些产业从设计、制造到分销配送的整体供应链连接，包括高端制造、化工、航空及零售等产业。公司将被鼓励通过利用相关的供应链和信息技术和标准，如 RossetaNet、Web Services 等，实现其供应链的整体连接。

跨行业供应链连接将被鼓励，例如化工产业与高科技产业之间，金融、物流和高科技之间等。新加坡可以和国际组织一道合作加强相关标准和技术的开发和应用。新加坡拥有以上这些产业，可以是进行供应链连接技术发展和创新的理想地点。

（3）供应链能力提升

这个部分涉及与信息和通信公司合作开发新的帮助中小企业应用和提升供应链管理技术，以使他们能与全球供应链网络进行连接。

**2. 发展国家集成的供应链管理信息技术平台**

新加坡多年被评为世界转运中心的原因是它的港口具有快速的货物流转速度。这是在相应技术平台（包括 TradeNet，Portnet 和货物联盟网络）的支持下实现的。

虽然这些技术在新加坡已有好的应用，但还需进一步提升效率和创新，以实现这些平台和技术的集成。为此，新加坡正开发一个国家层面的平台——贸易交换网 TradeXchange。新的平台将容纳多种（与 IT 相关的）供应链增值服务能力。

预期企业可以利用该系统作为一站式的交易平台。企业也可通过该平台享受由第三方信息服务公司提供的额外的信息服务。主要的内容包括以下几个方面：一是，开发关键平台：该平台将多个贸易便利化系统，包括 TradeNet、PortNet 和货物交流网等连接起来。目的是实现在这些系统之间的无缝信息交换。二是，建立增值供应链服务：政府和工业企业合作开发供应链增值服务，例如，电子文档的标准化，准备，审核和提交，电子贸易财务，更快、更便利的贸易支付等。三是，建立国际连接：政府支持建立供应链国际连接，提供国际贸易便利化的电子“高速公路“。其中一个例子是提前舵单认证给美国。这可以大大缩短货物通过时间。四是，信息技术可以用于提升海港和空港的效率、安全和连接性。这将加强新加坡作为世界主要港口和物流枢纽的竞争力。

其中和供应链发展最相关的关键子项目是信息空/海港的建设。该项目的目的是催化加强海港和空港全球地位的标志性项目。研究机构和解决方案提供商参与发展和实施创新的解决方案。海港和空港的 RFID 应用将给新加坡带来利用信息技术开发新服务和提升商业流程的先发优势。例如，为了保证集装箱的安全性，同时又不延缓货物的移动和通关速度，我们的港口可以采用 RFID 阅读器对于配有 RFID 标签的集装箱实行自动快速的清关工作。除了提升基础设施运营商的运作水平，这个项目也为解决方案提供商带来机会和利益。由于新加坡的海港和空港的全球影响和规模，这些技术和解决方案在新加坡海港和空港的应用将为解决方案提供商发掘世界其他地区的商业机会提供令人信服的示例。

**3. 将新加坡建设为高端制造枢纽**

供应链发展和制造业是相辅相成的。为了与低成本国家竞争，新加坡必须发展高端高附加值制造业，包括产品设计，复杂制造和工程流程设计等。同时，市场对产品更新的速度要求更高，新加坡必须发展将创新的主意快速转化成高品质产品的能力。所有这些都要求大大提升制造技术和制造能力。信息和通信技术对提升这些能力起关键性作用。这样策略将发展和鼓励企业应用创新的信息和通信技术，例如，网格计算，软件代理等。除了创新的产品和高效的流程以外，商业模型的有效性也影响制造和物流部门的能力。将来，RFID、传感网络、智能软件代理等技术的广泛使用将可能产生出创新所带来巨大商业利益的商业模式。

新加坡确定发展高端制造的一个关键子项目是数字制造。该项目的目的是通过促进企业利用信息技术提升复杂制造流程能力。企业将更好地控制复杂运作，可以是更少的错误、更短的周转时间和更高的产品质量。管理层将能利用建模、仿真和决策支持软件做成更有效的决定，以系统地分析制造和供应链系统所涉及的多变量之间的交互。这些提升的能力将进一步吸引更多的高端设计活动到新加坡，从而产生新的收入。

## 四、新加坡供应链发展的主要指标

实现世界供应链集成枢纽的战略目标是一个复杂的系统工程，需要有序发展诸多软件和硬件。新加坡主要发展三个方面，第一，需要发展必要的硬件条件，包括海事、航空和陆路交通基础设施，包括优异的信息和金融基础设施硬件。第二，发展供应链枢纽的软环境，包括稳定的政策环境，成熟的国际化的法律、金融环境，优惠的税收、高素质的人才等。第三，发展供应链相关的集成与支持能力，如通信、网络、人才、语言和文化等方面的集成能力。

供应链发展战略的成功主要体现在某些参数上。新加坡供应链发展战略的主要参数可归纳如下：第一，供应链的连接性，主要指建立先进健全的航空、海运和信息基础设施。第二，供应链的开放性，主要指促进和融入全球化：新加坡从文化、经济以及基础设施连接等方面促进和世界各国的融合发展；发展全球都市——Cosmopolitanism；种族平等，提供最优的适合于专业人士的生活环境，吸引全球人才，外国人与新加坡人的比例为一比四。第三，供应链可靠性，指通过与国际组织及主要的供应链全球企业合作，发展安全、稳定、亲商的供应链服务、运输服务和一致的物资和知识产权保护环境。第四，供应链企业发展，主要指集中和注重发展国际企业（尤其是物流企业）、国际企业总部、新型企业；发展企业供应链生态环境系统，激励企业交互、合作和专业化发展[4]。

## 五、政府的参与和支持

新加坡多个政府机构领导、组织和参与供应链及物流发展战略的实施。其中最直接的部门是相关法规和规范的制定和管理实施部门，包括负责海事和港口管理的新加坡海事港务局（MPA），负责航空和机场管理的新加坡民航局（CAAS）和负责陆路交通规定制定和管理的陆路交通管理局（LTA）。

负责新加坡物流及供应链产业经营环境建设和营销的是经济发展局（EDB）和新加坡国际企业发展局（IE - Singapore）。其中经济发展局主要负责吸引全球著名企业将供应链业务延伸到新加坡，并把新加坡作为其区域甚至是全球运营总部，尤其注重物流、港口、供应链服务企业的吸引，如 UPS、DHL 等将新加坡作为其区域总部。美国总统轮船现在是新加坡海皇轮船的子公司。而物流地产商普洛斯的中国和日本业务已由新加坡政府投资公司收购，并打包在新加坡上市（Global Logistics Property，GLP），该公司在中国扩张迅速，目前重点在中国一、二线城市建立物流地产网络。该公司的许多地产按中长期合约方式租给世界著名公司，包括中国公司如 Alibaba 等。

负责新加坡物流相关基础设施建设的主要是政府关联公司，包括裕廊集团（Jurong Group）、新加坡港务集团（PSA）、新加坡樟宜机场集团（Changi Airport）、新翔集团（SATS）、新加坡航空公司（SIA）等。他们负责规划和建设新加坡主要的港口、机场、和物流园区等基础设施。新加坡生产力与创新发展局（SPRING）主要负责本地企业发展，包括制定相关支持物流和供应链企业发展的规划和政策及财政支持等。

近年新加坡政府推动供应链及物流业发展的主要举措包括：

### （一）建设国际一流的机场和港口基础设施

港口和机场基础设施是新加坡供应链发展的重要界面和基础保障。新加坡航空物流的代表是樟宜国际机场，机场内设有樟宜航空货运中心（空港物流园），面积达47公顷，是一个24小时运作的自由贸易区。这个一站式的服务中心，提供装卸航空货物所需的设备和服务，从飞机卸下的货物送到收货人手里，前后只需一小时。民航局不时研讨制定樟宜机场的发展规划，以确保机场有足够的能力应付亚太地区航空交通的强劲增长。新加坡利用其优良的深水港，兴建了4个集装箱码头。新加坡港务集团每年可装卸超过3000万个集装箱，是世界最大的单一箱运码头经营机构。

### （二）建设国际一流的通信和电子基础设施和信息空/海港

新加坡供应链发展有赖于先进信息技术。新加坡资信管理局规划和实施先进的通信和信息基础设施，鼓励物流环节实现了无纸化和自动化，提高了政府和企业的供应链相关运作的效率。目前新加坡重点发展了五个与供应链和物流发展相关的网络：

（1）贸易网（TradeNet），在全国范围内实行电子数据交换，连接了海关、税务、军控、安全、经济发展局、企业发展局、农粮局等35个政府部门，与进口、出口（包括转口）贸易有关的申请、申报、审核、许可、管制等全部手续均通过贸易网进行。该网24小时运行，自动接收、处理、批准和返还电子申报。商家通过电脑终端10秒钟即可完成全部申报手续，10分钟即可得到批准与否的答复。

（2）港口网（PortNet），用户包括港务局、船公司或其代理行、货主集装箱中转站和卡车运输业等1300多家。该网融合了航运界和港口的专业经验，利用高速的数据交换和通信将航运业的各方面连接起来，简化点到点的信息流程，使港口用户获得船只进出港信息、舱位安排、货物在港所处的状态、预订舱位、指定泊位、起重机布置、集装箱实时跟踪等信息。

（3）裕廊港口网站（Jurong Port Online），主要为裕廊化工岛物流提供服务。

（4）海事网（MariNet），为800多家船运公司提供与船舶相关的海事服务，以电子方式处理和传送船舶文件，并提供网上船只燃料采购、船舶追踪等信息。

（5）空运货物社群网络（Cargo Community Network）。通过这一平台，空运货物代理可直接与全球20多家大型航空公司和其他货运代理联系空运货物事宜和处理相关单证，并与世界其他同类型系统相连，提供区域和全球空运货物服务。目前新加坡95%的空运货物代理使用该系统，每月处理空运货物交易400万次。

### （三）政府推动供应链研究

为了将新加坡建设成为全球供应链和物流管理枢纽，在研究方面，政府支持多方面的研究和应用项目：

（1）自适应供应链：这个项目主要是协助公司建立和管理超出新加坡范围的全球化自适应供应链系统。鼓励公司发展更有效的供应链流程和技术，利用供应链和信息技术标准与世界著名跨国公司网络进行连接，同时协助中小企业提升其供应链运作能力。

（2）贸易交换平台（TradeXchange）

这个项目是将新加坡已有的分散的贸易信息系统连接并集成为单一的整合平台。通过这个整合平台，使新加坡的国际贸易变得便利和一致。该项目包括开发由政府开发的一个集成多个关键贸易便利化系统的核心平台，以实现信息在多个系统之间及多个贸易社区之间的传输和转换。

（3）港口信息系统（包括空港和海港）

该项目通过开发新的信息和通信技术服务，使已是世界级的新加坡海港和空港获得更大的竞争优势。如改善与其他主要贸易伙伴的贸易和运输安全机制和措施。这将加强作为世界主要货物转运枢纽的地位。

（4）电子制造

这个项目加强新加坡作为快速创新制造枢纽的地位，以便能尽快将创意转化为可在市场推广的产品和服务。通过这个项目，政府可以与制造企业一起实施提升新加坡产品开发能力的信息技术。政府鼓励制造商探索利用现代信息技术的新的商业模式。

### （四）培养物流专业人才

新加坡政府推出了政企校合作、国际交流等多项物流人才培训计划，配合市场的实际需要推出广泛的专才训练课程。政府也与物流专业机构、协会或商会合作，推动举办物流展览会、研讨会，促进国际交流与合作。政府支持的供应链和物流发展计划具体举措包括：①研究生人力资源发展（南洋理工大学等高等学府设立物流硕士课程；新加坡国立大学亚太物流学院双硕士课程）；②战略人力转换计划（SMCP）；③本地企业物流发展计划（LEAD；由新加坡国际企业发展局和生产力与创新发展局支持）；④物流增强与应用计划（LEAP 多机构）；⑤物流能力发展计划。此外，政府还鼓励私立教育机构开办物流专业课程，为在职专业人员提供培训。

## 第四节　新加坡发展国际供应链管理枢纽的优劣势分析

新加坡供应链发展目标是成为国际供应链管理枢纽和指挥协调中心。针对该发展目标，做如下的 SWOT 分析：

（1）主要优势：①有一个高度发达和成功的自由市场经济。新加坡拥有一个非常开放和廉洁的环境，稳定的价格，以及人均 GDP 高于许多发达国家；新加坡的经常账户盈余仍然占国内生产总值的 20% 左右，目前其外部财政状况都处于良好状态。②拥有世界级的港口和物流基础设施；③与世界主要地区和港口等的策略性连接；世界主要的航运和物流公司在新加坡设有区域总部；④稳定的政治和经济及社会环境；⑤受到良好教育的劳动队伍；⑥强势而有效的法制系统及亲商的政府和税收管理。

（2）主要劣势：①新加坡面临的一些长期的经济问题。从低成本邻国的竞争有所增加（如土地和工资），而且其人口迅速老化。②贸易依赖型经济仍然面临全球对电子产品的需求变化的挑战。电子产业目前占新加坡非石油出口的一半左右[3]。③新加坡地理空间和国内市场规模都偏小，在空间和市场等方面很大程度上需要依赖其他国家。④目前新加坡的物流行业仍然相对分散，行业缺乏充分合作。⑤短缺技术精湛，经验丰富，创业型物流专业人员。

（3）主要的发展机会：①区域物流量的强劲增长潜力，物流外包在区域迅速增长。②面向成长腹地：新加坡周边主要为发展中国家，所在的亚细安地区是世界经济的最活跃地区之一，而新加坡是区域最具影响力的国际物流中心。③新加坡及相邻地区的其他行业的能力扩张计划，如新加坡的生物医药、化工、航空产业的扩张计划。④新加坡的离岸贸易开放支持政策和自由港政策；⑤新加坡是已打响知名度的安全的国际物流枢纽。

（4）主要威胁包括：①新加坡作为一个重要的国际直接投资地被其他地区取代，如制造业向中国的结构性转变，将会影响经过新加坡的潜在的货运量。②来自区域的激烈的竞争，如来自中国香港，中国台湾，马来西亚，泰国和菲律宾相应物流城市的竞争。③技术进步，如远洋班轮和客机的大型化和容积增加，可能会导致绕过新加坡的船只/飞机运营商增加[4]。

## 第五节　新加坡供应链管理展望

新加坡 iN2015 制造与物流委员会定义提高新加坡供应链和物流发展竞争优势的途径和方法。在规划中，他们提出的一个主要问题是，新加坡可以在全球供应链网络中扮演什么角色使得新加坡可以为全球化和网络化的世界经济带来与其他国家不同的特别的价值。

根据该委员会的规划，其愿景是利用先进信息技术将新加坡建成智能国家、全球城市。其中新加坡供应链管理的新方向是成为全球供应链的协调指挥中心和风险管理中心。根据区域物流及供应链发展及新加坡供应链发展的战略，可以做如下展望：

第一，供应链和物流部门是新加坡经济的重要发动机。总体上，供应链及物流部门（包括制造）占新加坡 GDP 的比重约为 30%。其中的许多细分产业在过去十年经历了许多变化。全球化，外包和产业内部的激烈竞争等因素促使企业寻找提高竞争力的途径。类似的因素将会继续存在和产生。如随分工细化和全球采购，供应链将变得更加复杂。供应链企业为对客户订单快速反应和在更短时间完成针对客户订单的物流活动，协同的伙伴关系将变得更紧密和多元化[5]。

第二，企业需要适应产业和供应链的最新发展趋势。一个趋势是是客户的个性化需求越来越突出。客户不再满足于大众化产品，更需要根据特点需求定制化的产品。另一个趋势是对产品和供应链安全性的要求和规范。恐怖袭击、食品安全的因素促使政府和企业合作提高供应链安全水平。新加坡的制造和物流部门将发现新的竞争力来源以在新的形势下保持竞争优势。

第三，近年全球企业发展各自的供应链平台，然而，不同的供应链系统之间的有效连接和集成有待实现。近年多次重大灾害事件发展，对全球供应链造成重大影响，如2011 年泰国洪灾，2011 年福岛海啸及引发核泄漏，2012 年的美国东部风灾等，供应链风险管理受到前所未有的重视。全球供应链管理从比较单纯的成本优势建立转向整体甚至多供应链协调发展以提升供应链可靠性和风险管理。

第四，随着亚洲经济的快速发展，这个地区将是世界主要跨国公司的供应链活动最多的区域。同时，随生产和物流外包仍将增加，供应链的复杂性也将显著增加。在这样的运作环境下，供应链运作效率将是企业竞争优势的一个重要依据。因此新加坡仍将在物流供应链运作效率上提升并在区域领先。

第五，为了满足全球供应链管理的变化和更严格的要求，新加坡物流和供应链服务企业预计将在海洋产业、生物医药，化学品和易腐行业提供专业化的物流公司正在寻找超越。

第六，为将新加坡发展成为全球供应链的神经枢纽和世界级物流设施的首选之地，新加坡将引导企业在新加坡设计、监控和管理他们的区域乃至全球供应链；这里的物流服务将更具全球和战略地位，而不只是区域性和操作层面的活动。在物流和供应链运作方面，在近 5 ~ 10 年，新加坡的物流市场将保持 6% ~ 10% 的年增长。

第七，新加坡拟发展成区域的虚拟供应链枢纽，凭借强大的物理枢纽能力，集成知识密集的供应链管理技能和技术来构建强大的虚拟物流和供应链集成枢纽。基本概念是供应链根据市场变化和客户需求灵活调整和动态组合而成，供应链的组织者根据客户需求从资源库（Resource Pool）中选择供应链伙伴并进行匹配，形成新的供应链或更新现有供应链[5]。主要内容包括：①虚拟供应链枢纽更着重集成高端供应链服务，包括金融、保险、法律、优化、安全等方面的服务。②通过信息技术实现对货物流动的监控和优化，从而为客户提供额外的供应链增值服务。③依靠专业能力和人才方面的优势为客户提供专业化的供应链增值服务，满足延伸和扩张腹地的供应链管理服务需求。新加坡成为控制和管理物流四肢的大脑，具有监督、控制和规划等功能，服务范围和内容都超出新加坡。④通过集成的 IT 软件开发与应用，集聚知识资本，建立物流和供应链管理的神经中枢。⑤发展物流生态系统。

## 参考文献

[1] Department of Statistics Singapore [R]. 2012.

[2] 世界银行. 2006—2013 年世界最容易经商的国家/地区排名，2012.

[3] 新加坡经济发展局网，2013.

[4] HUM SINHOON. Building a Logistics/Supply Chain Hub—the Singapore Experience [D]. Singapore：National University of Singapore.

[5] Orchestrating Global Supply Chains，Enabling High Value Manufacturing Reported by the iN2015 Manufacturing and Logistics Sub - Committee.

# 第二章　新加坡企业供应链管理

企业供应链管理是供应链管理的核心。企业供应链管理的好坏直接影响整个国家供应链管理的水平。因此要了解新加坡供应链管理，就要了解新加坡企业物流供应链的发展特点和趋势，新加坡制造企业与物流企业供应链发展状况，以及新加坡本地企业与国际跨国企业的供应链合作发展。

## 第一节　新加坡企业供应链发展概述

一个国家企业供应链的发展是与国际供应链的发展，以及这个国家产业发展阶段相适应的。作为一个新兴的工业化国家，新加坡自20世纪60年代独立以来，坚持实施一以贯之的发展策略，紧紧抓住国际产业转移机遇，大力吸引投资，借助外部力量发展制造业和服务业。同时，新加坡顺应国际物流供应链发展的趋势，结合自身特点走出了一条具有新加坡特色供应链发展之路，成为亚太以及国际公认的物流供应链管理中心之一。新加坡的供应链发展主要经历以下阶段：

### 一、新加坡企业供应链发展阶段

#### （一）传统物流阶段（1980年以前）

传统上，新加坡依靠转口贸易为生，几乎没有制造企业。物流活动主要以支持转口贸易的码头货物装卸、简单的加工、存储、分销、本地运输为主。从20世纪60年代独立后，新加坡产业发展处于进口替代与出口导向阶段。随着改变转口贸易机制，发展劳动密集型制造业；面向国际市场，引进外资制造企业，发展出口型工业政策的实施，物流的概念才逐渐引入新加坡。一方面，制造企业为了自身的需求，积极发展物流有关的业务以支持制造企业发展；另一方面，也出现一些提供专门服务的企业支持制造企业的发展。例如仓储、运输、货运代理、简单加工、报关等，但是一体化的现代企业物流还没有出现在新加坡。

#### （二）现代物流阶段（1980—1990年）

伴随着管理结构的提升和信息系统应用，20世纪70年代，企业开始吸收和整合部门（物料处理，仓储，运输等）成为物流功能部门来统一协调管理制造支持活动，一体化的现代物流管理开始在西方发达国家出现[1]。

新加坡现代物流的发展主要发生在20世纪80年代。随着国际产业大转移，新加坡把握机会，实行产业结构升级，由劳动密集型出口工业转向资本密集型工业；推动机械化、自动化、电脑化，向高度精密工业发展；并把现代物流作为国家经济发展五大支柱产业之一。一方面，新加坡吸引了一大批世界知名跨国机械和电子制造企业，这些制造企业具有先进的现代物流管理理念和模式，并把这些理念和模式带到新加坡。另一方面，为了支持这些制造企业，新加坡也吸引一大批国际级知名的运输物流企业。这些物流运输企业也把发达国家的现代物流的实践带到新加坡。与此同时，新加坡政府积极建设物流基础设施，推广先进技术，创造良好的物流发展环境，并鼓励本地制造企业和物流企业与国际接轨，发展现代物流[2]。

## （三）供应链管理阶段（1990—2000年）

20世纪80年代，许多企业实施了一体化的物流管理，开发出新的制造技术和策略，使得他们可以减少企业的生产成本，并在不同的市场参与竞争。准时制造，看板，精益生产，全面质量管理等战略变得越来越流行，为了实施这些策略，企业投入大量的资源。但是尽管实施这些策略，许多企业降低生产成本的幅度几乎接近了实际可能的极限。因此许多企业积极探索其他的途径来降低成本，赢得竞争。供应链管理的概念提出于20世纪80年代，由于供应链管理涉及不仅企业本身，而且包括整个供应链上的供应商、制造商和销售通道等，因此供应链管理成为企业进一步降低成本，增加利润，占领市场份额的有力武器[1]。

80年代中期的世界经济衰退给新加坡带来重大冲击，石化、修造船、出口、汇率等均受重大影响，1985年GDP出现1.7%的负增长，失业率急速攀升。为此，新加坡经济委员会提出将服务业和制造业作为未来十年推动经济增长的两大动力，带动外贸和其他行业的发展。在发展资本、技术密集型出口工业的同时，着重转向优先发展有增长潜力的服务业，使新加坡发展成为东南亚和亚太地区的区域性服务中心和物流中心。在20世纪90年代，物流与供应链管理在新加坡得到政府和企业的极大重视。政府分别在国内两所大学设立了新加坡国立大学亚太物流研究院和南洋理工大学供应链研究中心，主要从事物流供应链的研究和高级供应链人才的培养。与此同时，新加坡的制造和物流企业也十分关注供应链管理在企业中的作用，一些企业开始把新加坡作为供应链的实践基地，开始实施一体化的供应链管理[2]。

## （四）全球供应链管理阶段（2000年至今）

进入21世纪，随着全球化、市场化、信息化和网络化的发展，全球采购、全球制造、全球销售已成为国际企业新的生产经营模式。因此全球供应链管理在现代企业管理中被引入并得到普遍应用，成为跨国企业的一种新的管理模式。世界已进入全球供应链时代，无论是制造企业还是物流企业都需要找准企业在全球供应链中的位置，制定适应新的格局的发展战略[1]。

目前，新加坡已成为世界先进的经济体之一，已形成电子、化工、生物医药、资信与传媒、物流、金融等多个产业群，是世界硬盘驱动器的主要供应国，世界第三大炼油中心和重要的区域石油交易中心，也是世界上吞吐量最大的集装箱码头、跨国企业重要的亚太区域物流与后勤管理中心。与此同时，政府继续加大吸引外资力度，鼓励跨国机构设立区域营运总部等；加强本地企业实力，加大企业合并，推动本地企业成为跨国机构。这些都为新加坡企业进入国际供应链阶段创造了条件。一方面，许多的跨国企业把新加坡作为其全球或区域的供应链研发与控制中心，来管理与控制其全球或区域供应链。另一方面，许多新加坡本地企业也走出国门，建立了其全球或区域供应链网络，新加坡自然成为全球或区域供应链的控制中心。

经过三十多年的企业供应链发展，借助良好物流基础设施，新加坡企业供应链管理达到世界级的水平，并形成了自己的特色。主要的特点包括运作效率高、国际性链接强、官方采用新技术、专业化集中化发展和服务齐全等特点。

## 二、新加坡推动企业供应链发展的主要做法

### （一）政府制订计划来推动企业物流和供应链的发展

为了把新加坡建成亚洲物流与供应链中心，新加坡政府做出了很大的努力。新加坡政府规划物流业发展最早可以追溯到 1997 年。1997 年 7 月，新加坡物流倡导委员会制定发展纲领，同年新加坡贸易发展局联合 13 个政府机构，其中包括海关、经济发展局、民航局、生产力及标准局、资讯发展局、海事及港务管理局等，展开“1997 年物流业提升及应用计划”。在该计划获得成功之后，新加坡政府又先后推出了“1999 年物流业提升及应用计划”以及“2001 年物流业提升及应用计划”。这一系列的计划成功地将运输、仓储、配送等物流环节整合成“一条龙”服务[2]。

为了保证新加坡在物流供应链方面的领先地位，2002 年，新加坡经济发展局和新加坡标准、生产力与创新局又为新加坡物流和运输业推出了五年期物流发展生产力路线图。这个路线图主要包括协助相关企业追求创新，提高生产力和充分利用本身资源来改进整体竞争力[4]。

### （二）国家投资建设一流的物流基础设施

新加坡的远景目标是把该国发展成为集海、陆、空、仓储为一体的全方位综合物流枢纽中心。基础设施是新加坡物流发展的基本保证，由于基础设施投资大，回收周期长，一般由政府投资建设。新加坡政府主要在以下基础设施进行不断的投资。

（1）航空物流设施。新加坡航空物流的代表是樟宜国际机场。被誉为东南亚最现代化的国际机场，每年接送乘客超过 5000 多万人次。连续多年被评为“世界最佳机场”、“亚太地区最佳机场”、“世界最受欢迎的机场”等。民航局制定更新樟宜机场的发展规划，以确保机场有足够的能力应付亚太地区航空交通的强劲增长。

（2）港口物流设施。新加坡有优良的深水港，兴建了 4 个集装箱码头。新加坡港务

集团在新加坡每年装卸超3000万个集装箱，是世界最大的单一箱运码头经营机构。

（3）陆路物流设施。新加坡积极发展公共交通，并以多种手段控制以私家车为主体的私人交通的增长。公共交通系统完整，方式多样，包括地铁、轻轨、公共汽车、计程车系统等，网络覆盖面广，运行快捷高效。电子公路收费系统是新加坡政府已经实施的一项先进的智能化公路管理系统。进入繁忙中心区的车辆在经过系统电子闸门时，均会被自动扣除一定费用。

### （三）依靠跨国企业带动本地企业供应链发展

由于具有一大批国际著名的跨国制造企业和物流企业，新加坡是通过跨国企业带动本地企业供应链发展的典范。

新加坡经济发展成功的模式之一是吸引一大批跨国制造企业到新加坡投资建厂。为了配合跨国企业的发展，新加坡积极鼓励本地企业和跨国企业的合作，并要求本地企业适应跨国企业的管理模式和供应链需求，因此产生了一大批了解国际供应链管理理念与模式的本土企业，带动整个新加坡企业的供应链发展。

新加坡也吸引到大批的世界著名的物流企业在新加坡落户。这些物流企业是为支持跨国制造企业的物流供应链需求而来的，但同时也带来了先进的物流供应链管理理念与模式。由于这些跨国物流企业需要本地物流企业的支持，也带动了本土物流企业的发展。

### （四）鼓励本地公司的国外供应链发展

新加坡采取“引进来”与“走出去”相结合的策略发展物流供应链产业。一方面引进世界一流的物流供应链公司到新加坡投资企业，并鼓励本地企业与国际企业的合作，学习国际企业先进的物流供应链理念和实践。另一方面，政府制订切实的计划帮助本土物流供应链企业走出国门，发展成为新加坡国际企业。2002年更名的国际企业发展局专门负责推动新加坡企业“走出去”。企发局通过“3C”框架，即培养实力（Competency）、拓展网络（Connections）、提供融资（Capital）设计了多种鼓励、支持和合作计划，包括减税、合作伙伴和国际化人才培养等，有效降低了企业的盲目和失误。新加坡重视发挥驻外机构作用。企发局在全球设有超过37个海外中心，承担调研、信息、协调和“走出去”促进工作；经发局在全球主要国家设有近20个代表处从事服务和引资促进工作等[3]。在这些政策的推动下，新加坡许多物流供应链企业已走出国门，成为亚太区，甚至国际化的知名物流供应链企业。例如，叶水福物流集团、新加坡邮政等。

### （五）创新物流供应链管理

新加坡在吸引国外物流供应链企业，学习先进物流供应链理念和实践的同时，不断根据本国的实际创新物流供应链管理。

（1）坚持物流供应链理念创新。新加坡政府每5~10年就会对世界经济和本国发展进行总结和展望，提出新的富有创造性的发展理念。同时也鼓励企业提出一些开创性的理念。在物流供应链方面，新加坡政府和企业提出许多创新理念，如自由港，自贸区，供应链神经控制中心，第七方物流（7PL）等。

（2）坚持物流供应链创新。新加坡坚持以优厚条件吸引世界一流物流供应链大企业到新加坡投资或建立地区总部，利用其领先优势培育本地产业集群。吸引外资时，重点突出企业的核心产品、技术研发部门或最先进复杂的生产流程，以及物流供应链管理能力。

## 三、新加坡企业供应链发展趋势

新加坡企业供应链发展目标和新加坡政府的供应链发展策略是一致的，就是把新加坡打造成世界顶尖的国际物流供应链枢纽，使新加坡成为亚太区的企业物流供应链决策控制中心，物流供应链创新与研发中心，以及物流供应链人才开发与培养中心[4]。

### （一）物流供应链企业和制造企业亚太总部

随着亚洲的崛起，城市化进程发展、中产阶级越来越多，亚洲不再只是原来的制造业中心，它本身也成为一个很大的主要市场。因此亚洲为跨国全球企业提供了一个潜在的发展机遇。全球企业若想要把握住亚洲市场的增长潜力，就必须重新规划它们的供应链以便更有效地针对亚洲市场动态做出反应，而新加坡具备三大优势帮助企业在亚洲打造优质供应链。首先，新加坡具有独特的地理位置和优良的物流基础设施；其次，新加坡是许多世界一流供应链和物流服务商的基地，并且被世界银行评为首屈一指的国际物流中心；最后，人才的供给和亲商环境。因此近年来，新加坡已成为许多物流供应链企业和制造企业的亚太战略基地，并将区域总部设在新加坡。例如，2011 年 5 月联合包裹服务（UPS）宣布把供应链方案区域总部从香港迁往新加坡；2013 年 9 月美国通用汽车宣布把亚太区域总部由上海迁往新加坡[4]。

### （二）供应链研发和创新中心

全球企业在过去几十年来已经在亚洲建立了多种运营和供应基地。企业需要重新设计他们在亚洲的供应链来应对逐渐崛起成为主要消费者市场的亚洲。区别于北美和欧洲，亚洲本身并不是一个简单的单一市场，而是一个多元化的复杂市场。面对这个复杂多变的市场，对企业来说，他们不能简单地把西方市场的供应链方案重新包装就带到亚洲，而必须去了解亚洲消费者和各国的物流环境，制定出不同的供应链策略以符合市场需求。为了响应亚洲供应链的需求，许多国际企业把物流供应链研发和创新中心设在亚洲。作为环球—亚洲枢纽，新加坡是发展高增值解决方案和创意的天然地点，特别是在资讯通信和供应链领域。新加坡完善的商业环境和国际网络，能够为企业提供商机，并连接具增长潜力的市场。例如，英飞凌最近在新加坡设立了其供应链科学中心，以优化包括多个生产合作伙伴在亚洲地区的供应链，旨在为供应链流程带来创新的发展。IBM 耗资 5000 万美元，在新加坡设立集团的首个新一代高科技客户中心（Client Centre）。IBM 客户中心通过营造一个虚拟的环境，让集团客户不论身在何处，都能够体验先进科技技术如何为他们所面对的问题和挑战提供解决方案。SAP 公司设在新加坡的亚太研发与创新总部在 2012 年 12 月建成，SAP 把其 15% 全球研发人力部署于这个坐落于卓越研究与科技企业学园的设施。这个研发与创新总部主要是加速创新及提供新方案，特别是在商务社交网络与协作和实时情报与分析方面的研发创新。这些方案可以有广泛的用途，从交通运输、物流、城市管理、智能城市，到零售以及供应链管理等。

另外，全球著名的供应链公司 DHL 也在新加坡开展供应链创新。例如，DHL 全球方案事业部 2007 年在新加坡开启亚洲第一个供应链竞争力中心来开发针对大客户的物流供应链方案，如今已赢得许多亚洲大客户。2010 年，DHL 联合新加坡亚太物流研究所共同建立首个可持续性供应链研究中心，主要开发研究绿色供应链解决方案，并建立一个面向亚洲的可持续供应链样板。2011 年，为了响应许多制造企业选择新加坡作为供应链管理与决策中心，泛亚班拿也在新加坡建立物流研发与方案设计中心。该中心主要应对亚太区大客户定制供应链管理的需求，进行物流供应链方案设计与实施。此外，新加坡本土最大的物流供应链企业叶水福集团（YCH Group）耗资 2 亿元正在新加坡兴建的供应链城（Supply Chain City）预计将于 2014 年第三季度落成。供应链城将具备业内最先进的技术，同时也设有知识中心，将供应链管理领域的最佳做法集合在同一座世界级设施内，为业内人士提供一个开发和创新供应链管理技术的平台，届时将进一步巩固新加坡在全球供应链和物流领域的地位[5]。

### （三）特殊与专业物流发展基地

目前，新加坡已形成电子、化工、生物医药、航空，资信与传媒、物流、金融等多个产业群，并吸引了大批领先的全球制造企业。由于不同制造企业物流供应链需求不同，需要物流供应链企业发展特殊和专业定制的物流供应链方案来满足制造企业的需求。若要巩固在全球物流业的地位，新加坡就必须在现有的强项上发展特殊的能力，尤其加强生物医药、石油和天然气，及航天领域的物流能力。

为了满足医疗健康制造企业和冷链物流需求，樟宜冷冻仓储中心是亚洲首个最大的机场专用仓储中心，专门处理需要控制温度且时间紧急的货物。由于完全依据 HACCP 规定的食品安全管理体系并按照冷链完整性的最高标准设计建成，因此冷冻仓储中心也是亚太地区首个经过清真食品认证的航空货运枢纽。此外，DHL，UPS 和 TNT 也在新加坡建立专门的医疗健康物流中心，以应对亚太对区域存贮和配送需求。

作为亚洲航空枢纽和航空维护、维修和检修方面（MRO）的领先者，新加坡不遗余力地确保该行业企业的需求得到满足。新加坡的航空物流基地会聚了全球领军的第三方物流服务供应商，包括敦豪（DHL）、德迅（Kuehne + Nagel）、SDV，CEVA，和德铁辛克（DB Schenker）等，因此能够为亚洲的航空公司和航线提供经过 AS9120 质量认证的多种服务能力。一些专门针对航空业的解决方案包括：飞机停航待修（AOG）服务，飞机备件物流（SPL）服务，对航空备件库存的综合材料管理和对引擎、起落架及其他高价值、超大型部件的专业运输等。

作为全球三大综合石化中心之一，新加坡走在行业的最前端。为了支持该行业的持续发展，许多世界著名的化工物流公司在新加坡开展了重大业务。例如，全球物流服务供应商 Katoen Natie 在裕廊岛所建的设施为化工品制造商们提供了储存和包装设备以及化学加工等增值服务。世界领先的独立码头运营商——孚宝（Vopak），是另一家将新加坡作为其枢纽之一的全球著名企业。孚宝新加坡区域总部管理其在马来西亚、印度尼西亚、日本、韩国、印度和亚洲等其他国家的业务。该公司通过在新加坡的四个码头来为石油产品、天然气和化学品提供罐储、区域配送和增值服务。作为新加坡本土石化物流公司之一的永记（Yang Kee）控股私人有限公司斥资 1.2 亿元在裕廊码头路兴建的一站式化学物流中心，是本地企业开设的这类最庞大化学物流设施。

### （四）供应链决策控制中心

作为连接东西方的战略性交通枢纽，新加坡可成为管理供应链控制中心职能部门的战略基地。企业能在新加坡规划、管理和优化供应链，从而精准地预测需求、采购原材料、管理供应商、购买商品或服务及分销成品。

如今有越来越多国际和亚洲企业选择将其环球决策功能和供应链控制中心设在新加坡，以便更好地应对亚洲的需求。早在 2006 年，摩托罗拉就决定在新加坡投资 1 亿元设立全球供应链管理基地及控制中心，以实现全球各种产品和服务的生产及分销的目标。DHL 在新加坡设立一个备件物流供应链控制中心，它可以提供六种语言的支持来接受整个亚太区的客户的订单和查询；并根据订单需求分发到分布在各个亚太国家的 300 多地某一仓库，并选择合适的配送商，按照规定时间配送商到指定的仓库提货，然后按照规定配送时间送到最终客户的手中，并提供客户和签收信息给位于新加坡的区域控制中心。为了对医药健康客户提供供应链可视化服务，UPS 在新加坡建立一个医药物流供应链控制中心，该中心主要提供医药客户在亚太区域运输状态监控。该控制中心提供 24 小时 365 天的服务，随时监控供应链上的意外事件，一旦发现异常现象，及时处理，直到解决问题为止。

### （五）供应链人才中心

作为世界级物流供应链中心，新加坡培养和吸引了众多供应链人才来满足供应链业务的增长所需。一方面，新加坡政府积极推动与高等学府合作，培养具备正确物流供应链知识和技能的高级人才。同时提供资金对物流企业的操作人员进行在职培训，提升整个物流供应链产业的人员素质。为此，新加坡经济发展局（EDB）正协助敦豪（DHL）和叶水福（YCH）等新加坡的物流和供应链企业里的中层管理人员了解中国和印度等新兴经济体的当地物流运作。通过在新加坡积累相关知识和技能，物流企业和制造商能够更好地打造适用于亚洲市场的供应链解决方案。另一方面，许多物流供应链企业也把新加坡作为企业的培训基地，不仅培养本地的物流供应链人才，而且还把新加坡作为区域培训基地，为整个亚太区提供物流供应链人才。例如，新加坡既是联合包裹服务的亚太区的区域总部，同时也是亚太区的主要人才培训基地。亚太区的高级管理人员在其他国家上任前，一般都要在新加坡进行一段时间的在职培训。宝洁公司的亚洲领导力发展中心也落户于新加坡。这一中心成立于 2010 年，旨在每年培训 500 名本区域管理人员，为他们打开国际时事的视野，深入了解东西方两种文化，其中供应链管理也是核心培训内容之一。此外，全球著名咨询公司波士顿咨询公司（Boston Consulting Group）在新加坡设立了其全球首家“卓越业务中心”，以便有系统化地帮助客户发展员工的领导能力。

## 第二节 新加坡制造企业供应链发展

新加坡已经在过去三十多年建成为一个具有全球竞争能力的制造业枢纽，同时制造企业也成为新加坡主要经济支柱之一，贡献25% GDP。制造产业优势使新加坡在多个产品类上具有世界领先地位，如电子、化工、岸外工程、生物制药等。这些制造企业在新加坡建厂的同时，也带来先进的物流供应链模式，促进了本地制造企业供应链发展。

### 一、跨国制造企业及其供应链发展

强有力的政治领导、亲商的政策环境、优良的人居环境、高效的交通和通信设施、受过良好教育的人力资源以及已有产业的支持使得新加坡可以持续吸引到化工、电子、生物医药和航空等产业的世界著名公司。以下是几个跨国制造企业在新加坡供应链发展的简介。

#### （一）默沙东（MSD）

位于美国新泽西州怀特豪斯站的默沙东有限公司（以下简称“默沙东”）是一家全球领先的医药保健公司，生产各种创新药物和疫苗，提供全新的生物疗法、人体健康和动物健康产品，致力于改善病人的健康和福祉。该公司成立于1851年，总部位于美国，目前在140多个国家/地区设有办事处。

该公司在美国和加拿大以外的市场，以默沙东（MSD）的名号经营，并于1993年在新加坡设立首个销售和营销办事处。随后十年，默沙东将业务扩展到新加坡的制造业领域，投资逾10亿新元（合7.7亿美元）在大士工业区建立两个多产品制造中心，并于2007年在新加坡设立其亚太总部，以及区域供应链管理中心。如今，默沙东在新加坡已有1500名员工，在新加坡设有多个部门，业务范围广泛，可协调旗下众多业务，力争长期发展，是公司在亚洲战略性部署。

在供应链管理方面，新加坡是默沙东供应链管理中心，负责整个亚太供应链的决策与控制，而具体的物流运作外包给第三方物流公司联合包裹服务公司。UPS在新加坡，澳大利亚悉尼，中国杭州建立通过专门的国际监管机构认证的医药仓库来提供仓储与配送服务。

#### （二）戴尔（DELL）

戴尔成立于1984年，是计算机行业中首家将定制电脑直售给客户的计算机公司。多年以来，该公司一直致力于开发新技术，推动创新举措。如今，戴尔提供各式各样的产品、解决方案和服务，旨在满足世界各地商业组织和客户的需求。戴尔在90多个国家/地区均设有办事处，雇用员工超过10万名，一直都站在资讯通信行业的科技创新前沿。

新加坡目前是戴尔的亚太总部所在地，并成为该地区服务和解决方案的试验和发布基地。2005年，戴尔在新加坡开设了第一家设计中心。该设计中心紧临公司的供应基地，可充分利用流线型采购和分销的益处，享受新加坡强大科技体系的优势。2011年，戴尔在新加坡开设了它在东南亚的第一家解决方案中心。戴尔新加坡解决方案中心（DSC）是该公司全球各地12家解决方案中心之一，为客户提供各种咨询，包括帮助客户优化科技预算的分配，提高基础设施的成本效益，为研发部门重新部署关键资源等。在供应链管理方面，新加坡是戴尔供应链管理中心之一，负责区域采购，制造及配送的决策与控制，而具体的物流运作外包给第三方物流公司新加坡叶水福物流。叶水福物流在新加坡，马来西亚槟城，中国厦门、天津等建立物流仓库来提供仓储与配送服务。

### （三）国际商用机器（IBM）

IBM是一家全球性科技创新公司，在170多个国家/地区设有办事机构。IBM充分利用资讯科技和对业务流程的深入了解，通过综合解决方案，为客户创造商业价值。

IBM把新加坡作为其全球战略的亚洲中心，在新加坡设立多重和供应链有关的设施，通过新加坡扩展其亚洲的市场和服务。通过新加坡，IBM搭上东南亚地区经济发展的快车。在IBM的客户、人才、市场以及全球沟通战略中，新加坡的营运部门起到了非常关键的作用。在供应链管理方面，新加坡是IBM亚太供应链决策控制中心之一，负责区域采购、制造及配送的决策与控制。

IBM对新加坡的近期投资包括：面向亚非欧高端系统用户的制造和运营中心，共投入9000万新元；为企业提供云计算解决方案及服务的亚太云计算数据中心，共投入4800万新元；全新的服务集成中心，旨在推动亚太地区成长型市场中可再用解决方案的采用。

## 二、本地制造企业及供应链发展

新加坡在积极吸引国际企业的同时，十分重视本地制造企业的发展。一方面，鼓励本地企业和国际企业的合作，实现本地企业与国际企业的接轨；另一方面，根据新加坡自身的优势，发展具有新加坡特色的制造企业。因此，也产生了一批具有国际竞争实力的本地制造企业。

### （一）新加坡胜科海事（Sembcorp Marine）

新加坡地理位置得天独厚，处于世界主要海洋航道交汇处，因此新加坡一直是海事业中领先的船舶维修中心。近年，由于海事工程行业的强劲需求，该产业获得了前所未有的繁荣与增长。

胜科海事是新加坡政府投资的胜科工业的子公司之一，主要从事高端海洋装备的制造和船舶维修业务。新加坡胜科海事是一家为新加坡及全世界的客户提供全方案合同建造新船、船舶改装和船舶维修服务的优等船厂，可以建造和维修专用船舶。支持这些船厂的是一个相当大的服务产业：提供分级服务、设计与工程、海事设备与服务（包括：导航、通信、推进装置和辅助设备以及船籍社和紧急应变服务等）。建厂30多年来，新科海事奠定了其作为高品质、并提供尖端产品和服务供应商的地位。其拥有的船舶设计能力和3D建模和电脑化设计及生产设备（CAD/CAM）系统能针对客户严格的使用要求定制创新的解决方案。

目前，胜科海事已开始建造新的综合船厂设施。这个最先进的设施融合了革新的船厂设计以及最新的生产科技和流程，从而促使土地使用得到优化，供应链效率也得以改善，实现了生产力的提升、资源的妥善应用，并产生营运协同效应。这项目更是象征了新加坡志在通过不断创新，建立一个现代化的海事及岸外业，并时时走在该业的前沿。

胜科海事的优势在于其高效的供应链管理。新加坡是胜科海事的全球总部，也是胜科海事全球供应链的决策控制中心。胜科海事承接大的海事工程项目后把项目进行分解，再外包给一个庞大的供应和服务商网络。胜科海事负责总体供应链的管理和协调。

### （二）伟创力（Flextronics International Ltd）

伟创力集团成立于1969年，是一家总部设在新加坡，并在NASDAQ上市的跨国公司，是目前全球最大电子合约制造服务商（EMS），世界500强企业之一。属下的工厂分布在5大洲30多个国家和地区，目前约有14万名员工。集团主要客户有：微软、IBM、摩托罗拉、思科系统、索爱、诺基亚、强生、惠普、戴尔、西门子等。为全球领先通信、电脑、网络、医疗及消费电子行业提供全方位服务。作为全球最大的电子合约制造服务商，伟创力的成功因素之一在于其独特的供应链管理。

**1. 市场专注化的供应链管理**

伟创力为达到营收成长的目标，激活组织再造，将公司划分为以市场区隔为导向的不同事业部，以创造更多的价值与创新性给我们的客户，增进我们的竞争力，并增大市场占有率。这些市场定制的供应链服务，因应不同产业类别的OEM客户需求，整合了产品设计的独特性、制造以及特别物流考虑。通过这样的市场专注化的供应链管理策略，伟创力更能实时反应市场情况，提出快速、灵活的决策。

**2. 端到端供应链解决方案**

身为世界级的EMS提供者，伟创力在世界范围内所提供的全方位供应链服务可简化全球性产品开发，制造和销售过程，帮助客户大大缩短产品从开发到销售的时间，实现成本缩减。此外，垂直整合服务为客户所提供的整套设计、制造及物流解决方案全面贯穿于产品从初始设计、批量生产、测试、分销直至售后服务及支持等所有环节。

**3. 低成本的供应链服务**

在低成本供应链能力方面，伟创力堪称全球行业翘楚。凭借在世界各低成本地区的生产设施投资，以及设计、建造，仓储与运输服务的集成化，伟创力为客户创造最低的制造成本，以及最低的整个供应链成本。例如，伟创力设于低成本地区的制造设施主要集中于墨西哥、巴西、波兰、匈牙利、中国、马来西亚及亚洲其他地区。还在巴西、中国、匈牙利、墨西哥及波兰建立了多个全集成化、高批量生产的工业园区。这些园区将制造及物流业务与供应商集中到一个单一的低成本地区，从而可以提供全方位的供应链管理。这一战略不仅增加了我们客户的灵活性、减少了分销障碍、缩短了周转时间，更削减了运输及产品总成本。

**4. 集中化的全球供应链采购**

20 世纪 80 年代中期，伟创力大胆地把自己的业务触角伸到全权替客户采购零部件上。这样，客户可不再去关注制造流程的细节问题，而只是确认计划的有效性。伟创力是全球性采购方面的龙头企业，2005 年的部件采购超过 140 亿美元。因此，能够广泛利用伟创力全球范围内的供应商关系，为 OEM 客户赢得富有竞争力的定价和供应链灵活性。

**5. 供应链信息技术战略与实施**

当今竞争日趋激烈的全球市场对 IT 技术的要求不仅仅局限于便利性，更提出了更高的集中化及标准化要求，而这些也正是保证客户的供应链取得成功的关键性要素。通过将集中化应用程序及标准化制造工序结合起来，伟创力可为世界范围的客户提供质量一致的产品，并同时削减产品成本，加速产品的全球上市。伟创力可为公司遍布世界的客户提供水平一致的业务服务，不断增强日益扩展的供应链的能见度，并可对先进的 ERP（企业资源规划）应用程序及业务分析工具所提供的信息做出迅速反应。

**6. 基于“工业园区”供应链管理创新**

伟创力在运用以上先进供应链管理模式的同时，根据自身的发展需求，创新供应链管理。其中基于工业园区的发展模式就是其独创的供应链管理创新之一。在工业园区内，伟创力把供应链中的各个环节，从供应商到元件生产商，直到最后的整装以及物流管理全部放在一个地方完成。与单个的工厂相比，工业园区的优势在于缩短产品的上市时间，降低劳务成本，减少后勤成本，减少库存成本，供应链反应迅速，提高质量，信息灵通等。每个园区都像一个完整的制造中心和物流中心，可以制造最终系统组装所需的印刷电路板、零部件、电缆、塑料和金属零件等。通过结合战略性供应商以降低材料采购费用，并加快新产品的推出速度。值得一提的是，伟创力首创的工业园区供应链管理模式已经得到了认可，三星等手机大户已纷纷效仿。

### （三）新加坡科技宇航（新科宇航）

新加坡科技宇航（新科宇航）是全球著名的第三方独立飞机维修商。客户群包括世界顶尖的航空客运及航空货运公司。新科宇航在亚太地区、欧洲和美国等主要航运中心设有维修设施，拥有超过 6000 名员工。新科宇航为客户提供全面的飞机维修与工程服务，具备了工程与开发、生命周期维护、航材及部附件供应、整修、客户化改装和提升等各方面的维修能力。

新科宇航为各大小客户提供支援，同时加强与蓝筹客户如全日空、联邦快递、日本航空公司、西北航空公司和联合航空公司等的合作关系。在 2004 年，它与联合包裹公司（UPS）签署了一份为期 10 年、金额约为 7.15 亿新元（4.38 亿美元）的长期协议，由新科宇航的全球维修网络独家为UPS的DC－8、A300和MD－11机队提供维修支援。

除了服务国际大客户，新科宇航在廉价航空飞机（LCC）维修方面继续保持其领先地位，与亚洲地区的许多LCC如亚航续约；同时也开发了一些新客户如亚当航空公司及其他新成立的航空公司。在中国，该公司获得四家新兴航空公司如奥凯航空公司、春秋航空公司、鹰联航空公司和中国联合航空公司的维修合约，提供以固定飞行小时收费的包修飞机维修支援合同。

除了在飞机维修方面的优势，新科宇航公司在新加坡和苏州生产航空发动机叶片、机身、起落架等部件，其入驻上海使中国终结了大飞机必须出国维修的尴尬历史。新科宇航十分注重供应链管理，特别是在航空反向物流，售后服务供应链方面已成为行业翘楚。

## 第三节　新加坡物流企业供应链发展

新加坡拥有丰富多样的行业，并有大批世界级制造企业在新加坡进行设计，生产和经营。因此物流公司可借助新加坡领军级的制造业来发展和创新自身优势，并在高价值服务方面开发更多专长来保持领先地位。此外，完善的基础设施对支持物流公司的发展非常重要。新加坡提供世界级的基础设施，包括建于机场自由贸易区的新加坡樟宜机场物流园、提供区域配送的樟宜国际物流园，及满足化工和石油公司特殊需求的位于裕廊岛上的邦岩物流园等。基于先进的制造需求和优良的基础设施，新加坡引进了许多著名的跨国物流企业，同时发展强大的本地物流企业。

### 一、跨国物流企业及供应链发展

新加坡已经云集了全球诸多物流企业，根据新加坡经济发展局公布的数据，全球前25家物流公司中，有20家在新加坡有业务，而像德国DHL、瑞士德讯集团（Kuehne Nagel）、Sankyu、德国Schenker、美国UPS、日本邮船（Yusen），更是将区域或全球总部设在新加坡。

#### （一）敦豪（DHL）

作为国际快递和物流行业当仁不让的全球市场领袖，敦豪在快递、航空和海洋货运、跨国运输、合同物流解决方案以及国际邮件服务等方面提供了无与伦比的专业能力。这家公司在探索如何适应和满足客户持续变化的需求的同时，依然在以惊人的速度不断扩展。

敦豪在新加坡的运营历史可追溯至40年前。敦豪与新加坡的合作伙伴关系不仅限于金融投资领域，还体现在专业知识，能力和知识转移等众多领域。为了让新加坡成功地朝全球物流业价值链上游发展，敦豪一直在孜孜不倦地努力。2007年4月，敦豪在新加坡成立了区域总部，为客户提供整体供应链的服务。新加坡的高效率、通达的连接性、先进的基础设施和人力资本，决定了敦豪最终选择新加坡作为区域中心。敦豪有超过

2000 人的强大综合性人力资源和 20 多所专业设施，因此其区域中心确保了客户能够与亚太地区全部 25 个国家/地区进行无缝连接，进一步提高服务质量，同时保持灵活性以满足客户的需求。敦豪的区域总部汇集了大批一流的供应链管理专家和具实际经验的物流运营专业人员，为全球制造商们，如惠普（HP）、戴尔（Dell）、太阳微系统（Sun Microsystems）和英飞凌（Infineon）等提供优良服务。

2010 年，敦豪与新加坡国立大学（NUS）的亚太物流学院斥资 300 万新元（230 万美元），修建了亚太可持续供应链中心（SSCCAP）。2004 年，敦豪（DHL）成立了亚太地区质量控制中心（APQCC），通过显示实时追踪，为客户提供了在专门的亚洲内部航空网络之内全程透明的货运动向。如今，该中心已成为区域和全球控制中心的一部分，全天实时监控着全球的敦豪航空和陆地运输。鉴于新加坡的航空业和生命科学行业在亚太地区的领先地位，敦豪也以主要赞助商的身份积极支持和参与了本国两大广受期待的贸易展：2012 年新加坡航空展和 2012 年生物医药品亚洲会议。

## （二）联合包裹服务公司（UPS）

联合包裹服务公司于 1907 年成立于美国。如今的 UPS，或者称为联合包裹服务公司，已发展到拥有 360 亿美元资产的大公司。其商标是世界上最知名、最值得景仰的商标之一。作为世界上最大的快递承运商与包裹递送公司，联合包裹服务公司同时也是专业的运输、物流、资本与电子商务服务的领导性的提供者。每天都在世界上 200 多个国家和地域管理着物流、资金流与信息流。联合包裹服务公司通过结合货物流、信息流和资金流，不断开发物流、供应链管理和电子商务的新领域。该公司的主要业务是在美国国内并遍及其他 200 多个国家和地区。每个工作日，该公司为 180 万家客户送邮包，收件人数目高达 600 万。该公司已经建立规模庞大、可信度高的全球运输基础设施，开发出全面、富有竞争力并且有担保的服务组合，并不断利用先进技术支持这些服务。该公司提供物流服务，其中包括一体化的供应链管理。

联合包裹服务公司于 1991 年在新加坡设立亚太快递总部，共雇用 300 多名职员，负责管理亚太地区的 15000 多名员工。新加坡的区域团队负责监管亚太地区（包括中国和印度）15 个主要国家相关的决策。联合包裹服务公司于 2011 年决定把 UPS 供应链亚太总部由香港迁至新加坡。由此，新加坡成为真正的联合包裹服务公司亚太总部。

联合包裹服务公司 2000 年在樟宜机场物流园区建立自己的设施——UPS House，作为联合包裹服务公司亚太区域总部和亚太物流中心。2003 年在樟宜机场物流园区（ALPS）设立物流设施，成为首批落户该园区的国际物流公司之一。

2011 年 4 月，联合包裹服务公司宣布建立联合包裹服务公司在亚洲的首个医疗药品中心，坐落在樟宜物流中心，占地 43000 平方英尺，是经良好制造规范（GMP）和良好分销规范（GDP）认证的医疗中心。该中心旨在处理关键性任务和时间敏感的药物（如生物制剂和疫苗）出货量。除了储存和冷链运输之外，该中心还可以提供配套和重新包装等增值服务。此外，为了对医药健康客户提供供应链可视化服务，联合包裹服务公司在新加坡建立一个医药物流供应链控制中心，该中心主要提供医药客户在亚太区域运输状态监控。该控制中心提供365天24小时的服务，随时监控供应链上的意外事件，一旦发现异常现象，及时处理，直到解决问题为止。UPS SCS 医疗中心（UPS SCS' Healthcare Hub）预计将加强新加坡在这区域的医疗供应链领先的地位。

### （三）泛亚班拿（Panalpina）

瑞士的泛亚班拿（The Panalpina Group）是世界最大的物流和供应链服务供应商之一。它提供一体化的端到端的全球供应链管理服务和方案，包括空运、海运、陆运以及综合物流等。总部设在瑞士巴塞尔，在全世界拥有500多家分部，雇用大约15000名员工，分布在80多个国家。主要的客户包括惠普，华为等。

泛亚班拿早在1977年就作为空运和海运代理进入新加坡。随着市场的开拓，又发展了综合物流服务，现成为新加坡主要的物流供应链服务商之一，在汽车、高技术、零售、化工和生物医药等领域提供服务。2011年，为了响应许多制造企业选择新加坡作为供应链管理与决策中心，泛亚班拿也在新加坡建立物流研发与方案设计中心。该中心主要应对亚太区大客户定制供应链管理的需求，进行物流供应链方案设计与实施。

### （四）德铁辛克（Schenker）

德铁辛克物流集团隶属于德国铁道，代表联邦铁路从事运输和物流活动。它是德国最大的物流公司之一。为管理其亚太地区的物流业务，该公司已经在新加坡设立区域总部，管理地区200多处办公地点的11000名员工，提供一站式的物流与供应链服务，德铁辛克在新加坡樟宜机场物流园建立一个多功能的区域物流中心，作为跨国企业的区域配送中心和综合货运和大型物流中心。主要提供面向区域的综合物流供应链服务。2013年，德铁辛克又宣布计划花费4.1亿欧元在新加坡谈宾尼物流园建设一个综合物流中心。这个新的物流中心将是德铁辛克在亚太区的最大一笔投资。物流中心邻近新加坡樟宜国际机场，提供超过5.4万平方米存储地面。计划提供多种多样的物流供应链服务。

### （五）万络环球（Menlo Worldwide）

万络环球公司（MenloWorldwide，LLC）是一家物流、运输和供应链服务的全球供应商，在北美和五大洲都有业务开展。万络环球的总部设在美国加利福尼亚州圣玛特奥。作为一家第三方物流供应商，其服务范围涵盖专项承包物流、仓储和配送管理、运输管理和供应链改造，还提供其他增值服务，包括通过多元化客户和专用设施组成的战略网络提供包装、配套、执行订单和小型组装服务。万络在北美、亚太区、欧洲和拉丁美洲有超过1300万平方英尺的专用仓储面积，拥有业内最先进的技术，为客户提供运输和配送方面的综合解决方案。

万络环球于10年前在新加坡落户，2002年在樟宜机场物流园区（ALPS）设立物流设施，是首家落户该园区的公司。五年前，公司又投资3400万美元（约4170万新元）收购本地主要物流业者美洲豹速递（Cougar Express），大幅度增加在本地的投资。目前，万络环球在新加坡的投资额超过9000万新元，共有七个物流中心，总面积达19.5万平方公尺，为超过100家本地和跨国公司服务。万络环球投资的新物流中心坐落于大士日景道（Sunview Way）在2013年1月正式开幕。这个占地3.7万平方公尺（约40万平方英尺）的物流中心于2012年9月建成，它为公司的100多家合作客户提供服务，其中包括从事汽车零件制造商以及葡萄酒与烈酒销售行业的客户。该物流中心目前的使用率达100%。为扩大公司业务，公司将于三年内在本地增设两个物流中心。

## 二、本地物流企业及供应链发展

新加坡在注重吸引国外物流企业的同时，也十分注重本地物流企业的发展。政府在多个层面积极支持本地物流企业提升能力、扩展网络、培育人才，并促进本地物流企业与跨国制造企业及物流企业的合作。经过30多年的发展，新加坡涌现了一批具有国际视野和综合物流能力的本地物流企业。其中叶水福集团、新加坡邮政、讯通物流集团和杨记物流是新加坡本土物流企业的代表。

### （一）新加坡叶水福集团（YCH Group）

新加坡叶水福集团是目前新加坡本土最大的第三方全程供应链服务公司。公司成立于1955年，至今已有58年的历史。公司从一家提供简单运输服务的货运公司，到综合物流服务商，再到今天的国际全程供应链服务商。新加坡叶水福集团是目前多家世界大型企业端到端供应链管理及物流服务伙伴，其客户包括戴尔、摩托罗拉、美国旭电公司、佳能、汽巴精化等。叶水福集团的端到端供应链解决方案组合采用先进的网络技术，为消费品、电子、化工、保健等各类行业提供服务，协助其增强竞争优势。叶水福集团总部设在新加坡，业务遍及整个亚太地区。

叶水福集团的革新成果受到了业界的肯定，其第七方物流（7PL）方针能把供应链战略与无缝执行力结合起来，有助供应链管理行业取得成功。叶水福集团曾获得的行业荣誉包括新加坡国家IT大奖、新加坡国家培训大奖、"Intelligent Enterprise Asia"年度20家智能企业之一、新加坡计算机协会授予其IT领导者的荣誉，还被Lloyd's FTB评为亚洲物流荣誉殿堂成员。除了获得了新加坡国家培训大奖及企业人力资源大奖外，叶水福集团还通过了ISO 9002、EMS 14001、OHSAS 18001认证。2004年10月，叶水福集团荣获了新加坡国家资讯通信奖、并在2005年10月赢得新加坡创新大奖。最近，叶水福集团还因成为新加坡最佳国内分层服务供货商及最佳信息科技/电子分层服务供货商而获颁享誉全球的Frost & Sullivan亚细安4项物流大奖。在2007年度供应链亚洲活动上获颁年度亚洲第三方物流奖。

2004年4月23日，叶水福集团正式落户天津，在天津保税区成立一个占地3.3公顷的叶水福物流园，这是在天津规模最大的物流中心，也是亚洲地区内最先进的供应链管理系统之一。从2004年叶水福集团正式落户天津创建物流园至今，叶水福集团已在中国20个大中城市设立了分公司，并在天津，厦门，上海，苏州，成都建立物流园或物流中心，提供综合物流和全程供应链服务，并成为中国知名的国际第三方物流公司。

叶水福集团也不断提升新加坡的业务，目标是使新加坡成为集团的供应链神经控制中枢和物流供应链创新中心。目前，叶水福集团正在新加坡建造耗资2亿元的供应链城预计将于2014年第三季度落成，届时将进一步巩固叶水福集团在新加坡以及整个亚太区域中的供应链和物流领域的领先地位。占地6.5公顷的供应链城总建筑楼面超过13万平方公尺，包括一座五层楼高的坡道式货仓、与货仓隔邻的45公尺高自动化储藏及提取系统以及一座八层高的办公楼。供应链城将具备业内最先进的技术，同时也设有知识中心，将供应链管理领域的最佳做法集合在同一座世界级设施内，为业内人士提供一个开发和创新供应链管理技术的平台。叶水福集团主席兼总裁叶进国谈到供应链城的兴建时则强调，兴建供应链城是集团成立58年以来的重要里程碑，供应链城落成后将有效推动供应链解决方案的创新，为企业营造更灵活和具规模的供应链技术。

## （二）新加坡邮政（Singpost）集团

2003年，在全球邮件量下降的大环境，新加坡邮政（SingPost）凭着多元化业务在邮政领域独占鳌头，连续第二年摘下全球最杰出邮政机构的荣誉。在这项由国际咨询公司埃森哲（Accenture）进行的最新邮政调查中，新加坡邮政今年的表现超越全球23个国家邮政机构以及两家邮政商业公司[6]。

新加坡邮政是国家邮政服务商，也是民营化的公司。新加坡邮政公司不仅售卖邮票和提供递送邮件服务，也提供物流供应链相关的服务。新加坡邮政系统有1300多个分支机构遍布全国，它们提供广泛的信件投递、电信通信及代理业务。随着国际互联网的广泛应用，人们越来越多采用电子手段进行交流和通信，传统的信件和公函邮件逐年下降。公司认识到客户需求正在发生变化，因此要致力于不断改进服务，创造新的服务，开发国际市场的长期的发展战略。

### 1. 应用先进技术改进邮政服务

新邮政近年来重视高新技术的应用，特别是在电子商务和业务自动化方面。为了提高信件分拣的生产率，新加坡邮政投资约4500万新元用于其信件分拣基础设施的升级改造，率先使用新型自动化分拣设备，大大降低了邮政的人工成本，很好地提高工作效率。利用最新技术升级邮政基础设施，使新加坡邮政有能力更快地处理信件，从而提高生产过程中的服务质量和生产效率。这项投资也将使新加坡邮政更加适应行业新发展态势，即较少的纸质信件和较多的包裹。新型分拣机器只是新加坡邮政1亿新加坡元投资项目的组成部分，旨在升级基础设施并改进服务。分拣中心的转型，以及推出的7天×24小时服务POP终端，是公司应用先进技术提高服务水平承诺的组成部分。

### 2. 创新服务，大力发展多元业务

新邮政近年来成功发展多元业务，不断推出有别于传统邮件业务的产品，例如，借助网络平台抢攻网络商务市场，及收购物流公司以拓展相关业务，使新邮政在全球邮件量下滑之际，继续保持高竞争力。随着网上购物的人逐年增加，通过邮政邮递的包裹也不断增加，网购的消费者不再愿意到邮局取件，而且需要把包裹在短时间内送到消费者指定的地点交货，这些新的需求和传统的邮递模式不同，对于传统邮政服务来讲，是一

个很大的挑战。面对新的挑战，新邮政也看到了一个潜在的机会，这就是在物流供应链中最困难的“最后一公里配送”。为了提供这个服务，新邮政近几年推出快速邮政（Speedpost）服务，并把邮政服务扩展到物流供应链服务领域。

最近，为了应对网上购物的新问题，新邮政计划推出智能包裹站服务。所谓智能包裹站，就是新邮政在全岛设立一些24小时取货站，这些24小时服务的包裹站专为快递服务而设，收件人若无法在家接收包裹，可随时到包裹站领取。此外，新邮政也将在近期内推出功能多样的手机应用程序，帮助顾客计算邮费、查找邮政号码、挂号邮件和包裹的下落。

**3. 提供国际物流供应链服务**

新邮政也关注如何把多元服务拓展到国外。新邮政是邮政国际快递服务（EMS）成员之一，积极参与EMS服务提升和改进，负责EMS在新加坡的取件和送件服务。

随着网上购物的不断增加，新加坡人在国外购物的数量也逐年增加，传统上，人们往往通过EMS或国际快递公司来配送。一般而言，EMS和国际快递配送速度快，且可靠，但是费用较高，而且一些大和廉价的物品是不可能通过EMS和快递配送的。在中国出现一些专门从事网上购物，配送到国外的跨国电商服务公司。这些公司可以提供一站式的服务，并具有竞争的价格。中国递四方就是这样一家公司。深圳市递四方信息科技有限公司致力于为国内外电子商务卖家提供集合建站、货源分销、ERP软件开发应用、跨国运输、国内外仓储订单履约等一站式服务。看到潜在的机会，新邮政在2011年对递四方战略投资，开拓国际市场，把服务由国内扩展到国际。

### （三）新加坡讯通（CWT）物流集团

讯通集团成立于1970年，是当时新加坡港务局成立的一个提供货仓与集装箱运输服务，以支援集装箱码头业务的私营部门，乃新加坡物流领域的先驱之一。该公司1993年在新加坡交易所主板上市。从当年的收购行动直到今日，讯通集团出现了长足的发展。从2005年至2012年，讯通集团的营收年均复合增长率（CAGR）高达47%。

**1. 以海运作为核心力量拓展国际市场**

讯通集团目前的目标是要发展得越大越好，并以海运货运作为核心力量，而不是成为全能物流公司。讯通认为，许多公司拥有“货运、仓储和运送”模式，但是讯通集团认为这个模式难以持续取得成功。讯通集团的强项是把货物从一个国家运到另一个国家，我们只需在每一个我们营业的国家内拥有一个平台，无须去关注当地的竞争。我们只需在每个国家的港口，把所需处理的工作做到最好就可以了。这基本上是讯通集团过去八年的策略。

**2. 人脉网络VS货仓和配运**

讯通集团所做的，是把货物从一个国家的港口航运到另一个国家的港口，而不是在个别国家内陆设立货仓和运送货物。这说起来简单，但是竞争者要效仿讯通集团的模式并不容易。许多物流业者都局限在某一领域，竞争者要跨越到其他领域并不容易。另外，现今中国物流业者的眼光都“向内看”，专注在本国市场中竞争。讯通集团多年建立起来的人脉网络，也是竞争者最难以效仿的。总的来说，讯通集团的强项和运作模式基本上是在全球建立办事处网络（Network of Offices）、处理高度复杂的货物，以及把货物从一个国家航运到另一个国家的港口去。

**3. 持续寻求增长机会**

近年，讯通集团进行超过20项收购，其中一些收购行动是为了获得人才而展开。讯通集团持续寻求增长机会。它进一步涉足大宗商品供应链管理领域，于2011年7月，收购了商品行销公司MRI Trading AG，以辅助讯通集团已有的物流与担保品管理活动，为商品市场客户提供全方位解决方案。

### （四）新加坡杨记（Yang Kee）物流

杨记在1990年以集装箱运输业起家，过后把服务提供扩展至国际船运、仓库、分销和项目处理等业务。作为一家提供高端物流及仓储服务的新加坡公司，杨记一直致力于满足客户日益增长的需求。永记公司提供整柜与零担货物的运送服务，业务涉及石油、天然气、化学物品及快速消费品等。杨记的成功得益于一支200人的专业团队，不仅在各行各业有合作经验，同时，在单一行业的专业程度也是行业翘楚，特别是在石油、天然气、化学物品物流供应链解决方案和运作方面。作为一家提供门对门国际物流服务的企业，杨记的核心竞争力在于提供给客户的“物流全程无忧”解决方案以及在物流过程中的快速流转时间和价格优势。

为了保持杨记在石化物流供应链领域的领先地位，最近杨记斥资1.2亿新元（约合人民币6亿元）在裕廊码头路兴建的一站式化学物流中心，这是本地企业开设的这类最庞大化学物流设施。中心占地4公顷，共有5层楼高，将把杨记各间仓库的现有业务集中化，具备化学储存能力以及新科技来提高生产力，并降低碳排放量和增进杨记在业内的基础。中心也拥有先进的安全设施来确保化学运输品的存放，并为公司每年节省270万元和实现20%的生产力提升。

## 第四节　新加坡本地企业和国际企业的供应链合作发展

为了使新加坡企业走向世界，引导全球供应链的发展，新加坡政府制定优惠政策和提供财务支持，积极促进本地企业和国际企业合作。在供应链管理方面，本地企业和国际企业的合作模式主要体现在本地制造企业和国际制造企业的合作；本地物流企业和国际制造企业的合作以及本地物流企业和国际物流企业的合作。

### 一、本地制造企业和国际制造企业的合作

新加坡已形成电子、化工、生物医药、航空，资信与传媒、物流、金融等多个产业群，吸引大批领先的全球制造企业。这些国际制造企业的到来，为新加坡的本地制造企业提供了发展机会，使本地制造企业有机会参与到跨国企业的国际供应链的运作中。在

和国际制造企业的合作中，本地制造企业不仅学到了国际先进的物流供应链管理理念、模式和运作，而且还通过自身的实践进行供应链管理创新，其中伟创力就是一个典型的新加坡企业，通过借助与国际制造企业的合作，逐步把自己打造成一个真正的世界级制造企业，成为目前全球最大的电子合约制造服务商，世界500强企业之一。

如何利用自身掌握的关键的核心技术负责设计和开发新产品，通过全球物流供应链配置与管理，控制销售渠道，为客户打造出优质的产品及服务才是当代OEM生产厂商的王道之选。在与OEM厂商合作中，伟创力凭借其"端到端"的垂直整合及全球供应链服务，成为OEM客户们的得力伙伴。公司除了为OEM客户提供设计、制造及装运成品的服务之外，还提供采购，市场销售及现场维修服务以支持客户们对"端到端"供应链的需求，伟创力通过利用本身的全球规模优势，为跨行业、不同产品领域内的客户提供制造、物流、采购、设计、工程与ODM服务等一体化的供应链管理服务。主要客户有：微软、IBM、摩托罗拉、思科系统、索爱、诺基亚、强生、惠普、戴尔、西门子等。

伟创力在服务国际大公司的同时，为了满足一些小型的OEM客户对定制解决方案的需求，伟创力的特殊业务解决方案（SBS）也提供小批量、高混合服务，满足他们的地区或特别生产需求。一个成功案例是伟创力与Insulet的合作。

Insulet是一家总部设在马萨诸塞州贝德福德的创新医疗设备企业。该公司成立于2000年，其宗旨是改善糖尿病患者的生活质量。Insulet旨在通过其革命性的OmniPod胰岛素管理系统，推广使用胰岛素泵疗法。Insulet希望通过与伟创力合作来满足大批量生产需求并加速进入市场，同时大幅节约成本的目的。伟创力的目标是将Insulet的产品成本降低50%，使其能够通过更便宜的设备来扩大产品普及率。为了实现Insulet的目标，伟创力结合自身的优势，对Insulet的供应链进行了全面设计与创新。在质量管控方面，伟创力制订了一个详细的计划，其中细节包括：定制专为Insulet开发的质量控制计划；完全符合ISO 9001和ISO 13485等；另外，为了帮助客户快速进入市场，进行创新流程开发——通过对生产线进行了分析，推荐使用半自动生产线，因为半自动系统通常更容易配置，并且产能上升速度远远高于高度自动化系统。伟创力与Insulet合作，将产品转移到已有20多年生产医疗设备经验的伟创力深圳工厂。该工厂获得ISO 13485认证，并符合美国食品药品管理局和国家药品食品监督管理局的要求。此外，伟创力还利用自身与中国政府的长期合作关系，为客户的产品类别争取到减免增值税的资格，节约了4%的税款。伟创力通过以上对Insulet的供应链的全面设计与创新，仅在4个月内，就建成一个满足大批量生产需求的半自动生产线；更重要的是，这种药舱的单价下降了60%以上。

伟创力在不断进行供应链管理创新实践的同时，也十分重视业态的发展，预知国际制造企业未来的供应链管理需求。伟创力认为在电子高科技领域，以微软、苹果和谷歌为代表的三大生态系统现已形成，预计这些生态系统将继续蓬勃发展，并连接全球越来越多的设备。新品牌将不限于手机，而是定位于移动互联网设备及相关产品。为进一步凸显伟创力在这些生态系统的价值，在微软和谷歌确定以软件业务为重点之后，伟创力采取重大措施来建立硬件业务，以及全球供应链能力，这些举措无疑将会把伟创力打造成为这些生态系统未来的重要合作伙伴。

## 二、本地物流企业和国际制造企业的合作

新加坡吸引大批的国际制造企业，为新加坡的本土物流企业提供了新的发展机会，使本地物流企业有机会参与到国际供应链的运作中。在和国际制造企业的合作中，本地物流企业不仅学到了国际先进物流供应链管理理念、模式和运作，而且还和这些国际制造企业一起走向国外，成为国际物流供应链服务公司。其中叶水福集团和摩托罗拉合作是本地物流企业和国际制造企业的合作的典范之一。

1998 年，叶水福和新加坡摩托罗拉公司结缘，起初，摩托罗拉公司只是把一部分供应商的库存管理业务交给叶水福。但随着彼此的了解，摩托罗拉把全部供应商库存管理服务都交给了叶水福，最后，叶水福成为了摩托罗拉在亚太区库存管理最大的合作企业。

叶水福在亚太区的大规模发展与摩托罗拉不无关系，业内将之称为“跟进式”模式。就是随着摩托罗拉在整个亚太区的发展，叶水福不断地跟进。跟进式发展的好处在于摩托罗拉已经对叶水福有了基于了解的信任，而叶水福也更加熟悉了摩托罗拉的供应链操作模式，因此，在整个运作过程中都是比较有效率的，效率高、成本自然就低，同时也意味着产品竞争力的提高。

21 世纪初，根据美国摩托罗拉公司全球运营安排，摩托罗拉（中国）电子有限公司将承接原新加坡工厂出口至欧美的大量手机订单。并把新加坡工厂中 8 条生产线转移至天津工厂，用于增资扩产。为了支持摩托罗拉制造基地大转移策略，叶水福也跟随摩托罗拉公司进入中国。2004 年 4 月 23 日，叶水福集团正式落户天津，在天津保税区成立一个占地 3.3 公顷的全新叶水福物流园。这个投资额达 1500 万新币的叶水福物流园设有一个亚洲物料中心，它管理着 300 多个供应商以支持摩托罗拉在中国及全球其他地区的生产厂。

摩托罗拉的主要目标是通过仓库整合降低库存水平。在 2 个月内，叶水福集团将其 6 个仓库整合成 1 个库存枢纽，通过有效的供应链管理，以及采用由叶水福集团开发、获奖无数、基于网络的制造物流解决方案，叶水福集团把库存管理效率提高超过 50%。摩托罗拉企业副总裁兼全球供应链运营总监 E. L Tay 先生表示：“在叶水福集团供应商关系管理团队的协助下，摩托罗拉采购部在 1 年内把其天津工厂 80% 的供应商加入到‘供应商管理库存’计划中，因此大幅度提高摩托罗拉和其供应商的生产力，同时大大降低了它们的运营成本。”

叶水福集团首席执行官兼董事总经理叶进国先生表示：“我们独一无二的优势不仅体现在创新的端到端的供应链管理解决方案和系统的供应及执行上，还表现在任何环境、任何地区为跨国公司提供服务，这提高了物流和供应链管理的水平，此外，更使得天津等运营地点的供应链管理能力大幅度提升，成为北亚地区首屈一指的供应链管理中心。”

## 三、本地物流企业和国际物流企业的合作

许多本地物流企业，特别是本地中小型物流企业，选择和跨国物流企业合作。一方面，通过与跨国企业的合作，本地物流企业间接获得跨国制造企业的业务和相对保证的货量，并参与到跨国企业的全球供应链中；另一方面，跨国物流企业一般都有一套严格

的供应商评估和管理的方法和要求，通过与跨国物流企业的合作，本地物流企业可以学习先进的物流供应链模式和经验，极大提升本地企业自身的物流服务的能力。以下是国际物流企业联合包裹服务公司在新加坡与本地物流企业的合作案例。

联合包裹服务公司是世界最大的快递公司，同时也是世界领先的物流供应链管理公司，特别是在售后服务供应链管理方面，联合包裹服务公司是世界上顶尖的备件物流供应链服务商。仅在新加坡，联合包裹服务公司为超过20家跨国企业提供新加坡本地备件物流服务，并作为亚太区的区域配送中心，为几家制造企业提供整个区域的备件物流服务。

售后供应链管理是企业整个供应链管理中最具挑战性的一个领域。一方面，售后供应链十分复杂，它不仅涉及正向的备件物流的管理，而且还涉及反向物流管理，包括保修期管理，返修确认、坏件退回、返修、报废以及价值回收等环节。另一方面，备件物流管理的备件数量多、流量小，而时效性要求高，一般需要一个庞大的仓储与配送网络来满足售后供应链管理。然而在新加坡，联合包裹服务公司并没有投资建立自己的配送网络，因此需要和一大批本地物流企业合作，整合本地物流企业的资源来提供售后供应链管理服务。例如，联合包裹服务公司利用惠达物流和诚信物流提供当天紧急配送服务，这些物流公司可以提供2小时和4小时紧急配送。同时对于第二天配送需求的订单，联合包裹服务公司则利用新加坡当地的快递公司来配送，这样可以在满足客户配送时效的同时，降低配送成本。在国际配送方面，联合包裹服务公司也和本地企业合作，利用不同的物流企业提供不同的配送服务。例如，利用JNE来提供NFO/OBC/AOG紧急国际配送，利用联合包裹服务公司自己的快递公司提供第二天的快速国际配送。而对于一般补货订单，则利用一般的普货货代公司完成配送。而把坏件维修外包给另外两家维修公司。由此可见，在产品售后供应链管理方面，联合包裹服务公司已形成一个由联合包裹服务公司牵头，许多本地物流企业组成的物流生态系统。联合包裹服务公司注重客户的获取，一旦获取新的客户，然后把物流需求进行分解，再外包给一个庞大的本地物流供应商网络，这些本地物流商提供专门的物流服务，而联合包裹服务公司负责总体供应链的管理和协调。

## 参考文献

[1] 鲍尔索克斯，克劳斯. 物流管理：供应链过程的一体化 [M]. 北京：机械工业出版社，1999.

[2] 新加坡经济发展局网站，2013.

[3] Singapore—A Supply Chain Hub for Emerging Markets and Beyond：Transportation Intelligence Ltd.，2013 [EB/OL]. http：//www.transportationintelligence.com.

[4] Developing Singapore into a Global Integrated Logistics Hub：International Enterprise Singapore，2002.

[5] Singapore Business News，July 2012.

[6] http：//www.singpost.com.

# 第三章　新加坡海空港物流与供应链管理

## 第一节　新加坡海港及供应链发展

### 一、新加坡海港

新加坡港位于新加坡岛南部沿海，西临马六甲海峡的东南侧，南临新加坡海峡的北侧，是世界最大的转运港，也是世界第二大港。2012 年集装箱吞吐量达 3160 万标箱，年增长 5.7%。该港扼太平洋及印度洋之间的航运要道，战略地位十分重要。新加坡港属于海峡港、自由港、基本港。它自 13 世纪开始便是国际贸易港口，目前已发展成为国际最著名的转口港和世界上最繁忙的港口之一。共有 250 多条航线来往世界各地，约有 80 个国家和地区的 130 多家船公司的各种船舶日夜进出该港。新加坡港由新加坡国际港务集团有限公司（简称 PSA，是世界第二大港口经营管理公司）管理。近年，新加坡海事业稳健发展，来自世界的海事公司相继落户，目前有 5000 多家公司提供各类海事服务，2011 年被国际海事理事会遴选为第三个国际海事仲裁中心。世界前十大集装箱码头如表 4－3－1 所示。

**表 4－3－1　　2012 年世界前十大集装箱码头[1]**

| 排名 | 港口 | 2012 年集装箱吞吐量（百万 TEUs） | 2011 年集装箱吞吐量（百万 TEUs） |
|---|---|---|---|
| 1 | 上海 | 32.53 | 31.74 |
| 2 | 新加坡 | 31.65 | 29.94 |
| 3 | 香港 | 23.10 | 24.38 |
| 3 | 深圳 | 22.94 | 22.57 |
| 5 | 釜山 | 17.04 | 16.18 |
| 6 | 宁波 | 16.83 | 14.72 |
| 7 | 广州 | 14.74 | 14.42 |
| 8 | 青岛 | 14.50 | 13.02 |
| 9 | 迪拜 Jebei Ali | 13.30 | 13.00 |
| 10 | 天津 | 12.30 | 11.59 |

新加坡工业以电子，炼油及船舶修造为主。高科技产业发展迅速，是世界上电脑磁盘和集成电路的主要生产国，也是世界三大炼油中心之一和世界三大岸外工程中心之一。

工业除三大支柱部门外，近年大力发展生物科技和医药制造业。还有食品、交通设备、建筑等也较发达。新加坡是欧、亚及大洋洲的航空中心。旅游业也是主要外汇来源之一。新加坡自然资源缺乏，粮食的全部和蔬菜的半数均依靠进口。

### （一）港口条件

新加坡港自然条件优越，水域宽敞，少风暴，水深适宜，吃水在 13 米左右的船舶可顺利进港靠泊，港口设备先进完善，并采用计算机化的情报系统，同时谋求用户手续的简化和方便。装卸设备有各种岸吊、门吊、集装箱吊、汽车吊、铲车、叉车、卸货机、吸扬机、牵引车、拖船及滚装设施等，其浮吊最大起重能力达 203 吨，拖船功率最大为 1400 千瓦，还有直径为 150 ~600 毫米的输油管供装卸石油使用。另有海上泊位多个，最大可泊 35 万载重吨的超级油船，丹戎巴葛码头为集装箱专用码头，有 9 个干线泊位和 3 个支线泊位，其中有 6 个泊位可靠 6 艘“第三代”集装箱船舶同时作业，集装箱堆场可存放 3. 1 万 TEU，有最新式的用于堆垛集装箱的橡胶轮胎式装卸机。

装卸机最大起重能力达 40 吨，跨距 22. 7 米，提升高度 19 米，轴距 8 米，运行速度在提升时为 17 米/分，在横移时为 70 米/分，在行走时为 134 米/分，最高能堆垛 7 层，而普通装卸机只能堆垛 5 层，并能自动将吊钩放到集装箱上方所需的位置上。另外在两个大门口还没有 16 个车道的电子地磅。裕廊码头的周围是新加坡最大的裕廊工业区，它对该码头干、液、散货的输出入起了一定作用，该码头有 9 个深水泊位，最大可停靠 30 万载重吨的船舶，有仓库 8. 5 万平方米，堆场 23. 4 万平方米，谷仓容量达 4. 8 万吨，有链带式干散货卸货机，可直接把货物运往仓库，散货的装卸能力每天达 1. 4 万吨。该港炼油厂的贮藏容量达 80 万立方米，精炼能力每天为 120 万桶（约 16 万吨），居世界第三位，仅次于鹿特丹和休斯敦。新加坡港早在 1891 年就开始转口贸易，自由贸易区分布在港区内，面积达 4. 05 平方千米，码头岸线长达 4. 83 千米。过境货物仓库超过 12 万平方米，露天堆场约 8. 4 万平方米。

### （二）管理机构

新加坡负责全国交通的机构是交通部，下属管理新加坡民航局，新加坡海事与港务管理局，陆路交通管理局等。

新加坡海事与港务管理局的前身为新加坡港务局。1996 年以前新加坡港务局实行政企合一。原港务局行使港口运作管理职能。1996 年 1 月新加坡实行政企分离体制改革，将原港务局的行政管理部门和人员与交通部海事局及海事委员会合并，组成新加坡海事与港务局（MPA）。负责新加坡海事利益以及承担建新加坡建成世界级海港和国际海事中心的责任。而原港务局的生产与经营部门则改组成为新加坡港务集团有限公司（PSA）负责港口的经营与管理。改制后的港务局实行股份制和私有化。由于实行民营化，效率进一步提升，管理更有弹性，因此短短两年，就将港口经营与管理经验延伸到海外十多个港口城市。目前与中国、印度、印尼、越南、意大利、比利时等国家的港口均有合作和投资关系，真正达到国际化经营的目标。

### （三）最佳海港

在2013年5月举行的“第27届亚洲货运业及供应链奖”颁奖典礼上，新加坡海港连续第25次荣膺“亚洲最佳海港”的称号。与此同时，新加坡港务集团国际连续第8年被评为“全球最佳集装箱码头经营者”，而港务集团新加坡码头则第24次获得“亚洲最佳集装箱码头经营者”（每年400万以上标准集装箱）的称号。2012新加坡国际港务集团净利上扬10.7%至12.57亿新元（约10.13亿美元），新加坡国际港务集团在全球集装箱码头的吞吐量增长5.2%至6006万标箱。新加坡海事及港务管理局局长蓝一洋表示，新加坡海港局将继续和行业密切合作，力争把新加坡打造成亚洲首选的港口、全球枢纽港以及国际海事中心。

## 二、新加坡海港与供应链发展

### （一）港口供应链及物流服务

新加坡港口与物流和供应链相关的服务和设施包括：集装箱中转服务、港口运营、运输商、集装箱接驳服务、特种项目货物处理、化学及液态货物仓储服务、快递服务、装卸承包服务、冷藏货物存储服务、货物代理服务、供应链服务、无船承运人服务、通用货物仓储服务等[2]。

港口提供综合的多种供应链和物流服务，对提升港口的集成和连接能力及配套的供应链服务非常重要。新加坡港口因为能够提供多种的物流和供应链服务，尤其是针对不同客户类型的供应链及物流服务，是该港口区别于区域其他港口的特点和优势。新加坡主要港口供应链服务公司可详见新加坡海事网。

### （二）港口功能及港口经济

**1. 中转服务**

新加坡港与世界上123个国家和地区的600多个港口建立了业务联系，每周有430艘班轮发往世界各地，为客户提供多种航线选择。有如此高密度、全方位的班轮航线作保证，需要中转的集装箱到了新加坡很快就会转到下一个航班运往目的地。新加坡港的大部分集装箱在港堆存时间为3~5天，其中20%的堆存时间仅为1天。新加坡作为国际集装箱的中转中心，极大地提高了全球集装箱运输系统的整体效能，成为国际航运网络中不可或缺的重要一环，是新加坡国际航运中心的最大特色。

**2. 综合功能**

除了海运及中转，新加坡还在空运、炼油、船舶修造等方面具备产业优势，同时又是重要的国际金融和贸易中心。利用这些条件，围绕集装箱国际中转，衍生出了许多附加功能和业务，丰富和提高了新加坡作为现代国际航运中心的综合服务功能。如国际集装箱管理和租赁中心：发达的集装箱国际中转业务，吸引了许多船公司把新加坡作为集装箱管理和调配基地，形成了一个国际性的集装箱管理与租赁服务市场。

另外一个综合功能是空港联运——新加坡海港与新加坡空港合作开展的一项增值业务。通过海运和空运的配合与衔接，满足用户的供应链在时间和成本等方面的特殊需求。空港联运本身并没有给新加坡带来可观的箱量和收入，但它确实满足了客户的应急之需，极大地提升了客户对新加坡港的信任度和新加坡作为国际航运中心的知名度，在广泛和长远意义上为新加坡港带来了丰厚的回报。

**3. 修造船中心**

新加坡港拥有一个40万吨级的巨型旱船坞和两个30万吨级的旱船坞，能够同时修理的船舶总吨位超过200万吨，是亚洲最大的修船基地之一。在为船舶提供维修服务的同时，新加坡港还提供国际船舶换装与修造一体化的服务。需要检修的船舶往往满载货物从其他港口驶往新加坡，将货物在新加坡港换到其他船舶后，就近在新加坡进行维修，节省了成本，方便了船主，也为新加坡的修船业带来了更多的生意。

**4. 国际船舶燃料供应中心**

新加坡是世界第三大炼油中心，世界排名前列的Shell、Exon Mobil、BP等石油公司均把新加坡作为石油提炼和仓储基地。产业的规模效应使得船用成品油的价格相对较低，加上位于国际航线的要冲，新加坡已发展成为国际船舶燃料供应中心，往返欧亚航线的船舶大部分只选择在新加坡或鹿特丹两地加油。

**5. 国际物流和供应链管理中心**

新加坡充分发挥港口的综合区位优势，利用海港的天然水深、便利的交通优势，同时利用其作为物资集散中心各项生产要素集中的优越条件发展临港工业。如为满足第三代物流发展和顾客的需要，新加坡港已在裕廊码头建立了物流中心，培育港口物流链，港口与加工业联合发展。港口园区建设与吸引外资相结合，将一些临港土地和泊位提供给跨国公司作为专用中转基地使用，鼓励大跨国企业在港区建设物流中心、配送中心等。这样，港口物流为临港工业提供专业、高效的物流服务，提升加工工业水平，进而又促进港口经营效益的提高。

### （三）港口及物流发展竞争

新加坡港面对区域港口的激烈竞争。来自马来西亚的港口竞争是新加坡港面临的最直接竞争。马来西亚与新加坡展开竞争的态势已经明朗，特别是在港口方面。马政府拨出约6.3亿美元专款，计划加速港口建设和提高服务能力，将竞争的矛头直指新加坡。

世界航运市场不景气，船务公司靠的是薄利多销，尽量控制成本。而新加坡港虽然是世界上最有效率、管理最好的码头，服务收费也比较高。在经济不好的年头，这对船务公司是很大的费用负担。位于马来西亚南部的丹绒港（Tanjung Pelepas）建于1999年，与新加坡港的距离只有40分钟车程。与新加坡港相比，丹绒港不论硬件还是软件都与新加坡港相去甚远。然而，丹绒港依靠价格等方面的优势，给新加坡港带来不少的竞争压力。

2001年，全球最大的海运公司丹麦马士基海事公司（APM - Maersk）在结束与新加坡港务集团的合约后，将东南亚的转运中心转移至丹绒港，马士基每年180万个标准集装箱的货物改由丹绒港转运，新加坡港失去11%的货运量。丹绒港主要靠低价竞争挖走马士基。丹绒港提出的码头收费只有新加坡港的一半，另外还将丹绒港30%股份转让给马士基，允许其参与码头的经营管理。2002年，全球第二大海运公司台湾长荣集团已经同马来西亚签订长期合作协议，将其货物中转码头由新加坡转到马来西亚柔佛州的丹绒港。新加坡在这场争夺战中开始以为胜券在握。而长荣却突然改换门庭，与丹绒港签署合作协议。马方同意给予长荣最优惠的服务价格，收费还不到新加坡港务集团的一半。另外，马来西亚还转让给长荣10%~20%的码头股份，并给予长荣集团下属的航空公司和酒店在马来西亚的种种优惠[3]。

新加坡港失去两个大客户，损失了约1/6的集装箱货运量，严重威胁到新加坡港作为该地区内首要中转码头的地位。由于新马两地差价太大，其他船运公司也向新加坡港务集团提出降低收费的要求。但在这场新马港口之争中，马来西亚虽然抢占了市场，却面临着“消化不良”的难题。丹绒港泊位有限，效率比新加坡港明显低。马士基在脱离新加坡港4个月后，又回过头同新加坡港务集团签署了一项长期服务合同[3]。在新的协议下，新加坡港务集团将为停靠在新加坡码头的马士基货船继续提供“量身定制服务”。面对马来西亚港口的竞争，如果打价格战，新加坡港无胜算，为客户提供高效和增值服务才是新加坡的竞争优势。新加坡港拥有优质的服务、完善的港口设施、遍布全球的航线网络（有250条航线遍布全球，同123个国家及地区的600多个港口有业务往来），中转及运营效率极高，包括比较完善的物流和供应链管理优势，才是它在竞争中取胜的原因。

## 第二节　新加坡空港与新加坡供应链发展

### 一、新加坡空港

#### （一）空港基本情况

新加坡樟宜国际机场位于新加坡樟宜，占地13平方千米，距离市区17.2千米。是世界第六大繁忙机场，也是亚洲最重要的空港之一。目前为100多个航空公司连接250个城市和60多个国家的航线提供服务。每周超过6200个定期航班。2012年新加坡机场过境旅客人数为5120万人（相当于新加坡人口的10倍）[4]。

樟宜机场提供连接到亚洲的最广泛的通航网络。7小时的飞行时间，可以覆盖亚太地区的主要市场，其区域货运航空公司可连接到新兴东南亚市场的主要城市并提供大量联运机会。机场内有350个各类零售和服务点和120个餐饮店，商务营业面积约为7万平方米。所以，樟宜机场也是旅客及新加坡居民的购物和餐饮的好去处。樟宜机场为新加坡制造了超过13000个就业机会。

自樟宜机场1号航站楼于1981年1月启用以来，它已经走过了30年的路。樟宜机场以前由新加坡民航局运营，是新加坡航空、新加坡航空货运、捷达航空货运、虎航、胜安航空、捷星亚洲航空等航空公司的主要运营基地。自2009年7月1日，樟宜机场由樟宜机场集团实行企业化管理。樟宜机场集团，此前为新加坡民航管理局的一部分，在过去的30年中，已经将樟宜机场建成为全球获得最多的“最佳机场”奖项的著名国际机场。在樟宜机场第一航站楼1981年开始运营七年后，樟宜机场于1988年被《商务旅行者》评为全球最佳机场；两年后，二号航站楼投入运营。最近先进的三号航站楼也于2008年投入运营，包括给商务旅客提供豪华的终站服务[5]。

为了吸引更多航空公司使用樟宜机场，该机场在2003年建立空运发展基金，并在2006年和2007年分别投入2.1亿及3亿新元以更新机场设施，而投入了17.5亿新元的3号客运大楼亦在2008年1月9日启用[5]。

樟宜机场以其优质服务享誉航空界，在1987年至2011年间共赢取超过360个奖项，其中在2009年赢得27个最佳奖项。樟宜机场亦会定期维护其客运大楼，以提供更好的服务[5]。

### （二）新加坡空港发展历史

新加坡巴耶利峇国际机场在1955年启用，是继实里达机场和加冷机场后的第三个国际机场。国际民航业的迅速发展使巴耶利峇国际机场不胜负荷。该机场只有一条跑道和一个小型的搭客大楼，到20世纪70年代，已经明显无法承受高速增长的搭客容量。到1970年，空运旅客人数大幅增加到170万，到了1975年，更激增到400万人次。当时有两个选择：扩建巴耶利峇机场或在别处建一个新机场。考虑到巴机场的位置在市区，而且四面都是陆地的因素，新加坡政府1975年决定在新加坡最东端的樟宜兴建新的飞机场。决定在樟宜兴建新机场的考量有二，第一是樟宜本身靠海，以后的机场的扩建可以通过填海来增加土地范围；第二是飞机在起飞的时候马上就会飞到海上，这就解决了巴耶利峇地区附近噪声对居民的影响。

新加坡政府为了建造新机场，在樟宜一带展开了一项非常庞大的填海工程。1200万立方米的泥土填满了约2平方千米的沼泽地、另外4000万立方米的砂石则铺平了樟宜周围的海面。这项工程为新机场增添了非常大的建筑空间。据报道，樟宜机场的总面积有一半是坐落在填海地段。

樟宜机场第一阶段的建筑工程包括了：第一搭客大厦、飞机跑道、45个飞机停泊处。所有相关的支援设施如飞机维修站、消防局、事务处、货运中心、两座货机运营商大厦、航空食品配送中心以及一个高约80米的中央控制塔也在第一阶段落成。第一旅客大厦于1981年7月19日投入服务，在营业的第一年就有810万人次的乘客抵境。近20万吨的空运货物及63000班次的客机也经由樟宜机场的第一搭客大厦到世界各地。

樟宜机场第二阶段的建筑工程在第一阶段工程竣工后立即展开。在第二阶段落成的设施包括第二搭客大厦、23个飞机停泊处、第二所消防局、第三座货机运营商大厦。

## 二、新加坡空港货运与供应链发展

自1981年，樟宜机场逐步成为一个世界领先的货运航空枢纽，也是世界最繁忙的货运机场之一。目前每年处理180万吨以上的航空货物，其中约一半为转运货物。樟宜机场以高水平的服务质量和效率著称，它持续为航空货运新服务和运作效率设立新的专业水准以满足不断变化的客运服务需求。樟宜机场为世界100多家航空公司提供220个城市的货运航线服务。这些航线连接60多个国家。其中15家航空公司每周运作300班次纯货运航班[4]。

新加坡空港发展世界级的航空货运枢纽服务的主要目的是为跨国公司选址新加坡作为其区域供应链管理中心提供重要的理由。

## （一）新加坡空港货运物流主要设施特点

新加坡樟宜机场货运与新加坡海港和陆路运输体系共同构建海陆空全方位的供应链服务体系。为跨国公司及本地企业提供完善的物流和供应链相关服务和畅通的多式联运物流平台让企业在货运成本和时间效率之间取得平衡。新加坡空港大约20分钟的车程便可到达海港。新加坡空港是亚细亚区域空运枢纽，与区域国家的主要机场都实现了便利的连接。并通过东南亚主要城市的货运网络，连接到中国、日本和韩国市场。

新加坡航空货物枢纽与供应链及物流服务相关设施及参数包括：①樟宜机场货运主要设施：樟宜空运中心和新加坡机场物流园；②超过70公顷的自由贸易区；③机场每年可处理300万吨货物；④占地10万平方米的货物空运办公楼和货舱；⑤两个主要机场跑道，每个长4千米；⑥12个专用货机停靠处，可容纳A380和B747－8货机；⑦没有夜间飞行限制；⑦24小时全天候运作的高效率海关操作。

## （二）樟宜机场航空货运中心及服务

樟宜机场航空货运集中在机场的航空货运中心。这是一个24小时运作的免税区。在这里转运货物可以拆包和重新包装。在这个47英亩的设施里，有九个航空货运终站（AFT），包括两个专业的快运中心——用于处理加急和有严格时间要求的货物。航空货运中心拥有12.5万平方米的办公室和仓储空间，以及12个可以停靠大型货运飞机的停泊区。空港货运中心提供高效的货物装卸和货物通关。空港货运中心实行严格的安全保护，进入货运中心由机场通行系统控制[4]。

樟宜机场航空货运在业内以高水准的服务和效率著称。这有赖于相关的货运代理，地面处理服务公司，集成服务公司和物流公司的合作。目前樟宜机场的9个货运终站的地面服务由两个地面服务公司负责——新加坡机场终站服务公司（SATS）和 樟宜机场航空服务公司（CIAS）。他们提供快速和高效的地面服务。

樟宜机场通过优质的服务确立在竞争日益激烈的航空货运市场的地位。通过采用新技术和积极主动的措施，樟宜机场持续维持它的区域关键货运枢纽地位。近年樟宜机场货运量如图4－3－1所示。2012年货运量为1.81百万吨。

樟宜机场是区域领先的航空货运机场。自1981年机场运作以来，樟宜机场在满足客户服务需求方面，持续设定航空货运新的运作效率指标。樟宜机场在货物处理，货物相关文件处理和货物通关等方面设定了严格的服务标准以保证地面服务公司、货运代理公

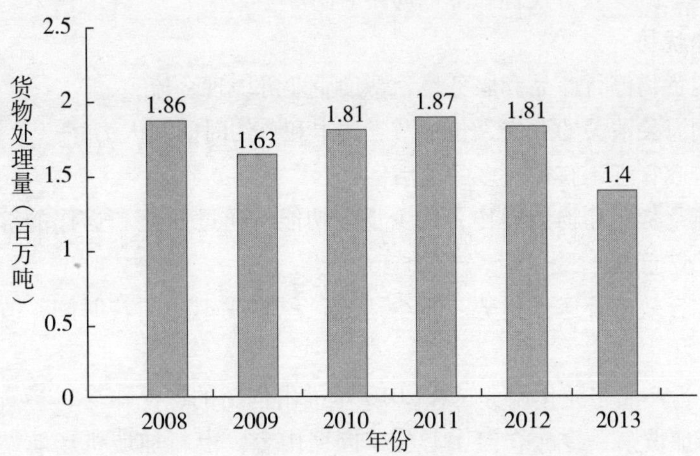


**图 4-3-1　樟宜机场近年航空货物处理量**

注：2013 年数据为 1-9 月

司和物流公司能提供世界级的服务，以保证无缝和高效的货物通关及物流和供应链服务。如表 4-3-2 所示。

**表 4-3-2　樟宜机场航空货物处理指标**

| 性能指标 | 目标参数 |
| --- | --- |
| 在旅客飞机到达 2 小时内，具备所有货运文件 | 90% |
| 在货运飞机到达 4 小时内，具备所有货运文件 | 90% |
| 在旅客飞机到达 3.5 小时内，清理和准备好所有货物 | 90% |
| 在货运飞机到达 5.5 小时内，清理和准备好所有货物 | 90% |
| 货物在 13 分钟内实现通关 | 90% |

### （三）新加坡机场物流园区（SLPS）及服务

新加坡机场物流园区是全天候高效运作的空港物流园区。为企业用户的不同类型的产品提供多种类型的供应链和物流服务。新加坡机场物流园区占地 26 公顷，在机场的保税区为第三方物流商和跨国制造商提供完善的设施来建设区域总部和物流配送中心。

设立机场物流园区的战略意图是进一步加强新加坡作为航空物流枢纽和亚太地区供应链管理中心地位这一主要战略的一部分。

**1. 主要的特点**

（1）全天候运作的高效率海关操作；

（2）值得信赖的物流配送中心；

（3）直接进入航空货运中心；

（4）货舱面积达 23 万平方米；

（5）能为客户减少双重代理和降低周转时间。

**2. 主要竞争优势**

（1）园区内货物停付商品和服务税，帮助企业舒缓现金流；

（2）节省同海关清关的开支，包括节省成本和节约时间及人力；

（3）减少行政管理，获得更多的灵活性；

（4）整合航空货运和物流运作，减少重复功能，通过商业和运作的综合效应提高供应链的效率和反应能力；

（5）商业综合效应及运作优势：减少运输、税收成本和周转时间，改善服务水平和成本竞争力。

园区提供货运产品多元化服务。在2010年推出创新的产品服务，樟宜满足利基市场的特殊需求。新加坡第一冷冻仓储中心位于园区内容，由新加坡机场航站服务有限公司经营；机场易腐货物处理中心也在园区设立。另外，提供贵重物品，如艺术品、文物等贵重物品的自由港服务。

**3. 主要客户**

目前许多世界顶尖的第三方物流商都在新加坡机场物流园区设立分公司或区域总部，其中包括敦豪速递、联合包裹、SDV国际物流、康捷国际物流、德迅货运、德铁辛克物流、万络国际物流、日通国际物流等。

新加坡机场物流园区目前已形成国际领先物流服务公司和供应链服务商的聚集。园区鼓励建立和加强供应链合作伙伴关系。目的是通过物流和供应链服务的集聚和协作，在园区与客户之间及客户企业之间建立良好的伙伴关系，实现优势互补和资源的充分利用，因此支持供应链服务商和企业供应链找寻新发展机会，并增强竞争力，达到为全球客户提供优质服务的目标。

目前园区主要汽车配送中心客户：

（1）Daimler Chrysler区域物流枢纽。在园区建有面积40万平方英尺的区域物流中心为亚太地区22个国家，包括日本配送超过50亿元的零部件。每年业务量达到30亿元；是戴姆勒克莱斯勒集团全球三个网络中心之一。

（2）大众霸级配送中心。大众汽车在樟宜机场物流园区的配送中心是其海外的第一个霸级配送中心。及时（JIT）配送15种配件；用于整合美国、欧洲和亚洲的货物运输，协调亚太地区货运。

（3）Volvo区域配送中心。该配送中心是沃尔沃价值7500万元，占地18万平方英尺的设施。是沃尔沃在亚洲最大的物流设施，包括维修和培训业务功能。

（4）Yamaha亚太零部件控制中心。该零部件中心面积为7万平方英尺。是Yamaha的区域物流枢纽，全球6个枢纽之一。业务覆盖亚太和中东地区。

（5）丰田区域配送中心。新加坡在革新多用途汽车项目中扮演着关键的物流角色；新加坡区域配送中心管理着从亚细安、南非和阿根廷的工厂到东南亚和其他地方的物流流程。

进驻的主要物流公司包括Exel、BAXGlobal、SDV、Yusen、UPS等。

(6) Bax Global 亚太总部。新加坡是 Bax Global 亚太区 12 个国家的总部，拥有 40 万平方英尺的综合物流设施。在该总部提供的服务包括：供应链咨询、供应商管理枢纽、数据中心。该总部特别专注于宇航、电子、保健、相关的物流产业。将总部设立在新加坡空港物流园的目的是将航空货运同物流活动整合在一个枢纽，又在保税区内，还紧靠机场，这让我们能够为我们的客户提供一系列的增值服务，并更进一步改善了周转时间。

(7) UPS 新加坡亚洲物流枢纽。UPS 供应链解决方案耗资 1.8 亿元的配送和物流枢纽于2006 年7 月在新加坡空港物流园建成。总面积42.5 万平方英尺。是 UPS 东南亚的关键物流运作中心之一。该设施提供特别服务，如成套配送和关键零部件配送和关键配件网络管理等[6]。

## 第三节　新加坡自由港及供应链管理

### 一、新加坡自由贸易港

设立自由贸易港是促进国家经济发展，争取区域及国际贸易和物流中心地位的重要举措。所谓自由港一般指包括港口及其周边区域。货物进出自由港无须缴税，而且货物的装卸、储存、改装/分装，装配、加工或转运到其他国家，都不受海关的限制，可免除多种繁杂的行政手续。自由贸易区一般指某个特定区域，在此区域内，货物可自由进出、储存、展览、拆装/改装、加标签、加工、转运等，当地政府不收关税，也无需缴纳保证金等。只有当货物离开自由贸易区运至该国其他课税区使用和消费时，才征收关税和采取进口管制措施。

新加坡总体上是一个大的自由贸易港，仅次于香港，除汽车、石油产品、烟酒等外，对其他商品不征收关税。公司所得税税率为 20%，来自岸外公司的红利收入免征所得税。新加坡也是世界金融及贸易中心，外币可在新加坡自由兑换及进出。商品及服务税（即消费税）税率为 7%。在新加坡境内设有若干对所有商品都免税的自由贸易区（Free Trading Zone）。

新加坡于 1969 年通过自由贸易区法案，作为实施自由贸易区的法源。新加坡自由贸易区的制度，采用境内关外法，视发展需要，在政府公报中宣布可成为自由贸易区的地区。

#### （一）自由贸易定位与政策

作为世界贸易中心之一，新加坡同世界许多国家签订了自由贸易协定，这些国家包括美国、日本、加拿大、亚细安、中东等国家和地区。实行自由港政策是分享全球自由贸易权利、提升国际竞争力的有效手段。

新加坡的自由港和自由贸易区定位在转口贸易上。一切货物的进出安排和流程都以客户需求为导向（除烟酒等个别商品外），并且不断更新本身硬件设施和采用高科技，以掌控货物流向与时间，使货物流通达到快速便利的目的，充分满足客户期待。

新加坡实行的自由港政策，具体体现是实行自由通航、自由贸易，允许境外货物、资金自由进出，对大部分货物免征关税等。实行自由港政策极大地方便了货物的流通，节省了贸易成本，带动了集装箱国际中转业务的发展，提升了新加坡的国际竞争力，使新加坡在国际航运、贸易和金融业务中发挥着举足轻重的作用。

### （二）新加坡自由贸易法

新加坡的自由贸易区114法案（Chapter 114）是新加坡自由贸易港发展的法律基础。根据该法案，自由贸易区指新加坡政府指定的可以进行自由贸易的在新加坡领土范围的任何区域。新加坡可以指定政府部门或公司负责自由贸易区的操作和管理。根据该法案应课税货物指从境外或免税区进入课税区需要偿付进口税的货物。新加坡交通部长可基于自由贸易法案划设自由贸易区[7]。

## 二、新加坡自由贸易区发展

新加坡境内目前设有7个自由贸易区，其中海港自由贸易区6个，空港自由贸易区1个。这7个自由贸易区是根据新加坡自由贸易区法设立，以实现进出口贸易、货物的重新分类包装、制造和物流运作的便利化为目标。在自由贸易区，对所有货物，暂免关税、课征消费税和货物税。自由贸易区提供24小时通关服务。在人员出入方面采取宽松政策，包括落地签证。支持自由贸易区信息平台为贸易网（TradeNet）。

作为重要的转口贸易国家，新加坡的自由贸易区并不是提供税务优惠以吸引外资进行加工制造的生产基地，而只是提供一个免税区，便于商家把货物存放在区内，以便重新分类、包装、鉴别和展示，然后再出口。或者是等待有利的销售时机，把货物运转入新加坡的关税区，经办理关税缴纳手续后再投入市场。如果要从事除简易加工外的制造，则须将其进口的原料移运至自由贸易区外的物流分销园区或工业区内进行，新加坡还有70余座保税仓库，以增强自由贸易区功能。

7个自由贸易区的主管单位分别为新加坡国际港务集团、新加坡民航局及裕廊镇管理公司，除樟宜机场的自由贸易区由新加坡民航局掌管及裕廊港自由贸易区由裕廊镇管理公司管理外，其余自由贸易区均由新加坡国际港务集团掌管经营。新加坡自由贸易区为散货进出口提供72小时免费储存服务。货物可以在同一自由贸易区内自由转运，但是，如果要从一个自由贸易区运到另外一个自由贸易区，则需要在海关的监管控制下进行。在所划设的自由贸易区内容均以围墙与周边分隔，进出自由贸易区均有海关检查站加以管控。

### （一）新加坡海港自由贸易区

新加坡的自由贸易区都提供集中的物流服务，有Pasir Panjang、Sembawang Wharves和Keppel Distripark 3个主要的物流中心。Keppel Distripark提供拆拼箱、仓储、运输以及货物取样、测量、贴牌、包装等服务，是港区内最便捷的集装箱配送中心；Sembawang

Wharves 为散货分拨中心；Pasir Panjang 为专业汽车转运中心。数据显示，自由贸易区内货物的卸货时间约为 4～6 个小时，大型快递公司如 UPS、FedEx 等，货物从卸货到运出自由贸易区所需的时间，大约只有 1 小时。

各海港自由贸易区主要运营范围如下：

（1）Keppel 码头区：主要从事集装箱及散装货物的装卸和转运。

（2）Pasir Pajang 码头区：初期从事散装货物的装卸和转运，近年已成为新加坡最大的集装箱货物处理区。

（3）Tanjong Pagar 码头区：主要作为集装箱及散装货物之转运和装卸。

（4）裕廊港区：集装箱及散装货物转运和装卸。

（5）Sembawang 码头区：主要从事进出口货物，多属低价值但大量的货物（如木材）；也从事集装箱货物的装卸和转运。

（6）Telok Ayer 码头区：主要从事驳船货物的装卸、处理和转运。

### （二）新加坡空港自由贸易区

经营航空货物的进出和装卸。内包括亚洲第一个世界级的珍贵物品和艺术品收藏中心，设有顶级保安措施。这个全球最大的免税储物设施启用位于樟宜机场旁的免税区，供非新加坡籍租户存放贵重物品。

### （三）新加坡关务系统

自 1989 年起，新加坡政府发展一套电子资料传输的关务系统——贸易网系统（TradeNet）。该系统提供政府机构及民间使用者以电子资讯方式输入和传输进出口贸易及货物运输相关资料。除每周日上午四点到八点外，TradeNet 提供二十四小时服务。目前该系统由 CrimsonLogic 公司（其前身为新加坡网络服务公司）负责经营管理。

TradeNet 系统能有效整合进口、出口及转运货物的文件处理流程，除能节省进出口贸易及货物运输相关的文件准备、呈报和处理所需的时间和成本外，也能加快货物通关效率。另外，使用者可通过网络向相关政府机构申请货物进口、出口及转运相关许可证，政府也可将相关许可证回传给申请者。

## 三、自由贸易区的经营与管理

### （一）自由贸易区的主要活动与功能

**1. 货物进口功能**

货物从自由贸易区或保税区转运至新加坡其他地区为进口。贸易商在新加坡从事货物进口业务（包括管制和非管制货物），于货物进口前，贸易商要输入电子文件，通过 TradeNet 直接传到新加坡国际企业局。该系统 24 小时受理，并自动将文件依性质进行分类并送至相关政府单位，取得海关进口许可证。贸易商在货物进口通关前，需将海关核发的进口许可证打印出来，供货物进口通关时使用。贸易商进口货物时需为一般货物缴纳7%的消费税，若为应税货物，则需一并缴纳另外的关税。

进口样品价值没超过400新元者，免征关税和消费税。进口样品呈报发票及提货单即可，无须取得海关许可。

**2. 货物出口**

依据新加坡关税法规定，货物自国内课税区转移至自由贸易区或保税区为出口。原则上，货物自新加坡境内出口前，出口贸易商应先准备必要的出口文件，通过TradeNet系统向海关进出口业务办公室申报货物出口。

**3. 货物存储功能**

除烟酒和禁止进口类货物，均可免税存储于自由贸易区。为促进贸易，海关允许以托运方式进口烟酒类货物转运或进入特许仓库前，暂存于自由贸易区，暂存期为30天。

集装箱免费储存期限：进口集装箱：载货集装箱72小时，空箱48小时，超大件48小时，冷冻箱72小时。时间从卸下船舶时算起。出口集装箱：载货集装箱72小时，空箱48小时，超大件48小时，冷冻箱72小时。时间从收到集装箱时算起。转运或再出口集装箱：无论载货或空箱，从第一艘船卸货完成至转运到第二艘船停靠码头这段时间内都有168小时的免费堆存时间。也就是，原货柜抵达自由贸易区及在货物离境的自由贸易区各得72小时的存储时间，再加上货柜24小时内转运到另一自由贸易区时间。

货物免费存储期限：自由贸易区提供设施及服务以便应税货物及管制货物在再出口或转口之前能存放于港区内。对散装货物的进出口提供72小时免费存储服务。对等待转口的货物最长提供28天的免费储存服务。

新加坡港具有世界级的货物存储和配送服务。包括吉宝物流中心（Keppel Distripark）、裕廊物流中心（Jurong Logistics Hub）等。原则上，海关人员可以随时进入自由贸易区的货物储存区进行检查。但基于信任，实际上，海关人员极少进入检查。

**4. 货物重新包装贴标功能**

依现行法令，进口人对其存放于自由贸易区的货物进行重新包装、修理、分拣和测试前，需事先取得海关的许可。原则上，存储在自由贸易区之货物进行重贴标签、重新包装、应税货物之填装和拆装（Stuffing/Unstuffing）、抽样样品分类等活动的应申请许可。应将申请函传真至海关港口办事处。新加坡许多的物流公司和岛内的自由贸易区配合提供货物改装、分装和贴标等增值服务。

**5. 货物转运功能**

贸易商于新加坡境内从事自由贸易区货物转运及管制货物于自由贸易区内转运业务者，需于货物进入新加坡前，通过贸易网（TradeNet）系统转运许可证。新加坡公司自他国购买货物，再出售到另一国家时，不论货物是否直接由他国运送至另一国或通过新加坡的自由贸易区卸货后再出口，均免申请进口及出口许可证。唯后者需由货物承揽公司在输入输出货物单上注明“于新加坡境内转运”。

**6. 再运出口货物暂存功能**

货物因维修、展览等目的经过自由贸易区进口至维修厂商处或新加坡展览中心，并于三个月内重新运出口的，免征关税和消费税。若于规定期限内没有再运出口的，需缴纳关税和消费税。

**7. 货物的制造和改造**

按规定，在自由贸易区的制造和产品改造活动需以书面形式向关税局局长提出申请，并交相关部长批准。除经相关部长批准，否则不得于自由贸易区内从事制造活动。据此，关务局局长应将申请函连同推荐信，尽速送交部长，以取得相关部长同意相关业者于贸易区内从事制造活动的核准函。

### （二）招商

在自由贸易区的招商方面，主要由新加坡经济发展局负责。在招商方面结合已进区厂商及专业律师和会计师，有计划地进行国际国内招商活动。结合专业机构和人员的目的是提供有关法律和租税问题的专业知识和解答。

### （三）货物自境外输入的通报

货物进入自由贸易区的形态分为自境外、其他保税区和课税区三种。

货物自境外进入，基本上没有缴纳关税及营业税的问题。但需先向海关通报，以掌握货物流向。主要基于国家安全考虑及避免毒品、枪支等违禁货物的输入和存放在自由贸易区。海关对货物的管制，以安全管制为主，主要不在数量和稽核管制。另外，贸易区内经营者以电子文档方式向海关提供区内货物存放资料（包括进、销、存）之制度。货物自课税区进入自由贸易区时，视为出口，办理出口手续。自其他保税区进入，无须办理出口手续。

### （四）出区管制

自由贸易区与境内课税区是分隔的。自由贸易区的进出管制由海关负责，执行货物通关查验和征税。货物出区包括三种：出境、到其他保税区及到国内课税区。当货物自自由贸易港区进入课税区，应办理通关手续和缴费。采取网上扣款，以利货物快速通关。货物自自由贸易区进入其他保税区，无需办理进口手续。当货物从自由贸易区出口到国外视为转口，免办出口相关手续。海关在自由贸易港区提供24小时通关服务。正常货物通过时间，海运整柜为4小时，拼柜为48小时。空运为4~6小时。

## 四、新加坡自由港与供应链发展

自由港对供应链发展具有非常重要的作用。首先，优惠的税收和服务可促进物流/供应链的蓬勃发展。其次，货物流量的提升，不仅可增收服务费，亦可增加税收所得、增加就业机会、提升国际联系和知名度。最后，由于吸引跨国企业供应链延伸到自由贸易区，增加了本地的加工和制造和研发能力。因此，自由港发展能为供应链发展带来新的机会。为使新加坡成为区域供应链和物流管理枢纽，除提供一流基础设施外，新加坡政府也在自由贸易软环境和政策方面提供配合。

随着国际分工的深化，世界上的自由贸易区也从单纯的转口贸易转向加工制造，同时兼营金融和服务业，以求最大限度提升商品价值和资金利用效率。新加坡的自由贸易区也顺应潮流允许外商在区内直接投资工商业务，对多数进出口商品提供免征关税的优惠以及在金融服务、人员、资金、物资的进出口方面提供相当的自由范围，使新加坡成为世界著名的自由港和供应链枢纽。

由于实行开放政策、不断改进港口及机场设施，注重人才教育和发展、提升生产力和高效服务，新加坡的国家竞争力和政府效率近年名列世界前茅。新加坡不只是作为世界企业喜爱的中转地，尤其是许多的著名跨国物流和制造企业纷纷入驻新加坡及其自由贸易区（如机场自由贸易区和物流园区），将其区域物流配送中心和区域供应链管理中心设置在新加坡。通过新加坡设施指挥和调度区域供应链运作。

新加坡政府早已认识到，自由港发展是综合的系统工程，包括港口、物流、海关、金融、保险、期货服务、海事法律、贸易法律、船舶注册、船舶维修服务等。另外信息系统的开放和连接性也对发挥自由港的潜力具有重要的支持作用。新加坡正通过加强相关软硬件建设，进一步提升其自由港地理、政策和设施优势，其中很重要的内容是继续发挥和加强区域供应链管理中心的地位和作用。

另外，新加坡保持物流和供应链的竞争力，不仅持续投资于基础设施建设，而且广泛应用先进技术。先进技术的应用使金融、贸易和航运及贸易等系统实现有效集成，使新加坡能提供高效的物流和供应链服务。如运用信息网络手段，建立“单一窗口”服务体制，是新加坡贸易便利化、监管高效化、具备自由港最佳国际竞争力的集中表现。

（1）为促进贸易自由化便利化，新加坡对国际贸易实行高度整合的信息统一监管系统。早在20世纪90年代，新加坡就宣布国家贸易网络开发计划，大力开发电子数据交换系统（EDI），EDI技术是国际贸易、结算通关、数据处理等的最佳通道。

（2）新加坡1989年推出的贸易网TradeNet，是世界上第一个用于贸易文件综合处理的全国性EDI网络。TradeNet连接了新加坡海关、税务等35个政府部门，形成面向企业服务的单一窗口。与进口、出口（包括转口）贸易有关的申请、申报、审核、许可、管制等全部手续均通过贸易网进行。使用该系统，企业和贸易商只需要递交一份完整的电子文件，就可以完成通关的所有程序。由此，在通关处理时间上，由之前的2~7天缩短到了不足10秒钟。费用由6~12美元降低为2美元。

（3）信息通信技术的使用，确保了到港船舶的无缝衔接以及货物和集装箱装卸的调度。港口网Port Net连接相关政府职能部门、船舶公司或其代理行、货主集装箱中转站和卡车运输业等，使港口用户获得船只进出港信息、舱位安排、货物在港所处的状态、预订舱位、指定泊位、起重机布置、集装箱实时跟踪等信息。每天24小时服务，减少客户提交单据后的等待时间。一艘3000个标箱的货船，周转时间只有6小时[8]。

## 五、新加坡自由港的竞争优势与借鉴

随着经济全球化和贸易自由化发展，国家之间（甚至区域之间）已签署或正在协商多种形式的自由贸易协定。世界各国顺应自由贸易的发展潮流推出多种形式的自由贸易港（或区）。作为被广泛接受的世界物流和转口贸易中心，新加坡发展成为具有竞争力的自由贸易港的原因不只简单来自物流和金融，而是因为它是一个具备多方面优势的系统：

**1. 地缘优势及发展历史**

1819 年，英国人莱弗士在新加坡登陆，并因其地理位置优势建立了货物码头，把新加坡开辟成为一个完全自由港，外国商船自由进出海港，进出口货物免征关税，由此形成新加坡的国家经济地理雏形。在近两百年的过程中，新加坡一直是远东到印度和欧洲的海运中转站和贸易中心。

新加坡之所以能够成为世界大港的主要原因之一是亚细安国家、中国大陆、日本、韩国、朝鲜、中国台湾、中国香港和中国澳门甚至俄罗斯的远东地区从非洲和欧洲来的货物都要经过马六甲海峡。由于大船的运费大大低于小船的运费，而且大船因为大，船上货物的目的地往往不单一，许多港口不具备停靠和处理大船货物的条件，因此货主往往选择在新加坡转运。就是先用大船将货运到新加坡，然后在新加坡转小船再运到最终目的地。新加坡地处马六甲海峡峡口，是大船的必经之地，加上新加坡港口基础设施优越，又是自由贸易港，所以成为世界重要的航运和物流中心。

**2. 文化和语言优势**

新加坡是世界四大文化：中华文化、西欧文化、回教文化和印度文化的交汇点。会聚了来自这几大文明的许多专业人士，多元种族却能和平和谐共处，这在世界上是非常独特的。多元种族和文化的交融与和平共处，有利于新加坡建立联系世界的贸易网络和供应链网络。

**3. 优惠的税收政策**

新加坡是世界上税制简易、税负最低的国家之一，这是吸引跨国投资者落户新加坡的重要因素。例如，新加坡的企业所得税税率为 17%，远低于上海的 25%；新加坡个人所得税最高税率为 20%，上海最高是 45%；新加坡仅对进口产品征收 7% 的增值税，而上海的增值税税率为 17%。

目前，全球超过 90% 的货物可以自由进出新加坡而不需要缴纳关税，应税货物只有酒类、烟草产品、石油产品以及车辆等四大类商品。应税货物和非应税货物进口到新加坡都要征收 7% 消费税。此外，新加坡还与全世界多个国家地区签署了自由贸易协定（FTA），可以绕开贸易壁垒，获得更多关税利益。在新加坡，公司每年平均仅需花 49 个小时来处理税务工作，公司只需办理 5 项税务，在最少税务国家排名榜上列在前 10 名。不仅是货物相对自由进出、大部分货物免征关税，新加坡还自 1968 年起逐步放宽外汇管制，1978 年 6 月 1 日全面开放外汇市场，取消外汇管制。

为吸引航运企业集聚，新加坡也推出了各种特殊优惠政策，比如核准国际船务企业计划、核准船务物流企业计划、新加坡海事金融优惠计划、国际船运企业优惠、船舶注册登记制度等。截至 2012 年年底，在新加坡登记的船舶总吨位为 6500 万吨，比 2011 年增加 13.2%，是全球船舶登记总吨位最大的十个港口之一。

**4. 高效的物流和供应链管理**

新加坡港口的主要竞争力在于它处理大型复杂货物转运的能力和效率，以及它所提供的满足客户需求的多种附加服务。高效是新加坡物流的核心竞争力，新加坡物流从运输、通关、货物跟踪等各方面效率都比较高。超大型集装箱船的发展意味着港口必须具备高效的物流处理能力，否则大型的货轮需要在港口耽搁很长时间。作为维持世界航运中心和世界最大转运港的地位的重大举措，新加坡分期扩展帕西班让港区的能力。第一期到2011年，集装箱能力扩展到年处理3500万标箱。第二期，从2012年开始，PSA将花费35亿新加坡元（约合28.5亿美元）扩建西南部的帕西班让港口，扩建项目计划在2020年完工，项目完成后新加坡集装箱年处理能力将上升至5000万标箱，能够提供最深18米的泊位以容纳更大的集装箱船舶。新加坡运输部长吕德耀2012年表示，航运业在未来很长一段时间内都将是新加坡经济的生命线。他宣布，长期考虑，新加坡将把所有的港口集装箱业务集中到大士。该码头区水深且靠近主要的工业区和主要的国际航线。大士码头全部建成后将具备年处理6500万标箱的能力。

**5. 法律和政策优势**

新加坡法律体系完整，更重要的是尊重法律，有法必依。而不是如世界一些相对不发达地区，有法律但人为地不执行或难以执行。社会整体系统的信任脆弱，要靠关系维持。

新加坡在发展过程中形成了一套高效且富有弹性的制度，这些制度包括了海关管理制度、司法制度、社会保障制度等。如其司法制度在世界上被认为是强大而稳定的，这为许多国际性组织的入驻创造了良好环境。

**6. 金融优势**

根据全球金融中心指数（GFCI）2013年的国际金融中心的排名：新加坡被评为世界第四大金融中心，仅次于伦敦、纽约和香港[9]。另据2013年9月10日发布的“2013新华－道琼斯国际金融中心发展指数”显示，新加坡列国际金融中心第五位。与其他城市的波动相比，新加坡的排位一直非常稳定，连续多年处于全球金融中心综合实力第四、第五名的位置。作为一个多元种族的移民国家，新加坡实力不凡，在“成长发展”、“服务水平”、“国家环境”“产业支撑”等要素表现优异。作为亚洲的金融中心，服务于整个东南亚，也包括南亚、澳大利亚和新西兰。在基金管理、外汇兑换、财富管理方面，新加坡具有优势。

此外，新加坡也是全球第四大外汇交易中心。新加坡在1968年建立了亚洲美元市场。美元市场的建立，是新加坡金融国际化的一个重要里程碑。目前，新加坡的外汇市场是全球第四大市场，平均每日外汇交易额为1010亿美元。新加坡也是在亚洲第一个设立金融期货市场的金融中心。

新加坡不仅在国际金融、贸易融资、海事金融、保险、财务运作方面拥有领先地位、在资产及财富管理方面也处于领先地位。立足于新加坡的公司可以利用本地多元化的资本市场，并享受由500多家本地或外国金融机构提供的优质金融服务。此外，这里还有超过4500家公司提供各类专业服务，如审计、会计和管理咨询、市场调研、广告和公共关系、人力资本服务及法律服务。新加坡也迅速发展成为集中服务或“共享服务”的理想地点。把资讯科技、金融及物流方面的操作集中在一起有利于企业降低运营成本、提高生产力，也易于保持始终如一的服务水准。总部设在新加坡的国际公司逐渐会发现立足于本地的明显优势。

未来双边或多边的自由贸易区（FTA）将成为全球贸易合作的主流形式，据WTO统计，目前签订并实施的自贸区已经达到247个，全球一半以上的贸易已经在各个区域贸易安排、自贸区当中来进行。在这种形势下，新加坡要继续保持其金融、贸易和物流中心地位，需要通过不同的自由贸易协定来加强与各国之间的经贸合作，通过双边FTA网络的建立，来继续巩固新加坡经贸和政治地位。中国最近也在发展保税港区和综合保税区的基础上，正式启动了上海自由贸易区。上海作为中国的经济中心城市，其自贸区发展必将对世界自由贸易发展版图产生重要影响，也会对香港、新加坡等已有的自由贸易港（区）有着直接影响。随中国经济在世界经济比重中的提升，上海自由贸易区的发展前景广阔。然而，如何借鉴世界自由港发展经验，正确定位、制定合适的政策并成功实施，对上海自由贸易区的发展具有重要现实意义。

## 参考文献

[1] 世界港口排名，2013 [EB/OL]. http://www.worldshipping.org/.

[2] http://www.sgmaritime.com/classifications/.

[3] KYUNGHEE PARK. Maersk Line to Add More Ships to Singapore Base: Southeast Asia [J]. BloomBerg, March 2013.

[4] 新加坡樟宜机场官方网站，2013.

[5] Singapore Changi Airport's Terminal 3 Opens for Business [N]. Channel NewsAsia. 2008-1-9.

[6] 新加坡樟宜机场货运网，2013. http://www.changiairportgroup.com/cag/html.

[7] 新加坡检察署. 新加坡自由贸易法案，2013 [EB/OL]. http://statutes.agc.gov.sg/.

[8] 胥会云. 新加坡自由港竞争之道：开放高效和低税负 [N]. 第一财经，2013-08-02.

[9] The Global Financial Centers Index 13, 2013.

撰稿人：新加坡科技研究局研究员 李正平

新加坡物流管理学院学术顾问 杨鸿鹏

# 第五篇

# 大数据时代与供应链管理

# 第一章　供应链正走入大数据时代

## 第一节　大数据时代与供应链管理变革

### 一、大数据时代来临

从20世纪80年代起，世界上存储信息的技术能力大约每隔40个月翻一倍。90年代后期，大数据（Big Data）的概念开始出现在科学研究中。例如，在气象学家进行天气图示、物理学家建立大型模拟模型以及生物学家绘制基因图谱时，已无法再采用传统的技术手段；面对数据采集、存储、搜索、共享和分析方面的难题，科学家们引入了大数据技术，以便从巨量的数据集中挖掘出有价值的信息。21世纪以来，大数据技术被电子商务和电讯巨头所运用，因为传统的方法已经解决不了他们的业务问题。例如，网络搜索有一个查询超大型分布式松散结构数据集合的问题，这些数据不仅数量大、速度快、多样化程度高，而且常常是不完整和不可得的，需要以新的预测性分析形式进行推断。因此，处理大数据的新技术和新架构不断涌现。

随着互联网特别是移动互联网的发展，各类数据加速向社会经济各方面和大众日常生活渗透。有资料显示，1998年全球网民平均每月使用流量是1MB（兆字节），2000年是10MB，2003年是100MB，2008年是1GB（1GB等于1024MB），2014年将是10GB。全网流量累计达到1EB（即10亿GB或1000PB）的时间在2001年是一年，在2004年是一个月，在2007年是一周，而2013年仅需一天，即一天产生的信息量可刻满1.88亿张DVD光盘。我国网民数居世界之首，每天产生的数据量也位于世界前列。淘宝网站每天有超过数千万笔交易，单日数据产生量超过50TB（1TB等于1000GB），存储量40PB（1PB等于1000TB）。百度公司目前数据总量接近1000PB，存储网页数量接近1万亿页，每天大约要处理60亿次搜索请求，几十PB数据。网络的发展带来以物联网和家电为代表的联网设备数量的飞速增长。2007年全球有5亿个设备联网，人均0.1个；2013年全球将有500亿个设备联网，人均70个。随着宽带化的发展，人均网络接入带宽和流量也迅速提升。全球新产生数据年增40%，即信息总量每两年就可以翻番，这一趋势还将持续。目前，单一数据集容量超过几十TB甚至数百PB已不罕见，其规模大到无法在容许的时间内用常规软件工具对其内容进行抓取、管理和处理，大数据技术的应用日益普及。

数据规模越大，处理的难度也越大，但对其进行挖掘可能得到的价值更大。例如，网民在网上产生的海量数据，记录着他们的思想、行为乃至情感，这是信息时代现实社会与网络空间深度融合的产物，蕴含着丰富的内涵和很多规律性信息。根据中国互联网络信息中心统计，截至2012年年底我国网民数为5.64亿，手机网民为4.2亿，通过分析相关数据，可以了解大众需求、诉求和意见。又例如，全球企业的信息存储总量已达2.2ZB（1ZB等于1000EB），年增67%；医院、学校和银行等也都会收集和存储大量信息；政府可以部署传感器等感知单元，收集环境和社会管理所需的信息；倘若能够更有效地组织和使用这些数据，将会更好地发挥出科学技术对人类发展的巨大推动作用。总之，大数据存在于当今社会的方方面面，一个大数据时代正在到来。

## 二、大数据催生供应链管理变革

对大多数供应链管理者来说，大数据目前还是一个全新的概念。

传统的供应链管理信息系统经过十多年的发展，已经形成功能完备、实施便捷的软件包，并在许多企业的全球运作中得到应用。这些系统都是用事务性数据来改进供应链的响应性，基础是订单和发货数据，主要用于三大供应链管理软件系统：企业资源系统（ERP），高级计划系统（APS）和供应链执行系统（SCE）。ERP系统源于改进从订单到货款的功能以及从采购到支付的功能，并维持财务会计账号的统一管理；与此相似，APS系统通过将预测性分析运用于订单和发货数据来计划和改进供应链的响应性；SCE系统则用于改进企业从订单到发货的能力。

由于这些软件系统能够较好地满足供应链管理的需要，因而供应链管理者一直是用老系统来解决新问题。直到他们在试图用新的数据形式解决全新的问题时，才感到传统供应链管理信息系统已不再能适应这样的要求。于是，大数据的概念被逐步引入，用于寻求改进供应链绩效的新途径，包括以下几种：

（1）通过高级分析来预知供应链运作状态。传统的业务分析是用于回答供应链管理者知道去问的问题。但是如果一个对企业重要的问题而管理者不知道去问怎么办？例如，当企业建立供应链风险减轻战略时，一个重要的问题是：企业需要花多长时间来获知其产品和服务在市场上出现差错？这就需要诸如文本挖掘和基于准则的本体（Ontology）等大数据技术，来帮助企业建立聆听能力，以尽早获知和尽快减轻供应链风险。

（2）以多种形式获取市场反映。当今的技术使企业能够以评级与评审、博客评论和社交媒体反馈等形式来了解客户并直接得到反馈，这些数据的形式大多数是非结构的。当数字化营销变成数字化业务时，企业正寻求跨职能部门来聆听客户意见，并利用高级分析从外部来测试和了解市场反应。目前不到3%的供应链管理者可以有效地聆听社交性数据，并在跨职能部门间加以运用，以理解客户意见。对大多数企业来说，社交性数据只限于数字化营销团队掌握。

（3）实时感应需求与供应变化。传统供应链通常对历史的而不是当前的市场做出响应，因而常常是不及时和不恰当的。所以，传统供应链不能很好地感应需求或供应的变化。当企业成熟时，会很快认识到单纯依靠订单和发货数据将增加对市场变化的响应时间，导致延迟，从而使供应链处于不利的境地。

（4）增强供应链灵活性。目前的供应链大都是刚性的，灵活性不强，通常只是基于平均值和简单的“If－then－else”逻辑来做出响应。所以供应链管理者一直在寻求使其系统更具灵活性，但却未能找到有效的途径。于是他们开始转向基于准则的本体（Ontology）等新型预测性分析方法，通过学习系统来图示“多 If 到多 then”。新型模式识别、优化与学习系统的结合，增强了企业的供应链灵活性。

（5）提高配送产品安全性。例如，温度控制的供应链建立在大量数据的基础之上。当传感器改进后，数据的数量和速度都得到提高。RFID 传感器传送大量的数据，需要新型模式识别技术来更好地感应和响应。因此，大数据在冷链管理中应用的时机已经成熟。

（6）驱动新的供应链渠道。当企业重新考虑供应链渠道时，移动与社交渠道与电子商务和数字装置相结合带来新的机会。这在不同行业有不同的称谓。例如，在零售行业，称之为全渠道（Omni Channel），而在消费品行业则称之为数字化采购途径（DP2P）。对零售商和消费品公司而言，他们的决策基于货架，但他们每天能看到和响应的数据却局限于各自的企业。这就驱动了一个流程的重新设计，也就是将流程从由内到外（从企业出发）改为由外到内（从渠道返回）。移动、社交和电子商务数据与下游的 POS 数据等相结合，使这一设想变成现实。这种数据对一些供应链管理者来说，很快就会达到 PB 级。

（7）数字化制造。对移动性以及来自设备传感器和可编程控制器（PLC）的数字输入的运用，正促使加工制造的转型。生产线正从基于事件的计划，转为基于物联网的实时感应。维修计划、生产排程等供应链生产管理都可以依据机器的产出，而不是理论计算的平均故障时间来进行。

（8）数字化服务。同样，运用移动性和重装备的数字输入也正促使服务业的转型。例如，飞机、轮船、车辆等会定期向控制台远程传送信号，以用于计划服务和更换零件。所以物联网也正在改变着服务业供应链，由此产生的数据也是海量的。

（9）重构供应链可视化。地理位置信息、数据图示化和可视化呈现与感应传输（如在货物、托盘、车厢上的传感器）相结合，正使供应链可视化从来自实际位置信息提供的接近实时数据向实时数据转型，对大多数供应链来说，这无疑是一场技术和流程的变革。

虽然这些途径大都还处在起步阶段，但反映了供应链管理者运用新的数据形式来改进供应链绩效的努力。然而，当他们启动这些项目时，发现自己进入了大数据世界的领地：数据不再适合于关系数据库，分析也需要新型的并行处理。总之，传统的供应链管理信息系统已不能够管理这些新型数据，他们需要借助于全新的大数据技术。

## 第二节　供应链大数据与大数据技术

### 一、供应链大数据

在当今“不领先就会被淘汰”的激烈竞争市场中，大数据像一把双刃剑，在给供应链改善带来巨大机遇的同时，由移动装置、社交媒体、感应器等相结合所形成的数据爆炸，也在数量（Volume）、速度（Velocity）和多样化（Variety）三方面给供应链管理技术带来前所未有的挑战，如图5－1－1所示。

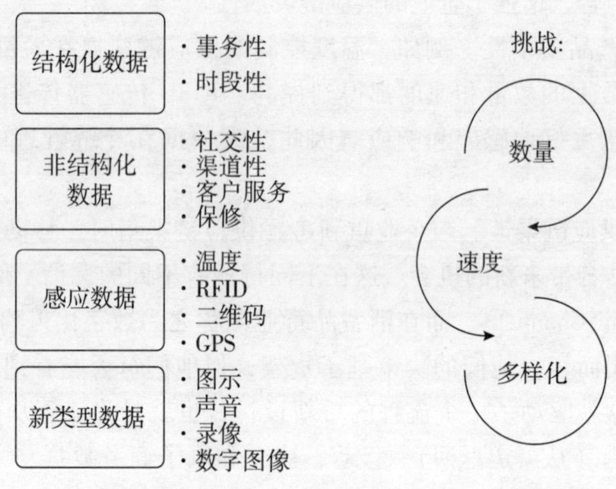


图5－1－1 供应链大数据

**1. 数量**

全球售出的RFID标签预计将由2011年的1200万迅速增加到2021年的2090亿，与此同时，对温度传感器、二维码以及GPS装置的使用也会显著增长，由此产生的供应链数据将会成倍超出我们的预期。数据在多个系统和来源之间流动，因而通常是容易出错和不完整的。处理如此海量的数据是一大挑战。

**2. 速度**

供应链环境已经高度动态和多变，由意外事件引发的供应链运行变化必须得到及时的处理，以免造成不必要的损失，因而应对这样的数据速度非常困难。优化决策必须迅速做出，缩短处理时间是成功运作的关键，而这些都是传统供应链管理信息系统所不具备的。

**3. 多样化**

在供应链中，数据以多种形式生成，包括事务性、时段性的结构化数据，社交性、渠道性的非结构化数据，温度、RFID、二维码、GPS等感应数据，以及图示、录像、声音、数字图像等新类型数据。处理如此多样、混杂的数据集，无疑是许多企业的梦魇。

对许多供应链管理者来说，新型数据特别是非结构化数据无异于废数据，因为传统的供应链管理信息系统难以对这些数据进行有效的分析处理。随着供应链变得越来越复杂以及供应链管理的要求越来越高，新型的大数据与传统数据在分析环境上的差异性会越来越大，如表5－1－1所示，最终需要借助新型的大数据技术在供应链管理中加以处理和采用。

表 5-1-1　　传统数据环境与大数据环境比较

| 传统数据环境 | 大数据环境 |
|---|---|
| (1) 对数据源进行中央控制与监测，通常是对可以通过关系数据格式来表述的企业数据<br>(2) 通常以小时、天、周、月、季、年的频率进行数据更新<br>(3) 分析按行、列设计，以便在生产环境中运行<br>(4) 预测性分析作为大规模优化与模拟引擎 | (1) 数据具有企业内部和外部的多个来源，包括传统的数据仓库<br>(2) 数据源经常分布于多个区域，并包含多样化的数据成分，包括结构化和非结构化数据<br>(3) 经常需要反复寻求解决业务问题的最佳方案<br>(4) 需要大规模存储资源来支撑反复运算<br>(5) 每一次解决问题的反复运算通常都需要完全重新导入信息 |

## 二、供应链大数据技术

为应对大数据的挑战，一系列技术和方法被开发或改造出来，用于大数据的采集、处理、分析和可视化呈现，这些技术和方法主要来源于统计学、计算机科学、应用数学和经济学等领域。这意味着一个试图从大数据中提取价值的企业需要采用灵活的、多领域的方法。有些技术和方法是在传统数据时代开发的，但成功地被改造以适应大数据的需要。有些技术和方法则是近年来专为从大数据中获取价值而开发的，开发者包括学术机构也包括公司，特别是那些基于大数据分析的电商公司。供应链管理中常用的大数据技术与方法包括：

(1) 众包（Crowdsourcing）。众包是通过网络媒介选取大众提交信息的数据收集方法。在大数据众包模式中，企业可能把数据收集任务分配给那些不管世界上任何地方只要能够上网的人员，由这些众包的人员执行数据录入、清除和验证等操作，从而可以快速、高品质、低成本地完成任务。通常用于收集市场反映，以更好地感知供求变化，提高供应链的灵活性。

(2) 流处理（Stream Processing）。流处理是设计用于处理大量实时事件数据流的技术。由于数据的价值随着时间的流逝而降低，所以事件出现后必须尽快对其进行处理，而不是积累。流处理基于事件机制，通过流引擎对数据流实时到达、实时处理，因此具备低延迟、高可靠性和容错能力。可用于供应链事件管理，以实现供应链全程的实时监控。

(3) 数据提取（ETL）。数据提取是用于从外部来源提取（Extract）数据，并将其转换（Transform）以适应运作需要，然后载入（Load）数据库或数据仓库的软件工具。ETL负责将分布的、异构数据源中的数据如关系数据、平面数据文件等提取到临时中间层后进行清洗、转换、集成，最后载入数据库或数据仓库中，成为联机分析处理、数据挖掘的基础。

(4) 数据挖掘（Data Mining）。数据挖掘是指通过统计学与机器学习（Machine

Learning）等方法，结合数据库管理，从大量的数据中自动搜索隐藏于其中的有着特殊关系性的信息的过程。数据挖掘通过关联规则学习（Association Rule Learning），集群分析（Cluster Analysis），分类和回归诸多方法来实现上述目标。常用于挖掘客户数据，以分析客户的购买行为模式，确定细分市场等。

（5）数据整合（Data Fusion and Data Integration）。数据整合是整合和分析多个来源数据的一套方法，目的是使其如同单一来源数据一样能够更加准确、高效地找出内在本质。例如，信号处理（Signal Processing）方法能够用于物联网感应数据的整合；而来自社交媒体的数据，经过自然语言处理（Natural Language Processing）分析，再与实时销售数据相结合，就可以确定营销攻势对客户购买行为的影响。

（6）商业智能（BI）。商业智能是报告、分析和提交数据的应用软件。BI 工具常用于阅读已存放于数据仓库或数据超市的数据，也用于制作定期提交的标准报告，或用于显示实时管理仪表盘（Dashboard）上的信息，如供应链绩效管理指标（KPI）。

（7）云计算（Cloud Computing）。云计算是一种基于互联网的计算方式，通过这种方式，共享的软硬件资源和信息可以按需求提供给计算机和其他设备。云计算描述了一种基于互联网的新的 IT 服务增加、使用和交付模式，通常涉及通过互联网来提供动态易扩展且经常是虚拟化的资源。云计算是目前解决大数据问题最重要有效的手段，它提供了基础架构平台，大数据应用在这个平台上运行。

（8）网络分析（Network Analysis）。网络分析是一套用于描述图形或网络中离散节点之间关系特征的方法。例如，在社交网络分析中，将分析一个社区或组织内个人之间的联系，包括信息是怎样传递的，谁对他们最有影响力。常用于识别关键意见领袖以作为营销目标，或识别企业信息流动的瓶颈环节。

（9）预测性建模（Predictive Modeling）。预测性建模是一套通过数学模型来最佳预测产出可能性的方法。例如，在客户关系管理（CRM）中常用预测性建模来估算客户将改变提供商的可能性，或者能够交叉销售另一个产品的可能性。

（10）观点分析（Sentiment Analysis）。运用各种分析方法来识别和提取数据源中的主观信息，这些分析中的关键方面包括识别表达观点的特征，决定立场类型（如支持、反对和中立）以及观点的强度。例如，企业常通过观点分析来分析社交媒体（如博客、微博和社交网络）以决定不同的客户群体和利益相关方对其产品或措施的反应。

（11）可视化呈现（Visualization）。可视化呈现是通过制作图像、图表或动画来沟通、理解和改进大数据分析结果的方法。常用的如标签云（Tag Cloud）、聚类函数图（Clustergram）、历史流（History Flow）、空间信息流（Spatial Information Flow）等。

## 第三节　供应链大数据分析的实施现状

运用大数据分析来改进供应链运作还是一个新的领域。英国著名物流咨询机构 EFT 于 2013 年 2 月对全球制造商、零售商、物流服务商、IT 服务商和咨询公司做了问卷调查，据此撰写了《2013 年供应链大数据报告》，系统分析了供应链大数据分析的实施现状。

## 一、大数据在供应链中的应用情况

调查请供应链管理者评价供应链大数据分析对企业绩效的影响，结果大部分（84.2%）认为至少有一定的影响，只有15.8%的人认为只有很小或完全没有影响，如图5－1－2所示。

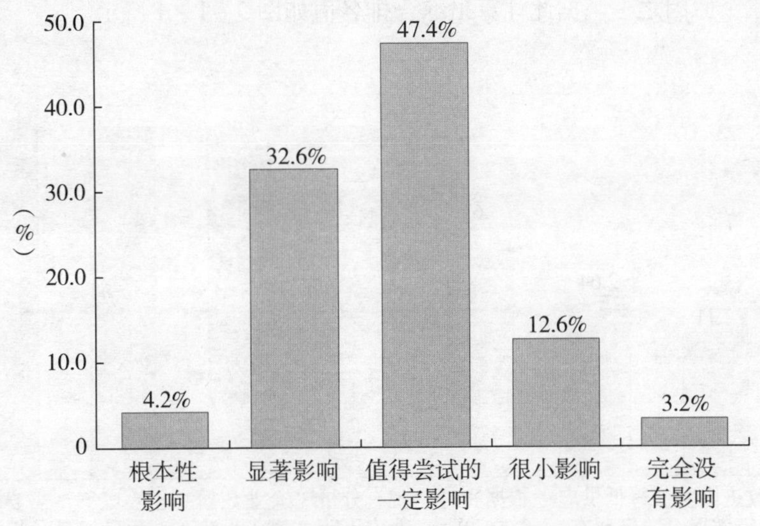


**图5－1－2　供应链大数据分析对企业绩效的影响**

当问及引领供应链大数据分析应用的行业时，44.7%的受访者选择了零售业，22.3%的人选择了消费品制造业，说明供应链大数据分析在这两个行业得到了最好的应用，如图5－1－3所示。

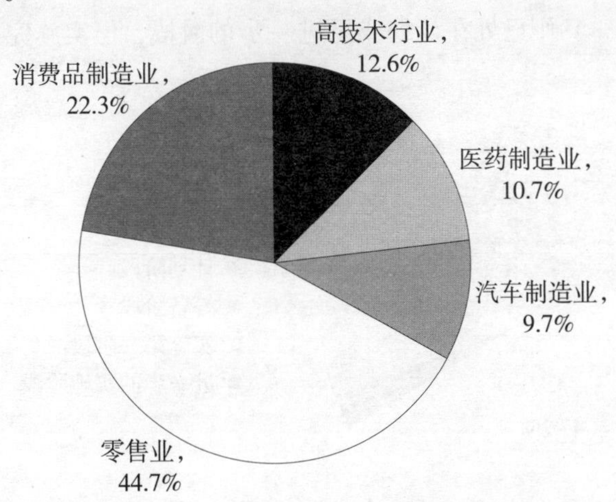


**图5－1－3　引领供应链大数据分析的行业**

调查还统计了企业实施供应链大数据分析的比例，其中正在实施的占27.4%，计划实施的占33.7%，暂不实施的占38.9%。说明多数企业（共计61%）对投资实施供应链大数据分析持开放的态度。

## 二、正在和计划实施供应链大数据分析的企业观点

在对正在和计划实施供应链大数据分析的企业的调查中，当问及投资大数据解决方案的主要原因时，86%的受访者将改进供应链效率放在前三个原因之一，78%的受访者将降低供应链成本放在前三个原因之一，56%的受访者将根据实时数据而不是历史数据决策放在前三个原因之一。据此计算出综合排名值如图5-1-4所示。

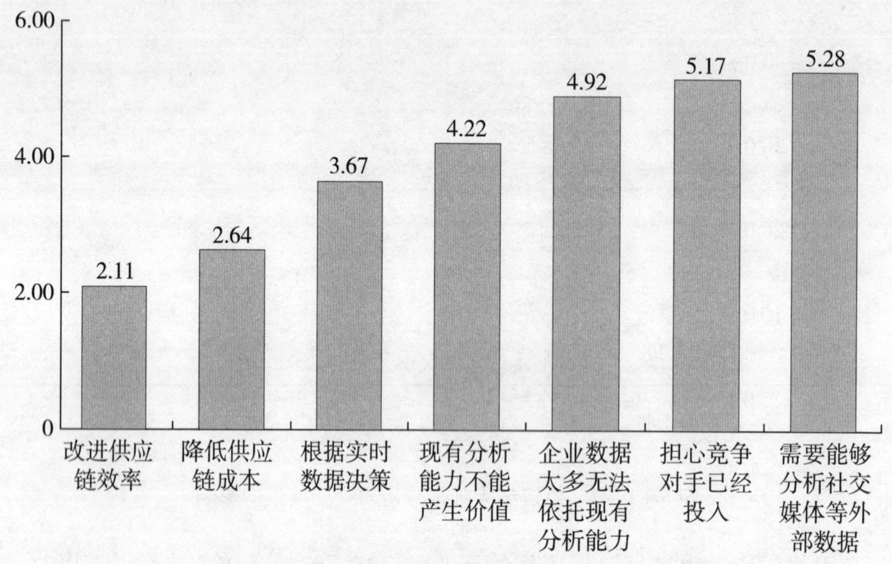


**图5-1-4　投资供应链大数据分析的主要原因**

当调查实施供应链大数据分析所处的阶段时，发现将近一半（47.2%）仍处在理论阶段，另外一半多（52.8%）则已处在计划或更进一步的阶段，但实施完成的很少，如图5-1-5所示。

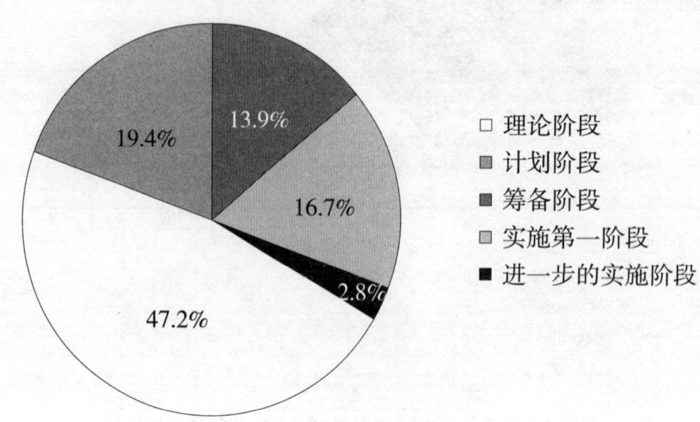


**图5-1-5　实施供应链大数据分析所处的阶段**

大多数受访者选择提高可视化水平、风险管理、需求计划以及销售与运作计划（S&OP）作为其实施供应链大数据分析的前三个领域，如图5-1-6所示。

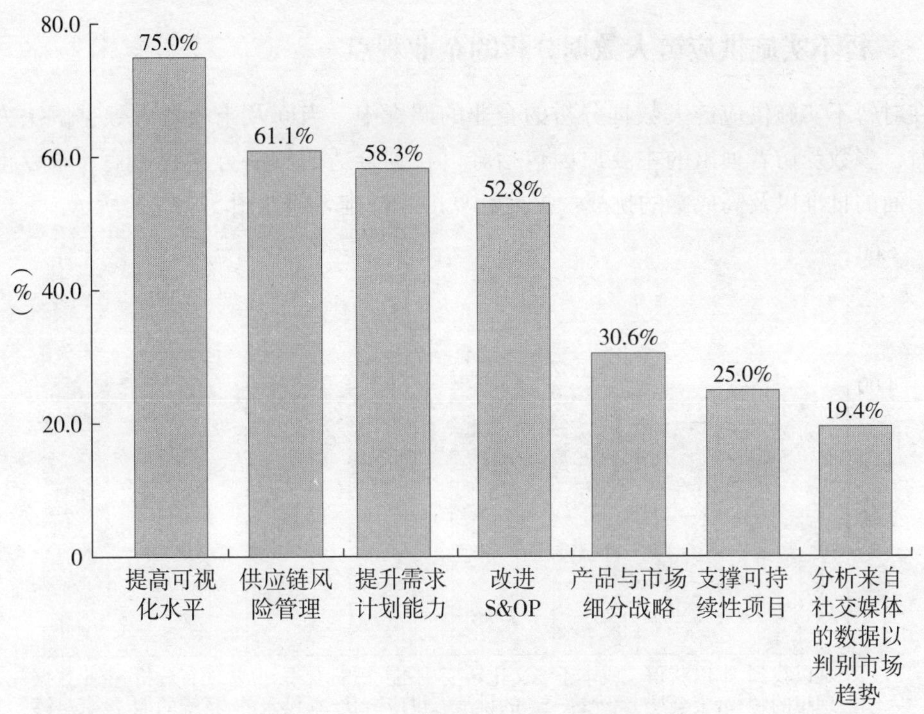


**图 5－1－6　供应链大数据分析实施领域**

当问及实施供应链大数据分析最大的挑战时，大多数受访者将实现大数据解决方案与现有系统的整合和理解应该采集什么数据排在前两位，如图 5－1－7 所示。

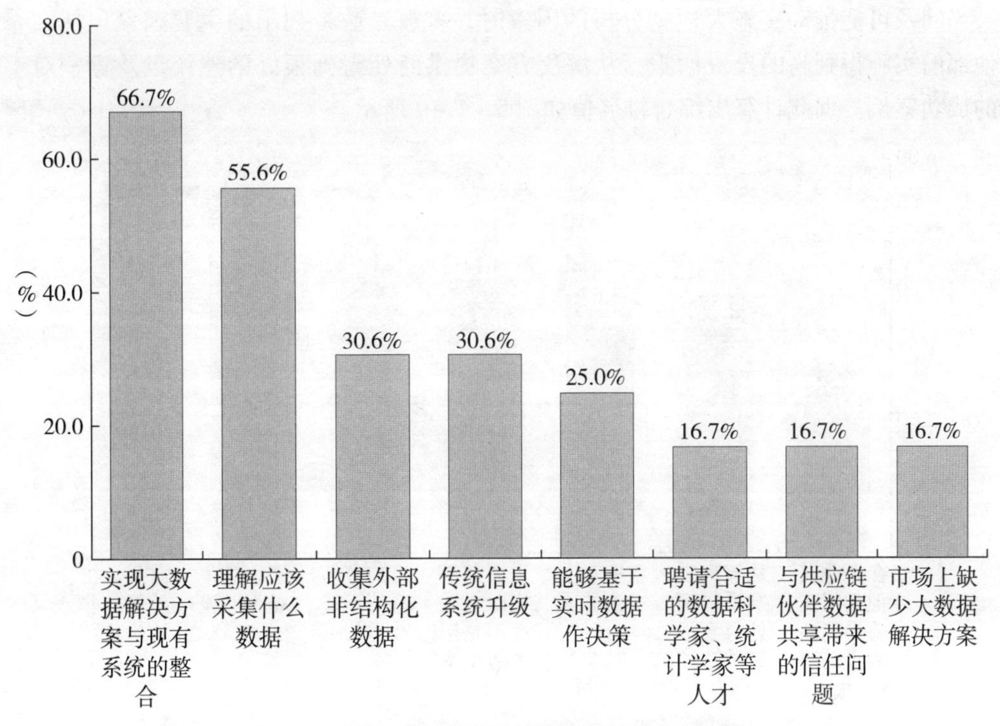


**图 5－1－7　实施供应链大数据分析最大的挑战**

## 三、暂不实施供应链大数据分析的企业观点

在对暂不实施供应链大数据分析的企业的调查中，当问及未投资大数据解决方案的原因时，多数受访者列出的主要原因包括难以找到合适的解决方案提供商、难以得到董事会层面的批准以及高成本的挑战。据此计算出综合排名值如图 5－1－8 所示。

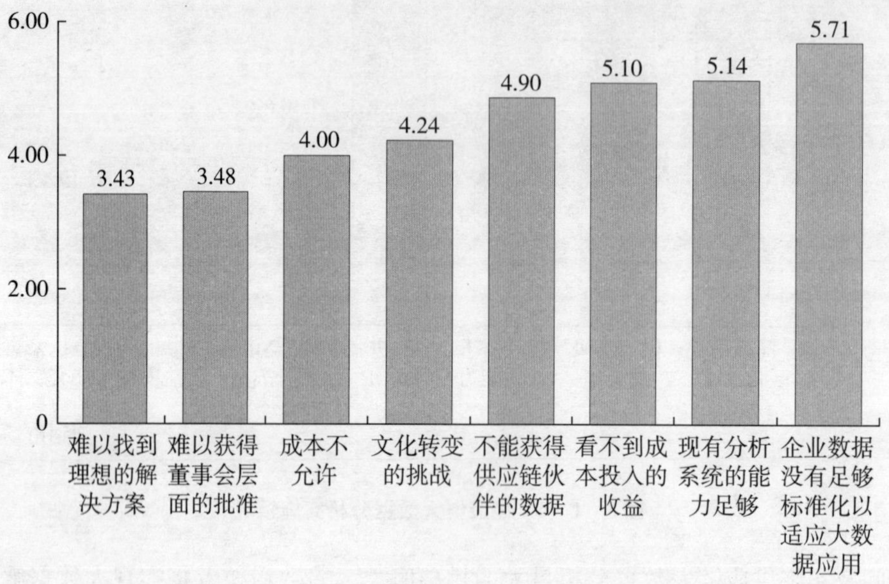


**图 5－1－8　暂不实施供应链大数据分析的原因**

当问及可能推动实施大数据分析的因素时，多数受访者列出的主要因素包括在企业其他部门实施得到高的投资回报、从解决方案提供商处得到很好的建议以及竞争对手实施的成功案例。据此计算出综合排名值如图 5－1－9 所示。

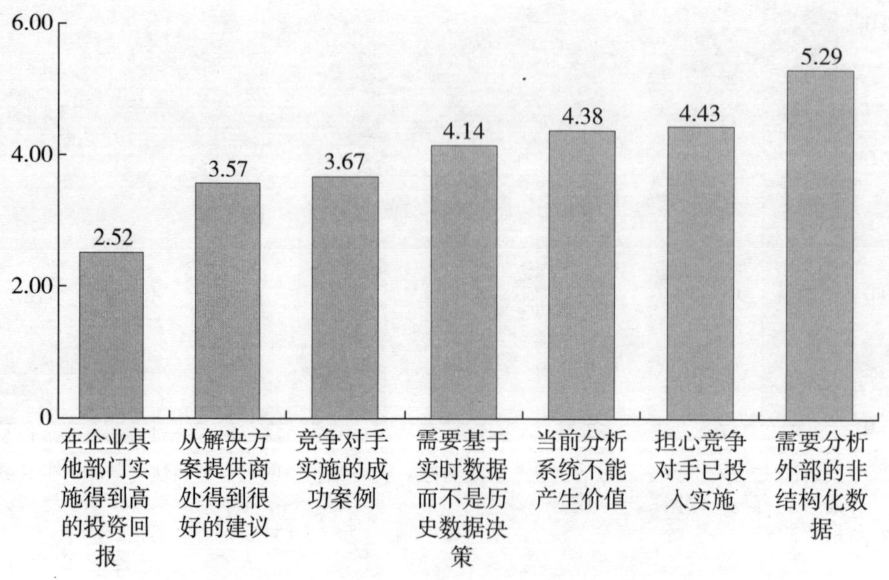


**图 5－1－9　可能推动企业实施大数据分析的因素**

当问及实施供应链大数据分析最大的挑战时，大多数受访者与正在和计划实施的供应链管理者观点不同，他们将理解应该采集什么数据和能够基于实时数据作决策排在前两位，如图 5－1－10 所示。

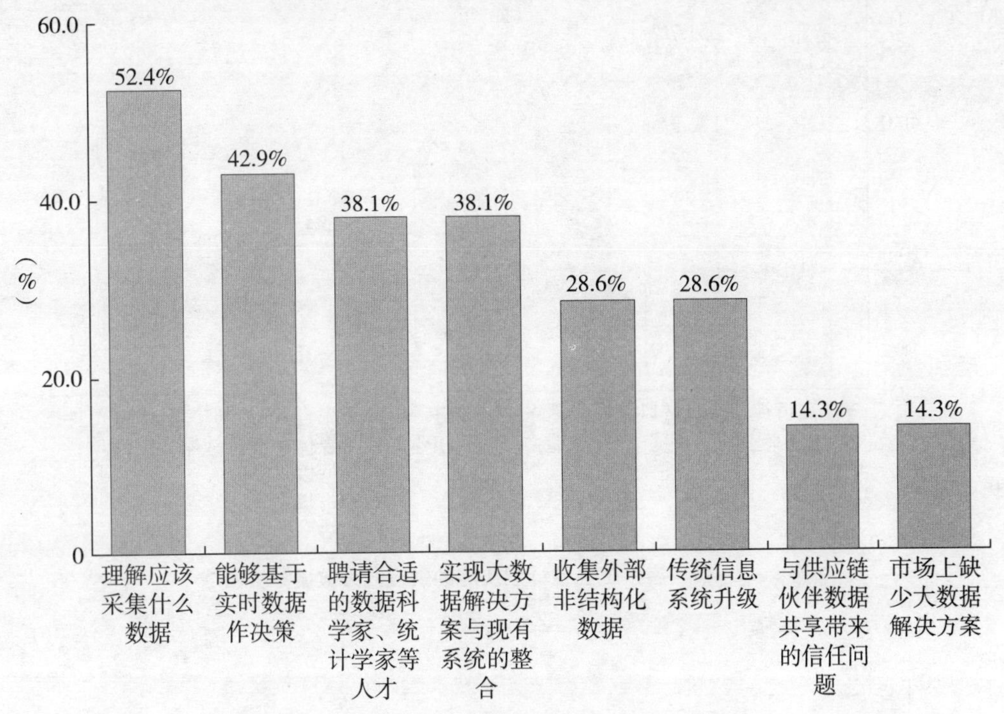


图 5－1－10　实施供应链大数据分析最大的挑战

## 四、供应链大数据解决方案提供商的观点

在对供应链大数据解决方案提供商的调查中，当问及其客户正在或计划实施的主要领域时，排在前三位的与正在或计划实施企业的回答完全一致，如图 5－1－11 所示。

当问及实施供应链大数据分析最大的挑战时，受访者与正在或计划实施企业的回答也高度的一致，排在前三位的是理解采集什么数据、与现有系统的整合以及能够基于实时数据作决策，如图 5－1－12 所示。

## 五、结论

供应链大数据分析正对制造业和零售业的供应链运作产生显著的影响，供应链可视化、供应链风险管理以及供应链计划等成为优先考虑的实施领域。大数据正改变着货主企业及其物流服务商的运作形态，物流与供应链专业人士需要更加熟悉这一概念，以便使其成为差分竞争对手的重要手段。

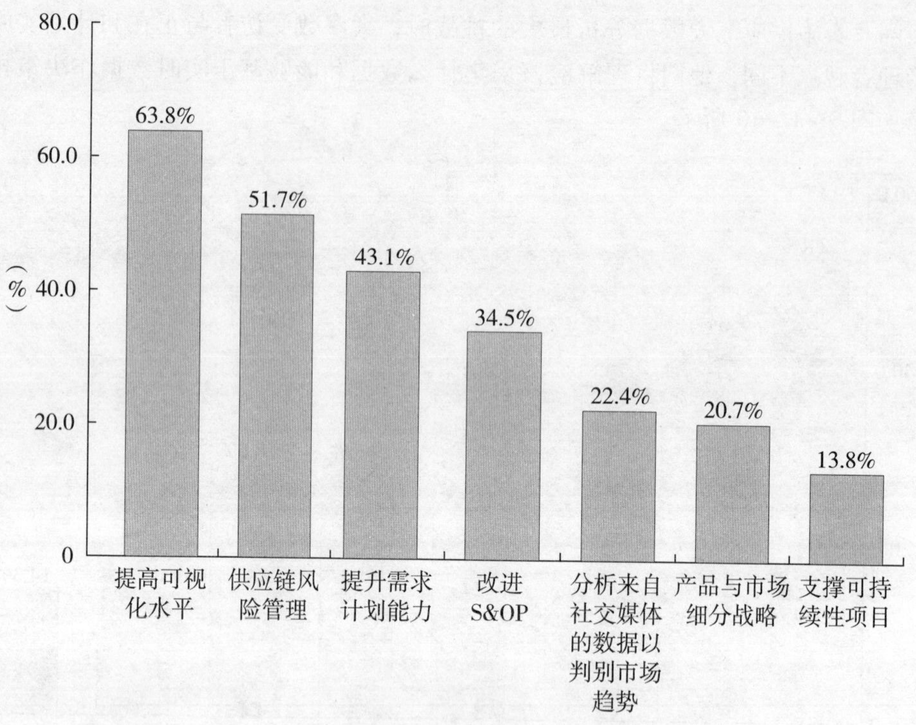


**图5-1-11　客户正在或计划实施的供应链大数据分析领域**

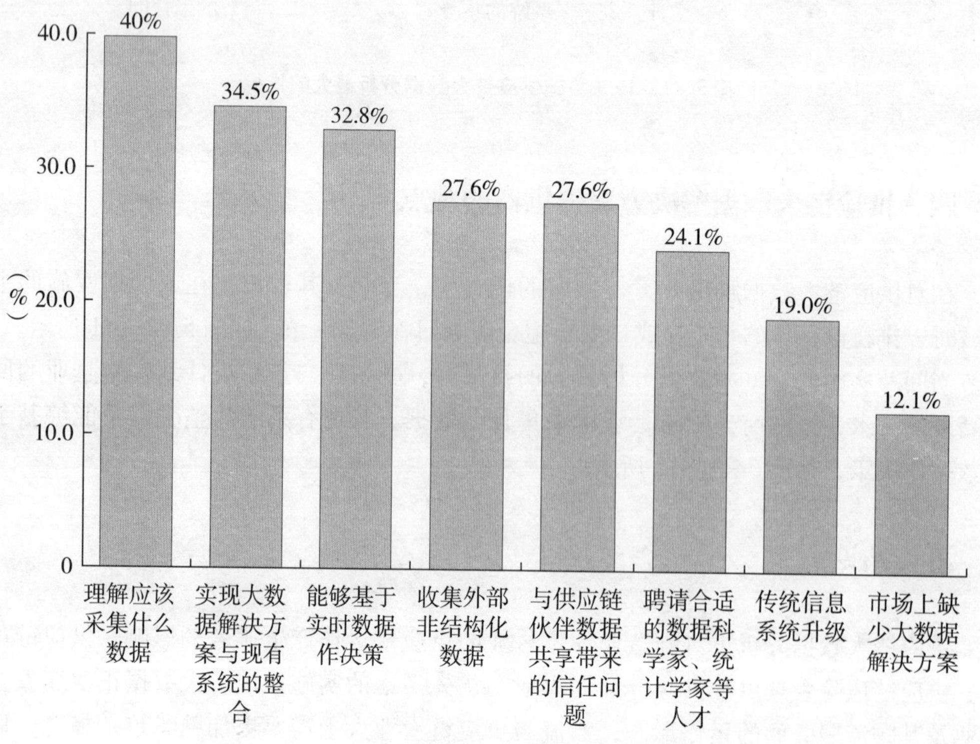


**图5-1-12　客户实施供应链大数据分析的最大挑战**

# 第二章　大数据在供应链中的应用

## 第一节　应用大数据改进供应链计划

### 一、应用大数据改进供应链计划的必要性

#### （一）供应链计划的挑战

供应链计划流程的成功取决于需求预测、库存管理和物流计划的准确性。随着大数据的兴起，供应链计划的优化变得更加复杂。应对供应链大数据的挑战并将其转化为优化机会，成为供应链计划成功的关键。在当今数据爆炸的背景下，仅仅处理好数量、速度和多样性三大挑战自身是不够的。通过分析如此庞大的数据集，提取数据智能，生成数据价值，才是供应链计划成功制订的关键。

#### （二）供应链计划中的大数据

供应链计划的依据是需求预测，制造商通过预测来决定每类产品生产多少，何时向何处发货，从而改进供应链的可视化。不准确的预测将会对供应链产生不利的影响，预测过多会导致库存积压和流动资金占用，预测过少则会因不能满足需求而导致客户销售的损失。因此，在当今的多变市场中，客户需求往往发生不可预测的变化，改进预测的准确性至关重要。

供应链计划的数据在数量、速度和多样化方面急剧膨胀。例如，TESCO 每个月会产生 15 亿以上新的数据项，Wal－Mart 要处理大约 2. 5PB 的信息，相当于美国邮政 2010 年投递信件数的一半。因此，充分利用大数据来提高预测的准确性，给供应链计划的改进带来巨大的机会。

#### （三）传统方法的不足

企业开始认识到大数据在预测中的重要性，并已经开始投资大数据预测工具和技术来改进供应链计划流程。因为传统的预测工具不足以处理巨大的数据数量、速度和多样性，尤其在以下改进预测准确性的关键方面有所欠缺：

**1. 社交媒体数据的输入**

社交媒体是使企业能够收集潜在和预期客户的平台。随着技术进步，跟踪客户数据变得更容易。企业现在已能够跟踪每一个访问企业网站、交换 E-mail 以及在社交网站上发表评论的客户数据。社交媒体数据有助于分析客户意愿，得到对供应链与库存的预测、

计划与调度的洞察力。从社交网络中得到的反馈信息，可以用作需求预测的输入，并能取得很好的效果。例如，企业可以把新产品放在网上来感受客户的接受度，根据反馈的数据来制订库存与供应链计划，以便在产品发布时将库存直接配置在客户反响大的地区。

**2. 预测与响应方法**

传统预测是通过分析历史形态，考虑销售收入和促销计划来预测需求，制订供应链计划。它们专注“已经发生的事情”，基于“感应与响应”战略。然而，“历史重演”已不适合今天竞争激烈的市场，企业只有专注“将要发生的事情”，基于“预测与响应”战略，才能在市场竞争中生存。这需要能够采集、处理和分析巨量实时数据的模型和系统，这些数据来自意料之外的竞争事件、气候形态、POS、自然灾害（如火山、洪水）等；并能够将这些数据转换成为可以付诸行动的信息，以用于需求预测和供应链计划。

**3. 优化决策与模拟**

传统决策支持系统缺乏满足数据变化需求的灵活性。在现实情景中，供应链配送计划会因为种种原因发生意想不到的变化，如需求改变、销售预测修正等。新的模型和系统必须有能力考虑这一因素，并对计划外事件快速响应。应该在仔细考虑计划外事件对供应链其他因素的影响后，才做出供应链计划决策。传统方法缺少这个能力，因而有必要采用模型对所有可能的决策进行“What - if”分析，以便做出在大数据背景下的最优抉择。

## 二、应用大数据改进供应链计划的阶段

供应链不缺乏数据，缺少的是一个合适的模型，用于将海量的、多样化的原始数据转换成可以付诸行动的信息，以便企业能够为制订高效的供应链计划做出关键的决策。一个三阶段优化价值模型可以帮助克服在供应链计划和需求预测中大数据带来的挑战，它可以弥补传统大数据方法的差距，提供挖掘大数据爆发所带来价值的方法。为供应链计划设计和建造大数据优化模型是复杂的任务，但如成功执行会取得显著的经济效益。下面深入分析获取数据、分析数据和实现目标这三个阶段分别对供应链计划流程带来的增值。

### （一）获取数据

供应链计划最大的驱动因子是数据，获取供应链计划所有相关的数据是这一优化模型的第一阶段。它包括三个步骤，即数据采集、数据提取与纯化以及数据表述，如图5 - 2 - 1所示。

**1. 数据采集**

数据以不同形式存在于多个来源、系统和地理位置，包含十分详细的历史需求数据和其他相关信息。为进一步分析以改进预测的准确性，需要确定所需采集的数据来源，主要包括：

（1）产品促销数据：包括品项、价格、销售额；

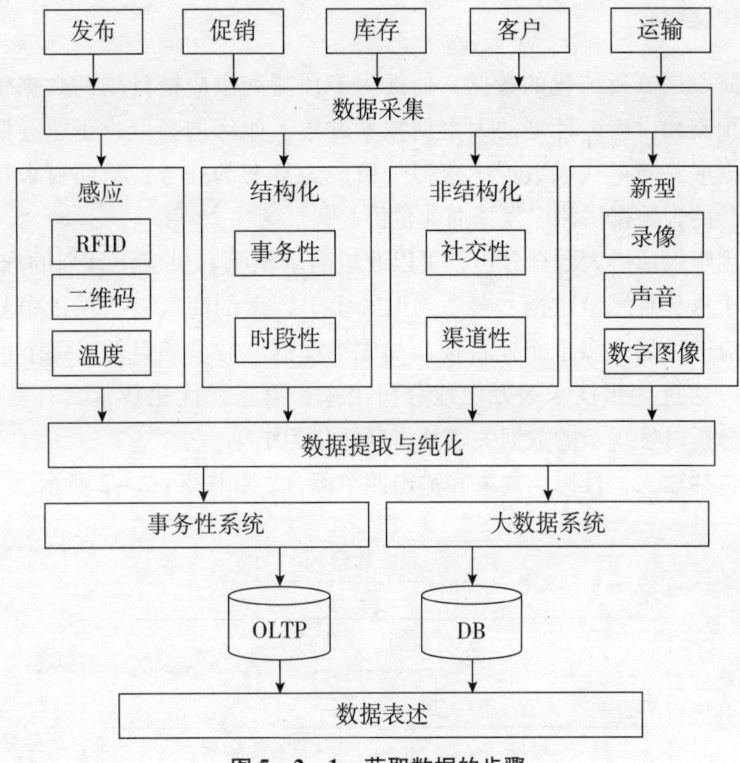


**图 5－2－1　获取数据的步骤**

（2）产品发布数据：包括增加或减少的品项；

（3）库存数据：仓库中的储存；

（4）客户数据：包括采购历史，社交数据；

（5）运输数据：包括 GPS 与物流数据。

企业必须采用能够处理如此巨大数据数量、速度和多样性的合适的大数据系统。

**2. 数据提取与纯化**

数据来源包含从结构化（事务性数据）到非结构化（社交性、图像、感应数据等）的不同形式，通常不便于分析。同时，由于存在大量混杂的数据，在数据采集时很可能会出现偏差和错误。因此，原始数据需要转换成结构化数据，以便用于制订供应链计划。分析不准确和不及时的数据，会导致错误或非优化的结果。高质量和综合的数据是企业有价值的资产，企业必须拥有适当的数据纯化机制以保持大数据的质量。选择用于数据纯化并使之丰富的大数据工具，对供应链计划至关重要。

**3. 数据表述**

设计用于海量数据的数据库是艰难的任务，如果不能顺利执行，将会对绩效产生重大影响，因而数据表述对数据分析十分关键。数据存储的方式多种多样，每一种设计都有其自身的优点和不足。选择合适的数据库设计并顺利执行，有助于在供应链计划中更加有效地进行数据分析，从而获得更好的企业收益。

## （二）分析数据

接下来的阶段是分析纯化的数据，捕捉用于预测和供应链计划的数据价值。市场上存在众多用于预测和供应链计划的大数据技术方法，如何选择取决于业务情景和企业目标。不兼容数据形式使得从大数据中获得价值成为复杂的任务，从而要求技术方法创新以便从不断增长的大数据洪流中发掘商业价值。

优化技术用于供应链大数据分析，可以改进需求预测和供应链计划的准确性。首先，优化技术适用于从具有海量数据、多项约束及多个因素的高度复杂系统中分析和提取结果；其次，供应链计划有多个企业目标，如成本降低、需求满足等，每个目标对企业盈利性的影响可以通过优化技术很方便地分析出来；第三，优化技术具有良好的灵活性，适合在大数据分析时发现新的数据关联并将其转化为结果。

优化模型包括输入、目标、约束和输出四个部分，如图 5－2－2 所示。

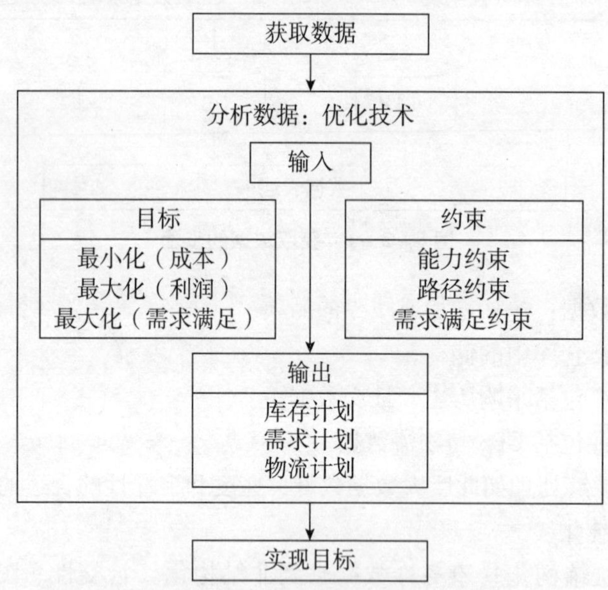


**图 5－2－2　分析数据的优化模型**

**1. 输入**

通过获取数据得到的一致、实时、高质量的数据，成为优化模型的输入。

**2. 目标**

优化模型将考虑所有与需求预测和供应链计划相关的目标，包括成本最小化、利润最大化、需求满足最大化等。

**3. 约束**

优化模型应该包含供应链计划相关的所有约束条件，如仓库的最低库存、能力约束、路径约束、需求满足约束等。

**4. 输出**

基于优化模型定义的输入、目标和约束，通过选择合适的算法，就可以输出用于战略执行的优化结果，包括需求计划、库存计划、生产计划、物流计划等。

### （三）实现目标

优化模型的最后的阶段是通过需求预测和供应链计划来实现企业目标，涉及推进企业供应链决策的三个步骤，即情景管理、多用户协同和绩效追踪，如图5-2-3所示。

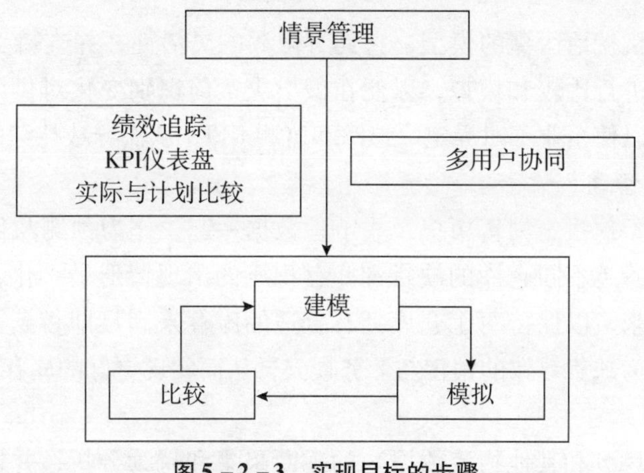


图5-2-3　实现目标的步骤

**1. 情景管理（Scenario Management）**

业务事件难以预测，大多数情况下会偏离标准轨迹，从而导致意料之外的行为和事件。这使得在不确定时间的计划和优化变得困难。情景管理是克服这一不确定情形的有效方法。它帮助生成业务情景，比较多个不同情景，在决策前分析和评估其影响。这一能力有助于平衡KPI之间的冲突，达成满足企业需要的最优解决方案。

**2. 多用户协同**

实际企业应用中的优化模型包含高度复杂的数据集和模型，需要一系列分析的支持，以决定其对企业目标的影响。往往需要技术与业务领域专家的结合，才能得到最优化的结果。为获得接近准确的预测和供应链优化，模型必须支持多用户协同，以便多个用户能够协同产生优化计划和安排，并在业务发生变化时重新优化。为此，优化价值模型构建了一个协同体系，能够支持多个用户的输入，并将其纳入决策过程。

**3. 绩效追踪**

需求预测和供应链计划并不是按照一次性建模运算的方法，而是需要显著的持续的努力。输入与业务规则的频繁变化，需要对数据、模型和算法绩效的监测。实际与计划的结果需要定期比较，以便采取措施使准确性的偏差最小化。为此，需要界定KPI，并通过仪表盘（Dashboard）形式持续地监测模型的绩效。

## 三、应用大数据改进供应链计划的收益

用于大数据分析的三阶段模型可以为企业带来以下收益：

**1. 改进预测准确性**

预测的关键目标之一是利润最大化。本模型采用有效的数据采集、纯化和整合系统，为预测奠定了良好的数据基础。社交数据、促销数据、气象预报、季节性数据加上历史需求和销售历史数据，增加了预测的价值，改进了预测的准确性。此外，大数据分析的优化技术最大程度地降低了预测误差。

**2. 持续改善**

本模型并不是机械地运算的模型，它具有微调的灵活性，并支持 What - if 分析。多个情景被生成出来进行比较和模拟，以便在做出决策前识别变化对供应链和需求预测的影响。同时，也可以使企业不时界定、追踪和监测 KPI，从而导致持续的流程改善。

**3. 更好的库存管理**

库存数据与气象预报、销售历史及季节性数据一起，作为预测与供应链计划模型的输入。这一方法使跨越不同仓库的缺货和库存积压的出现情形最小化。库存移动的优化计划被预先制订出来，以保持每个仓库拥有合适的库存来满足即将到来的需求。这在最大程度上减少了因为缺货导致的销售与业务损失，从而实现更好的库存管理。

**4. 物流优化**

对运输数据（GPS 和其他物流数据）的不断采集和持续分析，并通过优化技术将其用于需求预测和供应链计划，有助于改善配送管理。此外，物流优化可以改善燃油效率和车辆路径安排的效率，从而导致卓越的运作和更好的供应链可视化。

随着信息技术在供应链计划中的应用不断深入，能够采集、存储和分析的数据数量成倍增长。为得到卓越的运作和可持续的竞争优势，企业有必要借助大数据的力量来进行有效和高效的供应链计划。大数据的优化价值模型提供了通过协同、情景管理和绩效管理进行需求预测和供应链优化的独特方法，为应用大数据改进供应链计划带来巨大的机会。

## 第二节 基于云平台的供应链可视化

大数据技术正在迅速地改变供应链网络中企业与企业之间的信息交互方式，其中一个巨大的突破是云技术平台的兴起，它不仅彻底改变了企业的 IT 结构，而且使供应链伙伴通过协同信息平台实现全程可视化成为可能。

### 一、云技术对供应链管理的影响

#### （一）传统供应链管理面临的挑战

随着客户需求的多样化和原材料供应的全球化，企业的供应链变得越来越复杂，企业对供应链管理的要求不断提高，从而使得传统供应链管理方式面临以下挑战：

（1）与供应链伙伴、客户及最终消费者的协同问题；

（2）无法容易与迅速地获取新的能力；

（3）缺乏数据质量与一致性；

（4）缺乏对业务的单一视角；

（5）不适应扩展的、分布式供应网络和订单履行伙伴；

（6）IT 系统与业务流程不匹配；

（7）接入系统和信息不便，特别是对远端和现场的工作人员。

这些挑战是持续的和致命的，而且会随着供应链复杂度的提高愈演愈烈。与此同时，传统 IT 结构也适应不了供应链管理发展的要求，主要表现为：

（1）IT 固定成本高；

（2）解决问题的业务和 IT 资源有限；

（3）实施速度慢；

（4）使用便利性差；

（5）未能与供应链伙伴结盟；

（6）IT 盲点增加。

### （二）云技术给供应链带来的效益

云技术的兴起，为解决供应链管理面临的挑战带来令人鼓舞的新途径，其效益主要体现在以下三方面：

**1. 协同性**

供应链协同缺失的原因有很多，其中一个主要原因是缺乏共同的系统和流程，使小型供应链伙伴难以接入系统，从而制约了供应链的协同。云技术可以通过为总部和现场员工提供共同的、广泛接入的信息平台，很好地解决这一问题。实际上，最初在供应链中应用云技术的，是能够借助外部成员协同（如承运人社区）或通过对业务的共同视角（如数据透明化）而产生网络效应的领域。

**2. IT 服务弹性**

现代供应链的最大特点是易变性，需求和供应都具有不可预见的性质，需求预测的准确度在下降，供应中断的风险在上升，从而使得企业倾向于采用可变的而不是固定的成本结构。一方面，企业更多地采用外包；另一方面，企业希望具备获得 IT 服务的弹性，便于随着需求和业务的变化而调整系统能力。显然，云技术比传统的现场配置应用系统在这方面更为有效，可以更好地满足企业外部环境的易变性对 IT 更新换代和能力提升的频繁要求。

**3. 快速实施性**

云技术的最大优势，是使企业能够按照工作节拍同步获得 IT 能力。无论是需求的易变性，还是提前期的缩短，或是获取新的能力，企业的工作节拍都变得越来越快，传统的 IT 实施周期显然不能适应要求。因此，企业要做出快速、明智的供应链决策，就必须借助敏捷、灵活的 IT 工具，这正是云技术所带来的效益。

### （三）云技术对企业IT结构的影响

在传统的配置内部业务管理软件的企业里，IT部门主要负责提供企业四墙之内的管理功能。而基于云技术的信息平台提供了企业所有供应链伙伴都能接入同一系统的协同空间，这就要求企业的IT部门能够管理外部合作伙伴网络。这一新的模式需要企业重新定义IT部门的角色，如表5－2－1所示。

**表5－2－1　传统IT部门与云IT部门的角色演变**

| 传统IT部门 | 云IT部门 |
|---|---|
| 开发和维护大规模的固定集成 | 借助云技术提供商来确保最佳集成方式 |
| 管理企业自有硬件的大笔投资和维护开支 | 管理登陆云解决方案的月度运行费用 |
| 支付传统ERP软件的升级和维护费用 | 始终使用云软件的最新升级版本，并与网络上的所有其他用户分担维护成本 |
| 为每一个新接入的合作伙伴建立点对点的EDI连接 | 使用标准集成图来快速接入新的合作伙伴并实现标准化的数据交换 |
| 承担具体的、非战略性的、常常是被动的工作 | 在企业战略中发挥主要作用 |
| 使ERP系统客户化以支撑企业的工作流程 | 使用高度可配置的系统来满足企业战略需求 |

随着企业IT结构的变化，IT部门将变得比以往更加关键。他们需要选择最好的云技术提供商，管理、监测和维护云解决方案，并确保其与企业其他的软件系统相互连通。

## 二、基于云平台的供应链管理模式

### （一）配置云服务以满足企业需求

基于云平台的应用系统可以通过配置来满足企业的特有需求。借助云技术，企业IT部门不再需要花时间来制定客户解决方案，而是可以专注于通过设立业务规则和工作流程、定制应用领域并在企业需求变化和增长时做出调整来实施控制。

基于云平台，企业IT部门只需负责设置业务逻辑。例如，用户可以将其应用系统配置为允许出现订单例外，其业务规则是一个供应商可以有多少订单没有履行而不必给相应的管理者提出预警。

云平台的标准化数据工具可以使企业用来描述主数据。用户可以给产品和位置分配代码，从而消除冗余，使数据简洁和可靠。用户不仅可以配置供应链事件里程碑，以用于衡量承运人和供应商的绩效；而且可以将产品代码和描述用于订单管理。

一旦企业按照供应链战略配置云服务，就可以在自我服务的环境下，实现对信息系统的有效控制，并充分挖掘云技术带来的供应链管理价值。

## （二）借助网络化社区力量来共享数据

云平台与传统点到点 EDI 整合的本质区别，在于其提供的网络化社区优势。如图 5－2－4 所示，全球供应链中社区参与者包括承运人、第三方物流企业、供应商和任何其他与全球贸易活动有联系的合作伙伴，通过将所有参与者带入预先存在的云网络中，企业会得到端到端的供应链可视化。

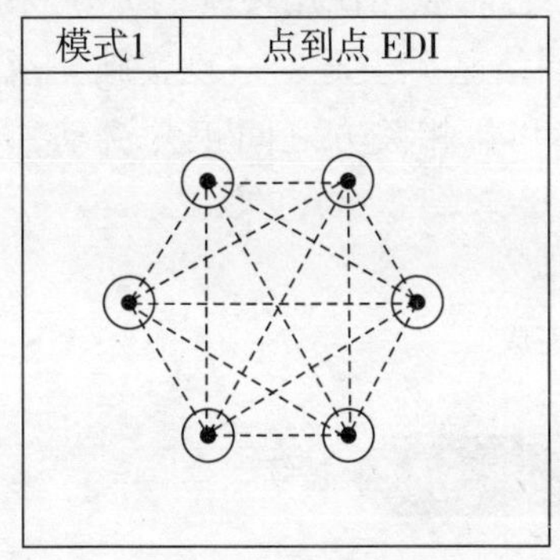


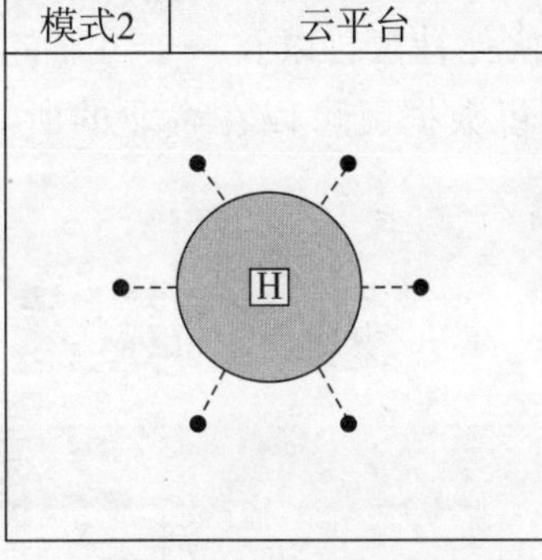


图例
参与者
数据处理区
---- 信息交换
H 文件交换枢纽

**图 5－2－4　云平台与传统 EDI 模式的比较**

采用传统的软件系统，企业必须与每一个合作伙伴分别建立起联系；而借助云技术，新的合作伙伴能够迅速、方便地上线，因为企业的网络化社区已经在平台上建立起来。所有合作伙伴将自动从数据质量的改进中受益，覆盖全球贸易与物流网络的所有数据将持续更新。

当一个新的合作伙伴登录时，企业的 IT 部门需要管理其在社区的存在，方法是控制其能够看到的数据，以及在企业授权下能够采取的行动。云平台可以提供工具使企业的 IT 部门既对数据接入的安全性放心，又对企业及其合作伙伴在平台上相互沟通与进行供应链决策的有效性满意。

管理社区的另一个方面是供应商的管理，云平台可以提供工具使企业的 IT 部门成批导入新的供应商，迅速地与之连通，并监测其绩效。

从传统的软件系统到网络化云平台之间，还包括私有云和公共云模式，如图 5－2－5 所示。企业 IT 部门需要对云模式做出关键的决策，并监督其服务商提供真正的云服务。

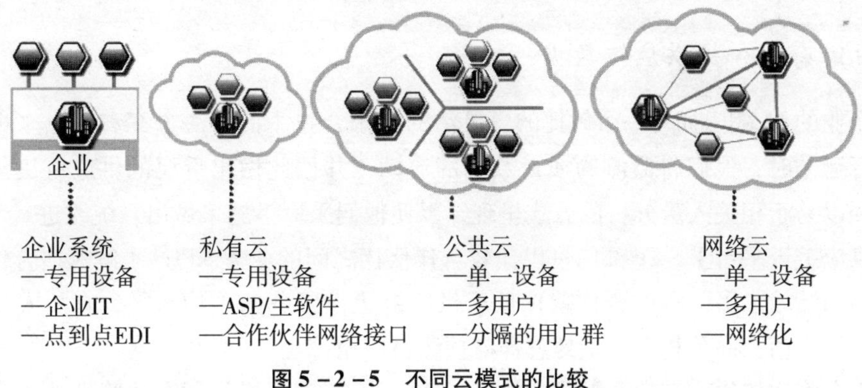


**图 5－2－5　不同云模式的比较**

## （三）实现与供应链伙伴及应用系统集成

采用传统的软件系统，供应链中每个合作伙伴之间通过硬连接彼此相连，最终每个集成都需要相同的时间和资源。当其中一个连接的数据质量改进时，其他连接仍然没有改变。

云平台通过贯穿网络社区的共享的、可重复利用的集成，为解决数据与可视化空隙问题带来革命性突破。当一个新的企业加入云平台时，它能够比使用传统的 ERP 系统更快地接入已经存在的合作伙伴社区，以及一个可靠的网络基础设施。一旦实施完成，产品的全球生产、运输及销售数据就可以在企业的所有利益相关方之间正常流动，如图 5-2-6 所示。

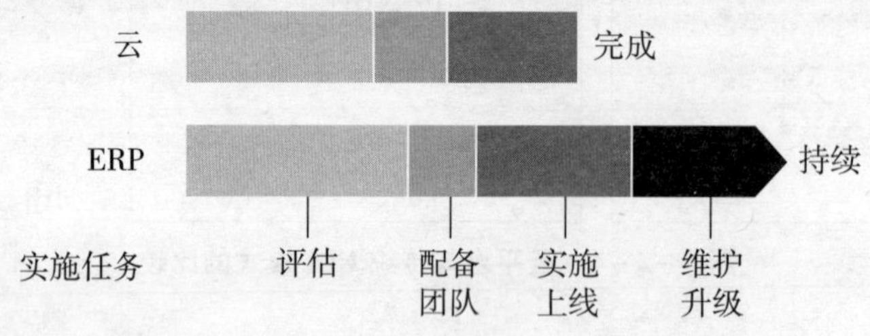


**图 5-2-6 云平台与传统 ERP 系统的实施比较**

企业 IT 部门在完成云平台集成后，还能管理和监测与企业其他应用软件的集成。云平台可以提供工具来管理与 ERP 系统的内部集成，以及与其他应用系统的外部集成。

在这一模式中，企业 IT 部门可以接入网络服务 API，把企业的应用系统延伸到云平台。他们负责管理内部用户的单一登录能力，监督合作伙伴的数据以便于可视、易于解释分析的方式流入，同时监测数据质量并基于选定的 KPI 报告合作伙伴的绩效。

当数据存放在云平台时，便可以实现单一平台乃至行业合作伙伴社区的标准化。这完全颠覆了传统的数据改进方式，例如，当一个承运人和一个货主之间改进数据连接时，会自动改进云平台上所有合作伙伴之间的数据连接。传统模式下，企业 IT 部门需要花费大量的人力来实现这些质量升级，而云平台模式下，社区自身会完成这一切，如图 5-2-7 所示。

## （四）有效分析供应链数据

当企业的 IT 部门拥有一个敏捷的、灵活的基于云技术的解决方案和工具来根据企业需要进行运作时，他们将监测高质量数据的流动，并据此做出重要的供应链决策。这些数据必须以易于相关人员分析的方式呈现，以便他们采取措施来做出系统改进。

在供应链云平台上，IT 部门可以比较合作伙伴之间的业务 KPI，了解哪些合作伙伴达到了适当的绩效水平，哪些合作伙伴低于供应链运作服务的平均水平。有关人员能够容易地看到异常值，并分析实际绩效怎样与预测目标相符合。

云平台将实体供应链带入网络化的云环境，为 IT 部门提供了有效管理技术和工作流

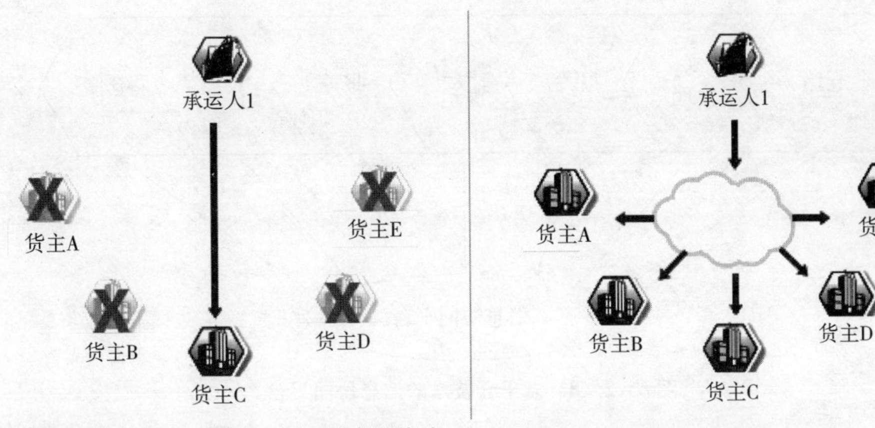


传统模式：承运人1改进与货主C之间的数据连接时，只有货主C受益

云平台模式：承运人1改进与货主C之间的数据连接时，所有货主受益

**图 5－2－7　云平台与传统模式的数据质量改进方式比较**

程的工具，使其在企业的全球供应链运作中发挥持续的战略作用。

## 三、全球供应链可视化云平台

全球供应链管理的关键是信息的高度可视化，这些信息包括物料的流动状况、库存水平和需求水平等。首先，在全球规模的供应链活动中，由于工厂与市场之间的时间与空间跨度很大，使得真实的客户需求变得模糊与滞后，若缺少从供应链起始供应端一直到最终客户端的全程可视化，不能实时获取真实需求的数据，进而无法及时管理补货，那么整个供应链系统无疑将只得依赖库存，也就是用库存作缓冲以防止缺货，这就无法实现“用信息替代库存”的供应链管理目标。

全球供应链可视化的另一个目标，是管理货物在运行过程中运输状态的不确定性。全球供应链包含多个环节，如某产品要从工厂运往港口，再从港口运往目的地所在的国家，当清关等一系列手续办妥后，产品才最终到达其需求地。由于这些环节往往跨越不同的国家或关贸区，一路上存在经济社会环境与自然环境的许多不确定性因素，供应链在运作过程中发生波动就不足为奇了。因此，需要通过信息共享来强化供应链参与者之间业已存在的关系，以便使特定供应链上的一整套活动同步化。典型的国际物流流程，包括卖方端的仓储、货运代理、报关，海运或空运，以及买方端的报关、货运代理和仓储等活动。通常这些活动的信息都储存在各自的信息系统中，通过物流管理软件分别进行控制。云技术的兴起，为改变这一传统的全球供应链管理方式创造了机会。新的模式是将各个设施和产品的实体部分与信息部分分离，以便通过网络将所有的信息部分连接在一起，给所有的相关公司提供能力、库存、价格以及日程的可视化，并将货运的详细情况开放给海关和客户。这样，国际物流流程就重组为一个基于云技术的信息协同平台，每个合作伙伴都拥有所有利益相关方以及货运状态的信息，如图 5－2－8 所示。

于是，一个分销商不仅是在产品进入其仓库时才制订销售计划，他可以在产品等待

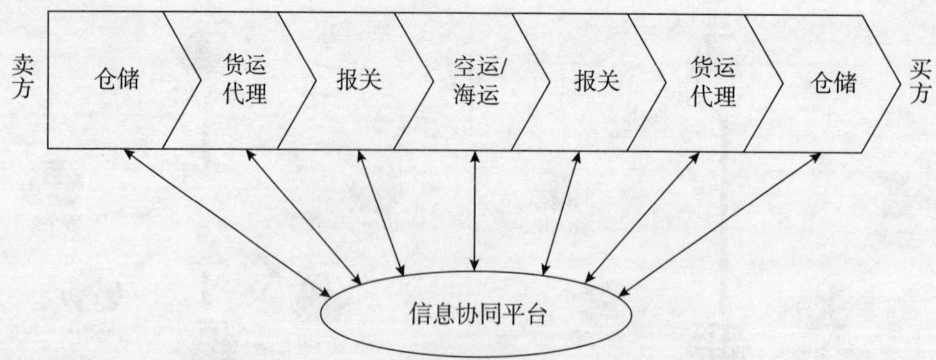


图5-2-8　基于云技术的信息协同平台

报关时、在制造商的货架上时、在第三方物流的卡车上时就可以制订销售计划了。同时，可以通过改进物流过程的可视化，使供应商、物流服务商和制造商之间的日程安排同步化，以降低库存和缩短提前期。

以著名的云平台服务公司 GT NEXUS 为例，通过将全球供应链上的制造商、零售商、物流服务商及其客户和所有供应链伙伴连接在一起，可以实现以下可视化：

（1）在途可视化：通过建立对全球所有订单的集中事件管理系统，实现从供应商一直到客户的可靠的供应链可视化。可以动态提供货物预计到达时间，通过例外显示关注未能按计划到达相应位置的产品，对在途和生产延误以及逾期配送快速评估和预警。

（2）库存可视化：建立从供应商一直到客户的整个供应链库存管道的控制，包括在库库存和在途库存。可以通过主动配置在途库存来提高直接换装与越库的比例，通过可靠的库存状态与管理预期来降低安全与缓冲库存并提高客户的忠诚度。

（3）成本可视化：确定全球采购商品到达目的地时真实的落地供应链成本。通过检测、衡量和审核涵盖所有供应链伙伴的端到端成本，可以获取每个成本组成部分并将其分配到每一个单品上，从而更好地制订成本计划、识别成本异常处并采取措施加以消除。

（4）文件可视化：通过建立电子文件中心，共享和管理全球贸易、物流、账单等电子文件，并自动将供应链的文件与订单、发货、订仓等相连接，使供应链的所有参与方能随时得到文件，以减少海关的延迟和客户投诉的风险，提高供应链的效率。

## 第三节　大数据与供应商绩效及风险管理

在当今的全球经济一体化中，企业在世界范围内采购原材料、生产产品和销售商品。为更好地管理复杂的供应网络，企业需要比传统供应商管理更加完备的数据和分析手段，而大数据技术的应用，无疑为供应商绩效与风险管理提供了有效途径。以 SAP 公司的供应商信息网络平台为例，通过实时收集和处理供应商相关数据、生成有价值的关键绩效指标（KPI）与洞察（Insight）、预测供应商的行为以及帮助消除多层供应群带来的风险，极大地提高了供应商绩效与风险管理的有效性和效率。

## 一、基于流处理的实时监测

要有效地管理供应链的绩效与风险，首先要提高对供应链运行监测的实时性。当供应链上异常事件发生时，从数据采集、分析到采取补救措施，会发生一系列的时间延迟，而供应链价值会在延迟中损失，所以，实时监测能够体现出供应链的竞争优势，如图5-2-9所示。

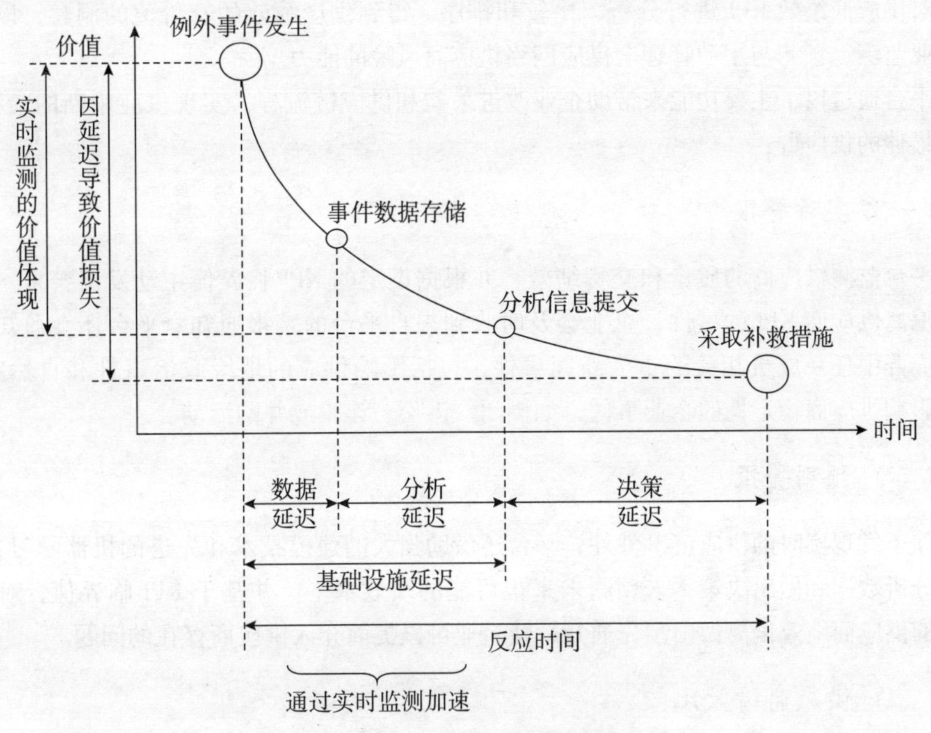


**图5-2-9　实时监测的价值**

随着大数据时代的来临，与供应链运作相关的数据来源多种多样，数据实时采集与分析的挑战性越来越大。为此，SAP的供应商信息网络平台，采用了Sybase公司的事件流处理器（Event Stream Processor，ESP），将商业事件流转化为可据行动的信息，通过舍弃那些不相关的信息，联合不同源的信息，在其他事件情境中检查事件以判断什么是重要的信息。由于Sybase ESP是基于大量的数据、以实时的方式高速进行的，它使得企业对不断变化的环境做出更迅速的响应，捕捉随时出现的供应链风险，通过更完整和及时的信息做出更好的决策。传统的数据分析是基于数据库中的静态数据运行查询的，而事件流处理，起源于复杂事件处理（CEP），通过预先定义“连续查询”改写了分析规则。当新的数据到来时，Sybase ESP流经过查询，生成连续的洞察流，通过对新的信息立即响应、警示用户风险、基于对当前不断发展的环境处理新的事务、利用不断更新的信息制定决策，使得从大量的事件数据流中抽取有意义的信息变得更加容易，从而对供应链运作实现真正意义上的实时监测。

## 二、基于云平台的供应绩效与风险洞察

在借助 ESP 技术进行实时监测的同时，SAP 的供应商信息网络平台还基于云平台从大数据中获得供应绩效与风险的洞察。平台采用众包的方法把所有参与方案网络的企业连接在一起，收集所有参与企业的供应商绩效 KPI 信息，并与实时新闻连线的非结构性内容、禁令通知等公共数据以及人口统计信息等结合在一起，依据这些有价值的大量数据，对供应商绩效 KPI 进行分析、比较和排序，得到供应绩效的有价值的洞察，以此提高企业监测、预测与主动管理全供应网络供应商风险的能力。

平台通过以下主要功能来帮助企业改进采购和供应链流程，实现供应中断的最小化，获得最佳的供应群：

### （一）实时警报

平台监测供应商的质量和交货绩效，并根据设定的 KPI 临界值主动发出警报。如果发生偏离供应商 KPI 的事件，企业会及时收到来自平台的警报通知。平台还会通知企业与供应群中任一成员相关的重大新闻事件，包括影响供应的地缘政治事件和自然灾害，以及影响供应商稳定性的企业事件，如倒闭、诉讼、诈骗或并购活动。

### （二）预测警报

除了发现实时的供应链事件外，平台还借助强大的建模技术和先进的机器学习方法，通过分析数据和做出决策，来预测未来很可能的绩效水平。并基于 KPI 临界值，对可能存在的供应商绩效偏离做出预先通知，使企业可以提前介入供应商存在的问题。

### （三）供应商绩效比较

评价供应商的关键，是将其绩效放在整个行业内进行比较。平台使企业能够将一个供应商的绩效与其他的供应商进行比较，同时将一个供应商的 KPI 表现与其为其他客户的相同 KPI 表现进行比较，从而得到对供应商绩效的全面的洞察。例如，一个供应商某月的及时送货率为 80%，怎样评判是好还是坏？但如果发现其同时期对其他客户的及时送货率为 95%，那就看出问题来了。

为此，平台需要收集和累积来自企业网络中多个参与者的供应商绩效信息，以生成绩效基准。这样就可以看到一个供应商在其服务的企业网络客户中的绩效排名，以及在企业所有供应商中的绩效排名，从而找出其需要改进的具体领域。

### （四）多层网络可视化

先进的供应网络可以获得巨大的生产率提高和成本降低，但全球网络的错综复杂性使其易于产生各种各样的风险，如经济状况波动、国际冲突和自然灾害等。例如，2011 年 3 月的日本大地震，中断了日本汽车零部件的生产与流通，影响了全世界的汽车制造商

与经销商，导致整个汽车行业生产与销售大幅下降。所以，企业需要观察到可能存在于其供应群中次级供应商的风险。

平台采用社交网络工具使一级供应商提供次级供应商的可视化，以帮助企业发现深藏在供应网络中的潜在风险，并能在实际发生前加以规避。平台提供贯穿供应链多级网络的风险数据，基于对地震等重大新闻事件的实时分析实现洞察。通过搜索和分析数以千计的新闻源，找出与次级供应商相关进而可能影响企业运作的中断、倒闭、诉讼等信息。

## 三、应用供应商信息网络平台带来的收益

### （一）大幅提高供应链管理效率

传统上，供应商与采购经理花费大量时间在战术与运作事务中，以确保日常运作不受供应问题的影响。而供应网络快速变化的复杂性，常常导致其只能对日常运作的热点问题做出被动的反应。借助平台及其丰富的例外管理框架，企业可以采取更加主动的、前瞻性的方法。平台根据企业的个性化要求设置绩效临界值，以便对企业需要关注的潜在问题发出警报，同时指出例外的严重程度，使企业能够识别和专注在最重大的事情上。例外管理将管理者从基础的日常事务中解放出来，专注于更加战略性的增值事项，从而大幅提高管理效率。

### （二）改进供应链管理并减少中断

采用平台可以使企业通过深入的绩效分析和基准比较得到对供应商绩效的洞察，从而提高对贯穿供应群多级供应商风险的可视化，减少供应中断的频率以及造成的影响。通过对供应商绩效的实时监测，以及预测供应商绩效并主动提供警报，可以大幅提高供应商绩效管理的及时性和主动性，有助于改进对整个供应链的管理。

# 第三章 运用大数据改进供应链管理

## 第一节 运用大数据改进制造业供应链

大数据可以使制造商通过更精准的产品定位和更有效的促销与配送来进一步提高设计与生产的效率、改进产品质量，以更好地满足客户需求。例如，大数据能帮助企业减少20%～50%的产品研发时间，通过模拟和测试可以在生产前消除瑕疵，使用实时数据能够使企业更好地管理全球供应链的需求计划、减少生产中的瑕疵和返工等。总之，大数据提供了大幅改进主流制造商管理复杂、全球、延伸的价值链的方法，使企业能够以创新的、更加精确的方式来满足客户需求，如基于客户数据进行协同产品开发等。

### 一、制造业需要借助大数据来提升效率

随着制造业采购、生产和销售的日益全球化，制造商需要组织和管理全球供应链以获得成本和市场竞争优势。例如，一个典型的全球消费电子制造商，几乎在每个大陆都会有生产设施，并根据物流成本和生产成本的权衡来优化其全球设施分布。先进的制造商也会有众多的供应商，各供应商专注于生产专门的零部件，以确保其成本和质量的优势。一个典型的大型汽车装配企业，通常会有多达4000家全球供应商。

为了在全球化背景下继续获得生产率的高水平增长，制造商需要借助大量数据来提升整个供应链的效率，以设计和销售更高质量的产品。实际上，制造商已经拥有大量的数字化数据并运用于工作之中。根据麦肯锡的研究报告《大数据：下一个创新、竞争与生产率前沿》，制造业是存储数据最多的行业，2010年全球新存数据接近2EB。制造业的数据有多个来源，从仪表化生产设备（流程控制），到供应链管理系统，再到已售出产品的绩效监测系统。如一架波音737飞机的一次国际航行，就可以产生240TB的数据。

随着大数据时代的来临，制造业产生数据的数量将会持续以指数方式增长。全球销售的RFID标签的数量，预计将会从2011年的1200万猛增到2021年的2090亿。制造商开始将不同系统的数据结合在一起，例如，CAD、CAE、CAM、协同产品研发管理、数字化制造以及跨越企业边界的供应链端到端数据等。

### 二、制造商可以在整个价值链上运用大数据

根据麦肯锡的研究，大数据有可能从七个方面改进制造商的绩效，并影响到从研发设计、供应链管理、生产，一直到市场营销、售后服务的整个价值链，如表5-3-1所示。

表5-3-1　　运用大数据改进制造商绩效的途径

| | 研发设计 | 供应链管理 | 生产 | 市场营销 | 售后服务 |
|---|---|---|---|---|---|
| 构建贯穿供应链的跨部门协作的研发与产品设计数据库，以实施并行工程、快速试验和模拟以及共同创造 | √ | | | | |
| 收集客户数据，广泛运用于提高客户服务水平、捕捉交叉销售机会以及实现按价值设计 | √ | | | √ | |
| 在虚拟协同场所以众包等方法采集和分享数据 | √ | | | √ | |
| 实施先进的需求预测与供应计划系统，涵盖供应商并使用企业外部变量 | | √ | √ | √ | |
| 实施数字化工厂以实现流程透明化，开发仪表盘工具，对瓶颈环节进行可视化显示 | | | √ | | |
| 实施传感器数据驱动的运作分析系统，以提高产能，实现大规模定制生产 | | | √ | | |
| 通过传感器收集售后数据，并实时反馈以触发售后服务，并诊断生产或设计的缺陷 | | | √ | √ | √ |

## （一）研发设计

运用大数据使企业有机会加快产品研发，帮助设计师基于具体的输入以及使生产成本最小化的设计来获得产品最重要和最有价值的特征，通过开放创新等方法来利用消费者洞察降低研发成本。

### 1. 产品生命周期管理

几十年来，制造商一直通过实施IT系统来管理产品生命周期，包括计算机辅助设计、工程、制造，产品研发管理工具以及数字化制造等。然而，这些系统产生的大量数据却只能局限在各自的系统内。因此，制造商可以抓住一个显著的大数据创造价值的机会，通过构建产品生命周期管理（PLM）平台，将多个系统的数据整合在一起，以便实现有效的、持续的协同。例如，PLM能够提供共同创造平台，将企业内部和外部的输入结合在一起来创造新的产品，这在航空航天等领域特别适用，因为一个新产品往往需要全球数百个供应商的成百上千的零部件来装配，这种情形下 OEM 厂与供应商共同创造设计就特别有价值。PLM 平台也十分有助于在设计阶段进行试验，设计师和制造工程师能够通过平台快速的共享数据，并方便地生成模拟来测试不同的设计、不同的零部件和供应商选择以及相关的制造成本。这一功能非常有用，因为设计阶段的决策往往决定制造成本的 80%。

高端制造业的领先企业已经进行了数据协同使用和控制试验。丰田（Toyota）、菲亚特（Fiat）和日产（Nissan）已经将新车型的研发时间压缩了 30% ~50%；丰田声称已经可以在第一台样车试制前消除 80% 的缺陷。然而，尽管这一机会的回报是巨大的，但制造商往往需要巨额投资来升级系统，这些系统常常有几十年的历史。除了进行不同 IT 系统的数据集成所需的技术工作之外，制造商还需确保不同职能部门（研发、生产）和企业（OEM、供应商）运用这些工具来协同。

**2. 按价值设计**

尽管从市场研究中得到客户输入一直是传统产品设计流程的一部分，但是许多企业并不能从日益增加的客户数据中系统提取关键洞察来调整现有设计并产生新型产品的具体指标。最佳实践的制造商能够进行联合分析，以确定有多少客户愿意支付某些产品特性，以及什么产品特性对市场成功至关重要。为此，这些企业将从 POS 机数据和客户反馈等数据来源中提取的定量客户洞察作为分析的主要补充，新的客户反馈数据来源包括社交媒体中的客户评价、描述实际产品使用的传感器数据等。

然而，要得到全面的客户数据以便获取整体洞察对制造商可能是一个巨大的障碍；分销商、零售商和供应链上的其他成员都不愿意共享数据，将其视为有竞争力的资产。不过，按价值设计的回报是巨大的，特别是在产品高度差异化并可以改变客户偏好的行业。例如，一个电信设备制造商运用客户洞察数据在 24 个月内将毛利润提高了 30%，消除了产品中不必要的高成本特性，增加了更具客户价值的产品特性，使客户愿意支付更好的购买价格。

**3. 开放创新**

为推动创新以开发产品满足新的客户需求，制造商越来越依靠来自创新渠道的外部输入。随着 WEB2.0 的兴起，一些制造商邀请外部利益相关方基于网络平台提交创意，甚至进行协同产品开发。卡夫（Kraft）和宝洁（P&G）等消费品制造公司在开发新产品时，不仅征求消费者的创意，而且与外部学术与产业研究专家进行协同。20 世纪初，宝洁面临研发成本上升而回报下降的问题。为此，公司启动了名为“连接与开发”的开放创新项目，其中一个重要内容就是构建名为 InnoCentive 的网络平台，邀请专家来解决宝洁面临的技术挑战。至 2010 年，公司新产品中包含源自公司外部元素的比例由 2000 年的 15% 上升到 50%，研发生产率提高了 60%，研发成本占销售额的比例由 4.8 下降到 3.4。但是与这些开放创新方法的成功相辅相成的，是如何以高效的方式从这些项目产生的潜在的大量输入中提取真正有价值的创意，这正是大数据技术如自动算法（Automated Algorithms）等所能解决的难题。

借助大数据的开放创新已经延伸到高端制造业。例如，宝马（BMW）构建了“创意管理系统”，以帮助评估来自“虚拟创新机构”提交的创意。这可以将识别有潜在价值创意的时间减少一半，也可以减少对创意的可行性做出决策的时间。其结果是公司每年可以将来自开放创新努力的 2 ~ 3 个主要创意融入到新产品研发之中。这些开放创新技术的另一个好处是可以使参与者在这些努力中产生品牌认同感，以及在其创意被采纳后的自豪感。

### （二）供应链管理

制造商特别是那些生产快消品的企业在改进需求预测和供应链计划方面存在巨大的机会。需求的多变性已成为制造商的一个关键课题。他们的零售客户一直在大力推动增加供应商的灵活性和响应性，以满足消费者偏好的多样性和易变性。其他趋势，如增加运用促销和战术性定价等，只是放大了供应商面临的多变性课题。

制造商可以通过改进对自身数据的运用来改进需求预测和供应链计划，但更大的价值将来自于其对外部数据源的整合，包括来自零售商的数据，如促销数据（品项、价格、销售额），推展数据（上架/下架的具体品项，加速/减速计划）以及库存数据（每个仓库的库存水平，每个商店的销售额）。通过考虑贯穿价值链的数据（可以通过协同供应链管理和计划），制造商能够使波动的订单模式变得平滑。这样做的好处将贯穿整个价值链，帮助制造商更有效地使用资金和提供更高水平的服务。最佳实践的制造商也可以加快计划周期的频率，以实现与生产周期的同步。实际上，一些企业正在用接近实时的数据来调整生产。有些企业正进行与零售商的协同，通过基于时间的折扣来调节各个商店的需求。

### （三）生产

大数据正通过将模拟技术运用于生产形成的大量数据，给生产流程带来额外的效率。物联网的不断普及，也使制造商可以运用来自传感器的实时数据来追踪零部件、监测设备和引导实际运作。

**1. 数字化工厂**

通过输入产品研发和历史生产数据（如订单数据、机器绩效），制造商能够运用先进的计算方法来构建整个生产流程的数字化模型。这样的数字化工厂——包括所有的机器设备、劳动力和器具——可以用来设计和模拟对某一产品最高效的生产系统，从平面布局到流程排序。领先的汽车制造商已经将这一技术用于优化新工厂的生产布局，特别是存在诸如空间和设备发布等种种约束时。一家钢铁企业运用模拟技术对整个工厂的组成部分建立起模型，以快速测试其改进措施，使得其交货可行性提高了 20 ~ 30 个百分点。对汽车、航空航天、半导体等行业的案例分析表明，先进的模拟技术可以减少生产规划的变革次数以及工具设计与建造成本。采用这些技术设计出来的工厂，也实现了装配时间的减少、成本的节省乃至交货可靠性的提高。

**2. 传感器驱动的运作**

物联网应用的兴起，使制造商可以借助来自供应链和生产流程的网络化传感器的实时、高度颗粒化的数据来优化运作。这些数据通过流程控制和优化来减少浪费，并使产出最大化，甚至可以实现制造创新。

运用传感器网络的大数据的一个成功案例来自诸如炼油等过程制造行业。几十年来，石油工业一直使用大量的实时数据来开发更加难以开采的储油层。今天，这一行业已经将大数据的运用扩展到生产端——建设自动的、远程监控的油田。这种方法的好处是可以降低占总支出60%的运作和维护成本。在数字化油田，一个单一的系统采集来自油井监视器、地震传感器和卫星遥感系统的数据。数据被传输到大型数据中心，并中继到实时运作中心，用以监测和调整参数来优化生产，并使停产最小化。经验表明，数字化油田可以降低成本10%～25%，提高产量5%以上。

### （四）市场营销/售后服务

制造商使用来自客户交互的数据不仅可以改进营销和销售，而且有助于产品研发的决策。在产品中植入传感器，将产品实际使用情况和绩效传回企业，已越来越具有经济可行性。制造商现在可以实时输入正在形成的产品缺陷，以立刻调整生产流程。研发部门也可以共享这些数据，以重新设计和开发新产品。例如，许多建筑机械制造商已经在其产品中植入传感器，以提供大量有关产品利用率和使用模式的实时数据，使企业可以改进需求预测和未来产品研发。

与此同时，在企业营销、销售和售后服务活动中也存在利用大量数据的机会，包括通过客户细分和运用大数据分析技术以提高销售团队工作的有效性。越来越多的制造商借助植入在产品中的传感器来改进其提供的售后服务，例如，通过对植入在复杂产品中的传感器传回的数据进行分析，飞机、电梯和数据中心服务器的制造商可以制定一揽子主动保养维护服务方案，维修技师可能会在客户还没有意识到某个零部件将会失效时就已经被派出。制造商已经能够将与客户的商业关系从卖产品转变为卖服务，如发动机制造商销售的是“按小时计算的动力”。

## 三、大数据对制造业生产率和创新的改进潜力

对制造商来说，大数据带来的机会主要是通过改进效率和产品质量来提高生产率，如表5-3-2所示。效率的改进来自整个价值链，从消除产品研发周期中不必要的交互，到优化装配流程。通过改进产品质量，使产品更好地满足客户需求，产品的实际输出价值得到提高。

除了提高生产率，大数据也带来了制造业的创新服务，甚至形成新的商业模式。传感器数据已经使创新的售后服务成为可能。例如，宝马的ConnectedDrive能够基于实时交通信息为驾驶员提供导引，在传感器发现问题时自动呼叫帮助，根据实际车况提示驾驶员保养需要，并自动向维修中心传输数据。在微观层面上跟踪产品使用的能力，使基于产品使用的服务而不是产品采购的定价模式成为可能。供应链成员之间交换数据的能力，使生产可以延伸到高度分散的网络。例如，香港利丰（Li & Fung）作为服装零售商的供

表 5－3－2　　大数据对制造业成本、收入和流动资金的影响

| | 大数据手段示例 | 对成本影响 | 对收入影响 | 对流动资金影响 |
|---|---|---|---|---|
| 研发设计 | 1. 并行工程/产品生命周期管理<br>2. 为价值设计<br>3. 众包 | 增加20%～50%产品研发成本<br>增加30%毛利润<br>减少25%产品研发成本 | 减少20%～50%进入市场时间 | |
| 供应链管理 | 需求预测/供应链计划 | 增加2%～3%净利润 | | 减少3%～7% |
| 生产 | 1. 传感器数据驱动的运作分析<br>2. 精益制造的“数字化工厂” | 减少10%～25%运作成本<br>减少10%～50%装配成本 | 最高增加7%<br>增加2% | |
| 售后服务 | 将产品传感器数据分析用于售后服务 | 减少10%～40%维护成本 | 增加10%年产量 | |

应商，可以使多达7500家供应商协同运作，每家供应商专注于提供供应链的一个非常具体的部分。

大数据的一些最有力的影响运用于整个制造生态系统（Ecosystems）之中，在确保这些生态系统的网络功能完善和持续进化中发挥关键作用。实际上，新的数据中介或数据企业开始兴起，正在将描述产品在全世界流动的数据的经济价值资本化。

## 四、制造业运用大数据面临企业组织、文化和人才的挑战

大数据在制造业中能够创造的大部分价值，都需要对贯穿供应链的多个来源的数据的接入和多种多样的使用。因此，为了充分挖掘大数据在制造业中创造价值的潜力，需要制造商投资IT并改变组织架构。额外的IT投资需求有可能是巨大的，一些大数据方法如升级产品生命周期管理平台以便连接不同的IT系统，就花费很大。不过，长期的回报会超过投入的成本。其他需要的投入包括开发接口和协议，以实现供应链伙伴之间的数据共享。标准接口非常关键，可能需要全行业的共同努力。企业的部门分割严重、拥有多个IT系统、不同部门之间数据分隔的企业，显然在大数据应用中处于劣势。例如，为获得按价值设计的好处，企业需要在市场营销、产品研发和生产部门之间数据的自由交换。因此，为成功运用大数据，许多企业需要有坚强的领导和文化转变，以消除部门之间的隔阂。

许多大数据方法也需要供应链中的不同伙伴能够接入数据。例如，为优化生产计划，需要多级供应商的数据；制订需求计划需要来自零售商的客户数据。为接入这些数据池，制造商需要建立正确的价值主张与激励机制。例如，许多零售商视客户数据为自有财产，但也有供应链成员间数据共享的成功案例，最著名的是沃尔玛（Wal－mart）与宝洁的供

应商库存管理（VMI）模式。

制造商也需要建立管理大数据的能力。尽管制造业已经处理大量数据达二十多年，但是贯穿供应链和来自最终消费者的新的数据来源和急剧增长的数据量，仍然需要制造商将其数据存储和计算能力以及深入分析技术提高到一个新水平，以便获取相关的信息与洞察。拥有复杂的大数据管理经验的人才十分短缺。制造商不仅需要延揽这样的人才，而且需要清除企业内影响人才发挥出最大作用的障碍。例如，许多炼油企业仍然依靠管理者使用表格来制订设备维护和升级计划，而这一工作完全可以通过对直接收集设备数据的运算更有效地完成。

最后，当大数据应用涉及消费者和其他最终用户时，往往会涉及隐私问题。例如，可以通过产品传感器数据来形成目标精准的售后服务或交叉销售，但这一大数据方法只有在消费者不反对其供应商监测其产品使用行为时才能运用。因此，制造商必须主动地与政策制定部门配合，并与用户就数据透明化进行沟通，以解决好人们对隐私问题的关心。

综上所述，制造商在运用大数据产生价值方面拥有巨大的潜力，主要体现在集成贯穿供应链的数据并应用先进的分析技术来提高效率和产品质量，从而改进企业的生产率。在新兴市场，制造商可以开始借助大数据来建立超越廉价劳动力成本的竞争优势。在发达市场，制造商可以运用大数据来降低成本，以及提供产品和服务的更大的创新。

## 第二节　运用大数据改进零售业供应链

几十年来，信息技术和数字化数据一直是零售商获取利润和整个零售业提高效率的主要途径。随着大数据时代的到来，零售商可以通过运用和发展大数据方法来进一步改进生产率和利润率。这种改进对零售业这一众所周知的低利润行业来说尤为显著。大数据方法在零售业中运用的一个重要领域来自于零售商与消费者的互动，当消费者利用网络进行搜索、研究、比较、购买和获取支持时，数字化数据将发挥日益重要的作用；与此同时，零售商销售的产品自身也会产生越来越多的数字化数据。当然，零售商与其客户能够真正获得的价值，将主要取决于其克服与技术、人才和组织文化相关的障碍的措施。

### 一、大数据给零售业带来的挑战与机会

一系列大数据技术的发展给零售商带来了降价的压力，因为购买者可以借助这些新技术实时获得报价、促销和产品信息。例如，RedLaser 应用系统，可以使购买者在商店使用智能手机扫描商品的条码，即可进行产品和价格比较。此外，网络与移动商务的广泛采用，大大提高了价格透明度，给消费者带来的价值，这一趋势将会使单纯依靠价格竞争的零售商失去利润空间。显然，购买者越容易进行零售商之间的价格比较，零售价格就会越低。

因此，当今领先的零售商正在挖掘客户数据，以帮助其更好地管理供应链，并做出正确的商品和定价决策。例如，沃尔玛细致而高效的客户追踪系统，使其有能力挖掘 PB

级的数据来分析客户偏好与购买行为，从而可以从其消费品供应商处赢得重要的价格和分销优惠。越来越多的零售商更加善于深入分析大数据，这些数据来源于多个销售渠道、目录销售、商店和在线交互。对愈发颗粒化的客户数据的广泛应用，使零售商可以改进其市场营销和产品销售的有效性。大数据方法运用于运作与供应链管理，将继续降低零售商的成本，并为其提高销售额创造新的竞争优势。

## 二、大数据对零售业供应链改进的主要途径

根据麦肯锡的研究，有16个大数据方法可以用于零售商的价值链，并可分为营销部门、商品部门、运营部门、供应链部门和创新事业模式5个方面，如表5-3-3所示。

**表5-3-3　贯穿零售商价值链的大数据方法**

| 分类 | 大数据方法 |
| --- | --- |
| 营销部门 | 1. 开展交叉销售<br>2. 定点营销<br>3. 在店行为分析<br>4. 客户细分<br>5. 观点分析<br>6. 获取多渠道消费者经验 |
| 商品部门 | 1. 商品品种优化<br>2. 价格优化<br>3. 位置与设计优化 |
| 运营部门 | 1. 绩效透明化<br>2. 用工优化 |
| 供应链部门 | 1. 库存管理<br>2. 物流配送优化<br>3. 支持与供应商谈判 |
| 创新商业模式 | 1. 比价服务<br>2. 网上市场 |

### （一）营销部门

**1. 开展交叉销售**

最先进的交叉销售方法使用所有能够获得的客户数据，包括客户的人口统计特征、购买历史、偏好、实时位置及其他数据，来提高客户的平均购买规模。例如，亚马逊（Amazon）采用协同过滤技术在每个产品购买或访问时生成“你可能也要”的提示。据统计，有30%的销售来自于这一推荐引擎。这一方法的另一个例子，是运用大数据分析

来优化门店促销的商品搭配。

**2. 定点营销**

定点营销主要通过智能手机和其他个人定位移动装置，向靠近或进入商店的消费者进行定向营销。例如，当消费者进入一家服装店时，商店可以向其智能手机上发送一款毛衣的特价信息。新创公司 PlaceCast 声称，其 50% 的用户已经因为这样的定点广告而购买商品。据统计，将近 50% 的智能手机用户使用或计划使用其手机来进行移动购物。

**3. 在店行为分析**

分析在店行为可以改进商店的布局、产品的构成以及货架的摆放。最新的创新可以使零售商追踪客户的购买模式（如在商店的足迹以及在每一部分所花的时间等），使用智能手机应用系统（如 Shopkick）获取实时数据，或监测手机在一个零售环境中的位置。一些零售商采用先进的图像分析软件，通过与其监控摄像头连接在一起，来追踪在店交通模式和消费者行为。

**4. 客户细分**

客户细分是零售业常用的方法，但近年来大数据给其带来极大的创新。可供细分的数据量急剧膨胀，日益先进的分析工具使细分变得越来越精细，一些零售商甚至已经可以实现个性化，而不只是简单的细分。除了传统的市场分析数据和历史采购数据外，零售商现在可以追踪和利用各个消费者的行为数据。包括网络上的点击数据。零售商现在可以近乎实时地升级这些日益精细的数据，以根据客户改变做出调整。例如，高端零售商 Neiman Marcus 同时开发了行为细分和多级成员奖励项目，这两者的结合可以导致其最具影响的、更能获取利润的客户，更多地采购更高利润的产品。

**5. 观点分析**

观点分析是利用消费者在各种形式的社交媒体上产生的大量数据，来帮助进行各种商业决策。例如，零售商可以通过观点分析估测营销活动的实时反映，以便做出相应的调整。社交媒体这一新兴领域在数据分析中正发挥关键作用，因为消费者越来越依靠评价、评论和推荐来做出采购决策。新近出现了不少工具，用于实时监测和响应基于网络的消费者行为与选择。

**6. 获取多渠道消费者经验**

获取多渠道消费者经验已成为提高销售额、客户满意度和忠诚度的重要手段。零售商可以运用大数据实现促销、定价和购买者的无缝连接，无论这些消费者是来自网络、商店还是目录销售。例如，Williams - sonoma 已经将大约 6000 万户家庭的信息集成在客户数据库中，追踪他们的收入、住房价值以及小孩数量等信息。基于这些信息的有目标的电子邮件，比没有目标的电子邮件可以获得 10 ~ 18 倍的响应率，公司还可以根据不同客户群的行为和偏好制作不同版本的产品目录。

### （二）商品部门

**1. 商品品种优化**

商品品种优化，是指根据当地的人口统计、购买预期和其他大数据，来决定什么商品放在什么商店。这一大数据方法，的确能使销售额得到实质性提高。例如，一家领先的药品零售商，运用消费者研究、市场与竞争分析以及经济学模型，来识别每一项商品销售增长缓慢和迅速的原因，致使总体 SKU 数目减少了 17%，提高了 2% 的销售额，增加了 3% 的利润。

**2. 价格优化**

今天的零售商可以发挥日益增长的价格与销售数据量的优势，运用更强大的分析工具，将价格优化提升到一个新的水平。一系列的数据来源，可以用于评估和支持几近实时的价格决策。复杂的需求弹性模型，可以通过检查历史销售数据，来形成对 SKU 级的定价的洞察，包括大减价及时间安排。零售商可以使用这些结果数据来分析促销事件，评估销售额上升的来源以及相关的成本。一家商品零售商检查其客户之间对不同产品的弹性。例如，农村地区的食品消费者将黄油和大米作为更高的购买优先，因而这些产品的价格或许比其对于城市购买者有更少的弹性。同样的，城市消费者往往将麦片和糖果放在更高的购买优先上。

**3. 位置与设计优化**

传统零售商可以通过挖掘 SKU 级的销售数据来优化产品摆放位置和视觉设计，如根据顾客的足迹数据来确定货架摆放。网上零售商则可以根据网页交互数据，如浏览、点击和鼠标悬停，来优化网页的设置。例如，eBay 已经对其网页不同方面进行数千次的试验，以优化其网页布局和从导航到照片大小的各种特征设计。

### （三）运营部门

**1. 绩效透明化**

零售商现在已经可以对其绩效进行日常分析，包括每个商店的销售额、每个 SKU 的销售额以及每个员工的销售额等。大数据时代，这些系统正变得更近于实时。零售商可以看到每小时收银员的交易数与正确率，并根据每个电话解决的客户问题数的百分比、客户投诉以及满意度调查等，来观察客户服务质量。尽管零售业一直在基础层面上广泛使用绩效报告，但发展的趋势是通过更频繁、更实时、更精细的报告来管理，以更加及时地对运营进行具体的调整。

**2. 用工优化**

大数据运用于在维持服务水平的同时减少成本的运营方法是优化用工人数、自动追踪时间与出勤以及用工安排。这一方法可以生成更准确的用工需求预测，特别是高峰期的预测，以避免能力不足。由于门店人工成本大约占零售商固定成本的 30%，这一方法很有价值。

### （四）供应链部门

**1. 库存管理**

依托提高先进分析技术挖掘多个数据源所提供的额外信息，大数据能够持续地改进零售商的库存管理。最佳实践的库存管理提供 SKU 级的完全透明，同时条码系统自动连接补货流程，以减少缺货的事故。领先的零售商正通过将多个数据源如销售历史、气象预报和季节性销售周期等结合在一起，以改进库存预测。同时，改进的库存管理使零售商更低水平的库存，因为供应与需求信号更紧密地匹配，同时可以减少因为缺货导致的销售损失。

**2. 物流配送优化**

领先的零售商也运用基于 GPS 的大数据车载系统（如远程位置报告等）来优化运输组织和线路，以改进车队和配送管理。运输分析可以通过优化燃油效率、保养维护、驾驶员行为和车辆路径来改进生产率。

**3. 支持与供应商谈判**

在大数据世界，领先零售商可以分析客户偏好和购买行为来支持与供应商谈判。例如，可以使用价格和交易数据来关注在关键产品上的谈判。在这一领域有巨大的机会，因为销售产品的成本构成零售商成本的最大部分。当然，供应商也会认识到理解客户偏好的重要性，并会主动接入和分析消费者行为的数据，以增强其在与零售商谈判中的洞察力。

### （五）创建新的商业模式

零售业的数据雪崩，与业务的其他先进性相结合，导致创新商业模式的兴起。这些模式是最有趣和最具创新性的，但也是对传统零售商最具威胁的。其中两个最有吸引力的商业模式是比价服务和网上销售。

**1. 比价服务**

今天，由第三方提供实时或接近实时的多个零售商的产品比价或相关价格透明度已很普遍。消费者可以不断在多个零售商店间比较具体产品的价格，这种比较通常会导致价格下降。研究表明，消费者在采用这一服务采购时，平均能节省 10%。零售商需要仔细思考怎样响应这样的比价服务。在价格竞争中没有优势的零售商，需要决定怎样在价格透明的世界里，与竞争对手差分开来，是购物体验的质量，与众不同的产品，或者提供其他增值服务。

**2. 网上市场**

基于网络的市场，如 Amazon 和 eBay，提供从大量供应商中可以搜索的产品清单。除了价格透明外，它们能提供大量专注独特市场而通常又没有营销或销售能力到达消费者的零售商。

## 三、大数据可以提供更高的利润和生产率

据麦肯锡研究，16 个大数据方法对零售业的利润和生产率都有潜在的影响。具体影响程度主要取决于零售商为克服一系列障碍所采取的措施，包括与技术、人才和文化相关的障碍，以及诸如消费者是否愿意其行为数据被挖掘、供应商是否在谈判中也利用一些相同的方法等外部因素。

如图 5－3－1 所示，营销部门的方法对运营利润的影响为 10%～30%；商品部门的方法的影响为 10%～40%；供应链部门可以有 5%～35%的影响。相反，价格透明化将趋于降低价格和压缩利润空间。

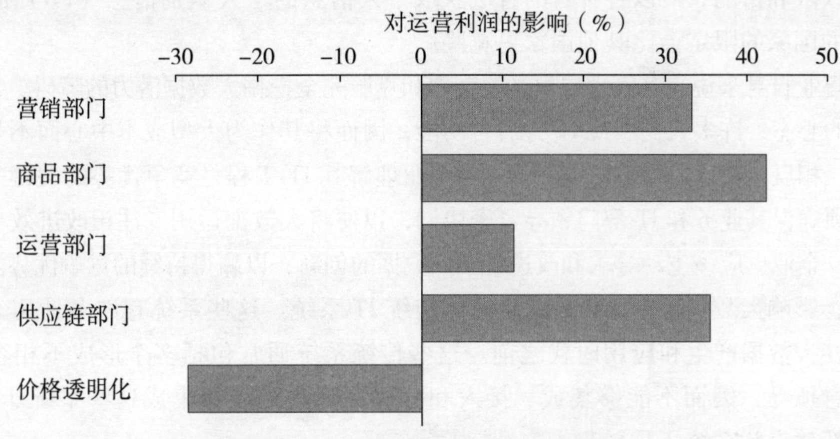


**图 5－3－1　大数据对零售利润的影响**

尽管单个企业可以运用大数据方法来增加产品销售和运营利润，但这些收益大都是在行业内转换价值，而不是提升整体规模。那些对大数据方法运用得相对较好的企业，将会从那些运用不好的企业手中赢得收益。而真正的获益者是消费者，他们可以得到更加满足自己需求的产品。

大数据对零售业生产率的提高也有促进作用。仅考虑对运营和供应链成本降低的影响，每年预计会有 0.5% 的效率提高。这还没有考虑运用大数据会提升消费者的购买热情。例如，即使零售消费者不增加总体花费，许多营销和商品部门的大数据方法也能改进他们的购物体验。消费者会找到更满足其需求的产品（如选择加入运用大数据精准营销项目），或者花更少的时间以合适的价格找到产品（如在逛商店前已得到库存可得性的信息，或使用价格比较服务）。这些都会增加零售行业的实际附加值。

总之，使用大数据会持续改变零售业的面貌。近年来，亚马逊（Amazon）、电子港湾（eBay）和高朋（Groupon）等网商正在重新定义零售的含义。消费者不再只是从商家的销售团队或广告获取产品与服务信息，而是从其他购买者处得到信息，并从电子市场找到其所需的产品。亚马逊还申请了一项名为“预测性物流”的专利，这项专利可以让亚马逊根据海量用户数据去预判用户的购买行为，提前将这些商品运出仓库，放到托运中心寄存，等用户真的下单了，立即装车往用户家里送，从而大幅缩减商品到达时间。

## 四、零售行业和政府部门需要克服充分获取大数据改进机会的障碍

如果零售行业要实现运用大数据带来的潜在价值，行业和政府部门不得不克服一系列重要障碍。政府部门需要选择怎样规范零售行业对消费者信息的使用，以及由此引起的隐私和安全问题。可以肯定的是，消费者对使用其个人信息，特别是个人位置数据和

其使用互联网产生的电子数据的态度正在迅速变化。但是许多人仍然不知道这些信息怎样、在哪里以及在什么程度上被用于定向广告和其他营销战略中。

全球各地对电子隐私的概念并不相同。例如，德国就限制谷歌地图对街景功能的使用。根据权限和目的，对以各种目的合法获取个人信息的个人识别信息（PII）的定义也不同，有的国家的限定会比其他国家更宽些。

对零售业自身来说，其管理层也必须管理和克服完全挖掘大数据潜力的障碍。首先是员工和企业的心态，许多人仍然视IT为后台功能，因而将其作为大型成本中心而不是业务增长的引擎。相反，在运用大数据方面领先的企业理解其IT工程是竞争优势的关键来源。这些企业必须确保其业务和IT部门领导紧密协同，以便将大数据运用专注于改进效率和创造价值机会。企业也应该主动寻求和改进基于大数据的创新，以赢得持续的竞争优势。

其次，影响大数据运用的障碍是企业的传统IT系统。这些系统有许多是几十年前安装的，远在大数据产生和应用时代之前。这些传统系统通常包括多个形成不相容和不同格式的信息孤岛，因而不能够集成、接入和分析。试图升级和集成这些系统非常困难，甚至比重新建设新系统还要复杂。

再次，即使新建基于大数据的系统也面临巨大的挑战。例如，采用RFID系统的预期规模与实际应用有较大差距。RFID承诺提供供应链数据来源，以便运用大数据分析技术获取信息。但在应用早期，RFID阅读的可靠性远低于预期，需要人工来纠正阅读差错。这严重影响了生产率，导致RFID的应用减缓，其标签的需求量下降。而由于没有规模经济性，又导致标签的单价降不下来，从而延缓了RFID的应用，进而对基于RFID的大数据技术的运用进程产生了负面影响。

最后，困扰零售业管理层的是寻找运用大数据的人才。一方面，掌握大数据分析技术的高质量人才非常稀缺；另一方面，这些人才又散落在企业的不同部门，不能得到高效的管理。同时，这些技术人员也很少有机会参与企业的战略决策，因而对特别具体的技术问题之外的影响力很小。具有远见和智慧的零售商会招揽足够的大数据人才，并使其参与企业的战略决策和计划，从而可以比其竞争对手更加充分发掘大数据的价值。

## 第三节　运用大数据改进供应链物流服务

### 一、大数据给第三方物流角色带来的变化

大数据给货主企业和第三方物流都带来关键的改进机会。大数据是EDI和互联网技术的跨越式发展，其特点是贯穿供应链的数据爆炸式增长，主要表现在以下几方面：

（1）多样性（Variety）：更多的对象被衡量；

（2）频率（Frequency）：同一个对象（如一个发货）在其生命周期中被更多次地衡量；

（3）宽度（Breadth）：单个记录包含更具体的信息点；

（4）可接入性（Accessibility）：数据更加标准化，更容易被交易伙伴接入；

（5）准确性（Accurancy）：一次键入、多次共享，使数据更加标准化，提高了数据质量。

上述因素描述了怎样提高对供应链的洞察力，也反映出供应链管理者会因此而淹没在数据之中。将数据转换为商业价值是这一挑战的核心，也成为扩展第三方物流的驱动力。

增长的数据需求对第三方物流的角色转换带来三个清晰的机会：

（1）第三方物流必须是一个有竞争力的数据管理者，从而成为有价值的合作伙伴。由于供应链的主要和关键部分的数据只有第三方物流能接入，因而其必须确保数据被获取、集成并向供应链各方开放。与此同时，第三方物流还需要提供数据的可靠性指数，因为货主企业在进行关键决策时需要知道，他们能够在多大程度上依赖第三方物流的数据结果。

（2）第三方物流需要成为数据消费者的服务商。对大型数据集进行人工处理是笨拙和不现实的，特别是数据以文本、照片、GPS 坐标及系列号混合的多媒体方式出现时。同样，大多数货主企业并没有一个能够在数据分析前将各个数据点集中化的系统。相反，数据分析分布在许多小系统中，并与执行系统和计划系统结合在一起。简言之，提取大型和复杂数据中的价值需要专门的 IT 工具，这已成为货主企业对第三方物流服务期望的一部分。除了拥有系统之外，第三方物流间的差分也取决于将数据分析植入在执行系统中的程度。认为只是由第三方物流进行两个系统之间的整合的观念已经过时。随着数据水平面的上升，货主企业想要知道其第三方物流是扔给他们救生圈并帮助他们导航，还是将他们拖着下沉并放慢前进的步伐。

（3）第三方物流必须配备相应的人员和流程，以抓住其来自数据可得性的大量机会。货主企业已不再把第三方物流的核心功能看作“移动货物”，取而代之的是对其数据管理服务的需求增长。尽管第三方物流专注于移动货物可能会找到增加的规模经济性，但是会失去对来自更好管理数据的颠覆性转变的洞察力。

## 二、第三方物流与客户关系中的大数据

Capgemini 咨询公司等机构的问卷调查报告《2014 年第三方物流研究》，对第三方物流与客户关系中的大数据进行了分析，主要结论如下：

### （一）货主企业与第三方物流对大数据的不同认知

不同的货主企业和第三方物流在面临运用大数据分析和解决供应链问题时，其兴趣、理解和接受度千差万别。如表 5 – 3 – 4 所示，只有 30% 的货主企业和 27% 的第三方物流表明其已经或正计划实施涉及供应链或供应链管理的大数据项目。另分别有 39% 的货主企业和 42% 的第三方物流表明其熟悉大数据但不确定其是否对供应链部门有帮助，或不相信其对供应链部门有价值。此外，还分别有 31% 的货主企业和第三方物流不熟悉大数据及相关的机会。

**表 5－3－4　　货主企业和第三方物流的大数据经验**

| | 货主企业 | | 第三方物流 | |
|---|---|---|---|---|
| 涉及供应链的大数据项目已经被实施 | 8% | 合计 30% | 5% | 合计 27% |
| 目前正计划为供应链实施大数据项目 | 22% | | 22% | |
| 熟悉大数据但不确定其是否对供应链部门有帮助 | 30% | 合计 39% | 34% | 合计 42% |
| 熟悉大数据但不相信其对供应链部门有价值 | 9% | | 8% | |
| 不熟悉大数据及相关的机会 | 31% | | 31% | |

不过，许多大数据项目背后的基本原理，即改进的、数据驱动的决策，却被广泛接受。有压倒多数的货主企业（97%）和第三方物流（93%）认同改进的、数据驱动的决策，是未来供应链活动和流程成功的必备条件。但显然不是所有的受访者认同大数据会促进这样的决策实现，只有 59% 的货主企业和 42% 的第三方物流表明货主企业的供应链在运用大数据后立刻看到了显著的价值。

## （二）大数据在功能与战略层都具有应用潜力

功能活动如可视化、运输管理和仓储/配送中心管理，因其工作性质会产生大量的数据。因而货主企业和第三方物流都无疑会看到运用大数据从技术、系统和工具上实现改进的潜力，都认同运用大数据解决战术问题是一个很好的投资。

值得一提的是，货主企业也看到了更加战略性的、基于 IT 的与供应链计划、网络建模与优化以及高级分析与数据挖掘相关的流程，是有机会发挥大数据作用的重要领域，如图 5－3－2所示。两者结合在一起，构成了运用大数据改进整体供应链的更大范围的可能性。

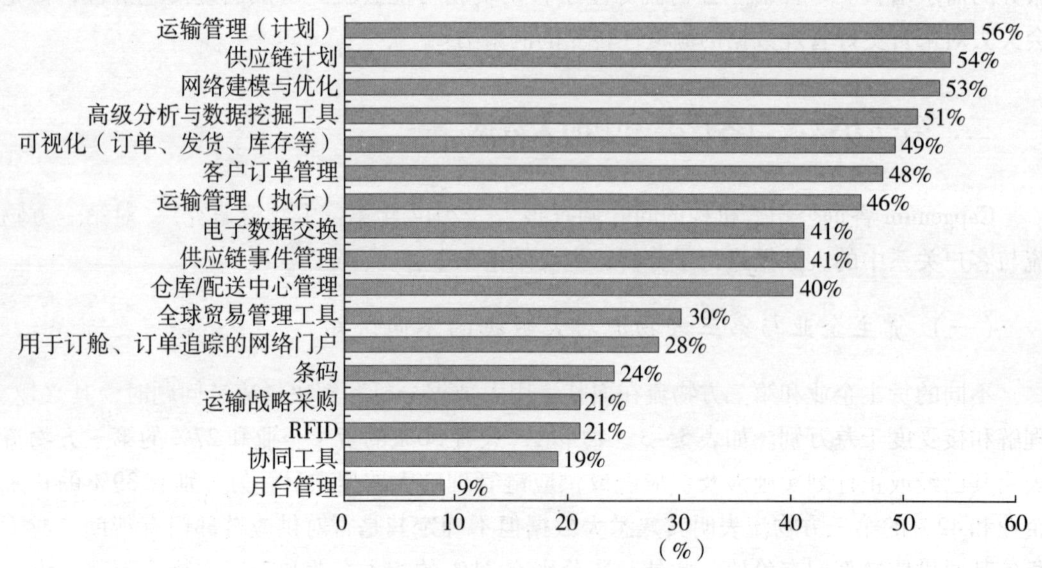


**图 5－3－2　货主企业用于大数据项目的技术/系统/工具**

例如，联邦快递（Fedex）在贵重商品上安放传感器，实时传回遥测数据，追踪包裹的投递速度和状态。通过分析这些数据，大大缩短了供应链响应时间，避免了发货延误。耐克（Nike）建立了贯穿采购、生产和零售的端到端供应链的具体的数据库，通过大数据分析来识别供应链连接的薄弱环节。

第三方物流也对货主企业的大数据项目以及自身运用大数据为客户服务的努力，表达了与货主企业相似的观点。一个明显的例外是第三方物流似乎视“客户订单管理”为与货主企业合作运用大数据技术的机会，比货主企业认为的要大。客户订单管理一直是货主企业不愿意让外部企业包括第三方物流参与的功能，这一观念正受到大数据的冲击。

货主企业也看到了在大数据上与第三方物流协同的机会，如图5－3－3所示，特别是在支持供应链端到端可视化（53%）和创造更具敏捷性和响应性的物流与供应链战略（50%）的机会。第三方物流持有相似的观点，但在两个关键领域有差别：

（1）36%的第三方物流视帮助货主企业整合不同的数据来源为大数据协同机会，而只有28%的货主企业这样认为。

（2）只有26%的货主企业认为大数据可以帮助第三方物流更好地理解客户需求，而有46%的第三方物流对此认同。

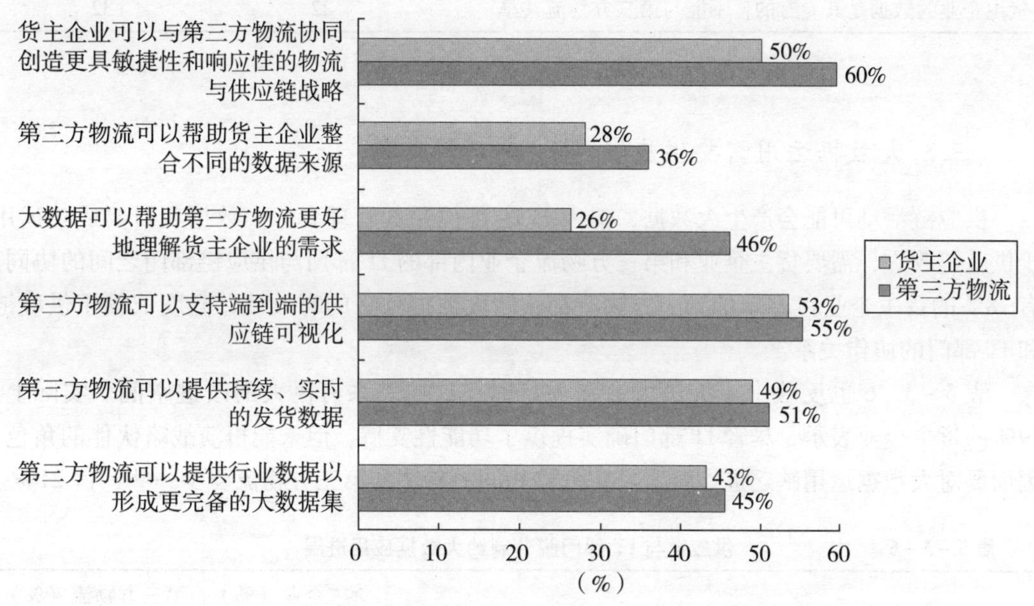


**图5－3－3　第三方物流与货主企业在大数据协同中的机会**

因此，对于大数据，第三方物流需要基于业务目标规划一个长期方法，避免临时或短期思想，要主动服务而不是被动应对。这样做在大数据能力的开发与应用上具有显著的战略优势，主动的方法需要客户与第三方物流之间的多年计划，以制定通向成功的战略与路线图。通过使用可用的数据与商业智能，第三方物流可以组成跨职能团队，共同实现激励客户、留住业务和增加市场份额的目标。

如表5－3－5所示，货主企业与第三方物流都认同第三方物流已经对货主企业的大数据项目，并相信其在未来会开发这一能力，或认为其可以接入驱动大数据有效运用所需的数据。在更小的程度上，货主企业和第三方物流有些担心第三方物流管理复杂大数据的能力，并感到货主企业可能不愿意与第三方物流共享其专有数据。有趣的是，更多的第三方物流（32%）担心货主企业的专有数据共享，而货主企业的比例只有22%。这一结果的一个解释是，对于第三方物流来说，货主企业并不总是愿意按照他们建议的那样共享专有数据。

**表5-3-5　　货主企业和第三方物流看好大数据协同**

| | 货主企业（%） | 第三方物流（%） |
|---|---|---|
| 第三方物流能够支持货主企业的大数据项目 | 41 | 34 |
| 第三方物流可以接入驱动最有效利用大数据所需的各种各样的数据 | 18 | 26 |
| 第三方物流目前不具备大数据能力，但相信未来会开发这一能力 | 24 | 31 |
| 第三方物流不能管理有效利用大数据的复杂数据 | 17 | 12 |
| 货主企业的数据是其专有的，不能与第三方物流共享 | 22 | 32 |

### （三）大数据运用需要供应链与IT部门的协作

供应链活动可能会产生大数据，但内部IT部门是其管理者。大数据项目要成功运用于供应链改进，需要货主企业和第三方物流企业内部的IT部门与供应链部门之间的协同。有78%的货主企业和74%的第三方物流都认同大数据项目的有效性，高度依赖于供应链和IT部门的协作关系。

表5-3-6也反映出在推进大数据项目时，这些关系有巨大的改进空间。实际上，29%的货主企业表示，尽管IT部门确实提供了功能性支持，但未能扮演战略伙伴的角色，因而要对大数据运用缺乏进展负责。对此持相同的看法的第三方物流要少一些，占21%。

**表5-3-6　　供应链与IT部门脱节制约大数据应用进展**

| | 货主企业（%） | 第三方物流（%） |
|---|---|---|
| IT部门是运用大数据的关键战略伙伴 | 21 | 20 |
| IT部门在未来运用大数据的计划中将发挥战略伙伴作用 | 25 | 36 |
| 在运用大数据的持续努力中供应链与IT部门的关系已经进化 | 26 | 27 |
| 供应链与IT部门的关系已经给大数据的运用带来挑战 | 12 | 7 |
| IT部门提供功能性支持，但不是战略伙伴，因而还不能够运用大数据 | 29 | 21 |

因此，组织大数据项目的最佳方法是构建一个跨部门的工作小组，包括 IT、财务、人力资源等部门的代表，以得到相关各方的意见来决定大数据在整个企业中的运用是否最佳。

在大数据项目中与 IT 部门合作的一个共同障碍是基础设施的缺乏。59% 的货主企业和 48% 的第三方物流，都反映其供应链部门相信在正式运用大数据之前，需要进一步开发更多的对存储、处理和信息结构的传统需求。

这一局限性意味着，只有 57% 的货主企业和 47% 的第三方物流认同在企业内可以接入与供应链计划和运作相关的及时和全面的数据。

尽管大数据项目的“所有权”有时也是一个有争议的问题，但成功前提是公司业务和 IT 部门的代表在一起有效地工作。许多企业的清晰的第一步，是做好各种基础工作，以确保业务和 IT 部门的人能够接入适当水平的数据。

### （四）大数据能够对客户企业和第三方物流产生新型价值

大数据为货主企业和第三方物流带来了取得竞争优势的潜在的新来源，通过大数据分析来实现对市场趋势、成本结构以及需求与能力波动的洞察，服务提供商可以更高效地运作，并改进企业的可扩展性。

图 5－3－4 反映了货主企业和第三方物流在运用大数据的不同阶段如何产生价值，分别由描述阶段、预测阶段、规范阶段和认知阶段来表示。图中也包括了一些物流与供应链数据来源的示例，这些数据可以被货主企业和第三方物流用来产生新型价值。

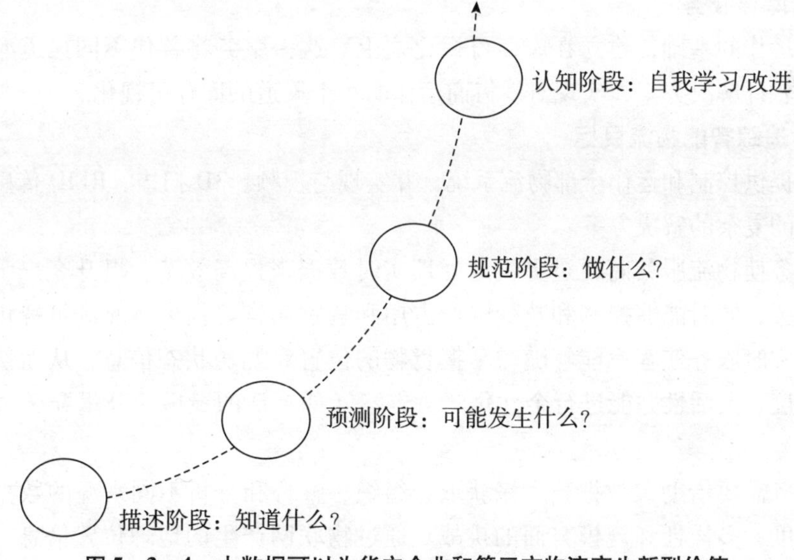


**图 5－3－4　大数据可以为货主企业和第三方物流产生新型价值**

## 三、大数据与供应链物流服务模式创新

随着大数据时代的来临，大数据分析、云计算、物联网等在客户企业和第三方物流中的应用越来越普及，促使供应链物流服务模式产生颠覆性创新，一些全新的服务模式

正在兴起。

### （一）实时服务

实时（Real - time）服务可以对变化的状况做出灵活和高效的调整，并通过将实时信息整合进智能和交互分析框架以实现供应链的优化。这一服务可以将贯穿整个供应链的可视化和透明度提高到一个新的水平，也能够带来额外的业务能力、提高运作效率并通过对客户的个性化需求提供成本有效的支持来增加对客户的亲和力。

实时服务提供以秒为周期的数据，这些数据能够被接受、分析并整合进随时随地的运作活动之中：

**1. 实时追踪服务**

通过随时随地对发货或智能包装的数据传输（追踪事件），提供有关位置、状况（如温度、湿度）和完整性（如带有灵活接入授权的电子铅封）的信息。

**2. 实时风险管理**

在运输中的商品的状况或完整性发生变化时提供实时信息，可以使客户能够对供应链风险（如产品召回、温度控制、电子铅封）立刻做出干预。

**3. 实时动态路径选择服务**

这一服务追踪卡车的活动和位置，有可能将路径选择解决方案从预先计划的循环取货（Milk Run）改变为灵活的确定取货和送货位置。

**4. 实时库存服务**

全渠道运作的基础，建立在库存可视化之上。这一服务将替代不同渠道库存的不相干性，借助软件解决方案，实现对零售商运作的每个渠道的库存可视化。

**5. 实时追踪智能物流目标**

为客户提供控制和运作全部物流系统，并实现与视频、3D 扫描、RFID 传感器等各种技术相结合的复杂的解决方案。

实时服务使物流服务商通过更快地处理实时数据来提高效率、提升客户服务水平并产生增值服务，同时能够控制和减少资产占用和货物偷盗等损失，改进可视化和安全功能。另外，实时服务使客户能够随时掌握货物的位置和配送状态信息，从而使整个供应链更具透明度、灵活性并能进行个性化解决方案（如灵活的最后一公里配送选择）的快速配置。

实时服务需要借助大数据技术来获取、组织、整合和分析不同来源的数据，以适应在数据的速度、多样性和规模方面的挑战。通过物联网产生的地理位置信息，促使供应链可视化由近乎实时向实时转变。显然，现有的信息系统和解决方案无法满足这样的要求，因而需要对端到端的供应链进行高额的投入。

### （二）众物流

众物流（Crowd Logistics）是社交网络为物流提供商带来的新的商业机会，包括众包最初和最后一公里的活动，使用员工微博来进行灵活的运输路径重新选择，以及通过社交网络的数据挖掘来形成新的服务产品等，这些对物流服务的成本、灵活性和二氧化碳排放都有显著的影响。

新的共享、物物交换和私人商品推销文化，使本地、区域和全国层面消费者之间的交易活动增加，物流企业需要通过将灵活的、便捷的最初与最后一公里服务有效地融入到消费者日常生活之中来支持这些活动：

**1. 众包（Crowdsourcing）**

目前，有大约70%的可用运输能力（轨道、公路、私人汽车）没有得到利用。让客户介入取货和送货流程，不仅可以显著降低运输成本，而且通过运输量的在途整合，可以大大减少碳排放。

**2. 众导航（Crowdnavigation）**

员工使用的微博等提供实时信息的社交网络，往往能够对道路事故、交通阻塞和其他显著事件，做出比传统的导航和车载系统更快的反应。

**3. 众挖掘（Crowdmining）**

众挖掘是指通过社交网络对有关公司、品牌和产品的评论进行常规检测，同时利用微博来更新特别服务、折扣、季节性优惠等，并对消费者投诉和反馈做出实时响应，以及检查客户在微博上反映的事件并实时做出响应等。

众物流可以使物流服务商加强网络、提高能力利用率以及降低运输成本，也给提供众物流解决方案的企业带来新的商业机会；同时，可以帮助客户降低运输成本，获得灵活的配送服务选择，并可以更方便地进行物物交换。当然，需要考虑到客户介入取货和配送流程的法律和服务一致性制约。

例如，2013 年，DHL 在斯德哥尔摩发布了名为 MyWays 的平台，使该城市的居民可以介入最后一公里的配送。通过特别开发的客户端，该服务把愿意对其网购商品进行灵活配送的客户，与那些愿意收取少量费用在其日常出行路线上运送包裹的居民联系在一起。当包裹到达 DHL 的集货点时，双方有关配送的费用和服务细节就会在平台上得到确认。

### （三）超级网络物流

**1. 超级网络物流的作用**

超级网络物流（Supergrid Logistics）将带动新一代物流公司的形成，主要专注于协同连接生产企业和物流提供商的全球供应链网络。许多企业将会从新的商业机会中获取利润，大至在复杂或特别服务中有专长的第四方物流（4PL）提供商，小至本地的小型物流提供商。

基于模块化的、灵活的、可配置的物流服务，超级网络物流将面向服务的物流（Service - oriented Logistics）概念引入新的商业模式，对整个物流市场产生影响：

（1）超级网络驱动新的市场细分

物流提供商市场将细分出新的行当，如服务专家、用户、配置商、复杂物流解决方案的协同商以及服务商城（Mall）业主等。全球性物流商将主要专注于跨境整合、额外付费服务以及协同区域与本地服务提供商（竞合者），以形成全球超级网络。物流商城将提高市场透明度，使小型本地公司可以进入全球市场。

（2）超级网络带来成本高效的额外付费服务

一些复杂性日益提高、开发成本不断加大的服务，如风险管理与安全、报关与一致性等，只能由少量的专家开发。额外付费的电子服务，如电子账单支付、电子一致性、电子报关等，将变成新的市场差分要素。

（3）超级网络增加了企业价值

物流服务不仅出售给客户，而且出售给服务伙伴甚至竞争对手。合作也将影响基础设施开发、支撑能力和资源利用（如共享车队），以确保运行通畅、成本降低、能源节省和更具可持续性。合作也会通过支持基础设施的投入（铁路、桥梁和枢纽），推动经济的增长。

超级网络为全球性物流商带来新的商业机会来提升网络，也为小型物流公司创造了参与全球市场的机会；同时减少了基础设施和服务开发成本，实现了产生价值的快捷性、服务的可扩展性和基础设施的弹性。对接受服务的客户来说，可以得到更加灵活、迅速和成本高效的个性化解决方案和远景配置，并能降低总体物流成本。

**2. 从物流即服务（LaaS）到超级网络**

如图 5 – 3 – 5 所示，随着时间的推移，物流服务商经历从物流即服务到超级网络的演变，服务复杂性不断增加。尽管这种演变不一定严格经过图中的每一个步骤，但每一次演变，都会给物流服务商及其客户带来具体的益处。

对物流服务商带来的益处主要有：

（1）商品化服务将会被可重复使用的云服务所替代，这将降低开发成本，提高可扩展性和灵活性。

（2）从商城采购非营利性的物流服务（如实物流）作为其复杂供应链的一部分，将降低成本，并使得专注于供应链协同和复杂性管理的轻资产甚至零资产物流企业出现。

（3）与本地相关的物流服务可以在全球物流商城上发布，使小型物流企业介入全球市场与超级网络的机会增加。

（4）发布和推销用于内部的、最佳实践的、复杂的、高价值服务将给物流企业带来额外的利润，并使其有机会成为主导市场的服务专家。

对接受物流服务的客户带来的益处主要有：

（1）进入物流商城，使客户可以构建自己的"按需供应链"，独立于任何合同物流商。

（2）受益于全球超级网络物流商的能力提升，这样的服务商可以设计和管理客户的整个价值链，动态地整合和协同物流与非物流服务。

**3. 超级网络物流的商业模式**

物流服务的不同实施、整合和管理水平，适合于不同的物流商业模式，如图 5 – 3 – 6 所示。

超级网络作为整合了端到端物流服务整个范围的合作者的物流网络，包括了全球所有可供运输类型及相关的服务功能，其商业模式如图 5 – 3 – 7 所示。

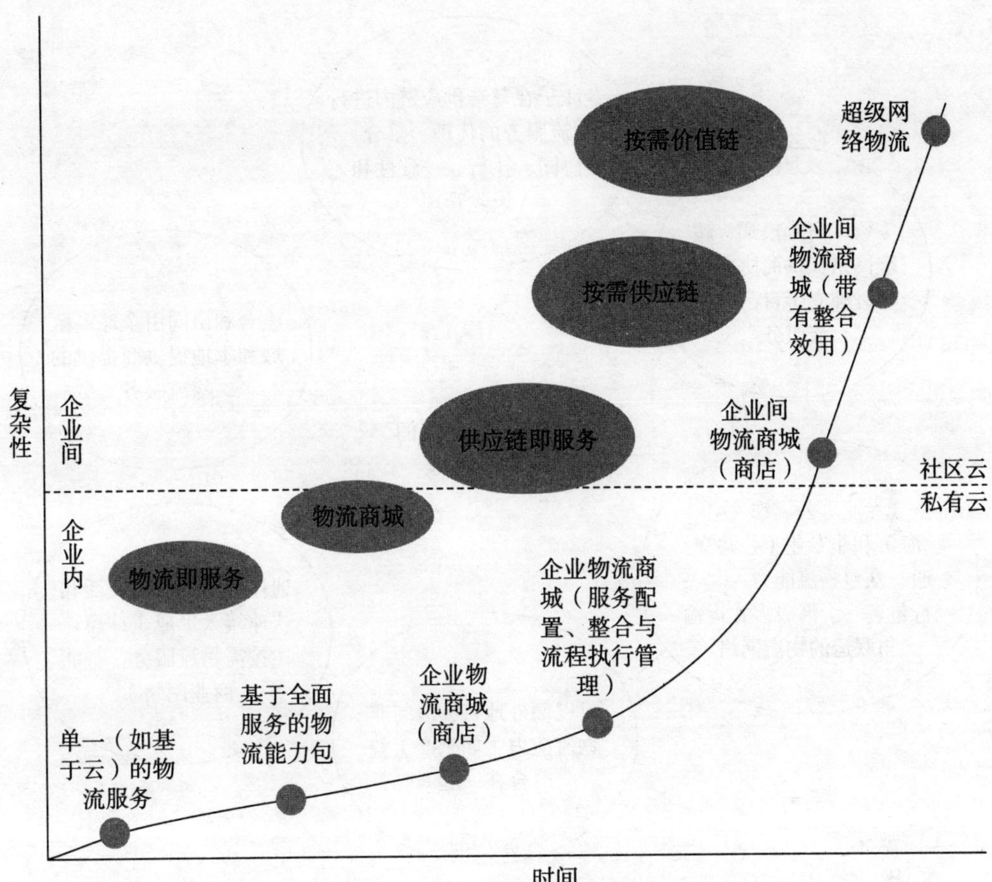


**图5-3-5　从物流即服务到超级网络**

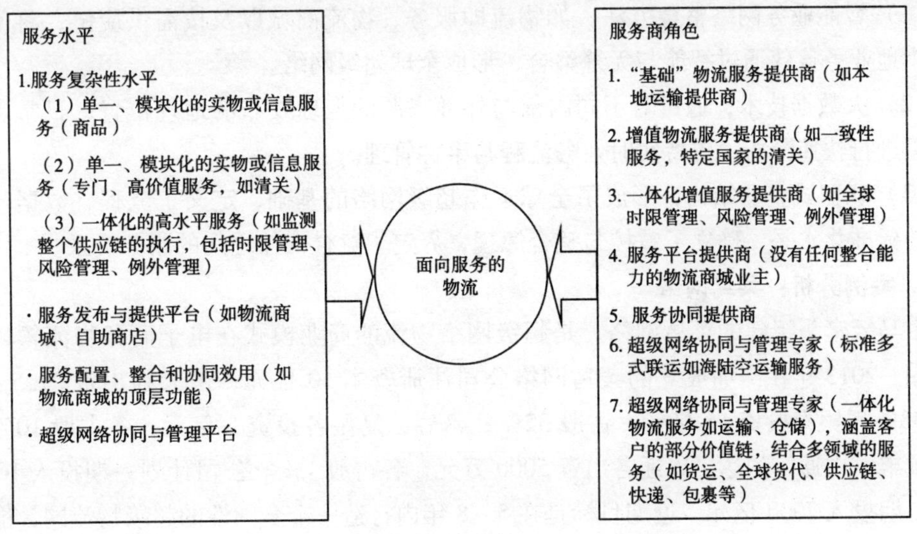


**图5-3-6　面向服务的物流的水平与角色**

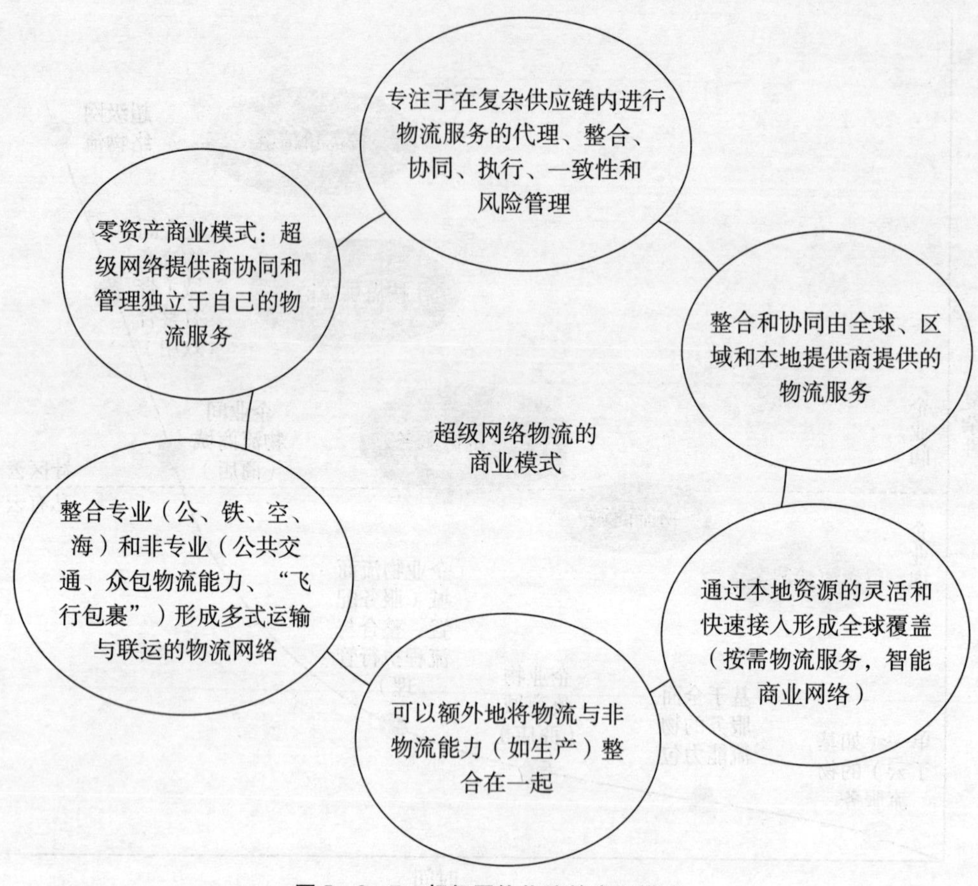


**图5－3－7　超级网络物流的商业模式**

超级网络物流联盟的实现，需要得到以下技术方法的强力支持：

（1）智能业务网络整合方法，如物流即服务、物流商城以及按需供应链，将使得全球与本地业务伙伴通过智能与无缝整合，形成全球超级网络。

（2）大数据技术，通过对不同内部与外部来源的全球发布的地理位置、日常事务与主数据进行快速分析，支持实时业务流程与事件管理。

（3）联盟式企业结构，形成了全球运作超级网络的基础，定义了流程、数据与应用系统的标准化水平，确立了掌控与整合原理，界定了竞合伙伴之间的服务关系。

**4. 案例分析：菜鸟网络**

由马云牵头组建的菜鸟网络，是超级网络物流的商业模式在电子商务物流领域的成功运用。2013年在深圳成立的菜鸟网络公司注册资本50亿元，由天猫出资21.5亿元，占股43%；银泰投资16亿元，占股32%；富春、复星各投资5亿元，各占股10%；圆通、顺丰、中通、韵达、申通各出资5000万元，各占股1%。公司计划一期投入1000亿元，二期投入2000亿元。近期目标是在5~8年内打造一个全国性的超级物流网，能使网购订单的商品在24小时内送达全国任何地区；远期目标是基于物流网络继续完善物流信息系统，向所有制造商、网商、快递物流公司完全开放。

菜鸟网络实际上由两张网构成：一是地网，即中国智能物流骨干网络（CSN）；二是天网，即基于大数据的电子商务物流信息平台。

中国智能物流骨干网络是构建一个能够支撑日均300亿元（年均约10万亿元）网络零售额，让全国任何一个地区做到24小时内送货必达的物流网络。其中最关键的是区域分仓，将以核心物流节点为基础，逐步渗透到二、三级物流节点。同时，通过网络平台将各地分仓联通起来，实现网络化集中管控。菜鸟网络主要掌控仓储这一核心资源，具体的仓储运作、管理以及相关的运输、配送工作将会外包给第三方快递、物流企业。

菜鸟网络不是单纯地建立物流系统，而是要构建为电子商务管理复杂供应链的物流服务体系。因此，需要有基于对前端大数据深度挖掘的信息管理与供应链协同平台的强力支撑，主要包括以下功能：

（1）需求预测：通过大数据分析，对不同时期、不同地域的客户订单的数量、配送要求等需求进行预测，从而指导电商和快递、物流企业提前做好资源准备。

（2）库存管理：通过大数据分析，对电商在不同分仓的库存配置、订单履行分仓的确定以及总分仓和分仓之间的库存调拨等进行管理，以提高订单履行满足率、降低总体库存水平。

（3）运作协同：实现供应链上的所有合作伙伴的信息系统对接与运作协同，从而确保在客户订单的驱动下，各相关物流环节的不同服务商能够按照同一标准的操作流程和服务质量同步运作。

（4）供应链可视化：例如，全新的物流数据雷达不仅可以监控中转站，还可以监控到行政县区和服务网点的层面，监控范围从“主动脉”覆盖到“毛细血管”，这些数据帮助电商平台和快递公司做决策，通过线路预测帮助各大快递公司分拨点不爆仓，并有利于提升快递“最后一公里”的服务质量。商家也可以通过数据雷达对物流订单实施管理，揽收率、在途率、签收率等一目了然。

撰稿人：中国邮政速递物流有限公司高级经理　田学军

# 第六篇

# 优 秀 案 例

# 案例一　香港利丰：按供应链理念提供高端物流服务的实践*

随着全球化工业发展及人民对生活素质的要求提升，生产及消费市场发展都日趋复杂，能够有效掌握货品流通成为生产商及零售商的成功关键。不过，普通物流服务提供商一般只在运作层面与生产商及零售商合作，往往未能协同整条供应链上各持分者的运作，为其他持分者提供的增值服务有限，难以配合市场发展的步伐，错失商机。有见及此，不少物流服务提供商逐步转型提供高端物流服务。

在《高端物流服务（2012）》一书当中，作者骆温平教授指出高端物流与普通物流最大的不同在于三大方面：物流服务本质、物流服务提供方与使用方以及拥有的核心能力，如表6－1－1所示。概括而言，骆教授认为高端物流服务商注重在战略层面与其他持分者

**表6－1－1　　高端与普通物流服务供应商的主要区别**

| | 高端物流服务供应商 | 普通物流服务供应商 |
|---|---|---|
| 提供物流服务的特征 | 1. 专业的供应链知识<br>2. 深厚的行业知识与咨询技能<br>3. 应用先进技术的能力<br>4. 业务流程外包（物流之外）<br>5. 项目管理与分包方的协调<br>6. 第三方物流技术整合<br>7. 创新与持续改进能力 | 1. 传统的物流服务<br>2. 提供传统的各环节服务<br>3. 着重降低成本与改进服务 |
| 物流服务提供方与使用方关系特征 | 1. 长期战略合作关系（5年以上）<br>2. 风险与回报分享<br>3. 少数的合作方，但有高度信任<br>4. 共同的核心价值 | 1. 短期合同关系（1~5年）<br>2. 交易型关系导向 |
| 核心能力 | 1. 战略关系<br>2. 专业的供应链知识<br>3. 以业务知识和信息系统为基础<br>4. 高端技术的整合与运用<br>5. 项目管理／合同管理 | 1. 加强的服务能力<br>2. 更为广泛的物流服务内容<br>3. 注重成本 |

资料来源：骆温平．高端物流服务［M］．北京：中国人民大学出版社，2012．

* 冯氏集团于1906年在广州创办出口业务，现已发展成为一家以香港为总部，通过贸易、物流、分销及零售等核心业务，为客户提供全球供应链管理服务的跨国商贸集团。冯氏集团旗下有三间在香港联合交易所上市的公司，它们分别是利丰有限公司（00494. HK）、利亚零售有限公司（00831. HK）及利邦控股有限公司（00891. HK）。

合作，优于普通物流服务提供商所提供的基础物流服务。

作为一家以香港为基地的跨国商贸集团，冯氏集团是全球领先的消费品供应链专家，集团的核心能力是供应链管理，致力为客户提供高端服务，包括贸易、物流、分销及零售等核心业务。本文集中讨论冯氏集团辖下利丰物流在国内外八个高端物流项目，当中详细分析利丰物流如何与不同地区及不同产业的客户合作，提升客户的物流表现，共建商机，达致双赢局面。

## 一、为利邦提供高端奢侈服装物流解决方案

### （一）中国服装物流发展现状

由于中国消费者的消费观念不断提升，品牌、产品质量及门店服务逐渐成为消费者选购服装的重要因素，服装企业必须相应地对市场需求的转变作出快速回应。除了消费需求转变，服装企业本身的产品品种多，产品周期短，加上季节性因素，企业要设法把最新款式服装第一时间运送到各地市场，结合服装零售与高效物流配送是大势所趋。

在中国，服装零售商普遍将部分或全部物流环节外包给第三方物流服务商。不过，国内一般的中小型第三方物流服务商提供的服务质量参差不齐，难以满足客户的要求。而面对高端及奢侈服装市场，这些零售商往往要求更多增值物流服务。加上，国内物流服务商不但缺乏辐射全球的物流网络，而且在物流信息系统建设上，仍停留在初级水平。这些物流服务商既未能承担国内大型服装品牌企业的全国性物流需求，也未能符合国际服装品牌企业在中国市场的物流配送需要。因此，缺乏专业的第三方物流服务商成为国内服装物流业的发展障碍。

### （二）利邦背景

利邦控股有限公司是大中华区领先的高端及奢侈男装零售商，并于全球以特许方式经营主要品牌。其经营的品牌包括 Kent & Curwen、Cerruti 1881、Gieves & Hawkes、D'URBAN 以及 Intermezzo。该公司销售的全为高端奢侈服饰，对质量和物流过程的要求格外严谨，而擅长提供高端物流服务的利丰物流正好能够满足利邦的要求，故利邦经过慎重考虑，选择以利丰物流为其第三方物流服务商。

### （三）利丰物流解决方案的具体措施

利丰物流拨出其位于上海外高桥保税区的配送中心的北区（占地约 4428.07 平方米）专门处理利邦的货品。北区共分为两层楼，一楼有数百个货物卡板位置，最多可同时处理过万件货品。一楼主要处理日常收取货物、退换货物、增值服务（如缝缀标签等）、箱内货物检查、越库作业、货箱拣货及单件拣货等服务。二楼主要提供挂装服务。该层有过百行挂装位置，最多可同时处理数万件挂装产品。针对贵重产品的特别质量要求，配送中心另设恒温仓，即温度及湿度长年维持一定水平，以确保产品不受温度及湿度变化

影响。恒温仓设有长挂装轨道，能同时处理多件挂装产品，仓内另设存放箱装货物的货架。

在配送中心里，每件挂装衣物均按照款式尺码以适度间距的方式挂装，当某款货品的库存增多时，存放区域的位置可按需要灵活增加。挂装轨道也配有自动化运送货物系统，可在短时间内由二楼的储存区运送大量货物至一楼的出货区。而仓内普遍使用“Z”型挂架，当挂架空置时，可紧贴其他挂架存放，以节省空间。此外，为配合利邦处理贵重衣物的需要，利丰物流亦提供一系列增值服务，包括在每箱货品上加条码标签，以方便追踪货品，确保安全；处理退换货品，如重新缝缀标签、换上新配件等。

所有利邦旗下的高端及奢侈男士服饰都是运送到这个配送中心统一处理，之后再把货品配送到全国利邦的门店。由于利丰物流提供的一站式服务，当挂装成衣运到利邦的门店时，可作实时展示之用，门店除了不用储存额外的衣架外，也能省却挂起衣物及熨烫的工序。门店员工可腾出时间专心服务顾客、推广产品，提升效率之余又可提升门店服务水平，高效的物流配送使利邦能够集中精力发挥其销售与客户服务的核心竞争力。

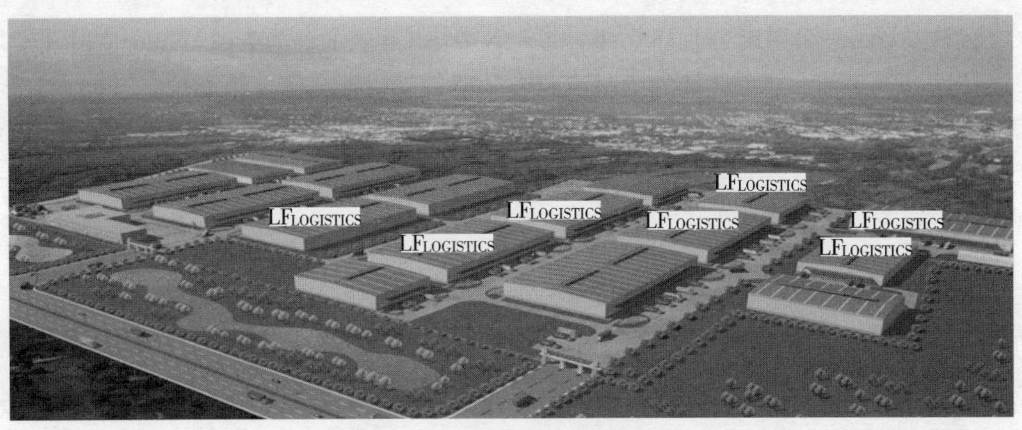


**图6-1-1　利丰物流配送中心鸟瞰**

**图6-1-2　利丰物流配送中心**

（由左至右：一楼的包装区、一楼的仓储、二楼的挂装设备）

## 二、为宝洁（台湾）提供快流消费品物流服务

### （一）快流消费品物流概述

快流消费品是指个人护理品、化妆品、包装食品（非冷链）、烟酒等产品。消费者在购买这类产品时，往往是一种即兴决定，因此，产品的外观及包装、便利性及时效性、品牌认受性、价格、销售位置等因素对产品销量影响较大。

快流消费品的特点是种类繁多、消费频率高、成本低、运输时间短、使用时限短并且拥有广泛消费群体。不同类型的快流消费品各有特点，对物流的要求不尽相同。以化妆品为例，这种商品体积小，价值高，种类及型号繁多，对运输工具的要求不高，却要求较高分拣、理货能力。总括而言，处理快流消费品的相关物流作业环节既多又复杂，除了运输、储存、包装、装卸搬运外，还有拆零、拼装、补货、处理退货、更换商品等。

### （二）宝洁背景

宝洁（P&G）公司成立于1837年，生产各类快流消费品，为美国 Fortune 500 企业之一。2011 年，宝洁公司更获选为“财富杂志全球备受欣赏企业”第五位。过去十五年，宝洁（台湾）一直与当地的第三方物流供应商合作，直到 2005 年开始与利丰物流（台湾）展开合作，借助利丰物流在营运上的长处、灵活性及对市场变化的适应能力，进一步满足消费者日益提升的要求。

### （三）客户面对的挑战

快流消费从业者面对的挑战主要是降低物流成本、缩短运输时间、改善货物追踪及信息的透明度，而保持灵活性以应付瞬息万变的市场，以及提供更个性化的送递服务，更是对从业者的两大挑战。

### （四）利丰物流解决方案的具体措施

针对这些挑战，利丰物流为宝洁提供一些解决办法：在物流成本和运输时间中取得平衡；减少库存之余维持足够的存货水平；在不会增加行政成本的情况下改善货品追踪和运输过程中的信息透明度；评估供应链当中的风险及制定应变措施；通过在整个流程中实施的质量管理，改善客户的服务水平。

**1. 提升价值及降低成本**

长期以来，快流消费品的市场需求难以预测。时至今日，成本控制是维持盈利必不可少的手段，因此，从业者必须时刻裨补缺漏，精益求精，才能满足消费者需求之余又能严控成本。利丰物流不断鼓励公司上下持续改善运作流程。过去五年，利丰物流投放大量资源在各种先进的物流运作器材及方法，例如，购置新型的物料搬运设备、采用崭新的出货及进货方法、按订单品项数量分析（Order Entry Item，Quantity Analysis，EIQ Analysis）安排库位、工作轮调等。这些改善方案对应付突如其来的货量增加有很大帮助，整体的生产力更因而每年提升10%到20%。此外，利丰物流在2008年至2010年间为宝洁推行改善仓库利用率的方案，此举为宝洁节省了1200万新台币仓库租用成本。

**2. 货物追踪与信息透明**

信息科技在现代物流的日常计划和运作中可谓至关紧要。宝洁公司需要一种仓库管理系统即WMS，以方便实时调整其SAP系统；收集最新的关键绩效指针数据；提供实时下单功能及显示货期；显示实时库存情况；印发准确的服务账单及按终端消费者的要求调整服务。而利丰物流凭借其先进的信息科技及灵活的仓库管理系统达到宝洁对IT的要求。2010年，利丰物流为宝洁量身定做出货库存分配系统，以配合客户不同保质期货品的出货时间，并以系统自动打印配合宝洁库存单位编码及其零售客户库存单位编码的标贴。利丰物流为进一步提升服务质量，甚至派驻两位资深的SAP操作人员，以每天24小时、一年365天随时候命的形式，确保SAP系统运作顺畅，数据得以保密。

**3. 改善质量监控**

利丰物流任用专职的团队负责宝洁公司的质量监控工作，职责是确保配送中心能严格执行宝洁公司所订下的“18项质量保证核心元素”。同时，该团队也须确保所有经增值服务后的产品维持高质量，重新包装的瑕疵比率要保持在每月1000ppm以下。而每季的“自我提升计划”（Self Improvement Plan）期间，专职团队会进行内部审计，以确保质量管理在每一项业务、每一层面，均得到确切执行。再者，利丰物流采用美国国防部“Military Standard 105E检查方法”定期抽检包装产品，以确保包装质量达到水平。

**4. 配合客户收购行动的物流服务**

宝洁公司经常进行收购。例如，宝洁在2005年收购吉列公司时，需要将两间公司的仓库管理系统、运输网络及营运系统进行整合。为此，利丰物流提供相应的仓库管理方案，其中包括建立全新的运输网络并在短时间内调适网络适应收购带来的改变。又如，2009年12月，宝洁收购室内香味剂品牌“香必飘”，必须在两星期内整合“香必飘”的资源和设施，而利丰物流致力为宝洁制订以节省项目成本及时间为目标的整合方案。

### （五）成效

时至今日，利丰物流为宝洁提供的不仅是物流服务，还包括废物处理、包装及采购等服务。2010年6月3日，利丰物流（台湾）获选为“2009最高生产及吞吐量配送中心”，肯定利丰物流（台湾）在流程改善及营运上精益求精的努力。利丰物流的营运部亦收到来自客户的表扬信，赞扬其在系统质量提升、提供优质货物运送服务的表现，连续两年达到客户要求的目标。

## 三、为Carter's设计高端物流方案

### （一）Carter's背景

Carter's是美国著名童装品牌，在美国拥有超过400家门店，是利丰贸易的客户。

Carter's 原来的供应链方案，是把由 14 个亚洲地区供应的货物，运送到位于美国东岸亚特兰大的配送中心进行分拣包装，然后再以越库作业（Cross - docking）的形式交由联邦快递运输中心配送到全美国的门店，而这些零售店主要位于密西西比河东岸，如图 6 - 1 - 3 所示。除了路线迂回之外，美国的配送中心运作成本也很高。利丰贸易在与 Carter's 的合作过程当中，了解到客户有改善物流方案的需要，介绍了利丰物流的服务供客户考虑。

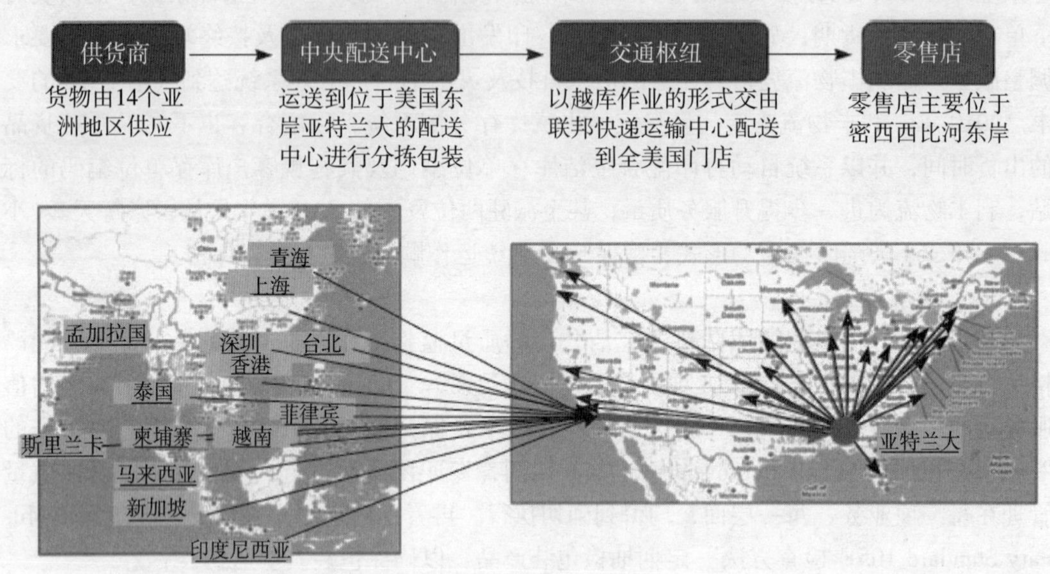


**图 6 - 1 - 3　Carter's 原来的供应链方案**

## （二）解决方案

利丰物流为客户权衡成本与成效，以及深入研究不同物流路线及方式的综合方案后，提出了“工场零售店直达”（Factory - to - retail Store）的物流方案。

首先，在上海、深圳及泰国曼谷设立三个“原产地货运枢纽”，所有亚洲地区生产的产品将运往此三个“原产地货运枢纽”进行分拣及并箱；航运路线也进行了重新规划，以增加效率。在上海及深圳的原产地货运枢纽设在保税物流园区，中国的供应商可立即获增值退税，而海外供应商的货品在园内进行分拣及并箱不会被视为进口互聘。三地货物不需要经过原来在美国的配送中心而直接分流到三个由联邦快递营运，分别位于芝加哥、洛杉矶及亚特兰大的运输中心，来自亚洲的货品到达后会尽快整合，然后分配到全美国的门店。如图 6 - 1 - 4 所示。

## （三）个案评析

新物流方案可以达到以下目标：原产地枢纽可按照各零售店要求进行拣货并箱，并改善由港口至门店的航运路线，令货品直接作跨国运输，减少对原来的美国西岸配送中心的依赖，以降低成本。而航运路线的重新规划，旨在选取成本最低廉的航运方法，并最大限度地利用集装箱的容量，力求更加紧密地根据每家门店货量需求而运送。而三个

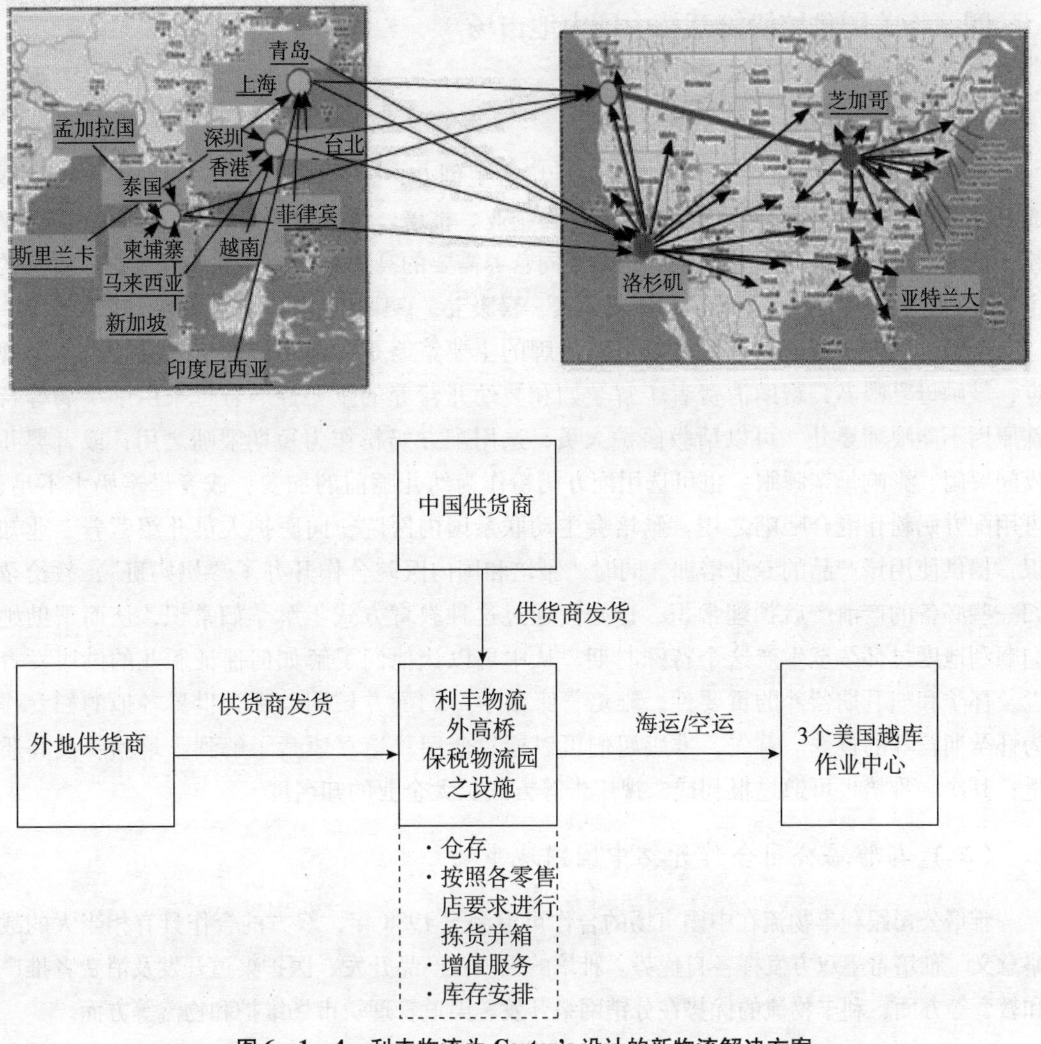


**图6－1－4　利丰物流为 Carter's 设计的新物流解决方案**

联邦快递运输中心（分别为芝加哥、洛杉矶和亚特兰大），一方面，可减轻仓库处理货品的压力；另一方面，三个运输中心正好为美国东西两岸的交通枢纽，货物从此三地出发到门店，可整体缩短仓储与门店之间的距离。

新方案实施以后，仓储成本减少10%，由亚洲到美国的运输成本减少9%，到达美国后，送到门店的运输费用降低1%。整个新方案为客户节省了20%的成本。

利丰贸易在推荐利丰物流的服务过程当中，当然会惠及集团旗下的其他业务单位，但更重要的是，这比单纯的采购服务更全面地照顾到了客户的需要，使客户能够更专注于本身的核心业务。此外，由于采购服务和物流服务均由同一集团提供，彼此之间在细节上的配合更默契，达到高端物流服务和贸易服务深入互动而产生协同效应。就此个案而言，利丰物流为利丰贸易的客户提出成效显著的高端物流方案，令客户对两者的满意程度和忠诚度均大大提升，对两者均有非常正面的作用。

## 四、为美国雅培奶粉开拓中国内地市场

### （一）雅培背景

雅培公司于1888年在美国芝加哥由雅培医生创办，公司历经百年发展，如今已发展成一家医药及营养产品多元化的世界500强企业。雅培公司生产的罐装及盒装系列配方奶粉，是适合孕妇、婴儿及七岁以下儿童不同营养需要的高质量配方奶粉。在中国，雅培的主要产品是孕妇和婴幼儿奶粉，包括喜康素，喜康宝，喜康力，学儿喜康力和小安素等。

雅培公司在中国内地介绍和推广其品牌的主要策略是：坚持按照世界卫生组织的规定，鼓励母乳喂养，帮助消费者了解孕妇和婴幼儿营养的重要性。若母亲由于疾病等特殊原因不能喂哺婴儿，可以请教医护人员，选用配方奶粉作为短期喂哺之用；或者婴儿夜间哭闹，影响母亲睡眠，也可选用配方奶粉作为幼儿睡前的加餐；或者母亲奶水不足，可用配方奶粉作混合喂哺之用。雅培会主动联系国内医院，向医护人员介绍营养专业知识，提供使用该产品的专业培训。同时，雅培和国内医院合作开办了“妈妈班”，教给孕妇一些必备的产前产后护理常识，让她们通过这种教育方式了解孕妇常识，从而帮助她们顺利地度过怀孕至生产这个特殊时期，从中可以让他们了解如何保证胎儿的健康发育以及怀孕和哺乳期营养的重要性。雅培喜康素孕产妇配方长期以来为世界各地的妇女作为怀孕期营养的首选。首先，准妈妈们可以通过使用雅培喜康素了解到雅培品牌及其质量；其次，雅培也可通过报刊或电视广告等方式扩大企业的知名度。

### （二）与雅培公司合作开拓中国内地市场

雅培公司跟利丰物流在中国市场的合作可追溯至1988年，双方的合作具有相当大的战略意义。雅培希望双方发挥各自优势。雅培的强项在产品开发、医护渠道开发及消费者推广和教育等方面，利丰物流的优势在分销网络开发、渠道管理、市场维护和物流等方面。

### （三）建立分销和物流网络，提供各种信息

雅培主要是从欧洲和新西兰等地进口奶粉。进口的雅培奶粉在中国内地通过卫生部门检验符合国家标准。为了确保足够的供应，仓库会存有2~3个月的销量。

利丰物流配合雅培公司在内地开展建立品牌形象和教育消费者的工作，开始在内地规划了4个分销区域，分别是华南、华东、华北和华西地区，按市场发展和深化分销工作的进度，于2008年划分出9个区域；分销网络从原来只有50个城市扩展到150个大中小城市。利丰物流利用现有的仓储设备，配合当地分销商，把雅培奶粉带入广阔的分销范围内。另外，中国市场大，为管理产品流向，利丰物流运用自有的信息技术，使一线销售人员可以追踪和传输市场与存货数据，增加市场对产品的反映的信息。这种供应链上的透明度允许雅培掌握销售情况，从而集中精力投资于它最受欢迎的产品上。

雅培公司介绍和推广品牌的活动不仅在一些大城市，如深圳、广州、上海、北京和成都等展开，也会深入一些中小城市。按照此模式，雅培公司负责为客户提供有关孕产

妇及婴幼儿营养的专业服务，利丰物流则配合市场需求的增长和市场范围的扩展，开展相应的市场推广活动，协助和管理内地分销商在各个区域建立销售网点和开展分销活动，并提供一系列的重点零售客户管理等增值服务。

从2004年开始，雅培美国总部认定中国是其全球重点开发市场，要求利丰物流协助达成其“快速成长计划”。该计划要求市场占有率在数年间以倍速增长，雅培产品在中国市场的销售网络也要全速扩大。利丰物流与雅培基于前述的分工，各自加大投入：雅培增加了广告、消费者教育和医务渠道的投入，利丰物流则加大了人员、物流和IT的投资，以配合快速增长的需要。结果，2007年年底的业绩是2003年的5.4倍，销售网络也扩大了3倍，涵盖150个大中城市，雅培奶粉市场占有率在中高端奶粉层面跃升至第3位。

### （四）雅培奶粉的价值链物流

雅培奶粉的案例主要体现了利丰物流如何根据客户的要求快速应变，最后达成双方订立的目标。利丰物流在以下方面对雅培奶粉的业务做出了重大的贡献：一是对网络的扩大；二是对分销商的管理；三是对重点客户的维护；四是对全国物流的调配。利丰物流会对各地分销商的送货频率、最低库存和拜访商场的次数进行统筹管理，以求通过促进和改善分销商的业务来提高雅培奶粉的销售成效。利丰物流在配合雅培奶粉销售的过程中，在物流配送和重点客户管理方面提供了各种增值服务。作为一个全国性分销系统的管理者，利丰物流能够为雅培提供质量更高的物流管理，并通过当地分销商所掌握的零售网络和自己在中国内地丰富的业务经验，为雅培选择零售商，并协助这些零售商实施有效的品类管理，进行市场维护，设计货品在店铺内的陈列方式，力求使货品达到最佳的销售效果。这套销售管理方式使雅培的产品以合理的固定成本在全国快速拓展，建立了全国性的销售网络。

利丰物流还利用冯氏集团的力量，与国际性商业银行设计了一套特别量度的融资安排，帮助加快与扩大了双方的现金流动和利润空间。

### （五）成效

中国婴幼儿奶粉市场竞争激烈，雅培与利丰物流这对合作伙伴经过几年的奋斗经营，取得了理想的成绩。

利丰物流利用自身优势，为雅培提供了完善的销售资料，让雅培得以更快地掌握市场和销售动态，包括品类、单品、库存、分区分城市销售、管道等信息。这些数据也让利丰物流能更好、更快、更准确地进行销售预测。此外，严格的库存管理（包括库存量、有效期和储存点）使货物流动更有效率。

利丰物流在分销网络和供应链上为雅培提供的增值服务使雅培团队可以更专注于市场策略、产品提升与开发及医护管道拓展，从而优化市场费用的投放，加之雅培大量投资于通过电视广告建立品牌形象，促进了消费者对利丰物流活动的反应。

结果，雅培的销售取得了显著的成效。销售的年复合增长率从2003年到2007年为50%，销售城市亦由2003年年初的接近50个城市增加至2007年年底的150多个城市。

### （六）案例评析

外来的品牌产品进入一个新的市场，不仅要有进入该市场的有效途径和能够满足该市场需求的分销网络，而且需要一个能够维持与优化产品在新市场销售业务的现代化市场管理系统。利丰物流利用其在中国内地的广泛的分销网络和丰富的产品知识，为客户提供了快捷进入新市场的途径，并能够在很短的时间内把产品带入一个广泛的分销范围内。利丰物流还将扩展雅培奶粉的分销网络以满足不断增长的市场需求，并通过对经销商、物流环节和重点客户的管理来维持与优化雅培奶粉在内地的分销业务，以改进雅培奶粉的销售渠道、销售流程和销售方式。

利丰物流为雅培提供的一项主要服务是设计和构建分销网络，在能够充分满足市场需求的条件下，使分销系统以最小的总成本覆盖最广的市场范围。利丰物流对中国内地的市场进行分区，在各区建立网点并设立地区性的中央仓库，配合当地分销商，以辐射的形式为该区供应雅培奶粉。这一分销系统能够配合雅培公司不同时期在不同地区开展的建立品牌形象的活动，快捷、准确、反应灵敏地把货品运送到当地，包括大城市和中小城市。此外，利丰物流在产品分销过程中提供的各种增值服务，如以上提到的对物流环节进行管理和协助主要零售商进行品类管理等服务，可以使分销网络起到更理想的销售效果。

## 五、为 Diageo 设计延后策略方案

### （一）Diageo 背景

Diageo 是全球领先的酒精饮料生产商，它拥有的品牌包括 Johnnie Walker，Guinness，Tanqueray，Smirnoff 和 Baileys。Diageo 的饮料在 180 个国家和地区销售，公司在伦敦及纽约证券交易所上市。

### （二）为 Diageo 建立物流中心

2006 年以前，Diageo 供应亚洲的产品 92% 都是在苏格兰生产，然后在欧洲储存。每个亚洲国家和地区独立地向 Diageo 总部提供它们对市场的需求预测和下订单，然后 Diageo 从欧洲把产品运送到每一个亚洲市场。但货品在送抵市场出售前，都需要重新调整包装及标签，以符合各地市场在质量标准、消费场合、法规和税务上的不同要求。这种运作模式存在不少问题，如前置时间太长而令地方仓库积累较高的存货，对市场变动的反应缓慢，以及有时因为先要应付大规模的订单而忽视了准时交递产品给小市场。不过，亚洲的经济从 2000 年开始迅速发展，时尚的餐馆和酒吧区在主要城市快速增长。Diageo 注意到其亚洲业务自 2000 年以来以倍数增长，特别是中国内地的零售业从 2004 年开始全面向外资开放后，洋酒的需求大幅上升，于是 Diageo 便寻找方法去提高其亚洲供应链的效率。

既然认识到亚洲市场的重要性，Diageo 便找寻一种物流方案去解决亚洲繁复的供应链状况。利丰物流提出了一个延后策略（Postponement ）方案，即在物流中心进行产品的储

存及包装，使产品延至付运前才贴标签及包装。虽然这个方案对 Diageo 是项新建议，但管理物流中心正是利丰物流最有经验和最擅长的。利丰物流拥有通过操作物流中心，把多个大型品牌的产品分销至多个国家的丰富经验，一些国际品牌（如联合利华、欧莱雅、英美烟草及 Timberland）就是类似的客户。利丰物流为 Diageo 设计的方案包括几个部分：就 Diageo 产品的市场分布选择最佳的物流中枢位置；在亚洲区内运输交货时选择最优惠的关税路线；设计一套包装方案，包括产品在最终市场出售时的特别标签和包装。这个亚太区物流中枢的产品将供应给 11 个市场，包括：新加坡、印度、印度尼西亚、澳大利亚、泰国、中国香港、中国内地、中国台湾、日本、菲律宾及韩国。

### （三）地点选择

利丰物流根据一套严谨的方法为每位客户选择物流中心的地点，考虑因素包括：进口及出口物流、关税政策、各亚洲国家和地区的消费模式和需求预测等。例如，利丰物流为 Timberland 选择香港作为物流中心的地点，就是因为香港与内地生产基地接近及香港有自由港的优势。在分析 Diageo 的物流中心方案时，利丰物流考虑到新加坡是邻近亚洲市场服务的理想地点，而且新加坡的关税政策对进口和出口物品具有吸引力（香港对酒精类饮品有进口关税）。新加坡口岸也是亚洲一个最有效率的口岸，它可以处理从国外进入的大量货柜，并且能在一天内办妥清关手续。于是，Diageo 与利丰物流在新加坡开设物流中心，如图 6－1－5 所示，并在 2006 年 10 月开始运作，组成了 Diageo 在亚洲第一条含酒精饮料的供应链。

**图 6－1－5　Diageo 在新加波的物流中心**

### （四）先进的仓库存储及自动化的检索系统

利丰物流在新加坡的物流中心拥有一个完全自动化的存储和检索系统（Automatic Storage and Retrieval System，ASRS）。利丰物流视 Diageo 为一个长期合作伙伴，并且相信，用这种目前技术水平最先进的 ASRS 系统处理 Diageo 的产品，可以令双方的合作关系更紧密。用了 ASRS，整个过程实际上需要零人手操作，从货品到达仓库开始，至储存在预先安排的货架，再到将检索出的货品分送到市场，都由全自动的机械及计算机操作。这个高度计算机化的系统在库存层面上消除了人为的错误，并容许 100% 的可见性，能在任何时候显示产品的确切地点。Diageo 的计算机系统亦直接地连接上了利丰物流的仓储系统，可接近实时地掌握各亚太区市场的供应链状况。这套计算机系统还具有温度控制功能，将仓库的温度控制在 22℃ ~24℃的范围内，令 Diageo 的产品质量更有保证。

除了全自动化的存储和检索系统外，这个新的亚太区物流中心还有一条高速的半自动化的生产线（每分钟 120 瓶），配合熟练的人手来处理复杂的包装操作，使利丰物流可为战略伙伴提供一条无缝隙的供应链。如图 6 -1 -6 所示。

**图 6 -1 -6　新加坡物流中心内先进的物流设备**

2007 年，这个物流中心接受了 ISO 9001 和 ISO 2000 的审计并成功地得到认证，另外，还接受了 Diageo 公司安全顾问举办的 Custom Trade Partnership Against Terrorism 的审计，结果也被认为符合所有安全要求。

## （五）增值服务

除了使用新加坡而不是欧洲的物流中心去服务于亚太区的市场外，利丰物流还为 Diageo 提供了一项创新的增值服务，就是针对各销售市场贴上合适的标签并使用半自动化的生产线进行高速包装。例如，当威士忌酒瓶从苏格兰的制造场所运抵新加坡物流中心时，瓶身是半空白的。一旦 Diageo 新加坡物流中心从中国市场接受了一份订单，所需数量的威士忌酒瓶便会放到一条粘贴标签的生产线上，酒瓶会被贴上中文标签及中国规定的必须标示的信息。此外，该物流中心还可以提供以下增值服务：

（1）为个别品牌在节日推广时进行特色包装，如圣诞节或情人节的礼品包装。

（2）对货品在付运前进行 100% 的检测，确保产品的包装、卷标、质量符合要求。

## （六）成效

使用一个亚洲城市作为物流中心后，Diageo 在每个亚太区市场都能减少库存量和缩短交货时间。这个集中化的物流中心帮助降低了地区的总库存量，减少了每一个亚洲市场的周期存货，并且有助于平抑需求波动。这意味着每个市场会每次买较少数量的货品，但会增加发货频率，以便在个别国家和地区层面，每个市场均可节省存货成本。另一个更显著的成效是可缩短供货周期。由于不需要从欧洲检索货源，亚洲客户订货收货的时间从以往的8周降到约2周。此外，产品的质量亦得到更佳的控制，尤其在亚洲市场，消费者经常以洋酒来送礼，产品的外观及质量会大大影响消费者对产品的选择。

经过一年的运作，新加坡物流中心的效益得到Diageo的肯定。此物流中心开始时只负责Johnnie Walker品牌，至2008年年初已处理10个品牌。在货物处理数量上，亦由2007年的处理75万箱增加至2008年处理230万箱。整个新加坡物流中心设计的货物处理总容量是350万箱/年，而且具备可扩充容量的能力以适应可能不断上升的亚洲市场需求。

## （七）案例评析

利丰物流为Diageo设计的价值链物流的精髓在于采用了一种延后策略。“延后”是电子工业品和快速流转消费品常用的供应链过程，然而这是第一次用于饮料酒精业。Diageo将存货留待运到新加坡的物流中心才去完成最后的粘贴具体市场标签的工作，并在最后一刻确定每种产品所需数目后才在高速、半自动化的生产线上包装。这种做法的好处是令Diageo更接近市场，可开展弹性较大的推广活动，如在出现季节性的高峰需求时，可促进“一单一市场”的便利，而且每项订单的工作可以迅速展开，并且以高效率达标。

在这个案例中，成立一个位于新加坡的物流中心是整条价值链的关键所在。物流中心选址在新加坡，一个原因是它有良好的基础设施、熟练且成本比欧洲便宜的劳工以及位于亚洲核心的地理位置。在亚洲设立物流中心有两大好处：

（1）重整订单以符合经济效益。以往，亚太区国家和地区直接向欧洲Diageo订货，但每张订单的订货数量往往较少，不能在制造及运输过程中享受规模经济的效益。自从用了新加坡的物流中枢，它可以将亚洲的订单拼合运输，令货柜的空间可以较充分地利用，而货物亦可及时地送到市场，运输成本节省达20%。

（2）减少库存。因采取延后策略，订货时间缩短，地区的库存量可相对降低。物流中心起着一种中央缓冲的作用，它的储备可与所有东南亚市场共享。如果任何国家和地区缺货，紧急补给由以往欧洲出货改由亚洲物流中心出货，所需时间由一个月缩短至约5天，大大减少了因缺货而导致的销售损失。另外，通过物流中心的调配，剩余的存货可以灵活地转到另一个市场，进一步减少地方的存货。此外，减少地方的库存还有另一个得益，就是减少不必要的关税。因为产品一旦进入市场便需要缴纳有关税款，但现在大多数缓冲储备存放在市场以外的物流中心里，不需实时缴税。

为了使价值链最优化，利丰物流采用先进的软件及技术，提高了货物操作的透明度并能跟踪发货。增加货物的可见性，可以准确预计订货交货的时间，而且每个阶段的存货量亦可根据销售环境调整。

利丰物流的价值链物流为Diageo提供了全球性最优化的供应链方案，提高了Diageo的供应链效率，使其在集中于核心业务的同时，仍能通过高度可见的供应链流程，较好地控制产品的流通。

## 六、为 Vitec 提供深圳盐田保税物流园业务

### （一）Vitec 背景

客户 Vitec 主要为知名品牌或电视频道，如 Gitzo、Manfrotto、Kata、National Geographic、Avenger 等生产专业摄影辅助器材，例如，单脚架、三脚架、摄影用灯夹、灯光支架、器材便携保护袋等。

现时 Vitec 的供货商主要为意大利的工厂及中国内地未有内销权的厂家，而产品则广泛销售至美国、加拿大、意大利、澳洲、中国内地、中国香港、日本、韩国、中国台湾、泰国及菲律宾等地。

### （二）利丰物流为 Vitec 提供服务范围

为提升 Vitec 的物流效率，利丰物流为 Vitec 提供多项服务，包括传统出口货物整合（Conventional Export Consolidation）、入口货物拆箱作业（Import De – consolidation）、多国货物整合（Multi – country Consolidation）、供货商管理库存（Vendor Managed Inventory）（如复进口、“一日游”等）、地区及本土配送中心及建立增值服务中心。另外，利丰物流亦包揽多项增值服务，包括读取产品条码以方便记录追踪、打印及加贴标签、初步组合及包装产品盒内配件，以及把货品装上托板并以胶膜包装。服务流程如图 6 – 1 – 7 所示。

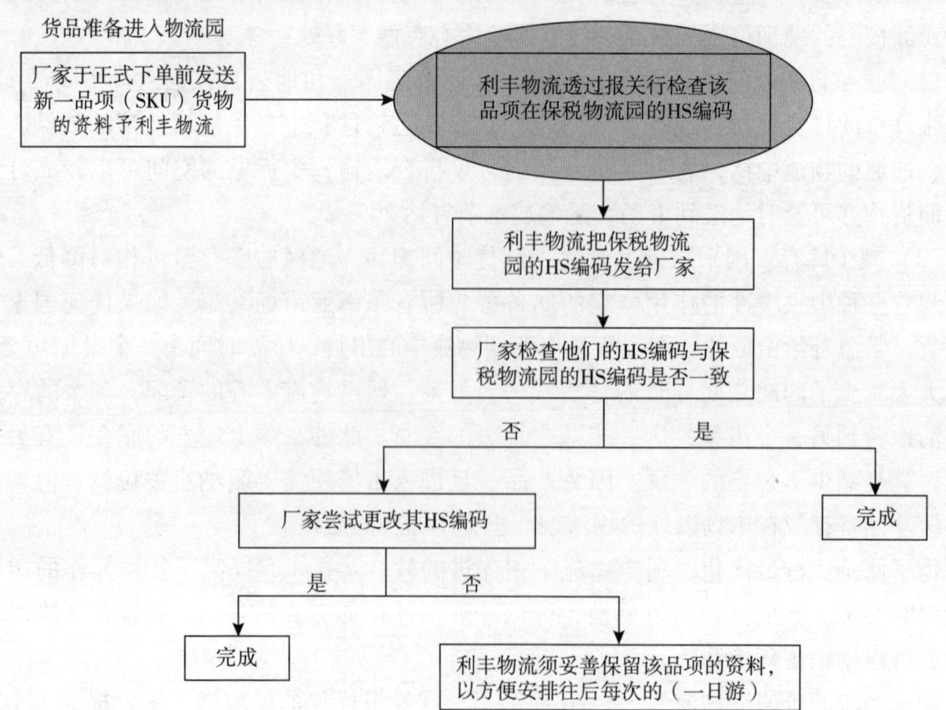

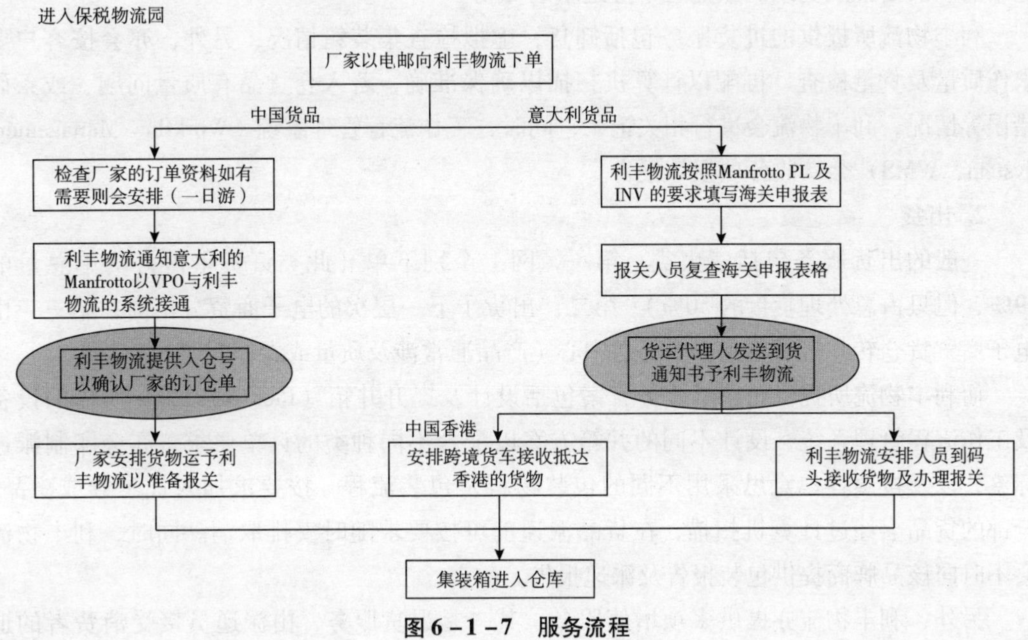


**图 6－1－7　服务流程**

## （三）案例评析

利用保税物流园的物流方案，在成本和时间上均带来实在的利处。首先，中国出产的货物进入保税物流园后可获退税优惠，大大改善了厂家的现金流；而来自海外的产品，客户只需在货物离开保税物流园并进入中国时才要缴付进口税。

此外，进口和出口的货物无须分隔处理，而存仓的时间亦无限制。提供一般增值服务无须额外取得海关批准，而由于保税物流园与海关的联系紧密，货品通关的程序会更为流畅。这不但省时而且灵活，使整体的物流效率得以提升。

# 七、为中国本地一家知名运动服品牌管理电子商贸订单

## （一）背景

该知名运动服品牌在福建省有一占地数千平方米的仓库，而利丰物流则为该品牌营运此仓库。仓库包含全天候运作的保安、环保、职安及卫生系统，员工则全部经过训练，熟悉服装及鞋业的物流运作。高峰时期的每天出货率可达每 10 人处理 4500 张订货单。

## （二）服务流程

利丰物流提供的主要是营运仓库服务。

**1. 进货**

利丰物流处理不同来源的入仓货品，包括来自中央配送中心的货品、由厂房直接运

送来的以及由批发商或区域配送中心送来的货物。

利丰物流所提供的进货服务包括卸货，虚拟检查集装箱情况，另外，亦会按客户要求作质量及货量检查，再配以计算机扫描以确保准确，若入仓货品有质量问题、或条码错误等情况，利丰物流会进行相关记录，同时，工作流程管理系统（Workflow Management System，WMS）会接收各项损坏报告。

**2. 出货**

一般的出货服务包括三大类：第一，网上个别下单（此类订货单占订货单总量的99%，但只占总处理货量的50%）；第二，出货予下一层次的电子商贸分销商；第三，由电子商贸货仓转介订货单到中央配送中心（产品通常涉及质量或卷标问题）。

而利丰物流所提供的出货服务方案包括设计及提升并箱（Pick & Pack）所需的设备及工作流程管理系统，设计不同的并箱方案以配合不同种类的订单要求，亦会印制派递标签，以及按照客户意思采用不同的包装物料及包装流程，按要求加入优惠券或赠品。全部的货品会经过计算机扫描，在货品派递前可按要求随时安排取消。同时，利丰物流会不时向该品牌商提供包装报告及派递报告。

另外，利丰物流亦提供多项增值服务，其一是退货服务，由派递员接受消费者的退货货品，并检查消费者的身份是否符合销售记录，利丰物流会进行退换货物质量检查，通过计算机系统通知消费者退换情况，最后，利丰物流负责填写退换记录及安排退款予消费者。其他增值服务还包括印制及修改标签、缝补产品、更改产品包装、组装配件、对消费者的要求作数据分析、拣选及管理派递公司、货品到户前提示消费者及库存分析、产品结构及包装建议。

## 八、为英国一家生活时尚零售店处理网络订单

### （一）背景

客户为英国一个拥有全英第二大网站流量的多品牌生活时尚零售店。客户采取每天24小时、每周7天的全天候营运方式；该零售店除了电子商贸外，亦有超过百家实体店，其产品主要为服装、鞋类及配饰。利丰物流于多年前开始为这个客户服务，相关设施占地接近1万平方米。

### （二）服务流程

利丰物流在非繁忙时间每天需处理2000～3000次拣货，平均每张订单涉及1.8次拣货，而高峰时每天更要处理8000～10000次拣货；每天会通过电子数据交换系统（Electronic Data Interchange System），分四个时段接收订单。

要处理如此庞大的工作量，利丰物流运用了仓库自动导航系统，而无线电频终端机（Radio Digital Terminal）则协助仓库人员找出货物位置，使拣货速度得以大大提升。此外，特别设计的货篮、货架及并箱专用的可回收大提袋，亦有助提升效率。

### （三）案例评析

对于物流业者来说，电子商贸物流绝对是一个难点。因为每张订单货量少，但客户又要求做到满足消费者日益个性化的需求（如更个性化的包装、更贴合消费者需要的个性化促销优惠等），而消费者又要求送货快捷、准确，商品直送到户、派递员服务周到。加上近几年来电子商贸对逆向物流的需求激增，这使不论是品牌抑或是从事电子商贸物流者在成本和时间上均承受压力。

利丰物流以“客户为本”为原则，强调按照客户的需求灵活管理各物流环节，最重要的是严谨的库存分析、流程设计，配合先进的信息科技系统，使合乎成本要求而又更快捷、更个性化的电子商贸物流服务能够成为现实。利丰物流的服务成功使客户的效率得以提升，同时，运用高端物流的概念及先进的信息科技，绝对足以应付数量庞大的少货量订单。

撰稿人：冯氏集团利丰研究中心高级研究主任　潘笋
冯氏集团利丰研究中心研究经理　卢慧玲
冯氏集团华南首席代表兼总经理　林至颖

# 案例二　中集：建设集装箱全生命周期产业供应链

## 一、中国国际海运集装箱（集团）股份有限公司概况

中国国际海运集装箱（集团）股份有限公司（简称“中集”）于 1980 年 1 月创立于深圳，由招商局与丹麦宝隆洋行合资成立，首任总经理为丹麦人莫斯卡先生。中集股票于 1994 年在深圳证券交易所上市，目前主要股东为中远集团和招商局集团，是国有控股的公众上市公司。目前主要的业务领域覆盖：集装箱、道路运输车辆、能源化工和食品装备、海洋工程、物流服务、空港设备、金融、房地产等领域。就市场占有率而言，中集有 10 多个产品持续多年保持全球第一，我们是全球规模最大的集装箱制造集团，在销量方面稳居世界领先地位。作为一家为全球市场服务的跨国经营集团，中集在亚洲、北美、欧洲、澳洲等地区拥有 200 余家成员企业，客户和销售网络分布在全球 100 多个国家和地区。2011 年，6.4 万中集员工创造了 641.25 亿元的销售业绩，净利润 36.59 亿元。中集业务升级示意如图 6－2－1 所示。

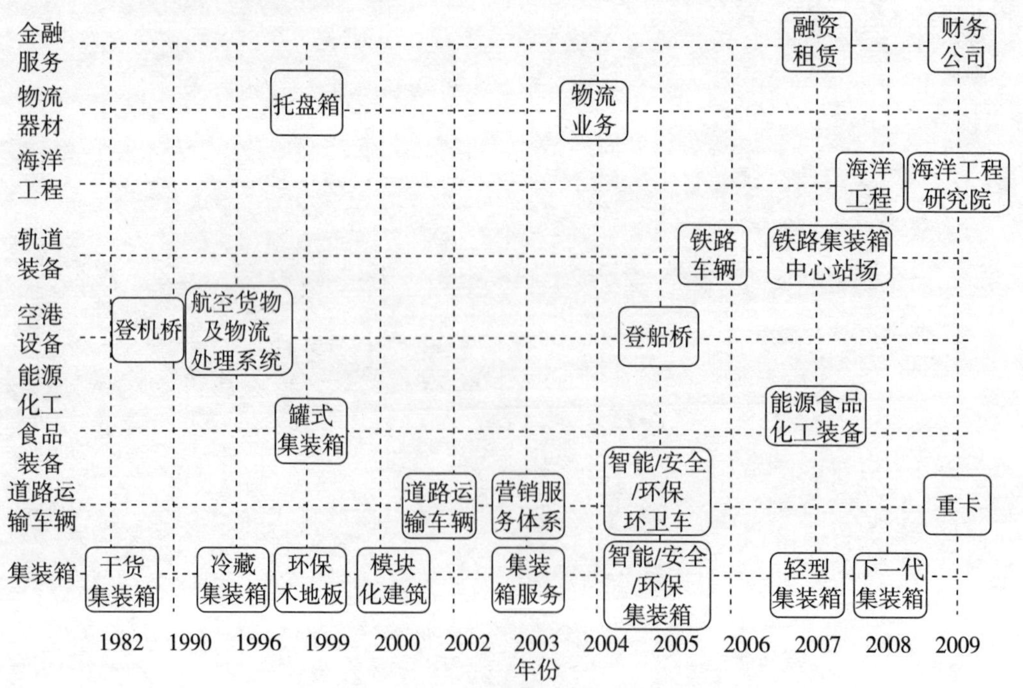


**图 6－2－1　中集集团业务升图级**

## (一) 集装箱业务

中集集装箱控股有限公司是中集旗下全资子公司，也是集团九大产业板块中规模最大的业务板块。主要业务包括干货箱制造、冷藏箱制造、特种箱制造、模块化建筑、地板业务。集装箱的市场份额自1996年至今稳居世界第一。

中集是全球唯一能够提供全系列集装箱产品，并拥有完全自主知识产权的供应商，产品遍及北美、欧洲、亚洲等全球主要的物流系统。客户群有全世界各大船公司如马士基航运（Maersk Line）、地中海航运（MSC）、法国达飞（CMA）、长荣海运（EVERGREEN）、中远集运（COSCO）、赫伯罗特（Hapag – Lloyd）、美国总统（APL）、韩进海运（HANJIN）、大阪三井（MOSK/MOL）、东方海运（OOCL）、阳明海运（YML）和全世界各大租箱公司如Triton、TAL、Textainer 、Florens、GE SEACO等。目前，干货箱具备了年产超过240万TEU的生产能力；冷藏箱具备了年产量超过19万TEU的生产能力。集装箱业务的四十余家成员企业遍布国内的沿海、内陆港口，以及欧洲、澳洲、南美等地，建立了分布于中国沿海的十多个干货箱基地；分布于青岛、上海、太仓、扬州的冷藏箱制造基地；分布于新会、南通、扬州的特种箱生产基地；分布于江门、徐州、嘉善、湖南、安徽等地的集装箱地板业务；以及分布在新会、扬州的模块化建筑业务。

“安全、绿色、智能和轻量化”代表着中集产品未来的发展方向。中集所倡导的标准化、模块化、集成化的工业化理念为集装箱产业的延伸与发展赋予了崭新的生命力，同时中集还在积极探索模块化建筑及集装箱房屋改造等新型商业模式，推动产业升级。

## (二) 道路运输车辆业务

中集车辆（集团）有限公司主要经营各类专用汽车的制造以及与专用汽车紧密相关的关键零部件生产和销售服务等，年产能力超过20万台，其综合规模及实力已跻身全球专用车行业前茅。目前，已形成10大系列、1000多个品种的专用车产品线，产品包括集装箱运输半挂车、平板/ 栏板运输半挂车、低平板运输半挂车、车辆运输半挂车、仓栅车、厢式车、罐式车、自卸车、环卫车、特种车等，产品畅销美国、日本等主流市场。

中集车辆业务板块已建立起覆盖北美、欧洲、澳洲、中东、东南亚以及中国大陆等区域的30个生产、销售基地及研发中心。通过全球化的营销服务网络、先进的制造工艺和模块化的生产优势，形成具有核心竞争力的跨国运营格局，最大限度地满足客户的个性化产品需求，努力为客户提供可靠、高效的车辆装备，和及时、专业的全生命周期服务。

## (三) 能源、化工、食品装备业务

中集能源化工食品装备板块以香港主板上市公司——中集安瑞科控股有限公司(3899. HK）为组建载体，立足能源、化工、食品装备行业，为客户提供运输、储存、加工的关键装备、工程服务及系统解决方案。本板块以“CIMC ENRIC 中集安瑞科”为业务品牌，拥有9大产品品牌。

中集安瑞科在中国及德国、荷兰、丹麦、比利时等国家拥有18个制造基地和国际领先的研发中心，形成了中欧互动、分布合理、互为支持的产业格局。其营销网络遍布欧洲、南美、中亚、东南亚及中国、泰国、尼日利亚、巴基斯坦、乌兹别克斯坦等地区和国家，并向北美等其他区域延伸。

中集安瑞科依托能源、化工、食品产业链，致力于行业装备的现代化，经过几年的迅猛发展，已经成为业内具有领先地位的集成业务服务商与关键设备制造商——ISO液体罐箱产销量世界第一、高压气体储运装备业务规模世界第一、低温装备业务规模全国第一、CNG、LNG、LPG三大能源储运装备领域产销量全国第一。

### （四）海洋工程业务

中集海洋工程业务板块是全球领先的海洋工程装备制造商之一，并始终在国际海洋工程市场中参与全球竞争。公司主要产品包括自升式钻井平台（Jackup）、半潜式钻井平台（Semi－submersible）和海洋工程辅助船等。中集交付的半潜式钻井平台已覆盖北海、里海、墨西哥湾、巴西海域等全球主流海洋油气产区。

本业务板块已建立完整的“一个中心，三个基地”的战略业务体系：烟台中集来福士（YCRO）作为半潜式钻井平台建造、总装、调试交付基地，龙口中集来福士（LCRO）作为自升式平台的生产建造基地，海阳中集来福士（HCRO）作为模块建造基地。除此之外，还拥有国家能源局授牌的国家能源海洋石油钻井平台研发（试验）中心，包括位于烟台和上海的中集海洋工程研究院。

### （五）空港设备业务

中集空港设备业务板块，主要研发、制造和销售全系列机场旅客登机桥、港口旅客登船桥、机场旅客行李处理系统、飞机引导系统、机场站坪特种车辆（机场摆渡车、航空食品车、飞机除冰车、货物升降平台车等）、航空货物处理系统、自动化仓储物流系统、自动化立体停车系统等产品。

经过20多年的发展，中集天达等板块成员企业已成长为所在业务领域的领先企业。旅客登机桥产品综合实力全球第一，航空货物处理系统业绩稳居世界前三位，机场摆渡车销量全球第二、中国第一，中国首个旅客登船桥的制造商，高端自动化立体停车系统综合实力也位居世界前列。研发设计能力在同行业内处于领先地位，拥有众多的专利技术，其中包括多项在欧美获得授权的发明专利，如接驳全球最大客机A380的四轮登机桥专利。

迄今为止，中集的旅客登机桥和机场摆渡车等产品，已遍布全球五大洲近八十个国家和地区的200多个民航机场。当您行走在世界各地，穿梭在大大小小的机场，或当您在繁华的市区，将爱车停进自动化立体车库，“CIMC中集”的品牌会时常映入您的眼帘。我们将世界级品质融入中集产品集群，为客户创造高端价值的体验。

### （六）物流服务业务

中集物流服务板块为不同行业的客户，提供基于标准化理念开发的物流装备和服务方案，拥有专用物流装备制造、供应链管理、国内物流、国际物流等四个业务。我们通过整合集团内的资源、技术和服务，帮助客户制订最优方案，在供应链的各个环节提升物流的效率。

为了促进社会、经济与环境的可持续发展，我们为客户提供覆盖集装箱全生命周期的服务，包括堆存、维修、国内旧箱租赁买卖、回收改造等。我们使用旧箱改造而成的集装箱建筑，得到了社会的赞赏与广泛支持，业务发展迅速。

### （七）金融业务

中集金融板块由中集财务有限公司、中集融资租赁有限公司两家公司组成，为中集各项业务的开展提供金融服务和解决方案，提高集团的资金运用效率和效益。两家公司以创新的金融解决方案，助推产业发展和转型升级，帮助集团内、外部客户创造价值，成为集团利润的新增长点。

### （八）房地产业务

中集地产板块是中集旗下专业从事地产开发的企业，在长三角、珠三角、环渤海等多个城市的核心地段开发和拥有诸多房地产项目，产品涉及普通住宅、别墅、高档精装公寓、5A 写字楼、五星级酒店、高端商场等。近年来，中集地产充分利用集团在资金、品牌、产业协同等方面的优势，结合自身在地产开发上的成功经验及优秀、稳健的管理团队，在专注于传统住宅开发的同时，着力进军产业地产，以高回报、高增长为集团股东利益最大化做出积极贡献。

### （九）轨道装备业务

中集轨道装备业务致力于铁路装备业务的拓展，在大连设有年产千辆铁路货车的生产基地，目前重点拓展国际市场的转向架、铁路配件和特种运输设备等产品，主要销往欧洲、澳洲等市场。

### （十）联合卡车

中集还拥有一家由双方均衡持股的合资企业，与奇瑞在重型卡车领域合资创建的集瑞联合重工有限公司。以“联合卡车”为品牌，公司主要生产和销售重型卡车及零部件，产品定位于自主研发，国内市场高端的重卡产品，主要重卡产品包括牵引车、搅拌车、自卸车、粉罐车和 LNG 车等。

### （十一）技术研发

中集技术中心为国家级企业技术中心，按照各产业的特点，分别设立了 5 家研究院，20 家技术分中心。其中，包括了国家能源局授牌的国家能源海洋石油钻井平台研发（试验）中心。中集也是国家级知识产权示范企业，还是中国专利保护协会副会长单位。截至目前，中集累计申请专利 3015 件。

## 二、中集集团集装箱产业发展进程

始建于1980年的“中国国际海运集装箱股份有限公司”当初只有一条生产20英尺国际海运标准干货箱的生产线。截至1986年年中，全公司只有300余人，几乎所有生产原材料都依赖进口，每天最高产量只有8台。

由于受国际航运不景气的影响，销售市场严重萎缩，1986年中公司已濒临倒闭，董事会不得不决定由原来的300多员工裁员到59人，停止生产集装箱，转产钢结构以维持生计。

1987年中远入股中集实现股权重组，1988年中集恢复生产集装箱。1990年公司增加投入40英尺国际海运标准干货箱的生产线，以满足客户需求。1993年，完成对大连货柜公司的收购，迈出了兼并重组、扩大产能的第一步。

截至2013年年底，中集布局在华南、华中和华北沿海城市生产集装箱的企业有：南方中集（干货箱）、新会中集（干货箱、53’箱、折叠箱、特种箱）、南通中集（干货箱、特种箱）、大连中集（干货箱）、上海中集冷藏箱、天津中集（干货箱）、青岛中集（干货箱）、青岛冷藏箱（冷藏特种箱）、上海中集宝伟（干货箱）、上海洋山中集（干货箱）、太仓中集（干货箱）、太仓中集冷藏箱（冷藏箱）、扬州润扬（干货箱、特种箱）、扬州通利（冷藏箱），可为客户提供全集装箱系列品种、全世界多港口的交箱服务。中集集装箱业务发展如图6－2－2所示。

| | 1982 | 1993 | 1994 | 1995 | 1998 | 1999 | 2000 | 2002 | 2003 | 2004 | 2005 | 2006 | 2007 | 2008 |
|---|---|---|---|---|---|---|---|---|---|---|---|---|---|---|
| 华北 | | 大连干箱 | | | | 天津干箱<br>青岛干箱 | 青岛冷箱特箱 | | | | | | | |
| 华东 | | | 南通干箱 | 上海冷箱 | 南通特箱 | | | 南通罐箱 | 上海宝伟干箱 | 宁波干箱扬州通利冷箱 | 扬州润扬干箱太仓干箱 | 上海洋山干箱 | | |
| 华南 | 蛇口干箱 | | | 新会干箱 | | | | | 蛇口东部工厂<br>新会特箱<br>漳州干箱 | | | | 新会房屋箱 | 新会53’箱、折叠箱 |
| | 1982 | 1993 | 1994 | 1995 | 1998 | 1999 | 2000 | 2002 | 2003 | 2004 | 2005 | 2006 | 2007 | 2008 |

年份

**图6－2－2　中集集团集装箱业务发展年鉴**

## 三、国际化并购，发挥中国优势，做大做强集装箱产业

### （一）全球化视野，全球资源整合

中集最早的业务就是集装箱，管理层非常关注如何在激烈的竞争环境中取胜，以回

报员工、客户和股东。

集装箱是典型的全球化业务，集装箱的客户群体遍及全球。集装箱于20世纪50年代在美国兴起，60年代在美国及全球普及。集装箱最初仅在美国国内制造，后转移到日本、中国台湾及韩国。中国改革开放后集装箱制造业逐步被引入中国大陆。

进入集装箱行业，也就进入了国际竞争的环境。中集早期就将所有目标都聚焦于全球主流市场，确定了要把中集打造成依托中国优势（包括市场规模、制造成本、人力资源等）的全球化营运体系，目的是将全球集装箱产业资源进行优化配置，为客户提供最有竞争优势的产品和服务。

20世纪90年代初，中集瞄准了当时世界集装箱生产向中国转移的趋势，实施了一系列兼并收购计划：1993年收购大连货柜公司，并吸引了日本方面的国际投资；1995年收购冷藏箱先进技术发明者——德国格拉芙公司，获取了冷藏箱的核心制造技术；1996年开始研究生产折叠箱，通过多年的努力，不仅收购了掌握最前沿技术、客户普遍认可的英国折叠箱核心零部件专利公司，还将该核心零部件转入中国制造，使中集成为拥有此项专利和提供该零部件的唯一供应商；1999年收购曾一度主导世界集装箱产业的韩国现代精工集团的青岛基地。中集通过转让股份、合资等办法，吸引日本、德国和丹麦等国的企业资金参股。国外资本的加入，不仅带来了客户，还将外方的国际先进技术和经营管理经验为中集所用。

一系列兼并离不开财务支持。中集充分利用中国改革开放的成果，与国内外多家著名银行、机构、财团合作，利用外部资金，为企业的壮大成长奠定了基础。

### （二）多年努力终成行业先驱

目前，中集经过多年来不断进取，在集装箱领域已经连续多年保持了多项世界第一：

1996年，在进入集装箱行业12年之后，干货集装箱产销量世界第一；

2002年，在进入冷藏集装箱领域6年之后，冷藏箱产销量成为世界第一；

2004年，在开拓罐式储运设备5年之后，罐式集装箱产量全球第一；

2006年，在进军高端特种箱5年之后，产量稳居全球托盘箱、折叠箱等特种箱行业榜首。

## 四、中集集团集装箱产业供应链建设

中集成立集团之前，分散在深圳、新会、南通、大连的中集企业各自为政，自行采购生产用原材料。由于当年作为集装箱生产的主要原材料——CORTEN钢（简称集装箱用钢）和木地板、锁杆、箱角件等不得不全部依赖进口，而且只有2~3个供应商，长期处于垄断供应状况。不仅在供应数量上无法满足日益增长的需求，而且存在交货周期长、价格高企等问题，如果不改变原有的供应模式，势必制约中集的快速发展。

中集的集团化建设使集中采购成为可能。集团充分发挥规模经营的优势，对集团大宗通用性战略原材料进行资源统筹和集中管理，从而降低采购成本，有效控制防范各类风险，打造一个安全、可靠、持续优化的集团供应链管理体系。

## （一）销售环节

中集产品的销售是集中管理集中销售的。这样避免多头对外，内部恶性竞争，实现集团利益最大化。即使在2002年普通干货箱价格跌到1350美元，大部分集装箱企业面临亏损时，公司平均净利率也能达到5%左右，公司赢利率水平高于国内家电行业的平均赢利水平，也高于国内汽车厂家（不包括合资品牌汽车）的赢利水平。目前中集、胜狮、新华昌三家公司已经占据全球80%以上的市场份额，中集利润率高于竞争对手3~5个百分点。

中集在这个简单的行业做到不少于50%的市场份额，并且在市场的起起伏伏中调整运行规律，让公司18年保持了世界集装箱行业的领袖地位。今天中集和世界主要的航运公司都建立了良好的合作关系，公司在全球航运市场发挥着不可或缺的作用。

更重要的是，中集通过产业整合使得这个行业竞争比较有序，通过技术创新和标准制定使集装箱产业链更加健康和可持续发展。

## （二）采购环节

### 1. 创新采购管理模式

中集为提升采购效率，降低采购成本，根据原材料的重要性，确定了三级采购管控模式，如图6－2－3所示。

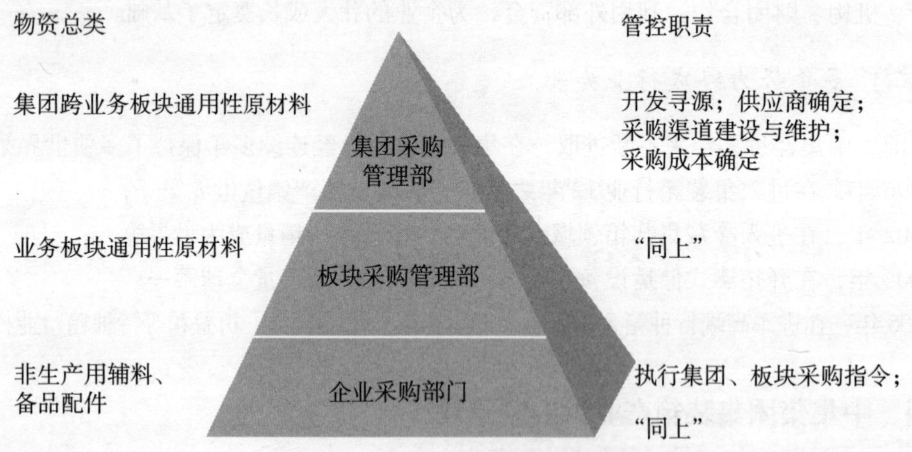


图6－2－3 中集集团采购体系架构

集团要求各级采购部门各司其职，分别负责各自采购品种的渠道开发、质量监控、成本控制、供应商管理等环节，并确定与供应商的合作等级，维护与供应商的伙伴关系，通过不断评估、改善，完善供应体系。

### 2. 技术牵引，通过产品标准化加速集中采购的实施

在中集集中采购初期，由于客户的规范要求不一致，给采购、生产准备带来很大影响，尤其是各零部件的外形尺寸公差不一致，订购尺寸各异，无法形成标准化，原材料在集团内部无法替代，这不仅造成库存品种增加，也增加了生产转产的准备时间。

1996 年设计部成立伊始，就设立了开展干货集装箱标准化工作的战略目标，将标准化列为干货集装箱的重点发展方向之一。通过对所有客户设计图纸进行研究，分析其产品规范的特点，调查研究旧箱使用和维修状况，在不降低现有集装箱产品质量和强度的前提下，设计部制定了以“基本规范 + 适当的个性化”为模式的一系列干箱产品标准化创新规范。针对每个客户采取相应的对策，引导客户接受并实施标准化方案，最终显著降低了客户技术规范的个性化差异，标准化率达到 80%。由于结构优化，零部件尺寸标准化率、互换率的提升，中集不仅大幅减少了订购品种和规格，取得了订购的批量优势，而且降低了采购成本和产品制造成本，从而提升了中集的核心竞争力。如 1996 年中集设计部通过深入研究，大胆提出地板尺寸规格设计标准化的理念，设计制定了集装箱标准地板方案，并得到中国集装箱工业协会（CCIA）命名为 CCIA 标准地板向业内推介。1999 年 11 月，国际集装箱出租业者协会 IICL 组织全球集装箱技术研讨会，一致通过了将中集的 CCIA 标准地板正式纳入 IICL 地板标准。这一革命性的尺寸变革最大限度地减少了地板尺寸规格，使地板的通用性更利于集中采购、统一调拨，极大地方便了库存管理，降低了旧箱维护费用，给客户、箱厂、地板供应商、修箱服务公司都带来了非常显著的经济效益。

**3. 钢材国产化提升供应链的竞争优势**

（1）集装箱用钢国产化

集团化后集团立即着手于集装箱用钢的国产化事宜。在 1996 年以前，该钢种完全依靠从日本新日铁、韩国 POSCO、中国台湾中钢以及印度的钢厂进口。中集主动联系国内钢厂开发集装箱用钢，以下是国产化集装箱用钢的开发进程，如表 6 –2 –1 所示。

**表 6 –2 –1　中集国产化集装箱用钢开发进程**

| 年份 | 钢厂 | 年份 | 钢厂 |
|---|---|---|---|
| 1996 | 武钢 | 2005 | 马钢 |
| 1998 | 宝钢 | 2008 | 首钢 |
| 2000 | 鞍钢 | 2010 | 沙钢、柳钢 |
| 2002 | 珠钢、本钢、太钢 | 2011 | 其他钢厂 |

武钢率先研制成功集装箱用厚钢板，而宝钢则首先研制集装箱用薄钢板。正是由于国内大型钢企的积极参与，国产集装箱用钢成功开发，从而极大改善了集装箱用钢的供货状况，为国内集装箱产业的快速发展奠定了基础。

（2）53’特种箱用 700MPA 高强度钢开发

此钢种 2006 年以前全部依赖瑞典进口，交货期长达四个月到半年，企业不得不常年备货在库。随着北美特种箱业务的拓展，钢材的需求稳步增长，集团的快速发展要求加速国产化。

53’特种箱用700MPA高强度钢国产化进程如表6－2－2所示。

**表6－2－2　　53’特种箱用700MPA高强度钢国产化进程**

| 年份 | 钢厂 | 年份 | 钢厂 |
|---|---|---|---|
| 2006 | 宝钢开发出热轧高强钢（3.0～6.0毫米厚度） | 2010 | 鞍钢开发出热轧高强钢 |
| 2007 | 武钢开发出热轧高强钢（3.0～6.0毫米厚度） | 2012 | 武钢开发出1.2毫米厚度热轧高强钢可替代1.2毫米冷轧高强钢，在集装箱行业实现了高强钢“以热代冷” |
| 2008 | 宝钢开发出冷轧高强钢（1.1～1.2毫米厚度） | 2013 | 首钢开发出热轧高强钢 |

不仅钢材国产化，集团还推动了其他集装箱原材料国产化，使得中集集装箱产业供应链更为安全、可靠：减少了采购成本，缩短了采购周期，大幅提升了集团的综合竞争力。

**4. 节能环保新材料开发促进行业革命，提升供应链持续健康发展**

（1）第二代集装箱用钢开发成功

中集人多年来一直与国内一流钢厂保持接触，希望生产出第二代用钢取代第一代集装箱用钢，用更少的钢材资源达到同样的效果，即减轻集装箱的自重来提升每一个集装箱的载货量，以减少集装箱钢材用量，从而减少固废和气废的排放，达到环保节能。中集联合宝钢成功开发第二代集装箱板，现已正式投入16000TEU订单的生产，合计共22000吨，单箱减重比例达到14%，共节约了钢材用量达3400吨。第二代集装箱用钢的推广使用可大量节约社会资源，践行了节能减排的社会责任。

（2）水性涂料在集装箱制造行业的推广应用

涂料是集装箱制造行业使用的主要化工防腐材料。为减少污染，中集联合各油漆供应商开展安全无毒的水性涂料的研发和推广应用。截至2013年年底，水性涂料使用量约7万TEU。与油性涂料相比，水性涂料可减少约90%的VOC（挥发性有机化合物）的排放。目前中集仍在与各供应商密切合作，引导客户使用水性涂料，希望通过多方努力不断提升水性涂料的使用比例，来达到集装箱生产过程降本节能环保的目的，推进集装箱行业可持续健康发展。

（3）冷箱环保发泡料的应用

在冷藏集装箱材料采购和应用方面，中集积极配合国家环境保护部门的要求，为保护臭氧层和生态环境，履行我国加入的《关于消耗臭氧层物质的蒙特利尔议定书》约定，加速淘汰含氢氯氟烃，履行企业社会责任。2013年4月中集与环保部签订了HCFC发泡剂的淘汰合同，获得多边基金赠款约1850万美金。中集积极开发使用臭氧友好、气候友好且能满足其他健康、安全和节能要求的HCFC替代技术，为保护臭氧层和生态环境做出重大贡献。

**5. 持续优化供应商管理体系，打造优秀的供应渠道**

（1）供应商分级管理

中集的供应商管理为三级分层管理模式，即集团级、板块级和企业级供应商管理。各级供应商主要管理流程、规则和要求。板块级和企业级供应商管理均按照集团总部发布的中集供应商管理制度执行，各级采购部门可在此制度基础上进行细化。

（2）供应商分类管理

各级供应商按照合作关系不同，划分为5个类别，各类别供应商在准入条件、绩效评审、现场评审及交流合作等方面均有不同的管理要求，例如，对于战略合作型供应商，绩效评审/现场评审的标准严于其他类别供应商，评审范围除供货绩效评价/管理体系评价外，还包括了合作项目推进情况、配合度方面的评价，基准分也高于其他供应商；通过科学、合理的分类管理方式，实现对各类别供应商的有效管理，不断优化供应渠道、提高供应商供货能力、提升中集产品竞争力。

（3）通过IT系统实现对供应商的高效管理

随着企业管理现代化的发展，信息系统已在中集得到了全面的应用和推广。借助信息系统，中集的供应商管理工作实现了供应商档案库信息化、供应商评审流程信息化、供应商合作协同信息化等，从而使供应商管理工作效率得到了大幅提升，同时管理流程得到了有效的固化和优化，管理要求也在各级供应商管理工作中得到了良好的贯彻与执行。

供应商管理是供应链管理中非常重要的一环，中集通过创新供应商管理模式，持续优化和改进中集供应商管理体系，促使供应商不断提高综合供货能力，进而提升中集产品竞争力，助力中集向世界级企业迈进。

### （三）生产环节

在商业环境持续变化和传统制造业同质化竞争日趋激烈的大环境下，中集一直致力于探索一套先进的、适合中集特点的生产制造管理模式。在总结了以往的成功经验，并借鉴世界级卓越企业的优秀实践，中集形成了具有中集特色的精益生产模式“ONE”（Optimization Never Ending）。其核心是“彻底杜绝浪费”和“效率化的工作方法”，以持续的PDCA循环来改善工作绩效，逐步实现“长本事、出成绩、育人才、塑文化”的总体目标。集团自2008年开始推进“ONE”模式以来，已成功输出了安全、3S、创意工夫、TPM、标准作业、品质管理、成本管理等模块为内部企业分享，为中集各企业打造了不可复制的竞争力。

随着社会的进步，公众以及政府对企业在环保节约、劳工关系等方面的要求越来越高，中集传统集装箱产业面临的形势日趋严峻。为了改变这一局面，中集提出了“梦工厂”的概念并首先在南方中集完成实施。其设计原则为“安全环保”、“技术领先”、“精益规划”和“优质高效”，与传统的集装箱生产线相比，不仅自动化程度大幅提高，实现了废水的零排放，而且大大降低了生产工人的劳动强度，提高了工作环境的舒适性。目前南方中集“梦工厂”运行效果良好，现正向中集太仓干箱、青岛冷箱稳步推进，以期打造科学、先进、环保、绿色的行业最高标准。

## （四）物流环节

充分利用国际资源，实行集团化运作。中集的集装箱产品包括部分主要原材料运输全部由集团物流板块负责。物流板块与全世界的各大船公司保持着良好的合作关系，利用专业的运输服务团队的丰富经验，可为主流行业客户提供国际、国内的陆路（公路及铁路）、水路（内河及远洋）、航空运输代理服务。目前可针对中集内部本身的产品运输需求，提供各种运输代理服务。通过集团各板块产品运输的需求优化，可充分交叉利用运输资源，大幅降低运输成本。例如，集装箱板块的特种箱出口可以配载车辆板块的出口车架（空箱内摆放车架）、出口托盘放置在空箱内运输等，达到集团运输资源优化。

## （五）服务环节

为客户集装箱产品提供全方位的服务一直是中集人努力的方向。中集不仅为客户生产集装箱，还为客户提供堆场及维修服务、货运代理、船务代理以及特殊运输等服务：

（1）在有条件的生产企业设立客户专用堆场，以方便集装箱交付客户后的堆存，以避免客户在装载货物之前因为存放到其他堆场而产生额外的起吊费用；减少客户的管理成本和运作成本。

（2）从2005年开始，在广东深圳盐田、昆明、重庆、广州、长沙、江西八景等地建造集装箱专用堆场，可以用于新箱存放；为客户提供干货箱、罐式集装箱、冷藏箱、折叠箱、开顶箱、特种箱等品种国际海运集装箱的维修，新、旧箱改造等服务。

（3）为客户提供二手集装箱销售业务及租赁业务，租期灵活，可根据不同客户需要采用季租、半年租、年租等租赁方式，以解决客户资金周转的难题。

## （六）社会责任

循环经济，变废为宝，节约社会资源。如图6-2-4所示。

（1）为打造环境友好型绿色供应链，2010年中集开始与宝钢集团一起推进同钢种废钢回炉生产再利用项目。据测算，每吨废钢回收使用可以节约2千克标准煤，减少20%的废渣、废铁，及降低10%二氧化碳等废气的排放。截至2013年年底，中集销售给宝钢

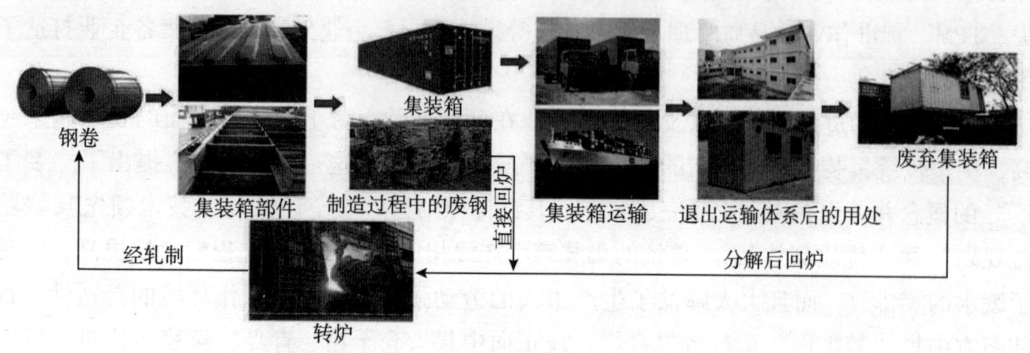


**图6-2-4　集装箱废钢回炉再利用**

的废钢已经超过61300吨，全部用于同钢种回炉冶炼，已直接减少固体排放约12600吨，废气约610万$Nm^3$（标准立方米）。因为集装箱废钢含高铜、高硅，集中回炉，提升了其他钢种冶炼的合格率。

（2）利用集装箱的旧箱改造成办公室箱或房屋箱，不仅可以减少废钢污染，而且可以节约大量钢材。多年来，中集已经向很多客户提供了经改造后的办公室箱、房屋箱，为客户和社会创造了价值。

撰稿人：中国国际海运集装箱（集团）股份有限公司采购管理部高级顾问　肖卜
中国国际海运集装箱（集团）股份有限公司采购管理部制度管理经理　吴朝生
中国国际海运集装箱（集团）股份有限公司采购管理部流程监控经理　葛雷

# 案例三　中兴供应链：为客户打造“供应链云服务平台”

## 一、企业介绍

深圳市中兴供应链有限公司（以下简称“中兴供应链”）是全球知名的通信设备提供商——中兴通讯股份有限公司（以下简称“中兴通讯”）的控股子公司，总部位于深圳，成立于2011年。经过几年的快速发展，2013年业务量达到30亿元，并且形成了具有中兴特色的供应链服务模式。

以中兴通讯近30年成熟供应链体系及运作经验为基础，以及在全球网络、资源整合、技术研发及国际化拓展方面的经验和优势为契机，中兴供应链为全球客户提供涵盖研发、采购、生产、物流、销售等环节的“供应链云服务平台”模式及解决方案，为客户创造新的供应链价值。

目前中兴供应链公司的业务类型主要包括：供应链咨询服务、ODM供应链服务、综合物流服务、设备租赁服务、智慧供应链服务、跨境电商、供应链金融服务等。

## 二、实施“供应链云服务平台”的背景

根据我们对电子、通信、IT等行业的调查，在国内有大量具有很好市场前景的中小企业，往往有不错的产品，但是在企业经营的某些方面存在着致命的短板，如产品的快速商用化能力、销售推广能力、融资能力等，这些瓶颈严重制约着企业的进一步发展。企业在寻求外部支援的时候，往往要找很多家公司去合作，才能得到足够的资源。而中兴供应链公司依托中兴通讯强大的产业链资源整合能力，能够为中小企业实现“全产品生命周期”的供应链云服务模式。

从公司整体战略层面，中兴供应链公司结合中兴集团近30年的供应链管理经验和全球供应链运营体系，能够为中小企业提供供应链诊断、供应链战略规划、物流规划及管理优化等咨询服务。

在产品的研发设计阶段，中兴供应链公司有强大的材料专家群体和物料资源库，能够为客户提供产品研发与设计选型服务，确保产品的可供应性、可制造性。

在产品进入量产阶段后，中兴供应链公司能够整合上游数千家供应商资源，帮助客户实现BOM采购，整体性降低采购成本。同时，中兴供应链公司还可以为企业提供虚拟生产、物流、供应链融资等服务。

在销售过程中，对普通企业来说，搭建海外供应链体系是一项非常巨大的挑战。中

兴供应链公司依托中兴集团遍布140多个国家的供应链网络体系，帮助企业缩短这一进程，并节省巨大的前期建设投入。

## 三、提供“供应链云服务”的支撑资源

### （一）遍布全球的物流网络、销售网络

在全球分布有140多个网点，7大交付中心；国内有30多个配送中心，5大交付中心，网络能覆盖到县级城市。如图6－3－1所示。

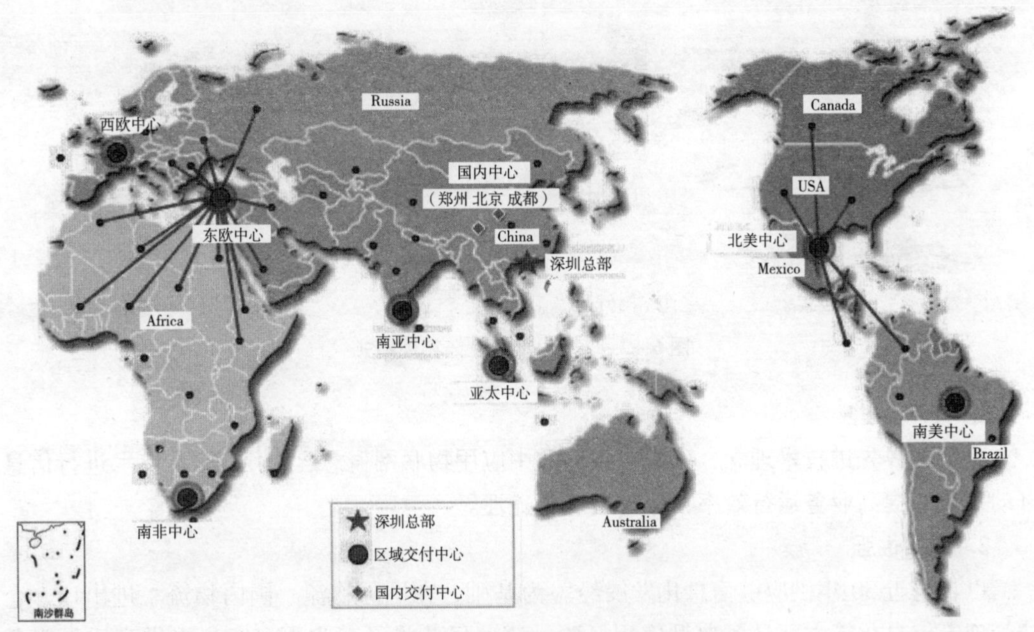


图6－3－1　中兴供应链的全球服务网络

### （二）雄厚的IT研发实力

目前拥有专业的IT系统研发团队，中兴供应链依托中兴通讯的先进研发平台，将物联网技术与信息系统开发有机结合，应用到原材料的采购、生产装配、仓储、运输、销售以及售后服务与逆向物流等环节，提高供应链运作的效率。如图6－3－2所示。

### （三）领先的信息系统

自主研发的具有供应链行业领先水平的信息系统，契合供应链行业特点，满足多种业务模式的多样化需求，将商务、采购、计划、生产、交付连成一体，通过信息流实时反映物流和资金流，对业务过程有效控制，实现了信息流、物流、资金流的有效整合。

中兴供应链信息系统特点：

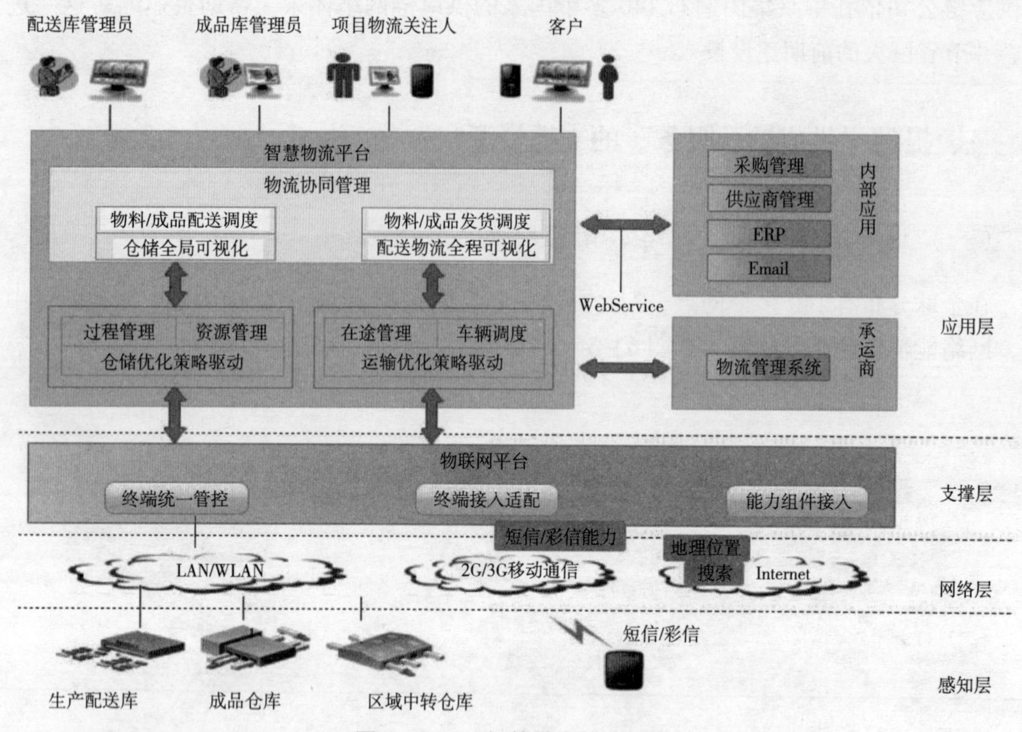


**图6－3－2　智慧供应链实现模式**

**1. 技术先进**

紧跟业界先进技术理念，率先在供应链中应用物联网概念，采用 RFID 技术进行信息自动采集，提高业务运行效率，保持系统先进性。

**2. 实用性强**

以自身近 30 年供应链信息化发展经验为基础，在国际物流、国内物流、进出口、仓储管理等信息化等方面具备典型应用经验，这些经验将是其为更多客户提供高质量服务的有力保障。

**3. 端到端**

涵盖从订单接收到订单执行、回款的全过程，提供业务执行、业务管控、业务决策三层金字塔结构的完整解决方案，满足不同管理层面的信息化需求；除供应链信息系统以外，还可为客户提供涵盖人事管理、办公自动化等多个日常管理领域的信息化解决方案。

### （四）强大的融资实力

依托强大的资金融通能力，为客户提供资金配套及供应链融资服务，为中小型企业加快资金周转和破解融资瓶颈。如图 6－3－3 所示。

### （五）专业的服务团队

专业的服务团队——汇集物流、关务、EMS、金融、IT 等行业精英人士，具备多年

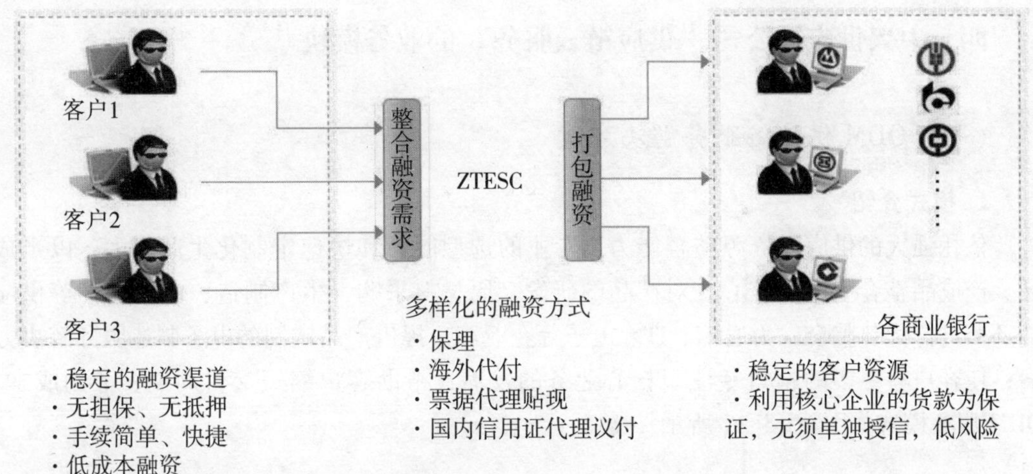


**图6-3-3　中兴供应链的融资服务模式**

的行业从业经验，能够根据企业需求量身定制最适合的服务解决方案。

高效的运作能力——高效的商务运作速度，快速的订单处理能力，7×24 小时的商务运作机制确保对异常情况的紧急处理能力。

## （六）先进的物流能力

目前拥有面积 10 万平方米的仓库平台，遍布全球大部分国家和地区，现代化的仓库设施及物流设备将会为客户提供优质仓储及增值服务。如图 6-3-4 所示。

（a）香港平台：红外防盗、CCTV系统、电子门禁

（b）印度尼西亚仓储平台　（c）深圳前海西部物流仓储平台

**图6-3-4　中兴供应链的物流服务体系**

## 四、中兴供应链公司“供应链云服务”的业务模块

### （一）ODM 供应链服务解决方案

**1. 模式介绍**

依托强大的供应商资源整合能力、专业的选型能力和快速定制化生产能力，以半成品、产成品整合生产为核心，对产品的研发、原材料采购、生产制造、市场营销等供应链环节进行优势整合，为通信、IT、电子等企业客户提供产品定制的电子制造服务解决方案；使客户有更多的精力专注于核心业务的发展，帮助客户缩短交付周期、节约成本。ODM 服务模式如图 6－3－5 所示。

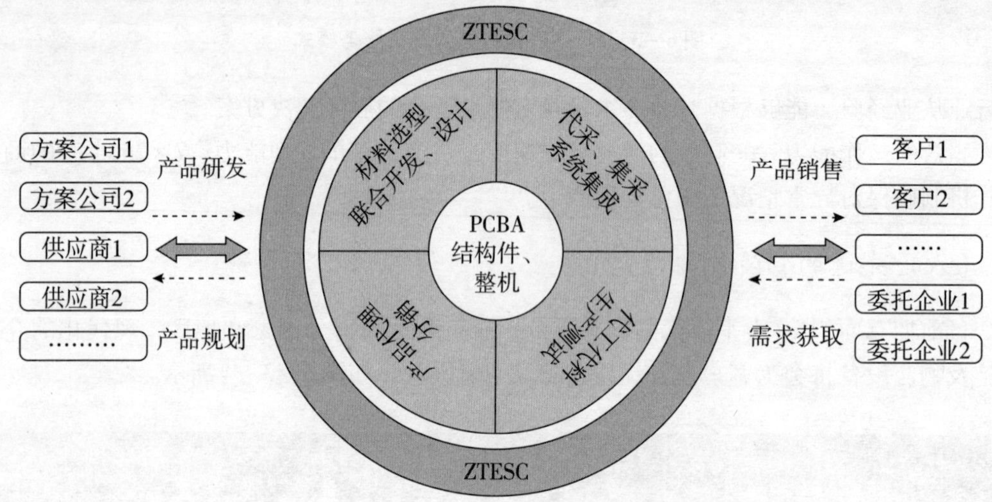


**图 6－3－5　中兴供应链的 ODM 服务模式示意**

**2. 竞争优势**

（1）采购能力：具有对上游近千家供应商资源的整合能力，为客户带来规模经济效益；

（2）材料选型能力：超过十年经验的材料选型专家团队，提供快速的材料选型服务，前期为产品成本，交付做好管理，降低质量风险；

（3）生产能力：依托中兴通讯及外协厂众多的 SMT 设备、庞大的供应、质量、工艺系统，具有强大的生产能力；

（4）资金实力：雄厚的资金为客户解决资金紧缺问题，促进客户业务的良性运作。

**3. 具体案例**

需求背景：某中小 IDH（独立设计公司）的 WLAN CPE（WLAN 客户端设备）产品设计获国内某运营商认可，并已入围该运营商招标。但限于公司规模，自身供应链能力不足，为达到运营商的交付要求，需整合采购、生产、测试和物流等供应链资源。

项目目标：规定的短时间内完成多品类的物料采购齐套，短期快速组织产品生产、组装、老化和测试，并整机发货至运营商指定地点，以完成运营商制定交付要求，成功

进军运营商市场。

实施方案：

（1）产品齐套：快速整合供应商资源，向各类 IC 器件、被动器件、塑胶外壳、电源适配器、射频天线供应商下达采购订单，敦促供应商从各地调货集结至生产线，最终较客户规定时间提前 15% 完成了产品齐套，并实现上线生产；

（2）生产测试：与中兴通讯生产线密切配合，安排生产线全力支持本项目的生产、整机组装，老化、测试和包装，最终较客户规定时间提前 10% 完成生产测试环节；

（3）发货：利用中兴强大的物流网络及运输能力，保质按时将产品发至运营商指定地点。

项目成果：缩短交付周期、提升交付质量，使客户的产品品质及交付能力得到运营商认可，为客户后续运营商市场拓展打下基础。

## （二）综合物流服务解决方案

**1. 模式介绍**

为客户提供通关物流、保税物流、国际物流、国内物流、VMI 仓储、增值物流服务等综合物流服务。如图 6－3－6 所示。

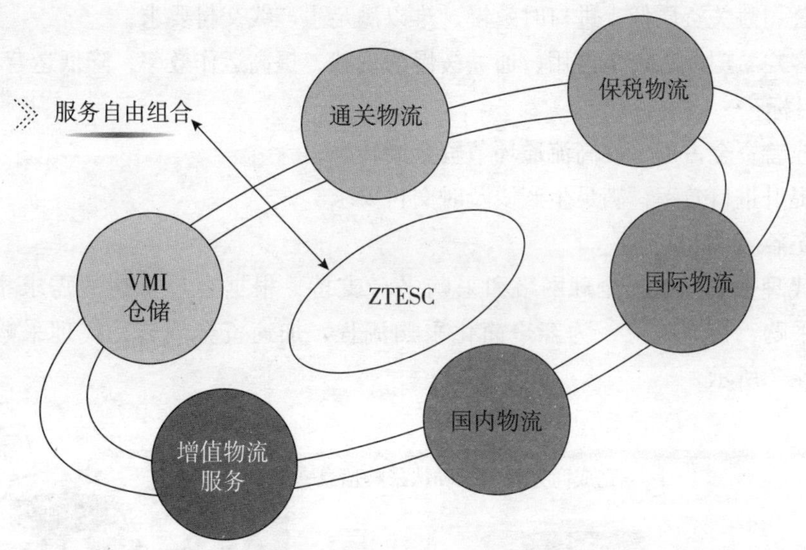


**图 6－3－6　中兴供应链的服务业务种类**

**2. 物流运营资质和荣誉**

中兴供应链公司获取的物流运营资质：道路运输经营许可证、无船承运业务经营资质、空运铜牌、“金鹭奖”海峡两岸十大最具成长型物流企业、中国物流产学研基地、深圳市物流与供应链管理协会副会长单位、亚洲物流与供应链管理协会企业。

**3. 竞争优势**

（1）服务网络优势：在全球分布有 140 多个网点，7 大交付中心；国内有 30 多个配送中心，5 大交付中心，网络能覆盖到县级城市。

（2）资源整合优势：经过近30年的物流运作管理经验积累与创新，形成了强大的资源整合能力和竞争优势，帮助客户提高企业供应链效益，打造核心竞争力；

（3）服务团队优势：会聚了各业务领域的精英人士，具备丰富的行业从业经验，以快速响应客户需求为己任，能为企业量身定制合适的物流服务解决方案；

（4）物流能力优势：能提供海、陆、空及多式联运等多种运输方式，具备领先的仓储管理水平、高效的物流运作能力、快捷的通关时效等优势。

**4. 客户价值**

（1）帮助客户降低物流成本，及时满足货物交付，保证上游、下游供应链管理拉通；

（2）帮助客户更专注于核心竞争力的打造，以获得更大的竞争优势；

（3）帮助客户提升供应商管理与质量管理水平，完善运营管理体系，提高整体竞争力。

**5. 具体案例**

需求背景：某专业从事ADSL Splitter、VDSL Splitter、Switch Power Supply产品研发、生产、销售的综合型企业，作为众多大型跨国通信企业ADSL Splitter产品的OEM生产厂商，因自身供应链能力不足，在采购、物流等环节存在问题，影响运营及产品交付：

（1）境外采购、特别是核心原材料境外采购的议价能力弱，生产商及代理商的货款及时支付要求，给公司资金周转带来巨大挑战；

（2）公司海关资质低，进口时效慢，难以满足生产线交付要求；

（3）客户希望改善资金占用、通关缓慢的现状，提高运作效率，降低运营成本。

项目目标：

（1）改善资金占用，提高流通环节资金周转率；

（2）提升进口效率，满足生产线及时交付要求。

实施方案：

（1）代理采购：依托全球网络和采购平台支持，根据客户下达的需求指令，代理客户执行采购，快速响应，为客户简化采购流程，加速资金周转，代理采购服务模式如图6－3－7所示。

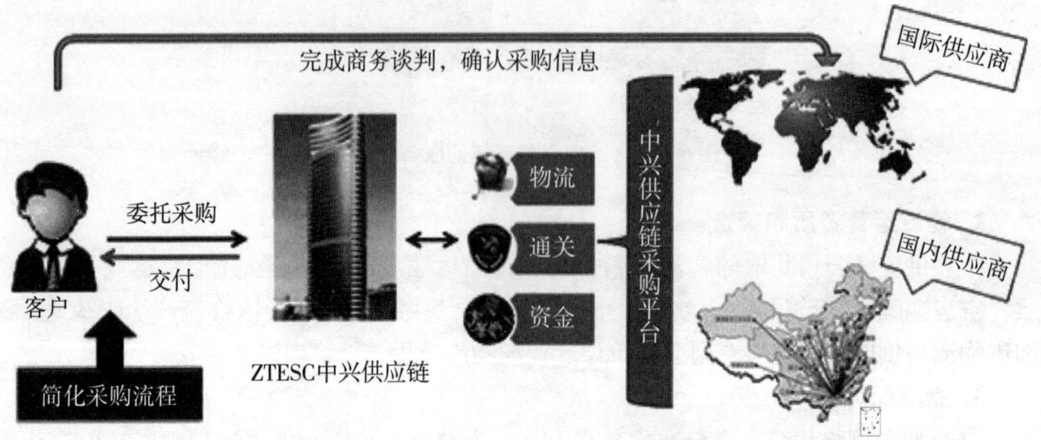


**图6－3－7　中兴供应链的代理采购服务模式**

（2）通关物流：按照客户要求，进行香港仓库货物接收、货款支付、进口报关、中港运输、国内配送等，并及时进行信息反馈，提升物流效率。

项目成果：

（1）缓解资金压力，提高流通环节资金周转率；

（2）提升物流效率，满足产线及时交付要求。

### （三）供应链咨询服务

**1. 团队介绍**

拥有全球先进的设计理念，融合中国本土特点，聚集了一批国内较早从事供应链咨询的专家团队，积累了丰富的项目管理经验和众多的成功案例，秉承了中兴通讯严谨的工作作风，为全球政企客户提供供应链一体化的解决方案。

**2. 服务内容**

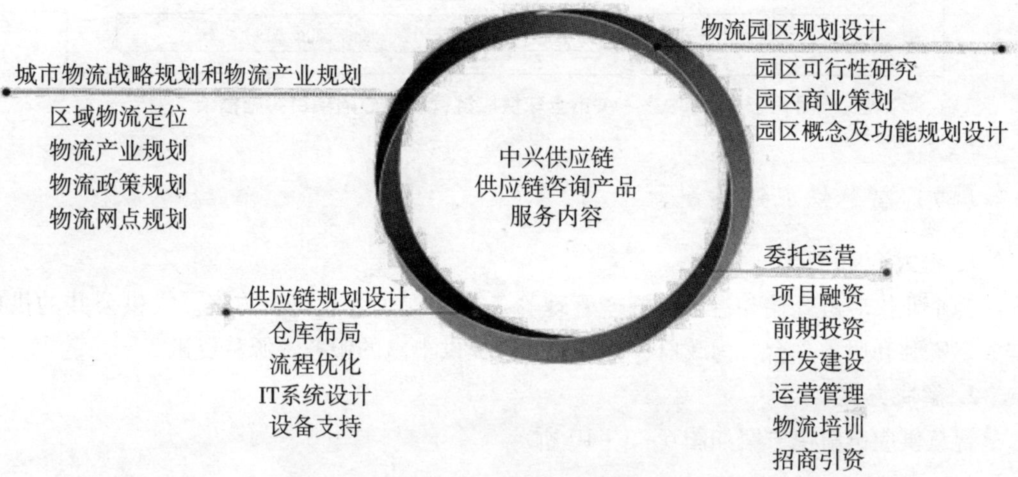


**图6-3-8　中兴供应链的供应链咨询服务种类**

**3. 具体案例**

A市保税物流园项目背景：为配合A市加快发展总部经济、电子商务、服务外包等新兴服务功能，建设智慧城市的指导思想，中兴供应链有限公司利用其全球网络、技术研发等优势并整合其上下游产业资源，建成中兴—A市全球供应链管理中心，依托全球供应链运营平台和全国首家供应链技术研发平台，形成总部经济及产业集群效应。

项目服务内容：本项目服务内容包括商业策划、概念及功能设计、招商及运行（招商、运营等委托式管理）一站式服务。

项目实施方案：方案框架如图6-3-9所示。

项目实施效果：本项目为客户搭建了一个高端物流基础平台，提供极具效益的建设方案。同时为客户培养了一个深具竞争力的团队，最重要的是也给客户带来满意的回报。

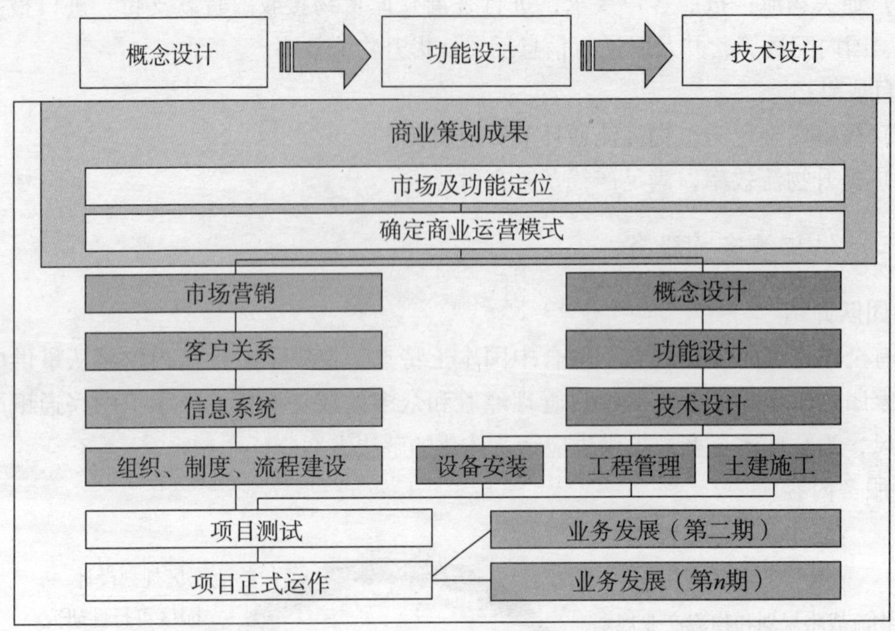


图6－3－9　中兴—A市全球供应链管理中心的项目实施框架

## （四）智慧供应链服务

### 1. 模式介绍

为企业供应链仓储、运输、资产管理等各环节提供智慧解决方案。提供公共的供应链共享资源和服务平台，为政府、企业和公众提供丰富的服务资源和资讯。

### 2. 解决方案

智慧供应链解决方案如图6－3－10所示。

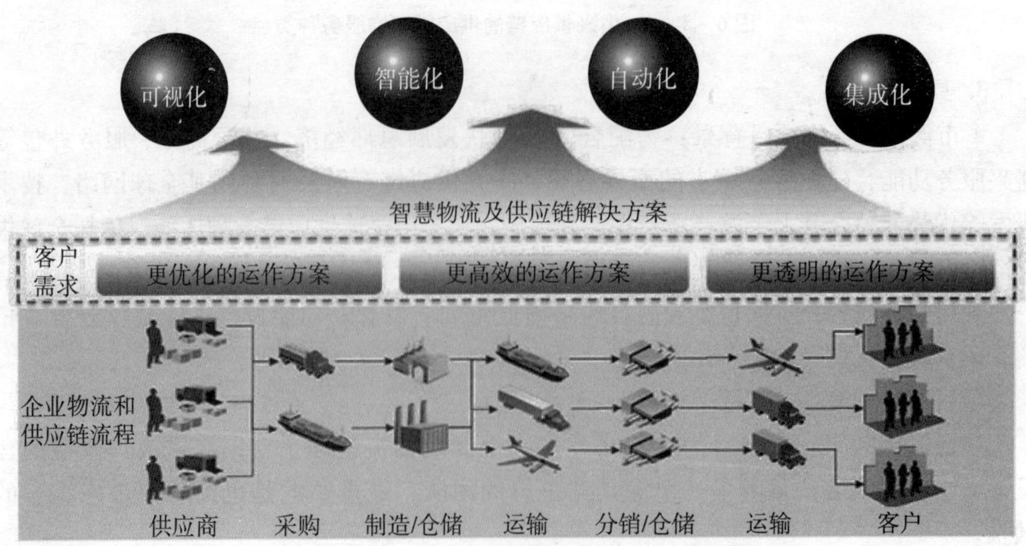


图6－3－10　中兴供应链的智慧供应链解决方案

智慧物流及供应链解决方案，能通过帮助客户实现物流和供应链可视化、智能化、自动化、集成化等为企业供应链提速。应用场景如图 6－3－11 所示。

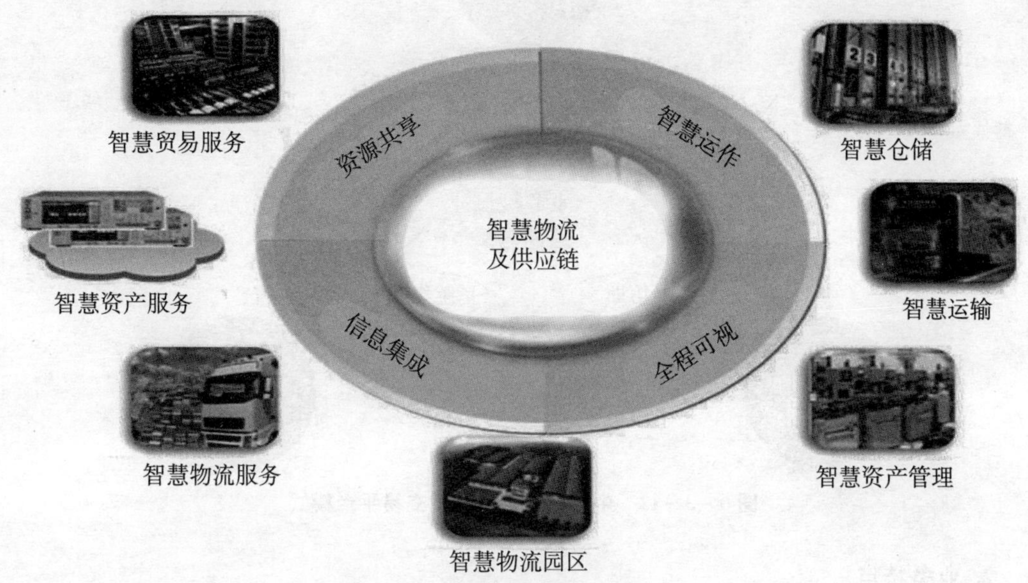


**图 6－3－11　智慧供应链的应用场景**

**3. 业务特点**

（1）智慧贸易服务：商品展示、商品供需信息共享、采购交易撮合、跨境贸易物流通关；

（2）智慧仓储：仓储作业智能调度、仓储作业自动化、仓储环境智能监控、仓储安全管理；

（3）智慧运输：运输计划智能调度、货物状态实时可视、运输工具实时监控、运输环境智能监控；

（4）智慧资产管理：资产全生命周期管理、资产运行状态监控、智慧资产巡检；

（5）智慧物流园区：物流园区规划设计、物流园区智能管理和监控、园区物流服务平台；

（6）智慧物流服务：物流资源和需求共享、物流交易撮合、物流交易执行监控；

（7）智慧资产服务：资源和需求共享、资产托管服务、资产租赁交易撮合。

## （五）设备租赁服务

**1. 模式介绍**

为通信及电子行业、交通设施、医疗设备、工程机械、公用事业、节能环保以及其他研发生产型行业企业提供设备租赁、托管、系统集成、培训、维修、计量等服务，实现社会资源共享。

租赁交易平台效果如图 6－3－12 所示。

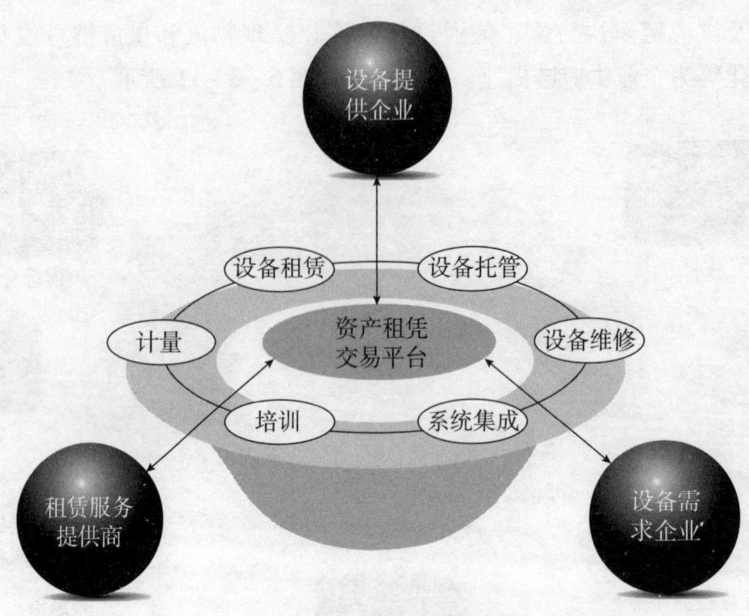


**图 6－3－12　中兴供应链的租赁交易平台模式**

**2. 业务特点**

（1）降低成本：依托于中兴股份公司的采购平台，ZTESC 享有比较优惠的采购价格；以低于市场价的租金租赁同等设备——采购的新设备，提高客户的测试质量，降低测试成本。

（2）减少投入：根据客户产品的需求提供定制软件的配套开发，打包租赁客户在产线的测试工位，降低客户在生产测试上的投入。

（3）一体化服务：基于 ZTESC 与各大设备供应商的协议，ZTESC 面向各企业、高校提供设备原厂维修、保养、计量业务。

（4）盘活资产：ZTESC 提供设备管理业务并协调将闲置设备调配给有需求的企业、高校等相关单位。

一站式服务如图 6－3－13 所示。

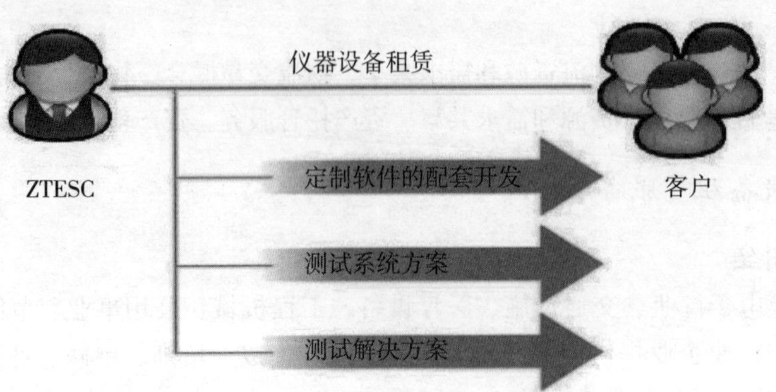


**图 6－3－13　中兴供应链的一站式设备租赁服务模式示意**

**3. 服务能力**

针对目前通信市场的情况，根据业务需要市场分为四类测试设备：手机终端类、数据终端类、基站配套类和光传输网络类。

**4. 客户价值**

(1) 盘活客户的闲置固定资产，为固定资产增值，实现社会资源共享；

(2) 帮助客户节约研发测试、生产测试中仪器设备投入成本。

## (六) 供应链金融服务

依托与银行的良好合作，为客户提供资金配套及供应链融资服务，为中小型企业加快资金周转和破解融资瓶颈。融资服务模式如图 6-3-14 所示。

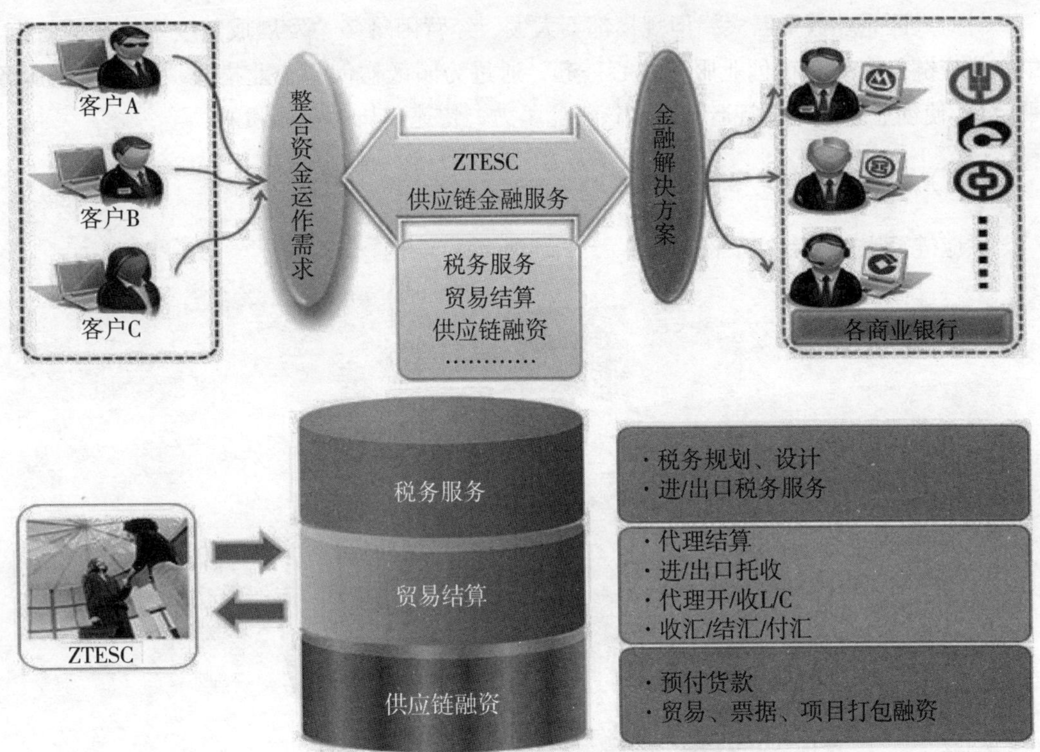


**图 6-3-14　中兴供应链的供应链融资服务模式**

业务特点：

(1) 帮助供应商快速回款，实现资金高效周转；

(2) 减少客户供应链过程的资金占用，改善现金流状况；

(3) 专业化协助客户解决税、证、票、汇兑、结算等企业外部财务业务问题；

(4) 帮助企业拓宽融资途径，解决客户自有资金不足，促进客户业务快速发展。

## 五、“供应链云服务平台”的实现途径

### （一）项目背景

C 市创业服务中心是首批国家级孵化器之一，不断加强科技金融创新、园区拓展、创业服务、公共技术平台、国际合作、理论研究等服务体系建设，为科技企业的创立和发展、科技成果产业化等提供全方位的创新创业服务，为所在城市实施创新驱动发展战略、构筑区域创新体系、建设核心技术自主创新先行区提供服务支撑。截至 2013 年年底，该创业服务中心已有在孵企业 1000 余家，培育出大批科技龙头企业，其中上市和拟上市企业超过 60 家。

针对入区企业数量巨大，但规模都不太大、经营困难多、发展成熟度不均衡的特点，中兴供应链公司与 C 市创业服务中心一起，通过为园区初创型企业搭建“供应链云服务平台”，使创业者专注于打造自己的核心竞争力，快速成长为业界翘楚。

### （二）业务模式

供应链云服务平台的架构如图 6 – 3 – 15 所示。

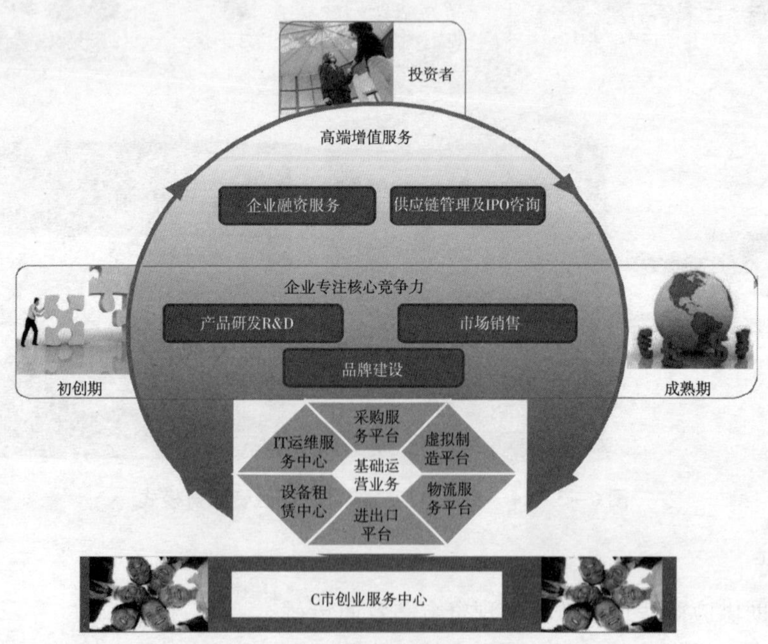


**图 6 – 3 – 15　供应链云服务平台的示意**

由创业服务中心提供扶持资金和企业经营状况信息，分行业将相关企业引导到供应链云服务平台上来，中兴供应链公司对进入“供应链云服务平台”的企业提供标准化的供应链外包服务。

基础运营业务所涵盖的内容如图 6 – 3 – 16 所示。

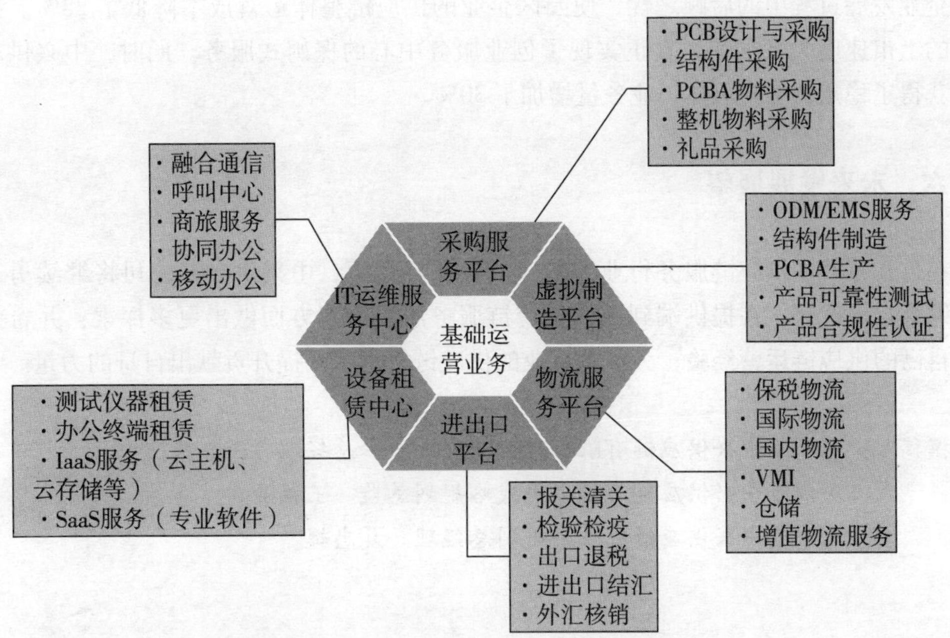


**图6－3－16　供应链云服务平台的基础运营业务**

高端增值服务包括的内容如图6－3－17所示。

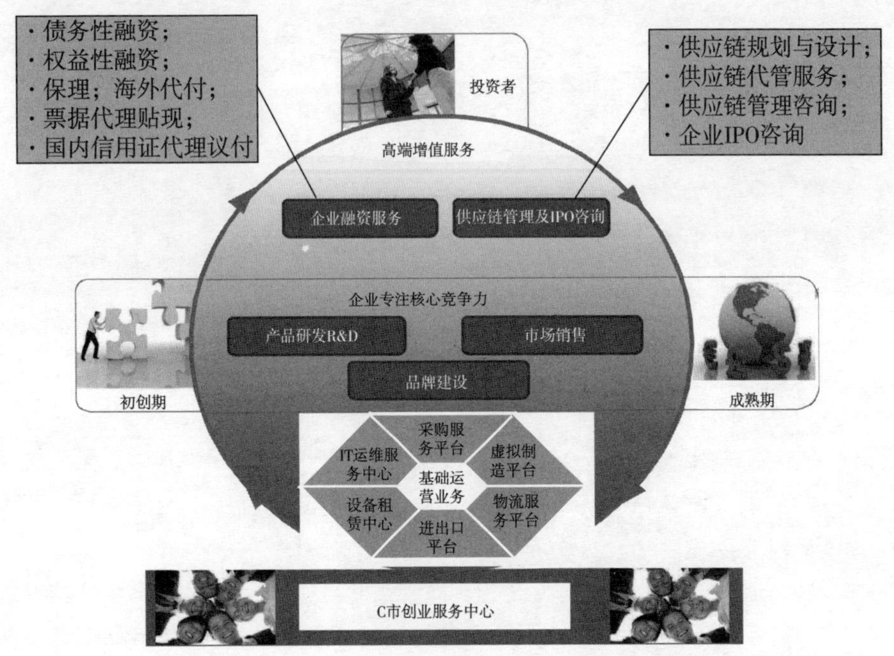


**图6－3－17　供应链云服务平台的高端增值业务**

### （三）项目收益

通过为入区企业提供“供应链云平台”服务，极大降低了单个企业的前期投入，排解了企业发展过程中的后顾之忧，使园区企业的供应链整体运营成本降低了28%。园区企业的上市速度大大加快，真正实现了创业服务中心的保姆式服务。同时，中兴供应链公司获得了稳定的客户群体，业务量增加了30%。

## 六、未来发展展望

在近几年我国供应链服务行业爆发式成长的环境下，中兴供应链公司将继续勇于创新，综合自身优势，在提供端到端的供应链服务解决方案方面做出更多探索；并希望能发挥自己的供应链运营经验，为本土企业的供应链管理水平提升贡献出自身的力量。

撰稿人：深圳市中兴供应链有限公司企业发展中心总经理　李玉民
深圳市中兴供应链有限公司战略规划总监　王福寿
深圳市中兴供应链有限公司副总经理　夏忠辉

# 案例四　阿凡达：工业品商贸供应链集成模式的创新和运营

## 一、阿凡达供应链介绍

宁波阿凡达供应链有限公司成立于2010年9月，注册资金为1000万元，现有员工一百余人，是专业的工业品“商贸供应链集成运营商”。通过会聚整合品牌厂商、分销商、工程商、大中型企业、物流企业及银行等相关资源，创建了集商流、物流、信息流、资金流于一体的工业品“商贸供应链集成运营模式”。为各类企业提供全程、全方位的供应链服务，为合作伙伴提供低成本、高效率的供应链解决方案。着力于帮助品牌厂商拓展销售市场，保障及时回收货款；实现目标客户透明低价采购，提供采购融资服务；开创合作银行供应链金融新模式，共同开拓供应链金融市场。同时积极向工业品电子商务平台发展，打造工业品商贸供应链线上线下一体化集成平台。

阿凡达供应链以“省·有道，创·无疆”为企业宗旨，将省钱、省时、省心做到阳光下的“有道”“有德”，从而实现全新领域的价值突破。并提出“打破商业潜在规则，杜绝商业贿赂；保持商品透明低价，铲除采购黑洞”的社会责任，为推进商业道德，改善商业氛围，提升整个社会风气尽到一个企业的责任。目前，企业被评为宁波市2011年度典型示范贸易物流企业，2012年十大风云甬商“最佳经营模式奖”；被新华网认为是开创工业品供应链模式之全国先河。

## 二、工业品商贸供应链集成模式创新背景

### （一）克服传统商业模式局限性的需要

当今社会，在大宗工业品销售领域，在B2B的消费领域，“关系营销”“灰色营销”“贿赂营销”等商业潜规则大行其道，已被市场参与者默认为一种有效的营销手段。不管竞争充分与否，商品采购单位决定是否购买某品牌产品，很大程度上产品的质量和服务品质并非决定性因素。因此，商业潜规则成为一些市场主体生存和发展的重要手段，成为扩展市场的绝招。而且，商业潜规则已经成为商界的一大祸害：采购经手人索取回扣，或是供货方为了拉拢客户主动给回扣，双方私下加价，抬高了采购方的成本；而采购方分段延迟付款产生的风险及其衍生的成本，又迫使供货方层层加价。潜规则不仅使人疲惫，使资源配置不合理，经济秩序混乱，使交易效率低下，交易成本大幅度上升，而且让社会诚信尽失，最终损害了客户的利益，阻碍了企业自身的发展。

传统的商贸模式主要以价格和公关作为竞争手段，主要通过采购差价获取利润。采购价格和利润率是企业绝对的商业机密，对其加以严格的保密。这种模式往往导致采购过程中出现很多黑洞，使交易过程中商业企业与客户、供应商之间互不信任，相互博弈。

传统的商贸模式整个交易的重心都落在重复的供应商评估、价格谈判、质量监控、货款催缴等环节，而真正对上游供应商和下游客户诉求点和对合作的整体利益的关注则明显被忽视，形成一种明显的内耗式合作，造成整条商贸供应链效率低下，且成本高昂，最终形成一种“多输”的局面。

在这种模式下，传统的商贸公司，由于自身实力的限制以及所处商业环境的混乱，很难获得上下游企业、银行、政府的支持，也很难真正做大做强。所以，商业模式的创新，在打破行业潜规则、改变传统商贸模式弊端、让合作伙伴获利的同时，使公司能够健康、持续、快速发展，是企业面临的一个必然和迫切的问题。

### （二）企业原有基础优势为供应链集成模式的创新提供了条件

供应链管理的核心是供应链主导企业将链中各种资源进行集成，全面规划链中的商流、物流、信息流、资金流，并对链中各种运作进行同步化、集成化管理，从而形成高度竞争力。阿凡达供应链经过十几年的积累，形成了一支专业的供应链管理团队，掌握了各种供应链资源，为其从传统商业企业向商贸供应链企业转型创造了条件。

**1. 专业的供应链管理团队**

以阿凡达供应链发起人为核心的管理与业务团队，经过十几年在电线电缆、照明、暖通、消防、智能化等产品为核心的代理销售历程中，充分掌握了这些类型产品的品牌、性能、渠道、价格等商业信息，积累了丰富的行业专业经验，洞悉了传统采购存在的弊病，能够根据客户对产品的实际需求，提供产品选择、采购规划、融资贷款、准时配送等个性化的供应链增值服务。这为公司整合商贸供应链资源，为上下游客户提供个性化的供应链方案提供了人力资源。

**2. 丰富的客户资源**

多年的从商经历，让阿凡达供应链已经积累了丰富的下游客户资源，与300多家各类企业客户建立了良好的关系，并通过成为品牌产品总代理的方式整合了一批品牌产品的分销商客户，如某照明产品的分销商。丰富的客户资源为阿凡达供应链整合客户需求，集聚大量订单，进行供应链协同采购创造了条件。

**3. 大量供应商资源**

目前，阿凡达供应链已经同40多家国内外知名品牌企业建立了战略合作伙伴关系，拥有大量上游供应商资源，为保障获得长期、稳定的货源，并实现向各品牌厂商获取在市场上具有竞争力的商品价格打下了良好的基础。

**4. 银行合作伙伴资源**

阿凡达供应链凭借其在行业中的影响力和先进的企业经营模式，已与近10家各类银行建立了战略合作伙伴关系，并联合开发了一系列针对以阿凡达供应链为核心的商贸供应链金融服务，这为缓解上下游企业的资金压力，提升商贸供应链资金周转，降低资金成本提供了良好的条件。

## 三、工业品商贸供应链集成运作创新模式

为了突破传统商业模式的发展瓶颈，充分发挥企业积累的众多优势，阿凡达供应链“基于诚信透明、合作共赢的供应链管理理念”，致力于整合多种行业工业品商贸供应链的多方资源，充分挖掘供应链中隐形的、潜在的内在资源，消除传统贸易中企业间的内耗，从而实现全新领域的价值突破。

为此，阿凡达供应链开创工业品商贸供应链集成运营模式，即通过会聚整合品牌厂商、分销商、工程商、大中型企业、物流企业及银行等相关资源，打造一个平台：工业品商贸供应链集成运营平台；经营两大业务：协同采购业务和综合分销业务；提供三类增值服务：供应链金融服务、M2A2B电子商务服务和综合物流服务；销售多种行业产品：目前平台上主要销售电线电缆、照明、空调、消防、智能化等多种行业工业品。为各类企业提供全程、全方位的供应链服务，为合作伙伴提供低成本、高效率的供应链解决方案，帮助品牌厂商拓展销售市场，保障及时回收货款；实现目标客户透明低价采购，提供采购融资服务；开创合作银行供应链金融新模式，共同开拓供应链金融市场。同时积极向工业品电子商务平台发展，打造工业品商贸供应链线上线下一体化集成平台。

阿凡达供应链模式的具体做法如下：

### （一）商业模式构建

工业品商贸供应链集成运营模式以诚信透明、合作共赢为准则。集成运营平台具体功能结构构成如图6－4－1所示。

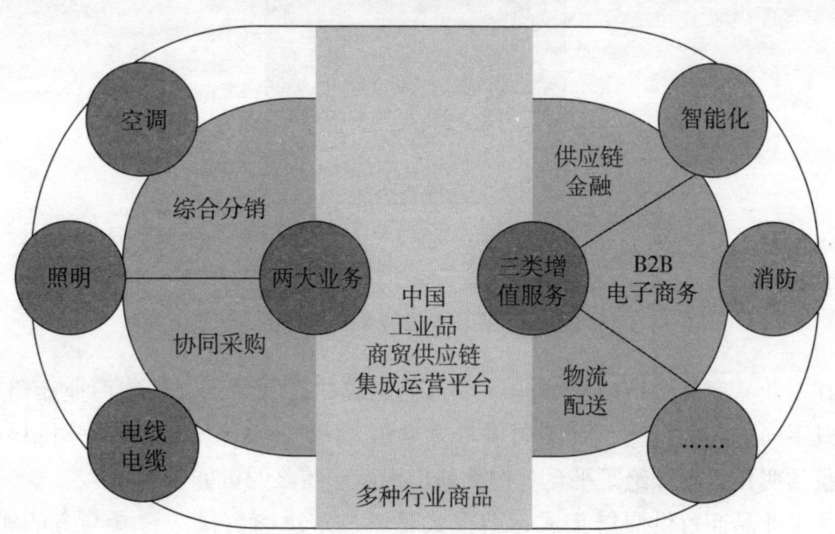


**图6－4－1　中国工业品商贸供应链集成运营平台**

公司通过向上游品牌厂商及时提供平台上集聚的客户近期和远期的需求信息，让品牌厂商能够精确的制订生产计划和安排生产，以此来提升品牌厂商生产运营的确定性，降低库存成本和提高对市场的反应能力；向下游客户说明阿凡达供应链的利润率，并给予企业客户查询与阿凡达供应链的交易利润率的权利，还承诺若与实际不符的赔偿条件，让企业客户在低价格采购的基础上，买得放心、舒心和省心；向合作银行实时提供平台中上下游企业与阿凡达供应链的交易信息，让银行能够针对每一客户及时调整供应链金融的授信和贷款额度，在掌控放贷风险的基础上，利用阿凡达供应链平台不断扩张市场。

阿凡达供应链工业品“商贸供应链集成运营模式”具体流程如图 6－4－2 所示。

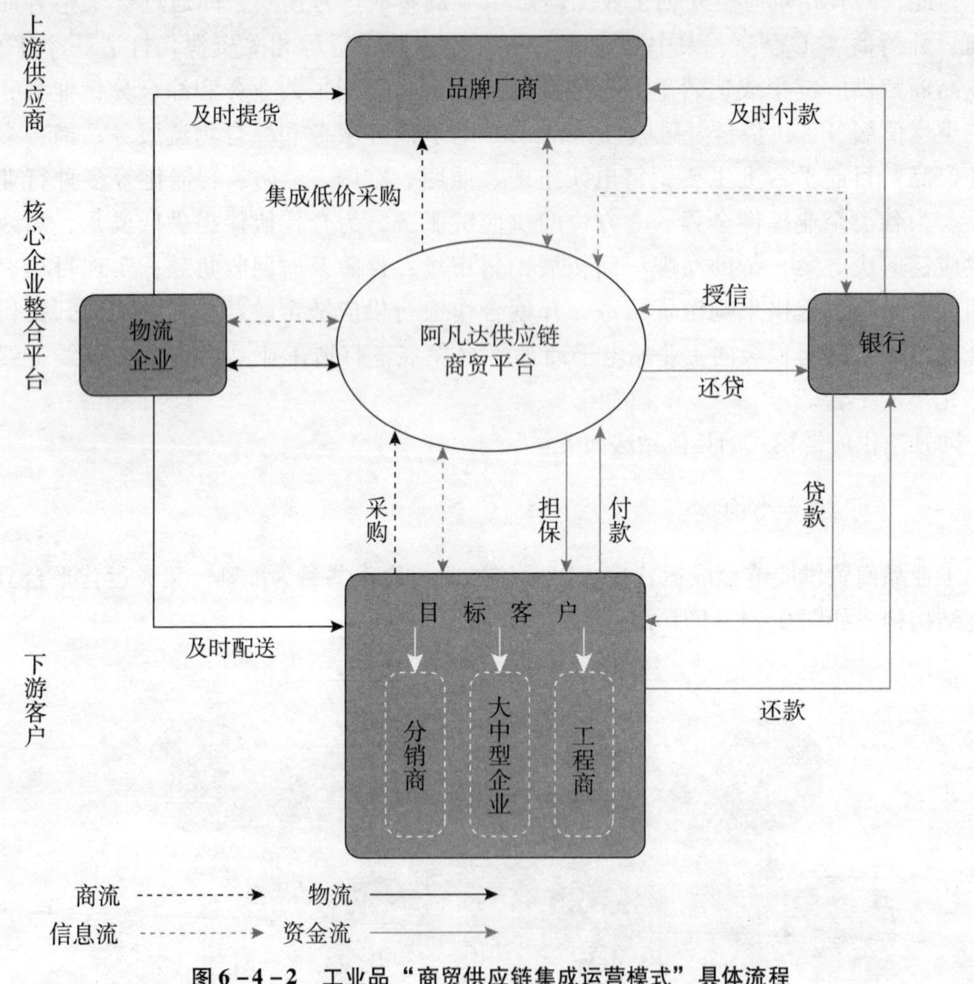


**图 6－4－2　工业品“商贸供应链集成运营模式”具体流程**

所有在工业品商贸供应链集成运营平台上完成的交易活动，杜绝商业贿赂，即阿凡达供应链既不向采购方行贿，更不向供货方索贿，而阿凡达供应链始终坚持将产品采购价、销售价透明化，则杜绝了平台上的交易出现商业贿赂的可能。

总之，工业品商贸供应链集成运营模式是通过解决商贸供应链参与方的实际问题，即上游品牌厂商能获得大量稳定订单，并能及时收取货款，下游企业客户能低价透明采购，且没有采购资金压力，银行能低风险扩大贷款量，满足他们的切实需求，使多方达到共赢，提升商贸供应链整体效率的基础上，提高自身的竞争力，以吸引更多的主体参与到平台中来，把平台做大、做强。整个模式运营中，众多银行的引入，与阿凡达供应链共同提供供应链金融服务是模式创新的成功之处和最大特色。

### （二）供应链金融服务

对阿凡达供应链而言，一边是庞大的客户，另一边是不可小觑的供应商，要为这两者牵线搭桥，让供应商以低于市场进价的价格供货，阿凡达供应链再以透明低价卖给客户，资金是阿凡达供应链首先要面对的问题。要想买下供应商的大量商品，阿凡达供应链必须能保障有足额的资金运转，而客户向阿凡达供应链采购也必须有资金保障，任一环节出现资金问题，整条供应链将无法正常、有效运行。为了加速以阿凡达供应链为核心的整个商贸供应链的资金周转，降低资金成本，减轻链中各企业的资金压力，阿凡达供应链与多家国有和民营银行合作，针对不同合作伙伴开发了多种供应链金融产品，针对品牌厂商、小微企业、大中型企业客户的需求，提供个性化的供应链金融服务。

实际上，阿凡达供应链将优质、优价的工业品采购和合作银行的供应链金融产品一起组合成为一种复合型的服务产品，为上下游客户提供不同于普通业务的多项增值服务，为需货方实现采购成本与财务成本的“双降低”；为供货方实现采购量、回款速度的“双提高”；为银行方实现更有效的风险控制、市场拓展的“双保险”。用满足多方的需求性与经济性，最终实现自由模式的多方薄利、综合复利的“三方通”利益链条。

阿凡达供应链面向不同合作伙伴，与银行共同开发的产品包括：

（1）为品牌厂商提供金融服务：基于阿凡达供应链的综合分销业务，合作银行给予阿凡达供应链专项资金支持，特定用于向品牌厂商的商品采购，并给阿凡达供应链一个固定的还款周期。这种供应链金融服务，一方面使阿凡达供应链有足够的资金采购商品，确保交易的正常顺利开展；另一方面能够保障品牌厂商及时回收货款，加快资金周转，解决了传统贸易方式中品牌厂商收款难，收款慢，而把资金成本转嫁于销售价格的问题。

（2）为小微企业客户提供金融服务：针对小微企业客户以及品牌分销商的采购业务，合作银行给予阿凡达供应链相应额度的信用担保，专项用于小微企业客户采购阿凡达供应链商品的信用贷款。这种供应链金融服务，一方面缓解小微企业的采购资金压力，解决融资难问题，帮助小微企业拓展业务；另一方面保障阿凡达供应链能够及时回收货款，使企业更具竞争力，吸引小微企业的购买；最后，解决了银行传统给中小企业的信贷业务，面临的贷款额小，风险评估投入大的问题。银行通过阿凡达供应链能够打包给10家，甚至更多的中小企业综合授信贷款，而基于阿凡达供应链对这些企业的控制和担保，银行的风险评估过程成本和贷款风险得到了有效的控制。

（3）为大中型企业客户提供金融服务：针对大中型企业客户的采购业务，银行为阿凡达供应链量身定做了供应链金融产品，允许阿凡达供应链接受大中型企业客户的商票，银行给以贴现，开创了诚信合作的商业新模式。这种供应链金融服务首先激活了大中型企业客户的商票，使其资金周转变得更加灵活，并改变了大中型企业客户传统的货款支付方式，变得更加及时，并取消了质保金等项目；其次，使阿凡达供应链货款回收及时，减少了传统货款支付方式引起的资金成本，加速了资金周转，提高了资金效率；最后，克服了基于传统业务，许多民营银行很难进入区域大企业集团客户市场的瓶颈。

以下是阿凡达供应链采用供应链金融服务后，跟部分大中型企业客户的付款方式及条件：

宁波L集团付款方式及条件：合同签订后甲方（L集团）以商业承兑汇票支付合同总价的10%作为预付款；每批货物发货之前乙方通知甲方该批货物发货金额，甲方以商业承兑汇票付清该批货物全额货款，乙方收到货款后发货（商业承兑汇票期限为6个月）；10%预付款金额在支付乙方最后一批货款中扣除。

## （三）综合分销业务

综合分销业务是阿凡达供应链获得国内外工业品品牌厂商的区域代理授权，通过线上线下一体化的工业品网络分销渠道和专业的分销渠道管理能力，为品牌厂商管理和拓展分销渠道。这主要包括两方面做法，一是相对于品牌厂商新进入的线上和/或线下区域市场，在区域范围内的所有分销网络和渠道都由阿凡达供应链来开发和管理；二是相对于品牌厂商对现有分销网络和渠道的优化，即把已有的分销网络和渠道都归并到阿凡达供应链名下，由阿凡达供应链对原有的分销网络和渠道进行重新整合管理和业务拓展，通过阿凡达供应链向区域内的分销商供货。

在综合分销业务中，阿凡达供应链在管理分销网络渠道供货的同时，能够依托其银行合作伙伴资源，向品牌厂商提供供应链金融服务，保障品牌厂商及时回收货款，即阿凡达供应链向品牌厂商的采购业务中都是现金或银行可贴现的票据支付；这解决了传统模式品牌厂商需要面对众多实力差异较大的分销商，而导致收款周期延长，管理难度很大的问题。且阿凡达供应链能够通过整合物流资源，向品牌厂商提供一体化的集约化物流配送服务，保障工业品的及时、快速供应给其分销商。

目前阿凡达供应链已为十多家国内外知名品牌企业开展综合分销业务。其中某国际著名照明企业是在2011年之后，授权阿凡达供应链为浙东区域总经销，把其原有分销网络和渠道归并到阿凡达供应链名下，交由其进行统一整合管理。

## （四）协同采购业务

协同采购业务是阿凡达供应链向需求方（采购方）高透明低价格加成（几个百分点）融资销售，帮助企业客户完成一站式的多品种工业品的低价定制化团购。

阿凡达供应链依赖其大量的客户资源，通过整合客户群的采购信息，集成客户的个性化共同需求（客户购买的工业品品牌是一致的，但每个客户的安装条件的不同，其实际的需求具有个性化，需要阿凡达供应链售后服务团队，上门进行测量、规划和设计，并且需求包括即时需求和远期需求），形成大规模的、长时间的、精确的采购业务，直接面向品牌厂商进行协同采购。通过阿凡达供应链及时向品牌厂商互通采购信息，提供规模订单；并依赖合作银行对阿凡达供应链的高额授信，向品牌厂商及时支付采购资金，从而最大限度降低了品牌厂商的运营成本；再加上阿凡达供应链对品牌厂商的专业议价能力，确保能够向品牌厂商获得行业中最具竞争力的采购价格；阿凡达供应链以较低的、透明的利润率销售给目标客户，并通过直接与目标客户高层进行交易合作谈判，减少了很多谈判的环节，并能够最大程度上保证采购者的利益和企业利益的一致性，提高阿凡达供应链的销售效率，降低了销售成本，保障向客户提供低价的商品及专业的售后配套服务。并依托阿凡达供应链的银行合作伙伴资源，针对不同的目标客户类型，提供供应链金融服务，让客户获得银行的6个月融资账期来支付货款，以减少客户的资金占压，加快其资金周转，降低运营成本。且能够通过整合物流资源，向目标客户提供一体化的物流配送服务，根据目标客户的实际需求，及时、快速提供工业品的供应。

整个协同采购过程，阿凡达供应链让交易变得简单高效、公开透明、诚信共赢、服务增值，并能够根据客户需求形成的团购总量跟品牌厂商直接洽谈最低价格，真正做到为采购方大幅度降低采购管理成本，基本能够让企业客户降低10%～40%的采购价格。

宁波一家知名的集团公司在采购一批灯具业务中，经过招标，最低报价为540万元人民币。当时阿凡达供应链没有参与招标。当阿凡达供应链与其建立合作关系后，同样品牌规格和数量的灯具，最终以360余万元人民币与该集团公司成交。整整为该集团公司省了180多万元采购资金，比当初的招标价格低了将近35%。

### （五）M2A2B电子商务服务

M2A2B电子商务服务中M指的是工业品商贸供应链中的上游品牌供应商，包括工业品厂家、品牌商、供应商等企业；A指的是阿凡达供应链营造的电子商务平台；B指的是工业品商贸供应链中的下游客户，包括线上的分销商、个性化团购、代理运营商、企业客户和线下的分销商、工程商、企业客户。

M2A2B电子商务服务是指阿凡达供应链通过建立电子商务平台的形式，在网上集成品牌厂商、分销商、工程商、大中型企业、物流企业及银行等相关资源，并在网络平台上提供一系列供应链解决方案。具体服务包括向客户提供丰富的产品信息、快速的产品搜索、便捷的价格查询、流畅的产品订购、合适的金融服务、实时的货物追踪等网上基本服务，及向上游品牌厂商提供信息分析和咨询决策服务，向合作银行提供客户资信和交易记录等信息，为银行进行客户信贷资格初步审核服务，为企业客户提供在线供应链金融服务审批服务等增值服务。同时M2A2B电子商务服务跟阿凡达供应链的线下业务紧密互动，形成线上、线下贸易新格局，立体式线上、线下资源整合，线上重信息化效率和快速营销推广，线下重服务的互动模式。实现工业品资源同步共享、集合贸易聚点、集合服务聚点，达到品牌共享、资源共享、收益共享的共赢模式。运用合理的规则、兼容的制度、博爱的理念，创造一个透明、兼容、开放、互存、共赢的时代诚信联盟体格局。

通过M2A2B电子商务服务平台使阿凡达供应链实现了工业品“商贸供应链运营业务”线上、线下一体化运作。阿凡达供应链M2A2B电子商务服务平台运作流程如图6-4-3所示。

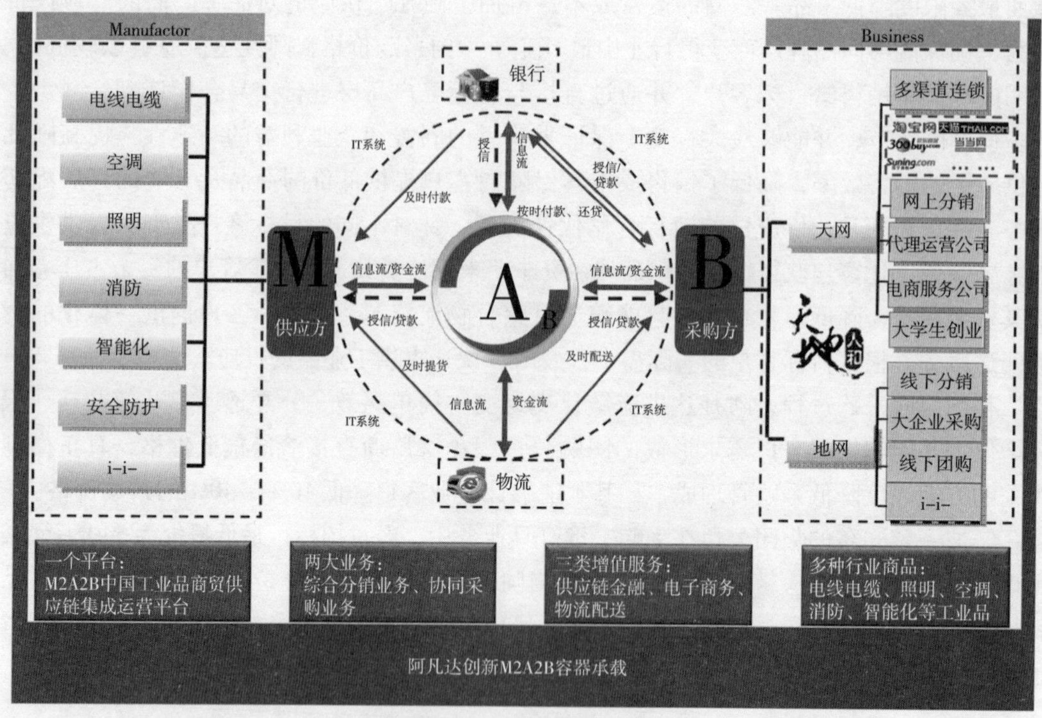


**图 6-4-3　阿凡达供应链 M2A2B 电子商务服务平台运作流程**

### （六）综合物流服务

综合物流服务是依托区域物流中心建设和阿凡达供应链对社会物流资源的整合能力，整体规划和控制工业品从品牌厂商到企业客户的整个物流过程，建立以客户需求为驱动的一体化物流运作体系。阿凡达供应链首先根据客户的实际需求，以出厂价向品牌厂商订购商品；然后组织物流企业，根据客户需求量来确定合适的运输方式，选择合理的运输线路，运至公司的区域物流中心；再根据客户类型，客户的交货时间，对客户的配送物流进行综合规划，组织物流企业给客户进行适时、适量、适地的配送。

## 四、工业品商贸供应链集成运营模式实施效果

### （一）销售业绩实现了超常速发展

阿凡达供应链创新模式在得到社会各界的关注、认可和支持的同时，销售业绩也实现了超常速发展。这一方面由于原有企业客户业务量更加稳定并获得提升；另一方面又吸引了新的品牌厂商、企业客户和银行的加入，使阿凡达供应链公司业务增长迅速。

从 2010 年 8 月成立到同年年底实现销售额 3135 万元，而 2011 年的销售额即突破 1 个亿，达到 16806 万元，2012 年销售额又增长了 31.99%，达两亿级，到 22182 万元。近 3 年阿凡达供应链的营业额增长如图 6-4-4 所示。

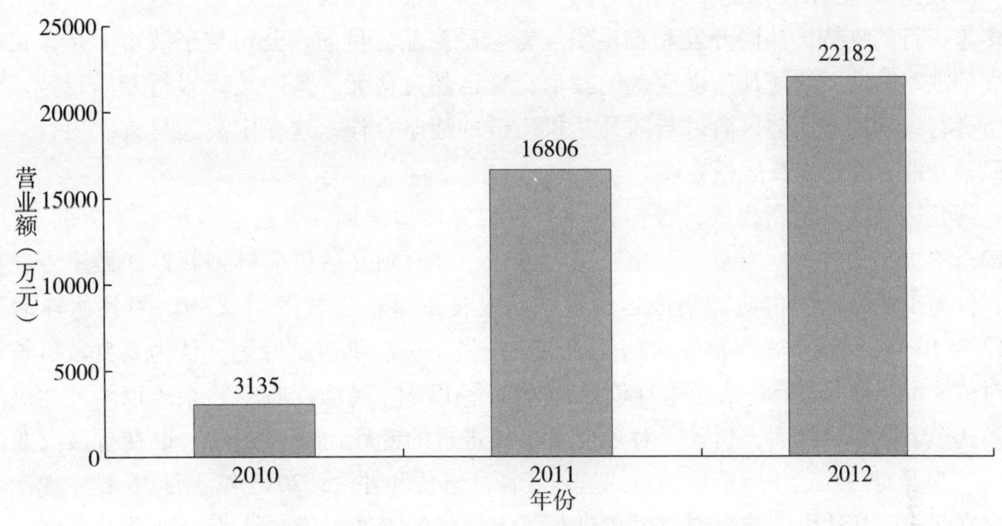


图6－4－4　近3年阿凡达供应链的营业额增长

## （二）缓解了中小微企业解决融资难问题

在实体经济中，中小微企业的重要性得到越来越多的共识。但是他们的融资难问题已经严重地阻碍其正常发展。国家号召银行向中小微企业贷款，乃至规定银行向中小微企业贷款比例的最低限额，但银行作为金融企业，贷出款项的安全性是第一位的，资金困难的中小微企业在向银行贷款无着时，不得不转向高利贷，由此派生出一系列严重问题。

解决中小微企业融资难的关键路经是机制，而供应链金融就是一个有效的机制。阿凡达供应链凭借其资源整合能力，与银行合作推出供应链金融服务，接受供应链上有信誉的中小微企业的商业汇票，自己承担贷款风险，使中小微企业的生产经营得以顺利进行，而且免除其依靠“高利贷”，使得一个“老大难”的问题得以缓解。

## （三）社会影响力获得大幅度提升

宁波阿凡达供应链成立三年多来，工业品商贸供应链集成运营模式得到了社会各界的普遍认可，社会影响力获得大幅度提升，主要表现在以下几个方面：

获得政府部门的重视和肯定。省市各级政府对阿凡达供应链的创新模式给予了高度的重视和充分的肯定。企业荣获了由宁波市发改委颁发的“宁波市2011年度典型示范贸易物流企业“、“2012十大风云甬商”之最佳经营模式奖；入选了2012年浙江省发改委主办的“浙江省服务业企业商业模式创新案例”；荣登了“2013浙商最佳商业模式创新榜”。

阿凡达供应链的创新模式也得到了工业品商贸供应链上下游企业的高度认可，吸引了大量企业跟阿凡达供应链建立合作伙伴关系。2011年，阿凡达供应链获得了某国际知名照明企业的浙东总经销授权；2012年和宁波照明协会共同举办了一场“宁波市照明产业供应链研讨会”；并先后与宁波多家大型集团公司建立战略合作，成为其照明、电线电缆、空调等工业品的主要供应商。

阿凡达供应链的创新模式，同时被宁波市国有银行和民营银行的普遍看好，并得到了多家银行的支持，共同开发和推出供应链金融产品。目前，公司与宁波市十余家银行建立的战略联盟，给阿凡达供应链的授信金额已超过亿元。其中三家银行专门召开了宁波市分行级别的座谈会，商讨与阿凡达供应链的战略合作，这在宁波还是首次银行对一家民营企业召开这么高规格会议。

阿凡达供应链创新模式，被作为一个典型的转型案例，引起了各种媒体界的关注。2012 年 8 月，《甬商》对夏良董事长进行专访，并对阿凡达供应链创新模式做了专题报道，认为工业品商贸供应链集成运营模式是夏良董事长创造的“又一个阿凡达神话”；2012 年 10 月，《城市之间》针对阿凡达供应链做了一次供应链专题，认为夏良董事长正在对传统贸易模式进行一次革命性创新；2012 年 12 月，《浙江航空》杂志以阿凡达供应链模式形象图作为封面，刊登了对夏良董事长进行的专题访谈，并以“谁在打破商业潜规则”为题对阿凡达供应链创新模式进行了深度解析和评论；2013 年 3 月 15 日，现代金报财富版对阿凡达供应链的创新模式进行了大篇幅的专题报道，认为“阿凡达开创了工业品供应链模式之全国先河”。

阿凡达供应链创新模式，还受到了学术界的认可。2012 年 4 月，在国内顶尖期刊《管理世界》上，公开发表了题为《传统商贸企业向商贸供应链公司转型分析——基于宁波阿凡达商贸供应链集成运营模式的案例研究》的学术论文；同年，入选为“甬商研究基地”的经典案例研究课题。

### （四）促进区域经济发展方式转变和结构调整

阿凡达供应链的工业品“商贸供应链集成运营模式”对促进区域现代服务业和整体经济的转型升级具有一定的带动启示作用。宁波市将着手打造“以进出口贸易为龙头，运输物流为支撑，现代金融为保障，科技、信息等知识型服务业为引领，休闲旅游、文化创意、会展中介等为配套的服务业产业体系”。而阿凡达供应链从供应链的高度，整合了工业品贸易业、商贸物流业、工业品交易信息平台、商贸供应链金融服务业等多个现代服务业业态，促进了各个独立服务业的发展，并形成了现代服务业的多行业集成运作体系，更有效地服务于当地的工业企业和房地产企业，实现两业联动发展，特别有利于提升制造业竞争力。因此，阿凡达供应链的转型发展不仅能促进区域现代服务业转型升级，促进区域经济的集约化、协同性发展，促进经济发展方式转变和结构调整，实现经济发展的提质升级，还对区域整体经济的发展做出了一定贡献，为区域经济发展赢得竞争新优势。

撰稿人：宁波阿凡达供应链有限公司总经理　杨枫
宁波阿凡达供应链研究院　李肖钢

# 案例五　弘信物流：创新的白糖一体化供应链管理模式

## 一、企业简介

厦门弘信国际物流有限公司（以下简称弘信物流）是专业的供应链平台运营商，公司以全国化多层次网络为基础，基于云计算、物联网技术和IT技术集成应用，构建了以快消品产业链一体化、智能化、专业化的供应链运营平台为主体，物流地产和物流金融为两翼的战略发展态势。

弘信供应链运营平台，具有物流运作、融资结算、信息服务、方案创新四大功能，可以为客户实现原材料采购执行、仓储、品检、运输、厂内物流管理与服务、工业地产及物流设备投资及运营管理、RDC管理、分销管理、JIT配送、代收货款的全流程、一体化的供应链外包服务，为客户提高效率、降低成本、优化流程、创造价值。

目前，弘信物流在全国的8大HUB（运输仓储枢纽中心，包括营口、天津、上海、郑州、武汉、成都、南宁、广州），覆盖主要城市的RDC（区域分拨中心）和大部分城镇的DC（城市配送分拨中心），配合海、铁、公路等运输方式，构成了弘信物流大宗原料物资的海铁陆联运网络、公路干线双流运输网络和成品城市配送网络。

同时，弘信物流的信息管理系统与地面网络互相呼应，通过城市配送B2C、干线运输TIS、资源管理、OMS、TMS、WMS、VMI等信息系统，以及GPS、电子识别与跟踪技术等物联网技术的应用，有效实现客户对于每一个指令的执行过程、时间和结果的实时跟踪，确保了客户物流、资金流和信息流的可视化和无缝衔接。

融资结算服务不仅可以为客户提供采购执行、销售执行等服务，更可以基于弘信丰富的供应链融资经验，联合银行为客户提供包括订单融资、仓单质押融资在内的供应链融资服务。

独特的方案创新平台，不仅可以为客户提供专业的供应链管理咨询服务，还可以根据客户个性化需求，为客户量身定制最专业的一体化供应链物流方案。

凭借不断创新的方案设计能力和强大的资源整合能力，弘信物流的原材料供应链解决方案、成品配销执行解决方案等系列供应链解决方案屡获政府、行业及客户的嘉奖，在快速消费品物流领域形成了独特的竞争优势，成为可口可乐（中国）、嘉吉、达能、奥联、王老吉、蒙牛、达利园、亲亲等国内外著名食品、饮料企业的战略物流合作伙伴。

秉持“创业报国，实业强国”精神，弘信物流生长、拼搏、竞争，不断创新，做大做强，朝着成为全国顶级快消品全产业链一体化多层次智能化供应链平台运营专家的梦想，一路前行。

## 二、白糖一体化供应链管理方案背景介绍

### （一）白糖市场

白糖是食品饮料行业的主要原材料之一。正常情况下，中国年产白糖超过1200万吨，主要产区分布于广西、云南、广东、海南、新疆等地，其中广西地区的产量占整个中国总产量的65%。中国白糖市场的年需求量为1400万吨左右，缺口部分主要依靠进口和国储调控。由于市场对白糖的需求量稳定增长而产量却已基本饱和，导致这一缺口呈现扩大的趋势。

产地集中、资源有限，导致目前中国制糖行业形成强大的卖方市场。糖厂在价格、结算条件等方面拥有绝对强势的话语权，这一点即便是国内饮料行业的巨头也同样无法改变。与之相对应地，白糖物流管理水平长期以来发展缓慢，与快速发展的中国饮料食品行业极不适应。

### （二）国际饮料巨头的白糖供应链之困

美国某大型饮料公司下属SCMC公司负责在中国非碳酸饮料的供应链管理，除了自营装瓶厂外，SCMC公司也将业务外包给第三方装瓶厂。2007年，该品牌在中国超过20个城市有自建或外包的装瓶厂，这些装瓶厂的原材料采购、物流配送、生产计划、销售等所有与供应链相关的业务均由SCMC公司统一管理。

SCMC公司所需要的白糖主要从广西的大型糖厂集中采购。由于糖厂先款后货的交易惯例，白糖采购占用了SCMC公司大量的流动资金。同时受到国内国际经济、生产等方面因素的影响，国内白糖价格不断攀升，白糖采购成本不断增加。另外，SCMC公司从广西集中采购的白糖需要分配到分布于国内不同区域的装瓶厂。白糖从产地运达装瓶厂通常需要10~20天的时间，为了保证正常生产，每家装瓶厂必须准备足够多的库存。同时，为保证质量，每一批次的白糖在到达SCMC公司的仓库后，还需要采用“十日絮凝法”进行检验（从抽样到检验结果出来需要10天的时间）。因此，白糖从付款到投入生产需要至少30~40天的时间，SCMC公司不得不承担高昂的库存成本和资金成本。此外，由于装瓶厂的原材料库容有限，一般仅能存放不多于7天的白糖，剩余白糖需要先存放到第三方仓库，由此又额外产生了多一次的装卸和短途运输费用。而由于糖厂只能提供30天免仓期，往往致使SCMC公司提货仓促，难以与生产计划完全匹配，导致跨区调拨白糖的情况时有发生，这又增加了额外的调拨费用。SCMC公司在中国的白糖供应链陷入了困局。

## 三、创新求变——弘信白糖一体化供应链的运作模式介绍

为了解决SCMC公司在白糖供应链上的困局，改善SCMC公司的生产计划，降低SCMC公司的资金周转率、降低库存水平、减少调拨费用，SCMC公司需要寻找一种有效的解决方法来改进已有的白糖采购模式。SCMC公司可以选择直接通过中国的白糖贸易商采

购白糖，但是从贸易商采购白糖难以保证白糖质量、难以控制采购成本、难以保证供应，而且从贸易商采购难以满足分布在中国各地装瓶厂的需求。

“客户的痛点就是弘信的机会。”2009 年上半年，经过大量的调研分析、精密的计算，弘信物流经深思熟虑后大胆地提出了所谓“供应链金融和物流整合一体化方案”。如图 6－5－1 所示。

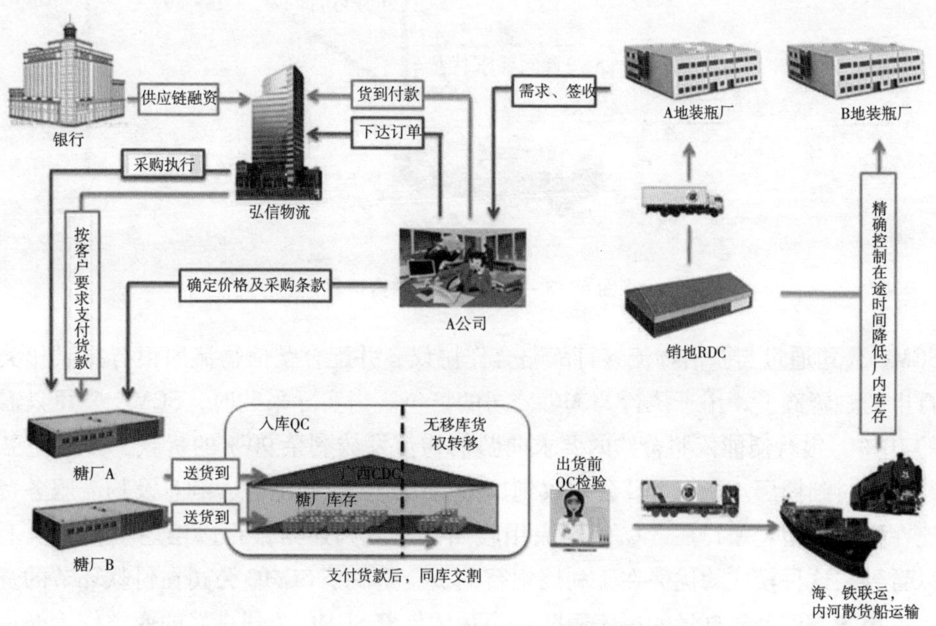


**图 6－5－1　弘信供应链金融和物流整合一体化方案**

总体而言，弘信物流解决方案的主要流程包括：①SCMC 公司与糖厂、弘信物流签订“定量不定价”的年度框架采购协议，确定当年白糖采购的总体数量，而结算价格在每月交割时再敲定；②每月实际采购时，SCMC 公司通过弘信物流和糖厂共同签订三方协议，通过弘信物流的供应链融资向银行获得采购专项资金，弘信物流代 SCMC 公司向糖厂支付货款并管理库存，按 SCMC 公司的要求进行质量检验、出库发货、精确在途管理以及末端配送；③SCMC 公司在收货后与弘信物流结算货款。通过上述模式降低 SCMC 公司的库存水平、减少二次配送带来的额外费用以及提高资金周转率。

罗马不是一日所建成。事实上，“供应链金融和物流整合一体化方案”也不是一蹴而就的。该方案的形成主要经历了三个阶段，历时近一年半。

### （一）阶段一

如前文所述，一方面，白糖库存占用了 SCMC 公司大量的流动资金；另一方面，受到国际糖价的波动，SCMC 公司的资金风险也颇高。基于这个问题，弘信物流在最初的方案中大胆地提出了“白糖供应链金融解决方案”。所谓供应链金融，是指通过对供应链上企业间的信息流、物流、资金流进行有效整合，围绕核心企业，运用各种金融产品为供应链中上下游企业提供资金支持的服务。供应链融资流程如图 6－5－2 所示。

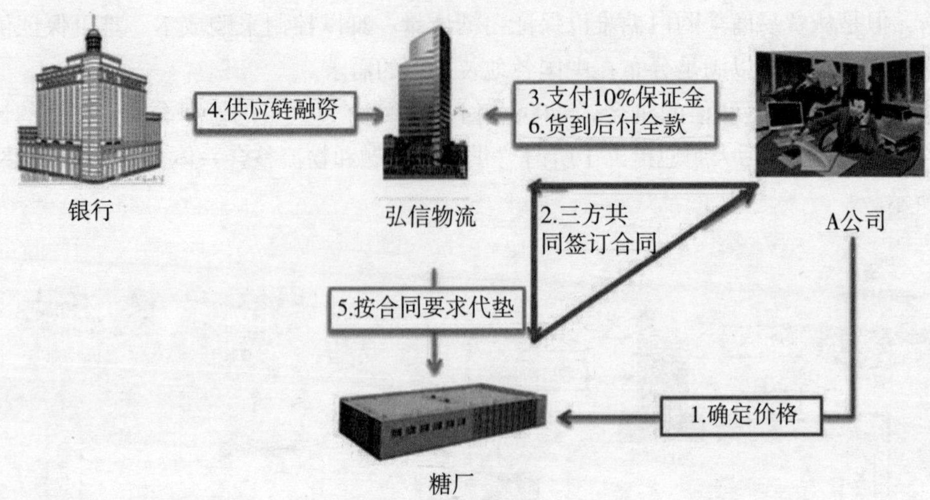


**图6－5－2　供应链融资流程**

SCMC 公司通过与弘信物流签订战略合作协议，并配合弘信物流向银行提供相关资料向银行申请融资额度，用于执行 SCMC 公司的订单。当实际采购时，SCMC 公司只需支付货款的 10%，银行便能依照合约的要求向弘信物流发放剩余 90% 的货款，并通过弘信物流的账户支付到糖厂。待 SCMC 公司收到白糖后按约定支付糖款、利息及物流服务费至弘信物流在银行的指定账户后，弘信物流用收回的货款归还给银行以偿还贷款。从上述流程可以看到，这种模式的优势在于利用银行的资金解决了 SCMC 公司在付款环节的资金问题又不占用 SCMC 公司自身的授信额度，而是凭借着 SCMC 公司良好的商誉作为弘信物流的回款保证，帮助弘信物流向银行融资，而 SCMC 公司只需承担相应的利息及物流服务费。

供应链金融是解决 SCMC 公司白糖采购最核心的工具，弘信白糖供应链融资业务在 2009 年下半年就获得了中国银行授信 1.4 亿元人民币，并开始运作。到 2013 年为止，厦门银团总共为该模式提供授信额度就已经超过 5 个亿。

### （二）阶段二

仅仅有金融工具是远远不够的，供应链金融只解决了周转资金的问题，并没有实质性地提升供应链的运作效率。弘信物流还必须再进一步，从库存和物流管理的角度为客户设计一套更有效的方案。有没有什么办法能帮助客户提高白糖采购质量的同时能降低客户所持有的白糖库存呢？弘信物流看到了两个机会：

**1. 通过签订采购框架协议，建立中央仓库，提前锁定高质量白糖**

SCMC 公司在每年白糖榨季开始前与糖厂签订全年的采购合作框架协议，锁定全年采购量，合同签订后双方约定以弘信物流在广西租赁的中央配送仓库（Central Distribution Center，CDC）作为彼此的交割仓库。因为榨季初，糖厂本身也需要寻找仓库进行白糖存放，所以在榨季初出糖的时候就进入共同的交割库可减少 15 元/吨的二次装卸费及 30 元/吨的短途运输费用。每月交割前库存的白糖归糖厂所有，由糖厂承担仓储费用；交割后由 SC-

MC 公司承担仓储费用。交割后 SCMC 公司既可以选择将白糖立即发往全国各地的装瓶厂，也可以选择将白糖作为战略库存继续存放，以配合和满足需求计划和物流计划的需要。

**2. 通过检验点的前移设计，大大缩短库存的持有量**

SCMC 公司通过对弘信物流在 CDC 设置的白糖实验室进行认证并委托检验，可在白糖入库、存放、出库时进行相应的检测，通过质量检验（Quality Control，QC）前移，可利用货物在途期间对相应的白糖进行抽样检验，省去了“十日絮凝法”所额外占用的时间。这样，当白糖送到装瓶厂时，检验已出结果，货到工厂后，只需检查白糖的外观及批次是否相符，合格后便能上线投产。QC 前移直接缩短了至少 10 天的库存天数（SCMC 公司对白糖检验需要 10 天时间，原有模式下要到了装瓶厂才能检验，这样便会至少有额外的 10 天安全库存）。

### （三）阶段三

在经历了前两个阶段的供应链优化后，弘信物流并没有停下创新的脚步。很快他们又找到了新的突破点，那就是区域库存的优化。过去，SCMC 公司在全国近 20 家装瓶厂都需要自备白糖库存，有没有什么办法能够把这部分库存量也降下来呢？另外，各装瓶厂之间的白糖调拨也时有发生，导致物流成本增加。为此，弘信物流为客户设计了一套“区域库存（Regional Distribution Center，RDC）+即时配送（Just in Time，JIT）”方案，即为相邻的几个装瓶厂建立区域仓储及配送中心，通过快速配送系统实现即时供应。

SCMC 公司只需向弘信物流提供未来数周的用糖计划，由弘信物流通过精确在途控制并结合 RDC 的库存实现对各个装瓶厂白糖配送的快速响应。SCMC 公司向弘信物流发出送货指令后，装瓶厂在 2 ~ 3 天内就可以收到配送的指定数量的白糖。各装瓶厂的库存水平由原来的 30 ~ 40 天大幅降低至 2 ~ 3 天。库存水平优化如图 6 –5 –3 所示。

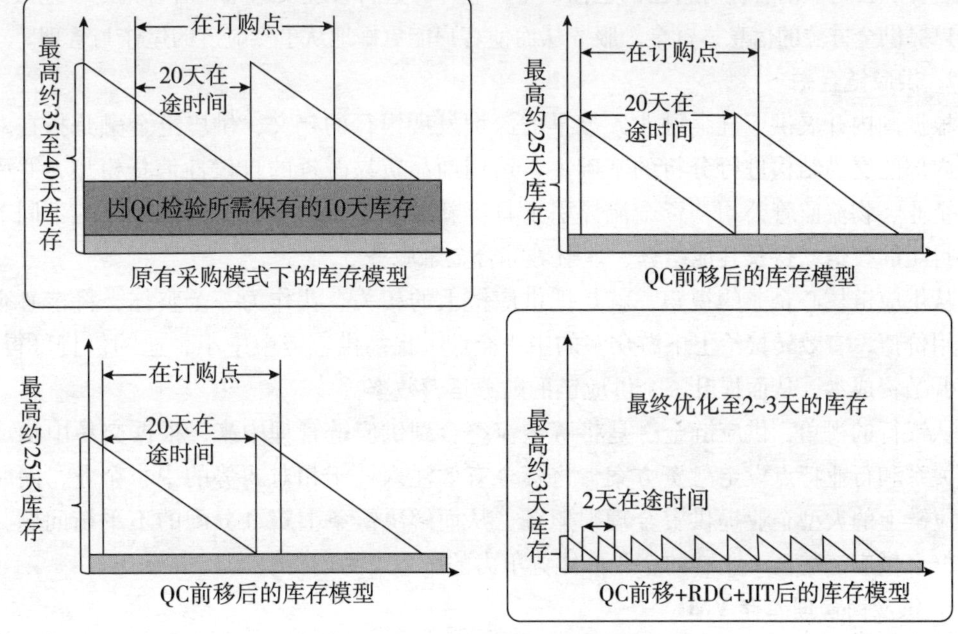


**图 6 –5 –3　库存水平的优化示意**

SCMC 公司与弘信物流的合作目标是：经过三年的建设，弘信物流在全国设置的区域物流中心 RDC 应基本能够覆盖 SCMC 公司的所有装瓶厂。

## 四、方案的绩效分析

### （一）理论依据

**1. 供应链一体化模式**

密歇根州立大学唐纳德·J. 鲍尔索克斯（Donald J. Bowersox）教授等人在《供应链物流管理》一书中提出了供应链一体化模式。

这个供应链一体化模式反映的是在运作能力、信息、核心竞争力、资金以及人力资源等条件都受限制的情况下多个企业之间的关系管理。在这个模式中，供应链的架构和策略依靠企业与客户在运作上的相互链接以及起支持作用的分销和供应商的网络来取得竞争优势。因此，企业的运作，从物料的采购到将产品或服务发送到最终客户手中，都整合在这一供应链模式中。供应链的价值主要来自于组成供应链的各个企业之间在以下 5 个主要流程上的协同合作，这 5 个流程包括：信息流、产品流、服务流、资金流以及知识流。物流是供应链一体化模式中产品流和服务流的主要运输导管，供应链中的每个公司的运作都涉及物流运作，这种物流活动或有或无地整合在某个公司或整个供应链的运作中。一体化整合产生价值的过程要求企业必须对从物料采购到把产品或服务送抵最终客户的一系列运作过程进行管理，供应链的一体化管理主要有三个方面：①协同合作；②企业管理的延伸；③一体化服务提供商。弘信物流在与 SCMC 公司合作的白糖供应链中，实际上就是扮演一体化服务提供商的角色，通常一体化服务提供商分为两种：资产公司和非资产公司，前者拥有自己的运输设备和仓库并进行管理及运作，后者则更多地致力于向客户提供全方位的信息、资金等服务从而使客户能更好地从事供应链的运作与管理。

**2. 供应链金融**

根据国内开展供应链金融业务最早的深圳发展银行的定义，供应链金融是指在对供应链内部的交易结构进行分析的基础上，运用商品贸易融资的自偿性信贷模型，并引入核心企业、物流监管公司、资金流导引工具等新的风险控制变量，对供应链的不同节点提供封闭的授信支持及其他结算、理财等综合金融服务。

从供应链核心企业的视角，就是把供应链上的相关企业作为一个整体，将核心企业的信用价值，有效转接给上下游众多的中小企业，提高供应链中中小企业的信贷可得性，并降低融资成本，从而提升整个供应链的财务运营效率。

从银行的视角，供应链金融是将资金流整合到供应链管理中来，根据交易中构成的链条关系和行业特点设定融资方案，将资金有效注入处于相对弱势的中小企业，同时为该供应链上的大型企业提供资金理财服务，从而解决链条上资金分配的不平衡问题，并提升整个供应链甚至产业链的企业群体竞争力的服务产品创新模式。

**3. 供应商管理库存 VMI**

供应商管理库存（Vendor Managed Inventory，VMI）是一种很好的供应链库存管理策略，是一种在制造商（用户）和供应商之间的合作性策略，以对双方来说都是最低的成本优化产品的可获性，在一个相互同意的目标框架下由供应商管理库存。VMI 的目标是通过供需双方的合作，试图降低供应链的总库存而不是将制造商的库存前移到供应商的仓库里，从而真正降低供应链上的总库存成本。中央配送仓库（CDC）就是弘信在广西白糖产地租赁的供不同糖厂存储白糖的仓库。

**4. 风险混同策略（Risk – Pooling Strategies）与 JIT 配送**

风险混同是用于减少和避免不确定性（如不确定的需求、不确定的供应、不确定的质量等）的一种运作策略，包括地点混同、产品混同、提前期混同和能力混同这几种策略。在本案例中，区域配送仓库（RDC）的设置就属于地点混同策略。所谓地点混同，就是地理位置不同的销售点（需求市场）共同拥有一个配送库存，可以减少甚至取消各销售点各自的库存，以此达到总库存水平的降低。本案例中的 RDC 是在 SCMC 公司某区域内为满足不同装瓶厂的白糖需求而设置的共同库存（可称为销地混同库存）。

JIT（Just in Time）配送是一种物流配送模式，即只有在有需求的时候才准时运送所需要的数量。

### （二）绩效分析

该方案通过应用物流商采购执行与供应链金融服务以及 QC 检验前移、供应商管理库存、设置区域库存、JIT 配送等一系列供应链物流技术的创新，让白糖供应变得计划有序、数量精准、品质有保障，而采购执行和供应链融资的运用又降低了用糖企业的资产负债率，提升了资金周转率。这种全流程的供应链解决方案帮助用糖企业解决了白糖采购过程中所遇到的采购瓶颈与物流瓶颈，大幅度提升了白糖的流通效率和降低了总成本，让整条供应链变得更加可控和透明，甚至在保障了食品流通环节质量安全的同时也为完善配套、带动产业升级起到了积极的作用。

以 SCMC 公司的一个工厂为例，该工厂 2010 年 1 月的白糖订购量为 2 万吨，此时白糖单价 5500 元/吨。在原有模式下发生物流费用 621. 3 万元，资金成本 194 万元，产生的直接管理费用 49. 5 万元，白糖采购费用支出总计 864. 8 万元。而采用供应链金融和新的物流模式后，发生物流费用 556. 9 万元，资金成本 58 万元，产生管理费用 7 万元，白糖采购费用支出总计 621. 9 万元。合计节省 242. 9 万元，折算一吨节省 121. 45 元。如表 6 – 5 – 1 和表 6 – 5 – 2 所示。

**表 6 – 5 – 1　　　方案的盈利分析（以 2 万吨为模拟）**

| 项目 \ 模式 | 原有的白糖采购模式 | 新的一体化白糖采购模式 | 新旧模式的成本对比 |
|---|---|---|---|
| 物流成本（万元） | 621. 3 | 556. 9 | 减少 64. 4 |
| 资金成本（万元） | 194 | 58 | 减少 136 |
| 管理成本（万元） | 49. 5 | 7 | 减少 42. 5 |
| 总成本（万元） | 864. 8 | 621. 9 | 减少 242. 9 |

**表 6－5－2　量化分析（以 2 万吨为模拟）**

<table>
<tr><th>比较项目＼模式</th><th>原有采购模式</th><th>（供应链金融＋CDC＋VMI＋QC 前移）模式</th><th>（供应链金融＋CDC＋VMI＋QC 前移＋RDC＋JIT）模式</th></tr>
<tr><td>模式假设条件说明</td>
<td>每次采购白糖 2 万吨，60 天用量。糖厂提供 30 天免仓期。由于数量过多，SCMC 公司实际全部从糖厂提货时间需要 40 天，逾期不提货，糖厂对逾期未提部分白糖收取惩罚性仓租 0.6 元/吨/天
<table>
<tr><th>每次订购量</th><th>在糖厂时间</th><th>在途时间</th><th>最高库存天数（含 QC15 天）</th></tr>
<tr><td>2 万吨</td><td>40 天</td><td>20 天</td><td>40 天</td></tr>
</table>
为确保连续生产，SCMC 公司第一次最多只能提 8333 吨（25 天量），即为（40 天最高库存－新糖到厂时已在库仍在用的 15 天库存）。若 SCMC 公司第一次提货在交割完成后 5 天发货、提 8333 吨，然后每隔 5 天从糖厂发运一次，每次 1666.7 吨（5 天用量）前后共 40 天共分八批提完</td>
<td>由于应用 VMI 模式，故 SCMC 公司已经能锁定全年用量，不需再担心供货不稳定而大批量订购，每次只交割 1 万吨；糖厂依然提供 30 天免仓租期；QC 前移使白糖到厂后无须再存放 15 天等待 QC。采购量的下降以及 QC 前移使得 SCMC 公司可以减少在装瓶厂的库存。SCMC 公司可以将库存天数定为最高不多于 15 天库存量
<table>
<tr><th>每次订购量</th><th>在糖厂时间</th><th>在途时间</th><th>最高库存天数</th></tr>
<tr><td>1 万吨</td><td>25 天</td><td>20 天（含 QC15 天在途完成）</td><td>15 天</td></tr>
</table>
若在与糖厂交割后 5 天开始发运，第一次发货 3333 吨（10 天用量），即为（最高库存天数 15 天－新糖到库时库中仍需有的 5 天安全库存），然后每隔 5 天发送一次，每次 1667 吨（5 天用量），1 万吨白糖在糖厂时间前后共 25 天，分五批提完</td>
<td>在这种模式下 10 万吨的库存依然得到保证，SCMC 公司只需每月与糖厂交割 10000 吨，由于弘信提供 RDC＋JIT 服务，SCMC 公司无须再在自有库中存放过多库存，每次由弘信送货 1000 吨（3 天用量），区域 RDC 的存储费用由弘信负责，同时弘信收 28 元/吨的 JIT 配送费。QC 前移使得白糖可以运输的这段时间内完成 QC，到库后可即刻投入上线
<table>
<tr><th>每次订购量</th><th>在途时间</th><th>弘信持有时间</th><th>最高库存天数</th></tr>
<tr><td>1 万吨</td><td>20 天（含 QC15 天在途完成）</td><td>30 天</td><td>3 天</td></tr>
</table></td></tr>
<tr><td>物流成本</td>
<td>1. 惩罚性仓租：1.5 万元<br>2. 干线运输费用：500 万元<br>3. 仓储费：13 万元<br>小计＝3.7 万元＋3.1 万元＋13 万元＝19.8 万无</td>
<td>1. 惩罚性仓租：为 0 元，因 20 天内发送完毕，故无此部分费用<br>2. 干线运输费用：250 万元<br>3. 仓储费：3.5 万元</td>
<td>1. 惩罚性仓租：为 0 元，因 20 天内发送完毕，故无此部分费用<br>2. 干线运输费用：278 万元<br>3. 仓储费：3.5 万元</td></tr>
</table>

续 表

| 比较项目 \ 模式 | 原有采购模式 | （供应链金融 + CDC + VMI + QC 前移）模式 | （供应链金融 + CDC + VMI + QC 前移 + RDC + JIT）模式 |
|---|---|---|---|
| 物流成本 | 4. 短驳及装卸费（因存放外租库或跨厂区间调拨而产生）：100 万元<br>因此，物流费用部分合计 = 1.5 万元 + 500 万元 + 19.8 万元 + 100 万元 = 621.3 万元 | 4. 短驳及装卸费 48 万元<br>因此，物流费用部分合计 = 250 万元 + 3.5 万元 + 48 万元 = 301.5 万元 | 4. 短驳及装卸费：在 JIT 方案中已涵盖，故无此费用。<br>因此，物流费用部分合计 = 278 万元 + 0.45 万元 = 278.45 万元 |
| 资金成本 | 用于采购的资金是自有资金，自有资金的占用成本计算如下：资金获得成本 + 机会损失成本 + 或有产品收益率的加权<br>资金成本部分估算约 194 万元 | 自有资金成本依然按 10% 核算，弘信垫资部分属于使用弘信的银行额度加管理费用，在不占用 SCMC 公司的额度下属专款专用，故成本应该按银行成本<br>资金成本部分估算约 45.9 万元 | 自有资金成本依然按 10% 核算，弘信垫资部分属于使用弘信的银行额度加管理费用，在不占用 SCMC 公司的额度下属专款专用，故成本应该按银行成本<br>资金成本部分估算约 29 万元 |
| 管理成本 | 1. QC 成本（年成本）：85 万元/年<br>2. 调拨成本（每次发生）：20 万元<br>3. 缺货成本（年成本）：62.5 万元/年<br>管理成本部分合计 = （年 QC 成本 + 年缺货成本）/5 + 调拨成本 = （85 万元 + 62.5 万元）/5 + 20 万元 = 49.5 万元 | 1. QC 成本（年成本）：35 万元/年<br>2. 调拨成本（每次发生）：4 万元<br>3. 缺货成本（年成本）：实行 VMI，锁定用量，保证供货稳定，已不需再计算缺货成本<br>管理成本部分合计 = 年 QC 成本/10 次 + 调拨成本 = 35 万元/10 次 + 4 万元 = 7.5 万元 | 1. QC 成本（年成本）：35 万元/年<br>2. 调拨成本（每次发生）：由弘信进行统一 JIT 配送，已不需再计算调拨成本<br>3. 缺货成本（年成本）：实行 VMI，锁定用量，保证供货稳定，已不需再计算缺货成本<br>管理成本部分合计 = 年 QC 成本/10 次 = 35 万元/10 次 = 3.5 万元 |
| 采购总费用 | 2 万吨白糖采购的总成本 = 621.3 万元 + 194 万元 + 49.5 万元 = 864.8 万元<br>10 万吨订购总成本 = 863.9 万元 × 5 = 4324 万元 | 1 万吨白糖采购的总成本 = 301.5 万元 + 45.9 万元 + 7.5 万元 = 354.9 万元<br>10 万吨订购总成本 = 354.9 万元 × 10 = 3549 万元 | 1 万吨白糖采购的总成本 = 278.45 万元 + 29 万元 + 3.5 万元 = 310.95 万元<br>10 万吨订购总成本 = 310.95 万元 × 10 = 3109.5 万元 |

## 五、下一步推动及应用

经过几年下来的不断摸索和改进，弘信物流的白糖一体化供应链解决方案在糖厂与用糖企业间广受好评，获得了客户的“供应链创新暨优质服务典范奖”、“供应运作创新奖”等众多荣誉。目前，已经有越来越多的用糖企业选择弘信，通过复制该模式进而提升企业的白糖供应链管理的效率。

弘信的白糖供应链模式其实是通过科学的手段、利用弘信的公共平台整合上下游企业，帮助上下游企业共同降低成本、提升效率，进而实现整个供应链条的成本可控、过程透明、运作高效、计划有序。基于弘信食品饮料供应链平台化运作日臻成熟和全国物流网络的不断完善。目前，弘信已经将该模式应用到食品饮料企业的其他大宗原料的采购及物流管理上，如玉米、玉米淀粉、切片管理等。未来，我们将在夯实平台基础上不断创新，努力将弘信打造成中国最优秀的快销品行业平台运营商。

撰稿人：厦门弘信国际物流有限公司常务副总经理　颜建宏
厦门弘信国际物流有限公司供应链总监　郑邦兴

# 案例六 中捷环洲：以汽摩配产业集群为支撑，创新生产供应链联动模式

## ——中捷环洲与玉环汽摩配产业集群联动发展案例

## 一、企业概况

### （一）中捷环洲公司基本概况

浙江中捷环洲供应链集团股份有限公司的前身是创建于2001年8月的浙江环洲钢业股份有限公司，2005年12月，公司加盟中捷控股集团，2009年9月，公司更名为“中捷环洲供应链集团股份有限公司”，是浙江省首家以“供应链”命名的公司。通过股份制改革形成规模经济，中捷环洲开创了一条提升区域特色经济竞争力的有效途径。目前，公司注册资本2亿元，集团公司下属浙江中捷环洲金属有限公司、台州捷特物流有限公司及杭州、温州、台州子公司等八个分子公司，主要从事与钢材有关的贸易业务。公司占地面积300亩，员工500多人，拥有总面积193亩的3万吨码头泊位200米、物流仓库2万平方米、30台物流配送车辆，具有联动金属材料20万吨/年初加工的能力。中捷环洲公司涉足的业务领域主要有钢材贸易、金属加工、物流配送、金融服务与房地产五大板块，公司业务已经逐步从综合商贸物流型企业转型升级成为供应链服务企业，为区域内汽摩配企业提供原料采购、仓储管理、原料初加工、零部件毛坯供应、物流配送等制造业与物流业联动服务，2012年公司销售规模逾40亿元。近年来，公司相继获得“中国民营企业500强”、“中国服务业500强”、“浙江省重点物流企业20强”、“国家AAAA级综合服务型物流企业”、“全国制造业与物流业联动发展示范企业”等荣誉，成为浙江省最大的汽摩配产业供应链集成服务商。

作为专业的供应链服务企业，中捷环洲公司可为区域内汽摩配企业提供面向供应链上下游全流程的一体化供应链服务。公司立足杭台温，辐射长三角市场，努力做好销售链上下环节的延伸，增强盈利及可持续发展，利用强大的供应链服务能力满足客户的多元化需求。

（1）公司具有较强的采购贸易能力。可提供包括型钢、优碳钢、合金钢、轴承钢、建筑用钢、钢板、生铁等钢材的贸易及代采购业务，服务客户涉及汽摩配、建筑、缝纫、阀门等多个行业。

（2）公司具有较强的加工制造能力。可提供包括金属材料的热锻、冷镦、圆钢的拉丝、精校、剪切、热处理和钢材的剪切、内外球笼毛坯加工等服务，加工能力20万吨/年。钢材加工、球笼锻造、材料热处理“三大支柱”加工延伸项目的形成，已成为环洲

供应链2011年年初提出的“三三制”盈利模式的一极。

（3）公司具有可靠的物流服务能力。公司现有自备车辆34辆，其中专业集装箱拖车6辆，重型半挂牵引车6车，重型普通货车14辆，轻型自卸货车2辆，小型拖拉机6辆，外挂车辆20多辆。可提供玉环码头至生产企业的短波运输、玉环汽摩配产业集群内的共同配送、玉环至杭州的长途运输等多项业务。

（4）公司具有快速发展的供应链金融服务能力。公司开展“厂商银”的上游合作模式，使钢材企业、环洲公司和银行三方受益；公司开展“商厂银”的下游合作模式，利用自有的客户信誉度评估体系，帮助客户开展供应链金融业务，实现了多方共赢。如图6－6－1所示。

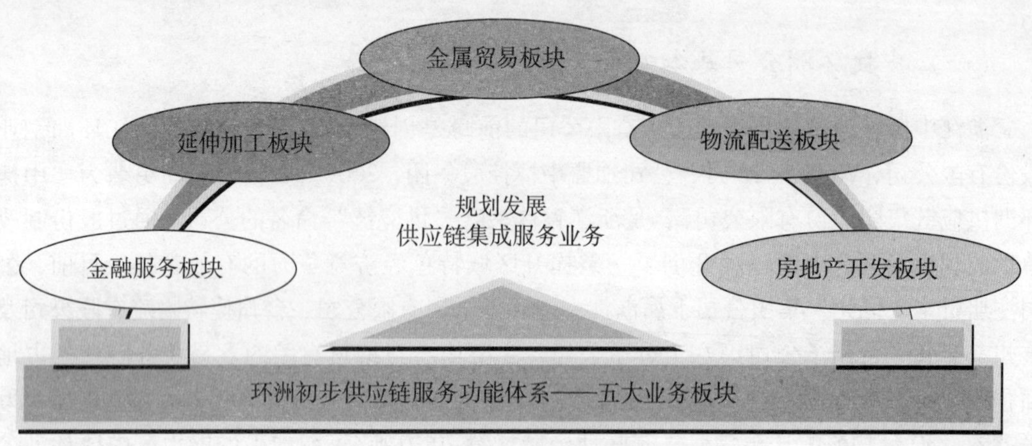


**图6－6－1 中捷环洲的供应链服务功能体系**

## （二）玉环汽摩配产业集群发展概况

玉环汽摩配发展历史悠久，早在“八五”期间，浙江省玉环县就曾被称誉为“中国南方最大的汽配工业基地”，经过多年的发展，玉环汽摩配产业集群在全国已形成明显的区域优势。产品品种多、规格齐全，汽配产品包罗重、中、微、轿、轻、农用、专用等车型，摩配囊括除发动机、外壳以外的所有产品。既有劳动密集型的零件、组件，又有技术含量较高的部件总成。汽摩配已经成为玉环县的第一支柱产业和工业经济中的高端产业。据统计数据显示①，2009年玉环拥有2301家汽摩配企业，其中年产值上亿元企业29家，5000万元以上企业64家，1000万元以上企业294家，从业人员8万多人，2009年实现产值254亿元，其中自营出口额达3.48亿美元。2009年玉环县共有汽摩配件生产厂家1800家，从业人员10万人，实现产值254亿元，成为全国汽摩配重要生产采购基地。2011年，玉环汽车零部件行业实现产值404.47亿元，同比增长11.34%，前11个月，玉环县汽车零部件出口值达5.9亿美元，同比增长35.24%。浙江省人民政府提

① 玉环县政协调研组．关于玉环县加快汽摩配产业转型升级的调研报告［R/OL］．2011－05－03，http：//www.zjyhzx.gov.cn/onews.asp？id＝1952.

出，2012 年扶持发展包括汽摩配产业在内的十余个销售收入超 1000 亿元的产业集群，温台沿海产业带也已将汽车及汽摩配行业列为主导产业，玉环汽摩配产业具有广阔的发展空间。

## 二、中捷环洲与玉环汽摩配产业集群联动发展历程

中捷环洲公司自身的成长过程本身就是与玉环汽摩配产业集群的联动历程，双方联动发展经历了从自发联动、主动联动、全面联动三个过程。具体如图 6－6－2 所示。

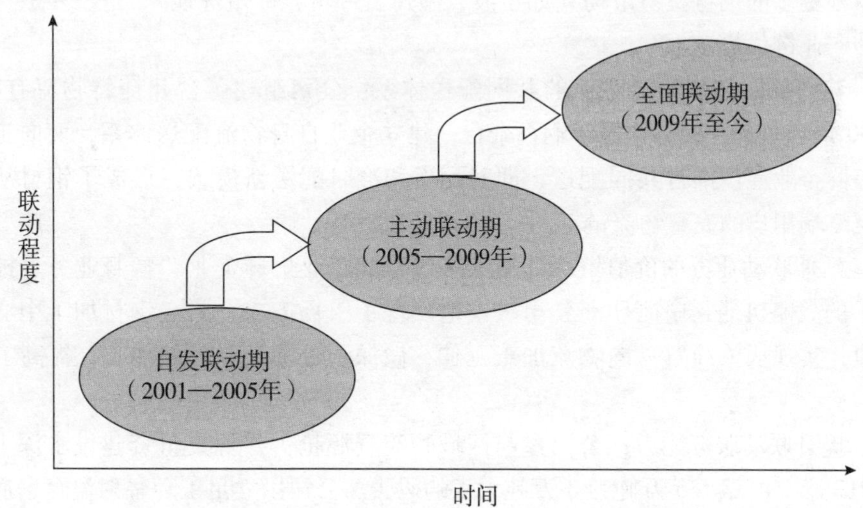


**图 6－6－2　中捷环洲两业联动发展的三个阶段**

### （一）自发联动期（2001—2005 年）

21 世纪初，玉环钢材经营市场竞争无序、经营状况混乱，产业集群中的汽摩配企业常为原材料进货渠道不畅、价格高苦恼不已。玉环当地 7 家钢材经营企业在当地体改部门的指导下实行联合重组，成立了浙江环洲钢业股份有限公司。公司成立后采取以下措施，与本地的汽摩配企业开始探索联动发展：

（1）环洲公司集中玉环区域主要汽摩配企业的钢材采购资源，增加与钢厂的话语权，既保障了钢材的供应，也因采购批量大而取得了较大的优惠。

（2）钢材采购由原先的陆路运输改为水运，直达大麦屿码头，直接降低了运输成本。

（3）公司将钢厂给予的优惠政策和降低的运输费用，让利给汽摩配生产企业，使其每吨受益上百元，有效地节省了制造企业的生产成本。

（4）公司专注于钢材，尤其是适合玉环汽摩配产品的优特钢贸易。

期间，环洲公司以创新式的组建模式和运营模式，迅速占领了玉环汽摩配产业群的优特钢贸易市场，并积累了一批忠实、优质的客户。

## （二）主动联动期（2005—2009 年）

2005 年后，公司加盟中捷控股集团，以科学的企业治理结构，稳步发展物流业务，并对经营业务范围进行了延伸，利用积累的汽摩配产业集群客户的优势，主动与客户开展物流一体化联动，并使本企业在五年内发展成为玉环区域内最大的物流企业之一。

（1）拓展联动业务的市场范围：中捷环洲公司成立专业子公司，开始由单一的工业用钢材向生铁、钢板、建筑用钢材拓展，形成覆盖汽摩配件产业所需原材料的较完整的价值链，利用累积的价值链优势服务于玉环汽摩配产业集群，并在玉环外区域成立分子公司，占领更多的钢材贸易市场（如宁波、温州、台州、杭州等地），进一步放大规模效应，延伸产业链优势。

（2）建立面向产业集群企业的共同配送体系：公司组建了台州捷特物流有限公司，购置了 30 余台车辆，拥有挂靠车辆百余台，建立企业自身物流配送体系，面向玉环汽摩配产业集群企业逐步推行共同配送、即时配送和准时配送新模式，形成了钢材从采购到加工直至终端用户的完整物流链。

（3）延伸联动业务的价值链：利用玉环汽摩配产业集群企业“瘦身业务、提高核心竞争力”的战略机遇，中捷环洲公司敏锐地发现了市场需求，成立钢材加工中心、球笼生产基地，实现从单纯贸易向物流加工延伸，做深、做特金属延伸加工，提高了服务附加值。

（4）提升联动服务能力：公司参与区域物流资源抢占，筹集重资建设水深 13.5 米，泊位长 217 米，停靠 1.5 万吨兼 3 万吨大麦屿码头。公司以立足玉环辐射温台，通过钢材加工、陆运物流、港口物流的延伸，从单纯的贸易型企业转化为综合性的物流企业，2009 年经营规模达到 20 亿元。

## （三）全面联动期（2009 年以后）

在国际金融危机中，作为外向型经济的玉环汽摩配产业受到重创，在全国的市场份额逐渐下降。在全国范围内相继出现瑞安、杭州、北京、重庆等汽摩配产业基地或大规模的工业园区，整个产业区域之间的竞争日趋激烈。因此，玉环汽摩配产业集群中的企业对供应链服务的需求越来越迫切。2009 年 9 月，公司正式更名为“浙江中捷环洲供应链集团股份有限公司”，成为全省首家供应链集团企业。公司在名称上的创新不仅仅是名称的变更，更是与汽摩配产业集群的企业开展全面联动服务的开始标准。

（1）在服务理念上，公司销售中心紧紧围绕“真诚为客户，服务到永远”的宗旨，积极推行 VIP 客户贴心服务，稳定优质用户；中捷环洲“2010 年十佳合作伙伴”有 10 家客户，其 2009 年钢材采购总量已占本公司玉环区域总销售量的三成。十佳合作伙伴享受了四项政策优惠，包括授予称号并做高架免费广告、享受供应链融资优先服务、增加 2011 年度授信额度和享受全年 VIP 绿色通道待遇等。

（2）在服务广度上，公司在全玉环范围内率先推出面向供应链的“一站式配送服务”，充分解决了客户“采料容易，送料难”的根本问题，节约了客户的采购成本；公司还积极提出“2000球笼工程”“5万吨退火项目”“20万吨拉丝工程”目标，为客户提供最优、最快、最有效的服务。

（3）在服务深度上，建立优质的“银企关系”，签订“三方协议”，供应链融资业务取得进一步延伸；在供应链上游，中捷环洲公司与兴业银行台州分行、国内某知名钢厂三方经过多次讨论与磋商，为该厂取得了1.3亿元的供应链融资授信额度；在下游，利用公司已有的客户信誉评估体系，与2010年度十佳客户之一浙江天元机电有限公司、深圳发展银行杭州分行三方成功签订供应链金融合同，为天元机电公司赢得2000万元的银行信贷资金支持。目前，公司在大力推广供应链融资业务（保兑仓业务）的同时，正在和工行及兴业银行进行紧密性合作，以公司集团用户群为基础，共同开发专用信用卡业务。

（4）在服务效度上，公司积极利用先进的信息技术和商务交易平台，为汽摩配产业集群的客户提供优质服务。2004年，中捷环洲ERP项目上马，实现内部信息流通，另有近30个VIP客户获得授权，可以进入内网查阅库存和询价。2010年年初中捷环洲提出拟投资数百万元用于建设新的ERP系统。在新ERP系统中，除采购管理、库存管理、财务管理、生产计划管理等项目外，还将开设电子商务平台，打破时间和地域限制，构建网络汽摩配棒材超市，提供钢铁物流的信息查询、信息交换、产品交易、在线支付、结算、商品展示及合同执行全过程的监控等服务。2011年，中捷环洲特钢电子商务交易平台盛大开业，电子商务成功运营，标志着集团进入高端的供应链体系，实现供应链交易过程的全程电子化，彻底变革传统的上下游商业协同模式，实现真正意义上的“三网合一”“三流合一”，每年汽摩配行业至少节约直接成本5000万元以上。

## 三、中捷环洲与汽摩配产业集群联动发展模式

基于产业集群内企业之间的地理位置和经济联系优势，中捷环洲公司的客户基本上都是玉环汽摩配产业集群的制造企业。2011年年底，公司已有钢材采购客户159家，2011年销售额4406万元，年销售钢材量6653吨。根据公司的客户信誉度评估体系，公司对客户的信用等级、偿债能力、履约状况、守信程度、经营指标和发展潜力等进行了全面的评估，其中，AAA级客户23家，AA级客户41家，A级客户85家，B级客户6家，其他客户4家。公司对客户实施分类化管理，每个级别享受不同的销售优惠政策。

除了传统的钢材采购业务以外，中捷环洲还利用自己的加工能力，为汽摩配产业集群内的许多客户提供加工制造服务，如钢材的拉丝、球笼加工和热处理后在冷镦机上成型等服务。作为玉环地区最大的棒材拉丝加工单位，中捷环洲加工制造部可年加工棒材85000吨、线材20000吨，强大的加工能力为汽摩配制造企业提供了良好的支持。加工制造部的加工产品有98.4%销往本地以汽车零配件为主要产品的企业，并且占据了当地

68%的棒材加工市场，公司的主要加工客户有浙江玉环普天单向器有限公司、浙江凯迪汽车部件工业有限公司、浙江天元机电股份有限公司、浙江利中实业集团、浙江环荣汽车零部件股份公司、浙江国昌汽车零部件股份有限公司、浙江华邦汽车零部件股份有限公司、台州盛鹏动力股份有限公司、浙江华达汽车零部件股份有限公司、浙江旺顺动力股份有限公司、浙江飞挺汽车零部件股份有限公司等上百家企业，不少企业还是玉环汽摩配行业的龙头企业。

根据两业联动中所提供服务内容的不同，中捷环洲公司与汽摩配产业集群企业的联动服务可以分为以下三种模式：

模式1：采购、加工与生产物流集成服务模式——以普天公司为例

玉环普天单向器有限公司（以下简称“普天公司”）位于浙江省玉环县，创建于1983年，是以生产汽车启动机单向离合器系列为主的专业汽车零部件制造企业，年生产单向器800万件，传动轴550万只。多年来与国内外著名启动机制造商达成长期稳定的合作关系，一直保持着亚洲同行业龙头地位，成为汽车启动机单向离合器国际采购的首选品牌。

中捷环洲与普天公司之间存在着公司距离较近、双方质量要求较为匹配和管理风格的相互认同等天然因素，双方联动发展早在2000年就开始实施了。最初，双方的合作只是买卖钢材业务，普天公司从中捷环洲采购钢材后，根据产品的技术工艺要求，还需要自己找下家进行拉丝，这样时间紧急，环节也比较多，造成企业原材料成本较高且不能及时响应市场需求。2003年，中捷环洲公司发现这个业务点后，与普天公司进行沟通与谈判，双方商议将普天公司的拉丝业务交由中捷环洲的加工制造部完成，加工制造部对普天原材料进行抛砂，然后表面处理、并进行打头（缩径）和拉丝。在加工完毕后，中捷环洲还将产品送至普天公司。通过整合，普天公司拉丝环节平均节省约2天。

2008年，全球金融危机波及玉环汽摩配产业。普天公司为了解决由于金融危机带来的生产需求波动而引发的库存储备问题，与中捷环洲商议库存合作问题。中捷环洲公司开始给普天公司提供来料仓库的储存业务，中捷环洲先提前2~3个月按普天的生产计划采购，采购后放置在公司的来料仓库，当时大概每月有700~800吨的规模，品种较多，有十多个品种，平均每个品种50~60吨。

2010年，中捷环洲给普天公司提供原材料送货业务，开始实施更加精细化的生产物流服务。根据普天公司的供应流程，中捷环洲把普天公司所需的原材料配送到工位，由车队根据订单要求进行准时送货。按照双方约定，5吨以上原材料免除运费，普天公司只需提供相应的吊车费，每车10元。5吨以下中捷环洲公司按材料吨位收费。在原材料配送卸货时，普天公司与中捷环洲公司共同对所送货批次进行质量检查，以确保每批次都符合既定的质量要求。

随着中捷环洲公司物流服务能力不断提高以及客户群的不断壮大，中捷环洲公司将普天公司的订单业务并入中捷环洲公司区域总采购订单，形成采购批量优势，并将普天订单由原先的单独采购小批量陆路运输改为大批量水路运输，采购的原材料直达中捷环

洲的大麦屿码头金属物流中心，大大降低了普天公司的运输成本。

目前，中捷环洲公司与普天公司的联动合作已经形成了采购、加工与生产物流集成服务的典型模式，具体如图 6－6－3 所示。如今，普天公司已经成为中捷环洲公司的 AAA 级客户，每年的原材料业务量在 7000 吨左右。

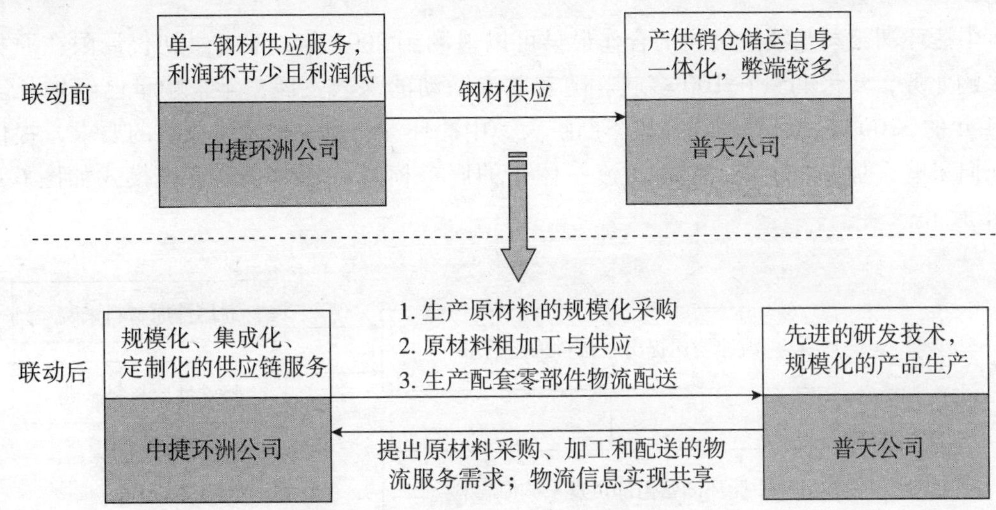


**图 6－6－3　两业联动前后的服务模式对比**

为了保证联动项目的顺利开展，普天公司与中捷环洲公司高层达成了一致意见，要求双方共同组建联动项目组。普天公司的外协部与中捷环洲物流运作部门进行紧密对接，建立“普天客户供应链服务项目组”。该项目组具有生产计划对接、原材料/零部件采购、钢材等初加工服务、原材料及零部件仓储与配送、物流质量管理等业务执行功能。中捷环洲公司还设立了专门的客户经理。客户经理主要职责是统筹采购计划、分析客户原材料的加工计划，给公司的加工制造部门下单，与普天公司进行财务对账，协调原材料及加工件的配送，协调解决公司产品的质量问题。中捷环洲公司的客户经理具有专人性、稳定性和长期性的特点，这样可以保证能够充分地熟悉普天公司的各种需求，给普天公司提供个性化的服务，保证了双方联动的深入进行。

随着普天公司的日益发展，原有的厂房库容需求已经不适应公司发展需要。考虑到普天公司新厂房建设的需要，中捷环洲公司计划以在新厂房内驻派机器设备、提供技术员工在普天公司内进行材料加工技术指导等方式，深化双方联动发展进程，拟在普天公司内建设一个“小环洲”，更加紧密地服务于普天公司。

中捷环洲与普天公司的联动案例引发了业内的高度关注，双方联动案例纳入《全国制造业与物流业联动发展案例精编》一书，2011 年 12 月 15 日，双方被国家发展改革委授予制造业与物流业联动发展示范企业，成为企业学习的榜样。

模式 2：采购、加工、生产、销售物流一体化服务模式——以凯迪公司为例

浙江凯迪汽车部件工业有限公司始创于 1996 年，作为一家专业的汽车等速万向节和传动轴生产商，拥有员工 500 余人。经过 13 年的发展，凯迪公司已经成为中国乃至全球

汽车等速万向节售后市场上极具竞争力的公司之一，为丰田、本田、三菱、日产、马自达、大众、标致、欧宝、奔驰、福特等各种车系提供2000多种产品。凯迪公司已经获得了ISO 9001：2000，TS16949国际质量体系认证。公司的产品出口到美洲、欧洲、非洲、亚洲50多个国家和地区，在部分地区设有代理机构，公司已经建立了面向全球的营销网络。

中捷环洲公司与凯迪公司的合作最早可以追溯到2001年，双方最初仅局限在原材料采购业务，年采购量在100多吨。随着双方联动的深入发展，年采购量已经增长至2011年的3200吨，合作的内容也不断扩大。中捷环洲公司根据凯迪公司的要求，提供了面向采购、加工、生产、销售物流一体化的服务模式。具体联动合作模式如图6－6－4所示。

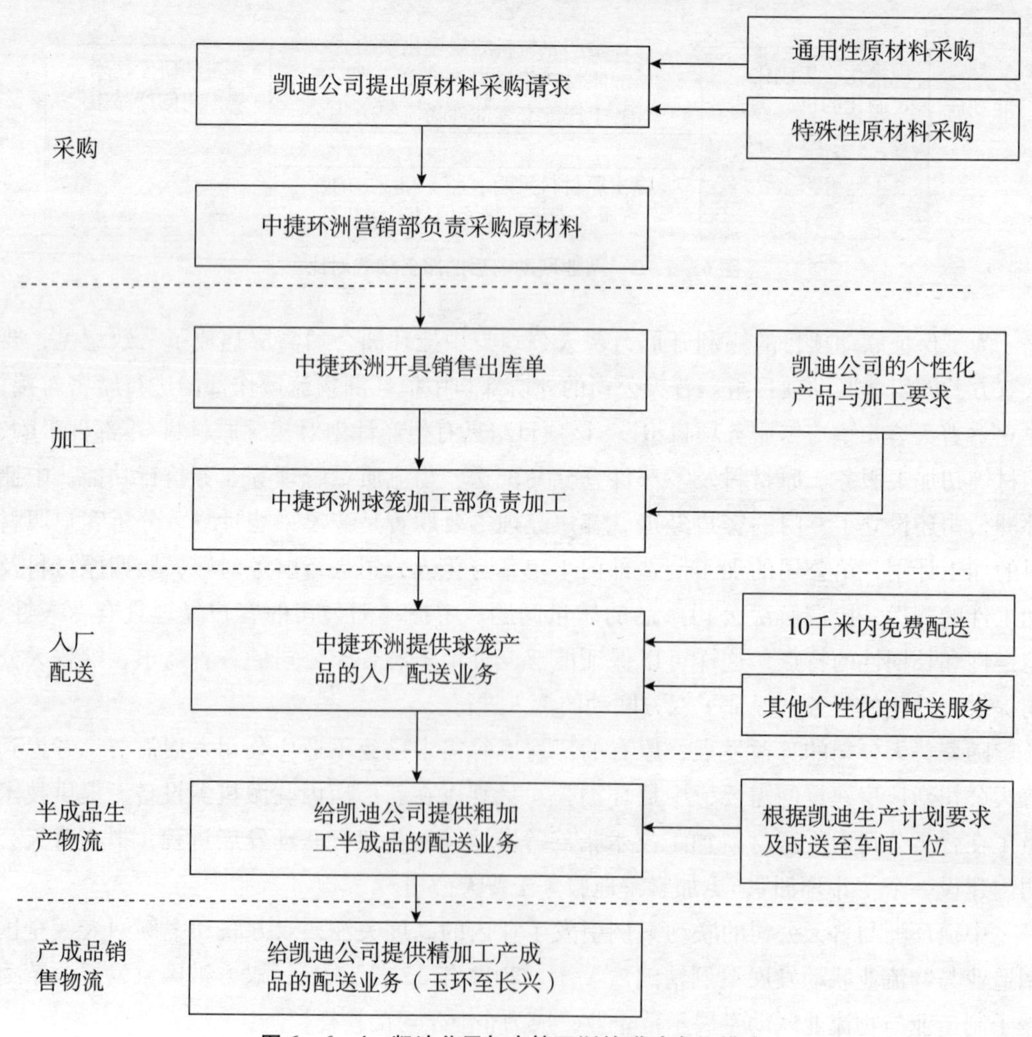


**图6－6－4　凯迪公司与中捷环洲的联动合作模式**

在采购前，凯迪公司先选定钢材型号和厂家，中捷环洲公司借助自身的钢材采购优势，帮助凯迪进行采购。其中，通用型的原材料采购，可直接由中捷环洲公司的营销部负责进行规模化采购；特殊性的原材料采购，由中捷环洲公司利用自己的采购渠道优势帮助凯迪公司寻找合适的厂家，力争做到成本最低、服务最好。

在采购完成后，中捷环洲根据凯迪公司万向节和传动轴等产品要求，提供球笼加工服务，按双方的合同约定收取产品加工费。球笼加工业务是从2008年开始的，其基本工艺流程如图6-6-5所示。在球笼加工产品中，针对需要个性化加工的产品，先由凯迪公司提供样品，中捷环洲再根据其加工需求帮助凯迪公司做来料加工。中捷环洲的加工车间接到凯迪订单后，根据当时车间生产情况回复交期，如有异议再根据客户需求做调整，尽最大的努力满足凯迪公司的需求。中捷环洲加工车间每天利用ERP系统通知凯迪公司当天的生产型号和生产数量，让客户随时知道订单在中捷环洲公司的生产进度。每个月月底中捷环洲的加工车间还派相关人员到凯迪的精加工地点，把公司生产的不合格品进行及时处理。自中捷环洲球笼锻造项目成立以来，凯迪在中捷环洲公司生产量从2008年年产量43179只，达到2011年年产量852797只，月均71066只。

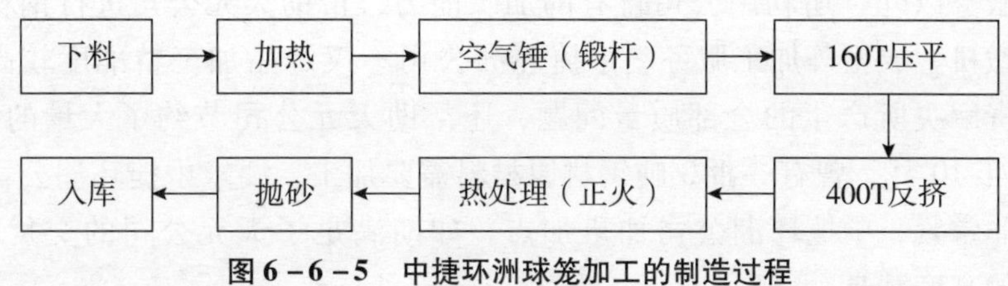


**图6-6-5　中捷环洲球笼加工的制造过程**

在球笼产品加工完毕后，中捷环洲还提供球笼产品的入厂配送业务。凭中捷公司销售部开具的出库单，到加工车间办理提货交接手续，并送往出库单中客户指定的加工地点（10千米以内免费配送）。

从2009年开始，凯迪公司撤销了自有的物流部门，将生产与销售物流全部外包给中捷环洲下属的台州捷特物流公司。中捷环洲公司深入凯迪公司生产和销售环节，帮助凯迪公司提供粗加工半成品配送业务和精加工产成品的配送业务，在生产物流环节，捷特物流公司根据凯迪公司生产线的粗加工计划要求，将物料要求配送至生产线工位。在销售物流环节，捷特物流公司与凯迪公司签署了精加工产成品配送业务的长期合作协议，配送路线是浙江玉环至浙江长兴，月配送量为800吨。捷特物流公司在配送回程中主动在杭州寻找钢材等货源，帮助凯迪公司降低配送成本。

目前，凯迪公司正进行10万平方米的二期工业园的规划建设，产能将进一步扩大，这给中捷环洲与凯迪公司的联动发展提供了更广阔的平台。中捷环洲公司计划改变原有的服务流程，将凯迪的钢材原材料从钢厂直接发货至凯迪公司的库房，省去了当前在中捷环洲公司卸货、过磅、分批次配送等环节，更大程度地为凯迪公司节约成本和节省时间。中捷环洲公司还计划利用公司的电子商务平台和ERP系统，提升双方的联动水平。

模式3：采购、加工与供应链金融服务为一体的新型联动模式——以浙江天元机电公司为例

浙江天元机电有限公司（以下简称“天元公司”）是一家创建于1986年的民营企业，

通过不断增加技术创新和技术改造力度，公司目前拥有设计开发和制造各类重型车、客车、半挂车自动调整臂、手动调整臂、凸轮轴、凸缘、各类车轮螺栓等零部件的能力。公司产品主要配套于中国一汽集团公司、重汽集团公司、重汽杭州汽车发动机厂、广东富华工程机械制造有限公司、泰国三友集团公司、PE 公司、德玛斯公司等主机厂，产品以卓越的性能和优良的服务行销国内外市场，受到用户的一致好评。天元公司年销售额 1.5 亿元，出口比率高达 30%。

中捷环洲公司为天元公司提供采购、加工与供应链金融服务为一体的联动服务模式，如图 6-6-6 所示。天元公司与中捷环洲公司的联动合作从 2001 年开始，最初天元公司主要是从中捷环洲公司采购钢材等原材料，品种主要是 40 络、20 络钢材等。随着天元公司业务的不断发展，采购量从最初的 200～300 吨/年增长到 2011 年的 7350 吨。在采购环节，根据中捷环洲公司的测算，中捷环洲为天元公司每吨原材料节约成本约 20 多元，2011 年共节约原材料采购成本约 15 万元。中捷环洲公司除了提供钢材原材料采购服务以外，还利用公司自有的加工能力，帮助天元公司进行钢材拉丝、热处理后在冷镦机上成型等加工服务。中捷环洲公司不仅产品加工精准度较高、质量有保证、能负责解决所产生的全部质量问题，还帮助天元公司节约了大量的加工时间。例如，2010 年 10 月，曾有一批 3 吨钢材原材料需要加工，要求中捷环洲公司在 1 天内完成，时间非常紧，中捷环洲公司加班加点，如期满足了天元公司的交货时间要求，赢得了客户的高度赞誉。

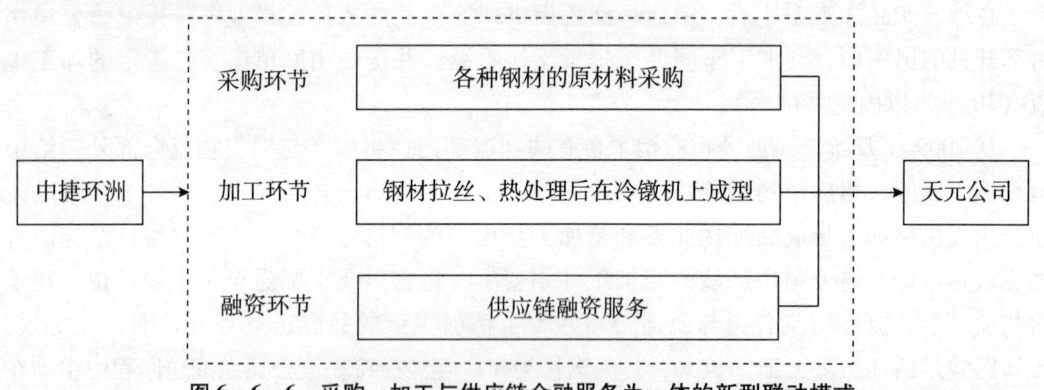


**图 6-6-6　采购、加工与供应链金融服务为一体的新型联动模式**

天元公司是中捷环洲的 AAA 级客户，也是中捷环洲的十佳客户。随着天元公司的快速发展，原有的玉环汽摩配工业园区内的厂房已经不能适应公司发展要求，公司在玉环玄门工业园区开始新建厂房，厂房占地面积约 60 亩，产生了较大的融资需求。中捷环洲公司了解这个情况后，及时与天元公司、深圳发展银行杭州分行联系。当时，深圳发展银行也正好有推广供应链金融方面的业务需求。2010 年 8 月，深圳发展银行杭州分行客户经理开始实地调查天元公司，先后 3 次来玉环实地了解天元公司的经营状况、天元公司与中捷环洲业务合作内容和金额等情况，最终报请杭州分行认可后，再根据天元公司资信情况及年度进货量配置情况确定最终授信额度。由于天元公司收回的客户资金大多是银行承兑而现金较少，无法按期归还深圳发展银行，因此对供应链金融业务存在较大的担忧，中捷环洲主动出面协调这个问题，告诉天元公司若天元公司的承兑确实无法及时支付，中捷环洲可帮天元公司寻求银行贴现，从而解决了天元公司的后顾之忧。2010 年 11 月初，中捷环洲与天元公司、深圳发展银行杭州分行三方成功签订了供应链金融服务合同，为天元公司赢得 2000 万元的银行信贷资金支持。中捷环洲的供应链金融服务模式如图 6－6－7 所示。

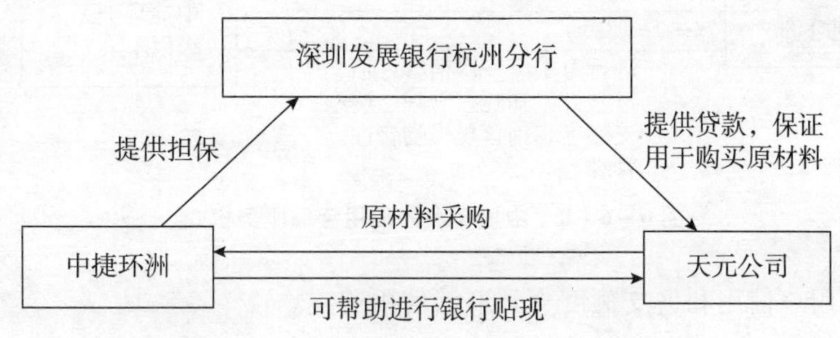


**图 6－6－7　天元公司的供应链金融服务模式**

在具体的融资合作方案上，深圳发展银行向天元公司提供的服务品种为银行承兑汇票，收款人指定为中捷环洲公司，用于向中捷环洲购买钢材等。单户授信敞口风险金额不高于 500 万元，保证金比例 50%，1 年内可循环周转；在担保方式上，由中捷环洲公司、天元公司法定代表人提供担保。根据合作约定，中捷环洲要求合作期间天元公司必须本公司进行材料采购，天元公司从银行取得的融资款项只能用于向中捷环洲公司购买材料的流动资金，不能改变其用途，而且，天元公司还须定期向中捷环洲公司提供相关业务经营动态、财务报表等。

经过 2 年的供应链金融业务合作，天元公司较好地解决了厂房建设资金不足问题，深圳发展银行杭州分行也因此从中获得了较好的收益，中捷环洲公司也获得了稳定的客户原材料采购量，实现了三赢的目标。

在已有的供应链金融方案基础上，为了进一步稳定现有优质客户（如天元公司），为其解决融资难的难题，减少中捷环洲公司的应收账款、降低资金成本、提高钢材贸易业务的销售量，中捷环洲公司正在与中国工商银行、兴业银行等进行紧密性合作，以中捷环洲的用户群为基础，创新性地开发了专用信用卡业务，具体如图 6－6－8 所示。该卡专项用于中捷环洲下游客户，信誉评估达到 A 级及以上用户方有资格，只能用于在中捷环洲原材料定向购买货款的支付使用。该信用卡具有透支功能，根据用户月销售收入和在中捷环洲的购买材料额决定透支额度分别为 50 万元、100 万元、150 万元、200 万元四种，实行循环还款方式、透支还款时间一般考虑 30 天，也可以 56 天。该卡由中捷环洲公司与银行共同发行、共同承担风险。银行承担一般信用卡平均风险内的损失，中捷环洲公司承担银行一般风险以外的损失。损失的偿付以年为单位进行损失风险结算，或者根据银行核算规定按月结算。此外，在信用卡管理模式上，由中捷环洲和银行对专用信用卡用户实行动态管理，中捷环洲公司进行每季度一次信誉评估、日常订单知晓权管理、透支额度和销售规模吻合性管理等，对发生异常的客

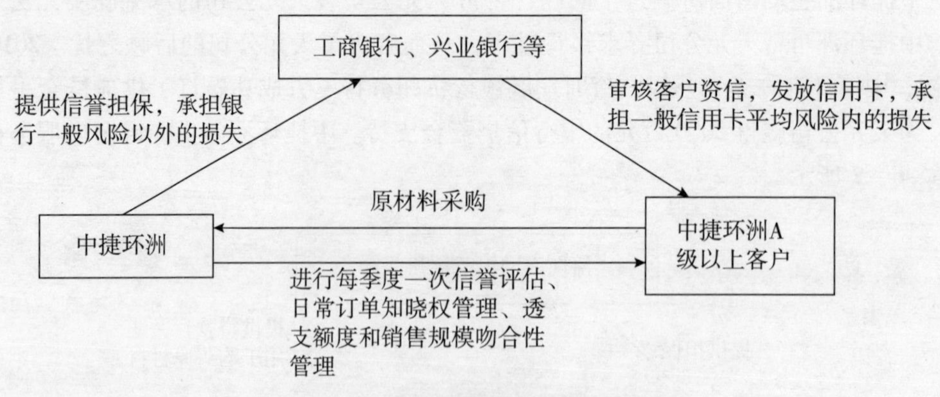


**图6－6－8　中捷环洲的信用金融服务模式**

户，及时下调用户信用和透支额度直到取消信用透支。

## 四、联动项目产生的社会效益

作为玉环汽摩配产业集群的供应链集成服务商，中捷环洲公司多年来通过与汽摩配产业集群内的企业开展联动，为区域产业做出了许多贡献：

（1）借鉴中捷环洲公司与玉环普天、凯迪公司、浙江天元机电公司等两业联动项目的成功经验，中捷环洲公司已经与玉环汽摩配产业集群的近300个制造企业建立了两业联动业务关系，有效提升了本地汽摩配制造业的供应链服务水平。

（2）中捷环洲公司改变了传统的汽摩配产业集群物流运输模式，利用水路和陆路联动的运输整合方式，为集群内的制造企业每吨原材料节约成本100元，累计为玉环汽摩配行业节省成本3亿多元。

（3）中捷环洲公司改变了传统的汽摩配产业集群物流配送模式，目前区域内短驳成本整体下降一半，每吨节约30元，累计给行业节约成本1亿多元。

（4）通过两业联动项目，中捷环洲公司通过电子商务实行优特钢规模供应，明码挂牌标价销售政策，减少信息不对称因素，使企业的采购成本下降50元/吨，累计给行业节约成本1.5亿元。

通过上述的两业联动转变，中捷环洲公司为玉环地区汽摩配行业节约直接成本5亿元以上，为玉环汽摩配产业竞争力提升做出了一定的贡献。

## 五、中捷环洲与汽摩配产业集群联动发展的经验

### （一）经济与区域优势是联动发展的成功基础

中捷环洲公司与玉环制造企业的两业联动是建立在汽摩配产业集群基础上的。发展两业联动，玉环汽摩配产业集群具有先天的经济优势和区域优势。一方面，汽摩配

产业集群内的企业相互联系，具有较好的经济合作基础，容易深入联动；另一方面，汽摩配产业集群内的制造企业和中捷环洲距离较近，容易开展合作，这些制造企业也容易将企业物流业务外包给中捷环洲公司，双方的专业分工合作意识较为明显。利用玉环汽摩配产业集群企业在规模化采购与集成式物流服务的优势，中捷环洲公司帮助普天公司、凯迪公司、天元机电公司等企业在多个供应链环节开展服务创新，推动双方的合作共赢。

## （二）持续开展供应链服务创新是联动发展的真正源泉

在与玉环汽摩配生产企业开展联动合作的过程中，中捷环洲公司始终保持以满足客户服务需求为企业创新的出发点，把“真诚为客户，服务到永远”作为企业的服务宗旨，利用制造企业供应链上下游的多个环节、多个过程和多个合作点，不断开展服务创新。中捷环洲公司从供应链的物流、信息流、资金流“三流”一体化角度，根据客户的需求设计了多个业务合作点，从采购、运输、加工、生产配送、销售物流、物流金融等环节，为汽摩配制造企业提供了集成化的供应链服务，既满足了制造企业的业务需求，也获得了较好的规模经济效益，双方相互嵌套，紧密合作，真正实现了联动发展与互利共赢。

## （三）产业集群联动平台建设是联动发展的重要保障

中捷环洲公司与玉环汽摩配制造企业在联动发展过程中，始终以产业集群供应链服务平台建设（采购平台、加工平台、物流平台等）为核心，利用平台的吸引和放大作用，推动了合作双方联动项目顺利开展。中捷环洲平台建设工作，虽然在初期有较大的投资，但在后期的运营和项目开展方面却能够起到较好的作用，既可以吸引其他制造企业客户的加入，也减少了新建联动项目的运营成本，能够起到“一对多”的作用。这种两业联动思路值得我国物流企业在发展联动项目中予以借鉴。

## （四）强大的信息技术支持是联动发展的重要支撑

现代供应链管理的本质是通过客户和供应商网络进行有效的协作，开展协同商务，协同商务的基础是信息平台建设。公司正在建设的新 ERP 系统中，包含了钢材贸易、财务管理、仓储配送、原材加工、球笼加工、质量管理、辅料管理、码头管理、办公自动化等主要功能。新的 ERP 系统可满足集团及 8 个分子公司、4 个管理中心、300 个终端用户业务开展，提供上游 8 家钢厂、下游 280 家客户同时在线访问，具有较强的扩展性、兼容性、稳定性。截至 2012 年 3 月，新 ERP 系统建设已投资 25 万元，其中钢材贸易功能模块已开发完成并于 2011 年 12 月 31 日已投入使用。公司还同时进行电子商务平台建设，力求打破时间和地域限制，构建网络汽摩配棒材超市，提供钢铁物流的信息查询、信息交换、产品交易、在线支付、结算、商品展示及合同执行全过程的监控等服务。截至 2012 年 3 月，电子商务已投资 25 万元，基本功能已开发完成并于 2012 年 4 月 1 日正式投入运行。

先进的信息技术与信息系统为中捷环洲与玉环汽摩配产业集群内的制造企业联动发展提供了有力的保障。利用信息平台的吸引和放大作用，推动了合作双方联动项目顺利开展。

## 六、中捷环洲与汽摩配产业集群联动发展未来展望

中捷环洲与玉环汽摩配企业的联动项目已经取得了一定的成效。今后，中捷环洲公司将利用国家发展改革委大力推进制造业与物流业两业联动发展的战略机遇，着力抓好以下工作：

### （一）编制两业联动发展战略规划

中捷环洲公司十二五战略发展规划明确指出，公司将打造“中国第一个汽摩配供应链服务基地”，为客户提供“一站式供应链管理服务”。当前，中捷环洲公司与玉环汽摩配企业的两业联动虽然取得了一定的成绩，也涌现了许多典型的联动模式，但是，两业联动模式与经验还有待在汽摩配产业集群中的企业加快推广，为汽摩配制造企业提供“嵌入式”的集成化供应链服务产品也仍有待进一步完善与开发。因此，迫切需要从战略高度，制定两业联动发展的战略规划，完善两业联动服务体系，扩大联动企业的合作数量，提高中捷环洲的两业联动服务能力。

### （二）加快产业集群联动平台建设

联动项目是在中捷环洲公司汽摩配产业集群服务平台基础上开展的。为了有效地提升玉环汽摩配制造业的供应链服务水平，使参与联动制造企业的整体效益有明显提高，中捷环洲公司拟将进一步完善产业集群联动平台的功能，加强采购平台、加工制造平台、物流设施平台、信息技术支撑平台等设施建设，提升供应链服务水平。

### （三）加快提升企业两业联动服务能力

**1. 加强专业化团队要素建设**

为了进一步加强与汽摩配产业集群内的制造企业合作，中捷环洲需要为每个制造企业提供个性化的供应链服务解决方案，因此需要建立专业化的团队。中捷环洲公司将与全国知名高校、科研院所和咨询机构加强合作，努力创新本公司的服务产品，完善公司的两业联动项目设计团队与执行团队，提高专业服务能力，满足汽摩配生产企业的多层次供应链服务需求。

**2. 建立企业两业联动评估体系**

联动服务业务涉及两个企业运行体系的契合，而在实际操作中会非常复杂，许多联动合作关系不能正常维持的主要原因是服务要求模糊。由于服务要求没有量化或评价标准不明确，往往导致供需双方理解出现偏差，更关键的是导致双方对联动服务及效益评价的认定不一致。因此，需要在联动解决方案提出的同时，有针对地提出相应的评价方

法，以使双方企业未来能够对联动业务效益达成客观科学的评估共识。今后，中捷环洲公司与玉环汽摩配制造企业将针对双方的联动项目制定更为详细和实际的目标考核体系，加强对项目运营过程的监测，提高两业联动的发展成效。

撰稿人：中捷环洲供应链集团常务副总经理　胡奇俊
中捷环洲供应链集团教授　刘伟华
中捷环洲供应链集团主任　林　丽
中捷环洲供应链集团副主任　沈银萍
中捷环洲供应链集团部长　佘鹏飞
中捷环洲供应链集团副部长　李世珍

# 案例七　易贸集团：大宗商品一站式供应链融资平台实践

## 一、企业概述

易贸集团源于易贸资讯，于1999年在上海成立。秉承“创新驱动”的发展理念，易贸在2011年完成重大战略及业务调整，成为以大宗商品①现货电子交易平台为核心基础的领先企业，提供线上线下融合的交易服务。目前，集团已形成商务板块、交易板块以及交易服务板块的三大主体业务，旨在为行业客户提供全方位、多领域的专业化服务。

集团商务板块由易贸商务、安迅思以及易贸商品信息研究中心等权威商务活动机构与资讯平台组成。易贸与全球第二大资讯服务提供商Reed Elsevier合作开展的资讯服务是目前国内大宗商品资讯领域规模最大的专业机构，为行业提供全面且高质量的即时新闻和市场趋势，同时也是国内大宗商品领域最权威的定价中心。而作为大宗商品及相关金融领域的研究智库，易贸商品信息研究中心则主要研究对中国经济有重大影响的大宗商品相关战略性、前瞻性、长期性、综合性问题，研究领域覆盖宏观经济、石油能源、化工、煤炭、金属等多个领域，如图6－7－1所示。

图6－7－1　易贸大宗商品品目

① 指可进入流通领域，但非零售环节，具有商品属性用于工农业生产与消费使用的大批量买卖的物质商品。

易贸提供的O2O交易服务开创了大宗商品行业在这一领域的先河。线上线下融合的交易服务体系不仅贯穿了大宗商品现货交易过程始末，更从交易本质上解决了客户的实际需求。行业客户通过专业的经纪服务提供商——易通获取最新的买卖盘信息并快速达成交易，借由第四方物流服务提供商——易贸供应链的服务降低企业的整体物流成本，同时还可从专业的大宗商品金融服务提供商——易贸金融获取个性化的融资解决方案。易贸网则通过互联网的方式提供线上交易全程服务，致力于为大宗商品行业提供一个真实、可靠、透明、便捷、共赢的在线交易平台，实现大宗商品和产业链第三方服务的双重资源高效配置。易贸在液体化工品交易所、大宗能源化工交易市场联盟等领域也作出了新的尝试与开拓，正在为构筑起全新的大宗商品"生态系统"而不断探索。

2011年，易贸集团发展成为拥有上海东虹桥电子商务发展有限公司、上海易通电子商务有限公司、上海易贸商务发展有限公司、上海易贸供应链管理有限公司等全资子公司及合资子公司十余家的集团企业，员工人数逾千。在北京、广州、烟台、新加坡设立分支机构。

交易规模方面，2012年平台交易额达到1074亿元。2013年上半年，平台交易额为926亿元，同比增长145%。其中，液化产品的交易量已占全国现货交易量的30%以上，而以塑料为主力品种的原材料采购平台，单月可实现单边交易量过2万吨。

## 二、大宗商品供应链融资平台实施的背景

### 1. 大宗商品交易对融资的需求

随着全球经济金融一体化的不断深入，大宗商品贸易融资业务正成为国内企业融资的发展趋势，逐步替代流动资金贷款等一些传统金融产品。企业间的竞争更多地体现为交易链与供应链的竞争，企业短期所需资金也必然运用于供应链与交易链，企业对贸易融资的需求将持续扩大。

### 2. 大宗商品金融属性发展的要求

随着国际大宗商品期货市场的不断发展和资源的日益紧缺，国际大宗商品作为一种投资获利工具，其金融属性越来越突出。大宗商品金融属性的增加，并且与股票、债券等"纸资产"相对应，被视作"硬资产"，将吸引更多的资金流入大宗商品领域。

但是，2013年整个融资条件总体上来讲在收紧，银行利率上升非常明显，票据贴现率都在上升。有的银行开始限制一些融资品种，如有的地方融资铜的大额信用证就很难"顶风作案"；有的银行对开信用证的企业资格要求更为严格，对国有大型贸易企业仍然放行，但对大部分中小型民营企业就把路封死了；不少南方地区的银行停止了对中小企业开具90天以上的信用证。市场在呼唤风险保障前提下的供应链融资创新模式。

### 3. 上海自贸区建立对大宗商品市场的意义

《中国（上海）自由贸易试验区总体方案》正式获国务院通过后，上海自贸区市场的试验、完善并发展，对国内大宗商品贸易来说，将会是一块接轨国际大宗商品贸易市场的跳板，同时也是一个摆脱目前大多数大宗商品行业低迷的转折点。自贸区内有望建立

国际大宗商品交易平台，设立商品期货交割仓库，有利于争夺国际定价权。

**4. 中小贸易企业在大宗商品融资上面临的困难**

由于大宗商品金融属性强，参与交易的门槛较低。促成了大量中小贸易商在大宗商品领域从事贸易和套利的操作。但经济危机爆发后，这些中小贸易企业以及工贸一体企业在经营上面临了很多困难。以前的融资渠道也进一步收窄；抵押、担保手续繁杂，中间收费高，企业难以承受；反之，对银行来说企业的不诚信，法制的不完善，也进一步推高融资成本。形成了金融市场对中小企业的挤出效应。虽然近年来，央行制定了一系列支持中小企业发展的政策，但中央银行货币政策传导不畅。在经营战略上，国有商业银行实施的是“重点地区、重点行业、重点产品、重点客户”的“四重”战略，这使得信贷资金更多地流向了国有大型企业。中国小企业大多数规模较小，高信用等级的企业很少，商业银行的支持面越来越窄。在信贷管理体制与监督体制上面，国有商业银行对贷款审批权限实行严格的分级管理，没收了基层机构的贷款审批权，而且审批环节过多，手续比较复杂，这就形成了贷款审批权限的高度集中与中小企业点多、面广、相对分散之间的矛盾以及审批程序的复杂化与中小企业资金需求高频率、小金额、快周转、强实效之间的矛盾。同时，大宗商品贸易企业，特别是中小企业由于缺乏固定资产投入，也无法以固定资产抵押从银行贷款。

**5. 易贸平台对解决困境的作用**

易贸大宗商品供应链融资监管平台的上线，是大宗商品贸易到了现实阶段的必然产物，它主要解决了传统银行信贷以下几方面的问题：

（1）解决制度层面的非均衡信贷配给：易贸大宗商品融资平台，采用订单质押和仓单质押模式，融资成本的高低只与贷款规模和融资时间有关系，和企业的规模无直接联系；

（2）解决技术层面商品信息不对称导致的均衡信贷限制：易贸集团依托十几年在国内大宗商品咨询以及交易领域的数据积累，使大宗品贸易更加透明和便利；

（3）解决技术层面商户经营信息不对称导致的信贷限制：易贸商务和易通撮合多年对企业的跟踪和数据信息采集，使企业历年的商务活动，转换为量化的信用积累；

（4）解决了货物处置时，银行对商品不了解，处置不及时或者处置结果不专业：易贸下属的易通撮合，在大宗商品交易领域份额领先。在某些品目上，甚至达到了市场份额 30% 以上。为大宗商品的及时处置，做出了保证；

（5）解决了以往动产质押方式落后，信息传递不畅带来的隐性风险：易贸大宗商品一站式供应链融资监管平台，使用当今先进的物联网互联手段，对监管仓库的监管行为进行再监管，使每一个监管动作都在线完成。速度快，可追查。

## 三、大宗商品供应链融资平台的运作模式

动产①质押融资模式主要以借款人自有货物作为质押物，向银行等金融机构申请授信

① 此文中涉及的动产即指可做金融质押的大宗商品。

贷款。动产质押融资模式将客户拥有的动产盘活，加快资金转换、动产的流动，使企业的生产能力夸大，增加中小型企业的营业收益。如图6－7－2所示。

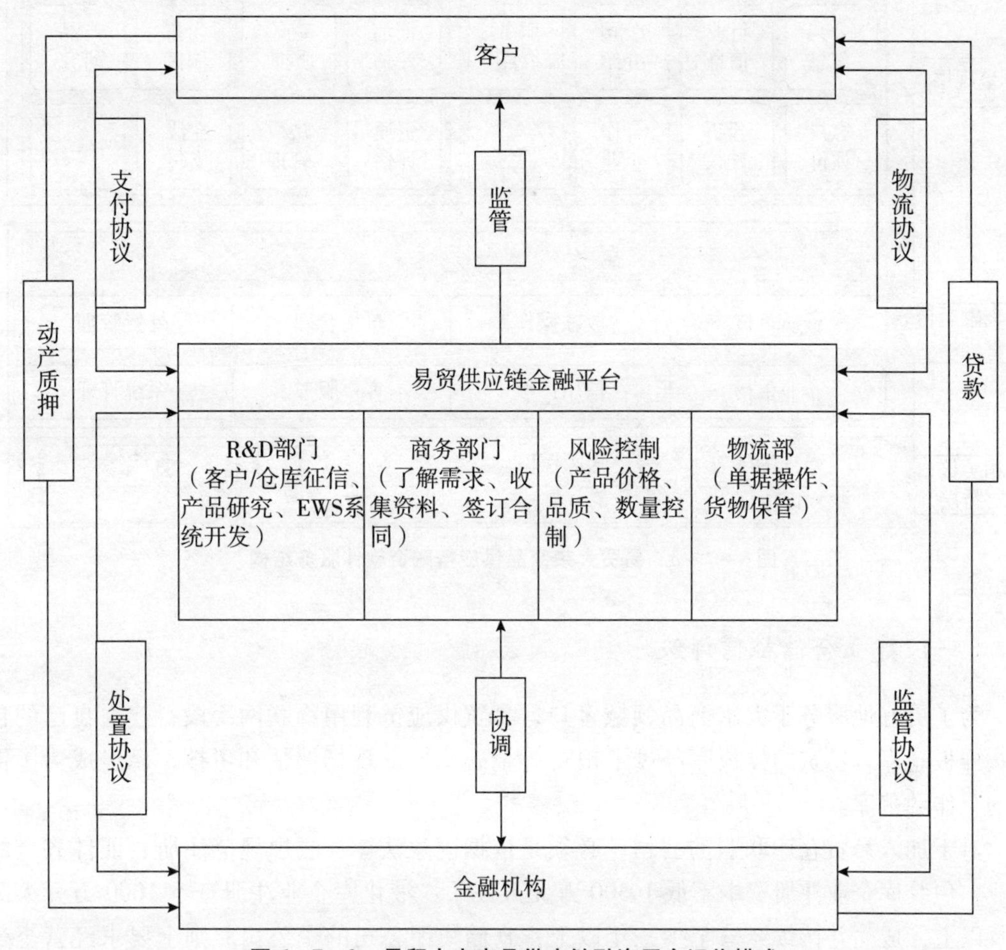


**图6－7－2 易贸大宗商品供应链融资平台运作模式**

易贸集团动产质押融资模式，客户先注册成为易贸网的会员，提交审核资料给易贸金融，易贸金融进行预审核后给到银行进行授信，客户与易贸金融签订《合作协议》，与银行等金融机构签订《循环授信额度使用合同》，客户在易贸网填写融资申请，银行放贷款，易贸网对货物进行监管。每天易贸供应链利用自主开发的EWS系统对产品进行货值货量监控，当监管货物价值跌至预警线后，系统自动发生短信和邮件给银行、客户及易贸相关方负责人员。提醒客户需在24小时内补货或者还款。超过24小时候，易贸供应链将对这批货物进行冻结并在市场上进行交易。如图6－7－3所示。

易贸平台的关键是解决了银行对大宗商品动产质押风控知识的短缺，打通了银行和客户之间的融资渠道。

风控通过以下几方面实施：通过仓储征信评级选择适合的仓储企业，引入规范的第三方监管体系，建立了标准的业务流程，积极运用物联网等技术手段加以管理。我们完成了大宗商品的价格整理、大宗货物的处置、大宗商品的货权确认。

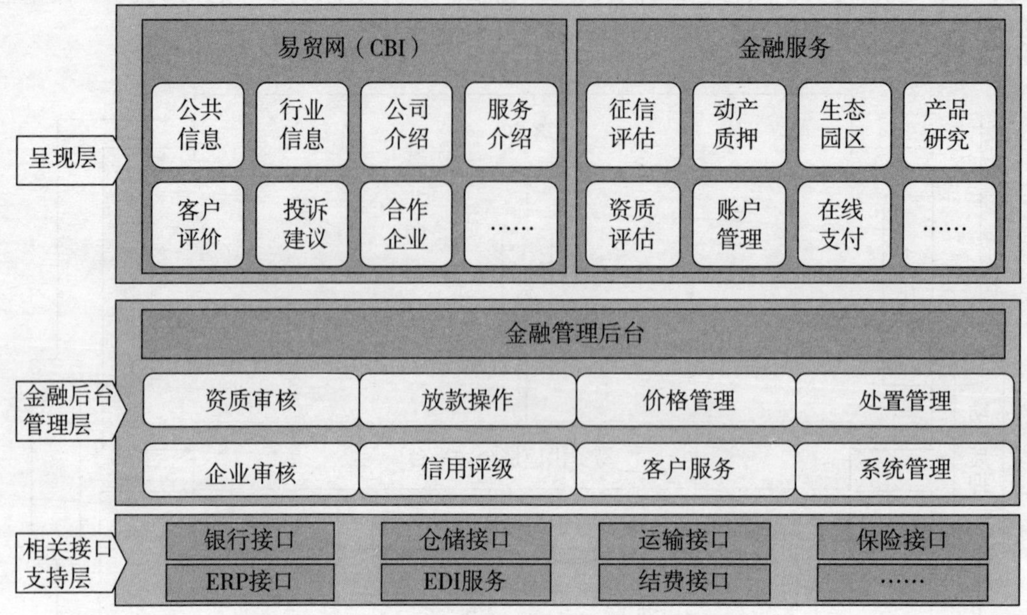


**图6－7－3 易贸大宗商品供应链融资软件服务结构**

## （一）建立仓储征信评级

为了更好地服务于大宗商品领域客户，易贸供应链利用物联网手段，建立自己的包装货样板仓库，易贸的样板库经过了银行等金融机构的现场评估和考核，已经成为了银行的合作示范库。

对于加入易贸仓库联盟的公司，必须是依据国家法律、法规规范注册、证件齐全的企业，包装库企业注册资本不低于500万元人民币、液化库企业注册资本1000万元人民币及以上，成立并持续经营至少三年以上，仓储集团公司的子公司原则上要求经营至少一年及以上。依法合规经营、管理严格、信用良好，有完善的货物出入库制度，以往无纠纷、争议等不良记录，与借款人为非关联企业；仓库具备信息网络化管理水平，仓库有成熟的WMS系统，或者愿意使用易贸仓储管理系统，可通过信息系统对货物进行状态查询、远程监控；对于保税库、商品交易所指定交割库或者持有特种资质的企业优先纳入。对于管理条件不达标的企业，需要按照易贸标准进行一定的人员调整及硬件设施调整，达到易贸标准后，易贸提供为期1个月的培训方可加入仓库联盟。易贸供应链对仓储企业设立了详细的记录系统，从地理位置、价格、服务等十数个方面对仓库进行完整描述。客观地对仓储企业的现状加以记录，并在易贸网上加以发布，以方便行业客户对符合自身要求的仓储企业进行选择。

监管仓库征信管理：对于已纳入仓储联盟名录的仓储企业，易贸进一步发掘出具有创新能力和抗风险能力的、符合金融机构和易贸集团做监管交割业务的优秀仓储企业。我们通过量化指标及不良事故评估等方法，全面考察仓储企业的基本概况、硬件设备设施、日常管理、环境、安全、健康及信息化水平等方面。易贸金融根据每月供应链巡库

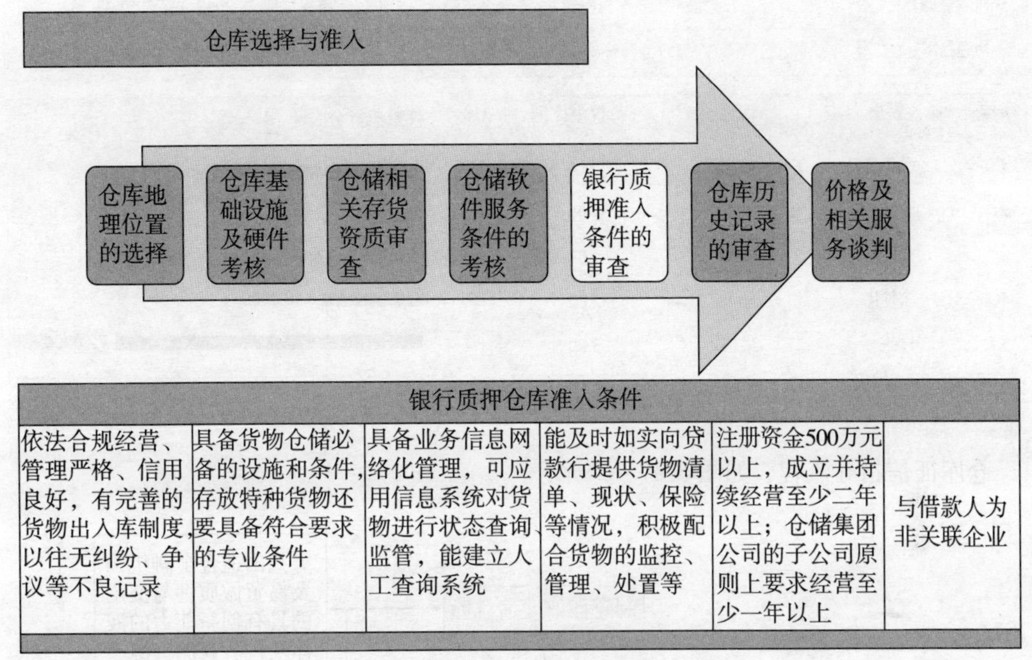


**图 6-7-4 仓库选择与准入**

员在现场反馈的信息汇总在次年 1 月对每个仓储公司进行一次征信等级调整。评审管理体系如图 6-7-5 所示。

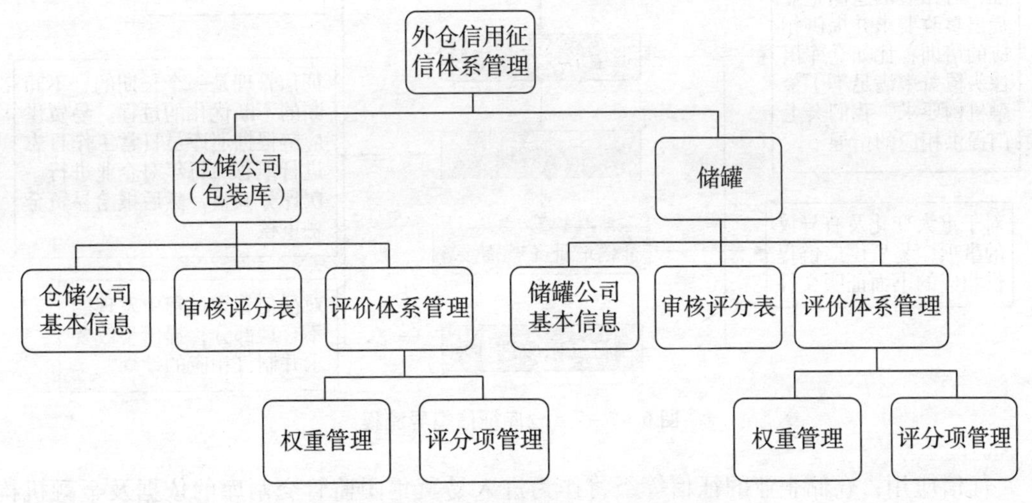


**图 6-7-5 外仓资质能力评审管理体系**

征信体系建立：

信用评价体系分为包装库和液罐两种，评价体系中，评分项和权重可设置，针对每个公司有一个评分表，权重设置 0~10，所有评分模块权重的累加为 10（五个评分模块不可修改）。如图 6-7-6 所示。

| 仓储公司名： | | 审核人： | 易贸金融 | 审核日期： | 2012-09-20 10:08:30 |
|---|---|---|---|---|---|
| 所在区域： | 上海 | 评分人： | 易贸供应链 | 评分日期： | 2012-09-19 10:08:30 |

| 序号 | 权重 | 得分 | 权重比例 | 权重后得分 |
|---|---|---|---|---|
| 1 | 公司情况 | 15.00 | 2.00 | 30.0000 |
| 2 | 仓储设施 | 7.00 | 2.00 | 14.0000 |
| 3 | 仓储管理 | 13.00 | 1.00 | 13.0000 |
| 4 | 个性化 | 9.00 | 2.00 | 18.0000 |
| 5 | HSE | 24.00 | 3.00 | 72.0000 |

**图 6-7-6　仓库评分项及权重**

仓库征信指导流程，如图 6-7-7 所示。

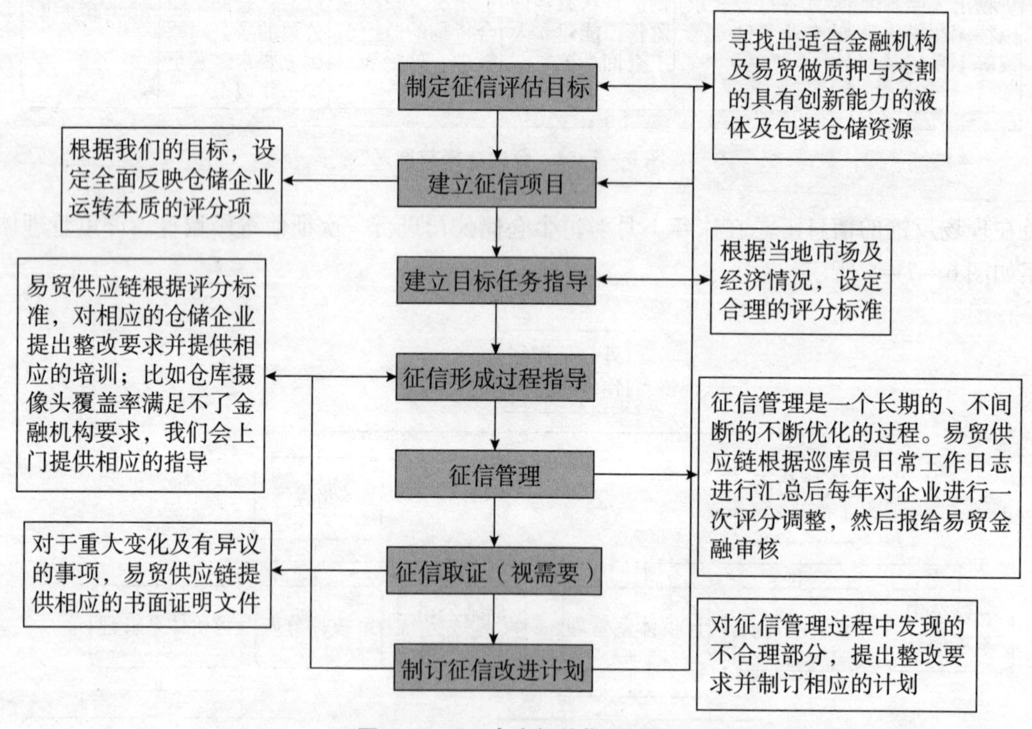


**图 6-7-7　仓库征信指导流程**

征信应用：仓储企业的征信等级将作为进入易贸集团监管交割库的依据及金融机构授信额度的参考。

**1. 量化评分**

评估总分 100 分，划分为四个等级，分配比例如表 6-7-1 和表 6-7-2 所示。

**2. 非量化评分**

不良事故评估根据相关不良事故造成不良后果的程度，划分为三个等级，分配比例如表 6-7-3 所示。

**表 6-7-1　　征信等级划分**

| 等级 | A（优秀） | B（良好） | C（合格） | D（不合格） |
|---|---|---|---|---|
| 标准 | 95～100 分 | 80～94 分 | 60～79 分 | 60 分以下 |

**表 6-7-2　　征信等级及授信额度**

| 等级 | A（优秀） | B（良好） | C（合格） | D（不合格） |
|---|---|---|---|---|
| 标准 | 120% 月征信额度 | 110% 月征信额度 | 100% 月征信额度 | 0% 月征信额度 |

注：授信额度 = 银行基本额度 + 征信额度

**表 6-7-3　　征信中非量化评分项目后果**

| 等级 | A（重大） | B（一般） | C（轻微） |
|---|---|---|---|
| 第二年额度 | 取消监管交割库资格 | 扣除 30% 征信额度 | 扣除 10% 征信额度 |

注：具体不良事故条款及等级由风控部门根据具体相关规定核定

### （二）规范第三方监管企业运作，提升服务专业化水平

质押监管业务是因风险而衍生出来的一项金融物流监管业务，监管方是质权人委托，合法进行货物监管的保管人，对货物的安全性、完整性负有重要责任。自从 1999 年开展动产质押业务以来，各大银行和物流企业以及第三方监管单位都想涉足大宗化学品的监管市场，因为国民生产和消费的需求主要还是集中在一些大宗化学产品上，如日常生活中用到的塑料制品、纤维、涂料、橡胶制品等。这些产品的主要源头都是石油，在中国，石油开采相对集中，但石油化工的衍生产品品目非常多，绝大部分的石化工产品均以液态形式存在。但实践中由于化学品的特性，液体化工储罐的监管始终是个难点：①产品价值高、混合储存无法区分；②产品性质相对不够稳定；③产品价值在短时间内波动幅度较大；④产品在市场上需求大于供应，容易变现；目前易贸已经利用自身对化工和能源的数据优势，通过与监管企业深入交流监管要求、规范第三方企业监管步骤、提升监管企业的监管意识等各方面，克服重重困难，除了对包装货物进行有效监管外，也实现了对化工液体储罐货物的质押监管。

日常管理：监管人员审核，监管员作为一个极为特殊的重要岗位，不但需要有高度的风险意识和责任心，还须具备良好的服务意识，不断提高工作水平和沟通能力，在确保质押物安全、完好的前提下，为出质方提供更好的服务和帮助。易贸监管员在入职前公司要进行家庭调查、原工作单位调查，并且要由直系亲属签订担保协议，并且要提供身份证、户口簿、房产证等的复印件，通过严格的入职前审核，就能把责任心差，心态不稳定的人排除在外。

规章制度：易贸拥有一套的制度体系，主要有工作纪律、轮岗制度、突发事件报告制度、文档管理制度、休假管理制度、培训制度、奖惩制度、远程监控制度、应急预案等。工作纪律要求员工在岗期间不能擅自离岗，不得酗酒、不得赌博、禁烟等要求。定期轮岗制度规定了轮换方式、轮换时间以及轮岗一定要做好交接记录并要对现有库存进行盘点。

建立专业化评估机构，提高行业公信力：易贸估价遵循严格的采集、处理和发布体系而得，已经在产业价值链客户群体中获得广泛认可。自开始发布至今，易贸估价已有12年的历史，涉及超过50多个大宗品行业，上万个细分品种，每个行业按产品品目的种类分为不同的产品项目组，每个产品项目组由十至上百名市场分析员和市场调研员组成，每天对全国及产品主要进口国上千家的生产商、贸易商、下游厂商进行产品价格的电话调研，通过价格直接获取与相互校验的方式，结合市场心态和供求基本面的分析进行价格数据的汇总和筛选，并导入易贸的估价模型，得出最终的易贸价格。无论是追踪分析客观的行情走势，还是在直接的业务过程（现货买卖商谈、年度长期合同签约）中，目前90%以上的行业客户（包括生产商、贸易商、下游用户）都在使用易贸估价，而诸如海关、银行、法院等第三方机构，也在采用易贸估价进行商品核价或资产评估。2008年，易贸与全球石化资讯领先企业ICIS战略合作，易贸估价进一步在国际市场被认可和应用，国外供应商在参与中国贸易合作时，也已开始采用易贸估价。

### （三）质押业务流程

质押监管全部流程都在线上完成。银行、客户、仓储企业最快可在一天内利用易贸供应链EWS系统，走完流程，实现银行当天放款。

质押监管放款流程：易贸平台交易订单生产—易贸平台向EWS系统生成查询单—仓储公司WMS系统录入货物信息—EWS系统调用货物信息数据并确认查询单—EWS系统上传品质证明文件—EWS生产监管单及监管单号—易贸平台得到监管单及监管单号—银行网银生产监管单及监管单号—放款。如图6-7-8所示。

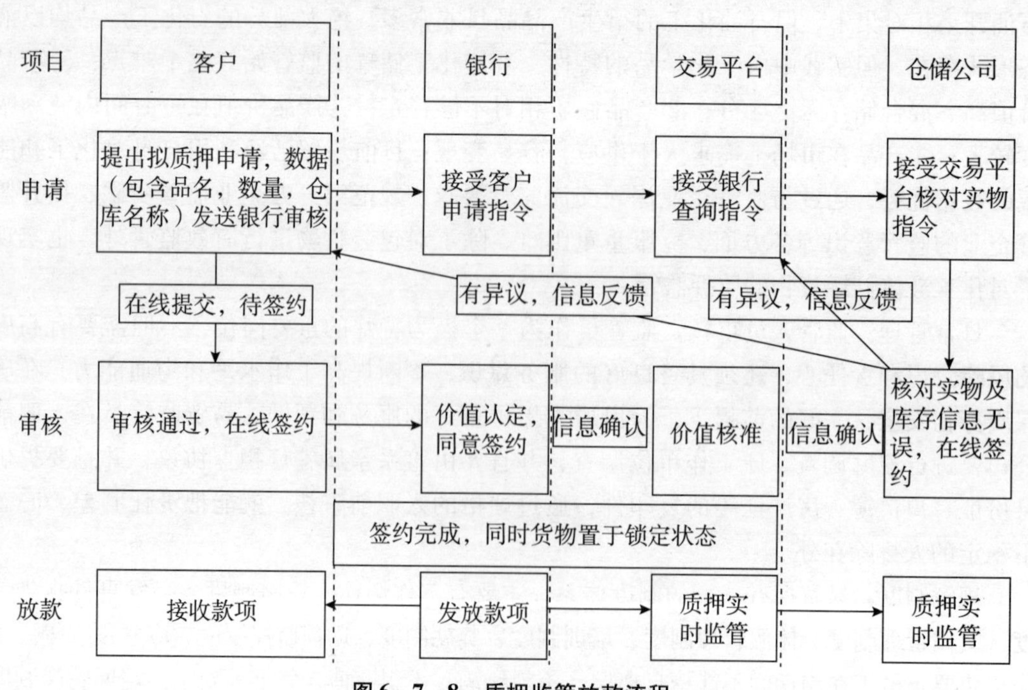


**图6-7-8 质押监管放款流程**

还款流程：客户去建行网银操作还款（部分还款或者由于货物价格下跌引起的还款）—银行网银修改监管单通知—通知易贸平台修改仓单—EWS 系统修改仓单信息并发送信息—EWS 系统向仓库 WMS 系统校验仓单信息—仓库 WMS 系统中易贸监管账号库存调整—还款完成。如图 6－7－9 所示。

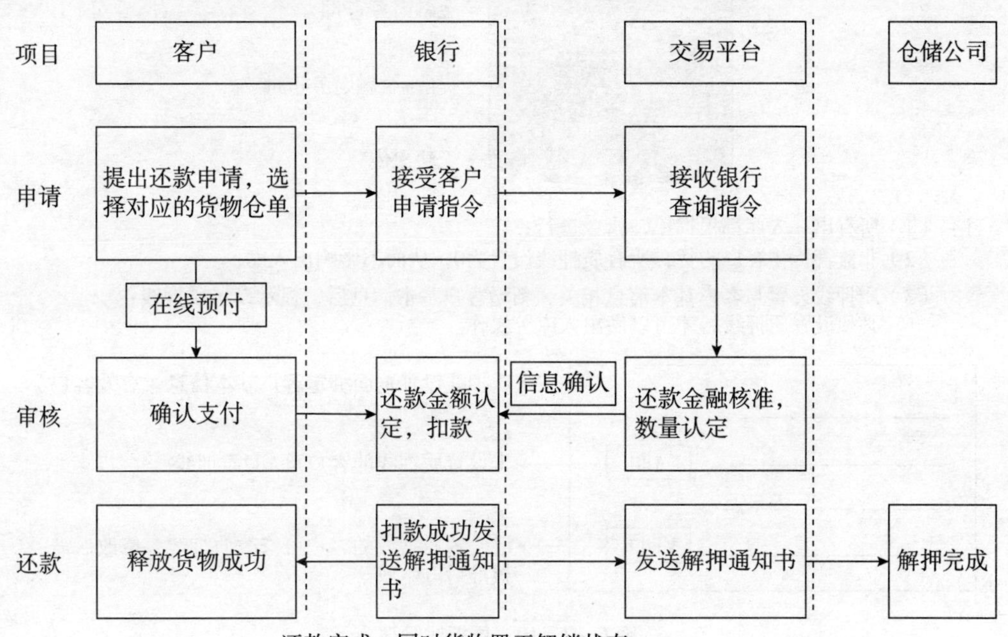


**图 6－7－9　质押监管还款流程**

贷后管理：每天 2：00 EWS 盘点监管单所有货物单价；

每天 17：00 所有监管单 EWS 向仓库系统自动盘点；

质押线＝贷款余额/质押率；

警戒线＝质押线×风控系数。

警戒线是指按照银行所规定的价格波动比例下的，对于银行所持有的质押仓单所对应的价格波动的控制线，由易贸供应链管理系统（EWS）依据每日导入的价格，实行自动判断及预警。当库内的产品价格到达警戒线的时候，系统会自动发送短消息到预录入的手机号和邮箱里，提醒相关部门对此票货物进行关注。如表 6－7－4 和图 6－7－10 所示。

由于系统外部接入即时货物价值数据，银行风控数据，仓库实际货物数据。系统能够实时为各个相关部门提供相关的风控信息。实现真正的多仓库总值动态监管。

**表 6－7－4　　质押监管警戒线设置**

| 序号 | 范围 | 操作 |
|---|---|---|
| 1 | 库存值＞授信额 | 出库无须审核 |
| 2 | 质押线＜库存值≤警戒线 | 短信及平台银行相关人员提醒 |
|  | 库存值≤质押线 | 冻结（出库指令无法下达） |

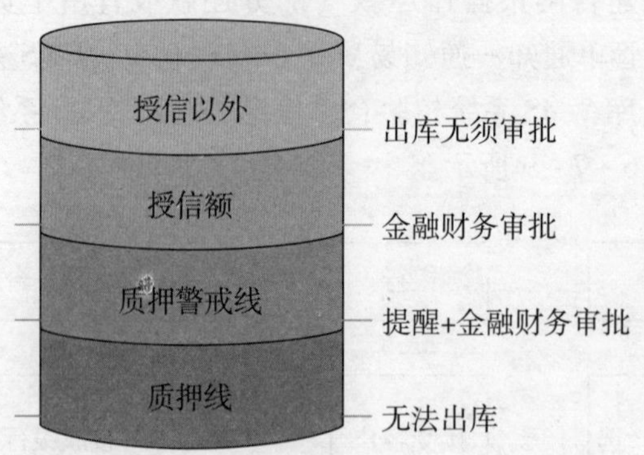


注：（1）所有出、入库都根据EWS指令进行；
（2）非监管货物客户的货，所有质押线设置为0，从而不影响出入库；
（3）质押线设置与客户基本信息相关，新增客户基本信息后，提示设置质押线；必须设置质押线后才可以做出入库等操作。

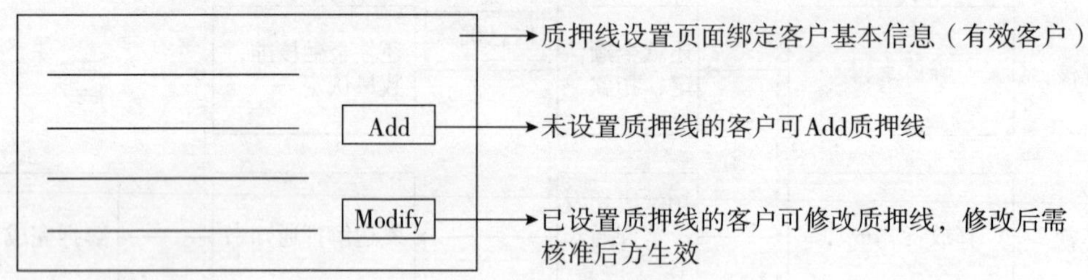


**图6-7-10　质押线管理**

修改质押线后，设置前已经生成的单据不受影响仅影响修改后的新建单据；

未设置质押线的客户单据无法保存，新建单据时会提醒“请先设置质押线”；

货值计算 Sum（数量×价格）×汇率；

单据保存时计算，控制单据是否生效；

货值更新后，按周期主动计算更新（对于静态质押及流动较少的客户起到监管作用）；

计算后发现需要冻结的客户，预警（短信/平台）需补货/平仓；

出库只能单张操作，后来单子控制住直到前序单子有反馈。

由于系统外部接入即时货物价值数据，银行风控数据，仓库实际货物数据。系统能够实时为各个相关部门提供相关的风控信息。实现真正的多仓库总值动态监管。如图6-7-11所示。

管理模式：系统监管结合人工监管：EWS 介绍和人工巡库巡查规范。与传统的监管业务一样，我们也会配置现场巡库人员和风险控制人员。巡库人员每日到现场对仓库现场和货物进行检查，看是否达到我们监管手册的要求。风控人员主要是看系统的数据是否有异常，如果有异常，通知巡库人员及仓库进行调整。

系统通过人员 RFID 及 OA 考勤与仓库盘点功能综合应用，对巡库人员的巡查记录，盘点单盘点情况实现系统跟踪及管理。重点客户实行 24 小时视频监控。如图 6-7-12所示。

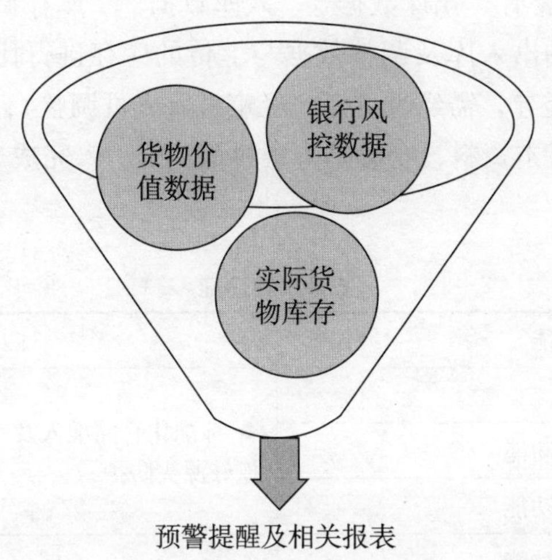


**图 6-7-11　监管风控预警**

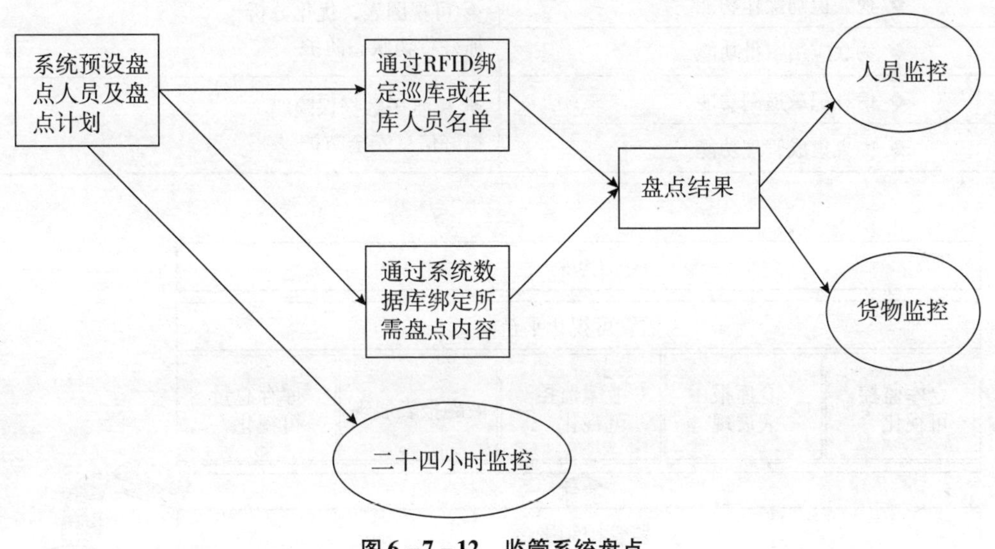


**图 6-7-12　监管系统盘点**

对于保险，我们除了仓库购买的货物险外，另外购置了质押险。

## （四）利用物联网及可视化技术参与管理

### 1. 电子监管系统

EWS 仓库电子监管系统，作为易贸对于监管质押类货物的管理手段之一，不仅涵盖了普通仓储系统的所有功能，更包括了“外库信息中心”“监管预警控制”“外库征信体系”“监管人员管理”“可视监控体系”及“自动监控价格”和“费用结算”等功能。为易贸交易平台对于外库的严格认定及有效管理提供先进的技术手段。EWS 系统运作原理是：使用非人工干预的技术手段，取得仓储企业管辖范围内的货物的第一手库存数据，并对仓储企业提交的各项报表进行审核。同时，通过技术手段，监控仓库的实际操作。

需要导入 EWS 的数据主要有“出库数据”“入库数据”“库存调整数据”“库存数据”；根据期初数据叠加导入的出入库及调整数据与上传的库存进行比较，差异以报表的形式提供给接入方（当出现差异，需经过盘点，经审批后方可调整）；基础数据导入包括库存数据及客户资料，货物基本资料，仓库基本资料等；出、入完成后即反馈给 EWS；调整、库存定期接入 EWS。

**表 6－7－5　　监管系统功能**

| 九大功能 | 四重防护 |
|---|---|
| ◆ 仓库评估功能 | ◆ 标准化仓储准入及考察体系<br>抓好源头防护 |
| ◆ 单据交换保存功能 | |
| ◆ 库存实时锁定功能 | |
| ◆ 价格风险调节功能 | ◆ 系统为主，人员为辅<br>抓好操作流程防护 |
| ◆ 短信预警提醒功能 | |
| ◆ 视频识别操作功能 | ◆ 可视图表，优化分析<br>抓好货物状态防护 |
| ◆ 物联应用审批功能 | |
| ◆ 信息记录追溯功能 | ◆ 黑匣子数据保险箱<br>抓好信息安全防护 |
| ◆ 中央集成管理功能 | |

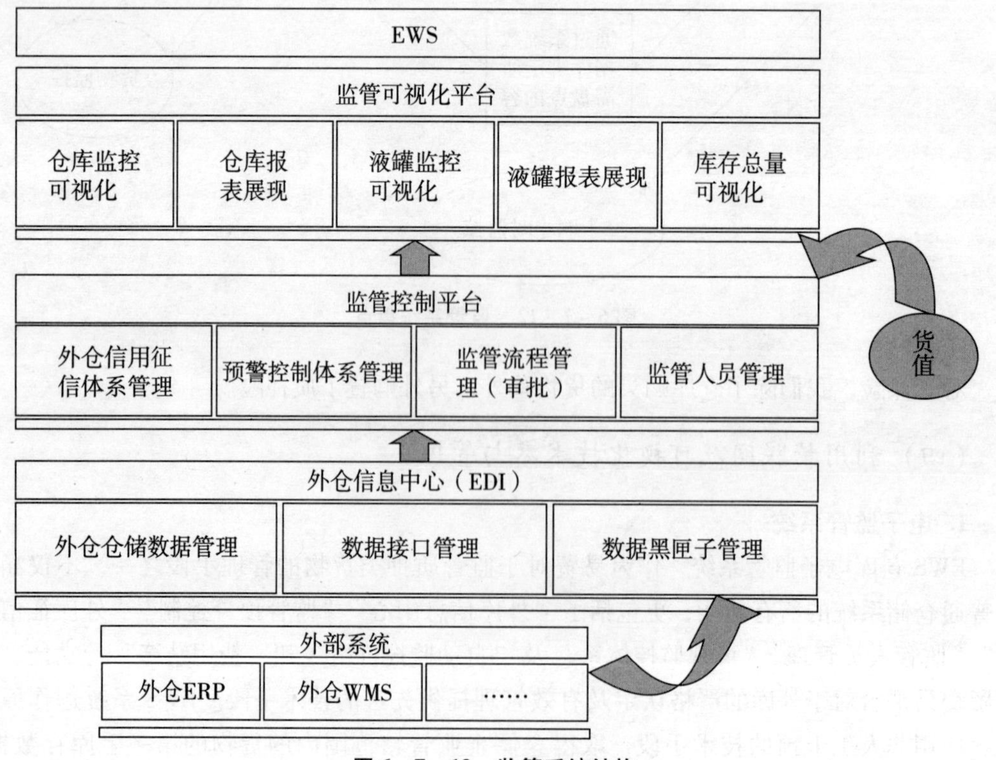


**图 6－7－13　监管系统结构**

**2. 监管系统实现方法**

（1）建立统一的物资系统，实现区域库存信息共享；

（2）引入先进的库存监管模式，明确库位优化管理；

（3）对仓库作业的具体环节进行指令发送和反馈信息的接收。

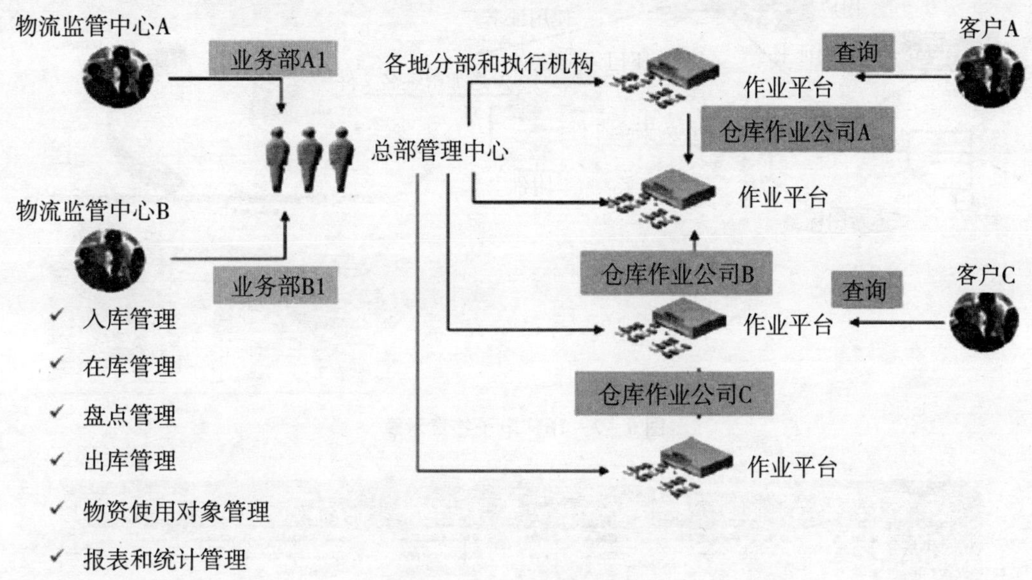


**图6－7－14　监管系统示意**

**3. 数据黑匣子管理**

所有外库，接入监管体系的数据，均在易贸外库信息中心进行初始数据备份，防止外库系统随意篡改原始信息数据。

**4. 实际货物库存管理**

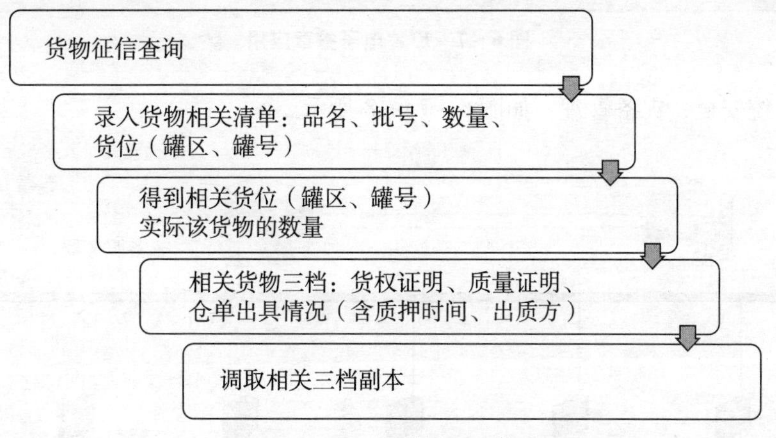


**图6－7－15　系统黑匣子管理**

**5. 电子签章**

（1）实现的原理及效果，如图6－7－16、图6－7－17所示。

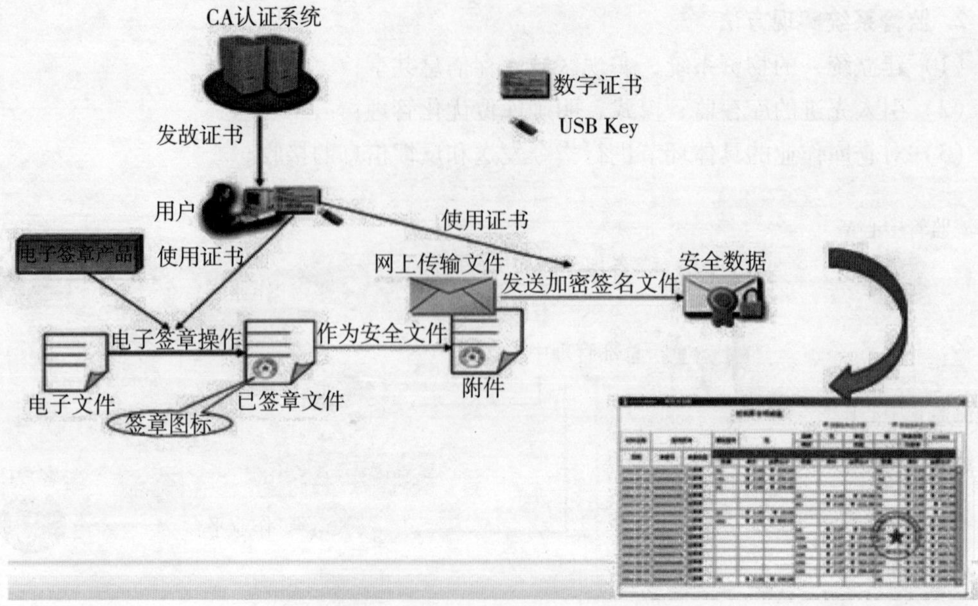


图 6－7－16　电子签章示意

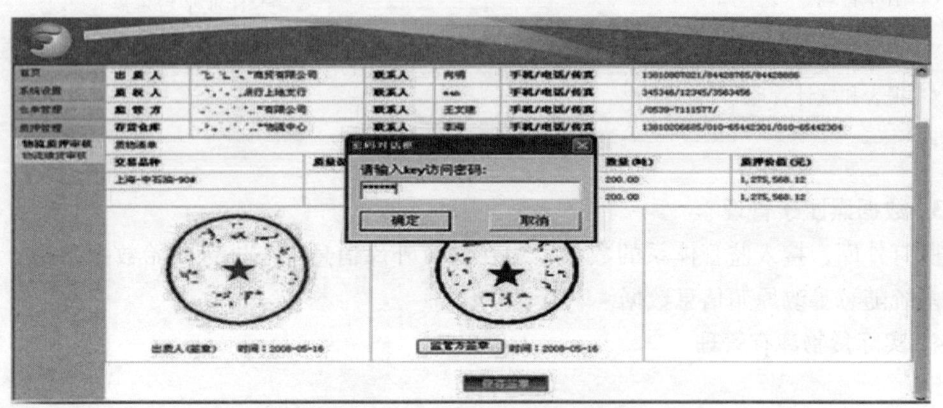


图 6－7－17　电子签章应用

（2）系统安全、灾备管理，如图 6－7－18 所示。

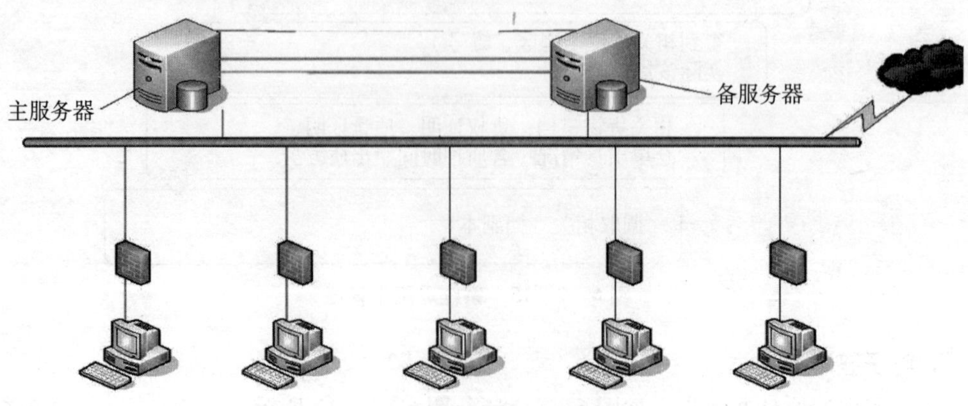


图 6－7－18　系统安全示意

（3）实时数据传输及热备支持，如图6－7－19所示。

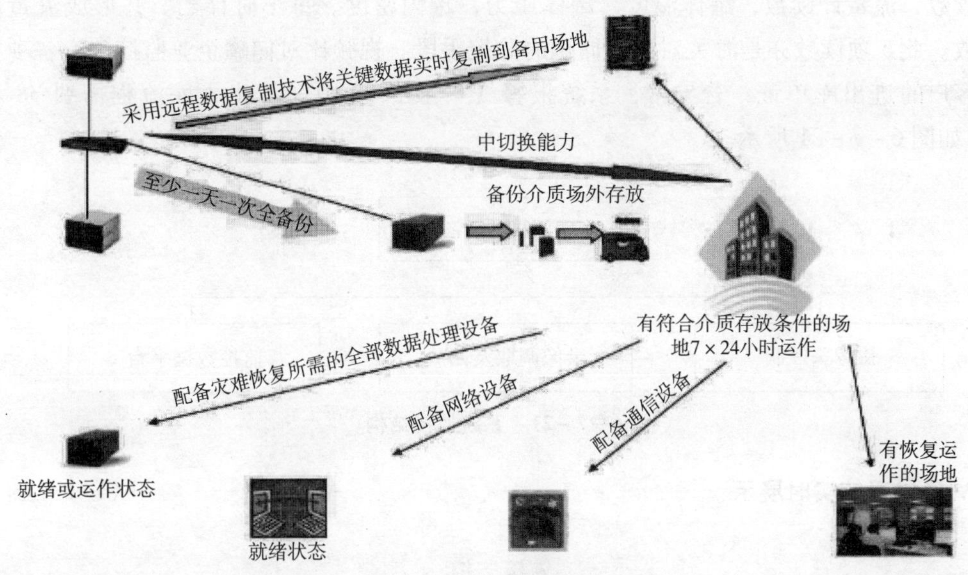


**图6－7－19　系统灾备示意**

**6. 移动终端实时监控**

目前我们所有监管仓库都已经实现了手机终端可视化监控。在易贸总部，设置所有监管交割仓库的监控中心。通过图像、数据来实时展现仓库现场的状况。

对于固体库，我们除了对大门、过道、墙角等外还另增加了对货物的摄像头。固体货物仓库摄像头按照库区划分，点击摄像头相关摄像区域，系统会自动匹配该区域的所有正在操作的单证与库存情况。如果该库区没有相关单证操作却摄像区域内有人员异动，则系统发出报警信息。如图6－7－20所示。

**图6－7－20　系统远程包装货监控图**

对于液体储罐，我们对接了罐区内的基础数据，储罐黑匣子记录关键5项数据：雷达液位读数，流量计读数，罐体温度，罐体压力，罐内密度。每小时存档。并形成流量历史读数。此5项读数亦是海关对保税储罐的监控手段。视频比对储罐企业监控中心各项数值与客户的进出库单证，若异常，系统报警（一般3000吨船货出入库流程需要38小时）。如图6－7－21所示。

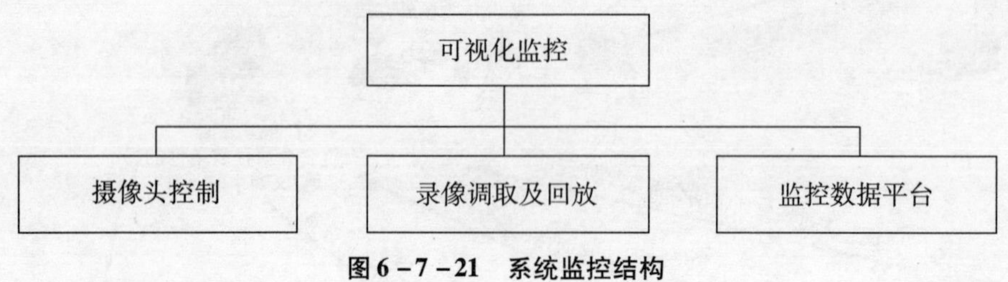


**图6－7－21　系统监控结构**

**7. 通过系统实时展示**

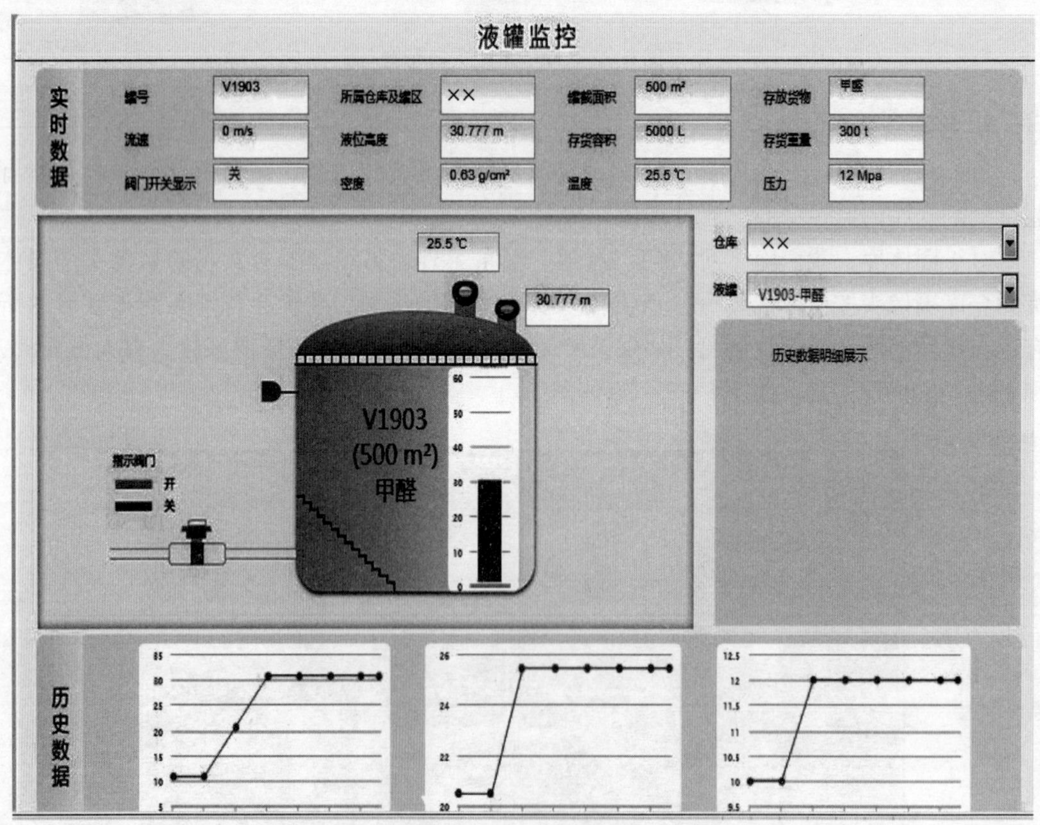


**图6－7－22　系统远程液化监控**

（1）区域1：液罐六个参数变化趋势展示（折线图＋柱状图）

①六个参数：液位仪、流量进、流量出、温度、密度、压力

②以折线图＋柱状图显示六个参数的变化趋势，图形如图6－7－23所示：

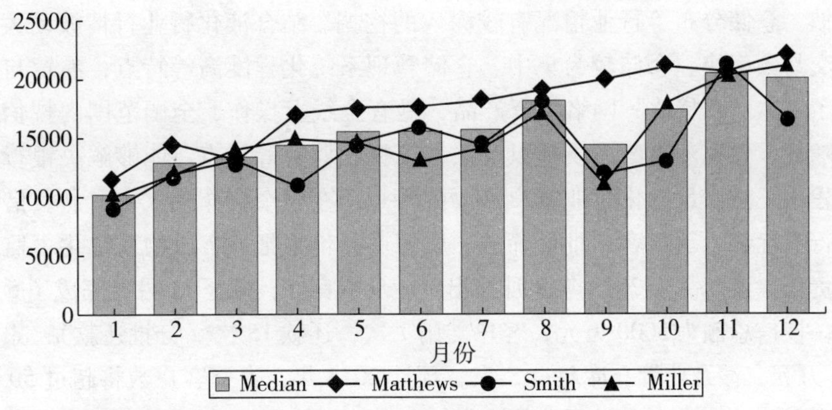


**图 6－7－23　液化监控数据分析**

$x$ 轴为时间（建议模拟 1h 抽取一次，即 $x$ 轴的颗粒度为 Hour；图表显示当天数据）；$y$ 轴为各参数的数值

（2）区域 1：出入库存总体情况（折线图＋柱状图）

①数据范围：易贸管理的所有客户所有仓库的总值

②四个参数：出库数量、入库数量、库存数量、质押线

③以折线图＋柱状图显示四个参数的变化趋势，图形可参考下图，其中折线为质押线，其余 3 个参数的数值用柱状图表示

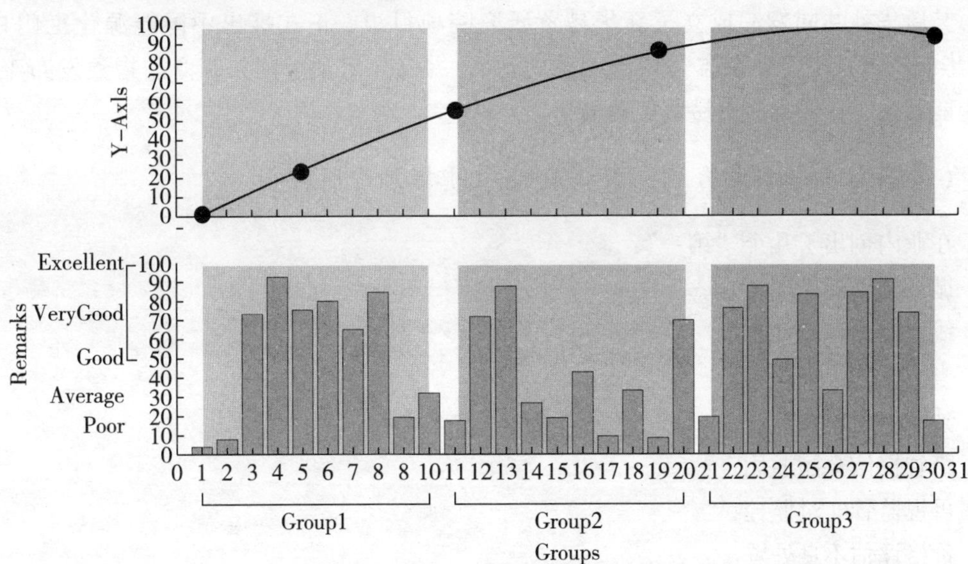


**图 6－7－24　监控出入库及库存分析**

$x$ 轴为时间（建议模拟 1h 抽取一次，即 $x$ 轴的颗粒度为 Hour；图表显示当天数据）；$y$ 轴为各参数的数值

## 四、绩效分析

### （一）突出液化产品优势，交易规模再上台阶

由于易贸长时期对于液体化工领域的专注研究，对于整个液化行业的市场行情、交

易结算习惯、仓储分布等行业情况有较深入的挖掘。结合液化行业行情波动大、资金需求量大、交易频率快、仓储较为集中、仓储管理系统化程度高等特点，易贸与建行共同合作设计了一款“E贷款”网络融资产品，具有全线上操作、全国范围内授信、当天放款、随借随还、独家液化产品质押以及系统可视化监管等特点，能够解决银行传统授信和支用过程中无法满足液化行业客户需要的特点。在整个合作模式中，易贸借助十多年来积累的行业优势，承担客户批量筛选、质押产品价格把控、质物系统化再监管以及质物处置等责任。该产品于2013年9月推出之后反响良好，截至11月已完成了5家客户的授信工作，授信总额为5000万元，客户支用7次，还款15次（分批还款），累计支用金额逾2000万元，涉及监管仓库超过5家。预计2014年，融资客户数将超过50家，授信总额将达到8亿~10亿元，涉及监管仓库15~20家。

### （二）构建仓储联盟，配套供应链服务

搭建仓储联盟分销体系，与200多家物流运输企业和90多家储罐企业建立战略合作伙伴关系，拥有180万平方米的仓储资源和1万平方米的银行合作示范样本间。5家企业已获得建行总行认定，成为建行·易贸网络银行指定监管交割仓库。

### （三）与新华社合作，编制能源化工指数

与新华社共同发起成立了新华易贸研究院项目组，正式推出中国能源化工门户网“新华能”及线下专业杂志《中国能源周刊》，并合作启动中国大宗商品指数发布工作，其中能源化工板块指数由易贸负责编制。

### （四）与金融机构合作，提供全线上质押融资服务

在业内创出了几个“第一”：

循环额度随借随还；

线上操作逐日计息；

当天支用当天还款；

独家液化质押监管；

跨省授信全国通用；

可视监管实时监控；

价格评估不良处置。

### （五）提高货物处置及抗风险能力

在2002—2011年的前十年发展中，易贸致力于为大宗商品行业提供专业的会议、展览、培训及考察等服务，已经成功举办了超过1300多场次的大宗商品行业的商务活动，服务于40000位以上的核心客户。2010年，易贸成立了易贸经纪公司，致力于大宗商品的撮合及衍生服务，涉及产品有苯乙烯、乙二醇、二甘醇、精对苯二甲酸、甲苯、二甲苯、甲醇、双酚基丙烷、丙酮、纯苯、丁辛醇、混合芳烃、甲基叔丁基醚，天然橡胶及

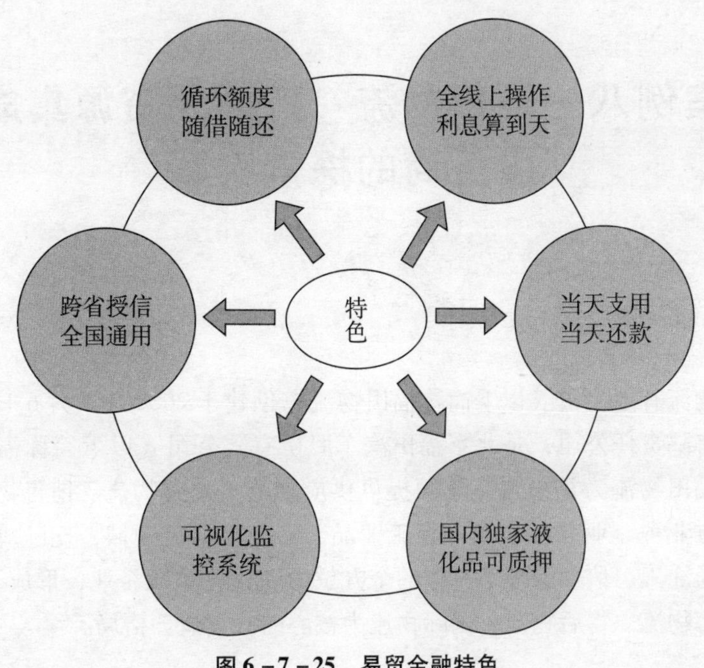


**图 6-7-25　易贸金融特色**

有色金属铜、铝、镍等，有 100 多位专业交易顾问服务于 5000 多家大宗商品领域的高端客户。2012 年，经纪业务的日均成交额逾 3 亿元人民币，年成交额过 1000 亿元。2013 年第一季度日均成交额已突破 10 亿元人民币，全年成交额预计将达到 2000 亿元左右。这一系列举措，使易贸供应链能够依托各兄弟板块，围绕大宗商品领域，建立起一个完整的处置分销机制。

易贸认为，大宗品质押监管目前碰到的瓶颈，都是发展中的困难，唯有通过发展来解决。所以，易贸准备率先实践，以大宗商品交易模式创新、数据平台、物流金融服务为抓手，形成标准化交易服务系统，在此基础上打造亚洲规模最大，交易品种最全，具有国际影响力的化工商品联合交易中心——上海化工品交易中心。上海化工品交易中心拟注册在自贸区，以实现内外贸交易和金融服务集聚在上海，供应链配套和仓储物流服务全国区域属地化的价值链格局。相信经过易贸以及类似于易贸的社会力量，将来的大宗商品供应链格局会有一个突破性的发展。

撰稿人：上海易贸供应链管理有限公司总经理　周　谊
上海易贸金融服务有限公司总经理　葛伟民
上海易贸供应链管理有限公司经理　柴立琴

# 案例八　福田物流：厂内外资源集成服务商的探索实践

## 一、企业简介

北京福田物流有限公司（以下简称福田物流）创建于2002年5月6日，是经北京市工商局批准的有限责任公司，是北京福田汽车股份有限公司（以下简称福田汽车）下属事业部之一。福田物流为福田汽车集团提供供应物流、生产物流、销售物流服务，同时发展外部第三方业务，业务逐步延伸至工业品、消费品物流领域，现已成为集运输、仓储、配送、流通加工、信息管理于一体的全方位的现代化物流企业，形成了以供应物流、生产物流、销售物流、售后物流、国际物流为核心的五大业务格局。

### （一）发展历程

**1. 2002—2005年由内部储运管理向企业物流运营转型**

福田物流公司脱胎于福田汽车营销公司储运部，2002—2005年期间一直承担着福田汽车商品车的仓储、运输、中转业务，为提高客户满意度，在管理流程体系、业务操作流程方面不断完善，逐步取消了福田汽车各品牌（南北工程车、欧辉客车除外）经销商的自提业务，完成了福田各品牌销售物流业务的初步整合。

**2. 2006—2011年由企业物流向物流企业转型，并走向市场化**

该阶段与宝供物流进行资产重组，销售物流趋于成熟，实现专业化运作；生产物流整合阶段，先后接管萨普工厂、原蒙派克工厂、长沙汽车厂生产物流，并参与欧曼二工厂、北京多功能工厂、广东欧辉工厂、山东多功能工厂等新工厂物流规划及运作，尝试开展供应物流及第三方物流业务拓展。

**3. 2012—2014年深化服务福田汽车，拓展相关行业物流，充分参与市场竞争**

销售物流推进信息化管理，提升运营质量；生产物流进入改善优化阶段；为满足业务发展和供应链整合需求，不断探索和优化干线运输和循环取货模式。为打造成为整体物流解决方案的提供商，福田物流还不断开展外部物流业务，目前客户已涵盖汽车、汽车零部件、机械装备、新能源等行业领域。

### （二）产品类型与核心业务

福田物流主要业务分为福田内部和外部两大业务板块。作为福田汽车物流服务商，主要产品类型是生产物流规划；商品车运输；零部件运输、仓储、分装加工、配送服务。外部业务产品类型主要是零部件、商品车的运输；工业品、消费品的运输和物流咨询服务。

福田物流是依托福田汽车发展起来的物流公司，目前内外部业务比重构成为 70∶30，特别是在汽车物流业务方面具备丰富的运作管理经验。

在销售物流方面，已全面承接了福田汽车商品车发运业务，商品车运输网络已覆盖全国，在商品车发运、在途管理、跟踪管理、结算方面已有相对成熟的业务操作体系和管理流程，2013 年销售物流业务收入达到 11.4 亿元，占总收入的 70%。

在生产物流方面，生产物流业务覆盖率达到 80%，主要是零部件的仓储、拣选、配送、分装业务管理，2013 年生产物流收入实现近 1.6 亿元。

在供应物流方面，当前业务涵盖集货中心、循环取货、器具回兑等多个模块，在供应物流一体化环节实现了供应商零部件下线至上线的全过程服务，构建了福田汽车从零部件供应到仓储、从配送上线到商品车发运，贯穿汽车生产的全价值链物流平台。2013 年供应物流（含第三方物流）营业收入共计 3.3 亿元。

### （三）企业内部能力优势

（1）高素质的管理队伍：2013 年福田物流职工约 2300 多人，其中管理和技术人员约 450 人，本科以上学历人数占管理人数的 50% 以上，管理人员整体素质较高。

（2）轻资产的运力网络：福田物流主要是采用人驾司机和可控运力两种运输方式，以自有和利用社会车辆组织运力资源。目前拥有人驾司机 4872 人，可控车辆约 700 辆。

（3）完备的设施设备资源：生产物流库房类型主要以封闭库、棚库、露天库为主，面积达 48.33 万平方米，其中封闭库约 31 万平方米，占总库房面积的 65%。生产物流设备设施较齐全，拥有叉车 440 台，货架 6310 组，转运车 444 辆。

（4）信息化建设满足业务需求：福田物流为满足业务需求，不断提升信息化建设能力。自身设计和维护运输管理系统（TMS 系统）和仓储管理系统（WMS 系统）。运输管理系统主要是满足销售物流业务需求，主要操作模块为发车管理、调度管理、在途管理、GPS 监控、业务分析、KPI 分析和报表分析模块；仓储管理系统主要是满足生产物流业务需求，主要操作模块为出入库管理、库内管理、核算管理、报表管理等模块。目前供应物流可视化平台也已纳入信息系统建设规划。

### （四）业务覆盖区域

福田销售物流运输网络已覆盖华北、华东、华南、华中、西北、西南地区，设有 12 个销售物流部进行业务运营管理。

福田生产物流已覆盖福田戴姆勒一工厂、二工厂、北京多功能工厂、山东多功能工厂、萨普工厂、奥铃工厂、欧辉北京工厂、欧辉广东工厂、工程车诸城工厂、工程车长沙工厂 10 个工厂，设有 17 个生产物流部进行业务运营管理。

福田供应物流客户遍布全国各地，设有 22 个办事处进行业务管理；建立了丹阳集货中心，为全国业务的干线运输和循环取货的实现提供平台。

### （五）主要客户

福田物流在汽车行业领域服务客户主要有福田汽车、福田雷萨、东风小康、比亚迪汽车、金杯、王牌汽车、东风日产、绵阳金杯、东风微车等知名企业；汽车零部件领域的客户主要是玉柴机器、安凯车桥、云内动力、中策橡胶等；工业品和消费品客户主要是中国南车、明阳电气、中粮、中国庆华等知名企业。

### （六）企业荣誉

2006 年以来，福田物流公司连年被评为“中国物流百强企业”“中国最具竞争力 50 强物流企业”“中国汽车物流行业十大影响力品牌”和“AAAA 级综合服务型物流企业”，2013 年荣获“中国物流社会责任贡献奖”。

## 二、供应链管理背景

经济全球化、制造全球化、信息技术进步以及管理思想的创新，促使企业之间的竞争方式发生改变。现在的竞争主体，已经从企业与企业之间的竞争转向供应链与供应链之间的竞争。因而，在越来越激烈的竞争环境下，供应链管理成为近年来在国内外逐渐受到重视的一种新的管理理念和管理模式，在企业管理中得到普遍应用。

### （一）汽车行业供应链管理需求

汽车制造业包括研发、采购、制造、营销等环节，其每个环节都包含着商流、物流、信息流、资金流等的流动。汽车制造业的主要特点主要是大规模、批量式、订单式生产并存，尤其是商用车的生产，既有大批量生产（如中重卡、轻微卡），也有单件小批量生产（如大客车），汽车行业目前市场竞争激烈，而利润相对较低，因此汽车制造企业注重内部流程优化和全面质量管理。汽车制造企业发展趋势是抓住研发、制造和营销三大核心业务，将非核心业务外包。

世界汽车制造业十分重视供应链管理，千方百计降低成本、拓宽利润空间。在欧美，以第三方物流供应商身份加入汽车供应链已成为主流，80% 以上的汽车企业已把汽车物流外包。

### （二）汽车物流企业供应链管理中的机遇

**1. 汽车制造企业高效率的发展要求**

在汽车工业进入大规模定制时代，用户处于价值链的最前端，制造企业要按用户个性化定制需求（即按订单）生产，而且定制的速度越来越快。这就需要汽车物流企业提供高效率的物流服务。汽车物流企业根据客户需求（如按单生产方式对物流快速反应的需求）重新设计物流与配送系统，只有最大限度地缩短订货处理周期，提高整个物流与配送系统的反应速度和运作效率，从而达到降低运营成本、增强市场快速响应速度，才能满足客户的物流与配送需要。

**2. 汽车制造企业高质量的发展要求**

汽车供应链全球化的发展趋势，需要社会化的第三方汽车物流企业协同整合全球汽车物流资源，实现供应链全程化、无缝对接和优质高效服务。

客户在选择第三方汽车物流企业时，主要看重汽车物流的运营经验、专业化经验、服务能力、服务质量、服务效率、品牌商誉、网络覆盖率、服务价格和电子数据交换能力等。

中国第三方汽车物流企业发展需要汽车生产商转变观念、打破现有自产自销运作模式，认识到第三方汽车物流企业能给其提供超值物流服务。

**3. 社会化发展要求**

汽车的生产和销售的专业化需要个性化的汽车物流企业提供物流服务。由于汽车物流服务的需求层次较高，因此专业化的汽车物流服务是客户对第三方汽车物流企业的基本要求。

第三方汽车物流公司在汽车包装、运输、控制和分配货物等实务操作上需具备专业能力，服务能够满足特定汽车及零部件客户，并对其供应链进行全程一体化服务。

## 三、供应链管理模式

汽车物流是集现代运输、仓储、保管、搬运、包装、产品流通及物流信息于一体的综合性管理，是实现商品从生产到消费各个流通环节的有机结合。

福田物流公司的汽车物流模式是基于福田汽车供产销一体化的外包物流，即部分产品原材料、零部件、辅助材料等的供应物流、汽车零部件的生产物流与整车销售物流等物流活动由福田物流公司完成，福田汽车既是企业生产活动的组织者、实施操作者，又是物流活动的监督者和协调者。

作为第三方物流企业，福田物流企业价值在于为客户提供一体化的解决方案，优化供应链各节点作业。通过搭建全国运输网络、路线优化、运输方式设计缩短交货零部件和整车的交付周期；依托信息化手段，通过设计改进生产物流配送模式，降低汽车制造企业线边库存和 RDC 库区库存，提高仓储空间利用率和配送效率，以保证生产线作业顺畅，如图 6 - 8 - 1 所示。

**1. 供应物流模式**

福田汽车及福田物流丹阳集货中心试点正式启动，实施以 Milk - run（循环取货）模式为主、直送与集散点配送模式为辅的集货模式，达到覆盖江浙沪地区零部件供应商，满足福田汽车多个工厂生产需要的目的。经过几年的发展，福田物流目前正在天津、山东、浙江等地筹备建设集货中心，推动供应商物流一体化运作，降低供应链物流总成本。

**2. 生产物流模式**

2009 年起伴随福田汽车北京（怀柔、密云）、广东（南海）、山东（潍坊）四个新工

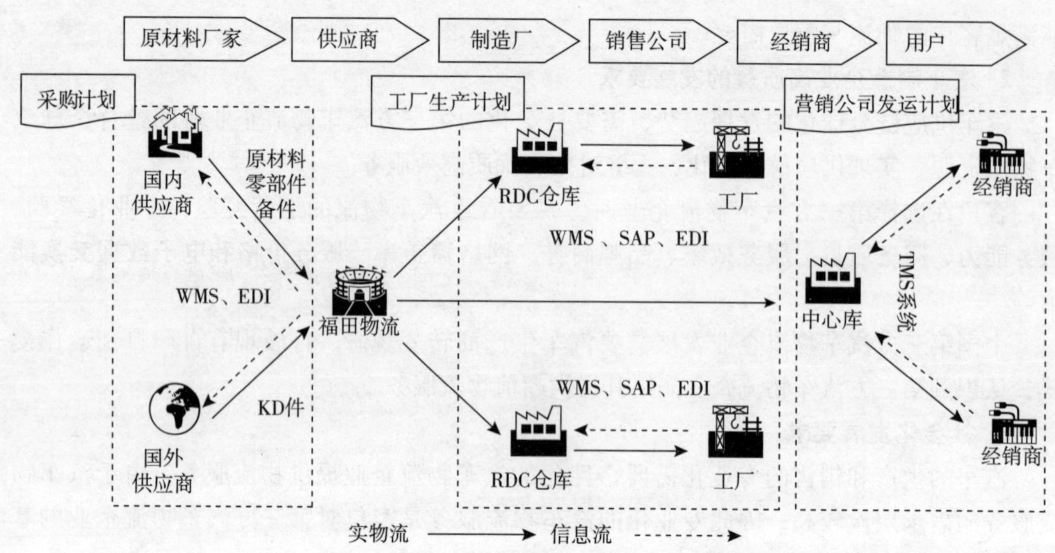


图6-8-1　福田物流公司供应链结构示意

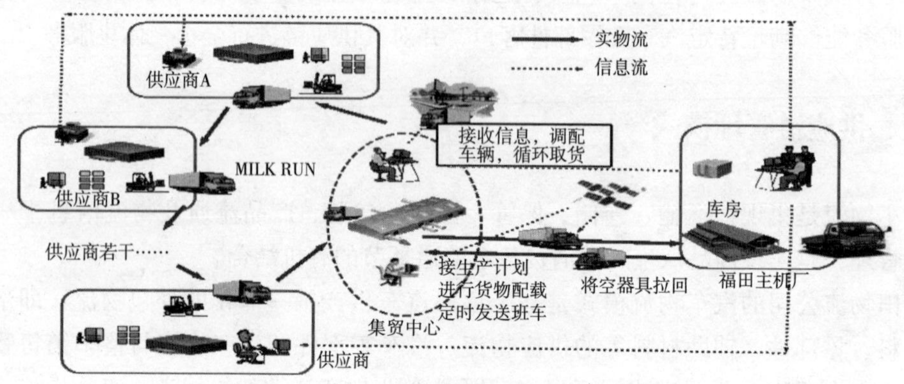


图6-8-2　福田物流公司供应物流模式

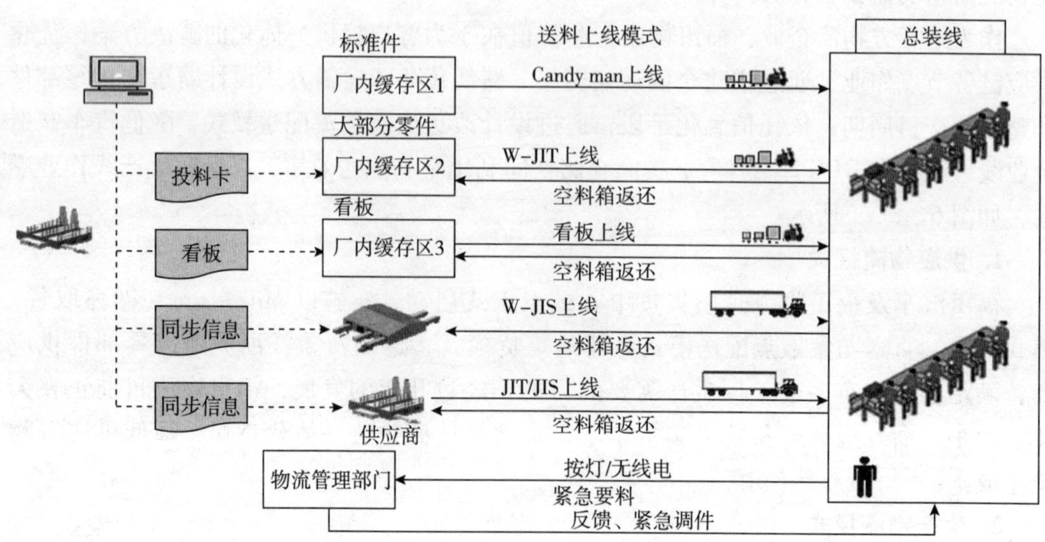


图6-8-3　福田物流公司生产物流模式

厂的建设，以同步规划、同步设计、同步建设、同步运作（四同步）方式开展生产物流仓储配送业务，并将700多种零部件的分装业务和轮胎装配业务从主装配线中分离出来，交由福田物流分装部完成。福田物流承接了生产物流业务后，在工厂产销大增的情况下，对物流商进行了整合，如怀柔厂区生产物流，由最初的5家整合到现在的1家，规范了福田工厂的物流业务。

福田物流根据零部件特点、工厂生产作业计划特点，设计不同零部件的配送模式，通过模式改进，降低了工厂线边库存，保证生产线作业平衡，提高了配送效率；通过器具设计改良，降低零部件的质损率，防止由于零部件质量问题影响工厂的正常生产；物流系统同步提升，零部件库存天数缩短了60%以上，提升了空间利用率；在有效保障了工厂生产的同时，不仅降低了单台物流成本，而且配送效率得到提高，较好地满足了精益制造推进的要求。

**3. 销售物流模式**

目前福田物流全力配合集团OTD（订单交付）模式推进工作，完善整车物流运输产品设计，初步完成部分子品牌的物流产品设计，打通了经销商、品牌销售公司、物流公司、承运商四者之间的物流流程，物流关键环节得到界定，起到了缩短交货周期的作用。

福田销售物流作业流程如图6-8-4所示。

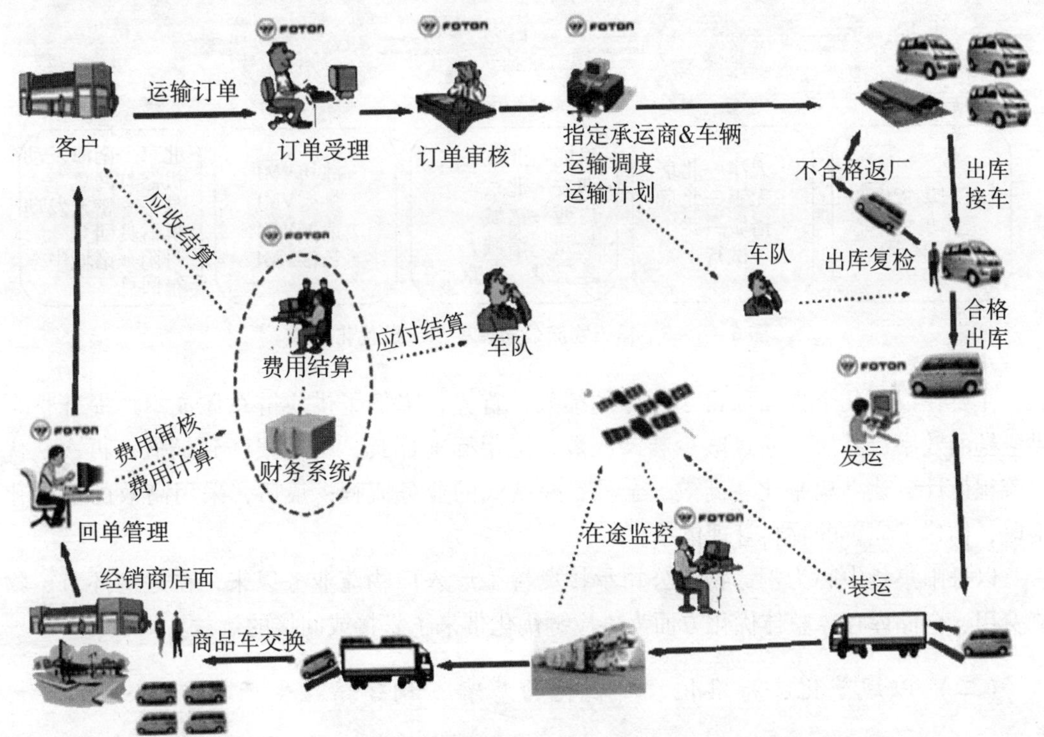


**图6-8-4　福田物流公司销售物流模式**

## 四、供应链管理绩效分析

几年来的实践证明，供应链管理的具体应用，能够从以下几个方面实现优化：一是业务流程优化，物流业务与制造业务互相咬合，对原有业务流程进行重新梳理，缩短过程周期时间50%以上，更好地实现流程再造；二是库存管理可视化，对零部件、整车仓储现场、功能区、仓储设施进行重新规划，做到收发存的可视化管理，降低缺货风险；三是信息系统优化，通过搭建物流信息系统，弥补制造企业信息系统在物流过程管理上的不足，实现全过程在线、在控；四是从价值链优化走向产业链优化，将物流业务由主机厂向上下游延伸，从物流技术、物流管理等方面实现主机厂、供应商、物流商、经销商、服务商的合作共赢，共同打造产业链竞争力。

### （一）以模式创新为手段，整合供应物流业务

2009年物流公司成立丹阳集货中心以来，从供应商分布、零部件属性及提高车辆积载率考虑，发展了循环取货、干线运输、VMI仓储、包装器具回兑等多种模式，在多个厂区开展了供应链优化，初步实现了供应链流程优化、库存成本降低、准时交付率提升。

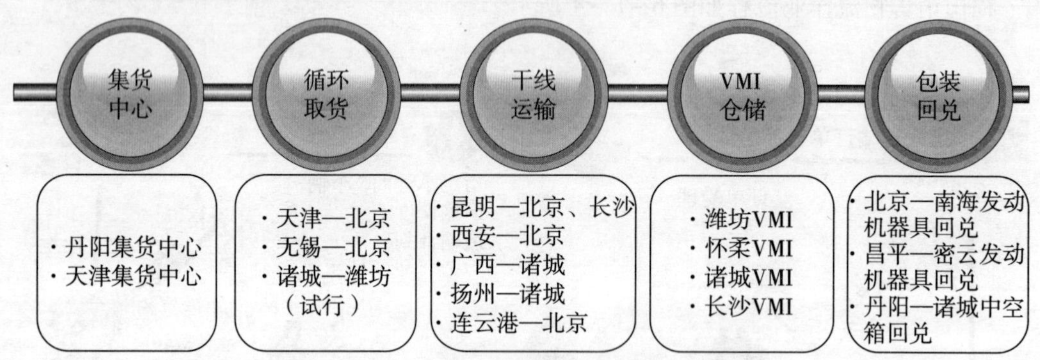


**图6-8-5 福田物流公司多种供应链优化模式**

主要在以下几个方面取得了良好的绩效：首先，降低了供应链总体成本，提升整个供应链的效率；其次，通过减少装卸次数，运用标准器具，将质损降到最低；再次，优化流程设计，建立扁平化、高效、全程、一站式的业务流程；最后，采用高效的信息化手段，构建了完善的物料管理体系。

以丹阳集货中心为例，物流公司承接奥铃工厂入厂物流业务以来，在运输环节、物流费用、仓储库存、整体优化方面为供应链优化带来了直接或间接的效益。

### （二）以规范化、标准化、目视化为基准，构建精益生产物流

随着福田汽车新工厂建立和旧工厂的业务整合，生产物流业务已覆盖福田汽车各厂区的80%，其中，戴姆勒二工厂、北京多功能工厂、山东多功能工厂、萨普工厂、奥铃工厂、欧辉北京工厂、欧辉广东工厂均已全面覆盖；另外，戴姆勒一工厂业务覆盖40%，

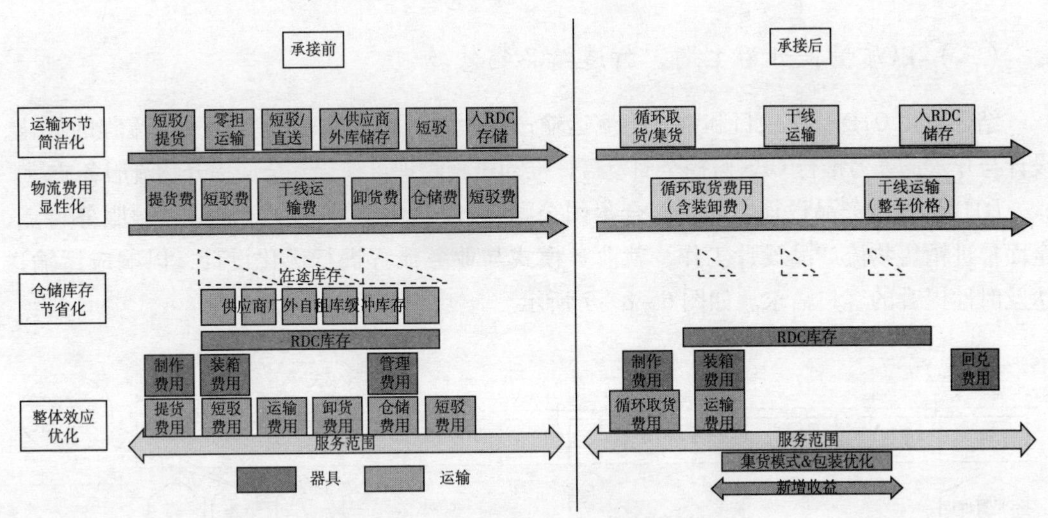


**图 6-8-6　丹阳集装中心供应链优化效益**

工程车南方工厂覆盖 35%，工程车北方工厂覆盖 15%。

生产物流核心运营指标共计 5 项，其中劳产率、人均日产量、停线时长均达标。2013 年劳产率 0.81 万元，较目标值增长 8%，同比增长 30.65%；人均日产量 1.24 台，较目标值增长 12.73%，较上年效率有所提升，同比增长 26.53%；单台物流成本达 218.22 元，虽然未完成目标，但是较上年同比降低 7.06%；停线时长达 162.67 分/月，低于目标值 70.21%；2013 年起物资管理分为 A、B、C 三类，A 类实际值低于目标值 0.14%，B 类、C 类账物相符率均已达标，并较目标值分别增长 0.83% 和 4.44%，总体基本与上年持平。如表 6-8-1 所示。

**表 6-8-1　2013 年生产物流运营指标**

| 指标名称 | | 单位 | 目标值 | 实际值 | 较目标值增长率 | 较指标上升/下降 | 上年同期 | 同比增长 | 变化幅度 |
|---|---|---|---|---|---|---|---|---|---|
| 劳产率 | | 万元 | 0.75 | 0.81 | 8.00% | 达标 | 0.62 | 30.65% | 上升 |
| 人均日产量 | | 台 | 1.1 | 1.24 | 12.73% | 达标 | 0.98 | 26.53% | 上升 |
| 单台物流成本 | | 元 | 201.53 | 218.22 | 8.28% | 未达标 | 234.8 | -7.06% | 下降 |
| 停线时长 | | 分/月 | 546 | 162.67 | -70.21% | 达标 | 110.75 | 46.88% | 上升 |
| 账物相符率 | A | % | 100% | 99.86% | -0.14% | 低于 | 98.89% | — | 持平 |
| | B | % | 98% | 98.81% | 0.83% | 高于 | | | |
| | C | % | 95% | 99.22% | 4.44% | 高于 | | | |

生产物流业务整合与效益提升，给工厂汽车生产带来了效益提升，物流改善状态良好。零部件库存周期目标值为 9.0 天，实际值为 8.7 天；零部件库存金额目标值为 8.15 亿元，实际值为 7.78 亿元；积压物资金额目标值为 1730.1 万元，实际值为 1484.1 万元；零部件配送停线时长目标值 12.0 分/天，实际值为 9.5 分/天。

### （三）以质量提升为主题，打造精品销售物流

结合集团 OTD 优化项目和整车物流运输产品设计，推动物流业务模式与流程的优化、设计与开发；大力推行 GPS 监控全面覆盖，推动过程管理可视化，全面提升物流服务质量。

OTD 优化及产品设计方面：配合集团公司 OTD 优化项目，结合整车运输服务特点，全面推进销售物流产品设计工作，就业务模式与业务流程进行优化设计，以响应运输送达及时性提升的客户需求。如图 6－8－7 所示。

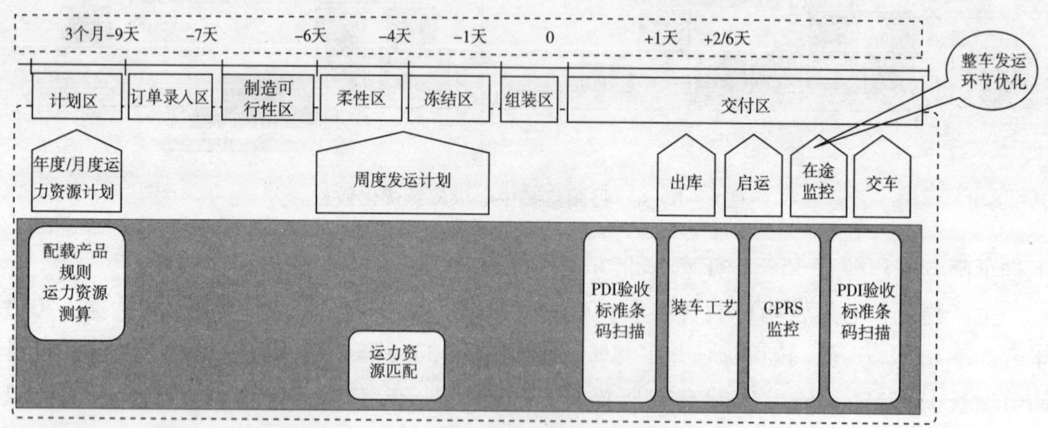


**图 6－8－7　OTD 整车运输交付环节优化**

销售物流流程管理方面：就整车运输从计划到完成质量评价十二个环节工作进行梳理，以标准作业流程对业务运行进行指导。如图 6－8－8 所示。

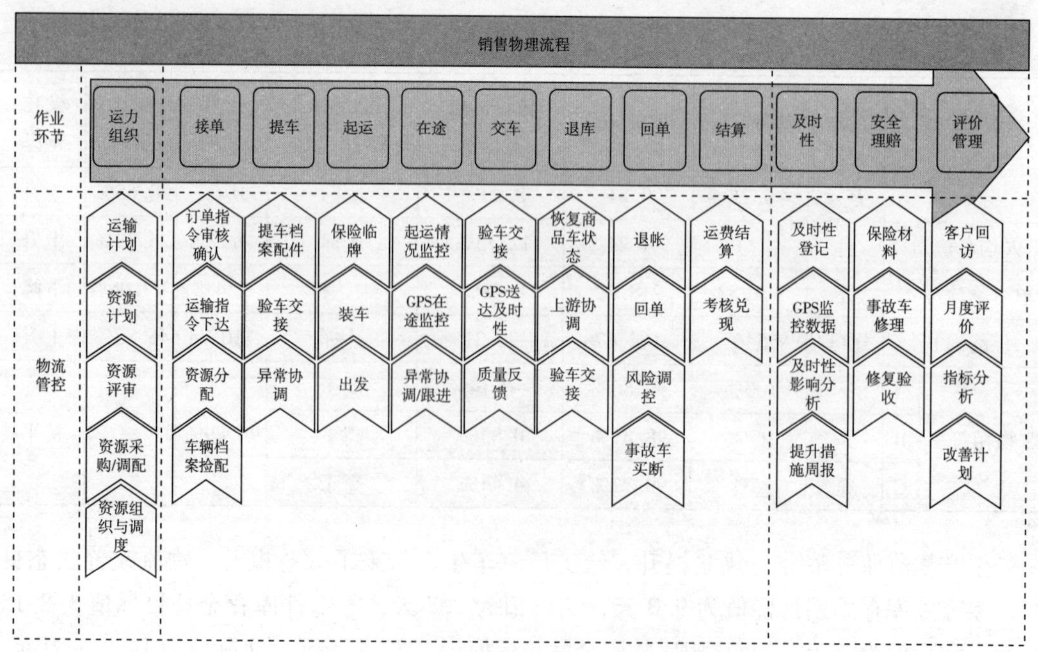


**图 6－8－8　销售物流流程（十二个节点）**

安全管理工作方面：从环境安全、作业安全、行为安全、设备安全四个维度，贯彻职业健康安全管理体系工作的落地与实施，为公司经营、业务运行以及质量提升做好安全保障工作。

## （四）推进标准化体系建设，引领行业标准

福田物流积极参与行业标准的制定，作为《商用车背车装载技术要求》主执笔单位，于2013年9月在第四届商用车物流发展研讨会上对《商用车背车装载技术要求》行业标准进行了阐述，全国的18家商用车制造企业和物流企业的35名代表对商用车运输标准化问题、商用车物流资源整合问题进行了讨论。

配合福田汽车精益制造，福田物流推行精益物流理念，编制了《生产物流作业标准化手册》，实现生产物流部内部以及各分公司之间现场作业标准的统一，确保生产物流作业的安全、质量、成本、效率的指标的达成，为生产物流作业的持续提升奠定基础，提升生产物流业务的核心竞争力。

## （五）生产物流配送模式改进，提高供应链整合度

### 1. 推进看板配送模式

物流公司为杜绝凭经验备货，确保总装顺利生产的模式，山东多功能工厂建立相应的管理机制，制定配送时间窗、线路目视化管理，定期完成培训记录、看板卡投卡交接记录、盘点记录、检查记录等。

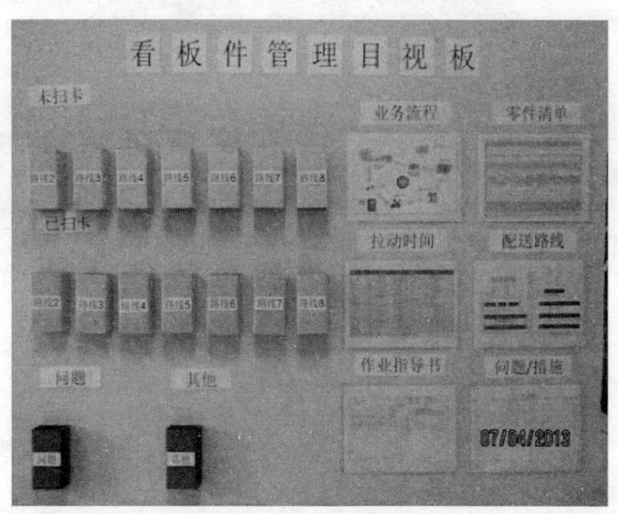


图6-8-9　看板配送模式

### 2. 推行整器具排序配送

山东多功能工厂物流部对中大型零部件进行统计分析，将时区配送模式改为锁定计划上线顺序实现整器具排序配送，提高目视化管理、减少线边存量，提升物流效率；目前该工厂物流部已推行49类共1028种零部件实施整器具排序配送。

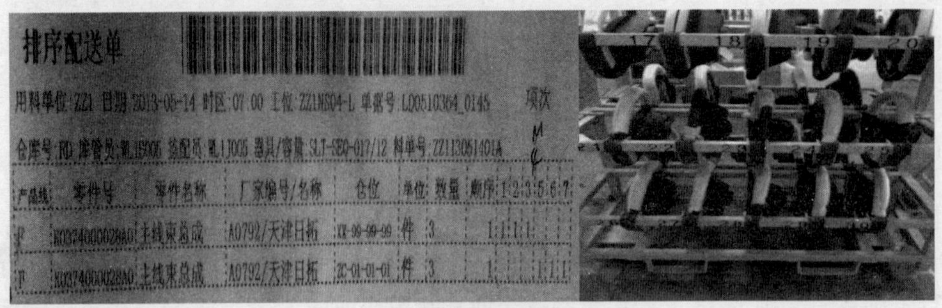


图 6－8－10　整器具排序配送

**3. 尝试在北京多功能工厂推行 OTD 计划排产和物流实施拉动**

福田物流牵头制订北京多功能生产计划及物流配送优化方案，其中提出在 PBS 线设置 PTD 检查点的思路，通过设置 PBS 线 PTD 检查点采集车辆信息，核查关键零部件库存信息及确定车辆上线顺序，同时在生产计划、采购订单、生产计划锁定、拉动信号、打单方式、拣配方式、配送模式制定一系列物流优化措施。

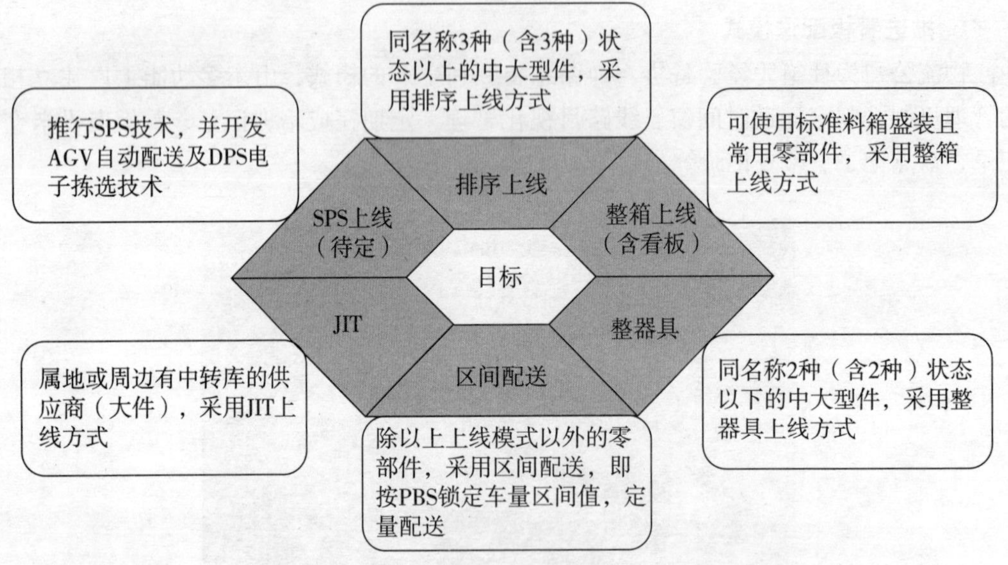


1. 信息系统“全功能”：信息系统提供“全功能”的支撑及物料账务及时交接。
2. PTD锁定生产计划：PBS安装PTD扫描点，确保上线车辆100%按锁定计划顺序装配下线。

图 6－8－11　多功能生产计划及物流配送优化方案

## 五、几点体会

**1. 识别核心业务环节，分离外包非核心环节是供应链管理的前提**

制造企业是制造业与物流业联动的需求方、主动方。由于市场需求的变化，制造企业必须具有能够适应品种变化的柔性和适应市场淡旺季的弹性，这就使得以销定产、按订单组织生产的要求更高、难度更大。为此，必须善于识别和把控核心业务环节，重点监控生产线主线上决定产品质量和性能的节点，由专业的物流企业进行高效运作，从而提高制造企业整个生产系统的效能，保证产品质量、提升商业价值。

**2. 建立稳定的客户源，围绕核心客户需求，主动提升物流规划和运作能力，是物流企业持续发展的坚实基础**

福田物流自成立以来，围绕福田汽车的发展，秉承“立足福田、服务福田”的基本定位而不断地发展壮大。几年来双方的密切合作，为福田物流巩固发展了一批稳定的客户群，这些长期稳定的合作伙伴帮助福田物流在不断扩大业务规模的同时，改善业务结构，追求物流技术进步与服务增值。事实证明，只有拥有稳定的核心客户才能帮助物流企业跨越规模瓶颈而进入持续稳定的业务增长阶段。

**3. 提升供应链管理水平是制造企业和物流企业的共同目标**

由于市场竞争日益激烈，制造企业必然面临上游成本上升、下游竞争加剧的压力，这就要求制造企业提升供应链管理水平，让生产更加具有柔性，增强企业的竞争力。因此制造企业与物流企业的关系是基于业务优化的战略合作，通过物流、信息流、资金流等业务流程的密切合作，对整个供应链进行不断改进，形成联合互动，实现供应链的整体优化。只有这样，才能提升制造能力和服务能力，提高企业的市场竞争力。

撰稿人：北京福田物流有限公司专业总师、高级经济师　杨天清
北京福田物流有限公司战略研究主管　亢林贵
北京福田物流有限公司战略研究主管　田　媛

# 案例九　众诚一家：服装供应链的行业创新者

## 一、企业简介

北京众诚一家供应链管理有限公司（简称“众诚一家”）成立于2002年9月。其前身是北京众诚一家物流服务有限公司。众诚一家成立12年来，运用现代物流理念和技术，为100多家国际国内知名服装企业客户提供了最贴合、最准确、最及时的物流服务，获得了客户的好评，赢得了客户的信任，在中国服装物流行业中树立了良好的知名度和美誉度。

众诚一家本着专业人做专业事的经营理念，多年来一直专注于服装物流领域，将服装行业供应链管理、第三方物流服务作为企业发展的核心业务，通过构建服装物流网络和发展IT系统，培训人员，提升服装物流运作能力，帮助客户实现服装供应链的优化，为客户供应链运营提供有效的支撑，彻底解决客户在供应链物流环节的后顾之忧，降低客户物流成本。目前，众诚一家为唯品会、德国嘉步、意大利MAXMARA、NAUTICA、秋水伊人、李宁童装等品牌服装提供专业的供应链物流服务。现阶段仓储设施遍及北京、天津、上海、杭州等地，物流网络通达全国，可以为服装行业的生产企业、流通企业提供供应链物流解决方案。

众诚一家在公司发展中，特别注意企业管理水平的提升。公司与丰田旗下的上海丰田通商热线物流有限公司建立了战略联盟关系，聘请专家到公司进行培训，导入丰田精益管理体系，以提升公司的各项管理水平。公司通过了ISO 9001：2000质量体系认证，是目前中国服装物流业态中物流专业水平最好的物流企业之一。

众诚一家的基本业务有：服装企业供应链及物流管理咨询；服装企业物流网络规划；3PL操作与管理；进出口报关及国际运输；保税服务等。服务体系如图6-9-1所示。

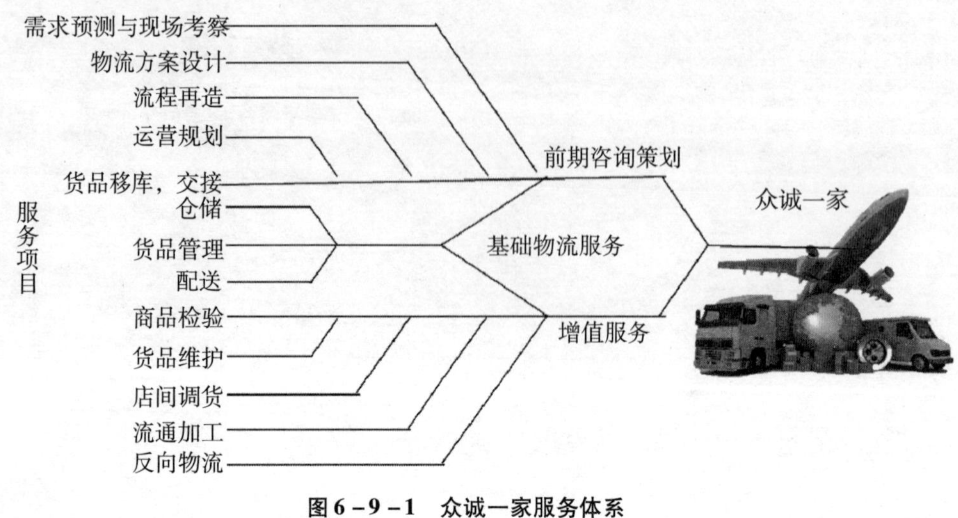


**图6-9-1　众诚一家服务体系**

## 二、实施供应链管理的背景

服装产业是国民经济的支柱产业之一。中国是当今世界服装产销量第一大国。服装产业具有产业链长、关联度高、就业面广、拉动消费大等特点。但中国的服装业却不得不面对一个持久的尴尬——“没有一个世界级的服装品牌”。而西班牙 INTEX（ZARA）成为全球第一大服装公司的事实带给我们一个重要的启示：服装市场竞争已经进入到供应链网络组织竞争时代，供应链的管理水平会直接影响服装品牌的运行。从一定程度上说，服装品牌的竞争也是供应链和物流的竞争。

### （一）企业外部环境的需求带给众诚一家战略性机遇

**1. 服装企业供应链的演化带动物流企业运作模式的变革**

20 世纪 90 年代以来，随着科学技术的进步和生产力的发展，客户消费水平的不断提升，服装市场的竞争日益加剧，全球化的经济、社会环境的变化，使得整个服装市场需求的不确定性大大增加。当今服装企业面对的是一个快速变化且不好预测的买方市场。为了适应市场环境的变化，提高企业竞争力，服装企业必须要认真地面对市场环境的不确定性，在产品的研发上不断地推陈出新，跳出传统的生产管理模式，再造供应链流程，找到更多的先进制造技术和管理方法，掌握好新产品的上市时间，降低库存水平，实现快速交货。市场对流畅高效服务的需求以及企业对降低存货成本的需要形成了一个强大的驱动力，从纺织原材料到交付给消费者的成衣服装，对整条供应链进行管理的理念正在推动着服装制造商、分销商的业务运作模式发生根本性变革，如从厂商各自努力消减库存到共同消除供应链管理的库存；从追求企业成本最小化到追求整个供应链的成本效率，进而实施网络化采购、网络化制造，服务型制造，出现了网络型供应链组织参与服装市场竞争的情况。服装供应链管理的变革，驱动着物流服务商进行企业转型和商业模式创新，进行资源整合，构筑供应链服务体系，以更好地服务客户。快速反应，缩短服装交付时间及存储时间，提速供应链，满足终端消费者需求已经成为物流企业参与客户服装供应链管理的精髓要义。如图 6 -9 -2 所示。

**2. 物流业与服装业供应链管理的互动趋势加深**

在市场和政策双重机制的作用下，我国物流业与生产制造业、流通业和金融业的联动发展正在逐步走向深入，服装业也不例外。服装生产企业、流通企业通过物流企业在改造自身业务流程、改善物流服务、提高核心竞争力方面取得了一定的成效，物流企业的服务开始渗透到服装企业供应链物流的多个环节，物流企业在配合服装企业升级的过程中也获得了发展。两业互动的深入，释放出了极大的物流需求，特别是部分服装物流领域出现了广泛的物流需求给服装物流企业带来了战略性的发展机遇。

**3. 服装企业供应链面临诸多挑战，需要物流企业参与供应链整合**

众所周知，服装产品因受到流行、季节的影响对物流时效性的要求非常高，服装市场需求很难预测，消费者需求变化也很频繁，因而导致服装行业的供应链物流管理

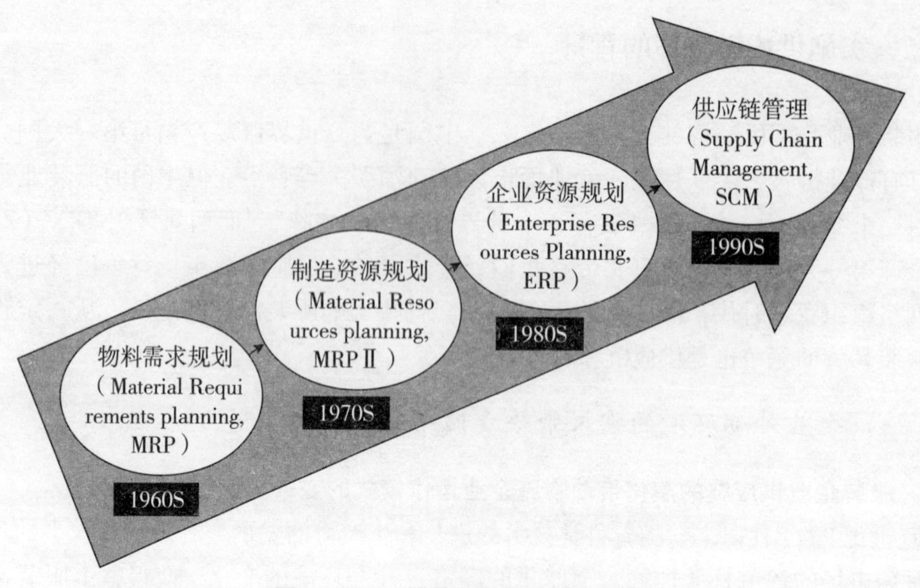


**图 6－9－2　服装业供应链管理演化**

难度非常大，成为困扰很多服装企业的现实难题。一是与国外服装企业相比较，我国整体服装产业的供应链管理及物流服务水平亟待提高，效率亟待提升。二是部分服装企业缺乏供应链管理理念，盲目地进行大量生产，受到经济不景气和电子商务侵占市场的双重压力，已经出现大规模滞销，库存压力巨大。三是我国服装企业大公司少，中小企业多，许多小企业没有能力对供应链进行设计，原有产品供应链体系存在先天不足的情况，单个企业与供应链网络组织相比，市场竞争能力自然较弱。四是服装电子商务在资本的催生下，发展迅猛，提前将服装供应链的未来进行了演化。服装电子商务由于发展时间较短，增长速度非常快，很多问题被掩盖。为解决这些问题，在竞争的压力下，许多服装企业纷纷将物流业务外包给第三方物流企业。但这种针对某个企业的物流外包方式并不能完全使服装企业的供应链具备成本领先优势，需要物流企业站在更高层次上为整个供应链进行协调和系统优化服务，参与服装企业供应链的整合和运作。

**4. 信息化技术的快速发展为物流企业参与协调服装企业供应链提供支撑**

20 世纪 80 年代以来，以计算机互联网技术为代表的技术进步，给世界的发展带来了翻天覆地的变化。也给各类企业提高供应链的运作效率带来了巨大的空间和技术便利性的支撑。迅猛发展的网络技术和通信技术大幅度地提高了数据搜索的效率，降低了各种数据信息获取成本，使数据信息共享更加便利。交通基础设施的丰富，为服装供应链运营提供了物质条件；卫星定位系统、地理信息系统、货物追踪系统、ERP 系统、大数据、电子商务等在供应链管理体系中扮演越来越重要的角色，已经成为服装企业提高供应链绩效的利器。正是这些技术手段的丰富，使得物流企业参与服装企业供应链整合成为现实。

### （二）企业发展的现实要求

**1. 市场竞争激烈，众诚一家面临挑战**

近几年来，国内物流服务市场呈现了多元化市场主体的格局。外资物流企业、民营物流企业、传统的国有运输货代企业纷纷加入服装物流市场竞争。特别是外资物流企业凭借管理、技术先进，资本实力雄厚开始抢占国内服装物流和快递市场；新兴的民营企业经营机制灵活、市场反应快速、学习能力强也在蚕食物流和快递市场，出现了像众诚一家一样的专业多模式、多渠道、全国连锁经营的物流服务商。许多物流企业开始向供应链管理及综合性物流服务商转型。市场竞争已经给众诚一家带来了空前的挑战，迫使企业必须进行服务产品创新，拓宽服务产品线，使服务更加具有完整性、便捷性和突出个性化，向客户提供更加完善和全面的物流服务，在激烈的服装物流市场竞争中保持自己的优势地位。

**2. 服装物流高端需求特征凸显，众诚一家面临市场新需求**

近些年来，在市场需求的拉动下，许多服装企业的生产和销售规模不断扩大，产品采购、生产、销售地域也在不断延伸和扩展，经营由区域向全国、全球方向发展，在此背景下，物料供应网络化、产品生产和分销网络化成为国内部分服装企业发展的基本模式。这种网状的供应链形式可以使企业做到供应链反应敏捷，及时保证物料和服装的有效供应，满足消费者需求。正是在这样的背景下，国内服装企业物流服务需求的内容和形式正在发生着显著的变化：越来越多品牌选择全面直营或混合经营，供应链模式选择由中心仓辐射全国门店，以促使自己的供应链反应更为敏捷、迅速、掌控更为有效。在时间需求方面，服装企业特别是电商追求客户体验，对服装物流过程的时限性需求越来越高：物流需求方会根据自身的需要，临时变更和多次变更物流服务订单内容和细则；服装配送发货量变小、频次变高；快速反应，三天以内的“快递化”服务已经成为服装物流领域的基本准则。而在物流服务的内容方面，原来更多的物流服务需求来自单个的企业，而现在越来越多的需求与供应链的采购、生产、流通领域相关；物流需求涉及的范围越来越广，来自多个企业组成的供应链，来自服装企业集团。这些物流需求方的联系不断加强并带有产业关联性，复杂的联系突破了单个领域、单个行业，甚至融合了多个产业，产业之间的联动关系日益显著；由此，服装企业的需求也在逐步突显出供应链的特征，要求作为物流服务提供者的众诚一家必须要及时地响应，动态、准确地适应需求的变化，做有效的调整，提供必要的物流服务。

面对日益复杂化的供应链物流需求，众诚一家如何能够建立可靠的机制和模式以促进物流网络化运作，更好地实施广域范围内物流资源的整合与共享，为用户提供满足供应链需求的物流服务成为重要的现实课题。

**3. 服装物流专业经验丰富，众诚一家具备开展供应链物流服务的基础条件**

众诚一家成立 12 年来专注于服装物流领域，经过多年的发展，有着丰富的服装物流管理和运作经验，形成了较为完整的服务网络，也形成了一种专业队伍。这些资源正是开展供应链物流服务运作所必备的物质条件。而多年为客户提供服装仓储运输服务，也使众诚一家积累了服装物流专业知识。众诚一家可借助这些基础条件，科学地制定物流服务管理创新策略，着眼核心业务，进行物流管理组织创新、服务创新、运作流程及商业模式创新等，使得自己的比较优势得以充分发挥，为企业的科学发展、创新发展提供新动力。

## 三、众诚一家实施供应链管理的基本模式

供应链管理既是一种理念，更是一种商业实践。当服装市场不以人的意志进入供应链竞争时代，供应链管理成为阻碍若干服装企业持续发展的“天花板”，供应链的优劣决定企业成败的时候，供应链有关方必须突破传统观念，以更宽阔的视野，找出生产和交付服装给客户的所有组织，然后设计一种机制，使这些组织能够像一个团队协同运作，这就意味着要联合供应商、制造商、分销商、物流商、客户，形成一个服装供应网络，快速响应，有效地使用资源和利用时间，快速交货，满足客户消费需求。

传统的第三方物流服务模式属于物流单边治理状态，物流企业与客户的合作处于服务的买卖交易的博弈之中。供应链上的服装企业虽然可以凭借掌握货物所有权优势通过竞争手段来降低物流企业服务价格以达到减少企业供应链成本的目的，但对于提升供应链绩效极其有限，有时因为过度降低价格，使服务水平下降，影响了客户服务。20 世纪 90 年代以来，信息技术和通信技术的快速发展，为物流企业提供了服务创新和管理创新的空间。特别是近几年，更多的 3PL 与客户的物流合作不断深化，3PL 与企业供应链互动的广度和深度不断加强，物流企业进入客户供应链，参与供应链管理的案例越来越多，在传统物流外包模式基础上，出现了战略联盟模式、综合物流模式、协同运作模式、方案集成模式、动态联盟模式及行业创新模式。众诚一家正是抓住服装企业释放高端物流需求的机遇，以专业的精神，专注的力量，通过细分服装供应链物流市场，解析客户需求，明确企业发展和市场定位，积极开发和运用信息技术，整合物流服务资源，构建物流网络，提升企业管理水平，持续改进物流服务，为服装行业的多个客户提供供应链解决方案，走行业创新模式，取得了良好的效果。如图 6 – 9 – 3 所示。

### （一）细分服装高端物流市场，明确服装供应链物流市场发展定位

每个行业供应链的运行都有其自己的形式和特点。众诚一家在进入服装物流高端市场之前，进行了市场调研，在调研的基础上，进行市场细分，将服装供应链物流市场细分为四个领域。众诚一家团队认为目前国内服装行业的供应链可细分为四种形式：一是由服装生产商控制的垂直整合型供应链。实际上是服装生产商通过所有权来更有效地控制整个服装生产销售过程，是一种内部化了的供应链管理。这些服装生产商至少拥有属于自己的服装生产厂，还可能拥有自己的织布厂、纺纱厂，甚至拥有自己的棉花种植基地和一定的品牌。很显然，服装生产商是整条供应链的协调者。他们必须安排供应链中所有的相关活动，例如，研发、采购、生产、销售、物流、库存等，至少是从布料的买进一直到成衣最终产品的售出。二是服装零售商控制的水平型的供应链。水平型供应链

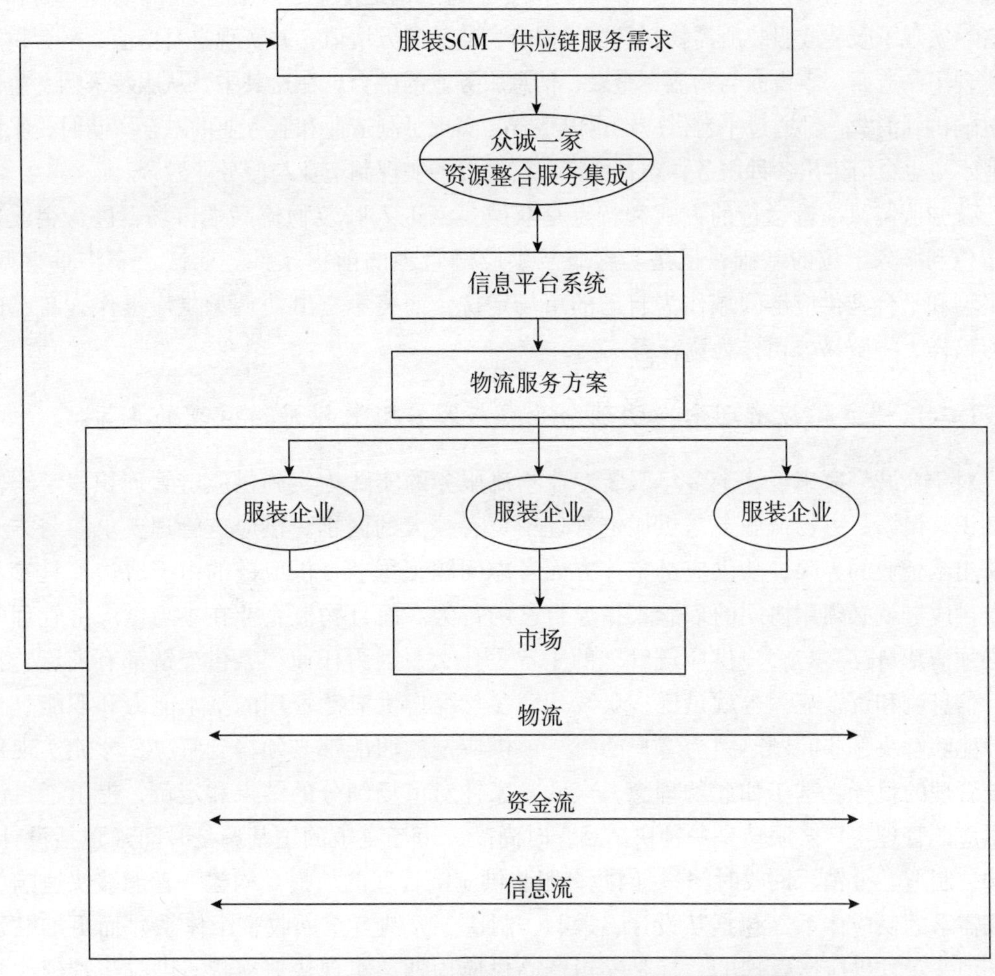


**图6-9-3　众诚一家的服装供应链行业创新者模式示意**

是指服装零售商从他们的供应商，也就是服装生产商那里采购服装产品进行销售。与垂直型供应链的区别是：水平型供应链中，各自独立的组织——服装零售商拥有自己的品牌，他们将服装生产外包给服装生产加工商。大多数情况，服装零售商有自己的设计队伍，他们要求生产商按照他们的设计生产成品或半成品。三是第三方协调型的供应链。在第三方协调型服装供应链中，市场的终端大多在海外、国外。服装贸易公司因为掌握客户订单，充当了整条供应链协调者的角色，他们协调整条供应链，向他们的客户——服装零售商提供最终产品。这些贸易公司并没有自己的生产工厂，他们帮助零售商选择供应商，并且管理包括物流质量在内的整个生产过程和安排物流过程（仓储、运输、通关），优势甚至还包括服装设计。他们的核心能力就是强大的供应网络和良好的物流协调能力。可以说，他们实际上是服装供应链的服务提供商，是供应链管理的经理人（现实是许多贸易公司已经改名为供应链管理公司）。四是平台型的供应链。近几年来，随着电子商务业务的快速发展及创新商业模式，平台型供应链正在快速兴起。所谓平台，一是指以网络、电子信息技术为基础形成的虚拟空间；二是指外实体空间，比如一个服装产业园区。所谓平台型供应链就是以平台为载体，通过沟通服装上下游产业链或者厂商和消费者，实现了服装或服装所需物料的交易撮合，使关联方增值，并实现自身增值。平台供应链实现了制造商、零售商与物流、金融、信息服务业的融合。在这其中，从服装采购、生产到运输再到消费，都通过平台供应链得以整合，实现了制造业和服务业的融合。同时，平台企业本身也会衍生出各种服务，包括咨询、营销等，实现制造业与服务业融合。

认知服装供应链运行的方式和特点是众诚一家进入服装物流高端市场，进行企业发展定位和服务定位的基础，也是实施服装供应链管理的前提条件。众诚一家将垂直型、水平型和平台型供应链领域作为自己的市场定位，而将第三方协调型供应链作为自己的学习榜样，将贸易公司作为竞合者。

### （二）树立供应链理念，明确企业参与客户服装供应链管理的主旨

对于众诚一家来说，十多年服装专业物流服务的实践为实施供应链管理积累了丰富的知识。但第三方物流服务与供应链管理毕竟有很大的区别。供应链管理要求参与方必须跨出本企业的界限，从供应链整体方面考虑问题，每一个供应链的组织成员一旦参与一条供应链就必须用协同的理念来指导自己的行为。而且物流企业在参与供应链管理时还必须清楚自己参与客户供应链管理的主旨是什么，因为任何一条供应链都有商流、物流、信息流和资金流。也就是说，众诚一家参与客户供应链管理的基本能力和职能是什么，能够解决哪些问题。因为客户的每一项供应链的职能都必须得到解决，才能实现供应链管理的目标。基于如此的理念，众诚一家针对市场细分的结果和定位，提出了自己的供应链管理主旨：服装是一种快销品，时尚品，市场竞争的主基调是时间（包括设计、采购、制造、分销、回收时间）。因此，服装供应链管理的前提是构建一套能够快速响应市场需求的供应体系（包括从设计、采购、制造、分销直至回收整个体系）而更加贴近市场消费者，供应链管理的目标是缩短产品供应周期，实现快速交货。供应链管理的关键点是：存货管理、物流配送和准时制发货及处理各种原因造成的调货、换货和返货。供应链管理可参与的环节是：服装面料和各种辅料等物料货品和成品的递送及相关的客户需求的信息、资金服务（代收货款、物流金融）。在服务操作上，通过构建供应链物流服务模式，实施库存控制和准时制发货，缩短服装货物物流周转时间，为客户创造价值，实现供应链增值。

### （三）以服装供应链物流需求为导向，构建供应链物流服务所需的基础条件

**1. 构建面向客户网络的功能节点**

（1）进行仓库设施建设。依据中国服装生产、消费情况，众诚一家目前已经在北京、天津、上海、杭州四个重要节点城市建成了链接公路铁路，具有存储、配送、流通加工功能的标准化服装仓库，初步形成了功能齐备、设施标准的仓储网络（3.5 万平方米）。

（2）导入网络仓库技术。所谓网络仓库就是通过通信设备连接，可以相互进行信息传递和所需货物调动的若干仓库的总和。它利用仓储网络信息统筹和引导网络内仓库的可用资源，用以满足服装供应链运营对仓库网络的需求，以减少供应链在时间和空间上

造成的迂回运输和仓储费用的增加。同一网络内不同的仓库，可有不同的层级。合理的仓库网络，可以实现客户快速反应、货物调运、流通加工、配送和返货处理；压缩货物位移空间，缩短生产厂商和消费者的距离，节省运输费用，对厂商的生产决策具有重要的意义，如图 6－9－4 所示。网络仓库这一区别于传统仓库概念的物流技术，被众诚一家在服装客户的供应链物流服务中得到了有效的使用。

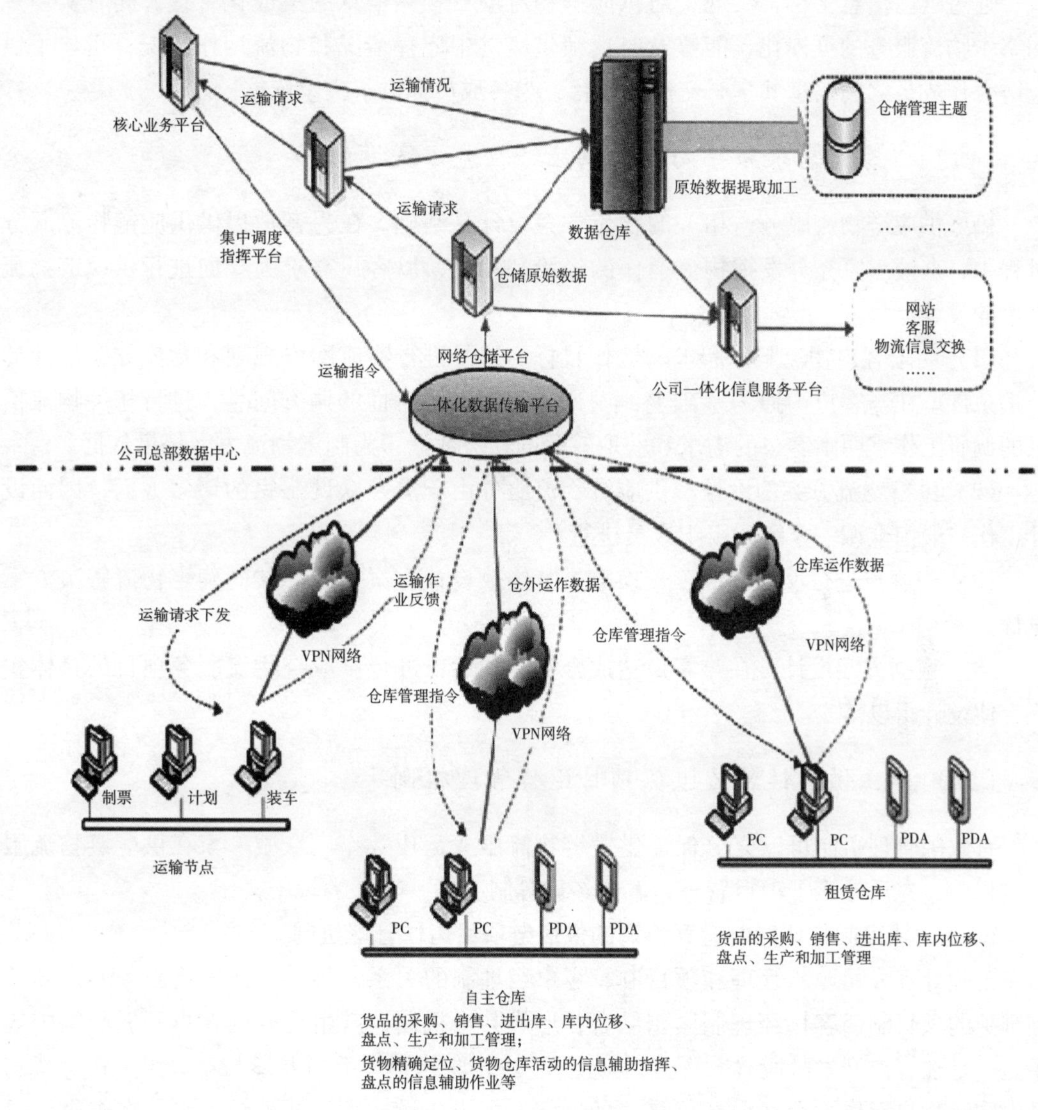


图 6－9－4　众诚一家“仓库网络”示意

**2. 建立保证供应链物流服务运作的信息平台**

供应链服务需求中，存在着“点—点”、“线—线”、“点—线”、“链—链”、“网—网”不同模式、层次维度的联系，从整体上加大了物流运作的难度。因此，要实现供应链物流服务项目的顺畅运作，必须要有信息化条件做支撑。为实现对客户需求的快速响应，发挥物流服务链上所有成员间的协同效应，众诚一家在原有信息系统基础上，建立了一个合理有效的供应链物流信息管理体系。一是运输信息管理平台，项目的各种运输信息皆在其上。二是网络仓储信息管理平台，及时反映各个客户的货物库存信息。三是客户订单交互系统，实现与大客户进行订单信息转换和订单状态反馈。四是客户服务系统。五是货物追踪系统。

通过这些信息平台，实现了对供应链物流项目相关信息的集成化管理，同时实现了网络中物流服务的可视化，能够及时反馈供应链中库存情况和物流运作情况；搭建了供应链合作成员之间信息共享与交流的平台，为各成员提供了决策依据。

### （四）以客户需求为导向进行供应链物流方案设计

搞好供应链物流服务，相关的物流方案设计是基础。在为客户提供供应链物流服务过程中，众诚一家充分发挥物流运作的经验和知识，以客户需求为导向进行供应链物流方案的设计。

（1）明晰客户物流服务需求与运作目标。这是进行物流网络规划和物流方案设计的前提条件。在与客户沟通的基础上，设计详细而有针对性的调查问卷，进行相关物流信息的调研工作，明晰客户的需求和获取有关的物流数据，为制定物流方案提供依据。

（2）进行物流方案的设计。供应链物流服务由于涉及众诚一家的诸多方面，因而设计工作一般由众诚一家统一组织人员进行。

（3）与客户进行反复沟通、交换意见、修改设计方案，最终共同确定物流解决方案设计。

（4）根据方案设计，在与客户达成合作契约后，进行供应链物流服务项目的具体实施，使设计得以落实。

### （五）建立供应链物流服务项目运作管理机制

有效的管理机制可以充分保证供应链物流服务运作效率。众诚一家在供应链物流服务过程中，先后导入了项目管理、客户经理等制度。

**1. 建立项目制与职能制管理协调的供应链项目运作管理机制**

正确处理公司职能管理和项目制、客户经理制的关系，将供应链物流服务客户开发和维护的项目制、客户经理制紧密结合，形成共生机制，产生良好的客户开发与维护效果。一是在客户开发阶段（含深度、广度开发），职能管理部门要参与项目组工作，特别是供应链物流运作方案（包括价格）的制定，提出建设性意见或建议。二是在进入项目运作阶段，项目组或客户经理要将客户需求变动情况及运作中出现的问题向公司职能部门进行及时反映，职能部门要及时将处理意见和结果反馈给项目组或客户经理。三是厘清责任，职能部门各司其职。项目组仅负责项目日常运营以外的有关事宜，不负责运营部门职能范围内的工作。

**2. 建立供应链物流服务质量管理机制**

（1）做好人员培训。人员培训分为日常培训和新客户项目运作培训。日常培训以企业制度管理和供应链物流知识为主；新项目运作培训是当新项目投入运作前，针对项目运作所作的培训，培训的内容主要是项目客户供应链物流的需求、标准和运作流程，特别是对于项目运作的关键点和特殊要求要在培训中进行强化，目的是要让参与项目运作的人员知道项目运作的流程、标准和那些需要特别注意的事项，为保证项目运作质量做好准备。

（2）强化服务质量基础工作。以实施 ISO 9001 质量管理体系为突破口，强化供应链物流服务的质量基础环境。依据 ISO 9001 质量认证的要求，通过制定质量手册和质量体系文件并组织实施，有效地强化了质量管理的基础工作。

众诚一家还与丰田旗下的物流公司合作，导入丰田公司的精益管理体系，聘请丰田公司经验丰富的专家进行指导和培训。

（3）进行事前管理。在实施供应链物流服务的过程中，在质量管理中树立预防为主的观念，强调“事前管理”的重要性，即在物流过程中，上一道服务流程要考虑下一道服务流程，如在仓库入货过程中，负责运输的单位要考虑接收仓库的验货和入库问题，在装车时要按照计划进行装货并将装货信息在货物到达前传递给接收仓库。

（4）以制度化保证工作质量。工作质量是供应链物流服务过程中各环节、各工种、各岗位具体的工作质量。为了使质量管理成为供应链物流服务的永久性工作，针对供应链物流服务项目的需求，分别制定项目管理操作手册，明确项目运作的目标、流程、规范及相关注意事项等，要求全体员工在日常操作中，严格按照规范进行，相关管理部门进行检查和考核。

（5）建立服务持续改进机制。一是以客户满意度为标准，通过定期对客户进行服务回访，对供应链物流服务质量工作进行评估。通过各种方式，了解客户对供应链物流服务质量的意见，找出服务质量上存在的问题与差距，进行评估。二是对评估中发现的问题进行分析和解决。分析评估中及时找出产生质量问题的原因，制定解决问题的措施和方案。三是按照解决方案和服务质量改进目标，进行实际的质量改进工作并进行总结。通过以上循环工作，使得服务质量不断地得到改进和提高。

（6）创造优质服务方法，强化优质服务。供应链物流服务是一个复杂过程，质量问题可能发生在各个层面和环节。因此，除通过了 ISO 9001 质量管理体系认证外，在实施供应链物流服务过程中，众诚一家还创造了一些优质服务方法对供应链物流服务质量进行全面管理。如加强对货物装卸进行控制，以避免或减少货损；通过信息化工具，由专人对货物流动进行主动跟踪，最大化地避免因服务失误造成质量问题，同时对出现的服务失误做出快速反应，采取有效措施及时进行补救。

（7）设立绩效指标与标准，进行绩效考核。众诚一家供应链物流服务绩效指标是按照项目分别设立。主要有四类：第一类是运输类指标，如发货及时率、运输货损率、到货及时率等；第二类是仓储类指标，如库存准确率、库存破损率、出入库准确率等；第三类是客户服务类指标，如客户满意度、客户投诉率等；第四类是增值服务方面的指标，如签单返回率、订单处理准确率等。各类指标既有公司标准，也有客户标准，按照与客户达成的协议确定。同时，制定了相关的制度规定，按月进行绩效考核。

### （六）强化物流服务项目实施管理

**1. 精益化物流服务**

（1）商品入库有多种管道，新货、返货，外埠、同城。特为 B2B 和 B2C 电子商务设置“发货仓”（电商发货）和“前置仓”（对返货服装进行翻理）。

（2）引入了韩国 KOTTIE 公司的自动分拣设备，可以同时快速分拨多家（100 家以内）店铺货品，且出具批单和每箱箱单，准确快捷。

（3）除服装商品之外，还要管理客户的促销品、陈列品、耗材甚至于家具、道具，等同于服装货品管理并进行配送服务。

（4）保证客户收货点验便利、快捷、准确；为客户外埠店铺提供仓库到店铺、店铺到店铺的门到门“快递化”物流服务；提供仓储网络之间的货物准时制配送服务；附加货物追踪、通知、回访、到收运费、代收货款等增值服务。

（5）为返货品提供运输、仓储、加工整理，如服装检验、清洗、熨烫、包装、拆包、换标签等服务。

**2. 建立供应链环节之间的相互沟通和协调机制**

利用众诚一家的信息平台，建立了厂商与客户、厂商与仓库、仓库与仓库、仓库与客户之间的有机联系，实现了服装产品从工厂到仓库、各级仓库间以及从仓库到客户的快速调拨与实时配送，实现对整个仓库网络的统筹管理，确保仓储网络协同运作。在及时满足客户需求的同时，减少了迂回运输，降低了仓储费用，实现了整个仓储系统的效率最优。实际就是运用信息平台和实时控制的货物流来解决过去仓库林立、信息不对称和信息孤岛的问题。

众诚一家还与客户建立定期和不定期的协调机制。针对供应链物流服务中的问题与客户进行面对面讨论、协商；通报项目运作情况，解决存在的问题。

**3. 由客户控制的物流服务运作有效反应机制**

通过物流服务方案确定和节点功能明确，无论是仓库网络还是经营网点，都可以根据指令，对客户需求进行快速响应。当客户需要物流服务的时候，通过众诚一家的客户服务信息平台（客户订单交互系统、客户服务系统）直接下达指令，以最快的速度实施取货或配送操作。这种操作流程实际是建立了厂家、客户、服务商之间的一种反应机制。这种由客户控制的反应机制是由众诚一家通过信息平台、组织网络、配送网络、运输网络来实现的，它实质是在物流服务的点、线、网之间建立了网络化信息连接，可以实现物流反应的快速化。

**4. 服装库存管理新机制**

（1）与客户共同做好库存策略规划。在供应链物流服务中，物料采购地与生产地、产品生产地与分销地的极端分离、服装产品需求的不确定性和波动性等都会给供应链运作带来困难。因此，众诚一家一般是通过与客户共同进行合理的面辅料、成衣库存规划，来保持客户供应链运作的稳定性与连续性，降低因需求或供应不确定性所带来的缺货风险。

库存规划以整个网络中的总体库存为对象，以“快速响应客户需求，合理控制库存成本”为目标，遵循“整体规划，统筹考虑”的原则，采用合适的库存管理模式，并结合节点的布局，为客户设计以众诚一家为核心的联合库存管理模式，并及时为客户提供库存信息。

（2）实施基于JMI的货存第三方的库存管理模式。在库存规划的基础上，采取联合库存管理模式，将联合库存管理理论应用于实践中。客户也同时参与，把客户供应链管理进一步集成为上游和下游两个协调管理中心，即支持生产活动的供应协调中心和分销活动的协调中心。在具体操作上，通过建立“货存第三方的联合库存管理机制”来解决合作信任问题。在“货存第三方的联合库存管理”模式下，众诚一家与供应方（客户）、需求方（客户的客户）共同建立委托代理机制，以三种方式实现委托代理关系：①需求方可以直接向供应方采购，然后委托众诚一家安排运输，进行质检和库存管理，众诚一家按照需求方要求进行连续补货和客户服务。需求方分别向供应方和众诚一家结算。②需求方将订单直接下达给众诚一家，由众诚一家向需求方认可的合格供应商进行采购，安排运输，进行质检和库存管理，并进行连续补货和一体化顾客服务。需求方向众诚一家结算，众诚一家向供应方结算。③供应方根据需求方的区域分布、一定时期的需求量规模，在需求方附近选择众诚一家的网络，并委托其进行库存管理和其他物流服务，接受合格需求方的订单，安排运输配送，进行客户服务，负责收款。众诚一家与供应方、需求方建立委托代理机制是实现货存第三方联合库存管理模式的重要前提。通过该机制，不仅可以整合供应链作业，降低运作成本和改善客户服务，提高供应链柔性，而且可以降低交易成本，改善物流服务。

（3）采用分布式库存系统。在第三方联合库存管理模式下，众诚一家还结合仓库网络技术，采用分布式库存系统进行库存调拨。分布式库存系统是一个由仓库网络组成的基于协调中心的库存系统，虚拟协调中心根据需求和各仓库库存情况，指定相应的仓库为其供货。当供应链的协调中心接到订货请求，众诚一家就利用信息系统对各个仓库进行查询并立刻得到所有仓库的实时库存信息。协调中心选择库存数量足够且离该缺货仓库最近的仓库，对其发出调拨指令，这种操作方式不但会提升反应速度，而且会节省运输成本。

许多服装企业在换季时都需要把分销渠道的存货返回到工厂仓库做库存管理，理由是返回的服装需要进行检验、整理等加工处理以后再保管，多数物流企业无法提供服装加工服务，结果造成较高的运输费用。由于众诚一家具备替客户进行服装加工整理的能力，因此分布式库存系统还可以承接换季成品的就近入仓，无须再返回工厂仓库，这样就极大地压缩了服装返货和再次入市的运输空间和时间，给客户的供应链节省下大量的成本费用。分布式库存系统是供应链物流服务项目仓库网络实现快速响应的重要保障。如图6－9－5所示。

（4）建立库存预警机制，实施库间、店铺、库铺之间的服装货物调拨。在制定库存策略时，众诚一家会与客户确定一个合理的库存水平。当库存水平低于警戒线时，仓库会及时向供应商提出补货申请，以防止缺货情况的发生。供应商会根据整体库存情况，

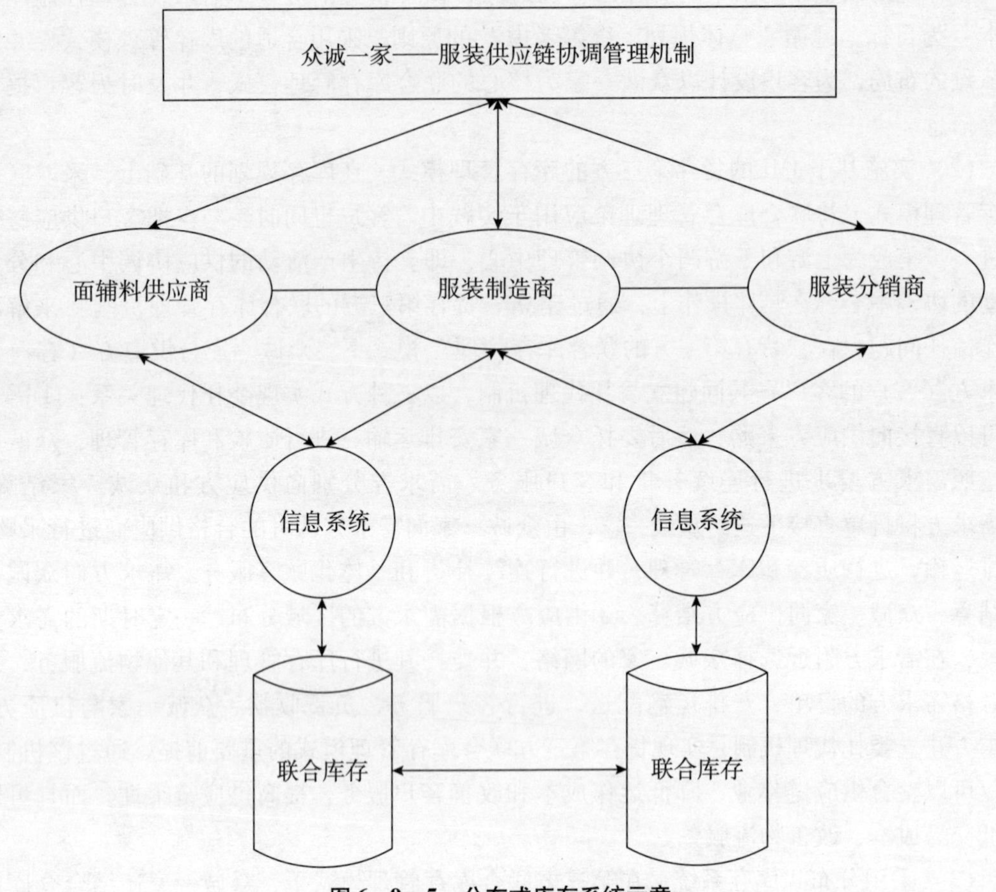


图6-9-5　分布式库存系统示意

实施补货入仓，货物可能来自生产厂，也可能从网络中的其他仓库调拨而来。

（5）为客户提供可视化的库存数据。通过网络仓库信息系统，及时掌握各节点库存变动的情况，按照库点汇总，按日提供给客户。同时，随时接受客户对品类、存货数量等信息的查询。

**5. 返货和调货快速处理流程**

在服装供应链中，处理返货机制非常重要。服装可能因为货品损毁、季节期、订单错误、质量缺陷、调拨等因素，在供应链网络中发生服装货品的反向、横向流动情况。在实际的物流服务中，众诚一家针对服装横向和反向物流的特点，构建了专属的物流通道和与之配套的管理体系，有效地促进了服装返货品的合理处置。

（1）建立快速的退货机制。向客户提供及时的退货信息，以指导退货处理活动和提出预防措施。如客户的采购部门通过退货流程的信息，能够及时与供应商交涉，制造和销售部门也能根据这些信息及时进行调整。这些信息及数据也可以来管理逆向供应链运作。同时按照客户要求，对需要返回的货品及时装运，对破损严重货品进行运输包装处理等。

（2）建立服装返货服务链，实现退换货和调货顺畅进行。建立供应链物流服务的回收流程，对服装回流进行管理，包括货品是否能够退回；如何处理——回收、换货、退货和调出；如何管理供应商或客户的信用以及其他相关的财务交易等流程。回收服务是一个独立的过程和链条，并拥有自己端到端的流程、信息系统、管理办法及组织责任。

## 四、取得的效果

众诚一家实施的供应链物流服务，通过发挥自身网络资源优势，面向企业物流客户的各种供应链物流需求和特点，以提升物流服务效率为目标，给客户带来了价值，也强化和规范了自身的高效管理，取得了较好的社会效果和经济效益。

### （一）为客户创造了经济价值

通过实施供应链物流服务，满足了客户网络的各种物流需求，提升了物流服务的反应速度，缩短了物流周期。网络仓库和库存策略的实施，有效地帮助客户降低了库存水平，减少了浪费，部分客户的存货周转率提升了30%，提高了资金使用率，给客户带来了价值，实现了与客户的双赢。

### （二）提升了自身的管理水平和能力

对于众诚一家来说，采用行业创新模式，将众多客户的服装供应链嵌入自己的服务网络之中，由于供应链物流服务采用干线批量补货，末端短途配送的形式和统筹优化、整体控制的方法，在提高物流服务效率的同时，也提高了运载工具的利用率和网络设施功能的发挥，通过供应链物流服务方案的设计与运作，形成了一套供应链物流服务整体设计方法和复杂物流服务项目的管理模式，同时通过相关物流管理信息系统的设计开发和应用，推动了众诚一家客户物流服务的信息化水平的提升。

## 五、发展思路

服装供应链管理是复杂的系统工程。中国又是一个服装产销量居世界第一的大国。物流企业如何参与服装企业的供应链管理，帮助服装企业控制供应链成本，提升服装供应链的敏捷性，对于中国服装工业的发展大有裨益。因此，推广由更多的物流企业实施服装供应链管理是有价值的工作。众诚一家作为服装供应链管理模式的创新者，仍将坚守供应链管理理念，沿着已经确定的服装供应链管理主旨，继续前行。

### （一）加速物流网络拓展

物流网络是搞好服装供应链管理的物质基础。在已有4个仓储节点网络的基础上，再增加区域网络节点仓库3个。加速区域物流运输资源的整合，采取自建、合作的方式，扩展区域配送线路，提升区域配送运输能力。

### （二）集成和延伸供应链服务功能

集成就是将服装仓储、运输、加工、包装、配送、返货处理、信息功能进行集成，为服装大客户提供供应链物流解决方案。延伸就是细分客户供应链服务需求，在强调物流规模运作的同时，为行业更多的客户提供更丰富的供应链服务，如金融服务、代收货款服务、信息服务等。

### （三）提升企业发展战略

学习供应链管理先进经验，特别是那些第四方物流企业协调供应链的好办法，好经验，加速引进高端人才，把企业建设成为具有完善的供应链服务功能，具有核心竞争力的物流企业。

撰稿人：北京众诚一家供应链管理有限公司供应链管理顾问　王　来

# 案例十 河北顺邦：打造“金三角”钢铁供应链系统服务商

## 一、企业简介

河北顺邦物流有限公司（以下简称“顺邦公司”）始建于1993年，公司以“物流连锁、电子商务、钢铁贸易、软件研发、金融监管、融资担保、项目投资”为主营业态，是一个多业态并存、多元化经营的跨地区、跨行业的大型企业集团。

顺邦公司拥有中国物流与采购联合会常务理事单位、河北省金属材料流通协会会长单位、河北省现代物流协会副会长单位、中国物流杰出诚信品牌建设单位、中国能源物流最佳企业、中国建设银行优秀合作伙伴、中国物流与采购联合会科技进步奖、河北省首批AAA级物流企业、河北省信息化与工业化融合重点企业、河北省电子商务试点企业、河北省物流业“双十示范工程”示范企业、河北省优秀互联网站、“十一五”期间物流业优秀企业、首届河北省物流行业领军企业、河北省物流50强企业、河北省诚信企业等荣誉称号。

顺邦公司坚定不移地推进“金三角商业环境盈利模式”与实体产业深度融合，提升公司多业态持续发展原动力；坚定不移地构建现代物流产业体系，顺势而为发展战略性新兴产业；坚定不移地实施创新驱动战略，助力品牌建设和产业扩张；坚定不移地实施人才强企战略，打造高素质的优秀团队。公司紧紧围绕“金三角商业环境盈利模式”，打造以传统产业为基础，以新兴产业为牵引，以多元化业态相融合与互为支撑的产业布局，努力提升自身价值和核心竞争力，努力打造“产业结构合理、竞争优势突出、发展活力强劲、效益增长持续、创新能力一流”的中国供应链系统服务的典范企业，为客户创造价值，为行业谋求发展，为实现“中国梦”贡献力量。

## 二、实施背景

### （一）钢铁产业在我国国民经济中的重要作用

钢铁产业作为我国国民经济重要支柱产业，是国家经济水平和综合国力的重要标志。我国钢铁产业不仅为我国国民经济的快速发展做出了重大贡献，也为世界经济的繁荣和世界钢铁业的发展起到积极的促进作用。

中国钢铁产业具有规模大、涉及面广和关联度高的特点，在我国国民经济、社会进步及国防建设中发挥着举足轻重的作用。展望未来，世界经济稳步向好，我国经济也将保持较快的发展速度，而且我国融入世界经济的速度将进一步加快，因此，钢铁产业将在我国全面深化改革和各产业结构调整中起到重要的推动作用。

### （二）我国钢铁产业现状

近几年来，我国的钢铁生产产量过剩、生产成本增加以及国内外经济的缓慢发展致使目前钢铁行业的发展不容乐观。具体表现为：粗钢产量小幅增长，区域发展不均衡；钢材净出口增速平稳，铁矿石价格反弹明显；矿价走势强于钢价，钢企处于被动地位；钢材价格大幅下跌，长材价格跌幅明显；钢材社会库存持续下降，钢铁企业库存压力大增；利润空间缩小，企业效益大幅下滑。

面对行业困境，尽管政府部门积极政策支持和引导，行业协会加强组织协调为企业排忧解难，钢铁企业也积极主动采取措施应对市场变化，但是，钢铁产业链各个环节的企业往往从自身利益出发，产业集中度降低、信息化程度普遍偏低、企业内部管理粗放、抵御风险能力弱、流通衔接不畅、运营模式守旧、资源配套服务不科学、产业链服务不专业等现实问题，都制约着钢铁产业的转型升级。因此，改变传统的发展方式、重塑产业链服务模式、合理配置产业链资源、产业链系统服务创新亟待出现。

## 三、钢铁供应链系统服务平台

众所周知，钢铁供应链的流程主要包括从原材料（铁矿石、焦炭、铁精粉）的采购，到钢坯厂冶炼成钢坯，到轧钢厂对钢坯的轧制成材，到成品向市场的流通加工销售，再到终端用户的应用，其各个环节均离不开物流（采购、仓储、加工、贸易、运输、配送等）、电子商务（软件、信息、硬件设备等）以及金融（融资担保、小额贷款、第三方支付等）的协同服务。

通过二十多年对钢铁供应链的不断探索和深入研究，顺邦公司独创了“金三角商业环境盈利模式”，并通过该模式成为专业的钢铁供应链系统服务商。“金三角商业环境盈利模式”通过对信息流、资金流、商流和物流的资源整合，构建产业链企业联盟，合理配置产业链资源，形成物流、信息化、金融三位一体的服务，引领钢铁业产业转型升级。

根据“金三角商业环境盈利模式”打造的钢铁供应链系统服务平台主要包含以下三部分：新钢铁现货电子交易平台、钢铁供应链金融服务平台和物流连锁服务平台。

### （一）新钢铁现货电子交易平台

新钢铁现货电子交易平台采用自主开发的“新钢 E 资源共享交易系统”，是国内首家采用“云计算”“群概念”“交易圈”“商圈”“交易网络”等的第三代电子商务平台。该平台在实现大宗现货电子交易的同时，又体现出国内独有的两种服务模式，即无处不在的企业现货电子交易平台和企业之间的资源共享。

针对行业发展现状，该平台作为第三方钢铁电子商务平台，旨在利用网络的快捷性及便利性，协助钢厂、流通商、终端用户等用户单位解决钢铁流通过程中由来已久的多方面难点，不仅可以帮助企业搭建一个电子商务平台，进行“全网”营销资源整合，更可以深入地将企业的生产、管理和营销的各个供应链环节统筹起来，为钢铁行业搭建一个平台，形成一个立体化、多渠道运作的新型钢铁产业链。如图6－10－1所示。

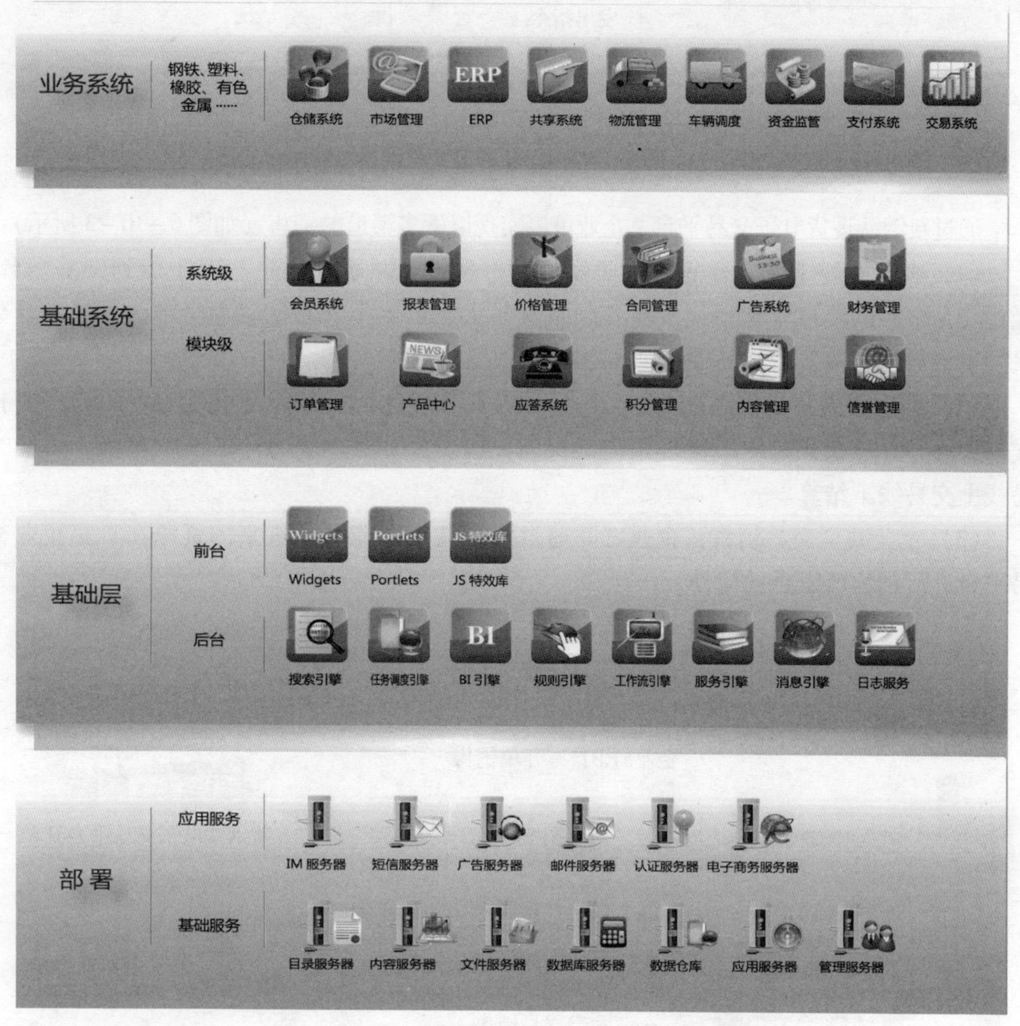


**图6－10－1　新钢铁现货电子交易平台系统架构**

除了传统的信息平台，新钢铁现货电子交易平台还提供在线交易、在线支付结算、资源共享和五级交易平台等功能。

**1. 信息平台**

新钢铁现货电子交易平台已经基本上全面覆盖了国内绝大多数城市和地区，准确提供价格行情、行业资讯、企业信息等，已成为华北地区最为完备的钢铁信息中心之一。

**2. 在线交易平台**

在线的交易流程为：卖家上传资源→卖家资源定价→买家选择资源→买家下订单→卖家确认交易→卖家发货→买家收货确认支付→卖家收款并开具发票。如图6－10－2所示。

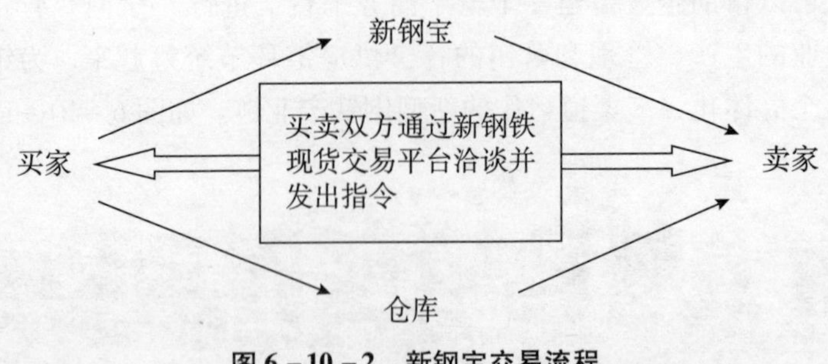


**图6-10-2　新钢宝交易流程**

通过新钢铁现货电子交易平台，企业可以实现以下多渠道的销售（如图6-10-3所示）：

（1）企业ERP自有开单销售：卖家会员将现货资源通过企业ERP上传到交易平台，经过交易中心的严格审核后，发布到现货交易大厅。此类交易的资源全部为现货，且数量及价格均与企业ERP实时同步，可实时在线支付结算。

（2）网上交易开单销售：卖方会员将现货资源通过企业ERP上传到交易平台，委托交易中心，并授权交易中心代理销售其资源，所发生业务由交易中心全权负责，委托交易线上交易线下结算。

（3）企业共享交易销售：企业之间通过资源共享功能共享进来的资源在自家企业交易平台进行销售所发生的交易。

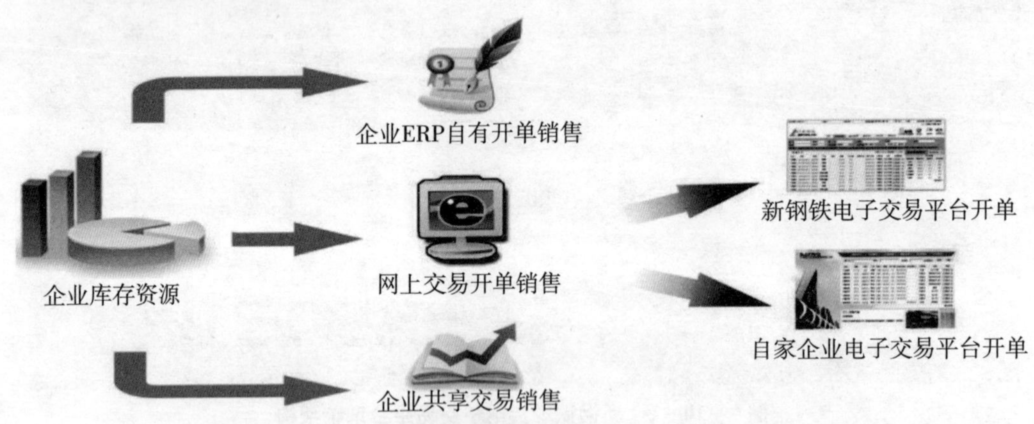


**图6-10-3　企业通过新钢铁现货电子交易平台实现多渠道销售**

以上渠道销售的优势主要包括：业务员、终端在线查看货源和销售价格，随时随地都可以开单；操作流程规范，避免合同纠纷；货物存货量，销售价格统一修改，实时同步更新；客户资料永久保存，不会丢失；终端自助采购，省去业务员导购。

**3. 支付结算**

我国绝大部分的支付平台只能满足个人账户的小额结算，缺乏对于企业账户的大资金周转。而且，在支付平台下订单后就只能完成该订单，如果原订单与实际货物发生变化，只能撤销订单。新钢铁现货电子交易平台不仅提供大宗商品的网上支付结算功能，还根据钢铁行业特点，创新了二次结算功能（订单重量与实际货物重量不一致时，根据实际货物交易额进行二次结算）。

新钢宝支付结算过程中，交易资金完全由中国建行等第三方银行直接监管，买方把钱存放在自己的交易账户中，当交易生成合同时会冻结交易账户中相应的资金，被冻结的资金买方无权动用，只能用来支付合同款；被冻结的资金卖方也拿不到，只有买方验货通过确认付款后，才会从买方交易账户中解冻并支付给卖方。这样可以避免卖方发货收不到钱的风险，也避免买方付了钱收不到货的风险。如图 6－10－4 所示。

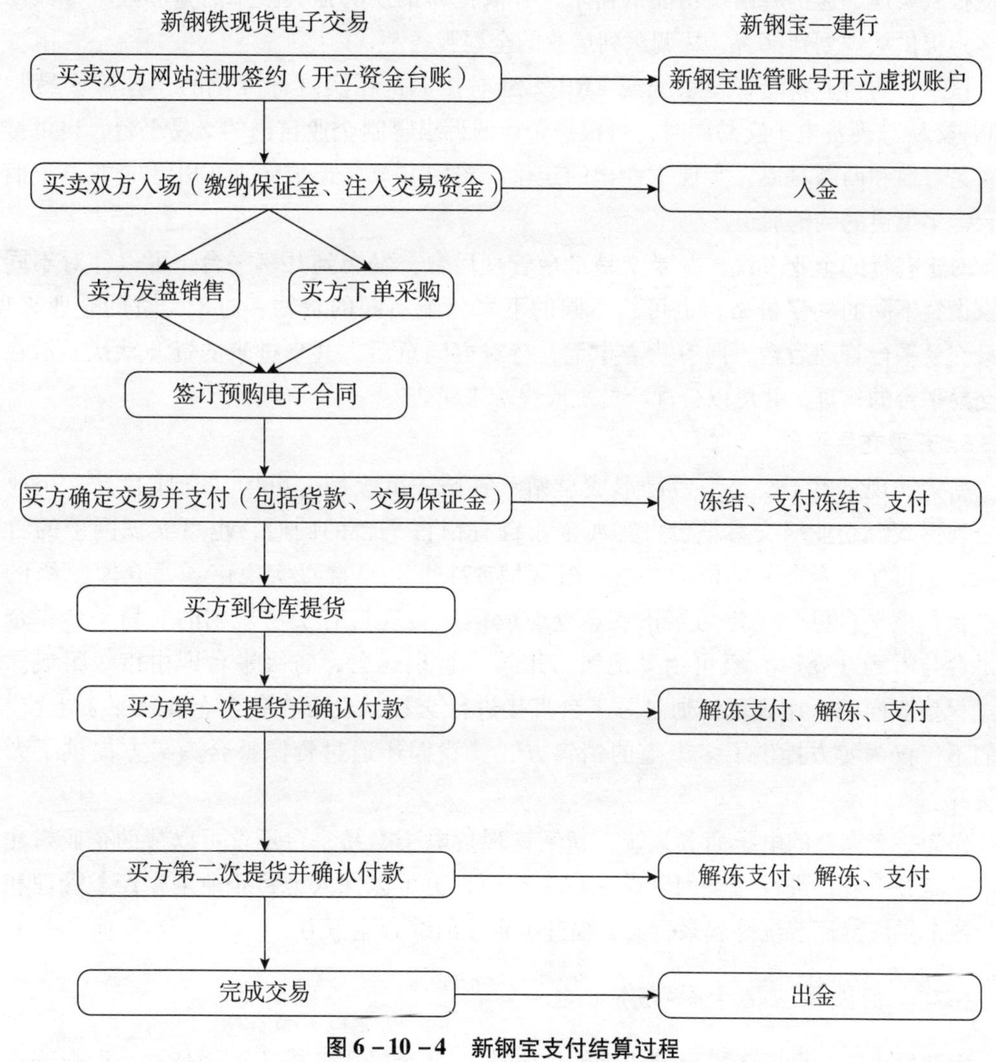


**图 6－10－4 新钢宝支付结算过程**

新钢宝支持二次结算，一次冻结多次解冻并支付等功能；新钢宝操作简单便捷，提供 7×24 小时在线服务，全国各地网点均可办理。新钢宝结算方式主要有：

（1）全部保证金模式：合同生成时将冻结买方 100% 的合同款作为保证金，买方验货后，在确认付款时，按合同实际出库量进行二次结算的合同款付给卖方。

（2）部分保证金模式：合同生成时将冻结买方部分（冻结比例按交易规则设置）合同款作为保证金，买方验货后，在确认付款时将冻结的保证金同剩余的按实际出库量进行二次结算后的合同金额一并付给卖方。

（3）随时提货随时结算模式：在以上两种结算模式的基础上，可以按出库的次数分期结算。即每次提货时，按实际提货量进行付款结算。可多次提货，直到订单量出完为止。

**4. 资源共享**

新钢铁现货电子交易平台充分考虑了企业平台功能模块的完善和升级，满足客户以较低投入实现迅速扩展系统功能的需求，并依托新钢铁的强大技术力量和业务专家团队为客户提供从规划到部署、从调试到运营的全程服务。

该平台与企业仓储管理系统或 ERP 无缝对接后，在实现标准化的“挂牌交易”或“监管交易”现货电子交易同时，可根据企业的诉求定制企业自己的交易平台，也可按传统贸易习惯和商圈习惯，实现个性化的定价与资源共享，形成企业 ERP、企业电子商务平台等多渠道的购销通道。

对于有货的企业来说，登录交易平台管理后台，发布到共享平台，可以针对不同的下家设置不同的共享价格，也可给不同的下家分配不同的货物。对于无货的企业来说，登录交易平台管理后台，向有货方申请，待对方同意后，共享进来的资源默认显示在企业交易平台的首页，并可以分配给员工或终端来销售。

**5. 五级交易平台**

新钢铁现货电子交易平台已形成总站、省站、市级站、市场（仓库）站、企业五级表现形式。企业级交易平台可实现企业自有销售平台的同时，也可实现网上的首付结算，也可实现企业间的资源共享；各区域或企业共享群可实现市场（仓库）级的交易平台，该平台可个性化为某市场、仓库或钢厂实现自有交易规则的交易平台；企业级平台与市场（仓库）级可由某地级市来统一管理运营，省级平台即由市级组成。这个过程是双向的，用户可以通过总平台直接进行交易，也可在各个企业级平台上交易，我们不仅仅为卖方提供了多渠道的销售方式、我们还通过资源整合为买方提供了大量的货源。

作为一套完整的电子商务系统，新钢铁现货电子交易平台不仅可以帮助企业搭建一个电子商务平台，进行“全网”营销资源整合，更可以深入地将企业的生产、管理和营销的各个供应链环节统筹起来，大大提升了企业的综合竞争力。

### （二）钢铁供应链金融服务平台

钢铁供应链金融服务平台以“钢铁供应链 BAB 金融服务模式”为依据，配套物流服务和电子商务服务，与各大银行协作，拓宽融资渠道，帮助企业在最短的时间、以最快捷的方式获得资金，从而实现可持续发展。

BAB（Business Alliance Business）即“企业联盟企业”，就是企业与企业间通过电子技术手段，交换整合各种数据资源，从而把产品带入流通领域的一种电子商务模式。BAB 是一种可以囊括 B2B、B2C、B2M、B2T、B2G、C2C、C2G、ERP 各种电子商务模式的新型模式，是搭建企业间资源联盟，实现整个产业链资源合理配置的有力工具，可更大程度地降低商品流通成本；为各方创造一个包括信息流、资金流、物流在内的，有安全保障的电子商务环境。可以把电子交易、信息服务、电子支付、融资服务、物流配送等各个作业环节高度集成，真正实现了“三流合一”。

钢铁供应链 BAB 金融服务模式的核心思想就是全程的电子交易、金融服务、物流服务、信息服务均在第三方或第四方监管的前提下进行，为交易各方提供一个相互协同又相互监督的安全快捷的网络环境。钢铁供应链 BAB 金融服务模式的特点是：交易渠道多样化、资金结算安全化、信息对称可视化、物流管理标准化、融资通道便捷化。

钢铁供应链金融服务平台联合监管仓库和融资银行，基于工作流等信息技术，提供在线融资服务和监管结算服务。并通过专业的第三方监管服务，结合电子交易平台提供的信息、采购、销售、结算等服务，配套创新的金融产品，帮助银企互通，实现银企的共赢，切实解决中小钢铁企业融资难问题。顺邦公司拥有一套完善的标准物流服务体系和先进的物流金融监管系统，已获得中、工、农、建四大银行以及十几家商业银行的第三方物流监管资格。主要提供互连互保服务、动产质押及订单融资、担保及小额贷服务、第三方金融监管服务、物流连锁合作服务等。监管主要由静态仓储和动态物流运输监管组成，由“新钢 e 物流金融管理系统”（中国物流金融网 www. chinalfn. com）统一管理。根据钢铁行业的金融服务需求，配套第三方监管资质、与银行开创与时俱进的融资产品，利用担保的金融杠杆工具，服务于整个钢铁供应链。“新钢 e 物流金融管理系统”采用 B/S 架构，应用 J2EE 模式开发，后台数据库采用 MS－SQLServer。该系统与自主研发的仓储管理系统、ERP 进销存管理系统、配货与运输调度系统、新钢讯（即时通信系统）、市场管理系统对接，实现全程 7×24 小时保证无间断的动态监管与静态监管，在保证实物信息与监控信息有效对称的同时，并对所有数据做了多次备份与预警方案。系统根据银行制定信用等级标准自动评定贷款商户信用等级，并可实时监控贷款商户动态运输以及静态库存情况。系统设置的多级预警机制，对库存值达到预警值的商户自动封库，有效防范了货物超发及低于监管价值所引发的风险。系统的数据分析模块，第一时间了解贷款商户的库存、采购、销售等实时经营状况，为银行、监管方和出质企业提供一手的经营决策数据。本系统适用于担保融资、买方融资、卖方融资、质押融资、合同融资等融资产品服务的全程监管。

钢铁供应链金融服务平台目前的融资方式主要有以下 3 种：

**1. 担保融资**

描述：融资方由担保公司为其承担担保责任，向银行取得借款，融资方向担保公司提供反担保措施（①融资方提供与融资额等金额的动产作为质押物给担保公司；②融资方将自己或他人的房产、土地抵押给担保公司，需到相关部门办理他项权到担保公司名下），融资方取得借款前需支付担保公司保证金、监管费。如图 6－10－5 所示。

特点：担保公司担保，提高了企业的信用等级，并由担保公司向银行提出申请，办理相关手续，提高了企业融资效率。

**2. 合同融资**

描述：依据购货合同办理此品种贷款，融资方预交融资额 30% 作为保证金存入银行

图 6－10－5　担保融资流程

保证金账户，货款直接打到供货商企业。监管企业监管货物，融资方提货前需向银行保证金账户存入本次预提货款总额的 70%，借款额相应减少部分不再支付利息，融资期限内循环额度。如图 6－10－6 所示。

特点：只需 30% 的自由资金即可获得 100% 的融资支持，能够解决采购阶段的资金需求，提高企业采购能力。

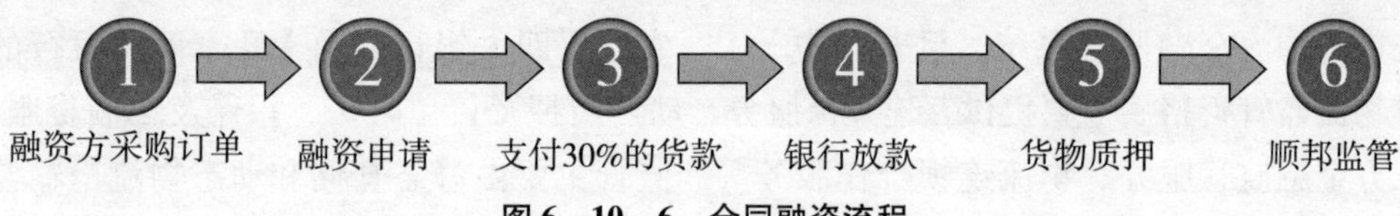


图 6－10－6　合同融资流程

**3. 动产质押**

描述：动产质押业务是指融资方在正常经营活动中，以自有的银行认可的动产做质押，交给监管公司监管，向银行申请授信业务。如图 6－10－7 所示。

特点：可一次或部分提取质押动产，也可以货易货，不影响企业正常的生产经营活动。

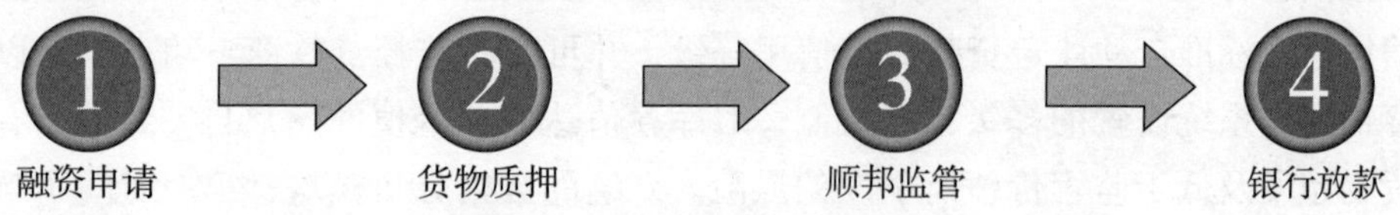


图 6－10－7　动产质押流程

经过实践证明，钢铁供应链 BAB 金融服务模式可推动钢铁行业集约发展，避免市场重复投资建设，可有效降低交易成本，提高行业利润水平，充分优化市场环境，将大力提升钢铁物流业现代化水平，开启钢铁物流业发展新空间。

### （三）物流连锁服务平台

物流连锁服务平台主要提供现货超市、物流配送、仓储加工、钢铁贸易、加盟仓、监管服务、标准化管理输出和人才输出等功能。物流连锁服务平台通过整合传统贸易与电子商务、物流金融的有机结合，全面满足了各类企业在运营过程中各方面的需求。

顺邦公司结合行业特点，凭借多年行业经验积累，探索并制定出顺邦物流连锁标准化服务体系，可直接对外品牌输出、管理输出和人才培训等模式复制。物流连锁服务平台具有合作模式灵活、合作功能可选、盈利方式多样的特点，适用于供应链综合服务性企业的扩张和拓展，有助于产生更大的规模效益。

顺邦物流连锁总部示范基地——百营钢铁交易中心，是2009年省重点项目，位于裕翔街与衡井公路交会处，紧邻城市主要路网，交通便利，依托装备制造业，以金属材料为经营主线，充分发挥连锁业综合服务示范效应，为入驻企业提供商品交易、货物仓储、运输配送、生产加工、生活配套等服务，具备电子商务、物流金融等特色功能，是一个现代化、集约化、信息化和标准化的大型钢铁物流平台。百营钢铁交易中心实现物流业与制造业的深度融合，可容纳企业2000余家，预计实现年货物交易量1000万吨、年交易额350亿元，通过供应链全方位的配套服务和传统贸易与电子商务、物流金融的有机结合，实现制造企业零库存，大幅提升国内钢铁物流业承载力，为当地经济迅猛发展注入强劲动力。

顺邦直营连锁（顺邦饶阳物流园区140亩，顺邦富明物流园区180亩），根据区域经济特点，集合了传统园区功能，配套电子商务和金融服务，拓宽顺邦物流连锁服务平台的覆盖面。

顺邦物流连锁服务平台的优势在于：①作为河北省金属材料流通协会和石家庄市金属材料流通协会的会长单位，顺邦公司借助协会平台，强强联合，整合优势资源，引领行业转型升级。②在钢铁产业链服务二十年，已拥有物流连锁总部示范基地、直营连锁以及省内三十余家加盟仓库，钢铁上中下游企业近万家。③顺邦公司已获得中、工、农、建四大银行以及十几家商业银行的第三方物流监管资格，与金融机构建立了良好的战略合作伙伴关系，使得顺邦公司拥有了强大的资金优势和客户资源优势。④电子商务拥有23项自主知识产权，领先的技术优势和技术支撑，为可持续发展奠定了坚实基础。电子商务不仅着眼于互联网应用，还通过物联网技术为用户提供即时通信、视频监控、GPS定位导航监控、生产加工设备数字化控制和视频会议服务等全方位配套软件服务。

## 四、“金三角”供应链管理的绩效分析

以“金三角商业环境盈利模式”为核心的钢铁供应链系统服务，已经为顺邦公司带来了突飞猛进的发展和快速的战略扩张。该服务体系主要从以下三个方面获得直接效益：

### （一）物流

打造顺邦物流连锁服务品牌，提供园区、设计、规划、市场管理、仓储、加工、运输、贸易、配送等服务。对于一些实力有限不能自建平台的中小型企业、仓库或钢材市场而言，趁此整合契机，加盟一些大型的物流连锁服务商，借势延伸产业链，无形中增强自身实力的同时也稳定了利润源，这未尝不是明智之举。物流连锁经营建立在现代物流和电子商务平台之上的，是一种以品牌塑造为根本，以经销商和终端客户为服务对象，实施跨区域连锁经营的网络。就钢铁流通业而言，实行连锁经营，将有利于整个供应链的资源优化，形成上联钢铁生产，中间带动物流仓储，往下推动制造业发展的新格局。

作为国内知名物流供应链系统服务商，河北顺邦物流集团已经建立起标准化的钢铁

物流园区（石家庄装备制造基地百营物流中心450亩），直属连锁（顺邦饶阳物流园区140亩，顺邦富明物流园区180亩），并在河北邯郸、唐山、张家口等地，吸引了三十余家钢材加盟仓，服务钢铁上中下游企业近万家。

## （二）电子商务

提供全程电子商务服务，包括硬件设备、软件服务以及电子交易和信息服务等。自2009年运营以来，获得商家的认可与推崇，会员遍布全国，注册会员47000多家，日交易量近万吨。

（1）新钢铁现货电子交易平台（www. nsteel. cn），采用自主开发的“新钢e资源共享交易系统”，是国内首家采用“群概念”、“交易圈”、“商圈”、“交易网络”、“云计算”等第三代电子商务平台。

（2）亿商道系统服务平台（www. eshangdao. com），是大宗商品交易系统一站式服务平台，主要系统服务有仓储管理软件、ERP进销存软件、物流金融监管系统、资源共享系统、现货电子交易系统、支付结算系统、配货与运输调度系统、CRM客户管理系统、市场管理系统等，将满足日常企业管理的各类需求。

（3）“新钢宝—E商贸通”，国内钢铁行业交易支付结算平台（www. steelpay. cn），提供二次结算、清算对账、资金结算、在线融资等特色服务，是安全、便捷、大额电子支付的应用之道。

（4）中国物流金融网（www. chinalfn. com），该系统适用于融资产品服务的全程监管，可与仓储管理系统、ERP进销存管理系统、配货与运输调度系统、新钢讯（即时通信系统）、市场管理系统对接，实现全程7×24小时保证无间断的动态监管与静态监管，在保证实物信息与监控信息有效对称的同时，对所有数据做多次备份与预警方案。

## （三）金融

根据行业金融服务需求，配套第三方监管资质、与银行开创与时俱进的融资产品、利用担保的金融杠杆工具，服务于整个产业链。已经为河北省内大宗物资客户提供第三方物流监管及担保服务，服务银行包括四大行及十几家商业银行，2013年为省内356家中小企业提供融资服务、监管服务及担保服务，融资金额41.2亿元，累计融资额200多亿元。

顺邦公司借助于目前已拥有的物流园区、仓储加工、钢铁贸易、市场管理、运输配送、第三方监管等服务体系，不断创新第三方金融、第三方支付与第三方电子商务平台，为客户提供包括硬件设备租赁、软件服务、电子交易和信息服务的全程电子商务协助，再加上与各大银行的通力合作，拓宽融资渠道，帮助企业在最短的时间、以最快捷的方式获得融资。

由此，通过实现供应链上企业流程再造，保护了各方利益，形成物流仓储、电子商务、金融服务三方共生机制（即金三角商业合作模式），既是建立本模式的出发点，也是本模式追求的目标，最终使供应链成为对各方来说都可省时、省力、省钱、省物的价值链。

## 五、经验分享及未来规划

未来的企业靠未来的市场势必朝着核心资源取长补短、合作共赢方向去发展，这样的定位清晰之后，如何通过电子商务技术，构造一个涵盖信息、物流、金融、营销和服务于一体的供应链管理平台，在提高钢材产品附加值的同时，最大限度地降低钢贸流通过程中的人、财、物成本，提高协同生产效率，实现产业化流通，成为重塑钢铁产业生态的关键所在。

当前，我国流通领域体制改革已经刻不容缓，“金三角”钢铁供应链系统服务的推出符合国家流通体制改革的基本方向，改造和提升了传统产业信息化水平，符合国家相关的政策和法规，拓展了钢铁流通领域电子商务新空间，通过对金融、物流和网络技术等资源的整合，有利于优化钢铁行业的生产和流通进程，也有利于钢铁现货交易市场领域的转型升级。

实践证明，“金三角商业环境盈利模式”不仅应用于钢铁行业，更可以复制和延伸至其他产业链。因此，顺邦公司定位为供应链系统服务商，全力落实“金三角商业环境盈利模式”，以物流连锁（仓储吊装、剪切加工、运输配送、市场管理、加盟连锁、管理输出、人才培训等）、物流金融（第三方物流监管、供应链金融服务）和电子商务（大宗商品交易、支付结算；软件研发及软件销售等服务）为经营重心，配套综合服务（贸易托盘、集中采购、分销服务等），在发展实践中不断完善和灵活应用，顺势适时向外扩张，向新兴产业渗透，与实体载体结合，形成跨地域、跨行业的物流连锁经营产业集团，努力创造更大的经济和社会价值。

“金三角”将开启城市物流发展新模式，从服务方式上来说，“金三角”通过打造物流、电商、金融三位一体的协同服务模式，通过实现供应链上企业流程再造，保护各方利益，最终使供应链成为对各方来说都省时、省力、省钱、省物的价值链，这样一来，不仅降低了物流供应链的总体成本，还提高了工作效率。从服务载体上来说，综合化、集约化、专业化的物流园区或产业聚集区将成为城市物流的发展趋势。

“金三角”钢铁供应链系统服务已经通过提供电子商务、金融与现代物流全面融合的服务，积极推进全国性钢铁产品生产、大流通格局的形成，在重新整合钢铁经济结构的同时，梳理行业经济秩序，最终实现产业转型升级。相信在不久的将来，“金三角”供应链系统服务就能突破钢铁行业，向大宗商品交易横向和纵向延展，为我国各产业的供应链管理开启新的空间。

撰稿人：河北顺邦物流有限公司总裁　林汉贝

# 案例十一　卓志：用中国服务为中国制造插上腾飞的翅膀

## 一、企业简介

广东市卓志供应链服务（集团）有限公司（以下简称卓志）成立于1997年，是由港口物流成长起来的民营外贸综合服务企业，主营业务为中小企业提供贸易代理、融资、通关、退税、物流、保险等一站式外贸供应链服务。卓志旗下拥有一个全资国家二类开放口岸及多个专项场站，集团企业拥有国家5A级综合服务型物流企业，广州市跨境电子商务试点企业，全国优秀报关、海关A类管理企业等多项荣誉。2013年平台规模流量达130亿美元，平台上用户12000余家，实现供应链营业收入42亿元，位居2013年广州民营外贸进出口企业排名第一位。已在服装、化工、粮油、水果、烟花等多个行业及多个供应链领域取得了优势地位。

公司具备雄厚的信息化设计和研发能力，2010年公司“综合物流信息平台”获广州市电子商务发展“十一五”规划重点建设项目，2012年为广东出入境检验检疫局建设完成市场采购出口商品公共服务平台，2013年成为广东检验检疫局跨境电子商务公共服务平台及辅助监管系统的建设运营方。2013年8月，公司与广州市对外贸易经济合作局签署了关于推进广州跨境贸易电子商务服务试点城市申报及建设工作的《合作备忘录》，9月24日，由我公司主笔起草的《广州市跨境电子商务服务试点工作方案》获海关总署批准。

## 二、实施供应链管理的背景

### （一）欧美市场持续低迷，新兴市场逐渐兴起

受国际金融危机影响，我国外贸出口形势严峻，以发达国家为中心的贸易格局保持不变，但对欧美国家贸易逐渐萎缩；对非洲等新兴市场贸易正以超过30%的年增速快速成长，成为拉动我国外贸发展的重要机会。针对目前外贸企业面临的欧美市场放缓、国际新兴市场客商采购逐渐以小批量、多频次的形式下单，产业结构调整带来的传统制造业成本上升等现状，我们认为机遇与挑战并存。

### （二）由加工贸易向服务贸易转变

以广东为例，目前广东外贸的下滑主要来自制造业工厂的进出口货量减少，这与近

几年广东退二进三、制造业腾笼换鸟、产业升级的策略直接相关，随着众多外向型制造业企业向东南亚国家及内陆城市的转移，原有加工贸易带来的进口原料需求大幅下降，但消费类产品有所上升。面对产业结构调整所带来的外贸结构的变化，仅靠以往以生产加工为主的进出口拉动远远不够，根本的解决之道在于如何做好“退二”后的“进三”，即“大力发展现代服务业”（即“外贸综合服务企业”）。以卓志的“全程外贸供应链服务平台”为例，我们平台上的很多客户的实体工厂都不在广州，但他们只要成为平台上的客户，他的交易、结算、物流安排、供应连融资及配套税收就全部体现在以卓志为主体的供应链平台上，卓志是产业升级政策的实践者。这种外贸供应链服务的总部经济模式，在带动产业升级的同时更是促进外贸增长的新动力。

### （三）国际贸易主体已逐步发生改变，外贸综合型服务企业已逐渐成为外贸主体，并且扮演着越来越重要的角色

随着国际竞争的激烈与服务外包业态的发展，广大中小型外贸及制造企业的核心需求是融资、降低成本和提高效率。“专业的全程外贸供应链服务平台”与银行合作通过“1 + N”的供应链金融产品解决中小企业资金问题；通过大物流、大结算的规模效应，解决成本优化问题；通过专业化运营，引导贸易交付方式转变（FOB 转为 CIF），使企业分享到物流带来的收益；通过平台自身的规范运营与信息化管理，在提高运营效率的同时，更可逐渐引导平台上成千上万家中小型企业规范操作，满足监管部门的信息及溯源需要。

这种总部经济下的外贸供应链服务外包模式，不仅让众多不具备外贸能力的中小企业参与到外贸活动中来，更通过现代服务带动产业升级的同时成为促进外贸增长的新动力。目前卓志平台上服务的中小企业用户就达 2000 余家，2013 年年度累计为上千家中小企业提供贸易融资达 25 亿元。

2014 年更被称为“服务元年”，根据中国海关公布的“2013 年上半年中国一般贸易出口企业百强榜”，前 11 位当中就有四个外贸综合服务企业。国务院目前正在出台扶持外贸综合服务企业发展的国税和海关方面的政策。2014 年，国税总局发布 13 号公告，正式对外贸综合服务体代理出口退税主体资质进行了认定。

### （四）电子商务将引导国际贸易新潮流

电子商务是全程外贸供应链服务的重要组成部分，从根本上打破了时间、空间的界限，用信息化手段提高供应链运转效率、降低供应链成本，提升中国制造在国际市场综合竞争实力。有别于国内相对成熟的内贸电子商务，我国的外贸电子商务发展才刚刚开始，信息技术的发展把大大小小的外贸企业重新拉回了同一起跑线上。就像内贸电商的瓶颈是物流一样，外贸电商发展的核心竞争力依然是“外贸供应链服务”能力。目前主流的电子商务平台（阿里巴巴、环球资源等）均以提供国际贸易商机发现为主（信息平台），国际贸易中繁杂的业务运作环节却依然采用传统的线下方式。由于国际贸易中涉及的清关、退税、外汇、国际结算、贸易融资等环节受相关政策限制，需要专业服务团队

为客户提供解决方案，传统的贸易撮合型电商平台因缺乏相关经验和服务能力，造成了服务缺失的硬伤，影响了客户的黏性，这便给第三方外贸供应链服务提供商创造了广阔的市场空间。

外贸电商的春天已经到来，而“外贸供应链服务”是外贸电商的核心竞争力。

### （五）卓志，专业的外贸综合供应链服务提供商

卓志集团成立十七年来，在国际物流及国际贸易方面积累了丰富的运作经验，依托集团实体物流资源、专业的管理团队及强大的供应链金融服务能力，以商贸物流双核驱动的商业模式，强力打造“卓志智慧供应链公共服务平台”，承接企业在国际贸易过程中含：物流、通关、退税、融资、采购执行、分销执行等各项服务的外包，使企业可以更加关注主营业务，提升企业的整体国际竞争力。面对现在外贸企业优化成本、提高服务及效率，以提升中国制造在国际市场综合竞争实力的现状，建立与我国繁荣的国际贸易相匹配的“卓志智慧供应链公共服务平台”。多年来，公司持续进行信息系统开发及电子商务应用，力图打破区域边界，为各地客户提供无差别的优质的全程外贸供应链服务。

## 三、全程外贸供应链管理的运作模式（重点）

### （一）商业模式简介

**1. 服务介绍**

随着国际竞争的激烈与服务外包业态的发展，越来越多的中小型外贸加工企业希望更加专注于研发、生产、客户等核心业务，而将进出口执行、物流、通送、国际结算等供应链环节的服务委托给专业的第三方供应链服务公司操作，通过制造业与服务业企业之间的专业协同，提高自身在国际市场的综合竞争力。近年来，以卓志等“供应链服务平台”为代表的大型外贸综合服务企业已经逐渐取代众多的中小型外贸企业成为国际贸易进出口的主体。

卓志非常注重商业模式的信息化管理应用，早在2010年便与IBM中国合作，建立了“全程外贸供应链服务平台”信息架构模型，随后并自主研发了供应链、货代、报关、港口、协检等多个信息模块。目前该系统已投入使用多年，建立了12000余名的企业客户档案，2012年平台客户总体外贸流量规模达300亿美元，报关报检约12万批次。

卓志全程外贸供应链服务平台，将打破时间与空间的限制，以集团国际物流资源及外贸供应链服务能力为核心基础，实现将传统进出口服务、物流、供应链金融、信息管理等服务进行创新性融合，以电子商务为运作核心，整合上下游供需资源，结合银行、保险机构等服务产品，形成一站式外贸供应链服务解决方案，打造集交易、物流、金融、信息等服务于一体的“全程外贸供应链服务平台”。通过整合客户需求及上下游供应商资源，承接企业的全程外贸供应链服务外包；以数据库为基础、支持多渠道发布，面向客

户智能呈现，在网站、移动电子商务等业务方面使用。

外贸企业的核心需求是融资、降低成本和提高效率。据不完全统计，其仅外贸环节的物流等供应链成本就占总成本的20%，远远高于发达国家8%的比例。卓志全程外贸供应链服务平台与银行合作，通过“1+N”的供应链金融产品解决中小企业融资难的问题；通过大物流、大结算的规模效应，解决成本优化问题；通过引导贸易交付方式转变（FOB转为CIF），使企业分享到物流带来的收益；通过平台自身的规范运营与信息化管理，在提高运营效率的同时，更可逐渐引导平台上成千上万家中小型企业规范操作，在满足不同用户需求同时，兼顾监管部门信息需求，建立多元化、可追溯、综合型的服务平台。

**2. 定位**

全程外贸供应链公共服务平台。

**3. 目标客户群**

（1）贸易主体：买方、卖方、贸易商、制造厂商；

（2）贸易服务商：货代、船公司、报关公司、报检公司、码头、供应链公司、运输公司等；

（3）职能部门：海关、国检等；

（4）个人用户：国际贸易的从业人员。

**4. 平台服务功能**

卓志智慧供应链公共服务平台主要提供专业解决方案及行业整合、业务运作、商机获取、政策指引等功能，面向的是企业用户，且与检验检疫、海关等各级政府监管机构的评级无缝对接，并实现了与船公司、电子口岸等实时物流信息的对碰，故在会员注册、信息审核方面有严格的机制，且在数据对接方面更为广泛。

（1）外贸供应链公共服务平台（国际货运版的携程B2B）；

（2）外贸信用平台（解决政企互通、银企互通、境内外企业互通的信任问题）；

（3）供应链金融平台（银企通、供应链融资、网上支付、国际结算）；

（4）市场采购商品诚信贸易平台；

（5）数据库（数据深挖、数据库营销）。

**5. 平台8大服务环节**

卓志“智慧供应链平台”承接外贸环节中涉及的八大服务环节，客户买卖双方确定合作意向后，可据自身需要选择单点、多点或全程将供应链服务外包给卓志执行，使外贸企业更关注研发、生产、客户管理等主营业务。通过与卓志平台的专业分工合作来提高企业在国际竞争中的整体竞争力。如图6－11－1所示。

**6. 卓志平台优势**

卓志“智慧供应链平台”对传统“贸易供应链”与“物流供应链”及“供应链金融”进行优化，扬长避短，综合实现风险可控，效益最优。如图6－11－2所示。

**7. 平台价值**

（1）服务外包——减轻外贸企业压力；

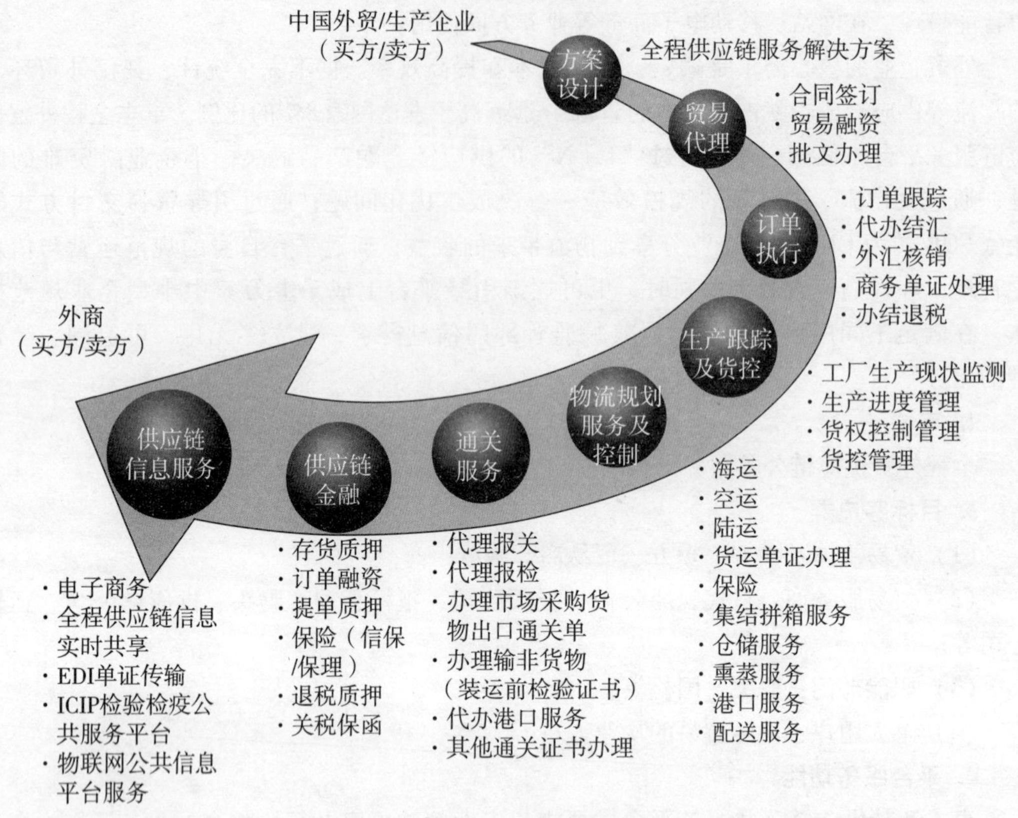


**图6-11-1　平台八大服务环节**

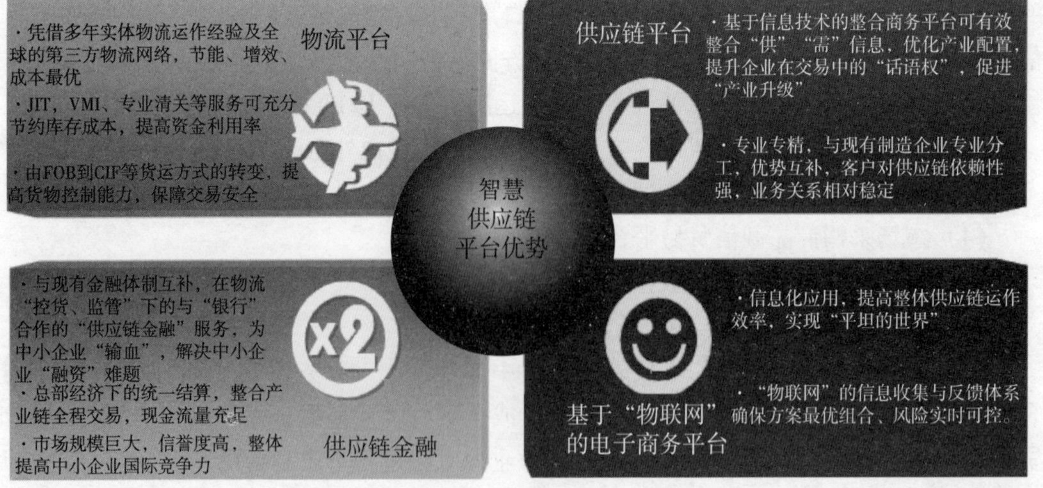


**图6-11-2　卓志平台优势**

（2）专业服务——专业、专注、提高运营效率；

（3）规模效应——降低成本、提高企业综合竞争力；

（4）贸易金融——实现真实贸易背景下的物流融资和贸易融资、支持LC和OA，为企业带来新的业务机会。

## （二）服务案例

### 1. 某服装产业集群出口供应链服务案例（国内采购执行、国际分销执行）

广东某镇为我国牛仔产业聚集地，当地牛仔出口量占全国外贸出口货量的60%。但由于该产业以自发集群式形成，当地集散着五六千间中小型制造业工厂，很多是家族式企业。随着国际竞争的加剧，原材料、人工、资金等成本的逐年上升，靠中小型工厂自发的接单、生产、出口已经难以维系。

很多中小企业接到订单后没能足够的资金采购原料；由于出口收汇及退税需要一定时间，很多中小企业深受资金占用困扰，没有足够的资金运营；由于工厂违约风险增加，很多国际大型采购商也不愿意直接下单给工厂。基于上述情况，卓志推出了面向广大产业集群中小企业服务的“服装行业出口供应链服务解决方案”。

基于卓志外贸综合供应链服务平台的平台信用，外商将订单统一下给卓志，由卓志代外商管理验厂合格的产业集群数百间工厂。在生产制造环节，卓志可以在订单项下，为工厂提供一定比例的贸易融资，解决企业的采购资金问题。同时卓志更利用国际间贸易优惠政策和全球物流网络资源，为制造企业提供国内采购执行服务。基于订单项下，接受工厂的采购执行委托，帮服装厂买布，帮布厂买纱，帮隔纱厂采购棉花。卓志承担全程的采购结算，并进行相应的货控管理，以保障资金的有效使用和订单的准时交付。工厂成本生产完成后，为解决制造企业应收款占款周期长的问题，卓志面向工厂提供出口分销执行服务，以供应链公司作为服务主体，以内贸方式买断生产型企业的订单，使工厂得以第一时间回笼货款及退税款。再由卓志完成出口物流安排及国际结算、出口退税、结汇全部流程。大大提高了企业的资金利用率。如图6－11－3所示。

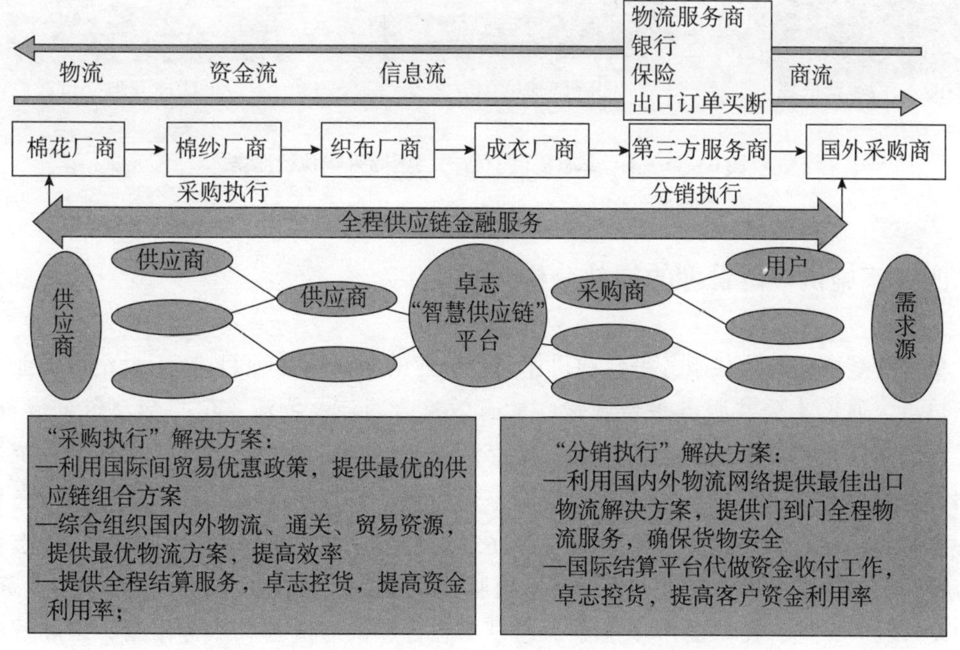


**图6－11－3 国内采购执行与国际分销执行的解决方案**

**2. 某食品原料制造产业集群国际采购执行服务**

在我国某地聚集着大量食口原料制造企业，该类企业的主要加工原料来自东南亚进口的农产品粗加工制品。由于国内企业进口需求较大，需大量的采购资金，而产品生产、销售后资金回笼慢，使企业在采购环节存在大量的资金缺口。且进口环节涉及国际物流匹配、两地通关政策限制等多个环节，操作相对复杂。

基于上述需求，卓志面对广大进口企业提供一站式“国际采购执行服务”，接受国内制造企业的委托，为其提供进口代理、国外产区收购、产区粗加工、海外仓集结、国际海运、两地清关、国际结算等一站式服务。缓解企业采购资金压力的同时，更为企业提供一站式便利服务。如图 6－11－4 所示。

**图 6－11－4　卓志提供一站式“国际采购执行服务”**

## 四、实施供应链管理的绩效分析（重点）

卓志智慧供应链公共服务平台项目作为服务业的新兴业态项目是 21 世纪服务业发展的新热点。通过本公共服务平台建设，能有效整合商流、物流、信息流、资金流资源，满足市场多样化和个性化的需要，减少库存囤积风险，实现敏捷生产，提高产业抗风险能力。也能够通过国际贸易各节点的资源整合与共享，促进企业的技术创新，提高自身核心竞争力，从而节约成本、提高效益，促进整个产业的发展和升级。因此，卓志智慧供应链公共服务平台也将通过提供以上增值服务，吸引广大的企业客户，集聚产业资源，进而发展壮大，拥有良好的市场前景。通过卓志智慧供应链公共服务平台，国际贸易上各行业企业可以方便快捷地通过网络获得平台提供的采购信息、结算信息、市场开拓、物流信息、技术、设备等资源共享服务、国际物流方案、进出口通关服务、拉货信息、生产预测信息、法律咨询，决策咨询研究、项目策划等综合性的服务信息，借鉴公共服务平台专业队伍研究出来的成果有效改进管理和产业技术，带动国际贸易各方业务的增长和成本的降低。项目主要的社会效益包括：

### （一）振兴和调整传统行业的外贸资源，拉动外贸进出口的发展

2009 年年初国家从缓解企业困难和增强发展后劲入手，相继制定出台了汽车、钢铁、电子信息、物流、纺织、装备制造、有色金属、轻工、石化、船舶等十大重点产业调整和振兴规划，提出了上百项政策措施和实施细则。随着政策措施逐步到位，重点产业下滑态势得到遏制，整体企稳回升，企业重组稳步推进，淘汰落后产能力度加大，企业技术进步明显加快。贯彻落实重点产业调整和振兴规划是一项长期的任务，目前取得的成果只是初步的、阶段性的。当前面临的困难还很多，国际市场需求低迷对重点产业的影响仍在继续，一些行业回升基础尚不牢固。必须要加强关键领域和重要环节的技术改造，提升优化传统产业，夯实发展战略性新兴产业的基础。

供应链管理的优化和整合是所有行业的共同点和共同意愿。卓志供应链自 2008 年在金融海啸的背景下推出的供应链业务服务，前期主要针对的行业是电子、纺织和石化，我们发现，越是成熟的行业市场，他们的利润空间越狭窄，对信息对称的要求、供应链成本的控制需求就越大，基于商流、物流、资金流和信息流于一体的资源配合，将是提振这些行业发展的重要力量。与内需增长相比，外贸具有更高的门槛，传统行业一旦解决了国际贸易供应链的优化问题，将更加轻装上阵，获得外贸进出口的飞速发展。

### （二）匹配国际新型市场开拓提供强大的信息和资源整合服务，规范和引导国际新兴市场的外贸发展

卓志智慧供应链公共服务平台，将关务、检务和政务的政策信息进行整合，提供单证的标准化、信息交互的标准化，既可以做政府监管部门与企业的桥梁，又可以探索和带动新的监管模式的推行，为市场采购商品出口提供助力，缩短和降低国际新兴市场外贸管理体系进一步完善的时间和成本，从而规范和引导这种新兴业态的健康发展，为外贸提速。

### （三）为服务外包产业提供技术和可持续发展的支撑，推动供应链服务外包模式标准化

供应链管理外包业务为广大中小企业提升核心竞争力提供了新的途径，从储运到物流，再从物流到供应链，在物流业税收试点还在继续的时候，供应链外包模式的试点在国家多个城市已经悄然开始。供应链的服务外包因其行业、深度、广度和核心竞争力的各有千秋，从国内外层面来讲，有以沃尔玛为代表的“核心企业供应链”，它以平台领导

型企业作为主导；有以香港利丰为代表的贸易供应链模式，它以贸易企业为主导；还有以怡亚通为代表的供应链金融服务型、以 UPS 为代表的物流平台型等等模式，作为比物流更具产业跨度、行业管理更复杂的新兴模式，国际 SCM 服务外包还面临海关、检验检疫、工商、税收、外汇等多重行业管理的配套完善的艰巨工作，对于政府来讲，所需要的最关键之处在于环节的清晰化和标准化，有了对供应链的清晰认识，配套的产业政策方能有针对性地出台。

卓志智慧供应链公共服务平台以国际供应链服务外包为重点，将企业国际供应链的服务环节清晰化，提供集订单、虚拟生产、物流、代理、融资服务、通关等功能于一体的全程信息服务和资源整合服务，可以更加有效地为供应链服务外包的管理提供技术上和信息上的帮助，为加快服务外包产业提供可持续发展的动力。

卓志一直认为，货物的集散并非取决于地区的硬件条件，而是取决于服务提供商和商贸物流软环境，方案做得好、服务好、成本低，供应链具备连贯性，则货物流向必然跟着服务提供商走。2009 年卓志进行湖南市场调研时发现，湖南外贸格局呈现“631 格局”，60% 通过上海口岸，长江水系枯水期交通不便，30% 通过深圳，物流成本较高，而 10% 通过交通方便、成本较低的广州。主要的原因是广州的商贸物流产业管理比较零散，物流和代理企业星罗棋布而没有进行信息的整合，外地的外贸企业很难寻找适合的供应链各环节代理商。服务外包这种对企业简单易懂并能有效降低成本的服务模式，一旦解决了信息对称的问题，将有无限的市场空间。卓志智慧供应链公共服务平台就是面对传统行业的供应链解决方案提供信息服务和资源整合服务的，它的发展将引导更多的企业和供应商之间架起合作的桥梁，助力地区投资软环境的打造，为地方经济的发展做出贡献。

## 五、可提供的经验与下一步打算

就像内贸电商的瓶颈是物流一样，制约我国外贸电商发展的瓶颈就是“外贸供应链服务”能力。即解决跨境电商企业面临的“通关、通检、结汇、退税”的问题。在业务实践过程中，我们发现绝大多数的电商企业都精于交易管理，对通关通检服务缺乏基本的概念，借助国家推行跨境电商服务试点城市的政策机遇，卓志融合了跨境电商新政强势推出“贸通天下”跨境电子商务服务平台，实现了与电商企业、物流企业以及海关、检验检疫等监管部门通关申报全信息化对接。出口方面，该平台通过“清单核放、汇总申报”的方式，解决了电商企业原有以邮件快件出境无法办理退税的问题；进口方面，借助保税区等特殊监管园区的政策优势，采取“整批入区、B2C 邮快件缴纳行邮税出区”的方式，降低了电商企业进口货品的价格，比境内终端售价优惠 30% 以上。跨境电商企业只需在贸通天下服务平台（www.e111.com.cn）上进行简单的企业备案和商品备案等数据交换，即可完成复杂的报关、物流、信保、融资、收汇、退税等操作。“一站式外贸综合体服务”及完善的“卓志跨境电商公共服务平台信息系统”，为众多网商企业打通了与海关及国检等政府部门对接、实现便捷通关、通检的难关。让数以万计从事跨境电子商务的中小企业体验到新政给企业带来的实惠，在未来取得良好的业绩表现。

卓志愿以外贸综合服务模式，助力于中国制造业产业集群转型升级，用中国服务为中国制造加油。

撰稿人：卓志供应链集团副总裁、高级物流师　伍卓萍

卓志供应链集团董秘兼市场总监、高级物流师、高级电子商务师　李金玲

# 案例十二 安利（中国）：用信息系统打造精益物流供应链

## 一、安利物流介绍

伴随着安利进入中国市场，作为安利（中国）的一部分，安利物流在中国已有18年的历程。作为安利（中国）强大的后勤部门，安利物流负责公司的产成品物流服务，其主要功能是将优质的安利产品安全、及时地送到遍布全国各地的安利店铺，让广大顾客在店铺购买到所需要产品，同时通过优质的家居送货服务将产品送到营销人员家中，让他们能足不出户就能享用优质的安利产品。

经过多年的发展，安利（中国）物流服务已经覆盖全国，秉承“将正确的产品、以正确的成本、在正确的时间、送达正确的地点”的物流服务方针，安利物流在中国建立了一条完整的物流供应链。当产成品经过工厂的质检部门检验合格后，就会被送到安利（中国）物流中心进行储存，然后根据各地的销售状况从物流中心运往全国25个外仓，再根据各个店铺的销售状况由外仓将产品补给当地的各个店铺。如图6－12－1所示。

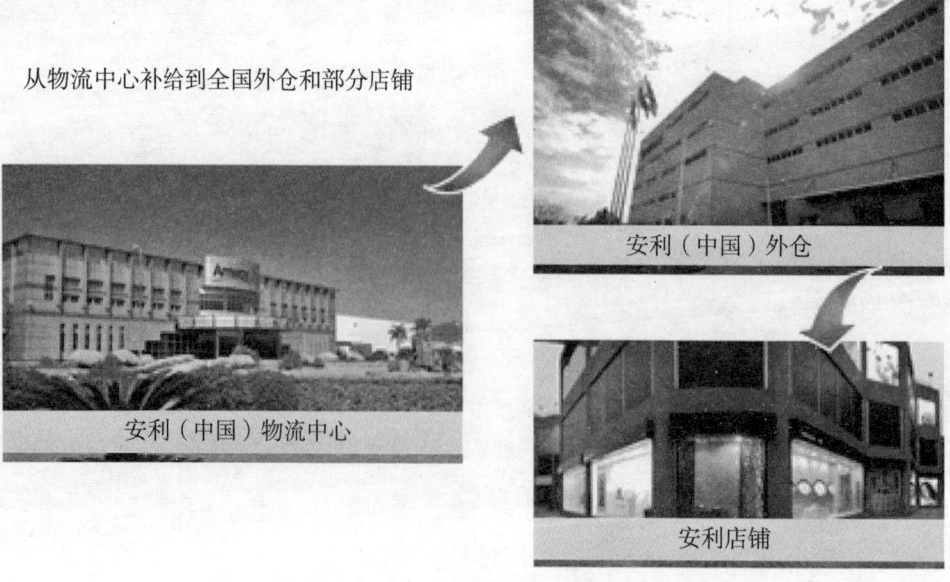


图6－12－1 安利（中国）供应链

除此之外，安利物流供应链的触角伸到了千万个营销人员的家。以坐落在全国 32 个省市的安利家居送货配送中心为轴心，将货物通过具有安利特色的复合式家居送货服务把产品送到营销人员的府上，完成产品的最后一公里配送。如图 6－12－2 所示。

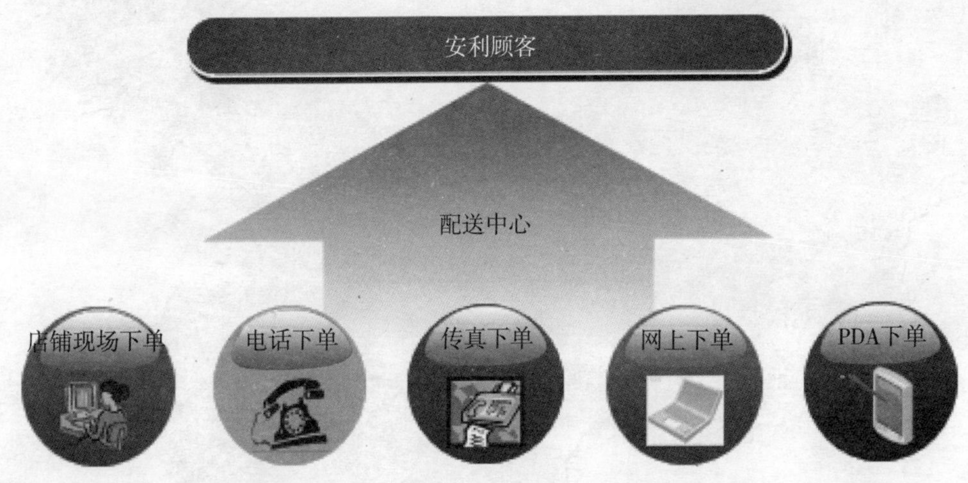


图 6－12－2　复合式家居送货的订货管道

## 二、实施供应链管理信息化的背景

目前，安利（中国）日用品有限公司在中国实施的营销策略是“店铺＋营销人员”，安利店铺是营销人员购买安利产品的渠道之一，2012 年安利（中国）销售额××××亿元，店铺渠道的销售额约占 80% 以上。目前，安利公司在中国已有 293 家直营店铺，分布于 32 个省/直辖市/自治区共 240 个城市，如此广泛的店铺覆盖范围，为货物准时抵达率带来了巨大的挑战。如图 6－12－3 所示。

安利（中国）在中国取得巨大成功，要归功于其独特的营销策略。为了在市场上占据领先地位，公司每月都有新品促销。如何配合公司频繁的市场促销活动，将产品准确无误地及时从广州物流中心运送到全国 293 家店铺，对安利物流来说是一个巨大的挑战。

建立一个完善的信息系统，加上无缝链接的供应链是解决物流服务问题，提高顾客满意度的有效解决办法。一个完美的物流体系必须要解决顾客服务和运作成本的关系。在“四个正确”方针的指引下，安利物流充分利用公司强大的新信息系统技术在供应链的各个环节领用信息系统技术将供应链无缝链接为一体，从而实现了在整条供应链实施了透明化管理。拿库存管理为例，通过链接全国的 AS400 系统安利物流的库存部门可以随时知道全国任何一家店铺的库存情况，可以通过 IOS 库存优化系统的配合以单件产品为单位对各个店铺进行库存调整。通过如此精细化的管理大大降低了安利物流的库存量，为公司节约了成本。

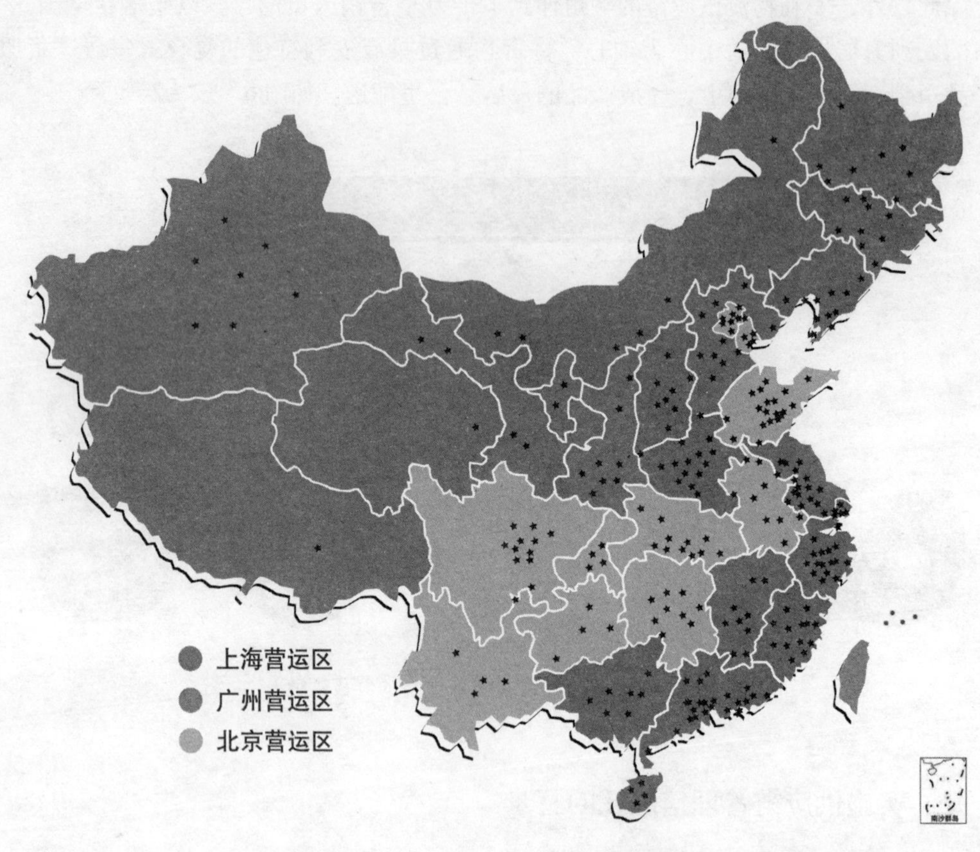


**图6－12－3　安利（中国）店铺分布图**

2004 年安利（中国）正式推出“复合式家居送货服务”，为安利营销人员提供足不出户的送货上门服务，将客户服务水平提到了一个新的高度，也同时备受营销人员的欢迎。随着互联网深入人心，中国正式迎来了网购的新时代。安利物流与时俱进，于 2012 年推出网购服务。安利的网购特点是在原来家居送货的平台上，利用互联网技术为营销人员提供网购服务。营销人员可以在家里，在路上，在有 wifi 的地方随时通过网络下订单购买所喜欢的安利产品。

安利物流的信息化系统不仅在 B2B 模式上得到充分利用，而且通过家居送货的平台利用将信息系统技术运用到安利供应链的末梢——最后一公里配送。因为只有充分利用信息系统才能使安利物流在供应链各个环节在节约成本的同时提高服务质量。

## 三、安利物流供应链管理模式

安利（中国）物流供应链管理是围绕着两个基本目标而进行的。第一个基本目标是服务于安利店铺，核心价值是为全国 293 个店铺提供安全及时的产品补给服务，最大限度地降低产品在店铺的缺货率，我们称之为 TNA（Temporally Not Available）。另一个基本目标是支持安利复合式家居送货服务。其核心价值是将产品安全无误地送到营销人员家中，让他们足不出户就可享用到优质的安利产品。

为了实现这两个目标安利物流建立了一套立体化的管理系统，以安利物流中心为中枢，高效率地管理包括安利物流中心仓库在内的全国仓库网络、以物流中心为辐射中心的全国运输网络，以物流中心库存组为核心覆盖全国各外仓、店铺以及家居送货配送中心的全国一体化库存管理。

在信息流管理方面，库存部门根据全国销售状况和各外仓的库存水平向物流中心仓库发出运输指令，物流中心仓库通过 AS400 仓库管理系统按照库存要求进行备货和出货，运输系统则负责全程监控车辆的运行状况确保车辆按时抵达各个外仓；在日常运作当中，库存部门的 IOS 系统实时监控各个店铺的库存状况，根据每个产品的库存状况通过建立在库内的 AS400 系统向各个外仓发出补货指令。店铺出货时 POS 系统将当日销售状况及时反馈到相关部门，而产品的投诉则通过 PRS 产品反馈服务系统及时反馈到工厂质量控制部门。有助于完善而强大的信息系统，整个安利供应链实现了无缝链接，各个部门得以反应迅速，从而有效地提高顾客的满意度。

## （一）基于信息系统下的物流供应链

### 1. 库存管理系统

在供应链管理中，库存决策是一项核心的工作。要圆满完成库存决策，离不开现代化的库存管理系统。安利（中国）物流库存系统集成了多个信息系统去完成库存管理不同的工作。在安利物流库存管理中的系统包括 AS400 库存管理系统，IOS 库存优化系统，JDE 代存品管理系统以及 E－flow 库存调整申请系统。这几种系统当中，核心的系统为 AS400 库存管理系统和 IOS 库存优化管理系统。

AS400 库存管理系统是库存管理的基础系统，它管理着安利物流各种日常操作数据，包括仓库收货、转运、产品流转各种申请和产品调整，产品组装、产品报废等日常运作的数据。系统简介如图 6－12－4 所示。

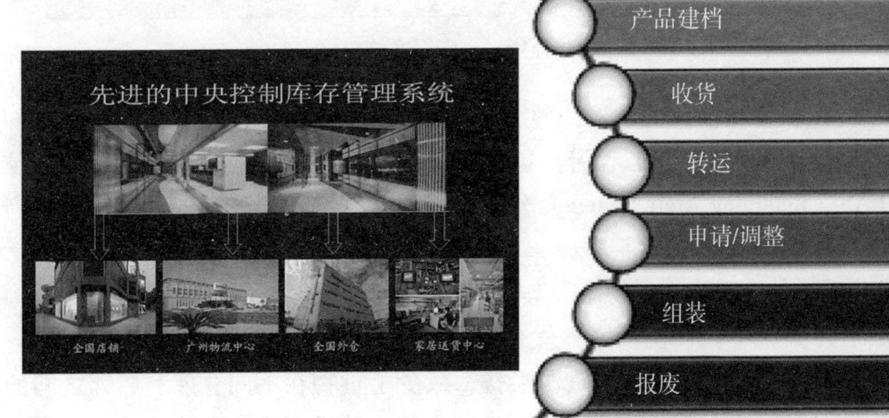


**图 6－12－4　AS400 系统简介**

IOS 库存优化系统是在 AS400 库存管理系统的基础上运用得更为先进的库存管理系统。IOS 系统为安利的库存管理提供了极为有效的帮助，通过 IOS 系统的应用，安利库存管理更为科学，高效，从而为公司节约了成本，优化了日常运作。例如，根据过往历史相关销售数据，可以系统地预测可以精密到具体产品、店铺级别的需求数据，从而预测未来的客户需求。

IOS 系统主要有以下几个功能：

（1）多层次的产品需求预测。通过业内领先的 SAS（Statistical Analysis System）时间序列分析技术，根据过往历史上的相关销售数据，对不同层次的商品、地区进行自动诊断、建模、执行以及调整预测。

（2）考虑全面的智能排车。系统根据预测的需求量，运用优化模型计算出每个地区的补货频率。同时，结合车型、运载量、运输成本等相关运输数据，计算出未来一周最优的排车计划。排车计划会结合各补货计划人员负责的区域，以均衡各人的工作安排以及更妥善的人力分配。

（3）最优化的库存补货策略。库存补货策略主要解决一直以来存在的库存过剩 VS 库存不足两者之间的平衡问题，解决的方法是：对客户需求量进行预测，按需供货，优化库存水平。当库存水平刚好能满足客户需求量时，为最优库存量。如图 6 - 12 - 5 所示。

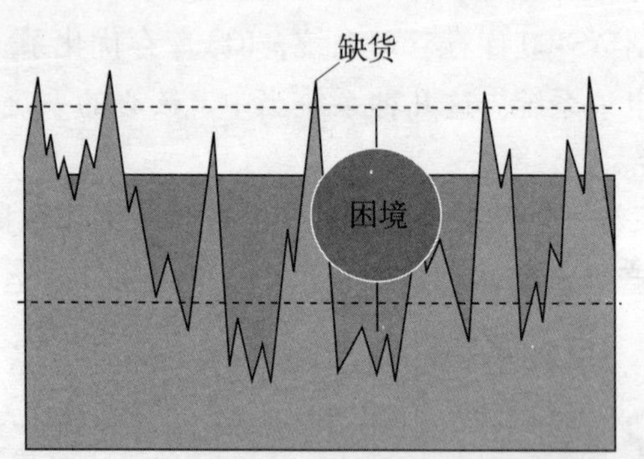


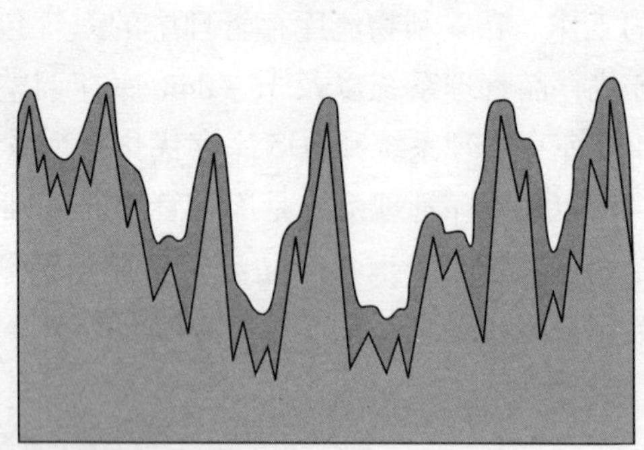


**图 6 - 12 - 5 优化补货——新旧方法对比**

（4）指标分析和预警功能。此功能为整个库存管理提供日常所需的 KPI（Key Performance Indication）报表和紧急状态预警。包括库存水平分析、采购建议分析、存货预警、暂时缺货 EAS（Emerging Alert System）分析、运输空载率、产品销售监控等一系列分析数据和报表。

IOS 库存优化系统的应用为安利物流带来以下效益：

第一，降低了物流成本。在使用库存优化系统后，由于需求量预测准确度的提高，合理地配置车辆从而减少了车辆空载的资源浪费；减少了货物在不同仓库和店铺之间的调配，节省了运输的费用；由于及时地调整仓储的空间，节省了储存空间的浪费；实现了物流计划的精确化制定。采购建议分析如图 6 - 12 - 6 所示。

报表日期：2009-3-30　类型：原产地：

| 行号 | 产品编号 | 部门 | 说明 | 最低库存 | 最高库存 | Centre BOH | LC BOH | PO在途 | Total BOH | 月平均销售 | Supprt month | 加订建议 |
|---|---|---|---|---|---|---|---|---|---|---|---|---|
| 1 | 01004 | | 汽车清洗剂 | | | | | | | | | |
| 2 | 01007 | | 金属亮洁剂 | | | | | | | | | |
| 3 | 30455 | | 丽齿健牙刷 | | | | | | | | | |
| 4 | 40008 | | 吸油纸配镜装 | | | | | | | | | |
| 5 | 40009 | | 吸油纸 | | | | | | | | | |
| 6 | 40011 | | 润色乳珍珠白 | | | | | | | | | |
| 7 | 40012 | | 润色乳乳浅粉红 | | | | | | | | | |
| 8 | 40085 | | 缤纷化妆锦盒 | | | | | | | | | |
| 9 | 50002 | | 导热保护板 | | | | | | | | | |
| 10 | 50004 | | 护指垫 | | | | | | | | | |
| 11 | 50005 | | 锅耳 | | | | | | | | | |
| 12 | 50006 | | 锅柄 | | | | | | | | | |

**图 6－12－6　采购建议分析报表**

第二，提高了服务水平。库存优化系统为计划人员的日常补货提供了一个统一的标准，使我们更方便地对服务进行考核。另外，在降低物流成本的同时，也降低了服务差错的风险，提高了库存管理的服务水准。

第三，提高了工作效率。库存优化系统的预测工作是基于过去三年的销售数据和特殊事件而进行的，以系统优化数据代替以往的固定模式来补货，具有科学性。不仅如此，库存优化系统在实现了精确度的同时还节约了我们的运作时间。比较从前，从物流中心经过外仓到店铺节省计划补货时间 20%，很大程度上提高了工作效率。

第四，减少存货成本。减少存货成本一直都是每个企业希望做到并做得更好的事情，既可以令库存水平降低到一个比较理想的位置，同时又能满足各地需求。当前，安利（中国）部分主要产品的安全库存已经往下调整了 10%，正是使用了库存优化系统，令产品库存合理分布，缺货品种和次数并没有增加。

**2. 物流中心（RF）无线射频仓库管理系统**

安利（中国）物流中心是安利物流供应链的核心，在安利物流供应链环节中，经过工厂检验合格的产品首先存放在物流中心，然后根据市场需求将产品从物流中心发往各地外仓。在安利的产成品供应链，物流中心是其源头，而物流中心仓库则是产品的聚散中心。物流中心仓库的运作系统是基于 AS400 平台上的（RF）无线射频仓库管理系统，是安利（中国）全国无线系统的一部分，如图 6－12－7 所示。主要功能是支持安利（中国）物流中心仓库内的各个环节的运作，包括备货、出货、内部移位，查询、盘点及打印条码。在整体运作方面 RF 系统功能主要划为三大块，即收货、出货和盘点。

1）RF 系统收货功能

在收货环节上，物流中心的货物来源主要有 2 个，一个是来源于工厂生产的产品，另

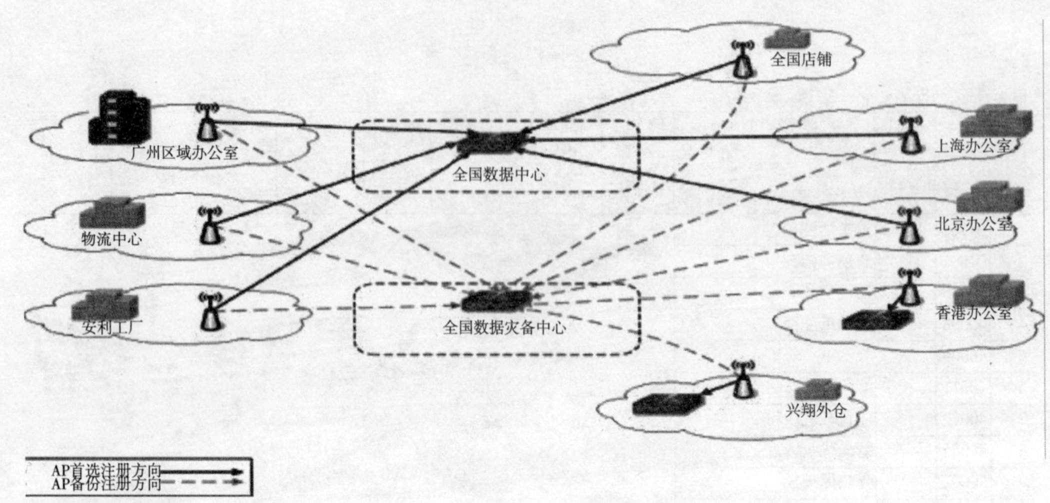


**图6－12－7　安利全国无线系统架构**

一个来源是安利（中国）采购部所采购的各类辅销产品。在信息流方面，物流中心收货系统链接了这两个部门的JDE系统。根据这两个系统分别发来的PO#进行实物接收。当在AS400系统输入PO#的时候，系统打印机会自动生成相关条码。仓库员工用手持PDA扫描条码，系统会自动记录每一板货物的收货情况，在将产品放上货架时，仓库员工再用PDA扫描货架和贴在货物上的条形码，这时，产品在物流中心仓库的位置已经通过AS400系统传输到物流中心库存组的系统中，以便于库存根据货物摆放信息向仓库发送各项操作指令。同时，由于有了系统定位，进入到物流中心仓库的产品原则上可以摆进任何一个货位，从而大大提高了收货环节运作效率。如图6－12－8所示。

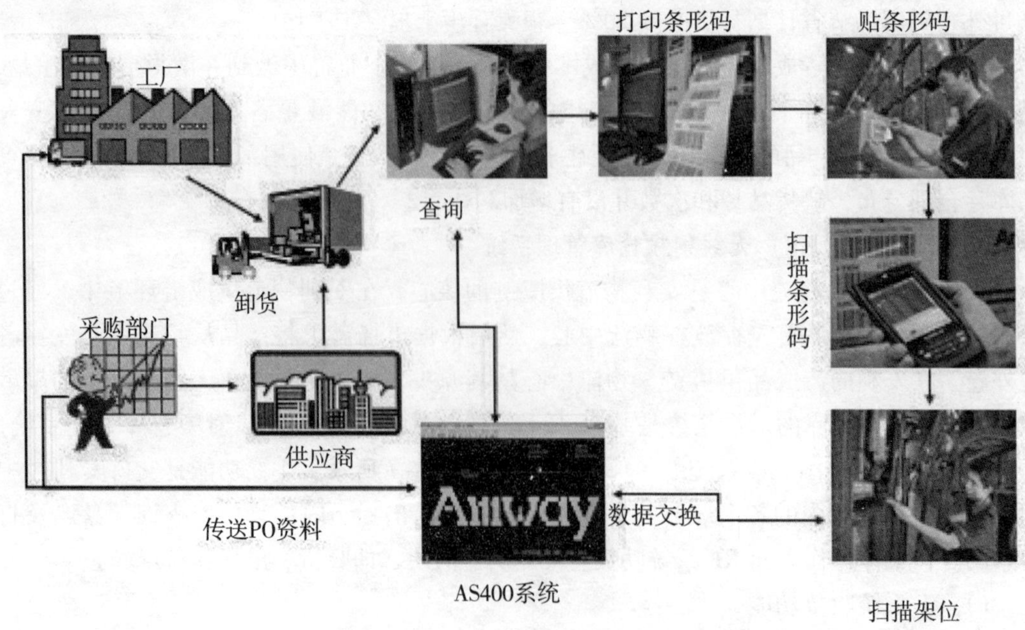


**图6－12－8　收货流程自动化**

2）RF 系统出货功能

RF 系统在货物上架，收货流程完毕后，进入了多功能、多部门使用的阶段。库存组收到市场部的出货信息后，通过 AS400 系统向仓库下达出货指令。出货信息 RF 系统下的手持 PDA 以及车载电脑中显示。根据系统显示出的货物和出货数量，物流中心备货组如中药材铺抓药般在各个货架中拣出要出仓的产品，并将产品有序地摆放在出货区域。与此同时，物流中心运输组也根据库存组发出的出货信息通过运输管理系统向运输公司下单订车。运输公司在系统确认后即发车到物流中心装货。车到出货台之后，仓库人员在 PDA 上再次复核所备的货物是否正确，然后装车、封柜，运输车辆离开物流中心前往指定外仓。如图 6－12－9 所示。

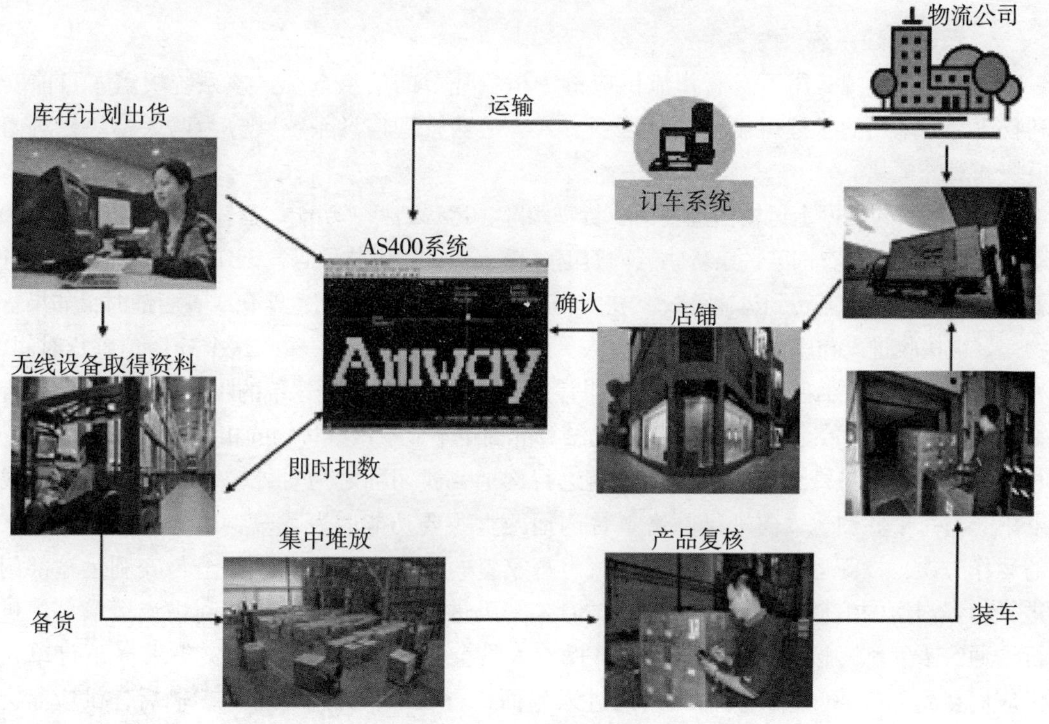


**图 6－12－9　出货数据实时统一**

RF 系统除了支持仓库各项管理之外，AS400 系统还将仓库管理系统平台链接到全国 23 个外仓，将安利物流供应链无缝链接成一个整体。当车辆抵达外仓，货物签收无误后，外仓人员在 AS400 系统上确认收货，物流中心运输组也同时在系统中看到外仓收货状态。直到这个时候，物流中心的发货流程才真正结束。

3）RF 系统盘点功能

盘点是仓库运作中的重要工作，是衡量仓库运作质量的重要指标。利用 RF 系统可以进行快速盘点，多类型盘点（按产品、架位等）；动态范围的盘点，自由选择时间进行，无须停止其他工作。系统提供盘点分析报表，不需要人工核对，自动提示重盘。RF 仓库管理系统的运用提高了仓库运作效率、货物管理的准确率。如图 6－12－10 所示。

**图6－12－10　RF系统仓库盘点**

**3. 运输管理系统**

运输管理系统是用于安利物流供应链中运输环节的信息系统。该系统覆盖了目前安利物流运输采用的各种运输模式和运输方式。运输管理信息系统共分为两大模块，对内模块和对外模块。

对内模块包括网上运输信息查询、货物跟踪，运费结算等功能。运输信息系统与AS400系统连接，当需要查询某一票货物的内容时，输入运输托运单号码，该托运单内的各种信息就会在AS400系统流转到运输系统。在货物跟踪方面，当货物抵达外仓或者店铺时，如果货物完好被接收进入仓库或者店铺，外仓人员就会在AS400系统中输入这个托运单到货时间，相关信息会立即显示在运输系统上，如果信息系统没有显示该托运单的收货时间，则该票货物仍然被定义为“在途”，同时在系统的结算界面也不显示该票货物的相关信息。

运输系统的另一个功能是与承运商进行沟通，我们称之为对外模块。其功能有在线下单、与每个签约运输商进行网络平台沟通两大主要功能。为了减少因为沟通不畅带来的运作失误，提高运作效率，安利公司为每家签约供应商都建立了一个与安利运输部门进行相互沟通的信息平台，承运商只要输入密码进入界面就可以与安利物流运输部门进行沟通。当安利运输部门下单订车时，操作人员会在信息系统输入相关需求（下订单），供应商接到下单通知后，会输入密码进入界面，查看订单详情。备好车辆后，供应商会在界面确认这票订单，通知车辆抵达目的地装货。除了下单功能，该信息系统还是安利运输部门和承运商的沟通平台。系统设置了单对单，单对多功能。运输管理人员可以在平台上单独与某承运商进行沟通，也可以发表公告让所有供应商看到同一种信息。

信息系统在运输管理上的运用，使安利运输部门与承运商的沟通更加顺畅。由于信息系统界面清晰，字迹清楚，从而杜绝了因为手工书写不清楚而产生的误解，提高了管理效率，降低了管理成本。

**4. 外仓管理系统**

在安利物流供应链系统的环节中，外包仓库（我们称之为外仓）是连接店铺与物流中心的节点。管理外仓的系统是“补货成本分析系统”，与物流中心运输管理部门在同一个信息平台上运作，功能各有不同。该系统覆盖了全国25个外仓，功能包括外仓运作外包商及仓库信息管理、外仓费用结算、费用查询以及与仓库运作外包商的信息交换平台。

系统的末端是各个外仓，每个外仓都有安利提供的信息平台，只要输入密码，仓库外包上就可以看到各类的操作指引和相关政策。与运输关系系统一样，该系统也设置了单对单，单对多的功能。外仓管理人员可以在平台上与特定的外包商进行沟通，也可以发布信息，操作指引让所有外包商看到，从而达到每个操作都规范化，全国统一执行。

AS400 系统连接到每个仓库，每一辆从物流中心发出的车辆到达仓库，收货完毕后，外仓人员会在 AS400 系统上键入到货日期，这个信息会反映到运输管理系统中，通知物流中心运输管理人员，该票货物在某年某月某日抵达某个外仓。全面覆盖的信息系统增强了安利物流供应链的透明度，使安利物流的供应商管理更加科学，更加公平、公正。

**5. 家居送货管理系统**

家居送货服务是安利物流供应链的末端，为顾客提供最后一公里送货服务。优质的服务离不开强大的信息系统，安利家居送货服务也不例外。自始至终信息系统都与安利家居送货服务紧密相连，不可分割。

所有模式的订单都通过安利（中国）的 4G POS 系统进行流转，当订单款项被确认支付后，该订单被流转到安利易联网购货物流配送系统，然后通过防火墙转到安装在各个外仓的 AS400 系统，订单在被 AS400 接受后生成转运单，并将转运单流转到各配送中心的拆箱系统。在配备有 DPS 拣货系统的配送中心，转运单会先流转到拆箱系统，然后再通过拆箱系统流转到 DPS 拣货系统。最后，根据拆箱系统的指令，配送中心人员会通过手工（没有 DPS 系统的配送中心）或 DPS 系统将货物分别放进大、中、小、小小四个不同尺寸的箱内，等待派送。如图 6－12－11 所示。

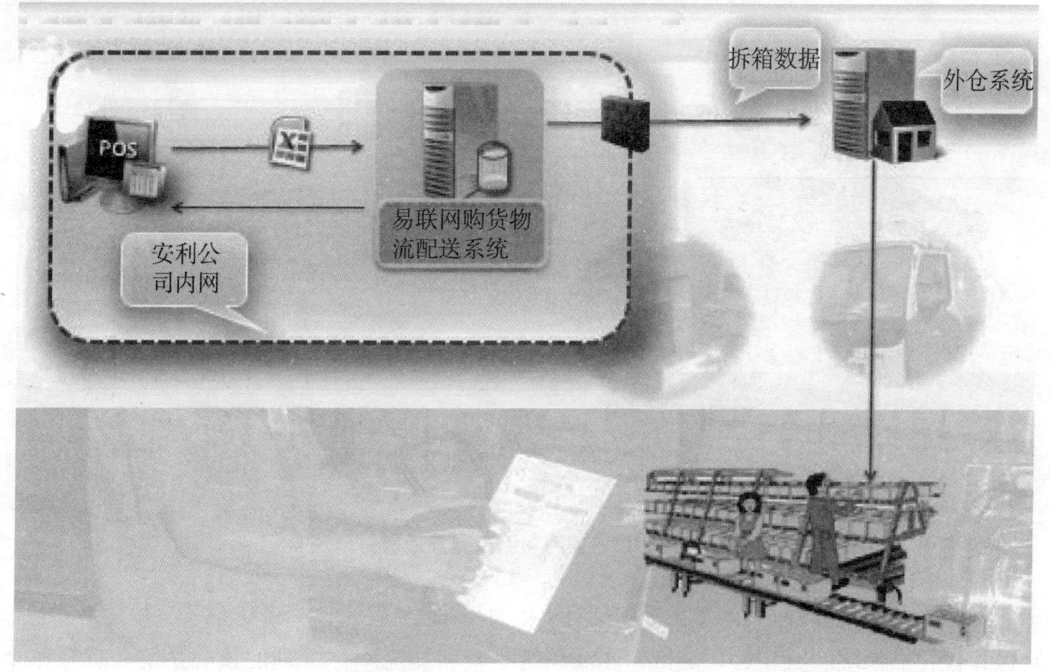


**图 6－12－11　外仓订单数据共享需求**

家居送货服务拆箱系统介绍：

拆箱系统是安利（中国）家居送货服务的核心系统。它运用在全国32个安利家居送货配送中心，由安利自行开发。它的特点是根据系统计算分析科学地进行产品装箱，从而达到每个订单的产品都可以合理地装箱。

拆箱系统的数据库预存了安利公司所有产品的体积和重量。当拆箱系统接收到任何一票订单后，会根据该订单内所有产品的尺寸和重量信息将产品科学地分配到安利家居送货的大、中、小、小小标准箱内。可根据每一票订单内产品的数量和种类科学地对这四种标准箱进行组合，如大、中、小；大、小小；中、中、小等无数组合。在产品安全方面，拆箱系统充分考虑了每种箱的容积，每箱的产品容积都约占该箱总容积的80%，让每个纸箱都有充分的空间放置填充料和装箱单据，令产品在运输途中得到充分保护。通过科学分配产品，以最优化的方式进行装箱作业，既考虑了最佳容积，同时避免了由于人工盲目装箱而导致的纸箱资源浪费。

## （二）利用信息系统进行物流供应链管理

### 1. 库存管理

坐落在安利（中国）物流中心内的库存管理部门是安利物流供应链的神经中枢，负责管理安利（中国）所有产品的库存管理。除了负责管理安利物流中心仓库的产品库存之外，其管理范围覆盖了北京、上海和广州三大营运区管辖内的25个外仓、32个家居送货配送中心、293家安利店铺以及47个安利售后服务外包商服务点，管理产品共计有1681个SKU。如图6－12－12所示。

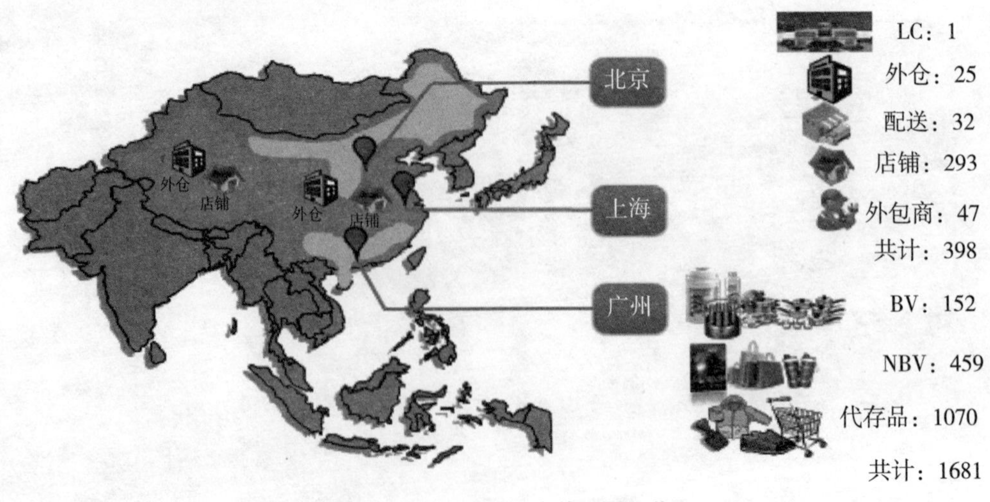


**图6－12－12　安利物流库存管理覆盖范围**

支撑安利物流库存运作的系统主要有IOS库存优化系统、AS400系统、E－flow电子流程和代存品系统。其中，IOS和AS400系统是安利物流库存管理的核心系统，贯穿整个物流供应链。有助强大的信息系统支撑安利物流库存管理可以以高效、精确、灵活的管理方法支持安利公司整体销售，确保产品能够源源不断地及时补给到全国各地的外仓、店铺以及外包商服务中心。

根据市场需求将产品及时补给到需要的地方是库存工作的重要环节。也是库存部门在安利物流供应链中的主要功能之一。IOS系统库存优化系统是安利物流库存部门在产品补给运作中的重要工具。

IOS系统其中的一个主要功能是销售预测。根据历史数据可以在ISO系统中体现产品在各个销售季节的波动，在系统预测的帮助下，库存人员在产品补给的工作中可以做到心中有数，避免了人工进行预测而产生的误差。在安利（中国）的销售活动中，产品销售的波峰在每月当中的各个日期都会各有不同，IOS系统的预测功能帮助库存人员预测到月初、月中以及月末各个阶段的产品销售量，便准确地为各店铺进行产品补给，如图6－12－13所示。为了提高销售业绩，公司常常会进行不定期的促销活动。非常规的销售为库存的准确补货带来了极大的挑战。为了解决这个问题，安利物流库存部门对IOS系统进行了优化。现在，库存人员可以根据不同促销活动将产品输入IOS系统，就可以做到该产品的单位预测，从而使得补货工作更加灵活。准确的销售预测极大提高了安利物流库存部门的补货准确度，提高了补货效率，可以真正做到面向25个外仓、32个家居送货配送中心、293家安利店铺以及47个安利售后服务外包商服务点实施按需补货策略。利用信息系统实现库存按需补给是库存补给工作的一个飞跃，在利用安全库存策略进行产品补给的平台上又提升了一个级别。按需进行产品补给的实现也提高了店铺补货服务质量，将安利物流库存服务水平提升到97%以上。

提高服务质量同时控制成本是供应链管理的终极目标。充分利用信息系统提高服务质量，同时不断降低库存水平是安利物流库存部门的优良特征。在充分竞争的市场上，降低成本是每家公司必须采取的管理策略，安利（中国）也不例外。

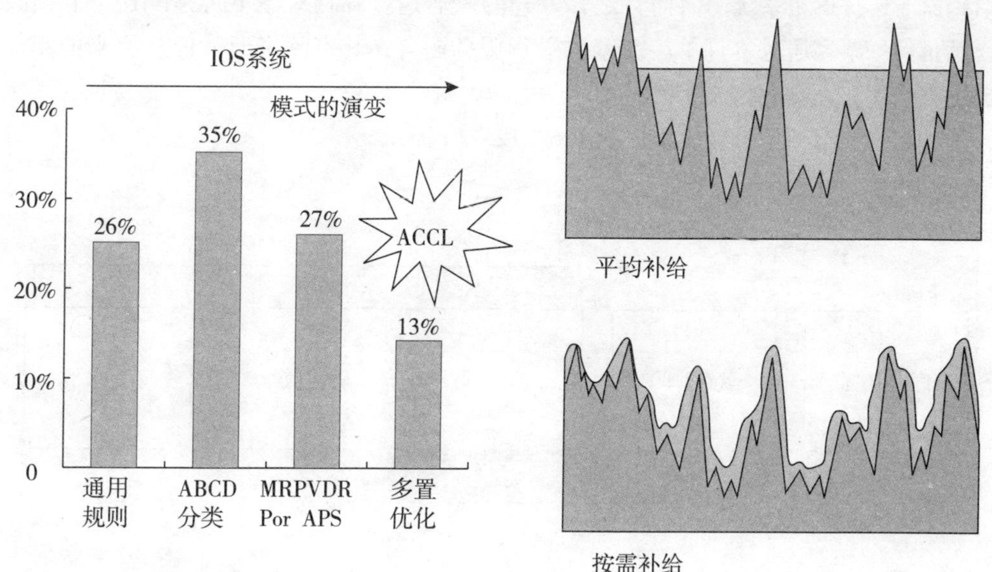


**图6－12－13 IOS系统按需补给**

在安利公司降低成本的策略包括了安利工厂和安利物流。从生产到物流全面调低库存周转天数 DOS（f）随着库存周转天数的持续下降，为物流库存补货带来了极大的挑战。在工厂方面，降低了产品的 EPQ（经济生产量）其结果是可供给市场销售的产品总量减少了。在另一方面，安利库存要面对 25 个外仓、32 个家居送货配送中心、293 家安利店铺的补货工作。如何将定量的产品根据市场要求合理地分配给位于安利物流供应链各个环节的多个产品存放点，充分考虑每个市场、每家店铺以及每个家居送货配送中心的实际销售量和库存量，确保产品在每家店铺，每个家居送货配送中心有足够的量销售，这对库存管理是一个巨大的挑战。

利用信息系统解决难题是安利物流库存的解决方案。在这个策略的指引下，安利物流对 IOS 系统进行了优化，令系统的预测更准确，更加精细，更加灵活，从而提高产品补货的效率和准确率。

然而，不断降低库存的策略对满足市场要求仍然是一个巨大的挑战。为了更好配合公司的降低运作成本策略，为灵活补货创造出更大空间，库存部门在优化 IOS 系统的基础上，提出了“外仓/配送中心库存合一”的策略，我们称之为“仓/配合一项目”

在目前的产品补给模式下，每个外仓都要同时满足家居送货服务中心当地数家店铺的产品需求。而家居送货配送中心和每家店铺的库存是相互独立的。多点库存管理模式在库存量不断减少的环境下要对产品进行合理分配是一个很大的挑战。例如，为了保证家居送货服务有足够的产品派送，确保产品递送时效，库存人员要在配送中心预存 3 天的库存量。在有限库存的同时要满足多点销售的环境下，必然会影响库存的服务水平。

为了解决这个问题，库存管理者决定撤销配送中心的库存，将其与外仓库存共享。在对 IOS 系统进行优化后，库存管理实现了这个目标。在新的库存管理模式下，家居送货服务的订单不再流转到配送中心，而直接指向外仓的 AS400 系统，再由 AS400 系统直接补给到家居送货拆箱系统。简而言之，外仓的家居送货补货对象不再是配送中心而只是需要满足每一票家居送货订单。就家居送货服务而言，其产品来源就像从原来的小池塘变成了大水库。而安利物流库存的补货点也随之减少了 32 个。其好处显而易见，既提高了补货效率，又节约了补货成本。如图 6－12－14 所示。

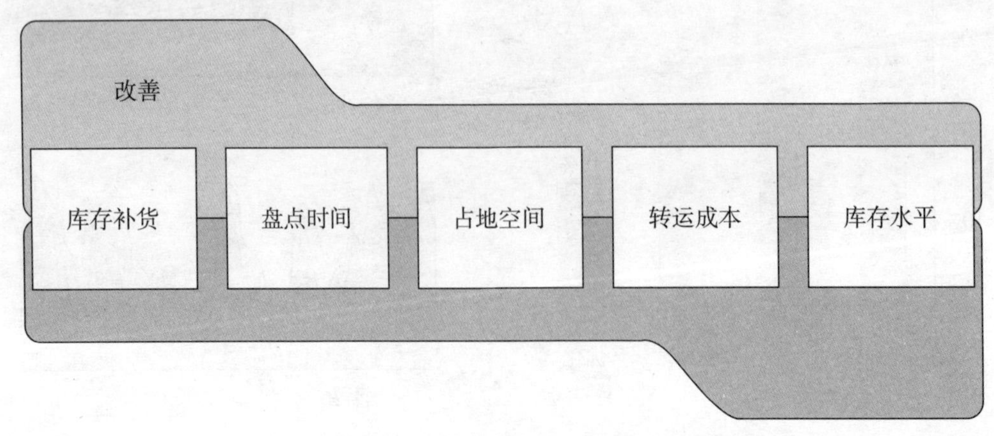


**图 6－12－14　合并外仓、配送的管理和系统支持**

"仓/配合一项目"的实施令家居送货服务的产品与店铺销售产品可以在同一个平台上补给，实现了配送中心与店铺的产品同步补给。家居送货下单顾客和在店铺购买产品的顾客可以享用到同样新鲜的产品。该项目的成功，有赖于库存管理人员对信息系统的深刻认识和灵活运用。同时也说明了一个道理，信息系统对优化物流供应链，提高服务水平，降低运作成本是如此至关重要，但更重要的是管理者能正确使用信息系统，使之发挥出最大的能量。

**2. 物流中心仓库运作管理**

物流中心仓库是在 AS400 系统平台上的 RF 仓库管理系统下运作的。处于安利物流供应链的首端。仓库接受工厂生产的产品以及采购部采购的辅销产品，在产品供应方面，它为全国外仓提供货物补给服务。仓库内每个环节的运作都基于 RF 系统进行，无论是收货、备货、盘点以及出货的指令都会在手持 PDA 或者车载电脑上显示。仓库员工持着 PAD 或驾驶配备有车载电脑的叉车穿行于仓库行道之间完成各种指令。

RF 仓库管理系统的应用使安利物流中心仓库管理一直维持在高水平的状态，基于信息系统的管理安利物流中心仓库实现了收货自动化——有效地减少了人为的错误；数据即时化——在日常运作中各部门可以进行准确快捷的信息交流；盘点随时化——实施灵活多变的盘点作业，而不会影响仓库正常运作；操作简单化——手持 RF 终端机和车载电脑功能清晰、移动简捷、操作方便；运作无纸化——仓库每个流程和部门之间的沟通均在系统中完成，高效无误、节约了纸张，令仓库运作更加环保。

**3. 运输管理**

安利物流运输管理部门掌管着安利物流供应链中 B2C 各个环节的运输作业。为了向各个外仓和店铺提供安全及时的货物补给工作，同时顾及运作成本的因素，安利物流运输采取了运输外包的策略，充分利用逐渐成熟的中国物流资源，采用各种运输模式和运输方式进行运输作业，包括公路运输、海运以及适量的航空运输和快递。安利物流主要负责将工厂生产的货物运回物流中心，与采购部门供应商送到物流中心的货物一起，运输根据库存部门的指令发往全国各地。范围包括广州市内 3 个外仓和广东省以外的 23 个外仓，以及坐落在全国各省市的 293 家安利店铺及 47 个售后服务中心。如图 6-12-15 所示。

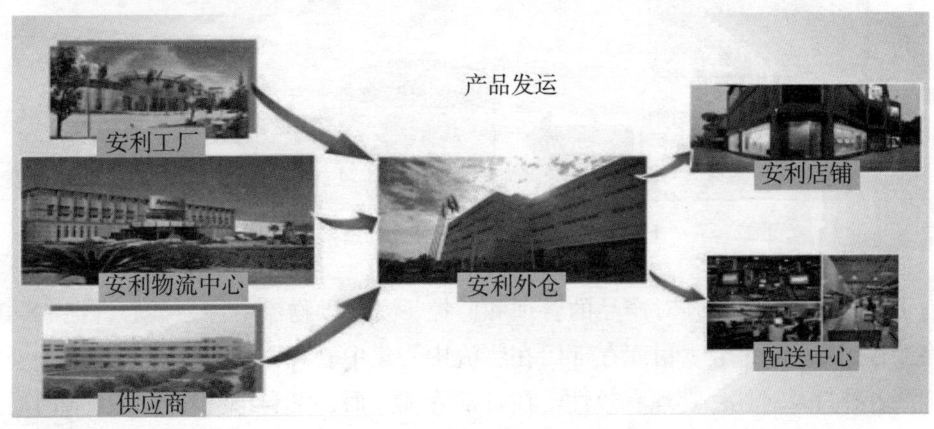


**图 6-12-15　安利物流运输管理**

在安利物流运输管理中，信息系统始终贯穿着整个作业流程。当库存组需要将存放在物流中心，或者外仓的货物发往指定地点时会通过 AS400 系统向运输部门下订车指令，运输部门根据 AS400 系统显示的产品数量和重量通过运输补货系统向签约承运商订车，承运商接到安利运输部门通过手机短信形式发送的接单通知后，随即登录安利公司在承运商设置的网页进行运输订单确认，输入即将去安利指定提货点提货的车辆车牌号码和司机姓名等相关信息，并在终端打印托运单。完成这些动作后承运商会到指定的提货点凭着打印出来的托运单提货。在运输商的在途管理上，安利物流运输部门可以通过承运商提供的 GPS 链接在网上随时查询和跟踪运输车辆的在途状况。车辆达到安利指定的店铺或外仓卸货完毕后，接收货物的店铺或外仓会在 AS400 系统进行确认收货，至此，整个运输流程才告完毕。在结算环节上，安利运输部门在运输补货系统进行结算，再与承运商核对运费完毕，收到发票后运输管理人员在 JDE 系统进行结算。在整个运输作业环节中，从收到运输指令到运费结算始终贯穿着信息系统。充分利用信息同管理运输是安利物流供应链的成功之道之一。

**4. 外仓管理**

安利外仓是安利物流供应链的重要环节，是连接安利物流中心和店铺的桥梁。所有发往安利店铺的产品首先要存放在安利各个外仓然后根据安利库存部门的指令将存放在外仓的产品补给各个店铺。根据安利物流管理的策略，除了安利物流中心仓库之外所有外仓均外包给第三方物流商进行运作，受控于安利物流外仓管理部门。如图 6－12－16 所示。

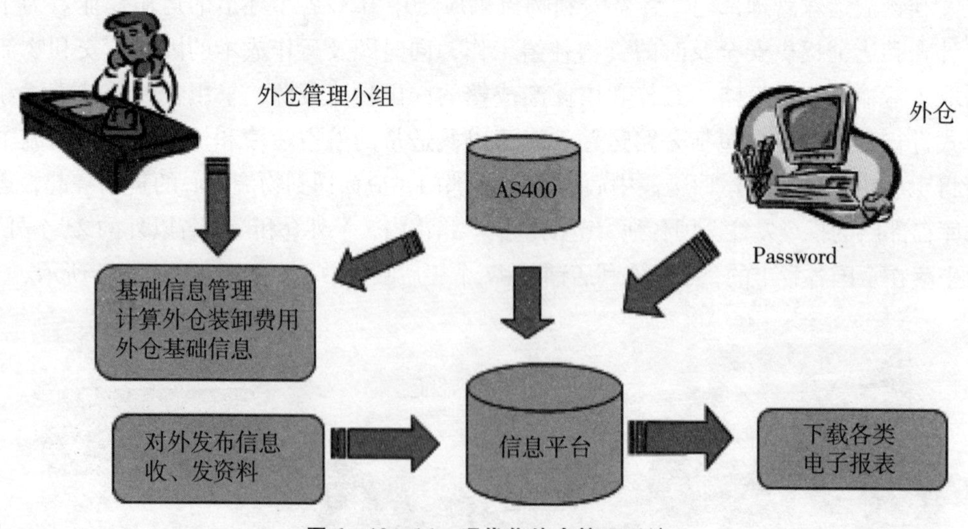


**图 6－12－16　现代化外仓管理系统**

为了提高运作效率加强对产品的管理和监控，安利以物流中心为核心，把 AS400 系统的终端连接到每个外仓，由库存部门在物流中心集中管理，从而保证了每个外仓的库存准确性、补货及时性、管理有效性。在日常管理方面，安利物流外仓管理部门通过补货成本分析系统对外仓进行远程管理，例如，发布操作指引、外仓管理政策等。

当产品抵达外仓时，外仓人员在 AS400 系统上进行收货、确认。当产品需要从外仓补给店铺时，安利库存部门通过邮件向外仓下达指令，外仓根据 AS400 系统中的库存信息按照指令进行拣货、备货作业。然后装车运往指定的店铺。在产品管理方面，外仓部门会通过 AS400 系统对外仓进行定期或不定期的盘点，以确保产品的储存完整和精确。

**5. 家居送货服务管理**

安利（中国）在 2004 年开始向营销人员提供家居送货（B2C）服务。其目的是减轻店铺的运作压力、提高物流服务水平、拓宽销售渠道。这项服务的开通使安利物流供应链的触角延伸到安利营销人员的千家万户，使安利的营销人员能够足不出户就能享受到优质的安利产品。安利（中国）家居送货服务有 4 种下单模式：

（1）在店铺内下单；

（2）通过商务随行终端下单；

（3）通过互联网下单；

（4）通过传真模式下单。

每一种模式的订单模式被确认后都通过安利家居送货服务配送中心将订单产品发送到下单的顾客家里。安利家居送货配送中心遍布全国，提供 24 ~ 72 小时 B2C 服务。与其他物流服务方式一样，安利家居送货服务也外包给第三方物流公司进行运作，由安利物流中心的专门部门对物流服务商的服务水平和服务质量进行管理和监督。

安利（中国）的家居送货服务全方位地应用信息系统进行管理，在顾客下单成功后的付款信息就通过下单店铺的 POS 系统传输到财务部门；订单信息也随即通过 POS 系统传输到配送中心所在的外仓，同时，订单项下的产品会根据销售量在库存部门的 AS400 系统中自动扣除。并将该票货物的产品信息发送到配送中心内的拆箱系统。整个过程均由信息系统完成。

在安利物流中心内，安利公司建立了一座现代化的家居送货配送中心。除了每个配送中心都配备的拆箱系统之外，该配送中心配备有现代化的 DPS 数据拣货系统和半自动化输送线。DPS 系统与拆箱系统配合，使流水作业线上的工人能够按照 DPS 系统的亮灯将产品放进按照拆箱系统分配好的大小纸箱内。订单完成拣货之后，装载产品的纸箱会被堆到自动输送带上流到自动称重机进行复核，最后被输送到自动封箱机和自动区域分拣线准备装车送往客户府上。如图 6 - 12 - 17 所示。

DPS 系统在家居送货服务的应用是安利家居送货服务的发展方向。信息系统加自动化的家居送货配送中心可以配合安利（中国）在中国市场的高速发展，满足不断需要提升的顾客服务水平。目前，安利物流供应链管理层已经开始将这种技术推广应用到其他省份的家居送货配送中心，以配合当地快速发展的业务，为营销人员提供更好的 B2C 服务。有了强大的信息系统做后盾，安利家居送货服务得到健康发展，已经成为除了安利店铺之外的另一个重要的产品销售渠道。

**6. 家居送货网购服务**

随着网越来越深入中国商业市场，越来越多的购买行为从实体店铺转到互联网，为适应网购时代的购物需求，安利（中国）全力打造“数字安利”。通过开发支持手机平台

图 6－12－17　现代化家居送货配送中心

的易联网和商务随行软件，在北京、上海、广州的店铺配备了一体式客户自助服务系统——M－kiosk 服务终端，开通官方微博、官方微信，开发智能手机应用程序 APP。安利公司推广信息服务，协助营销人员打造数字生活，为营销人员和优惠顾客提供便捷的网上购物体验。安利物流供应链管理层全面负责主导安利的网购项目。凭着近十年在家居送货服务中积累的丰富经验，管理层决定在现有家居送货的平台上提升网购在家居送货服务中的比例。

在安利物流中心管理层的主导下，公司成立了跨部门的项目组全方位地推广家居送货网购服务（Online Shopping）。在项目推广过程中，信息系统和信息平台是项目组的重点发展和优化对象。在安利部门的大力协助下，全国业务部率先开通了网上优惠顾客加入通道，打开了网上购货之门，针对安利（中国）的销售特色，市场部优化了安利易联网界面，让界面更加友好，更加方便选择产品，容易下单，财务部门则与银行进行沟通，优化网上支付功能，让网上购货支付更加便利化、人性化。

作为直接向营销人员提供物流服务的部门，物流中心设立了专项小组——网购服务组推动、统筹网上购物；推动各项系统按时上线、升级和运维，使安利网购系统和服务紧贴市场需求。在操作层面，针对网上购物的特点，网购服务组与电脑部合作对内部信息系统进行优化和改进，针对网购的特点结合安利运作的实际情况开发了“易购货物流配送系统”。该系统的功能包括与 AS400 系统的数据交换，连接配送中心的 DPS 系统和拆箱系统，支持产品条目收集功能，提供家居送货服务以及网购的订单数据分析，连接货物追踪系统，支持家居送货服务运费结算。在产品管理方面，与安利库存组合作，成功开发了仓/配合一的库存管理模式，从而令网购货源更加充足，保障了网购订单的满足率。在对外服务方面更加专注于顾客的购货体验，安利网购小组与电脑部门合作，在易联网上为顾客提供更方便的服务，例如，顾客在易联网或安利商务随行 PDA 下订单的时候自主选择收货时段，时间可以选择在周一至周日、周一至周五，或者周六、周日、节假日。如图 6－12－18 所示。

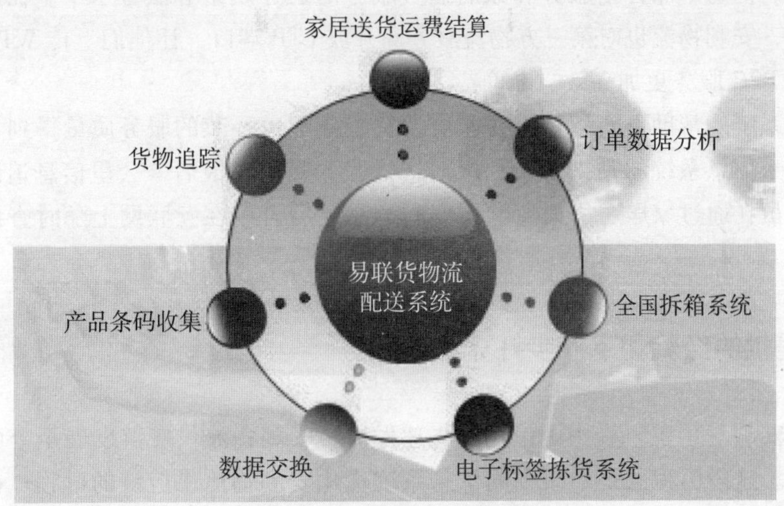


**图 6－12－18　易联网购货物流配送系统**

## 四、实施信息系统供应链管理后的绩效分析

信息系统的应用令安利物流供应链全面优化。

在库存管理方面，IOS 系统令库存管理对销售的预测更加精细和准确，从而安利物流供应链的整体的库存水平得以不断下降，有效地节约了成本。精准的市场预测也帮助安利物流供应链外仓部门合理利用仓库空间。根据库存部门的建议，外仓管理部门根据产品销售状况适当地对仓库的租赁面积及时进行调整，既配合了产品的正常销售和促销，同时也很好地控制了仓库租赁成本。

由于 AS400 系统的强大功能，安利物流供应链各个环节的库存差异被减少到最低，在 RF 仓库系统的支持下，物流中心仓库运作始终朝着精益化方向发展，库存水平管理精确无误。自 2004 年以来，有赖于信息系统的全面应用，安利物流供应链各个环节的库存准确率都维持在一个相当高水平。以 2012 年为例，安利全国店铺、外仓、物流中心的全年盘点差异率为 -0.000006%，而 2012 年安利全年的产品销售量超过 1.8 亿件。长期确保大批量产品账实相符，固然与店铺、储运的共同努力分不开，同样与信息系统在安利物流供应链全面应用分不开。

信息系统在物流供应链的应用大大降低了安利物流中心的管理成本。以安利的外仓管理为例，通过 AS400 系统和外仓管理系统在外仓管理方面的应用，实现了供应链管理的透明化和远程化。管理人员可以通过信息系统和互联网对各个外仓进行直接的日常管理，并不需要派员到外仓进行现场管理。目前，安利物流中心外仓组织只需要 7 名员工就可以轻松管理覆盖全国31个省市区的25个外仓的日常运作。

此外，通过安利信息系统平台，安利（中国）还与4家外仓服务商进行了系统对接，进一步加强对外仓的运作监督和管理、提高外仓的运作效率和运作精确度，从而最终提高了外仓到店铺的产品补给服务和家居送货服务的运作质量和服务水平。在家居送货配送中心方面，安利物流也对第三方物流服务商开放FTP端口，让他们上传WTO数据，从而使安利的B2C服务更加高效、准确。

在信息系统的帮助下安利物流在家居送货服务配送环节的服务质量得到了进一步的提高。有助于信息系统的帮助，安利家居送货服务实现了最后一公里信息追踪服务，安利的营销人员在通过家居送货渠道购买安利产品之后可以在互联网上随时查询到所下订单的状况。

## 五、提供的经验和下一步打算

伴随着安利（中国）在中国市场的飞速发展，安利物流供应链发展至今已经走过十多年的历程。这段历程也是不断利用信息系统优化安利物流供应链的过程。在信息技术高速发展的今天，要使供应链管理更加精细，同时不断地降低运作成本，成为“订单优胜者”（Order Winner）就必须有效地利用信息系统技术去不断优化供应链的每一个环节。

充分利用信息系统打造精益供应链是安利物流的基本策略，而且会在所有的供应链环节持续运用这个策略，而且要将先进的信息系统技术介绍给安利物流的合作伙伴。例如，安利物流将DPS拣货系统技术介绍给安利外仓的承运商，帮助他们在山东济南外仓建立了一套DPS系统，以提高山东家居送货服务和网购服务的水平。帮助合作伙伴提高运作水平，是安利物流供应链管理层的管理理念之一，将来，安利物流会将先进的信息系统技术介绍给我们的合作伙伴，以求共赢。共同为中国物流业的发展做出应有的贡献。

撰稿人：安利（中国）日用品有限公司大中华营运副总裁　许绍明
安利（中国）日用品有限公司仓储营运总监　陈德光

# 案例十三　特步：体育用品的供应链高效运营与精细化管理

## 一、企业简介

特步成立伊始，烽火鞋、娱乐营销、体育营销、央视广告＋强势地方媒体、重大事件营销、全国跑马圈地攻城略地等，创造了整个体育用品行业一个又一个奇迹，短短几年时间，业绩实现数百倍的增长，成为体育用品行业成长最快的品牌之一，特步亦得以在香港成功上市。上市之后在继续跑马圈地的同时，开始启动精细化管理和一系列变革：五年战略规划、消费者与市场调研、品牌规划、三位一体、快速供应链管理、ERP、神秘顾客调研、VIP 体系、一选会/二选会/订货会模式持续创新、建立并完善计划体系、对公司一级、二级核心业务流程、职责分工与职能协同作战进行模拟与持续改善、供应商优化、总体拥有成本管理办法的发布与持续推进、现货/翻单业务的推进、电子商务业务的启动、全面预算管理、组织架构重组变革为更高效协同的商品系统、供应链系统、品牌与销售系统三大业务系统、职能融入业务等，为什么特步会实施这些大的变革？我们来进行探访和解密。

消费者需求变化越来越快，市场竞争越来越激烈，需要企业不断变革、整合和创新以更好地满足和适应环境：品牌商外部需与供应商、分销商、零售商等整个供应链体系协同作战、共赢，内部需三位一体打通核心业务链，同时各职能部门需更好地了解、理解、融入和支持业务的发展，各环节环环相扣，只有推动体系建设、精细化管理并持续改善，才能打造赢得明天的核心竞争力，才能在未来的竞争中立于不败之地！特步成长史也是一部不断变革、整合和创新史，并且必将持续深入推动，因为只有这样才能不断赢得现实和未来！

## 二、变革动因分析：消费者需求和市场变化

当今世界处于一个富于变化、机遇和挑战并存的时代；

一个消费者趋于成熟、需求多样化、个性化、变化频率加快的时代；

一个科技日新月异、产品更新越来越快、技术落差逐渐缩小的时代；

一个市场开放自由竞争、信息传播趋于快速透明的时代；

一个基于时间的竞争、快鱼吃慢鱼、变革、创新成为主旋律的十倍速时代；

一个高库存、高脱销并存的时代；

一个销售量增长、销售额徘徊不前甚至下降、库存增加、利润剧减的微利时代；

一个由注重功能属性正逐渐过渡到更注重社会属性、体验属性的品牌时代；

一个由单个企业之间的竞争转向供应链与供应链之间竞争、供应链内需要高度动态合作的时代；

……

总之，这是一个不断由卖方市场向买方市场转换的时代，是一个不得不“随需而动”的时代。在资讯愈来愈发达的今天，在全球人员流动性日益加大的今天，在咨询顾问满天飞到处“采蜜”、“传播花粉”的今天，在“学习型组织”、“标杆企业”等理念盛行的今天，企业很容易相互学习和模仿，一方面想方设法避免被人模仿，另一方面削尖脑袋千方百计去模仿别人，在这个过程中不知不觉中不断失去自我，越来越多行业和企业提供的产品和服务在加速同质化，而且各种先进制造技术和方法使得“克隆”的速度也飞速提升，刚刚创造的新需求从需大于供转眼即可转变为供大于需，库存开始激增，不得不陷于价格战，“跳楼价”、“亏本大甩卖”等字眼经常出现在大街小巷，经营越来越艰辛……竞争日趋激烈，企业纷纷不断推陈出新、推出新的产品和服务，各式各样的促销也让消费者越来越喜新厌旧、胃口越来越大、要求越来越高、耐心越来越小、需求越来越善变、品质要求越来越高、及时性要求越来越强、服务要求越来越好、忠诚度越来越低……企业家们发现：“轻轻松松赚大钱”的时代已经一去不复返，“辛辛苦苦赚小钱甚至亏损”变为常态，暴利时代似乎已经成为明日黄花，而微利时代已取而代之好像才是今天的主流。然而“暴利”对企业家们始终具有巨大诱惑力，一直在想千方设百计试图回到那个相对轻松的时代，“品牌”这一具有很好“溢价”功能的利器开始受到追捧，而且它是形成长期差异化的最佳工具；同时，企业家们发现仅仅只是练好内功——内部“开源节流”还远远不够，为了进一步提升利润空间还必须从全局从整个供应链的角度进行设计、变革和整合，而且它有利于进一步提升和保障“品牌”所带来的利益。“留下来的不是那些最庞大的、最凶猛的、最聪明的，而是最能学习和适应环境的”，适者生存。总之，要实施这些变革是大环境、行业、消费者需求和内部意愿等综合作用的结果。

## 三、以消费者为核心的品牌驱动的精益敏捷供应链

鞋服企业当前普遍面临最大的挑战之一是高库存和高脱销并存，下面我们从企业运营流程角度分析和总结这一现象形成的主要原因：鞋服企业一般是先进行产品开发，然后是举行订货会下单，确定生产量后进行采购和生产，生产入仓后进行产品配送，然后上市销售。如果产品滞销，由于前期下单量较大，则变成高库存，此时会占用货架浪费其他商品的销售机会，还占用仓库和产能等；如果产品畅销，则由于调配不及时丢失销售机会、产能已被占用、没有备用的面辅料等原因不可能快速加单等变成高脱销。而且供应链各环节本身也相当粗放，如产品开发环节：品牌定位不够明确导致开发方向较为模糊与消费者真实需求有较大偏差；没有系统的商品企划作为开发的指导和依据；没有对历史数据进行有效分析，整合往年畅销款的款式和面料等；下单环

节：下单随意性较大；首次下单量较大，一旦滞销则库存压力大；采购生产环节：销售季前全部下单生产，一旦滞销则很难调整，产能全部排满，交货期较长，较少备面辅料后期难于快速加单；产品配送环节：一次性配送完毕，后期货品调配成本高且速度慢，没有及时掌握相关信息指导及时补/调/退，不能有效抓住销售机会；销售环节：没有系列搭配陈列浪费销售机会，分销零售系统管控不力不能及时反馈信息，后台也没有进行分析并进行加单、调配货品、促销等决策，这些都会加速和放大高库存和高脱销的比率。特步高层也意识到或多或少存在这些问题，所以加速主动变革，适时启动快速供应链项目和相关变革。

特步在启动并将持续推进的以消费者为核心的品牌驱动的精益敏捷供应链，要求一切以品牌目标客户需求为核心（创造或发现需求并满足它），主动、清晰、差异化地进行品牌定位，驱动精益敏捷供应链去计划、去执行、去满足，在过程中不断用信息实时监控、分析与反馈看是否与预期相符或受控、是否有例外情况发生，从而及时进行适当地持续调整和优化，如图 6－13－1 所示。不同于传统供应链只是被动地满足需求，它是主动定位、推拉结合的闭环、动态、自适应体系，能帮助确保和提升品牌附加值。品牌定位是树靶子、定目标、提要求，供应链是一个过程，为品牌服务；品牌是一个结果，对供应链上的所有行为负责；反过来供应链运作的效率和效益也决定了品牌能否持续运作成功。

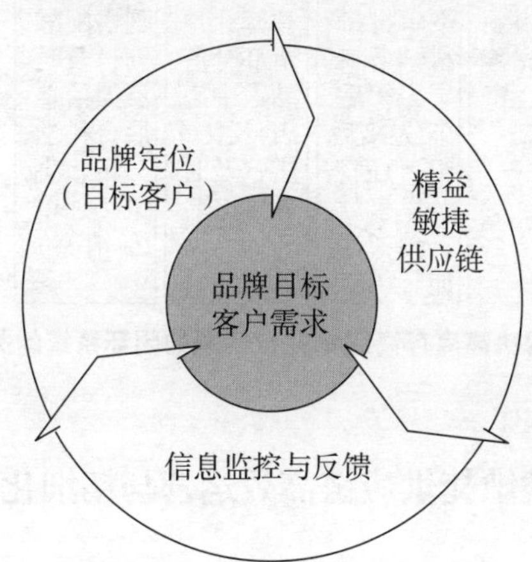


**图 6－13－1　以消费者为核心的品牌驱动的精益敏捷供应链闭环体系**

针对鞋服企业实际运行中存在的问题，为更好地解决高库存和高脱销并存的问题，以消费者为核心的品牌驱动的精益敏捷供应链从流程和体系上进行保障：在产品开发前通过消费者和市场调研、内部研讨等多种途径进一步明确品牌定位；根据历史销售/库存等数据进行多维分析，分析畅销款的款式、面料等特征，进行系统商品企划（面料、大类、颜色、上市波段等）；产品开发阶段：根据商品企划案结合往年畅销款、流行趋势等进行产品开发和整合，主动一料多款，注重款之间的呼应和搭配；下单阶段：组建跨职能的商务团队进行定性和定量销售预测，根据款式评级和自身网络结构、面料用量等综合决定下单量；采购生产环节：减小首次下单批量、科学备料、预留产能，为翻单做准备；产品配送环节：加大配送频率；预留部分产品以加速补货；加强数据分析及时补/调

/退；相关城市设立中心店并辐射周围卫星店以更快、更低成本的补货；销售反馈环节：标准化系列搭配陈列；及时反馈信息，后台综合分析后快速做出加单（可大幅减少脱销的比率）、货品调配、促销等决策；如果滞销则要进行转场、重新组合搭配、及时季中促销等，并分析出造成滞销的原因避免将来再出现类似情形；要根据销售反馈逆向调整产品配送、采购生产、销售预测、产品开发、商品企划、品牌定位等供应链上各环节，总之，一切要始于品牌目标客户需求，终于品牌目标客户。过程中需要把整个供应链体系进行裁减，一分为二：精益供应链和敏捷供应链，其中精益供应链应对提前期较长、要求低成本实现的期货；敏捷供应链以应对需要快速反应的现货、翻单、赞助等业务，最终实现以销定产、产销平衡、以产促销。当供应链体系能快速应对市场需求和变化促进销售和品牌提升时，供应链运营能力就演变为企业强大的新的核心竞争力了。如图 6－13－2 所示。

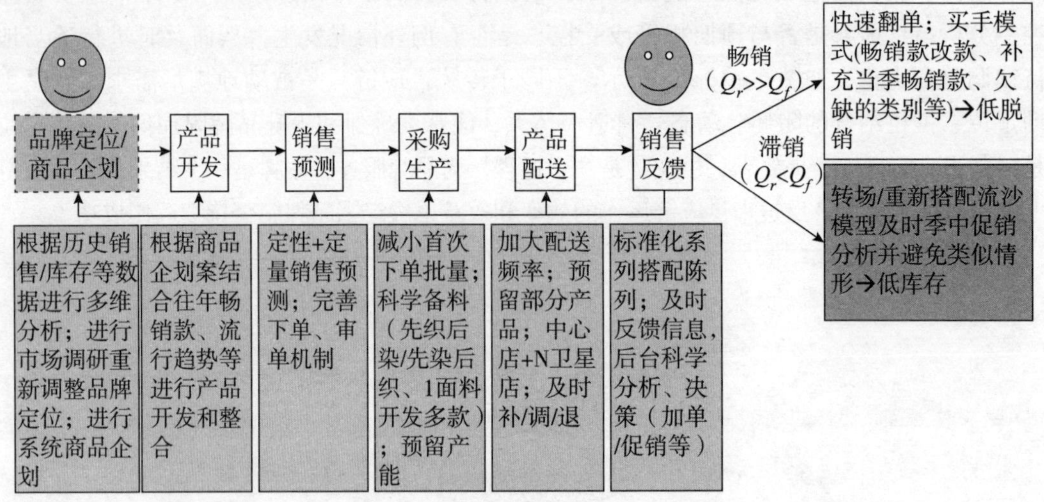


**图 6－13－2　解决高库存高脱销并存问题的闭环系统的关键思路和流程**

## 四、环环相扣：精益敏捷供应链高效运营与精细化管理

供应链管理（SCM）是对供应链上各相关企业、组织和部门之间的物流、资金流和信息流借助信息技术和管理技术进行规划、控制、协调和平衡，将供应链上业务伙伴的业务流程相互集成，从而有效地管理从原材料采购、产品制造、分销，到交付给最终用户的全过程，在提高客户满意度的同时，降低整个系统的成本、提高各企业的效益。同时品牌企业内部有从战略规划→品牌规划→商品企划→设计→开发→采购→生产→仓储→运输→渠道→客户的内部供应链，如图 6－13－3 所示。当前的竞争不再是企业与企业之间的竞争，更是供应链与供应链之间的竞争，是综合的、全方位的、系统之间的竞争。思路决定出路，态度决定高度，高度决定深度，定位决定地位，想法决定活法，格局决定结局，我们必须有更大的视野、胸怀和格局，“全球视野、全球市场、全球资源、全球智慧”。我们将不断整合与创新，不求所有，但求所用。

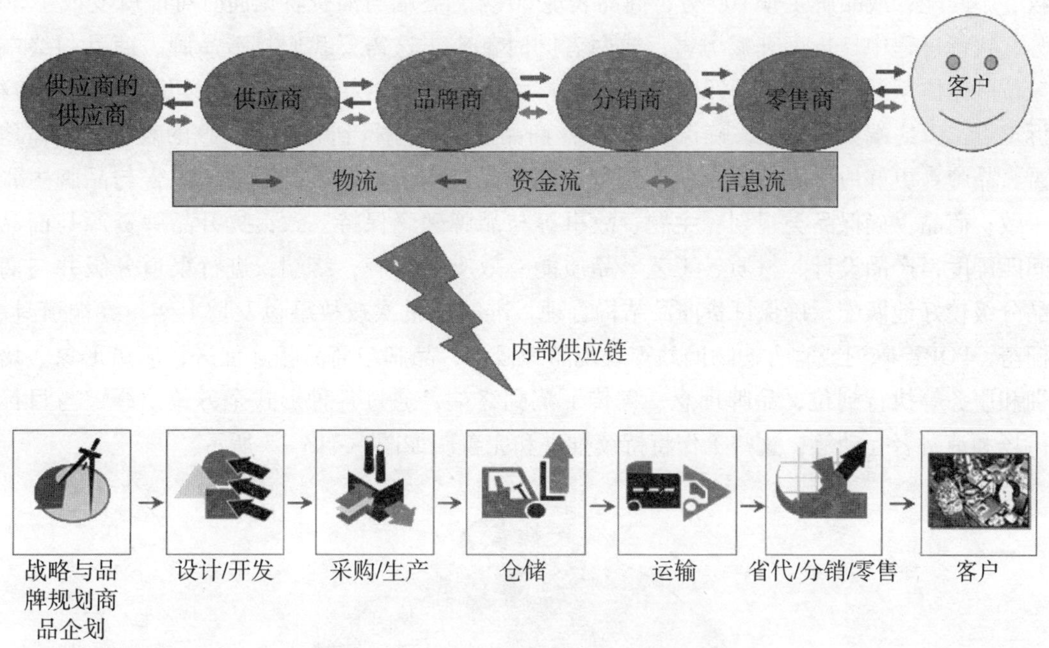


**图 6－13－3　产业供应链与内部供应链**

《孙子兵法》曰："谋定而后动，胜兵先胜而后求战，败兵先战而后求胜。"中国绝大多数企业往往抱怨"执行力"不够，而背后真正应该质问的是"规划/计划""分析/优化"和整体系统如何？有多少企业有专门的组织对规划、计划、监控、分析、优化负责和保障？这两环在大多数企业属于缺失或非常薄弱的环节。只有建立起规划/计划→执行→监控/分析→不断沉淀和持续优化的闭环系统，企业才能得到持续提升、打造强大的运营体系和核心竞争力，如图 6－13－4 所示。

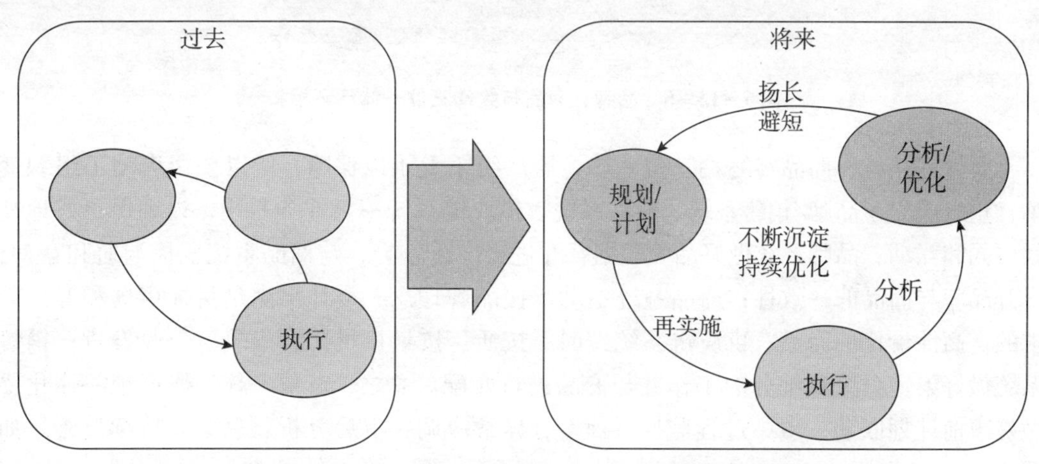


**图 6－13－4　打造计划、执行、分析之持续改善循环**

鞋服企业当前普遍面临另一大挑战是品牌、商品和终端之间脱节较为严重：品牌主张为 A，商品表现成了 B，终端落地时变成了 C，品牌、商品与终端表现出现偏差、不一致、不匹配；或品牌主张100分，商品表现60分，终端与消费者见面时可能就变成了30分，执行过程中打折、衰减厉害；或两者同时都有。这需要我们打造品牌、商品与终端三位一体体系：以终为始，即以消费者需求（动态变化）为出发点，持续更新品牌定位/诉求点，以终端为落脚点，确保品牌理念/商品能在终端得到完美、一致的表现。具体地讲，品牌：更好地做好品牌定位和规划，确保品牌资源、赛事、活动、广告与品牌主张一致；商品：确保品类规划、主题、故事等与品牌理念保持一致，提升品牌资源与商品间匹配度，产品设计、材质、工艺、品质能有效支撑品牌；终端：进行渠道分级并与商品分级较好地匹配，确保订货商品结构合理，准时按批次按故事包发货上架，终端道具、橱窗、POP、陈列或官方购物网站等表现品牌概念，品牌与商品相互促进，店员形象、培训和服务等执行到位，品牌理念、宣传下沉到终端，通过各种形式全方位演绎，与目标市场和消费者互动等，这些工作将持续推进和完善。如图6－13－5所示。

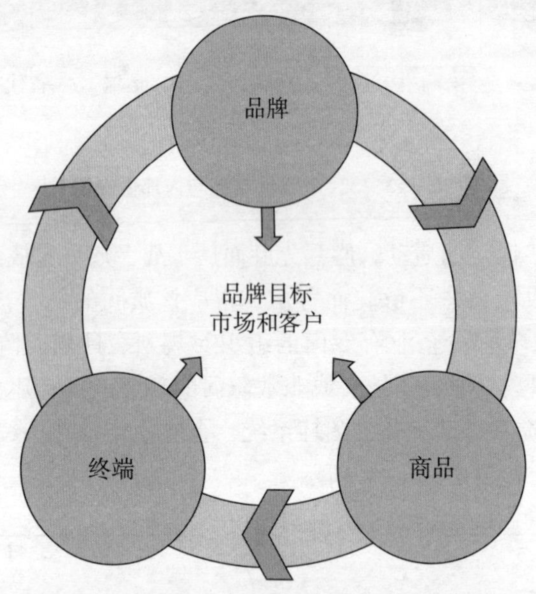


**图6－13－5　品牌、商品与终端三位一体环环相扣**

要做好品牌、商品与终端三位一体，需从组织上予以保障，所以公司启动了组织变革，重组成立了品牌/销售系统、商品系统、供应链系统三大业务系统，以确保更好地高效协同和互动：品牌系统做好品牌规划，并进行广泛宣导，与商品系统积极沟通和互动，提升品牌与商品的一致性；商品系统主动承接品牌理念，设计出满足目标市场和客户需求的、高性价比的商品；供应链系统按时、按质、按量按批次、按故事包收发货；销售系统做好渠道分级和细分的工作并与商品进行匹配。总之，三位一体、研产销一体化要做好事前计划联动，事中过程监控、预警、异常协调，事后分析、总结并持续改善。如图6－13－6所示。

为确保整个企业能高效运营，要把公司核心业务流程一步步拆解为一级、二级、三级流程，层层分解和落实，如一级流程从战略规划开始到季度分析总结共划分为13个阶段：战略与年度经营计划期、品牌规划期、设计规划期、商品企划期、设计开发期、一

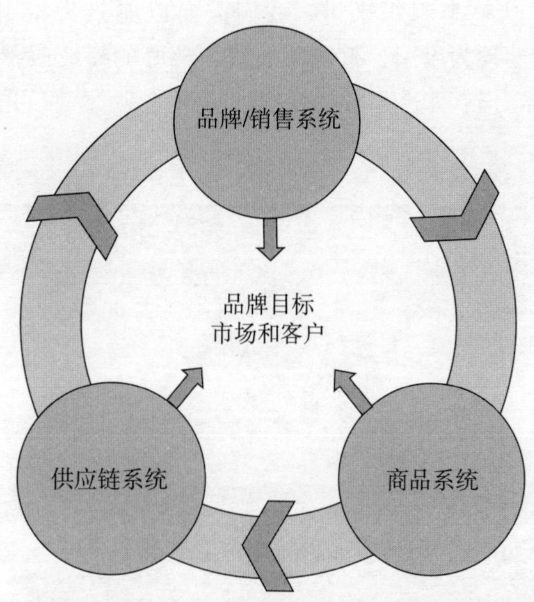


**图 6－13－6　品牌/销售系统、商品系统与供应链系统三大业务系统环环相扣**

选会、二选会、订货会、产销协调期、采购生产期、成品入库配送期、上市销售期、月/季度分析总结期，这 13 个阶段构成一个持续改善的闭环系统，同时制定配套的时间表，设专人进行追踪、预警、异常协调和持续改善。如图 6－13－7所示。

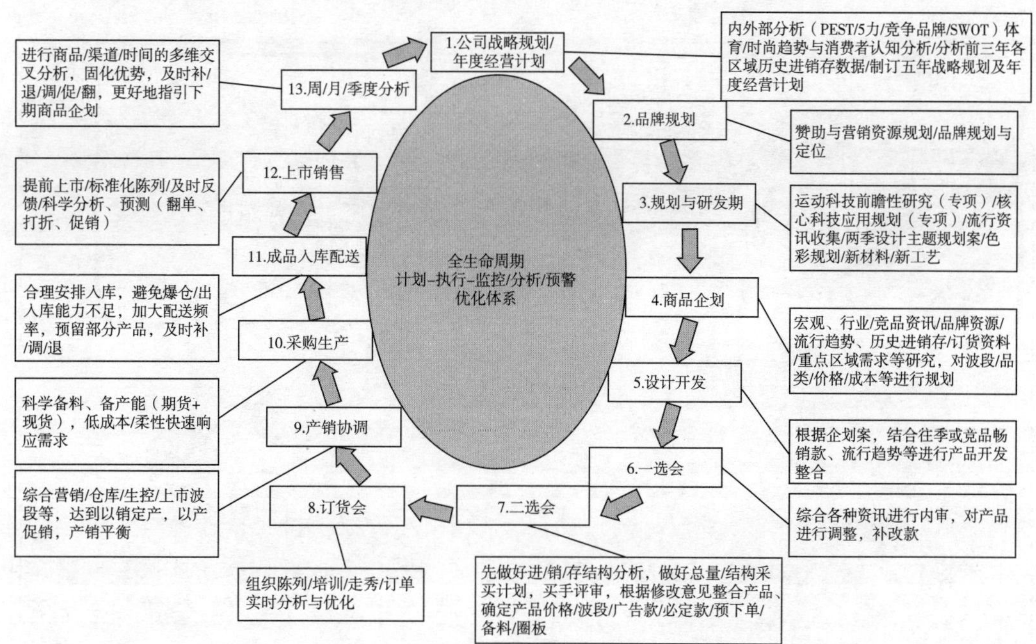


**图 6－13－7　企业全生命周期核心业务一级流程和关键点**

以上是核心业务的运营管理流程，再回到整个企业，我们有自己的愿景、使命、核心价值观等，除了业务部门外，还有人事、财务、信息等后勤职能部门，它们之间关系如何？如何协同？从整个组织来讲，我们需要以愿景为指引、以消费者为中心、以战略为指导、以品牌驱动为牵引，打造以品牌为核心的持续改善的精益敏捷供应链体系，推动企业不断变革、转型、优化与升级，提升企业/品牌可持续核心竞争力。如图6－13－8所示。

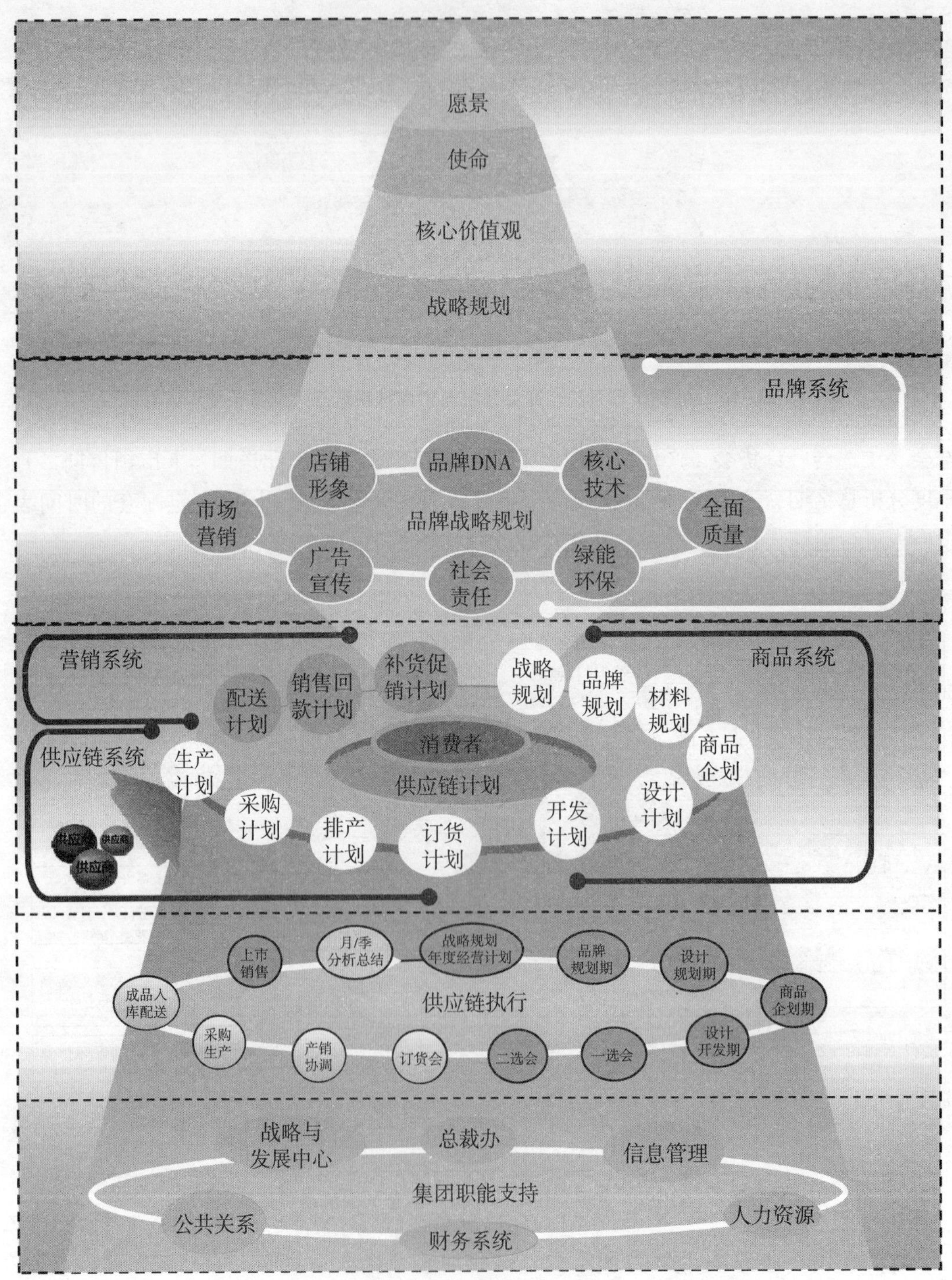

图6－13－8　战略—品牌—供应链计划与执行—职能关系

总之，消费者需求变化越来越快，市场竞争越来越激烈，需要我们不断变革、整合和创新以更好地满足和适应环境：外部需与供应商、分销商、零售商、其他合作伙伴等整个供应链体系协同作战，内部需打通战略→品牌→设计→供应→销售的整体业务链条提升三位一体、研产销一体化，同时各职能部门需更好地了解、理解、融入和支持业务的发展，各环节息息相关、环环相扣，只有推动体系建设、精细化管理才能实现，而精细化精在事前，精在计划，精在谋划；细在过程，细在细节，细在用心；化是变化，化是转化，化是融化，精细化是一个永无止境、持续改善的过程，只有这样才能打造赢得明天的核心竞争力，才能在未来的竞争中立于不败之地。特步人“爱拼、敢拼、会拼”，以“特立独行”的步伐在“二次创业”中创造新的奇迹，早日实现“打造全球时尚运动第一品牌”的共同愿景。

撰稿人：特步集团副总裁兼电子商务总经理　肖利华

# 案例十四　中物华商：创新粮食供应链管理新模式

中物华商国际物流股份有限公司（以下简称中物华商）是经国家工商总局核准成立的第三方物流公司，总部设在北京，在沈阳、合肥、曹妃甸、中国香港、加拿大等地设有分公司。

中物华商具有综合一体化的物流、商流、信息流、资金流的运作实施能力，拥有包括货物进出口和粮食收购许可等一系列资质。中物华商秉承诚信、专业、创新、共赢的价值观，致力于成为最值得信赖的供应链集成服务商。

中物华商坚定实施网络化发展战略，稳妥有序地在全国范围进行网络建设，还根据业务需要选择性地发展国际网络。依靠现代企业管理理念、先进的物流信息系统及广泛的区域机构，凭借信息化、网络化的现代物流技术手段，除了在全球范围内组织、协调、运作、整合资源，为冶金、化工、电子、能源、快速消费品、汽车等行业提供一体化的服务，还成功打造了高效的一体化粮食供应链，形成了一套专业的具有中物华商特色的粮食供应链模式。

## 一、开展粮食供应链管理的背景

“民以食为天”，粮食供应链连接着亿万农户生产与亿万民众消费，它的安全与高效，关系着广大农民和消费者的切身利益，影响着全社会的稳定。粮食供应链是连接粮食生产、储存、运输、流通、加工和消费各产业的综合体系，它集成粮食产、加、销、储、运等多环节、多主体和多区域。实现粮食安全需要生产稳定、商流可靠、物流高效和消费持续，其中任何一个环节出现重大问题，都会导致粮食危机的发生。

粮食供应链的优化，不仅包括增加粮食产量，同时也要减少收后（Post - harvest）损失。刊登在《整体环境科学》杂志上的一项最新研究结果指出，有效降低粮食生产和流通各个阶段损耗或丢弃的粮食比例，能使粮食供应链的浪费减少一半，并为额外 10 亿人提供粮食，从而增强粮食安全。世界上许多地方面临饮用水短缺、可开垦土地有限和化肥生产原料不足的问题。粮食生产占用人类消耗的淡水总量的 90% 以上，生产化肥也消耗了大量矿物质，因此，提高粮食生产和流通效率、减少粮食浪费对于环境保护和未来粮食安全非常重要。

2004 年以来，我国粮食生产连续 8 年增长，2011 年粮食产量达到 57121 万吨，创历史新高。粮食连续丰收对我国应对国际金融危机、国际粮价波动、国内 CPI 波动，满足国内粮食消费需求奠定了良好的基础。我国粮食生产主要分布在东北、黄淮、长江流域和新疆地区。其中东北地区是我国最大的粮食主产区，年生产能力稳定在 7500 万吨左右，年粮食调出量在 2500 万 ~ 3000 万吨。河南省也能够调出较大数量商品粮。目前的粮食主销区中，广东、浙江、福建和上海几省市粮食缺口较大，形成“北粮南运”、“北出南进”以及“西粮东进”的战略性粮食流通格局，每年跨省区成规模的大宗粮食物流量超过1亿吨。但是受粮食储存条件、加工方式、运输条件等制约，粮食流通成本居高不下（我国粮食流通成本为30%～35%，国外先进水平仅为20%～25%），流通过程中损耗严重（损耗量约占总产量的1/4）等，影响了国民经济的发展，也制约了我国农业在国际上的竞争能力。因此，中物华商致力于粮食供应链的整合和优化，推动先进的农业生产技术、加工技术和流通技术的普及和传播，探索出一条集粮食生产、收储、加工、贸易、生态农业为一体，以市场带动基地、以产业带动区域的粮食供应链管理新路径。

## 二、中物华商粮食供应链管理流程

粮食供应链是一个完整的体系，如图6－14－1所示。中物华商在粮食供应链管理过程中明确供应链节点，在各节点之间以消费定生产，以需求量和需求时间确定储运量、流向及结构，以生产和消费的不同季节性需求和经济效益确定储运方式，以生产、储存、运输和需求的未来发展预测科学确定供应链模式。整合物流、商流、信息流、资金流资源，优化粮食产业链。通过粮食生产、收购、烘干、存储、运输、销售等运作环节的全过程的参与，保障粮食供应链运营顺畅。

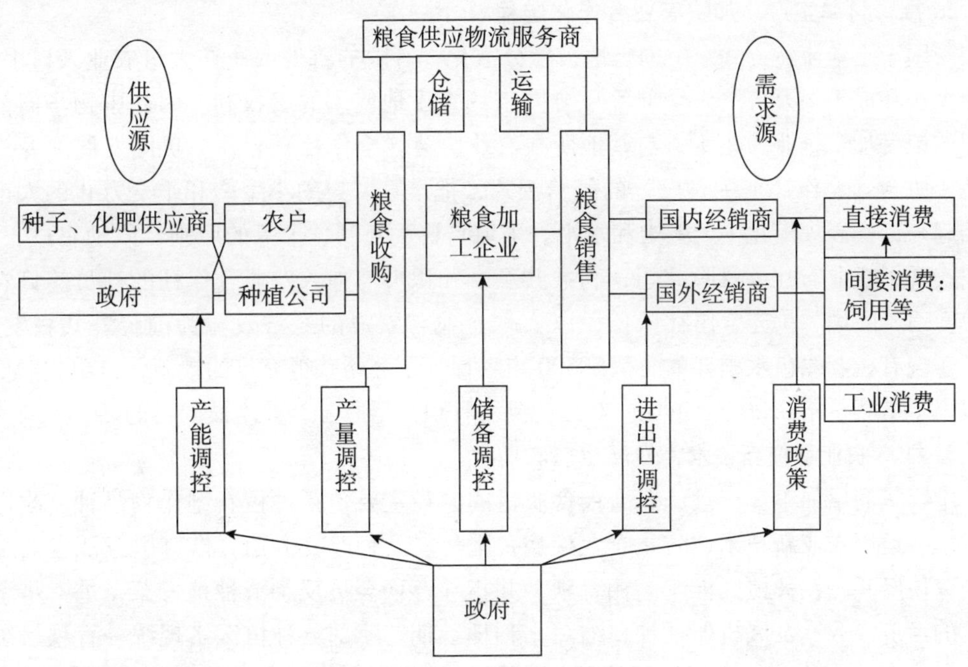


**图6－14－1　粮食供应链示意**

中物华商围绕小麦、水稻、玉米、大豆等主要品种构建粮食产业链，突出发挥大规模、大农机、大水利、大科技、大协作的优势，建设现代化农业种植基地，大力推进粮食收储加工的标准化、品牌化进程，推行粮食运输“四散化”（散装、散卸、散存、散运）等物流新技术，打通粮食生产消费全链条。下面以水稻和玉米为例简要介绍中物华商粮食供应链管理流程。

## （一）粮食种植、生产阶段

### 1. 品质管理从源头做起，建立优质农产品种植基地

土地是粮食生产的源头，橘在淮南为橘，到淮北则为枳，农作物对于产地和水土是有一定要求的，我国适合优质稻米生长的区域有限，优质稻米产区是稀缺资源。中物华商同合作伙伴一起选择土地肥沃、水源丰沛、环境无污染、适合大规模机械作业的优质稻米产区，建立水稻种植基地。对辐射区内的水稻种植户进行统一管理，提供从良种、化肥、田间管理到稻谷销售一条龙的优质服务，实现种苗统供，良种覆盖率基本达100%，成为高产、优质、高效、生态、安全农产品生产的亮点和样板，促进了区域农业产业优化升级，发挥了辐射带动作用。其中，吉林白城水稻基地依托国家“十二五”规划重点项目“引嫩入白”工程，发挥白城地区嫩江水灌溉水稻的资源优势，打造“嫩江大米”品牌，将优质的江水大米推向全国。内蒙古科左后旗水稻基地依托散都沙漠水库的地源优势，沿下游种植3万亩优质水稻，全部由水库的地表水灌溉，打造优质沙稻种植基地。目前公司已建成优质水稻种植基地4个，可控水稻种植面积达10万亩，为公司生产优质大米提供了充足的原料保证。

### 2. 推行订单生产，加快农业合作化进程

受困于土地流转方式，中国土地极度分散化，有限的耕地散布在大量农业人口手中，企业无法和成千上万自然人全部签订合同来约束土地使用的责权利。因此中物华商依托协作的粮食加工企业为龙头，与基地所在农业协会（合作社）合作，巩固发展“龙头+基地+协会（合作社）+农户”的经营模式，把千家万户的小生产和千变万化的大市场联结起来，提高规模化生产能力和水平。采取自愿、互利、平等的原则，鼓励农户入股，真正实现了企业与社员风险共担、利益共享。并积极与加入专业合作社的社员签订农业订单，逐步吸纳、扩充合作社队伍，以实现企业与农户的经济效益为前提，共赢发展。现已实现有机、绿色水稻订单面积30500亩，保证了公司获得充足的粮源，订单收购价格一般高于市场价格0.20元/市斤左右，达到了种植户增收、企业增效的目的。

### 3. 推广农业种植新技术，发展生态农业

中物华商增加粮食产量、提高粮食质量的途径主要包括种植新型作物品种、改进田间管理、运用农业新技术、防止农业疾病传播等。品种改良方面，借鉴黑龙江省的水稻高棚育秧经验，在种植区推广高棚育秧，并指导育秧会员反季节种植青菜，进一步增加会员的经济收入；发展机器插秧，缩短水稻插秧期，使部分种植区实现统一育秧、统一插秧；放弃手工收割、改用机器收割，提高产量和生产率，减少粮食收后损失。此外，中物华商正在探索采用物联网技术使用远程感应系统对田间环境进行监控，并提供早期预警信息。在科普教育和种植技术培训方面，中物华商每年多次聘请农业专家进行种植技术培训，深入田间进行现场指导，为农户提供了学习科学种植的良好环境。测土施肥方面，与农牧业局、科研院所等机构合作，对种植土壤进行测土配肥，同时大力建设灌

溉渠系，全面推广低压管灌、滴灌、喷灌、垄膜沟灌等现代节水技术和设施，发展现代高效节水农业、生态农业，使农作物抵御自然风险能力大大提高。通过采用以上新技术，基地内种植水稻平均每亩增产约200市斤，取得显著经济效益。

## （二）粮食收储、加工阶段

### 1. 整合产地加工企业，进行粮食精深加工

目前我国粮食主产区原粮外销比例较高，产粮大省多不是加工强省，而粮食作为原料可以经过一次加工（加工面粉、大米、饲料等）和二次加工（食品、饮品加工等）及综合利用加工。在粮食产区进行精深加工，可以提高产业集中度和产品附加值，并有效降低物流量。因此，中物华商在东北粮食主产区、玉米黄金产业带的吉林、辽宁、内蒙古成功整合了五家粮食收储加工企业，开展粮食存储、烘干，粮食加工、饲料加工等业务，初步完成了公司经营战略布局。同时，公司也与粮食销售区的生物制药、新能源、酿造等行业终端用户合作，积极探索为在粮食产区对原料进行初加工制成半成品后再运往用户所在地进行深加工。

### 2. 采用延迟生产，提高供应链柔性

传统粮油企业主要采用“合作采购 + 集中生产 + 集中发运”的经营模式，即在原产地生产到成品状态然后通过各种运输方式送到销区经销商库，再通过经销商将产品配送到各个终端客户。这种模式能够聚集大量的生产订单，产生规模经济优势。但这种模式有较长的前导期、响应速度慢，长途运输多次转运的成品，极易出现包装破损，导致大量客户投诉。同时，工厂到经销商间物理距离较长，为应付各种临时性订单，导致经销商必须贮备各种成品的安全库存，库存成本很高。因此中物华商采用差异化延迟策略，在原产地仅将产品加工到大包装模式，在仓储中心设置精选和二次抛光设备以及包装机械，根据周边客户订单进行最后的生产。将差异化尽量推迟到客户端，提高了供应链的柔性和服务水平，并降低了整个供应链的存货水平。

## （三）粮食流通、贸易阶段

### 1. 创新粮食经营方式，打造一体化产业链

中物华商创新粮食购销企业经营方式，发挥网点和地域优势，与粮食加工企业和科研单位联合，工商联手、产学研结合，主动融入粮食产业化经营，逐步改变“买原粮、卖原粮”的单一经营方式，发展粮油产业化经营，延长产业链条，实现种养加、产供销、贸工农一体化生产，提高农业综合效益。公司已在甘旗卡建立玉米种植、收储、加工、养殖基地，实现玉米收储、烘干、饲料加工、家禽养殖全产业链运作，如图6－14－2所示。

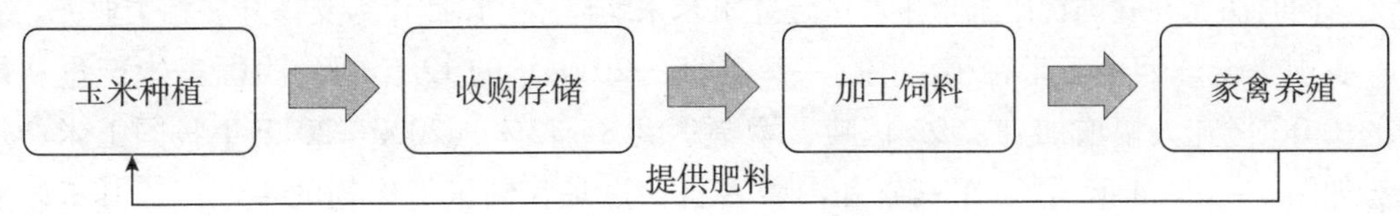


图6－14－2　玉米基地产业链示意

**2. 把握粮食物流发展趋势，建设粮食现代物流体系**

粮食商品作为现代物流的流体其流量具有季节性、波动性、区域性，同其他流体比较时间差和空间差更为严重，作为粮食企业，把握粮食物流发展趋势，建设粮食现代物流体系，是取得时间优势、空间优势的必然措施。包粮物流消耗大、成本高，效率低、作业环境差，到目前为止是无可争议的问题。世界发达国家早已经普及了散粮流通方式，但我国目前散粮流通的比例很低，还不到15%。中物华商坚持发展散粮流通方式，提高粮食流通效益和效率。其中粮食散存的比例达到100%，公司有万吨标准平仓9座、标准钢板、水泥仓40个，固定钢囤210个，各收储基地总计可存储粮食18万吨。在运输中，采取包粮、散粮、集装单元化多种模式共存的物流模式。在原粮长距离流通中全面推广散粮运输方式，一个是开展铁路和铁海联合运输，另一个是汽车散粮运输，同时探索开展集装箱、集装袋、托盘和捆包等集装单元化运输方式。目前，公司原粮的散粮运输比例超过50%，大大降低了物流成本和粮食破损率，提高了粮食流通效率。

**3. 深入挖掘粮食商品金融属性，创新开展粮食金融物流业务**

玉米、大豆等粮食品种质地稳定、市场价格波动小、变现能力强，中物华商深入挖掘粮食商品的金融属性，全面开展了为企业提供粮食仓单质押、代理采购、电子交易、电子拍卖等多项金融物流和电子商务业务。中物华商在开展粮食金融物流业务过程中，以自身粮食供应链为基础，建立相对稳定的关联企业体系，利用供应链管理和信息管理的比较优势，切入到粮食供应链企业联盟中，从而很好地稳定和扩展自身的客户平台。同时通过建立关联企业内部的非市场化信息共享机制，通过信息共享消除信息不对称和道德风险，帮助联盟内粮食企业与广大农户迅捷融资和进行电子交易，在一定程度上降低了信贷风险，加快了粮食商品的流通效率。

### （四）粮食供应链管控体系的建立

在中物华商的粮食供应链中，管理中心、采购体系和销售体系各司其职协同作用，通过自有的采购网络系统、物流整合系统以及分销网络系统，共同完成粮食的采购—分销活动，以玉米供应链为例。如图6-14-3所示。

**1. 建立高效的采购体系**

玉米是全球第一大谷物。目前，除南极洲之外，世界各大洲有70多个国家种植玉米。据联合国粮农组织统计，2010—2011年度，全球玉米产量8.4亿吨，占全球谷物总产量的35%，贸易量约占世界粮食贸易总量的1/3。玉米是用途最为广泛的粮食作物，是食品、饲料，也是重要的工业原料，是加工品种最多、链条最长和增值最高的谷类作物，深加工产品可达2000多种。因此，公司将玉米产品作为粮食的主导业务具有非常深远的战略意义，同时决定在我国优质玉米主产区建立玉米采购体系，以此作为支撑开展相关业务。

我国是全球四个玉米种植大国之一。2000—2011年的12年间，我国玉米产量从最初的1.06亿吨大幅增加到1.92亿吨，增幅达到81.13%（2000—2011年我国玉米产量走势如图6-14-4所示）。东三省和内蒙古自治区是我国玉米作物的主产区，其玉米购销活动规模大、任务艰巨，形成了巨量物流需求。

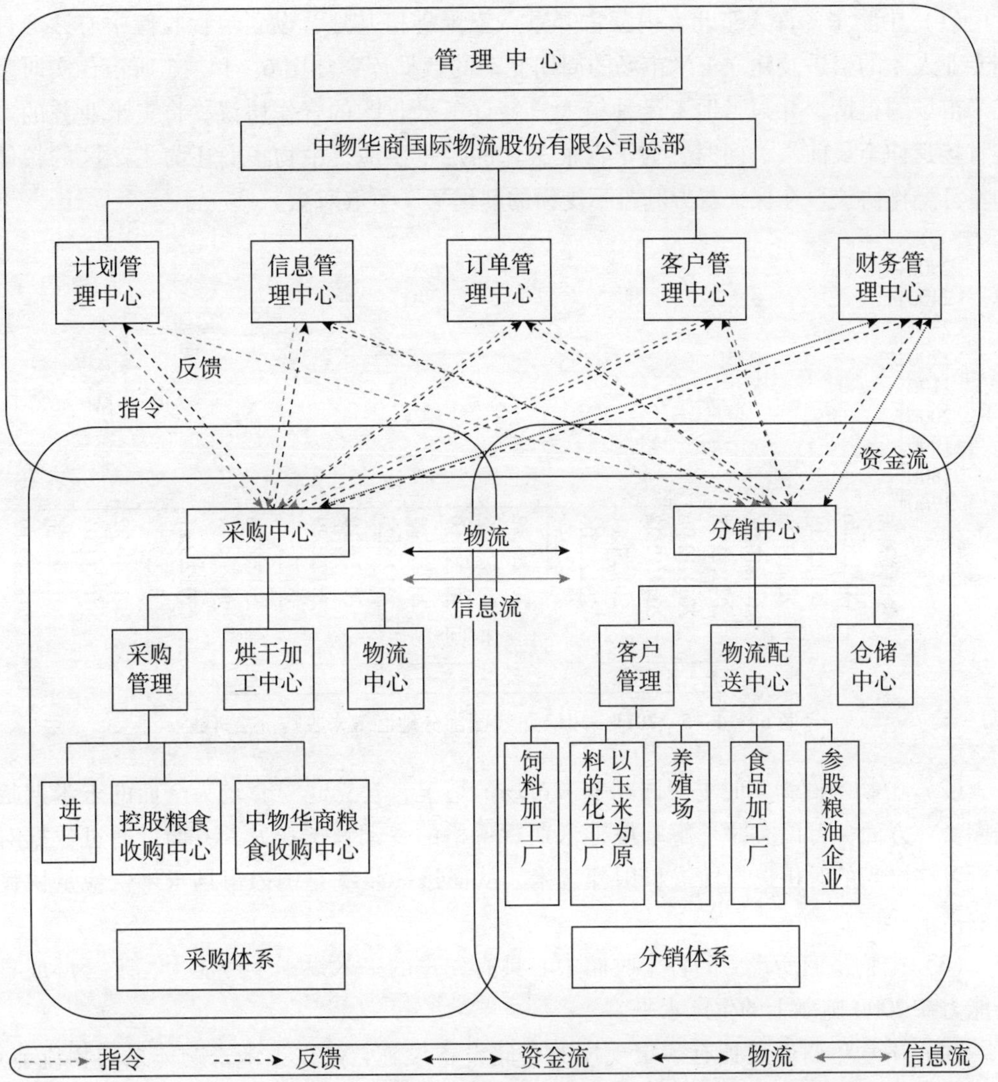

管理中心
中物华商国际物流股份有限公司总部
计划管理中心
信息管理中心
订单管理中心
客户管理中心
财务管理中心
反馈
指令
资金流
采购中心
物流
信息流
分销中心
采购管理
烘干加工中心
物流中心
客户管理
物流配送中心
仓储中心
进口
控股粮食收购中心
中物华商粮食收购中心
饲料加工厂
以玉米为原料的化工厂
养殖场
食品加工厂
参股粮油企业
采购体系
分销体系
指令
反馈
资金流
物流
信息流

**图 6-14-3 中物华商的玉米供应链模式（商流、物流、信息流、资金流）**

2.50
2.00
1.50
1.00
0.50
0
产量（亿吨）
1.06
1.14
1.21
1.16
1.30
1.39
1.52
1.52
1.66
1.64
1.77
1.92
2000
2001
2002
2003
2004
2005
2006
2007
2008
2009
2010
2011
年份

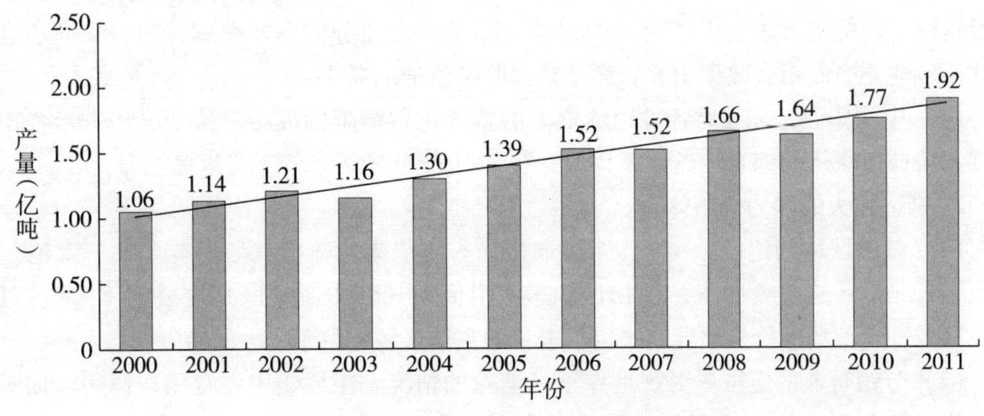

**图 6-14-4 2000—2011 年我国玉米产量走势**

（1）中物华商深入东北、内蒙古等重点玉米种植基地，设立粮食收储中心，通过系列专业人才的引进及建立玉米市场的周期变动的数据库，如图6－14－5所示，实时掌控玉米市场的行情，并与当地玉米种植大户签订玉米收购的合作协议，将玉米业务的产业链直接延伸至最前端。同时，为了保证玉米的足量供应，中物华商还与主产区的粮储机构签订合作协议，在保证双方利益不受损的前提下，争取双赢。

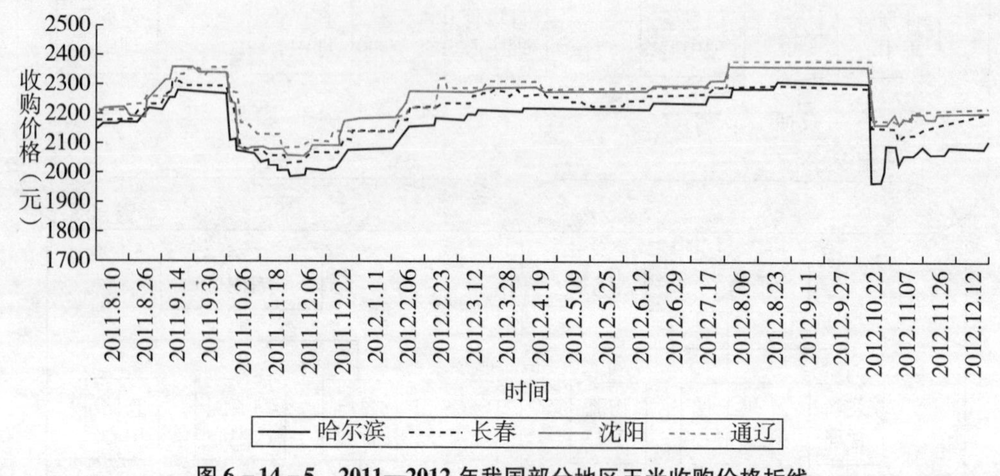


**图6－14－5　2011—2012年我国部分地区玉米收购价格折线**

（2）中物华商为实时了解国际玉米市场的情况，建立起一套较为全面的玉米期货数据库。一方面，可以实时了解掌握玉米期货价格的变动情况；另一方面，通过数据对比分析可在恰当的时机选择性进口国外玉米，从而进一步满足国内市场玉米供应链协调运作的需求。

（3）中物华商所设立的各个收储中心具有先进的玉米烘干生产能力，现已形成日烘干能力在2000吨以上的生产水平。

（4）中物华商通过拥有一定规模的仓储设备设施，建立玉米采购体系的物流节点，以配合玉米采购活动的运行。现中物华商建有5个大型粮食采购点，分布于东北和内蒙古地区，各玉米采购点都拥有1～2个具备现代物流设备的粮食仓库，为保证玉米收储、保管及运输的高标准要求提供了有力的保障。随着自身业务的不断发展，中物华商还会在华北区域建立新的粮食收储中心，满足粮食购销流通的需求。

（5）中物华商把加强对各种运输资源的整合进行清晰的战略定位。已在玉米主产区构建了公铁海联运的综合运输体系，现具有日均3000吨玉米的干线运输能力。

**2. 打造强大的国内分销体系**

（1）分销区域的定位。我国玉米流通格局有史以来大体上就呈现有“北产南销”的特点，东北地区是主要的玉米流出区，东南沿海、长江中游地区是主要的玉米流入区。南北区域玉米市场的价格差异，决定了玉米的主销区域定位于广大的南方市场。

（2）分销行业的定位。纵观世界玉米消费的情况，主要集中在食用、饲用、加工用和种用四个方面。在2010年的世界玉米消费总量中，饲料消费量占比重为57.3%左右；加工用占比达到历史最高水平40.6%。在我国，根据相关统计，国内玉米的消费需求有

65%都用于饲料加工产业，有些机构的预计则高达74%。在能源需求以及技术进步的双重影响下，玉米工业消费迅猛增加，同时，随着人们生活水平的提高，肉类消费不断增加，而肉类的生产是通过以玉米等为原料的饲料转化而成，饲料的玉米消费量在小幅波动的基础上呈上升趋势。今后几年是畜牧业快速发展阶段，饲料用玉米消费将继续保持增长势头，市场则进一步呈现“食用消费逐年下降、饲料消费稳步增长、工业消费快速发展”的格局。由此，玉米在已定位的主销区域中重点覆盖的行业将是饲料企业及深加工企业。

（3）分销体系的建立。粮食分销体系是实现粮食分销业务的主要载体、手段，是完成商流的基础平台。中物华商粮食分销体系的建设遵循便捷、高效的原则，保证了客户对产品的及时了解、合同的即时签订、资金结算的快速进行，可以根据市场、企业的需求快速做出粮食的分配。中物华商通过广泛地调研及分销模型的优选，已初步建立起了较为完善的立体分销体系。一方面是加强与玉米的直接消费客户建立合作关系，包括以玉米为主要加工原料的企业，如饲料加工厂、化工原料加工企业、食品加工厂等，同时直接与需要玉米作为养殖供给的养殖大户签订合作协议，以及至码头的港口贸易。另一方面积极与主销区域有一定分销能力的粮油企业建立起战略合作关系，从而织造起一张全方位的分销服务网络。中物华商在分销体系中同样加强仓储节点的布局，根据服务客户的分布确定合理的覆盖半径，以求服务最优化。

**3. 加强总部的集约管理**

为了保证粮食采购体系和分销体系高效运转，中物华商建立起较为完善的组织机构，设立了计划管理中心、信息管理中心、客户管理中心、订单管理中心及财务管理中心。计划管理中心作为该业务的核心部门，通过所掌握的市场综合信息，结合自身企业的特点，制订出业务综合发展计划，并分解落实、监督过程、适时调整、考核结果。同时也是给总部其他职能部门输出业务计划的源泉。信息管理中心、客户管理中心、订单管理中心及财务管理中心是功能性板块，作用就是加强总部的集约管理。

## 三、粮食供应链管理实践的经验和建议

### （一）中物华商粮食供应链管理的经验

**1. 引导品牌消费，打造名优产品**

我国稻米产量的80%作为口粮消费，每年消耗量约2.4亿吨，但其中品牌大米仅占2%。即使在品牌大米方面，虽然各企业在进行初步的差异化，但是很难将各类大米产品划入不同的类别，差异化营销目前还停留在产地、包装等初级层次，价格竞争激烈。因此，中物华商在粮食产业发展过程中，引入绿色低碳乐活理念，引导消费者接受低碳生活理念，吃有机产品、改善环境质量。公司加速“三品”（无公害、绿色、有机）开发，培育无公害、营养高、口感好的优质稻米。与合作伙伴合作，成功打造了“香源小星”、“久园春”、“马莲河”品牌有机大米，产品被国家质量监督局鉴定为有机、健康、无公害

食品，通过了QS市场准入认证、环保体系认证、安全体系认证、质量体系认证。并逐步开发了精制米、小包装米和免淘洗米等系列中高端产品，塑造了良好的品牌形象。

**2. 采取差异化策略，构建经济和快速两条供应链**

在粮食流通过程中针对不同产品特性构建差异供应链。对大宗原粮、粗加工饲料等中低端产品采用铁海联运、公路运输进行批量运输，在保证运输时效的前提下，追求成本最低，构建经济供应链；对服务要求、响应时间要求更高的高档米、礼品米产品采用集装化运输，首要保证产品品质和服务质量，构建快速响应供应链。

**3. 整合社会资源，自建网络与第三方整合合理搭配**

兴建和购置粮食存储加工设备和物流设施需要投入大量的资金，而任何企业的资源都是有限的，因此中物华商在粮食加工配送网络的建设过程中，根据设施设备的重要性、安全性、收益性等原则，进行了自行投资和整合社会资源的合理搭配，不仅减少了固定资产投资，加速资金周转，同时对部分物流业务也选择了优质合作伙伴进行业务外包，使公司能够更加专注于核心业务。

**4. 充分利用期货市场信息，优化粮食种植结构**

期货市场集中了大量的有价值的供求方面、生产方面、农业科技方面甚至宏观层面上的各种信息，且信息高度透明。中物华商密切关注粮食期货市场信息和价格信息，一方面指导农户调整种植比例、优化粮食种植结构，另一方面对价格的精准掌握增加了公司在向其他企业销售时在价格谈判上的底气，有利于保护农户和公司的共同利益。

### （二）粮食供应链改进的措施和建议

粮油企业的供应链，用业内企业的话来讲是两网，即上游的采购网和下游的销售网，粮油企业供应链的打造，也就围绕着这两个网开展。在上游采购网方面，由于优质稻米产地资源日益稀缺，农民掌握了很强的话语权，农民通过合作模式，很容易实现大米的自我加工、自行销售。在订单农业条件下，秋收价格低于议定价格，则企业必须收，如果稻米价格高于议定价格，则农民经常出现毁约行为，很少有企业能够按照春耕时签订的采购协议拿到稻米，导致企业的投入血本无归，出现了稻米采购企业的单边风险。在下游销售网方面，经销户数量多，存在散小乱差现象。因此，应在我国粮食供应链构建过程中：

（1）培育具有较强竞争力的粮食企业，促使粮食供应链中核心企业的形成并发挥核心企业的作用，直接或间接掌握粮食生产资源，并对流通过程的流通资源进行掌控，以保证供求，并进行公平合理、又符合市场经济规律的价格制定，推动从上游到下游所有节点企业围绕核心企业，高效运营。培育大型粮食企业，但并非完全按照“大而全”的做法，可以通过资本控股、参股，或者联合形成大型企业集团。

（2）加强政府职能部门的协调与统一，形成粮食产业协调机制，避免政出多门的现象出现，使粮食的生产、采购、加工、运输、储存、进出口、消费等形成统一的产业政策，为粮食产业的发展创造良好的竞争环境。

（3）促进粮食期货市场的发展完善，提升中国在国际农产品定价体系中的地位。国际风云变幻、农业生产环境不断恶化以及国际金融资本的暗中搅动等令国内粮食市场价格波动较以往更为剧烈，在这种情况下，具有价格发现和套保避险功能的期货市场也显得越来越重要，对期货工具的熟练运用有利于保护国内粮食产业的发展，有利于提高中国在国际贸易中的主动性，也可以帮助抵御国际农产品市场对国内市场的冲击，对维护国家粮食安全意义重大。

中物华商董事长刘景福在建设粮食供应链的酝酿、调研、立项及落实的每一个推进阶段，始终用打造高效的粮食产业链要求项目团队进行各个细节的设计及布控，力争做最值得信赖的粮食供应链集成服务商。“路漫漫其修远兮”，中物华商虽然在粮食供应链领域取得了较好的成绩，但是，距最值得信赖的供应链集成服务商还有一定差距。中物华商将秉承诚信、专业、创新、共赢的价值观，不断学习、不断创新，用良好的服务践行“中物华商，让世界更流畅”。

撰稿人：中物华商国际物流股份有限公司副总经理　盛刻索

# 案例十五　沱沱工社：“生鲜冷链宅配”供应链

## 一、企业介绍

### （一）企业简介

2010年4月，九城集团倾力推出国内首家专业提供新鲜食品的网上超市——沱沱工社。整合新鲜食品生产、加工、B2C网络化销售全产业链各相关环节，并依托“透明供应链”产品质量透明管理体系在食品行业供应链上的独特应用，将“新鲜日配”这一B2C领域难以逾越的梦想变成现实。从商品组织、供应商评估、物流配送，沱沱工社确保每一件送达客户手中的正规商品均经过层层把关。自建专业的冷链物流配送队伍，采用冷链物流到家的配送运作模式，在北京市区内设立十几个区域分站点，辐射CBD核心区、中关村商务区及北部别墅区等，实现覆盖北京六环内的配送网络，并使用专业冷藏车和冷链设备车的配送，承诺将最新鲜的食品精准交付给广大消费者。

### （二）企业资源

沱沱有机农场主要种植作物为各种有机农产品，包括有机杂粮、有机蔬菜，总计80多个品种。近百座温室大棚，用于反季节有机蔬菜的种植，包括有机果菜类、有机叶菜类、有机根茎类、有机香料类、有机特菜类及有机浆果类作物。散养的纯种苏太黑猪，散养鸡，完全以农场自产有机农产品为主要饲料原料，肉质鲜美。沱沱工社为保证生鲜商品在生产、贮藏、运输、销售，到消费前的各个环节始终处于规定的低温环境中，保证食品质量，减少食品损耗，不得不在前期投入大量资金打造了现在的全程冷链宅配体系，购入冷冻冷藏设备，建成集冷藏库、冷冻库和恒温加工车间为一体的“温度要求更高，环境要求更为复杂”的现代化仓储配送物流中心，使整个供应链中心不仅仓储和物流是全程冷链，连产品的加工、分拣和包装等流程也处于全程冷链状态。同时建立了百余人的配送队伍，采用自建SDC区域站点模式，在北京市区内设立二十余个区域分站点，包括门店和小型社区房，每一个站点都配备了保鲜柜、冰柜等冷藏设备，由站点用；冷链设备车解决最后一公里的点对点的配送。从产品到消费者手中的所有环节，都进行适当的温度控制和质量管理，从而保持生鲜食品的新鲜度，降低产品因运输、温度变化造成品质变化。

## 二、"生鲜冷链宅配"供应链建立背景

### (一)生鲜食品的现状及发展趋势

近段时间电商争先涉足生鲜领域，大型电商更把生鲜电商作为战略热点进行布局，让生鲜电商的话题又一次热了起来。这与电商竞争的白热化不无关系，无论平台电商还是垂直电商，在各个领域都已经被各类电商"扫街似的"扫了很多遍了，早期的"蓝海"已经变成了"红海"。

生鲜之所以能成为最后一个电商的"蓝海"，是由其自身的特征决定的：

首先，生鲜食品的价格弹性系数在所有商品中是最小的。所谓价格弹性系数小，反映了生鲜食品是生活必需品，无论价格变化如何，老百姓都是要消费的，因此其消费量特别大。同时，蔬菜和肉类的价格弹性系数又比主食要大，因此其替代性强：今天，价格贵的蔬菜可以不吃，吃稍微便宜一点的，应季的。

其次，生鲜食品的供应有很强的地域性，这是由生鲜食品生产周期长、难以长途贩运、易腐败霉变所决定的。因此，生鲜食品对供应链和物流的要求较高。

最后，对于消费者来说，生鲜食品价格透明度特别高。谁家附近还没有个菜市场，蔬菜肉蛋奶的价格都很明确，对于买菜主力的大爷大妈们，网上高出几毛钱的价格与菜市场一比就失去了优势，就算你说这菜多绿色有机无公害也没用。

### (二)生鲜电商现状与发展趋势

2010年以来，食品类电子商务更是进入白热化爆发阶段，根据中国电子商务研究协会B2C研究中心出具数据显示2010年第一个季度食品类产品销售额高达120亿元人民币，同比增长70%。沱沱工社仅北京地区的生鲜业务，2013年上半年营收同比增长81.5%。"生鲜商品"以其高重构率，客户黏性高等特性已然成为众多电商扩张的战略品类。

### (三)"生鲜冷链宅配"供应链的建立

生鲜电商并不是什么新鲜概念。近年来，生鲜电商日渐火热，使得生鲜电商市场争夺的战争呈现白热化。而决定这场电商新战争胜败的关键，就是冷链系统，所谓冷链(Coldchain)是指易腐食品从产地收购或捕捞之后，在产品加工、贮藏、运输、分销和零售直到消费者手中，其各个环节始终处于产品所必需的低温环境下，以保证食品质量安全，减少损耗，防止污染的特殊供应链系统。

市场现有的供应链模式中，大体可分两大模式体系。一是内链式模式——供应链在企业内部运营不直接面对消费者，而是把农产品加工成成品销售给消费者，消费者去购买。二是外链式模式——供应链在企业内部运营也不直接面对消费者，而是通过第三方物流把农产品或商品配送给消费者。

而作为生鲜电商，是生鲜零售的电子商务化，对冷链的要求就更高，其中最重要的是物流与消费者直接对接，这里面“最后一公里”的冷链又是重中之重。沱沱工社供应链模式是把原生态的农产品通过储存、加工、分拣、包装、站点运输、门户配送自行运营的方式直接配送给消费者，实现直接把生鲜农产品配送到消费者手中的独特的全程冷链供应链模式。

冷链在生鲜食品流通领域并非新鲜概念，也并非生鲜电商所独有。传统冷链物流泛指冷藏冷冻类物品在生产、贮藏运输、销售，到消费前的各个环节中始终处于规定的低温环境下，以保证物品质量和性能的一项系统工程。冷链物流应遵循“3T 原则”：产品最终质量取决于载冷链的储藏与流通的时间（Time）、温度（Temperature）和产品耐藏性（Tolerance）。

“3T 原则”指出了冷藏食品品质保持所允许的时间和产品温度之间存在的关系。由于冷藏食品在流通中因时间—温度的经历而引起的品质降低的累积和不可逆性，因此对不同的产品品种和不同的品质要求都有相应的产品控制和储藏时间的技术经济指标，由此生鲜冷链宅配体系浮出水面，也决定了生鲜电商的服务品质。

## 三、“生鲜冷链宅配”供应链的管理运营

随着电器、服装等传统电商领域的日趋饱和，而目前处于蓝海区域的生鲜网购，因存在较高利润近几年被众多电商大佬“哄抢”，成为业界争锋的焦点，各家都不愿放弃电商领域“最后一块蛋糕”。相较于生鲜在传统零售超市 20% 的销售额比例，农副产品在网络渠道的渗透率仅为 1%。业内人士分析称，生鲜电商是一个尚未被挖掘的大市场。

然而生鲜产品的诸多特性、国内生鲜市场环境、物流环境等决定了涉足生鲜市场这片“蓝海”领域的不简单。沱沱工社在创办投身这片领域之初，从产品的生产、加工、存储、包装、分拣到产品配送给客户的各个环节都是一个未经开发的原始地带，无标准、无规范、更无先例可循，这一切都需要自己不断探索，持续改进，通过自我创新并不断完善，使生鲜产品和供应链条逐步走向市场化、规范化、标准化、规模化。沱沱工社始终致力于“有机”农产品的品质保证，推崇高品质生活的经营理念，在这一探索之路上注定要走的更加艰辛。经过多年的探索与创新，沱沱工社生鲜农产品运营领域积累了丰富的经验，走出了一条属于自己的独特的差异化道路。

沱沱工社对“生鲜冷链宅配”供应链的定位：立足有机高品质食品和生活用品，建立一个高质量、高效率、一体化的“生鲜冷链宅配”供应链。从生鲜产品的源头进行把控，保证产地品质；在存储加工过程进行产品品质监控，来解决存储加工过程的商品品质；以自建配送队伍解决生鲜产品的配送难题，尤其“最后一公里”的配送末端问题。整个供应链的目标是以保质保鲜的产品按需配送到客户手中，这也是沱沱工社在生鲜冷链宅配市场所具备的独特的竞争优势。下面是关于经营“生鲜冷链宅配”供应链的几个关键点描述。

## （一）有机产品及其产地直供

随着互联网络和移动网络的飞速发展，B2C 电商业态逐步走向成熟，国民经济的快速发展和人类对自身健康的关注，以及高消费人群的不断增加，食品知识的广泛普及。天然、生态、健康、有机的食品越来越被消费者所推崇。

沱沱工社以“满足消费者更多细微需求，帮助城市白领家庭找到自己偏爱的生活方式”为使命。食品安全金字塔分为四层，包括普通食品、无公害食品、绿色食品、有机食品。沱沱工社始终攀登着位于食品安全金字塔顶层的有机食品这座高峰，如图 6－15－1 所示。

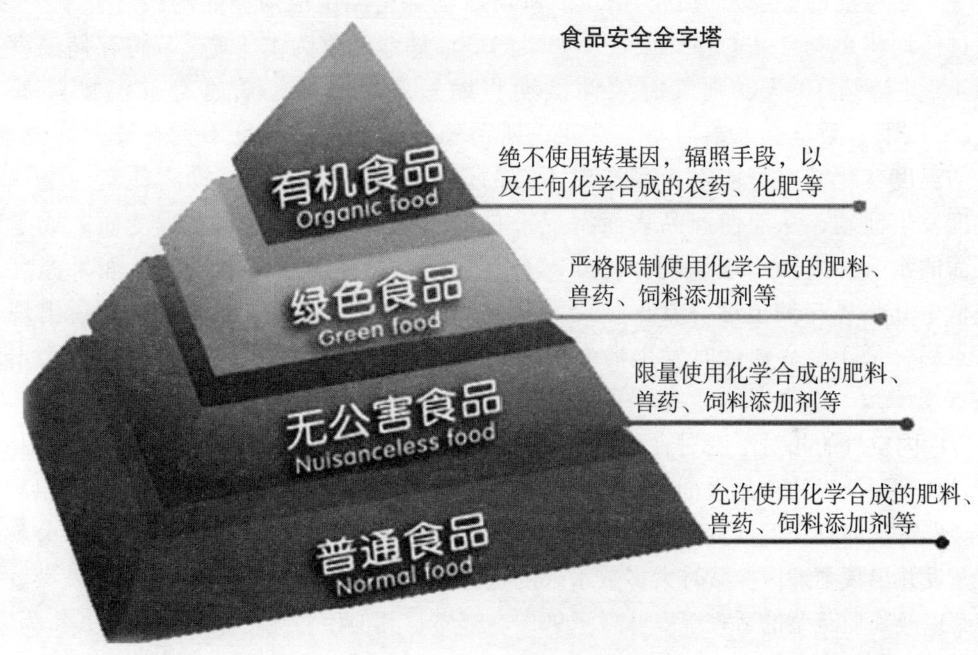


**图 6－15－1　食品安全金字塔**

目前，我国以超市为中心的生鲜产品采购模式主要有 3 种，根据向农产品供应链上游延伸的不同程度分为：第一种模式是超市采用供应商供货形式；第二种模式是超市直接从批发市场采购；第三种模式是超市直接从农产品产地采购。

为保证产品有机化，做好供应链全局把控，沱沱工社作为第三种模式的典型代表，亲自做有机农场，控制农产品的生产源头，做到产品的产地直供，并不断探索新模式，最后形成以“自有农场＋联合农场”为主，其他渠道（主要为进口）有机产品为辅的产品供应模式。

沱沱工社有机农场拥有中国有机认证和欧盟有机认证的双认证资格，以及有机蔬菜供港资格。沱沱工社对自有农场进行全生产环境与全生产过程的监控监查，对联合农场进行生产环境和生产过程的考察，并进行定期与不定期的抽查。沱沱工社对联合农场生产的产品进行产品订购，联合农场的产品必须符合沱沱工社采购需求。

沱沱工社的有机产品不局限于有机食品，还包含部分非食商品，主要是有机棉和有机洗护用品。同样，沱沱工社的非食商品也以联营的方式拓展，由供应商供货，实现了有机产品的资源整合。

## （二）仓储加工体系

仓储加工作为“生鲜冷链宅配”供应链的关键连接环节，经过多年摸索，沱沱工社已形成其自有的独特的仓储加工体系。

**1. 生鲜产品的存储**

存储温度是生鲜存储工艺中最重要的因素，它包括冷库内的湿度、温度以及商品温度等。对温度的要求是适宜和稳定。所谓适宜是指温度应与商品的最佳储温一致，过高过低均将影响食品的存储质量。如梨的最佳储藏温度为1.1℃，若将存储温度提高到4℃并持续10天，则其有效储藏期将缩短7～10天；若将存储温度降低到－2.2℃以下，梨就会冻结而不宜食用。所谓稳定是指存储温度不宜有较大的波动，任何的温度变化都有可能对商品造成不良的影响。存储温度的波动将使室内空气相对湿度发生波动，从而使商品表面出现来自空气的凝结水而导致发霉变质，或是商品表面的水分蒸发而引起干耗。此外，有些食品对储藏温度特别敏感，如果温度高于或低于其临界存储温度，常出现冷藏病害。如柑橘的存储温度较高时，会出现果皮斑点病，低于临界温度时发生褐痂病和烂湿病；存储温度低于13℃时香蕉会出现皮伤等。

冷库内空气的相对湿度对食品的耐储性有直接影响，其要求是适宜和稳定。当相对湿度过高时，低温的食品表面就会有水分凝结，若凝结水过多，不仅在通常存储温度下食品会发霉，而且在温度变化时食品还会腐烂；当相对湿度过低时，食品中的水分就会迅速蒸发并出现萎缩。冷藏时大多数水果的适宜相对湿度为85%～90%；绿叶蔬菜、根类蔬菜以及脆质蔬菜的适宜湿度可高至90%～95%；其他植物性食品以85%～90%为宜；坚果类只有储藏在70%的湿度下才较安全。

冷库内空气的流速也十分重要。空气流速增大时，水分的损耗也增大，特别在低湿度时，其干缩更严重。只有在相对湿度较高而流速较低时，才会使水分的损耗最少。但过高的相对湿度对商品品质并不利，如冷藏的肉类会长霉或发黏。为了及时将产生的热量如生化反应热或呼吸热和从外界传入的热量带走，并保证库内温度的均匀，冷藏库内应保持最低的空气循环。

当冷藏食品覆有保护层或用不透气的包装材料包装时，室内的相对湿度和空气流速将不再成为影响因素。

基于生鲜产品品类的复杂性，其存储工艺要求的严格性，要想严格做好每种生鲜产品的存储，无疑是非常困难的，各生鲜经营者只能从缩短产品存储周期、归类存储临界温度等方面寻找适宜生鲜电商的产品经营的同时实现生鲜产品的多品种、多批量存储。沱沱工社经过多年的探索总结，对每种生鲜产品都做了反复的存储实验，寻找其最佳匹配的存储周期与存储环境，最终形成现有的四温区存储模型，且生鲜SKU保持在1000

左右。

四温区分别是指常温区、恒温区、冷藏区、冷冻区，如图 6－15－2 所示。各区域内又根据仓储管理原则结合生鲜产品的特点对库内环境、产品出入库标准、流程、产品存储维护、产品存储周期以及存储环境监控等方面对存储的产品进行分类管理。

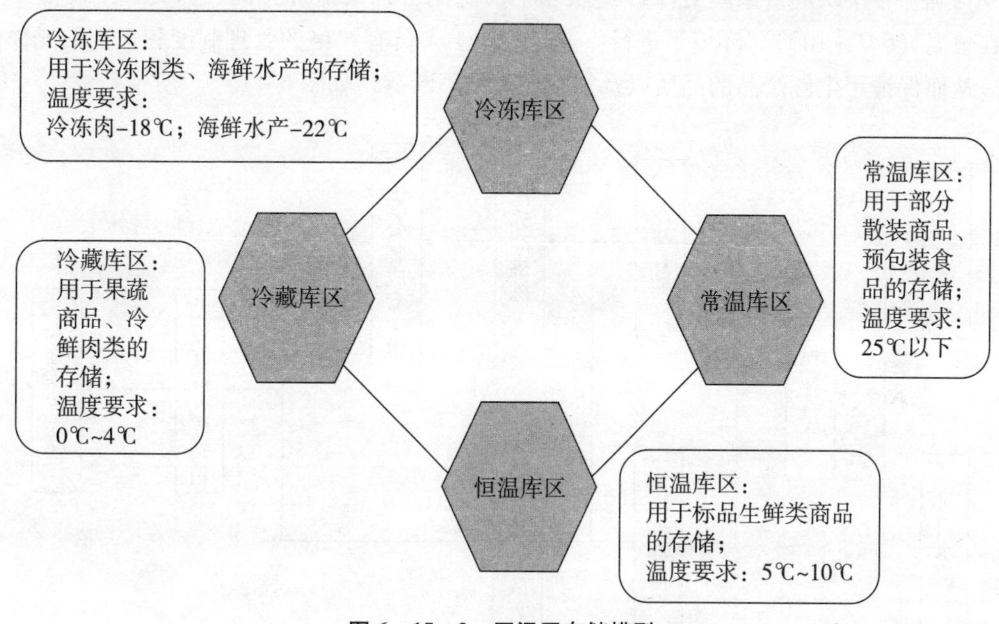


**图 6－15－2　四温区存储模型**

（1）常温区：温控 0℃～25℃，主要存储预包装商品、生活用品等对温度要求不高的产品。

（2）恒温区：温控在 5℃～10℃，主要用于存储周期较短的商品，如蛋类等；温度变化易导致商品状态改变，且无法恢复的商品存储，如巧克力等；具有吸附力强的商品，如有机面粉等。

（3）冷藏区：温控在 0℃～4℃，主要用于存储果蔬、冷鲜肉类产品，需分开独立存储。

（4）冷冻区：温控在－23℃～－18℃，主要用于存储冷冻肉类、冷冻海鲜水产等。

**2. 生鲜产品加工**

在目前生鲜产品市场的大环境下，生鲜产品是高度非标准化的产品，销售方式也多种多样，这样对生鲜电商的经营造成了相当高的复杂度。

生鲜产品供应方式和供应标准形式多样，如蔬菜类、肉类多以重量供应，水果类则以箱、托盘、重量等供应。供应的产品品相、品质又因地域性、季节性等因素受影响而不同，导致供应产品规格的复杂；又因生鲜商品本身存在着大小、畸形、口感等不同程度的差异，导致了产品本身的非标准性。客户对生鲜产品的购买也存在多种多样的需求，如同一种商品，有的客户需要按斤购买，有的需要按份购买，还有的客户想按照数量购买，如果完全满足所有客户的不同需求，势必会导致同种商品的多种规格，不利于加工效率的提升。

因此，生鲜产品的加工需要做的工作既复杂多样，又无例可循，同时还须与市场环境要求相契合。沱沱工社经过多年的经验积累，总结出了适合其产品销售的加工工艺标准和流程，对生鲜商品的标准化、市场化起到了巨大的推动作用。

为确保整个供应链条均处于冷链状态下，沱沱工社果蔬加工间、肉类加工间始终保持在恒温（5℃～10℃）环境下进行作业。对加工人员有严格的管理制度和规范的操作流程。从而保证了生鲜产品的品质以及加工环节的不断链。如图6－15－3所示。

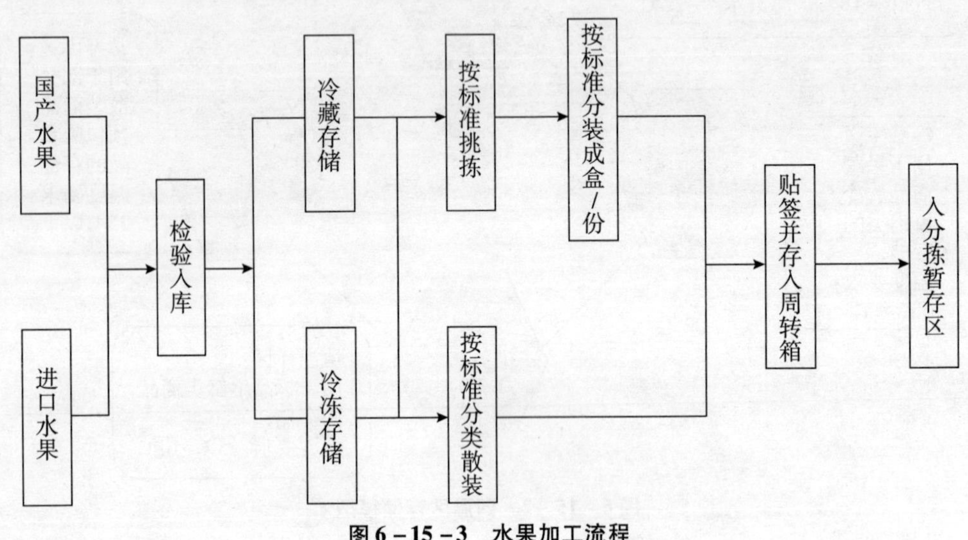


**图6－15－3 水果加工流程**

### （三）冷链宅配体系

因生鲜产品对物流配送要求极高，其配送方式——冷链宅配，被国际物流行业称之为该领域的"珠穆朗玛峰"。

冷链宅配的显著特点是区域化配送。宅配，顾名思义，就是配送到家，能做到这一点的物流公司很多，但是生鲜产品对配送的要求绝不仅如此，它还对配送条件有严格的要求，其配送过程必须保证是在冷链状态下不断链，温度的反复变化会对生鲜产品造成严重性的损害。而国内，即使是发达的一线城市内，能做到这样要求的物流公司也较少，即使能做到冷链宅配，同时能保证配送量、配送时效、产品品质，能满足沱沱工社差异化配送服务要求的公司更是没有。因此沱沱工社在建立初期不得不自己组建一支符合生鲜商品配送需求的、高效率、高标准、高服务水平的冷链宅配队伍。

冷链宅配的关键点包含：配送网络、配送方式与技术以及配送服务。

**1. 配送网络**

覆盖无盲区，直配到终端：网络为王，谁拥有大而深的网络，谁就能在最后一公里市场站住脚。

沱沱工社依据其在北京城内的客户商圈（如白领集中区、别墅区等）、目标人群集中程度、订单密集分布程度等因素，进行合理的配送站点分布，并由专员进行站点的选址考察。目前，沱沱工社已在北京六环内建立了二十余个辐射带动力强的配送站点，实现了北京六环内物流服务无重叠、无盲区的全网络覆盖。如图6－15－4所示。

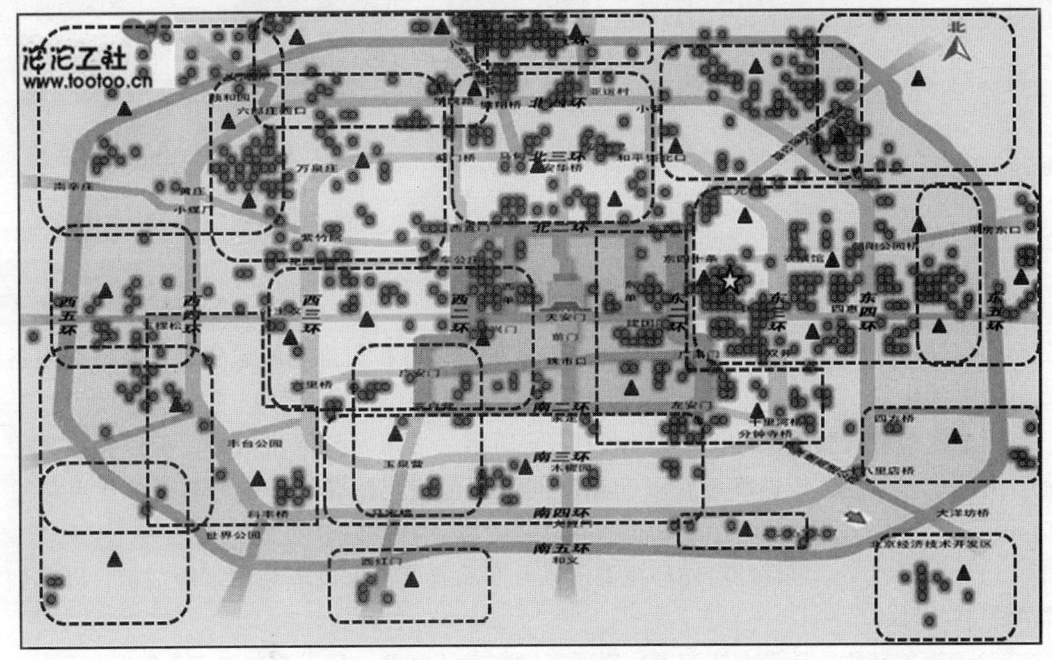


图6－15－4　配送站点分布

**2. 配送方式与技术**

生鲜电商的特性要求宅配方式与技术的创新：多温区配送，全程冷链配送到家。

冷链宅配被公认为是冷链配送业——“珠穆朗玛峰”的“最高峰”，是多因素下的综合体现。基于生鲜电商的小批量、多批次、多温区（常温、保鲜、冷藏、冷冻）的特点，传统的冷藏车配送无法满足这种特点下的配送需求。

所以，沱沱工社自己开创了一套“冷藏车＋冷链设备车”的冷链宅配模式，如图6－15－5所示，冷藏车主要用于中转，送到配送站点后，换成冷链设备车送货，在抵达配送地点后，由配送人员将商品从保温箱内取出，放入统一的配送包内送达客户。保温箱根据不同的保温效果分为冷冻温箱、冷藏温箱和常温箱，分别用黄、绿、蓝三种颜色进行区分。所有的冷藏设备能保持4～6小时的最佳保温状态。这种配送方式有两点优势，一是成本低；二是灵活机动，尤其到北京二环内胡同送货的时候更为明显。此种创新的配送模式有效支撑了沱沱工社“生鲜冷链宅配”供应链的需求。

沱沱工社随着业务量的提升，规模的扩大及其生鲜产品标准化的推动，对其冷链宅配模式内的配送方式进行了革新。

业务订单量以及生鲜产品的多温区特性是造成冷链宅配难的一个重要因素，众所周知，成批量的、稳定的、标准化包装的订单配送较之于批量不稳定、包装多样化的订单

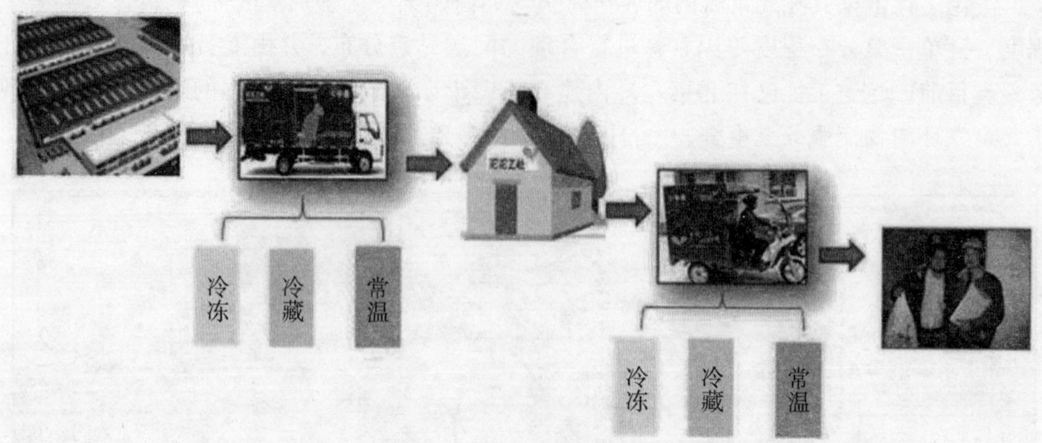


**图6－15－5　沱沱工社冷链宅配模式**

配送要容易，因此，沱沱工社在业务量提升、规模化后积极推动配送包装以及冷链设备车的改进优化。

对配送包装的改进优化，如图6－15－6所示。采用新型保温材料，配以箱内蓄冷剂，并用纸箱外包。根据冷链设备车内空间进行包装规格设计。这种包装的优点可总结如下：

（1）灵活性高，可以针对外环境温度以及产品温度需求调节箱内蓄冷剂量，以达到温度控制的目的。

（2）简单轻便，易于中转配送，降低了对配送的要求，利于业务规模化发展。

（3）高效性，利于企业的规范化管理，以及员工作业的效率的提升以及标准化。

（4）包材可回收利用，降低供应链成本的同时又环保。

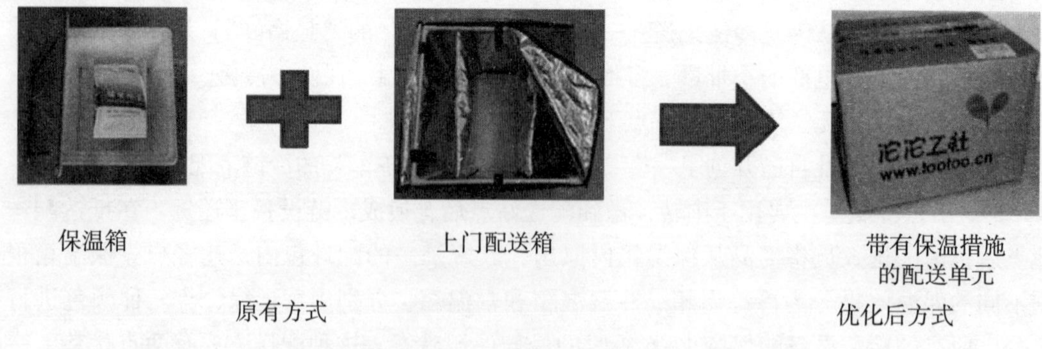


**图6－15－6　沱沱工社配送包装**

**3. 配送服务**

时效配送与星级配送服务。

生鲜产品特性决定了其对配送服务的独特需求。沱沱工社承诺：

（1）精准配送：客户可自选上门配送日期并选择3小时的收货时间段；

（2）次日达：网站当日24点前下订单，次日配送到家；

（3）当面验收：产品配送到家，请客户当面验收。

这个承诺体现了沱沱工社“生鲜冷链宅配”供应链高效率的配送以及对产品品质的高度负责。

沱沱工社的配送员不仅是完成产品的配送工作，他们还对客户进行与产品相关的其他服务，例如，向客户介绍生鲜商品的知识、存储要求、营养价值，甚至包括食用方法。另外，还会接收客户对产品以及网站等方面的反馈，实现与客户的线下互动。

因此，沱沱工社对其配送员有严格的培训考核制度，在2013年，沱沱工社在对配送员的管理中又新增一种星级配送员评选制度，制定配送服务标准，如表6－15－1所示，由客户对为其服务的配送员进行打分，既是对配送员的一种激励，又是客户参与的体现，让客户实现完善的购物体验。

**表6－15－1　　星级配送员服务标准**

| 服务项 | 标准点 | 描述说明 |
|---|---|---|
| 自营配送人员 | 任职资格 | 具有高中以上学历，经过严格的背景调查，并通过驾驶、安全、配送服务等培训 |
| | 区域熟悉度 | 熟悉并深入了解所负责配送区域内的地理位置分布情况，如：指定配送区域＋小区＋楼号 |
| | 形象 | 干净整洁、朴素大方、亲切自然 |
| | 精神面貌 | 礼貌、热情、自信、专业、诚信 |
| | 仪容仪表 | 头发、面容、口腔、手部、耳部、体味等各方面均应清洁干净、无特殊味道 |
| | 着装要求 | 身着公司统一制服，服装、鞋帽整齐清洁，佩戴工牌 |
| | 工作姿势 | 保持正确的坐、立、行等工作姿势，避免不良工作行为 |
| | 服务态度 | 尊重、体谅、主动 |
| | 服务用语 | 招呼用语、应答用语、辞谢用语、接打电话的服务用语等用词礼貌、规范 |
| | 行为举止 | 到达客户处前、在客户处、递送订单时、离开客户处等环节均应有规范得体的行为举止 |
| | 异常处理 | 配送时若遇到客户不在或客户拒收商品等异常时，应及时周到地处理所遇到的问题 |
| | 生鲜知识 | 熟练掌握生鲜商品所具有的特性、存储方法、码放方式、营养价值、食用方法等 |
| | 冷链操作标准 | 熟练掌握产品不同温区的存储方法，具备商品的冷链操作标准知识 |
| | 商品码放 | 按照商品码放标准可独立完成操作 |

### （四）全面质量管理体系

质量对于现代社会经济发展有着重要作用，是关系到企业能否在激烈的竞争中全面胜出的关键因素，但目前大部分企业都面临以下质量难题：

（1）质量意识淡薄，质量观念落后；

（2）客户投诉事件纠纷不断导致企业信誉度受损；

（3）退换货频繁发生，严重影响成本控制；

（4）过程质量控制缺乏，损失严重，事故频繁；

（5）质量标准执行力度不到位。

全面质量管理是一个组织以质量为中心，以全员参与为基础，目的在于通过顾客满意和本组织所有成员及社会受益而达到长期成功的途径。在供应链环境下，产品的生产、销售、售后服务需要由供应链企业共同完成，产品质量客观上是由供应链全体成员共同保证和实现的，但产品质量的形成和实现过程实际上分布在整个供应链范围内。构建一个完整有效的供应链质量保证体系，确保供应链具有持续而稳定的质量保证能力，能对用户和市场的需求快速响应，并提供优质的产品和服务，是供应链质量管理的主要内容。

沱沱工社作为生鲜冷链宅配领域的探路先锋，果断引入全面质量管理体系，结合自身运营特点，对全面质量中的“产品质量”与“服务质量”两个方面进行系统管理。

**1. 产品质量管理**

（1）对生鲜商品进行严格的到货验收管理；

（2）分温区存储商品的实时监控；

（3）加工流程设置关键控制点对各个环节的有效监管，6S 管理，操作标准化管理等；

（4）配送流程中商品在途状态即时监控；

（5）宅配商品到货拆包验收。

**2. 服务质量管理**

（1）对员工进行质量、技能以及产品知识等方面的常规性知识培训，并考核评分，实行考核上岗制；

（2）对配送员除常规性知识以外，还要进行服务意识、服务标准、话术技巧、生鲜知识、冷链操作标准等方面的培训，并考核评分，实行考核上岗制；

（3）定期对配送员进行稽查考核，不合格者将停职再培训；

（4）客户需求信息采集与反馈；

（5）上下级实行“内部顾客”的服务理念。

通过有效的监管机制、培训机制以及激励机制等措施，沱沱工社供应链体系在全面质量管理方面突破了传统质量管理职能范围，将质量管理描述为全过程、全企业、全员的管理。注重对过程中员工和服务的管理，强化各部门的职责，并强调生产各环节之间和部门之间以“内部顾客”的概念和形式进行衔接。如图 6－15－7 所示。

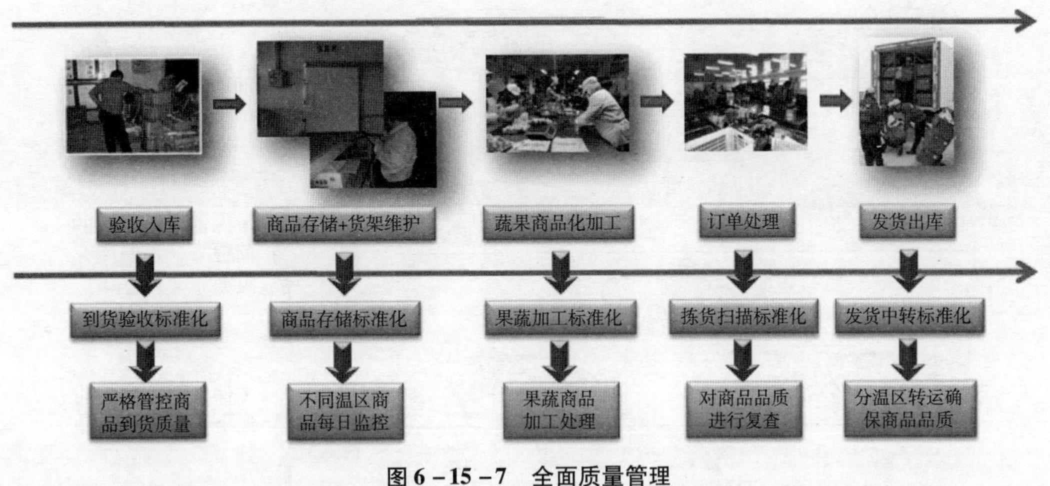


图6－15－7　全面质量管理

## 四、生鲜冷链宅配供应链体系解析

### （一）两个平衡点

作为生鲜电商来讲，所销售的是关乎国民生计的农、林、牧、渔等四大行业甚至更多细分行业的产品，这些产品都有同一个共性，即产品本身不规则，存储条件要求高，难以储运，从而导致加工和配送成本极高，生鲜产品损耗率通常高达10%～30%，而其他非食商品的损耗不到1%。如何实现低成本下的产品运营？这便是我们要寻求的第一个平衡点，即生产成本与顾客满意之间的平衡点。在保证商品品质的前提下，以最低的生产成本来满足顾客的需求，从而推动企业供给与客户需求的平衡。为了实现这一平衡，就要以优质的配送服务来弥补生鲜产品所存在的天然缺陷。客户可以接受自己从商场、超市亲自挑选的生鲜商品所存在的任何缺陷，却无法忍受生鲜电商配送上门的商品所存在的一点点瑕疵。如何消除产品给客户所带来的不满？这便需要附加的服务来实现，通过与客户进行沟通，增加顾客对生鲜商品特性的认知程度，以及将配送服务做到极致，让客户获得优质的购物体验。那么，配送服务的极致所需要的是服务成本的提高，以致整体运营成本也随之增加。因此，我们需要寻找第二个平衡点，即服务成本与服务水平之间的平衡点。从某种意义上来讲，优质的服务对客户来讲是附加的、是免费的，对于企业来讲却是高额的成本支出以及人才的培养，实现这一平衡也是降低成本的重要举措。

生鲜电商要长足发展，就要始终以客户为中心，以两大平衡点理论为基础，打造一条属于生鲜冷链宅配供应链体系的差异化道路。如图6－15－8所示。

### （二）生鲜运营密码

在沱沱工社的一张订单中，客户按照自己所需订购了不同温区的产品，同时要求在一定的时间内送达，这样势必出现大部分生鲜电商普遍存在的问题。总结下来大概以下

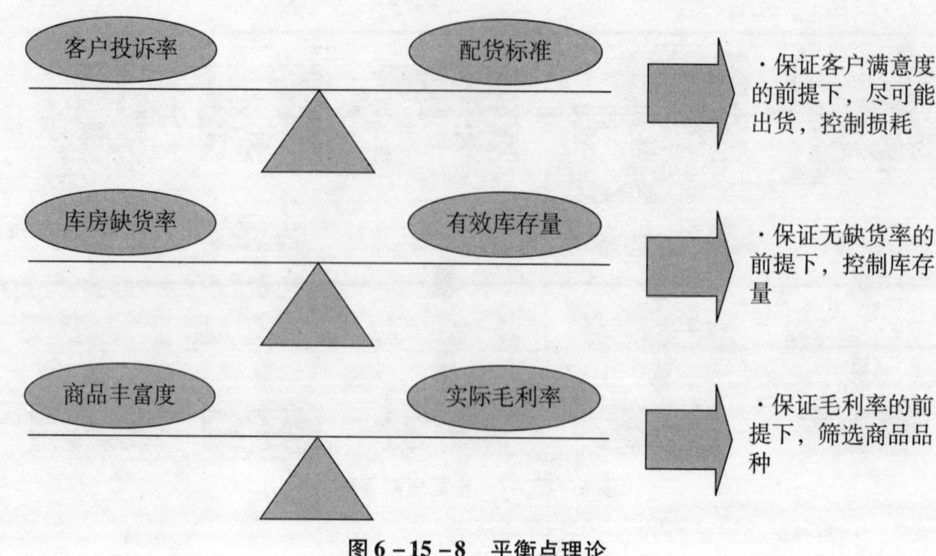


**图 6－15－8 平衡点理论**

面六点为主，如图 6－15－9 所示：

（1）出库品质良好，配送全程冷链，客户还是要投诉，抱怨收到的生鲜商品“不好”“不满意”“与网站上的图片不一样”等；

（2）客户按照艺术品的标准要求生鲜产品，如大小、颜色、外形是否规整，稍有不满即退货、拒收；

（3）同样品质的产品，客户在超市自选时可以接受，配送上门时却不满意；

（4）同一种产品注定不能满足所有客户的要求；

（5）客户对生鲜商品的认知以及存储知识的了解有限，收货后因存储不当、食用方法不对等原因导致问题的出现，形成误解，从而影响客户的最终体验和口碑营销；

（6）生鲜商品的损耗控制问题。

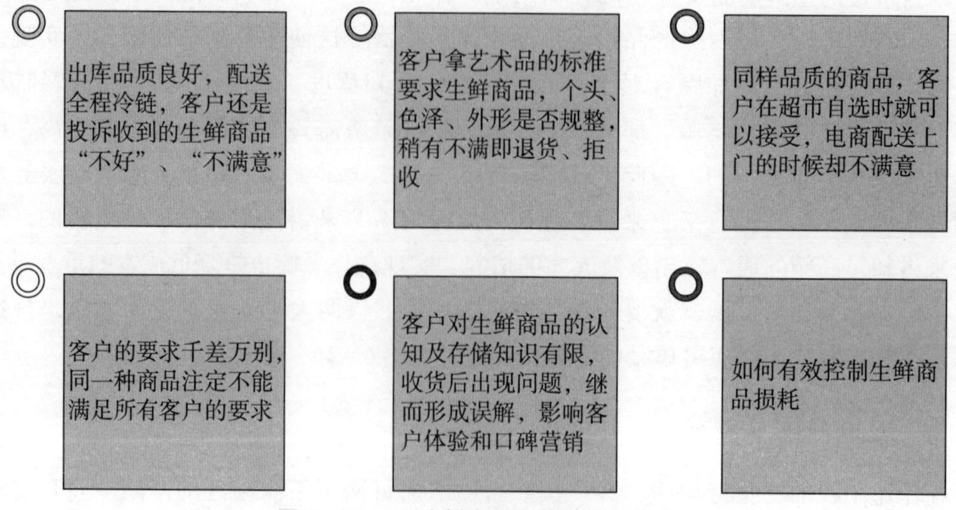


**图 6－15－9 生鲜宅配运营密码－困惑**

产生以上问题的根源有两点：第一，生鲜商品的高度非标准化：每种生鲜商品中的个体都是不一样的，即便是同批次的也有不同，所以很难做到商品高度标准化；第二，剥夺了客户对商品选择的权利：对客户来说，他们选择的不是商品，而是选择以网站上的图片为基准的生鲜产品，往往由于电商的这种宣传影响了客户的预期，致使他们对商品的要求非常高。如何化解客户与产品之间的矛盾？沱沱工社通过多年实践，不断积累总结出了生鲜运营密码，即：

（1）生鲜客户的特点：对产品期望值高、存在认知差异以及对生鲜产品特性的不了解；

（2）生鲜产品的特点：产品高度非标准化、质量动态变化快以及生鲜产品的多样性；

根据客户和产品的不同特点，以保证产品的新鲜度，采用冷链物流进行硬件支持，实现两者之间的对接，如图 6 – 15 – 10 所示。除此之外，还有两点核心，即冷链物流的上游——产品加工和冷链物流的下游——宅配。很多时候，这两个环节是被忽略的，所以才会产生客户很多的不满。

（1）加工环节：因为生鲜产品的高度非标准，而加工环节的作用就是要实现生鲜产品的标准化。大多生鲜电商都是将加工环节倒推给供应商或农场，做的不够精细，很难掌握客户满意度和损耗之间的平衡点，如果平衡点掌握不好，损耗就是成本。

（2）宅配环节：实现的是服务意识的标准化。在商品交付的过程中，与客户逐一拆包商品，进行当面验收服务。而且沱沱工社配送员不只是单纯的配送员，还是生鲜商品知识普及者。他们对生鲜商品的特性、存储方式等熟记在心，在上门配送的同时为客户讲解商品知识。这样既可以消除客户的误解，同时也给予客户一定范围内的选择权，更重要的是增加了客户体验。

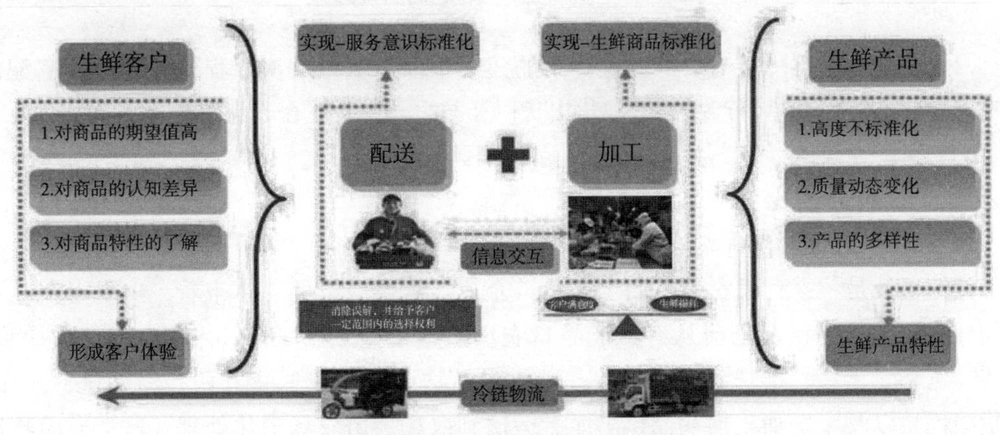


**图 6 – 15 – 10　生鲜运营密码**

沱沱工社采用加工与宅配两个核心点构建起客户需求与产品特点之间的桥梁，再辅以商品信息的交换。再从客户反馈的信息中提取顾客的共性需求，反馈给加工环节，加工环节再根据客户反馈不断调整产品标准，以满足客户需求。与此同时，加工环节也要把更新的信息传递给配送环节，从而不断提高配送员对生鲜商品的了解。在加工—宅配—客户三者之间形成一个信息传递的闭环，在冷链物流基础上实现这两个核心点与顾客对接，形成良好的客户体验，生鲜冷链宅配便会实现质的飞跃。

沱沱工社勇于实践，大胆尝试，逐步提炼出生鲜冷链宅配运营密码，如图 6－15－11 所示，其精髓在于：

（1）执行团队的形态意识标准化＋产品标准化出货——生鲜业务核心；

（2）宅配的生鲜产品价值取决于产品＋服务——用服务弥补生鲜产品天然特性的不足所带来的缺憾，用服务弥补冷链解决不了的问题；

（3）针对生鲜冷链宅配的产品及客户的特殊性——发展能够从失误中吸取教训的体系和文化，建立不断完善的商品手册。

1.执行团队的形态意识“标准”化+产品标准化出货——生鲜业务的核心

2.宅配的生鲜商品价值取决于【产品+服务】——用服务弥补因为商品天然特性的不足所带来的缺憾；用服务弥补冷链解决不了的问题

3.针对生鲜宅配的产品及客户的特殊性——发展能够从失误中吸取教训的体系和文化，建立并不断完善商品手册

**图 6－15－11　生鲜宅配运营密码总结**

总而言之，生鲜冷链宅配供应链体系的建立不仅仅只是解决全程冷链到冷链宅配的配送问题，它还需要生鲜产品的标准化出货以及与之相匹配的配送服务体系的建立。

## 五、绩效分析

沱沱工社是一家有机农业电商全产业链企业。从供应链的总体来看，这里面存在一个闭环物流，顺向产品物流从有机产品自农场土地中生长、采摘、入库、存储、加工、分拣、包装、出库、配送到家、签收；逆向产品物流从客户退货开始，经配送、入库、退货损耗品以及库房加工损耗品、出库、运输到农场，由农场消化处理。这个逆向物流的存在是沱沱工社的独特之处，因为它的存在，沱沱工社“生鲜冷链宅配”供应链中的生鲜产品损耗保持在全年平均 5% 以内，这样的损耗在业内被普遍认为是较低的，业内生鲜产品的平均损耗是在 10% ~20%，而有的企业果蔬生鲜产品的损耗甚至高达 40%，这也是生鲜产品难做的一个明显体现。

此逆向物流不仅经济，同时又很环保。经济上讲，它将企业产生的减值损耗合理利

用，达到了为企业减负的效果；环保上讲，它将企业产生的损耗回收利用，净化了社会环境；同时，这种回收利用又与沱沱工社主打的“环保”理念相契合。

另外，沱沱工社的产品配送包装也采用回收制，这样既节约了成本，又体现了环保理念。

在沱沱工社的“生鲜冷链宅配”供应链中，处处都可看到“环保”的思想体现，这也是沱沱工社始终坚持的信念。

“生鲜冷链宅配”供应链的运营对沱沱工社绩效的影响包含产品质量、客户服务、经济价值几大方面。

### （一）产品质量

沱沱工社有机农场拥有中国有机认证和欧盟有机认证的双认证资格，以及有机蔬菜供港资格。所以产品质量是沱沱工社的根本，为保证产品到达客户手中，能让客户满意，沱沱工社不断总结革新产品质量标准，设定了几十种产品质量评价指标，并对供应链的每个环节进行监控，实现供应链全面质量管理。

### （二）客户服务

供应链经营的好坏对客户服务质量有直接的影响。用来衡量客户服务绩效的评价指标主要包括市场份额、订单完成总周期、客户保有率、客户满意度等。

（1）市场份额。评价沱沱工社的市场份额占有率，采用客户渗透率、客户忠诚度、客户选择度、价格选择度等指标。从市场反馈的情况看，沱沱工社市场份额逐年增加。

（2）订单完成总周期。订单完成总周期是用来反映供应链对客户订单的总体反应时间，作为客户服务的重要指标，订单完成总周期短，反映沱沱工社供应链运营顺畅。

（3）客户保有率及客户满意度。供应链利润持久的来源是客户群体，整个供应链尤其是仓储加工体系和冷链宅配体系，通过优秀的服务满足客户的需求。沱沱工社会员数、客户满意度逐年上升，沱沱工社知名度和美誉度逐年提高。

### （三）财务效益

2012 年，沱沱工社总体销售同比增长超过 181%，2013 年上半年营收同比增长 81.5%。良好的财务指标背后，沱沱工社“生鲜冷链宅配”供应链居功至伟。

“生鲜冷链宅配”供应链的运营，降低了产品的总成本，实现了产品质量的全面管控，减少了供应与需求的不确定性，降低了安全库存，从而减少由于供应和需求发生意想不到的变化而增加采购及运营成本的现象。在内部管理上，供应链内部主要指标有：

（1）采购供应指标。在产地直供与采购方面，沱沱工社采购指数绩优，采购质量得到保证，且战略采购资金得到优化。

（2）仓储加工绩效指标。在仓储加工方面，加工中心生产效率同比稳步上升，仓储中心作业效率稳步提升；加工及存储损耗同比下降；质量实现全程管控；仓储加工中心实现自盈利。

（3）物流绩效指标。在物流配送方面，沱沱工社配送中心重视配送效率的同时更着重客户服务的满意度，这两项是配送中心绩效的关键性指标，且已实现自盈利。

## 六、未来展望

### （一）透明供应链的打造

当今社会，是以信息化为主宰的时代，越来越多的企业开始倾向于透明化管理。尤其在涉及百姓健康的食品供应链上，呼唤建立智能化管控和透明供应链，掌握食品供应链的每个环节，是否按照标准化操作。作为有机食品的倡导者，沱沱工社将逐步为客户开放生鲜农产品从源头到末端的整个链条的运营管控信息。例如，生鲜农产品种植信息透明，为客户提供所购买商品的播种时间、培育过程、施肥种类、除虫方式、采收运输等相关记录数据；生鲜产品存储状态、即时温度监控记录、加工处理过程等相关信息；产品配送的在途状态、温度实时监控信息、车辆的卫星定位等。客户通过访问相应的网站即可浏览查询。从而消除客户对生鲜冷链宅配供应链运营过程中所存在的信息空白缺失。对企业来讲，也是更加有效地实现对各个环节的监管力度。

### （二）农产品社区平台拓展

沱沱工社之所以始终致力于垂直电商平台战略，是因为其已经具备了生鲜产品从源头到末端的整个供应链条的整合，拥有自建农场和联合农场，自建仓储加工中心，以及自建的冷链物流配送队伍，可以完全实现生鲜农产品从源头到餐桌的整个链条的标准化运营不断链，将产品和服务做到极致，以满足客户的不同需求。沱沱工社下一步的发展战略将是致力于将自身业务进行不断拓展，开放生鲜平台，以第三方平台商铺的形式整合国内中小食品商家，从而实现对国内生鲜农产品的线上整合，为顾客提供更加丰富、优质的产品。

### （三）生鲜产品标准化推进

目前很多大的电商企业或者网站都开始竞相进驻生鲜电商市场，原由其前景是非常大的，且市场较广阔。但从生鲜目前的一个市场来说，标准化和品牌化是生鲜企业市场的需求。对于图书、服装、日化等垂直电商产品，国家都有比较成型的一些规定或者标准化的东西。而生鲜尤其蔬果其本身是一个特殊的商品（非标准商品），还没有国家或行业的一个完善的标准。生鲜商品的描述也无法很清晰定义，这也决定了它是一个需要运用标准的流程去规范统一非标准化的产品。沱沱工社通过多年来不断积累，优化流程，规范加工人员对生鲜商品的加工工艺，从无数次的失败中逐步总结出了针对生鲜农产品各个品类乃至单一品种的标准化加工作业规范，并整理制定针对生鲜果蔬商品的标准以及加工手册。

另外，生鲜商品与其储存条件、配送环境、甚至配送时间段都有直接关联。生鲜商品本身形态随时间在不停的变化，加上有季节因素，有些产品成熟期非常短，可能就几天时间。从生产基地到消费者这个链条，是非常需要有时效的操作。沱沱工社拥有千亩有机农场，并采用联合农场的形式实现商品的产地直供，摒弃中间商转运环节，缩短商品采收时间；自建多温区仓储基地，实现了到货商品的即时存储加工；自建冷链宅配配送队伍，保证了商品的在途冷链运输。从商品采收的第一公里到冷链宅配的最后一公里，商品始终处于冷链状态下运营，在保证商品品质的同时缩短配送时间，提高配送时效，从而在整个运营链条之间的数据要求实现标准化。

沱沱工社以自身独特的运营模式，在生鲜商品标准化与供应链条标准化两个方向不断开拓创新，始终在探索生鲜冷链宅配领域的标准化道路。

撰稿人：沱沱工社供应链中心物流总监　侯筱玲
沱沱工社供应链中心运营部主管　李海军
沱沱工社供应链中心运营部仓储规划师　李雪莲

# 案例十六　六和万福：从“源头”到“消费者”的一体化安全供应链

## 一、企业概况

六和万福一体化公司隶属山东新希望六和集团，山东新希望六和集团主营饲料生产、养殖担保、种畜禽繁育、食品加工、进出口贸易等产业。目前，拥有下属企业近300家，员工7万余人。2011年集团名列中国企业500强第165名，中国畜牧企业百强第1名，中国民营企业百强第16名，曾荣获农业产业化国家重点龙头企业等殊荣。饲料产业目前有100多个品种。养殖产业涉及种鸡、种鸭、种猪、商品鸡等，致力于优良畜禽品种的繁育和推广。肉食产业年加工鸡鸭活禽7亿多只，生产冷冻、冰鲜、熟食等200多个肉食品种，构建了食品安全可追溯体系，并通过ISO 22000、HACCP、ISO 18000体系认证。

六和万福一体化公司成立于2010年1月，公司集饲料生产、养殖、屠宰、食品加工、储藏、出口贸易于一体，属于农产品深加工项目。主要产品类别有：冷冻热加工调理禽肉、冷冻热加工调理蹄动物肉、冷冻调理蔬菜等，包括200多个品种和规格，在加工过程中严格按照出口质量标准组织生产，致力于提供健康、安全肉类、蔬菜类制品，把产品视为新希望六和人的品格和尊严。其中产品加工方式包括油炸、蒸煮、电烤、烟熏等。产品主要销往日本和国内高端市场。

## 二、建设从“源头”到“消费者”的安全供应链的背景

食品安全问题一直是大家关心的问题，随着人们对食品安全的高度重视，食品安全成为业界关注的焦点。六和万福立足食品安全，着力打造放心、安全的食品。随着肉制品行业对产品药物残留的关注度不断提高，六和万福一体化公司着手从源头上控制药物残留来源，设计了一体化公司这个模式。驱动六和万福实施从“源头”到“消费者”的安全供应链管理的原因有两方面：一是源自外部，政策监管严格，消费者对家禽肉制品信心下降；二是公司战略需求。

### （一）外部环境

#### 1. 政策监管严格

六和万福一体化公司产品主要销往日本和国内高端市场，产品严格按照中国法规及日本法规生产，接受食药部门及出入境检验检疫部门的监管。相关法规规定如下：

《中华人民共和国食品安全法》对产品安全做了明确规定，禁止生产经营下列食品：

（1）用非食品原料生产的食品或者添加食品添加剂以外的化学物质和其他可能危害人体健康物质的食品，或者用回收食品作为原料生产的食品；

（2）致病性微生物、农药残留、兽药残留、重金属、污染物质以及其他危害人体健康的物质含量超过食品安全标准限量的食品。

《出口食品生产企业安全卫生要求》对产品安全做了如下规定：出口食品生产企业应依照国家和相关进口国（地区）法律、法规及食品安全卫生标准进行生产、加工、储存、运输等，并遵守以下基本原则：

（1）承担食品安全的主体责任；

（2）建立和实施以危害分析和预防控制措施为核心的食品安全卫生控制体系，并保证体系有效运行；

（3）保留食品链的食品安全信息，保持产品的可追溯性；

（4）配备与生产相适应的专业技术人员和卫生质量管理人员；

（5）评估生产过程中存在的人为故意污染风险及可能的突发问题，建立预防性控制措施，必要时实施食品防护计划；

（6）建立诚信机制，确保提供的资料和信息真实有效。

日本对我国输日产品做了明确的规定，据《输日热加工处理禽肉及其产品动物卫生要求》规定，用于加工输日热加工禽肉及其产品的家禽应符合以下要求：

（1）屠宰前该养殖场至少21天内没有发生HPAI；该养殖场未使用HPAI疫苗。

（2）出口国官方检测机构对屠宰场实施宰前宰后检验，证明未染有任何禽类传染病。

（3）对加热方式的规定：经水煮、蒸或油炸使禽肉及其产品的中心温度达70℃或更高并保持1分钟或以上；其他任何加热方式使禽肉及其产品的中心温度达70℃或更高并保持30分钟或以上。

通过以上法规，可以看出政府部门对食品安全的高度重视及严格的要求，并且，食药部门及出入境检验检疫部门对公司不定期现场检查及取样检测，这对我们的生产提出了更严格的要求。

**2. 消费者对家禽制品信心下降**

与鸡肉有关的食品安全问题不断出现，如注水鸡、速成鸡、注射了激素的鸡肉等，严重伤害了消费者的购买积极性，造成了禽产品市场的混乱，使消费者对鸡肉产品的质量安全心里没底。由于大多数消费者对市场上销售产品的认知不够，再加上媒体的大肆渲染，很多消费者就会表现出不成熟的消费心理，由消费者认知误区造成的恐慌远远大于食品安全本身的危害。

近两年禽流感疫情不断发生，消费者对禽产品消费造成的恐慌也是空前的，我国鸡肉产品消费量急剧下降，就是由于部分消费者对鸡肉产品的消费信心不足。其实，有一定常识的人都知道，大型养殖场生产的、在正规经营场所销售的禽肉产品是可以放心消费的，而且我国鸡肉都是煮熟了才吃，因此与禽流感疫情没有任何关系。对此，国家卫生部、农业部已经作出了明确说明，世界卫生组织也一再重申，熟制的禽类产品不会造成对人的感染，即使这样，在禽流感疫情被全部扑灭后，还是逃避不了鸡肉产品销量一路下滑的命运，很多消费者担心安全问题不愿意购买鸡肉及其制品。

为重振消费者信心以及抱着提高自身产品质量的想法，打消消费者的顾虑，我们设计了一体化的模式。

### （二）内部管理——公司战略需求

青岛六和万福一体化公司为整体提高企业竞争力，不断完善质量安全管理体系，以质量提升为突破口，以无药物残留为目标，努力打造消费者放心的食品。

## 三、建设从“源头”到“消费者”的安全供应链模式

青岛六和万福一体化公司对供应链体系的定位：建立一个高质量、高效率、一体化的从“源头”到“消费者”的安全供应链系统，供应链如图 6－16－1 所示。

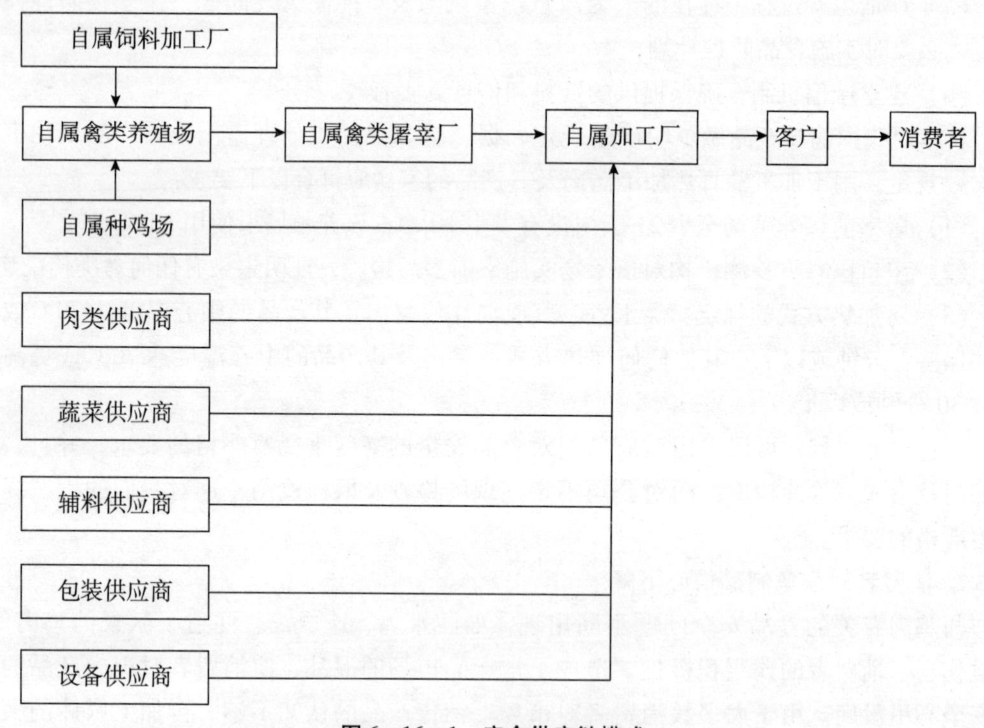


**图 6－16－1　安全供应链模式**

青岛六和万福供应链的几大管理运营体系：

### （一）“一条龙”安全管理体系

我公司生产结构中，鸡肉产品占 90%，猪肉产品占 10%，鸡肉原料能够严格按照国家质检总局有关要求进行生产及管理，原料来自自属的 CIQ 备案养殖场，且严格按照公司规定实行“五统一”管理方式（即统一供应禽苗、统一防疫消毒、统一供应饲料、统一供应药物、统一收购屠宰），在屠宰加工过程中严格按照出口肉食鸡标准进行生产，保

障鸡肉原料的安全性。

**1. 统一供雏**

青岛六和万福一体化公司自属备案养殖场所用鸡雏由一体化公司下属鸡苗公司统一供应，确保鸡雏优质、健康，没有垂直传播的疾病和母源性兽药残留。

**2. 统一用药**

青岛六和万福一体化公司自属 CIQ 备案养殖场所有兽药均由一体化公司统一负责，统一采购，统一兽医处方，统一分发药品。原料部兽医主管负责药品的把关、检测、审批工作及用药与免疫程序的制定工作。

兽药的发放实行兽药处方制度，兽医处方由专职驻场兽医出具，青岛六和万福一体化公司自属 CIQ 备案养殖场不得私自采用非统一供药。

预防的用药是严格遵照青岛六和万福一体化公司出口肉禽用药规定，对限用期药品严格控制用药剂量、时间及给药途径，不得超范围使用。

治疗用的处方用药，均由处方兽医根据需要情况进行综合分析后出具的用药处方。

**3. 统一防疫消毒**

养殖场空栏期和养殖过程的防疫、消毒由驻场兽医监督严格按田润公司原料部制定的防疫程序和消毒程序执行并做好相关记录。

**4. 统一供应饲料**

青岛六和万福一体化公司自属 CIQ 备案养殖场使用的饲料全部来自一体化公司下属的饲料厂，确保出口肉鸡所用饲料不添加任何抗生素、不含农药残留、不含动物源性原料，确保各种卫生指标符合国家规定，确保成品料各种营养符合肉仔鸡生长标准。

**5. 统一屠宰**

青岛六和万福一体化公司自属 CIQ 备案养殖场的出口毛鸡由一体化公司下属屠宰厂统一屠宰，并严格做好以下步骤：

在屠宰 CIQ 备案养殖场毛鸡时，由公司专职兽医监督宰杀，且动物产地检疫合格证、车辆消毒合格证、饲养记录均齐全，通过对饲养记录进行仔细复查、核对，确认未有使用违禁药物，且停药期符合文件规定。屠宰公司对自属的 CIQ 备案养殖场的原料毛鸡在宰前三天抽样进行药物检测，检测结果合格后方可进行屠宰。

鸡肉屠宰前，由我公司化验室及当地出入境检验检疫部门取样检测合格后方可屠宰，屠宰过程中及加工过程我公司取样检测，检测合格后方可进入下道工序。

成品经我公司及当地出入境检验检疫部门检测合格后方可出货。

### （二）供应商管理体系

猪肉和蔬菜原料均来自经出入境检验检疫部门备案的厂家，因为这些厂家在经官方部门监管下，质量有所保障。

**1. 供应商的进入**

青岛六和万福一体化公司的供应商必须经过公司初选，即收集供方供货能力、产品质量安全保证能力有关的各种资料，组织相关部门评定，在充分证明其有供货质量安全保证能力并经检验和试验合格后组织现场审核，大致经过以下几个环节：资质审核、小样测试、现场审核、批量测试。

**2. 供应商过程管理**

青岛六和万福一体化公司对供应商进行严格的过程管理。主要包括生产过程管理、交付管理、定期评价及绩效考核管理。

（1）采购原辅料时，我公司采购部门与供应厂家签订采购合同和原辅料质量控制方案，原辅料厂家按照质量控制方案的要求生产我司需要的原辅料，必要时，我公司派出专人监督生产，确保原辅料合格。

（2）交付管理。根据与供应商签订的质量控制方案及我司制定的原辅料验收标准进行验收，对于不符合要求的，采取拒收并对供应商考核。

（3）定期评价。根据供应产品的重要程度将供应商分为三级，一级供应商每年现场考核 3 次，二级供应商每年现场考核 2 次，三级供应商每年现场考核 1 次。

（4）绩效考核管理制度。根据供应商的初次审核、供货情况、定期考核情况，对供应商进行绩效考核，以确定是否可以继续作为次年的供应商。

### （三）可追溯体系

六和万福一体化化公司致力完善的可追溯体系建设，通过完善的记录及标识传递，每一块产品，可以追溯到它的运输集装箱号、装货人、成品库存放位置、包装时间、包装批次、加工批次、原料屠宰日期、辅料加工厂家及批次、家禽的养殖日期、饲料及用药情况、饲料加工情况。

### （四）冷链管理

产品从屠宰到成品到消费者的过程，全程采用冷链管理，保证了食品安全。产品加工各个环节有严格的温度控制系统，可以控制加工环节的温度并且全程可记录，降低生产过程中变质及微生物繁殖等危害，产品全部为速冻食品，采用低温 -18℃保存，生产过程中未使用任何防腐剂及违禁物质。

## 四、供应链管理的应用效果

六和万福一体化的安全供应链对公司绩效影响很大，自一体化体系建立至今，公司的产品从未检测出药物残留及违禁物质使用，在日本市场及客户心目中信誉度不断提高，订单量稳步增加。

撰稿人：六和万福一体化公司办公室　耿翠翠

□ 利丰有限公司是中国消费品的主要采购商之一，为客户提供快捷、准时、高价值的采购服务。中国是利丰有限公司最主要的采购市场，2012年公司在中国的采购额占公司总采购的**60%**。

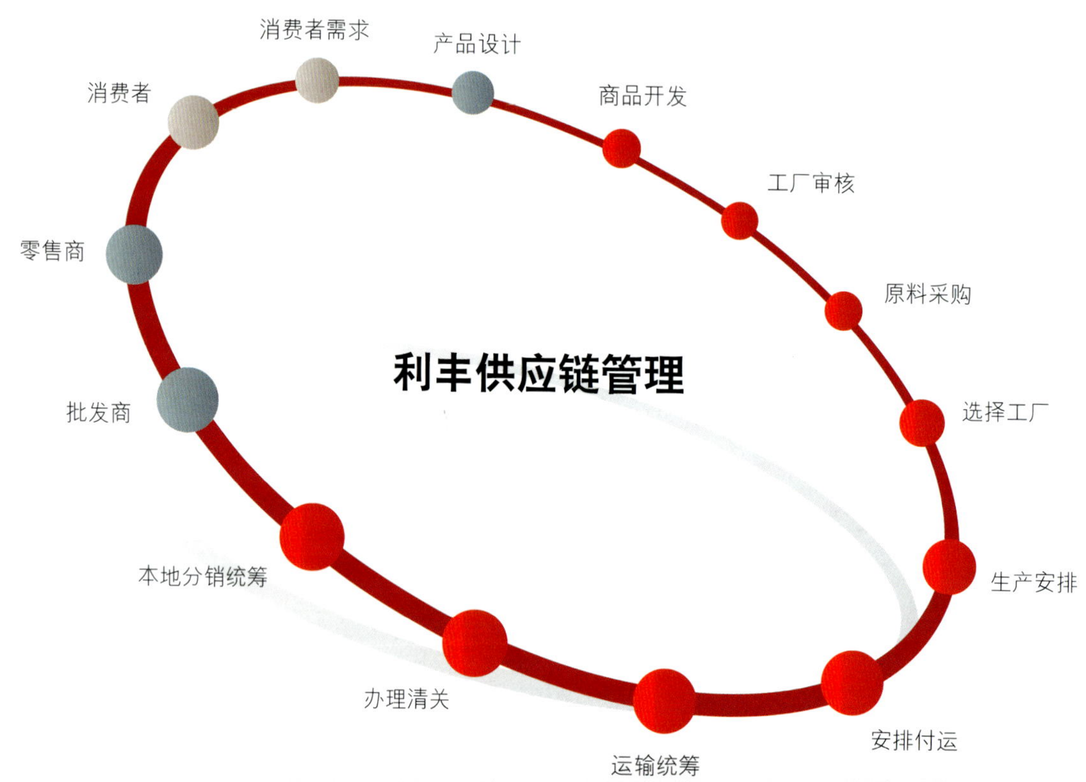


**利丰有限公司根据个别客户的需要，提供一站式供应链解决方案。**

由产品设计、原料采购、生产管理、质量控制、物流到付运以及其他关键性功能服务，利丰有限公司的服务项目涵盖一站式的供应链管理，运用其庞大的环球网络、丰富的市场知识、先进的技术及资讯系统，灵活快速地响应瞬息万变的消费潮流。